böhlau

KÄTE HAMBURGER KOLLEG MÜNSTER
EINHEIT & VIELFALT IM RECHT
LEGAL UNITY & PLURALISM

Herausgegeben von Ulrike Ludwig und Peter Oestmann

Band 1

Die Reihe versteht Rechtsvielfalt als ein überzeitliches und überregionales Strukturmerkmal von Recht schlechthin. Es kann demnach von einem relationalen und historisch wandelbaren Zusammenhang von Einheit und Vielfalt im Recht gesprochen werden. Die Schriftenreihe möchte diesen Zusammenhang in seiner kulturellen Vielgestaltigkeit umfassend beleuchten: interdisziplinär, räumlich übergreifend und interepochal. Die Bände erscheinen in deutscher und englischer Sprache und sind überwiegend im Open access zugänglich.

The book series conceptualises legal pluralism as a structural characteristic of law itself. We can therefore speak of a relational and historically changeable association between unity and pluralism in law. The book series intends to comprehensively illuminate these connections in their cultural polymorphy interdisciplinarily, transspatially and interepochally. The volumes are published in German and English and will be predominantly open-access.

Die Herausgeber / the editors

Peter Oestmann

Der Landrechtsentwurf von David Mevius

Mecklenburgisches Partikularrecht im 17. Jahrhundert

Einführung und Edition

Böhlau Verlag Wien Köln

Bibliografische Information der Deutschen Bibliothek:
Die Deutsche Nationalbibliothek verzeichnet diese Publikation in der Deutschen Nationalbibliografie; detaillierte bibliografische Daten sind im Internet über https://dnb.de abrufbar.

Umschlagabbildung: Blick auf die Wirkungsstätte von David Mevius mit dem Wismarer Tribunalsgebäude zwischen der Marien- und Georgenkirche © Lara-May Fischer

Umschlaggestaltung: Michael Haderer, Wien
Satz: le-tex publishing services, Leipzig
Druck und Bindung: Hubert & Co. BuchPartner, Göttingen
Printed in the EU

Vandenhoeck & Ruprecht Verlage | www.vandenhoeck-ruprecht-verlage.com
ISBN 978-3-412-52267-4

Inhalt

Edition: David Mevius, Entwurf eines mecklenburgischen Landrechts, 1658/66

Vorwort

Sie ist weder jung, hübsch noch schlank, doch dafür hat sie innere Werte. So lautete in den 1980er-Jahren die Werbung für die Hannoversche Allgemeine Zeitung. Für den Landrechtsentwurf von David Mevius gilt dasselbe. Vor elf Jahren hatte ich den umfangreichen Folianten im Landeshauptarchiv Schwerin zum ersten Mal auf dem Tisch. Das gesetzgeberische Hauptwerk eines der großen frühneuzeitlichen Juristen war bisher nur in einem ganz unzureichenden Druck aus dem 18. Jahrhundert zugänglich. Diese alte und vor allem fehlerhafte Edition von 1739 ist zwar inzwischen im Internet verfügbar, als Teil einer mehrbändigen Sammlung aber schwer zu finden und noch umständlicher zu benutzen. Entsprechend bescheiden fällt der Forschungsstand aus. Im Gegensatz dazu taucht der viel altbackenere Entwurf eines hannoverschen Landrechts von Friedrich Esajas Pufendorf, 1970 modern herausgegeben von Wilhelm Ebel, sogar in Helmut Coings „Europäischem Privatrecht" als Referenztext für das frühneuzeitliche deutsche Recht auf. Nur eine moderne Ausgabe des mecklenburgischen Landrechtsentwurfs also kann dem Werk die Beachtung verschaffen, die es verdient.

Das Landeshauptarchiv Schwerin stellte mir unkompliziert eine Verfilmung der Quelle zur Verfügung. Sie bildet die Grundlage der Transkription. Wegen einiger Feinheiten arbeitete ich aber auch im Sommer 2012 im Schweriner Archiv mit der Handschrift. Für den Abgleich mit den „Monumenta inedita" von Ernst Joachim von Westphalen kaufte ich die vier Folianten für die Münsteraner Institutsbibliothek und benutzte ebenfalls eine Digitalisierung der Universitätsbibliothek Düsseldorf. Bei der Transkription der Handschrift halfen mir über die Jahre hinweg meine Mitarbeiter Sebastian Slepe, Thorsten Süß und Julian Voltz mit großem Engagement. Mehrere Korrekturdurchgänge anhand der Handschrift führte ich allein durch. Auch die Abweichungen zu der Druckausgabe von 1739 überprüfte ich jeweils selbst. Später unterstützten mich meine Hilfskräfte Luzie Berngen, Mika Dahmer und Valea Etemi beim Korrekturlesen der Fußnoten, teilweise in der häuslichen Abgeschiedenheit der Coronakrise im Frühjahr und Sommer 2020. Für die Einleitung gaben mir Marielena Engelhardt, Marie Göttker und Marianna Strauch hilfreiche Anregungen.

Bei der Montagsrunde von Hans-Peter Haferkamp in Köln stellte ich das Editionsvorhaben zur Diskussion. Auf einer Tagung der David-Mevius-Gesellschaft in Wismar erhielt ich im September 2020 Rückmeldungen von Nils Jörn, Albrecht Cordes und zahlreichen norddeutschen Historikern, vor allem von Dirk Schleinert. Eine Tagung in Heidelberg, auf der ich den Text von Mevius im Vergleich zu anderen frühneuzeitlichen Partikularrechten vorstellen wollte, fiel coronabedingt leider aus. Die zwangsweise verordnete Ruhe kam freilich zugleich der Fußnotenarbeit und den Korrekturgängen zugute.

Mit dieser Edition beginnt eine neue wissenschaftliche Reihe zur „Einheit und Vielfalt im Recht". Das historisch-rechtshistorisch ausgerichtete Käte Hamburger-Kolleg, das seit Sommer 2021 in Münster vom Bundesministerium für Bildung und Forschung gefördert wird, möchte mit diesen Bänden Arbeiten aus dem Kolleg und seinem Umfeld dokumentieren. Als ein Hauptvertreter des deutschen Usus modernus geht es Mevius immer um das Verhältnis von gemeinem zu partikularem Recht. Die Rechtsquellenartikel zu Beginn seines Landrechtsentwurfs stellen das unmissverständlich klar. Auch Besonderheiten wie das von Mevius konzipierte Lehensrecht oder Gesinderecht sprechen für die bunte territoriale Vielfalt der frühneuzeitlichen Regelungen. Die geplante Rechtsvereinheitlichung in Mecklenburg fand allerdings nicht statt. Das Landrechtsprojekt kam zum Erliegen, endgültig in der Mitte des 18. Jahrhunderts.

Das stimmungsvolle Umschlagbild von Lara-May Fischer stammt von einer Exkursion im Sommer 2015. Zwischen der Marienkirche und der Georgenkirche erhebt sich das Wismarer Tribunal über den Dächern der Hansestadt. Hier arbeitete David Mevius, hier oder in seinem wenige Schritte entfernten Wohnhaus entstand der Landrechtsentwurf. Im Stadtarchiv lasen wir damals die Akten, die David Mevius und seine Nachfolger bearbeitet hatten.

Wie immer erfreulich verlief die Zusammenarbeit mit dem Böhlau Verlag und seiner Programmplanerin Dorothee Rheker-Wunsch. Die langjährig gewachsene Partnerschaft bewährt sich wieder und wieder auf neue Weise. Auch meine Familie gewährte mir abermals Freiräume für Archivreisen und Quellenarbeit und ließ sich bei einem Besuch in Wismar vom Reiz der norddeutschen Rechtsgeschichte überzeugen.

So danke ich am Ende allen Mitstreitern, die in so vielen Jahren zum Abschluss des Unternehmens beigetragen haben. Vielleicht gelingt es der Edition, einen neugierigen Blick auf das Partikularrecht des 17. Jahrhunderts zu lenken. Das würde mich freuen.

Münster im Juli 2021

Peter Oestmann

Einleitung

Mevius ist kein Unbekannter, ganz im Gegensatz zu seinem Entwurf eines mecklenburgischen Landrechts von 1658/66. Der norddeutsche Jurist David Mevius, 1609 geboren, 1670 verstorben, zählt zu den großen europäischen Gestalten des Usus modernus. Zwischen Greifswald, Stralsund und Wismar, zwischen Universität, Stadt und Gericht erscheint sein Lebensweg auf den ersten Blick zeittypisch beschaulich. Doch nicht die äußeren Stationen sind es, die Mevius über die Jahrhunderte hinweg Beachtung gesichert haben. Seine rechtswissenschaftliche Bedeutung lässt ihn in der Rückschau immer noch als einen „der genialsten deutschen Juristen" überhaupt erscheinen[1]. An wissenschaftlicher Strahlkraft hat man Mevius wegen seiner systematischen, theoretisch interessierten und besonders sorgfältigen Arbeitsweise sogar über den nur wenig älteren Benedikt Carpzov (1595–1666) gestellt[2].

Die Beschäftigung mit Mevius hat in den vergangenen zwei Jahrzehnten stark zugenommen. Sein europäischer Rang tritt nunmehr klar vor Augen[3]. Das wissenschaftliche Umfeld für die Mevius-Forschung ist inzwischen mehr als günstig. Den Boden dafür bereiteten mehrjährige Drittmittelprojekte zur Integration des südlichen Ostseeraumes ins Alte Reich und zum Wismarer Tribunal[4]. Die 2004 gegründete David-Mevius-Gesellschaft mit zahlreichen Tagungen und ihrer neu eröffneten Schriftenreihe führte zu einem deutlich sichtbaren Aufschwung[5]. Dazu kommt ein groß angelegtes Inventarisierungsprojekt der Akten des Wismarer

1 Berühmte Einschätzung von Georg Beseler, Volksrecht und Juristenrecht, Leipzig 1843, S. 49; übernommen von Erich Döhring, Geschichte der deutschen Rechtspflege seit 1500, Berlin 1953, S. 423; Gerd Kleinheyer/Jan Schröder (Hrsg.), Deutsche und Europäische Juristen aus neun Jahrhunderten. Eine biographische Einführung in die Geschichte der Rechtswissenschaft, 6. Aufl. Tübingen 2017, S. 538.

2 Roderich von Stintzing/Ernst Landsberg, Geschichte der Deutschen Rechtswissenschaft, 2. Abteilung, München und Leipzig 1884, S. 119; Roderich von Stintzing, Art. Mevius, David von, in: Allgemeine Deutsche Biographie 21 (1885), S. 554–557 (556).

3 Ernst Holthöfer, David Mevius (1609–1670), in: Nils Jörn/Bernhard Diestelkamp/Kjell Åke Modéer (Hrsg.), Integration durch Recht. Das Wismarer Tribunal (1653–1806) (Quellen und Forschungen zur höchsten Gerichtsbarkeit im Alten Reich 47), Köln, Weimar, Wien 2003, S. 277–296 (285).

4 Nils Jörn/Michael North (Hrsg.), Die Integration des südlichen Ostseeraumes in das Alte Reich (Quellen und Forschungen zur höchsten Gerichtsbarkeit im Alten Reich 35), Köln, Weimar, Wien 2000.

5 Nils Jörn (Hrsg.), David Mevius (1609–1670). Leben und Werk eines pommerschen Juristen von europäischem Rang (Schriftenreihe der David-Mevius-Gesellschaft 1), Hamburg 2007, dort S. 7–9 zur Gründung der Gesellschaft.

Tribunals[6], also desjenigen Gerichts, an dem Mevius lange Jahre als Vizepräsident wirkte und dessen Rechtsprechung er in seinen umfangreichen Dezisionenbänden[7] aufarbeitete. Im Zuge dieser allgemeinen Wiederentdeckung[8] von Mevius liegt es auf der Hand, auch seine wichtigste gesetzgeberische Arbeit endlich in einer modernen, historisch-kritischen Edition zu erschließen. Der Entwurf eines mecklenburgischen Landrechts von 1658/66 ist auf diese Weise erstmals in der von Mevius verfassten Originalversion für die interessierte Fachöffentlichkeit im Druck zugänglich. Die Einleitung bietet zunächst Hinweise auf Mevius und seine Bedeutung als Gesetzesredaktor sowie auf die äußere Entstehungsgeschichte des Entwurfs. Wenige Schlaglichter verdeutlichen sodann, warum eine moderne Edition trotz einer bereits 1739 erfolgten Druckfassung dringend erforderlich ist. Der Schwerpunkt der Einleitung beleuchtet einzelne Stellen des Landrechtsentwurfs und führt das Gesetzesverständnis von David Mevius, seine Rechtsquellenlehre und Gesetzgebungstechnik sowie mehrere inhaltliche Weichenstellungen vor Augen. Ein besonderes Augenmerk liegt hierbei auf dem vierten Teil des Entwurfs, den die spärliche bisherige Forschung besonders zurückhaltend bewertet hat. Im Ergebnis lässt sich Mevius' großer Entwurf in das bunte Geflecht anderer zeitgenössischer Quellen einordnen und bewerten. Die Editionsrichtlinien geben abschließend Aufschluss, in welcher Weise die philologischen Besonderheiten und die Unterschiede zwischen der Handschrift und dem frühneuzeitlichen Druck nachgewiesen sind.

---

6 Nils Jörn (Bearb.), Inventar der Prozeßakten des Wismarer Tribunals. Teil 1: Bestand des Archivs der Hansestadt Wismar (Findbücher, Inventare und kleine Schriften des Archivs der Hansestadt Wismar 1), bisher 8 Bände (Band 1 gemeinsam mit Hans-Konrad Stein), Wismar 2008–2011; Beate-Christine Fiedler (Bearb.), Akten des Schwedischen Tribunals zu Wismar im Niedersächsischen Landesarchiv – Staatsarchiv Stade – Herzogtümer Bremen und Verden, 1653–1715 (Veröffentlichungen der Niedersächsischen Archivverwaltung. Das Niedersächsische Landesarchiv und seine Bestände 3), zwei Teile, Hannover 2012.

7 Nachgewiesen bei Heinrich Gehrke, Die privatrechtliche Entscheidungsliteratur Deutschlands. Charakteristik und Bibliografie der Rechtsprechungs- und Konsiliensammlungen vom 16. bis zum Beginn des 19. Jahrhunderts (Ius Commune. Sonderheft 3), Frankfurt am Main 1974, S. 136 Nr. 124; Hinweis auf die eher geringe Beschäftigung mit den Dezisionen in der neueren Forschung bei Astrid Thomsch, David Mevius und der (Prozess-)Vergleich im Usus modernus pandectarum. Eine Analyse von Gerichtsordnung, Decisionen und Akten (Schriftenreihe der David-Mevius-Gesellschaft 8), Hamburg 2014, S. 8–9.

8 Schön formulierter Hinweis der Herausgeber, in: Jörn/Diestelkamp/Modéer, Integration durch Recht (wie Anm. 3), S. IX, auf die Dissertation von Kjell Åke Modéer, Gerichtsbarkeiten der schwedischen Krone im deutschen Reichsterritorium, Band I. Voraussetzungen und Aufbau 1630–1657 (Skrifter utgivna av institutet för rätthistorist forskning I/25), Stockholm 1975.

I. Mevius und sein Landrechtsentwurf

David Mevius ist vor allem aufgrund seiner gelehrten Veröffentlichungen als bedeutende Gestalt der deutschen Rechtswissenschaftsgeschichte im Gedächtnis geblieben. Neben den bereits oben erwähnten Dezisionen war es vor allem sein Kommentar zum Stadtrecht von Lübeck, der ihm bereits zu Lebzeiten hohes Ansehen bescherte[9]. Im Bereich der Gesetzgebung zeichnete Mevius vor allem als maßgeblicher Verfasser für die Wismarer Tribunalsordnung von 1653/57 verantwortlich[10]. Auch die Hofgerichtsordnung für Vorpommern und Rügen, die Konsistorialordnung sowie die Kirchenordnung der Stadt Wismar waren seine Werke[11]. Hinzu kamen eine Konstitution von Schuldensachen und eine Rangordnung der Gläubiger im Konkurs[12]. Diese Gesetze galten allesamt in den von Schweden seit dem Westfälischen Frieden beherrschten Territorien[13]. Das war beim Entwurf des mecklenburgischen Landrechts anders. An seinen drei Wirkungsorten Greifswald, Stralsund und Wismar war Mevius nie Mecklenburger Untertan gewesen. Trotz der räumlichen Nähe zu den Fürstentümern erreichte ihn der Auftrag, dieses Gesetz auszuarbeiten, bei förmlicher Betrachtung aus dem Ausland[14].

Mit den näheren Umständen der geplanten Mecklenburger Landrechtsgesetzgebung befasste sich bereits 1941 Erich Molitor in einem knappen Aufsatz[15]. Einige

9 David Mevius, Commentarius in Jus Lubecense, Leipzig 1642/43; Überblick über dieses Werk bei Nils Wurch, Commentarius in Jus Lubecense, in: Serge Dauchy u. a. (Hrsg.), The Formation and Transmission of Western Legal Culture. 150 Books that Made the Law in the Age of Printing (Studies in the History of Law and Justice 7), Cham 2016, S. 194–197; ders., David Mevius und das lübische Recht. Dargestellt am Beispiel des „beneficium excussionis" (Quellen und Darstellungen zur hansischen Geschichte NF 69), Köln, Weimar, Wien 2015; Götz Landwehr, Rechtspraxis und Rechtswissenschaft im Lübischen Recht vom 16. bis zum 19. Jahrhundert, in: Zeitschrift des Vereins für Lübeckische Geschichte und Altertumskunde 60 (1980), S. 35–37.

10 Gedruckt unter dem Titel: Der Königlichen Mayestät und Reiche Schweden Hohen Tribunals Ordnung (...) Auffgerichtet und zu halten befohlen, Wismar 1657; hierzu Kjell Åke Modéer, David Mevius als Vater der Tribunalsordnung, in: Jörn, Mevius (wie Anm. 5), S. 55–70.

11 Modéer, Gerichtsbarkeiten (wie Anm. 8), S. 414 Anm. 746; Holthöfer, Mevius (wie Anm. 3), S. 287.

12 Erich Molitor, Der Entwurf eines mecklenburgischen Landrechts von David Mevius, in: ZRG Germ. Abt. 61 (1941), S. 208–233 (213).

13 Knapper Überblick bei Heikki Pihlajamäki, Conquest and the Law in Swedish Livonia (ca. 1630–1710). A Case of Legal Pluralism in Early Modern Europe (The Northern World 77), Leiden, Boston 2017, S. 96–100.

14 Hinweis hierauf bei Erich Molitor, Mecklenburger Entwürfe einer Zivilrechtskodifikation aus dem 16., 17. und 18. Jahrhundert, in: Kurt Bussmann/Nikolaus Grass (Hrsg.), Festschrift für Karl Haff zum siebzigsten Geburtstag, Innsbruck, Innrain 1950, S. 164–173 (167–168).

15 Molitor, Entwurf (wie Anm. 12).

ergänzende Überlegungen steuerte 2007 Hans-Georg Knothe bei[16]. Mehr hat der Forschungsstand nicht zu bieten[17]. Es genügt, an dieser Stelle die Ergebnisse von Molitor und Knothe knapp zusammenzufassen. In verschiedenen Abschnitten der Einleitung wird es ohnehin geboten sein, die Einschätzungen von Molitor und Knothe im Lichte der Quellen zurechtzurücken.

Der äußere Rahmen ist schnell berichtet: 1655 beauftragte die mecklenburgische Ritter- und Landschaft David Mevius damit, den Entwurf des Landrechts auszuarbeiten[18]. Weshalb man sich gerade an Mevius wandte, ist nicht näher bekannt. Einige Vermutungen der spärlichen Literatur gehen offenkundig ins Leere. So verweist Molitor auf die Altersvorteile des „verhältnismäßig jugendlichen Mannes“[19]. Doch das ist ein zweifelhafter Befund. Mevius war zu diesem Zeitpunkt 46 Jahre alt, in der Mitte des 17. Jahrhunderts also wohl kaum jugendlich, auch wenn etwa Ulrich Zasius bei der Abfassung des Freiburger Stadtrechts von 1520 bereits 59 Jahre[20] und Friedrich Esajas Pufendorf sogar 65 Jahre alt war, als er in den 1770er-Jahren ein hannoversches Landrecht konzipierte[21]. Problematisch ist auch die Auffassung, für Mevius habe seine Erfahrung bei anderen Gesetzgebungsprojekten gesprochen[22]. Schon der erste Blick auf die von Mevius erarbeiteten Gesetze zeigt, dass sie allesamt noch nicht in Kraft getreten, großenteils noch nicht einmal geplant waren, als er den Auftrag aus Mecklenburg erhielt. Knothe vermutet demgegenüber, mit seiner Abhandlung über das Recht der Bauersleute von 1645/46 habe sich Mevius bei der Ritterschaft beliebt gemacht[23]. In der Tat hatte Mevius ein umfangreiches Gutachten zur Rechtsstellung der leibeigenen Landbevölkerung erstellt, das bis weit in das 18. Jahrhundert hinein in mindestens sechs oder sieben Auflagen erschien[24]. Doch auch dieser Gesichtspunkt kann nur teilweise verfangen.

---

16 Hans-Georg Knothe, Überlegungen zu dem Entwurf eines mecklenburgischen Landrechts von David Mevius, in: Jörn, Mevius (wie Anm. 5), S. 127–144; kurze Hinweise auch bei dems., David Mevius (1609–1670): Ein herausragender Jurist des Usus modernus Pandectarum, in: Zeitschrift für Europäisches Privatrecht 2010, S. 536–561 (556–558).

17 Einige Vorschriften des Landrechtsentwurfs befinden sich bei Hans Hattenhauer/Arno Buschmann, Textbuch zur Privatrechtsgeschichte der Neuzeit mit Übersetzungen, 2. Aufl. München 2008, Nr. 66, S. 111–113.

18 Molitor, Entwurf (wie Anm. 12), S. 213; Knothe, Überlegungen (wie Anm. 16), S. 129.

19 Molitor, Entwurf (wie Anm. 12), S. 213.

20 Kleinheyer/Schröder, Juristen (wie Anm. 1), S. 485–489.

21 Wilhelm Ebel, Friedrich Esaias Pufendorfs Entwurf eines hannoverschen Landrechts (vom Jahre 1772) (Quellen und Darstellungen zur Geschichte Niedersachsens 78), Hildesheim 1970, Einleitung S.IX–XXVIII; Thomas Krause, Art. Pufendorf, Friedrich Esajas v., in: HRG IV (1. Aufl. 1990), Sp. 102–105.

22 Molitor, Entwurf (wie Anm. 12), S. 213.

23 Knothe, Überlegungen (wie Anm. 16), S. 129.

24 Zu diesem Werk Marion Wiese, Leibeigene Bauern und Römisches Recht im 17. Jahrhundert. Ein Gutachten des David Mevius (Schriften zur Europäischen Rechts- und Verfassungsgeschichte 52),

Die Leibeigenschaft war zwar in Mecklenburg in der Tat weit verbreitet und hatte die vergleichsweise günstige Rechtsstellung der Bauern im 17. Jahrhundert deutlich verschlechtert[25]. Allerdings enthält der Landrechtsentwurf von Mevius nur einen einzigen Titel zur Rechtsstellung von Bauern und Leibeigenen (Teil 1, Tit. 13). Dieser Regelungsgegenstand bildete also nur einen ganz kleinen Teil des gewaltigen Gesetzgebungsvorhabens. Vielleicht waren es letztlich ganz praktische Überlegungen, die Mevius den mecklenburgischen Auftrag bescherten. In dieser Zeit war er sicherlich der bekannteste norddeutsche Richter, vielleicht sogar der namhafteste norddeutsche Jurist überhaupt. Und vor allem lag Wismar, Mevius' Wirkungsort, von Sternberg, dem Ort des Landtages[26], und von der Residenz Schwerin gerade einmal 50 km entfernt. Das erleichterte und beschleunigte sicherlich den Austausch. Nähere Einzelheiten hierzu lassen sich angesichts der unbefriedigenden Überlieferungslage nicht klären.

Sowohl Hugo Böhlau[27], Erich Molitor als auch Hans-Georg Knothe haben den Landrechtsentwurf von David Mevius in die allgemeine Mecklenburger Gesetzgebungsgeschichte eingeordnet. Das ist einerseits ein wichtiger äußerer Rahmen, andererseits aber zugleich auch eine gefährliche Rückschauverzerrung. Die Geschichte liest sich nämlich so: Schon in den 1570er-Jahren habe Herzog Ulrich „Kodifikationsentwürfe"[28] nach dem Vorbild der Kursächsischen Konstitutionen von 1572[29] erstellen lassen. Die Stände lehnten auf dem Landtag von 1583 diesen Entwurf ab, und auch ein umgearbeiteter Entwurf versandete abermals auf dem Landtag. 1621 versprach der Herzog in sogenannten Reversalien[30] sodann, ein

---

Berlin 2006, ergänzend Hans-Georg Knothe, Zur Entwicklung des Rechts der Gutsherrschaft im Spiegel von Mevius' Abhandlung über die „Bauers-Leute", in: Jörn Eckert/Kjell Å. Modéer (Hrsg.), Geschichte und Perspektive des Rechts im Ostseeraum. Erster Rechtshistorikertag im Ostseeraum 8.–12. März 2000 (Rechtshistorische Reihe 251), Frankfurt am Main 2002, S. 237–274. – Abdruck des Gutachtens bei Wiese, S. 271–361. Zusätzlich zu den von Wiese, S. 271 Anm. 1, genannten Drucken gab es weitere Ausgaben, so etwa auch eine von 1656.

25 Ernst Münch, Mecklenburg und das Problem der Leibeigenschaft Mitte des 16. bis Mitte des 17. Jahrhunderts, in: Jan Klußmann (Hrsg.), Leibeigenschaft. Bäuerliche Unfreiheit in der frühen Neuzeit (Potsdamer Studien zur Geschichte der ländlichen Gesellschaft 3), Köln, Weimar, Wien 2003, S. 3–19.

26 Molitor, Entwurf (wie Anm. 12), S. 213; Knothe, Überlegungen (wie Anm. 16), S. 129.

27 Hugo Heinrich Albert Böhlau, Mecklenburgisches Landrecht. Das particulare Privatrecht. Erster Band, Weimar 1871, S. 133–143; ders., Ueber die Mecklenburgischen Landrechts-Pläne, in: ZRG X (1872), S. 315.

28 Molitor, Entwurf (wie Anm. 12), S. 212.

29 Hierzu Gerhard Buchda/Heiner Lück, Art. Kursächsische Konstitutionen, in: HRG III (2. Aufl. 2016), Sp. 354–361.

30 Abdruck auszugsweise bei Molitor, Entwürfe (wie Anm. 14), S. 166 (übernommen von Spalding); ebenfalls bei Hugo Sachsse (Hrsg.), Mecklenburgische Urkunden und Daten. Quellen vornehmlich für Staatsgeschichte und Staatsrecht Mecklenburgs, Rostock 1900, S. 331.

deutschsprachiges Landrecht zu entwerfen. Nach einer Verzögerung durch den Dreißigjährigen Krieg erhielt Mevius 1655 endlich den Auftrag, legte 1658 und 1666 die fertigen Teile vor, die aber aufgrund der „schwierigen politischen Verhältnisse" nicht förmlich verabschiedet[31] wurden. Erst in den 1720er-Jahren gab es weitere Diskussionen um den Entwurf von Mevius und das Landrecht allgemein, bis 1755 nach dem Erbvergleich[32] die Landesregierung von Mecklenburg-Strelitz den Entwurf erneut in den Landtag einbrachte. Die Schweriner Regierung hatte inzwischen aber einen neuen Entwurf erstellen lassen. In dieser Pattsituation scheiterte dann das Vorhaben, ein mecklenburgisches Landrecht zu erlassen, endgültig[33].

Diese Erzählung, je gedrängter sie zusammengefasst wird, läuft auf eine große Misserfolgsgeschichte hinaus. Über 180 Jahre hinweg habe es das rückschrittlichste deutsche Territorium nicht zustande gebracht, sein eigenes Partikularrecht förmlich als Gesetz zu verkünden. Der Haken an dieser Geschichte liegt auf der Hand. Zwischen den einzelnen Stationen dieser angeblich gescheiterten Landrechtsgesetzgebung erstrecken sich jeweils viele Jahre, teilweise sogar mehrere Jahrzehnte. Die Rahmenbedingungen in den 1570er-, 1650er- und 1750er-Jahren waren völlig verschieden. Aus sachlichen Gesichtspunkten verbietet es sich deswegen, von einem einheitlichen Vorhaben zu sprechen, schon gar nicht in „kodifikationsgeschichtlicher Hinsicht", wie Molitor ganz unpassend und wenig zeitgerecht den Kern seiner Fragestellung umschreibt[34].

Gegen die leichthin erzählte Misserfolgsgeschichte ist an dieser Stelle kurz auf die überkommene Rechtsquellenvielfalt in den deutschen Territorien hinzuweisen. Die subsidiäre Geltung des römisch-kanonischen Rechts stand nach wie vor außer Frage, auch in Mecklenburg war sie anerkannt[35]. In zahlreichen Städten war das lübische Recht anwendbar[36]. Dazu kamen vielfältige Gerichts- und Pro-

---

31 Molitor, Entwurf (wie Anm. 12), S. 216.

32 Des Durchlauchtigsten Fürsten und Herrn, Herrn Christian Ludewigs Herzogen zu Mecklenburg, (...) mit Dero Ritter- und Landschaft getroffener Landes-Grund-Gesetzlicher Erb-Vergleich, Rostock 1755; hierzu Matthias Manke/Ernst Münch (Hrsg.), Verfassung und Lebenswirklichkeit. Der Landesgrundgesetzliche Erbvergleich von 1755 in seiner Zeit (Veröffentlichungen der Historischen Kommission für Mecklenburg B, N. F. 1), Lübeck 2006.

33 Molitor, Entwurf (wie Anm. 12), S. 212–216; Knothe, Überlegungen (wie Anm. 16), S. 128–129, 144; Böhlau, Landrechts-Pläne (wie Anm. 27), S. 316.

34 Molitor, Entwurf (wie Anm. 12), S. 209.

35 Immer noch grundlegend Otto Stobbe, Geschichte der deutschen Rechtsquellen, 2. Abteilung, Braunschweig 1864, S. 358–359.

36 Wilhelm Ebel, Lübisches Recht, erster Band, Lübeck 1971, S. 42–52; Diethelm Klippel (Hrsg.), Deutsche Rechts- und Gerichtskarte, Nachdruck Goldbach 1996 der Ausgabe Kassel 1896, S. 27 (Neustrelitz), S. 35 (Schwerin); zeitgenössisch Christian Gottlieb Riccius, Zuverläßiger Entwurff von Stadt-Gesezen, oder Statutis vornehmlich der Land-Städte, Frankfurt und Leipzig 1740, S. 104–106, 109–113.

zessordnungen[37] und eine große Masse an Policeyordnungen[38]. Auch wenn seit dem 16. Jahrhundert vielerorts partikulare Landrechte in Kraft traten[39], gab es weiterhin eine große Zahl von Territorien ohne diese Art von Gesetzgebung. Die Praxis konnte mit dem herrschenden Rechtsquellengemisch offenbar umgehen und behalf sich mit dem Hinweis auf Usus, Observanz und Herkommen[40]. Im Streitfall holte man im Rahmen von Aktenversendungen den Rat gelehrter Juristenfakultäten oder anderer Spruchkörper ein[41]. Innerhalb der Territorien gab es zwar mehrfach Beschwerden über Rechtsunsicherheit, so auch in Mecklenburg[42]. Doch hier ist der Kern des Streits nicht leicht zu fassen. Ob es wirklich Rechtsunklarheit gab, wenn es darum ging, Einzelfälle gerichtlich zu entscheiden, ob ein ideologischer „Kampf zwischen den alten Landes-Rechten und dem fremden Rechte"[43] tobte oder ob es eher darum ging, die Landesherrschaft durch Gesetzgebung zu stärken, sind Wertungsfragen, die sich je nach Erkenntnisinteresse unterschiedlich beantworten lassen. Mecklenburg war jedenfalls keine krasse Ausnahme. Widersteht man der Versuchung, die zahlreichen Debatten über ein mecklenburgisches Landrecht als einheitliche, zweihundertjährige Auseinandersetzung zu deuten, eröffnet sich die

37 Nachweise auch bei Johann Christoph Schwartz, Vierhundert Jahre deutscher Civilproceß-Gesetzgebung. Darstellungen und Studien zur deutschen Rechtsgeschichte, Berlin 1898, S. 799.

38 Nachweis der meisten Quellen bei Rainer Schwieger, Mecklenburg, in: Karl Härter/Michael Stolleis (Hrsg.), Repertorium der Policeyordnungen der Frühen Neuzeit, Band 12: Königreich Schweden und Herzogtümer Pommern und Mecklenburg, hrsg. v. Karl Härter, Jörp Zapnik, Pär Frohnert (Studien zur europäischen Rechtsgeschichte 306), Frankfurt am Main 2017, 2. Halbband, S. 765–945.

39 Überblick bei Franz Wieacker, Privatrechtsgeschichte der Neuzeit unter besonderer Berücksichtigung der deutschen Entwicklung, 2. Aufl. Göttingen 1967, S. 195–198; Hermann Conrad, Deutsche Rechtsgeschichte, Band II: Neuzeit bis 1806, Karlsruhe 1966, S. 363–367.

40 Peter Oestmann, Gemeines Recht und Rechtseinheit, in: Eva Schumann (Hrsg.), Hierarchie, Kooperation und Integration im Europäischen Rechtsraum (Abhandlungen der Akademie der Wissenschaften in Göttingen NF 38), Berlin, Boston 2015, S. 1–49 (17–28); ders., Rechtsvielfalt vor Gericht. Rechtsanwendung und Partikularrecht im Alten Reich (Rechtsprechung. Materialien und Studien 18), Frankfurt am Main 2002, S. 116–118; Barbara Stollberg-Rilinger, Verfassungsgeschichte als Kulturgeschichte, in: ZRG Germ. Abt. 127 (2010), S. 1–32 (30–31); Thomas Simon, Geltung. Der Weg von der Gewohnheit zur Positivität des Rechts, in: Rg. Rechtsgeschichte 7 (2005), S. 100–137.

41 Peter Oestmann, Art. Aktenversendung, in: HRG I (2. Aufl. 2008), Sp. 128–132.

42 Sehr ausführlich Carl Christoph Albert Heinrich von Kamptz, Civilrecht der Herzogthümer Mecklenburg. Erster Theil, erste Abtheilung: Quellen und Literatur, Schwerin und Wismar 1805, S. 21–29; Stobbe, Geschichte II (wie Anm. 35), S. 359. Zur berühmten Klage über das „glupisch, lobische" Recht Landwehr, Rechtspraxis (wie Anm. 9), S. 25–26.

43 So Kamptz, Civilrecht I/1 (wie Anm. 42), S. 17; dagegen Molitor, Entwurf (wie Anm. 12), S. 211: Mevius habe diesen Gegensatz als Kind seiner Zeit noch nicht so klar empfunden wie das 18. Jahrhundert.

Möglichkeit, jede Etappe in ihrem eigenen rechtspolitischen Umfeld eigenständig zu würdigen. Das gilt auch für den Entwurf von David Mevius.

Nachdem Mevius den Auftrag des mecklenburgischen Landtags erhalten hatte, legte er im Januar 1658, also nach etwa zweieinhalb Jahren, die ersten drei Teile seines Entwurfs vor[44]. Der vierte Teil zur Gerichtsbarkeit und zum Strafrecht fehlte zu diesem Zeitpunkt noch. Weshalb Mevius seinen Landrechtsentwurf nicht gleich vollständig einreichte, ist unklar. Er selbst betonte, er habe zunächst eine Rückmeldung zu den ersten drei Teilen erhalten wollen. Das ist aber wenig wahrscheinlich, denn zu diesem Zeitpunkt waren ja vier Fünftel des Textes bereits erstellt[45]. Die Auffassung von Molitor, gerade das Prozessrecht und die Gerichtsverfassung hätten ihm besondere Schwierigkeiten bereitet[46], kann kaum überzeugen, war doch Mevius durch seine Arbeit am Wismarer Tribunal mit der Gerichtspraxis vertraut wie kein zweiter Zeitgenosse. Hier bleiben offene Fragen. Nach zwei Ermahnungen von 1658 und vom Herbst 1666[47] scheint Mevius den vierten Teil noch 1666 vorgelegt zu haben[48]. Bei genauer Betrachtung der Handschrift zeigt der vierte Teil tatsächlich kleine Unterschiede zu den ersten drei Teilen. Die Handschrift stammt entweder von einem anderen Schreiber oder von demselben Schreiber und hatte sich innerhalb von acht Jahren ein wenig geändert. Ob Mevius den Entwurf selbst[49] oder mit Hilfe eines Schreibers erstellt hatte, steht nicht fest. Einige wenige Randkorrekturen erlauben es nicht zweifelsfrei, eigenhändige Änderungen und Verbesserungen von Mevius zu bestimmen. Erich Molitor hat darauf hingewiesen, dass der Landrechtsentwurf von Mevius in eine Zeit fällt, in der im Gegensatz zum 16. Jahrhundert „Kodifikationen fast völlig gefehlt" hätten[50]. Immerhin erließen aber im selben Jahrzehnt mit Kursachsen (Decisiones, 1661), Kurköln (Landrecht, 1663) und Kurtrier (Landrecht, 1668) gleich drei Kurfürstentümer eigene Gesetzge-

---

44 Joachim Heinrich Spalding, Mecklenburgische öffentliche Landes-Verhandlungen aus öffentlichen Landtags- und Landes-Convents-Protocollis gezogen, Band III, Rostock 1797, S. 285(zum 29. August 1655: Auftrag an Mevius beschlossen), Band IV, Rostock 1800, S. 94, 96 (zum 13. März 1666: Mahnung an Mevius wegen des 4. Teil); Böhlau, Landrechts-Pläne (wie Anm. 27), S. 315; Molitor, Entwurf (wie Anm. 12), S. 214; unzutreffend datieren Stintzing/Landsberg, Geschichte II (wie Anm. 2), S. 117 Anm. 1, die ersten drei Teile des Entwurfs auf 1655.

45 Molitor, Entwurf (wie Anm. 12), S. 214.

46 Molitor, Entwurf (wie Anm. 12), S. 214.

47 Spalding, Landes-Verhandlungen IV (wie Anm. 44), S. 94, 96.

48 Molitor, Entwurf (wie Anm. 12), S. 215.

49 Der Entwurf stammt jedenfalls von derselben Hand wie das Begleitschreiben von Mevius vom 16. Januar 1658. Alle Quellen liegen im Landeshauptarchiv Schwerin Bestand 3.1–1: Mecklenburgische Landstände mit Engerem Ausschuss der Ritter- und Landschaft zu Rostock Nr. 11512 (alte Signatur: Art. XX: Von politischen Sachen überhaupt, Nr. 337 Band 2).

50 Molitor, Entwurf (wie Anm. 12), S. 208.

bungen[51]. Mevius war in seiner Zeit sicherlich der bedeutendste Gesetzesredaktor, nicht jedoch der einzige.

Zusammen mit dem vierten Teil umfasst der Landrechtsentwurf von David Mevius 1029 Artikel auf 574 Folioseiten (287 Blatt). Einen Titel enthält der handschriftliche Entwurf nicht. Wenn in der neueren Literatur teilweise eine Bezeichnung des Landrechtsentwurfs auftaucht[52], handelt es sich hierbei lediglich um eine Übernahme aus einem Druckwerk von 1739. In der Tat veröffentlichte Ernst Joachim Westphal (geadelt als „von Westphalen") den Entwurf von Mevius in seiner mehrbändigen norddeutschen Quellensammlung von 1739[53]. Das mag man je nach Sichtweise für eine entlegene Stelle[54] halten. Durch die voranschreitende Digitalisierung frühneuzeitlicher juristischer Literatur sind die „Monumenta inedita" aber seit 2010 auch über norddeutsche Spezialbibliotheken hinaus überregional greifbar[55], wenn auch nur schwerfällig zu benutzen.

II. Notwendigkeit der Neuedition

Angesichts der riesigen Masse ungedruckter frühneuzeitlicher Quellen mag die nochmalige Edition des mecklenburgischen Landrechtsentwurfs wie ein überflüssiger Luxus erscheinen. Doch diese Sichtweise wäre voreilig. Schon ältere Lebensabrisse des frühneuzeitlichen Herausgebers Westphalen weisen auf seine selbst für zeitgenössische Maßstäbe besonders schlampige Arbeitsweise hin. Seine Quellenmitteilungen seien „durch Druck- oder Lesefehler sehr häufig bis zur Unbenutzbarkeit entstellt", bemerkte 1897 die „Allgemeine Deutsche Biographie"[56]. Bereits 1861

---

51 Richard Schröder/Eberhard Freiherr von Künssberg, Lehrbuch der deutschen Rechtsgeschichte, 7. Aufl. Berlin und Leipzig 1932, S. 975–976; Conrad, Rechtsgeschichte II (wie Anm. 39), S. 367. – Molitor, Entwurf (wie Anm. 12), S. 208, weist kurz darauf hin, die sächsischen Dezisionen hätten sich „in den ausgefahrenen Gleisen" bewegt.

52 Wurch, Mevius (wie Anm. 9), S. 175 Anm. 838.

53 Ernst Joachim von Westphalen, Monumenta inedita rerum germanicarum praecipue cimbricarum et megapolensium, Tomus I, Leipzig 1739, Sp. 651–860 (die Paginierung schwankt teilweise zwischen Seiten und Spalten); zum Herausgeber: Carsten Erich Carstens, Art. Westphalen, Ernst Joachim von, in: Allgemeine Deutsche Biographie 42 (1897), S. 218–221; Henning Ratjen, Johann Carl Heinrich Dreyer, Professor des deutschen Rechts und der Praxis in Kiel, Syndikus und Domprobst in Lübeck, und Ernst Joachim von Westphalen, Rechtslehrer in Rostock, Geh. Rath des grossfürstlichen Holsteins und Curator der Kieler Universität. Beitrag zur Geschichte der Kieler Universität und der juristischen Literatur, Kiel 1861.

54 Knothe, Überlegungen (wie Anm. 16), S. 127.

55 Universitäts- und Landesbibliothek Düsseldorf: http://digital.ub.uni-duesseldorf.de/content/titleinfo/1598225 (besucht am 25. März 2021).

56 Carstens, Westphalen (wie Anm. 53), S. 221.

hatte Henning Ratjen dasselbe festgestellt. Westphalen habe „auf die Abdrücke nicht Sorgfalt genug verwandt", meinte er[57]. Ein näherer Blick auf den Landrechtsentwurf von David Mevius untermauert diese Vorbehalte an allen Ecken und Enden.

Sinnentstellende Verzerrungen treten bereits dann auf, wenn ein einziger wichtiger Buchstabe falsch gelesen und in der Druckausgabe entsprechend nicht gesetzt wurde. So beschäftigt sich Mevius im Rahmen des Testamentsrechts mit der Frage, welche Rechtsfolge eintreten soll, wenn sämtliche eingesetzten Erben sterben oder die Erbschaft ausschlagen. Die Antwort lautet: „So ist das Testament nichtig" (Teil 2, Tit. 22, Art. 17[58]). Bei Westphalen heißt es dagegen, das Testament sei „richtig". Bei der Bürgschaft behandelt Mevius den Fall, dass ein Bürge wegen „seiner Lobezucht" in Anspruch genommen wird (Teil 3, Tit. 14, Art. 4). Lobzucht ist ein altes niederdeutsches und niederländisches Rechtswort für eine besondere Form des Gelöbnisses[59]. Gemeint ist das Versprechen des Bürgen, also der Grund, weswegen er dem Gläubiger etwas schuldet. Bei Westphalen heißt es statt „Lobezucht" dagegen „Bezahlung". Es geht damit nicht mehr um den Verpflichtungsgrund, sondern um die Rechtsfolge, die der Gläubiger erstrebt. In einem Titel über die Rechtsstellung des Erben befasst sich Mevius mit einer Mehrzahl von Erben, die aufgrund eines Inventars die Erbschaft annehmen (Teil 2, Tit. 21, Art. 21). Diese Erben sollen die Forderungen der Nachlassgläubiger befriedigen und sich mit ihnen entweder gütlich einigen oder eine „fernere Entscheidung" suchen. Diese fernere Entscheidung stand für Mevius am Ende eines Diskussionsverfahrens, einer Spielart des frühneuzeitlichen Konkursprozesses[60]. Bei Westphalen ist auch diese Vorschrift entstellt. Statt von einer Entscheidung über die Nachlassverbindlichkeiten ist von einer ferneren „Entschuldigung" die Rede. Hier ist es nicht möglich, den Sinn des Artikels zu verstehen. Überdies änderte Westphalen die Pluralfassung „die Erben" in „ein Erbe" und bezog die Vorschrift damit nicht mehr auf die Erbenmehrheit, sondern nur noch auf den Einzelerben. In einem anderen Artikel aus dem Konkursrecht geht es um den Inhaber von Pfandgütern und seine Möglichkeiten, sein Recht im Konkurs zu erhalten. Für Mevius kam es darauf an, dass der Pfandinhaber sein Recht „zur

---

57 Ratjen, Dreyer (wie Anm. 53), S. 22.

58 Wegen der leichten Auffindbarkeit der Vorschriften in der Edition folgen die Hinweise auf den Landrechtsentwurf immer ohne Angabe von Foliozahlen (Mevius) oder Spalten (Westphalen).

59 Deutsches Rechtswörterbuch. Wörterbuch der älteren deutschen Rechtssprache. Achter Band, bearb. v. Günther Dickel und Heino Speer, Weimar 1984/91, Sp. 1375–1376.

60 Einzelheiten dazu sind kaum erforscht, Hinweise bei Thorsten Süss, Partikularer Zivilprozess und territoriale Gerichtsverfassung. Das weltliche Hofgericht in Paderborn und seine Ordnungen 1587–1720 (Quellen und Forschungen zur höchsten Gerichtsbarkeit im Alten Reich 69), Köln, Weimar, Wien 2017, S. 239–246; Peter Oestmann, Geistliche und weltliche Gerichte im Alten Reich. Zuständigkeitsstreitigkeiten und Instanzenzüge (Quellen und Forschungen zur höchsten Gerichtsbarkeit im Alten Reich 61), Köln, Weimar, Wien 2012, S. 211.

Wißenschafft bringe“ (Teil 4, Tit. 5, Art. 15). Die Form der Bekanntmachung sicherte ihm also seine Rechtsposition. Westphalen ersetzte stattdessen Wissenschaft durch „Verlassenschafft“, eine frühneuzeitliche Bezeichnung für den Nachlass[61]. Der Regelungsgehalt der Vorschrift ist auf diese Weise nicht mehr erkennbar.

Wenige weitere Beispiele erhärten den Befund. Einmal sind die Parteien „verstendig und mechtig“ (Teil 3, Tit. 11, Art. 1, Mevius), einmal „nöthig“ (Westphalen), einmal geht es um eine Zahlung an den „Cessionario“ (Teil 3, Tit. 18, Art. 7, Mevius), einmal an den „Pensionario“ (Westphalen). Aus dem „Lauff der Zinsen“ (Teil 3, Tit. 17, Art. 10, Mevius) macht Westphalen „Land-Zinsen“, aus „Ungleicheit“ (Teil 2, Tit. 26, Art. 7, Mevius) wird „Ungelegenheit“ (Westphalen). Auch Fremdwörter erweisen sich als Fallstricke. Wenn Mevius davon spricht, über Erbgüter werde „discutiiret“ (Teil 3, Tit. 19, Art. 6), heißt es bei Westphalen, es werde „discontiret“. „Extendiren“ (Teil 3, Tit. 4, Art. 5, Mevius) wird zu „extradiren“ (Westphalen).

Teilweise gehen die Textabweichungen über einzelne verlesene Worte hinaus. Hier bleibt noch mehr unklar. Möglicherweise hatte Ernst Joachim von Westphalen in großer Schlampigkeit den Text von Mevius gar nicht vollständig gelesen. Vielleicht aber wollte er die Vorlage auch bewusst verändern und rechtlich eigene Akzente setzen. In einer Vorschrift zur Intestaterbfolge tauchen diejenigen auf, die von der Erbfolge „außerhalb der Brueder und Schwester und derselben Kinder von voller Gebuhrt und also des Großvatern oder Großmuttern Brueder undt Schwester auch des Vatern und Mutter Brueder undt Schwester von der Erbschafft deß Verstorbenen durch den Vater undt Mutter oder auch Großvater oder Großmutter“ ausgeschlossen waren (Teil 2, Tit. 24, Art. 6, Mevius). Der Hinweis auf „des Vatern und Mutter Brueder undt Schwester“ fehlt bei Westphalen. Damit ändert sich der Kreis der gesetzlichen Erben – ob bewusst oder unbewusst, lässt sich nicht feststellen. Falls jemand ohne Kinder und Eltern stirbt, sollten nach dem Entwurf von Mevius die vollbürtigen Geschwister erben[62], denn „dieselben nehmen alßdan das Erbe zugleich und schließen die Brüder und Schwester von halber Geburth auß“ (Teil 2, Tit. 24, Art. 7, Mevius). Bei Westphalen fehlt genau dieser Halbsatz. Stattdessen heißt es, „so succediren selbige in die Haupter“. Was das für die Abgrenzung voller und halber Geburt bedeutet, bleibt schleierhaft.

---

61 Ursula Flossmann/Herbert Kalb/Karin Neuwirth, Österreichische Privatrechtsgeschichte, 7. Aufl. Wien 2014, S. 359; Otto Stobbe, Handbuch des Deutschen Privatrechts, 5. Band, 1. und 2. Aufl. Berlin 1885, § 282, S. 35; zahlreiche Belege etwa bei Inge Kaltwasser (Bearb.), Inventar der Akten des Reichskammergerichts 1495–1806. Frankfurter Bestand (Veröffentlichungen der Frankfurter Historischen Kommission 21), Frankfurt am Main 2000, S. 1233.

62 Umfassend zum Erbrecht der halben Geburt Peter Oestmann (Hrsg.), Ein Zivilprozeß am Reichskammergericht. Edition einer Gerichtsakte aus dem 18. Jahrhundert (Quellen und Forschungen zur höchsten Gerichtsbarkeit im Alten Reich 55), Köln, Weimar, Wien 2009, hier S. 567–568 zur Rechtsauffassung von David Mevius in seinem Kommentar zum lübischen Recht.

Die Liste ließe sich ohne großen Aufwand verlängern. Aber das ist nicht nötig. Die Einschätzung der älteren Literatur bestätigt sich bereits an dieser Stelle vollauf. In den „Monumenta inedita" von Ernst Joachim von Westphalen ist der Landrechtsentwurf von David Mevius grob fehlerhaft wiedergegeben und deswegen vielfach unbrauchbar. Eine Neuedition ist angesichts der wissenschaftsgeschichtlichen Bedeutung von Mevius angebracht, wenn man nicht jeden potentiellen Nutzer auf eine Reise ins Landeshauptarchiv Schwerin verweisen möchte, von den tatsächlichen, nur selten ausgesprochenen Schwierigkeiten, mit Handschriften aus dem 17. Jahrhundert zu arbeiten, ganz zu schweigen.

III. Weichenstellungen des Entwurfs

Einige Schlaglichter auf den Landrechtsentwurf können das Werk von David Mevius näher beleuchten. Hierbei geht es um wichtige inhaltliche Eckpunkte, die für das Verständnis der Quelle hilfreich sind. Ein vollständiger Kommentar oder eine umfassende Analyse ist demgegenüber an dieser Stelle nicht beabsichtigt und in der Einleitung einer Edition auch weder üblich noch sinnvoll.

1. Bisherige Würdigungen

Es gibt bisher zwei meinungsstarke Würdigungen des mecklenburgischen Landrechtsentwurfs, zunächst 1941 von Erich Molitor, dann 2007 von Hans-Georg Knothe. Vor allem die Einschätzung von Molitor verdient einen genaueren Blick, weil sie sehr pointiert das Gesetzgebungsvorhaben einordnet und sich gleichzeitig um eine Auseinandersetzung mit der Quelle in keiner Weise bemüht. Für Molitor war der Landrechtsentwurf von Mevius „auch im Rahmen seiner Zeit überaus fortschrittlich"[63]. Diese Sichtweise folgt allerdings nicht aus einer näheren Untersuchung des Landrechts, sondern aus einer Gesamteinschätzung von Mevius' Wissenschaftskonzept. Molitor legt großen Wert darauf, Mevius als frühen Naturrechtler darzustellen. Es sei David Mevius nicht um den Gegensatz von römischem Recht und deutschem Recht, sondern von römischem Recht und Naturrecht gegangen[64]. Gemeines Recht sei für ihn im Kern gar nicht mehr das rezipierte römisch-kanonische Recht gewesen, sondern das Naturrecht, auch wenn sich Mevius selbst „wahrscheinlich (...) gar nicht vollständig darüber klar geworden" sei.[65] Im Landrechtsentwurf findet sich zu diesem Thema jedoch kein einziges Wort, und bereits Böhlau hatte

63 Molitor, Entwurf (wie Anm. 12), S. 210.
64 Molitor, Entwurf (wie Anm. 12), S. 211.
65 Molitor, Entwurf (wie Anm. 12), S. 232.

1871 die „romanisierende Disposition" von Mevius festgestellt[66]. Das aber ficht Molitor nicht an. Vielmehr stellt er in seiner Würdigung vor allem auf das postum veröffentlichte Teilstück eines großen geplanten Naturrechtswerkes von Mevius ab[67]. Das Vetorecht der Quelle[68], nämlich des Landrechtsentwurfs, kann sich gegen solche Einordnungen nicht behaupten. Molitor zeigt keine Scheu, die eigenen Worte von Mevius in ihr Gegenteil zu verkehren. So beschreibt David Mevius in seiner Vorrede etwa, wie sich sein Landrecht über die Meinungskontroversen von Rechtslehrern hinwegsetzen wolle. Doch Molitor hält diesen Hinweis lediglich für eine „historische Anknüpfung" an mecklenburgische Debatten aus dem 16. Jahrhundert[69]. Mevius habe sich im Landrecht zwar zum Traditionalismus bekannt, sei „in Wirklichkeit" aber weit darüber hinausgegangen, was man auch „versteckt" in der Quelle erkennen könne[70].

Ein wichtiges Argument soll insbesondere aus der Sprache des Landrechtsentwurfs folgen. Mevius, so Molitor, habe sich im Einklang mit seinem Auftrag zu einem deutschen, für die Bevölkerung verständlichen Landrecht bekannt, während die Gerichtsurteile in dieser Zeit, selbst die des von Mevius „geleiteten" Wismarer Tribunals, „vielfach noch lateinisch abgefaßt wurden"[71]. Hier konstruiert Molitor abermals einen Gegensatz zwischen Mevius und der Hauptströmung seiner Zeit. Doch bereits der Ausgangspunkt ist falsch. Die deutschen Gerichtsurteile in dieser Zeit ergingen fast allesamt in deutscher und keineswegs in lateinischer Sprache[72]. Das gilt insbesondere auch für das Wismarer Tribunal. Der Irrtum von Molitor beruht möglicherweise darauf, dass er die lateinischen Dezisionen von Mevius für Aktenauszüge des Wismarer Tribunals hielt[73]. Tatsächlich hatte Mevius das Spruchmaterial aber überarbeitet und selbst auf Latein übersetzt[74]. Angesichts der

66 Böhlau, Mecklenburgisches Landrecht (wie Anm. 27), S. 142 Anm. 40.

67 Molitor, Entwurf (wie Anm. 12), S. 211, vor allem bei Anm. 6.

68 Schöne Redewendung von Reinhart Koselleck, Standortbindung und Zeitlichkeit. Ein Beitrag zur historiographischen Erschließung der geschichtlichen Welt, in: ders./Wolfgang J. Mommsen/Jörn Rüsen (Hrsg.), Objektivität und Parteilichkeit, München 1977, S. 17–46 (45–46).

69 Molitor, Entwurf (wie Anm. 12), S. 218.

70 Molitor, Entwurf (wie Anm. 12), S. 226.

71 Molitor, Entwurf (wie Anm. 12), S. 219.

72 Ausnahmen gab es für die nicht-deutschsprachigen Teile des Alten Reiches (einschlägiger Reichskammergerichtsbestand nachgewiesen bei Otto Koser, Repertorium der Akten des Reichskammergerichts. Untrennbarer Bestand, Heppenheim 1933/36; Ursula Hüllbüsch/Hans Schenk (Bearb.), Reichskammergericht. Bestand AR 1. Prozeßakten (Findbücher zu Beständen des Bundesarchivs 46), Koblenz 1994) sowie bis ins 18. Jahrhundert für die katholische geistliche Gerichtsbarkeit (dazu Oestmann, Geistliche und weltliche Gerichte (wie Anm. 60), S. 139 Anm. 655).

73 Ähnlich ungenau zur zeitgenössischen Gesetzessprache Knothe, Überlegungen (wie Anm. 16), S. 130.

74 Zur Dezisionensammlung Stintzing/Landsberg, Geschichte II (wie Anm. 2), S. 118–124; Holthöfer, Mevius (wie Anm. 3), S. 286–287.

zahlreichen Verzerrungen bietet die quellenferne Einordnung von Molitor keine brauchbare Grundlage, um sich dem Landrechtsentwurf zu nähern[75].

Etwas vorsichtiger lautet eine Gesamteinschätzung von Hans-Georg Knothe. In seiner knappen Skizze geht er auf einige allgemeine Fragen ein und gibt dann zusätzlich Hinweise auf einzelne inhaltliche Weichenstellungen des Gesetzgebungsvorhabens. Gleich die erste Festlegung führt freilich in die Irre. Wie Molitor, aber mit einem anderen Argument, lenkt Knothe den Blick auf die deutsche Sprache des Landrechts. Für ihn war es „keineswegs selbstverständlich", dass Gesetze im 17. Jahrhundert in deutscher Sprache ergingen. Diese Vermutung allerdings ist falsch. Beginnend mit dem Mainzer Reichslandfrieden von 1235[76] nahm die Gesetzgebung in der Landessprache schnell zu. Die einheimischen Stadt- und Landrechtsreformationen seit dem späten 15. Jahrhundert ergingen praktisch allesamt auf Deutsch. In der Mitte des 17. Jahrhunderts, als Mevius seinen Entwurf verfasste, gab es im weltlichen Recht fast nur noch deutschsprachige Gesetze. Lediglich die Offizialatsgerichtsbarkeit in katholischen Territorien orientierte sich weiterhin an lateinischen Prozessordnungen[77]. Was die Vorrede des Landrechts betrifft, erkennt Knothe den ganz quellenfernen Ansatzpunkt von Molitor und betont zu Recht, es gebe keinen Anhalt, hierin lediglich politisch-historische Referenzen zu sehen, die Mevius selbst nicht ernst gemeint habe[78]. Zu der angeblichen Nähe von Mevius zum Naturrecht nimmt Knothe keine Stellung[79]. Wie Molitor unterstreicht aber auch er den angeblich kodifikatorischen Charakter des Landrechts und seine Rolle als Vorläufer der großen Gesetzgebungen aus der Zeit um 1800[80]. Ansonsten begnügt sich Knothe damit, kappe Inhaltsangaben einzelner Titel aus den vier Teilen des Landrechtsentwurfs zusammenzustellen. Besonders schlecht, ja als „nicht recht gelungen", kommt dabei der vierte Teil zur Gerichtsbarkeit weg[81]. Deswegen ist es angebracht, genau diese Fragen der Gerichtsorganisation und Rechtsdurchsetzung im Folgenden etwas tiefgehender zu untersuchen.

---

75 Ohne nähere Begründung pauschal den Ergebnissen von Molitor zustimmend Adolf Laufs/Klaus-Peter Schroeder, Art. Landrecht, in: HRG III (2. Aufl. 2016), Sp. 552–559 (557).

76 Arno Buschmann, Art. Mainzer Reichslandfriede, in: HRG III (2. Aufl. 2016), Sp. 1186–1191.

77 Allgemeiner Überblick von Hans Hattenhauer, Zur Geschichte der deutschen Rechts- und Gesetzessprache (Berichte aus den Sitzungen der Joachim-Jungius-Gesellschaft der Wissenschaften 5/2), Hamburg, Göttingen 1987.

78 Knothe, Überlegungen (wie Anm. 16), S. 132; ähnlich S. 133 bei Anm. 17.

79 Knothe, Überlegungen (wie Anm. 16), S. 144 bei Anm. 35; noch skeptischer Werner Buchholz, Art. Mevius, David, in: Neue deutsche Biographie 17 (1994), S. 283: halbherziges Bekenntnis von Mevius zum Naturrecht.

80 Knothe, Überlegungen (wie Anm. 16), S. 143.

81 Knothe, Überlegungen (wie Anm. 16), S. 142.

2. Landrecht als Recht der ländlichen Gesellschaft

Angesichts des bescheidenen Forschungsstandes ist es geboten, einige allgemeine Punkte zum Verständnis des Landrechtsentwurfes voranzustellen. Danach geht es um einzelne materiellrechtliche und prozessuale Regelungen, die Mevius mit seinem Gesetz umsetzen wollte.

Bereits der Titel des Gesetzgebungsvorhabens verdient näheres Augenmerk. Die Rede war immer von einem Landrecht, auch in den Plänen, die zur Zeit von Mevius bereits lange Jahrzehnte zurücklagen[82]. Landrecht konnte im frühneuzeitlichen Sprachgebrauch ganz Verschiedenes bedeuten[83]. Insbesondere konnte es einerseits das in einem Land, also in einem Territorium geltende Recht meinen, andererseits aber auch das Recht des ländlichen Raumes im Gegensatz zum Stadtrecht kennzeichnen. Mevius schließt sich in der Vorrede zu seinem Entwurf zunächst der ersten Sichtweise an, wie sie auch später im preußischen Allgemeinen Landrecht begegnet[84]. Nach seinem Sprachgebrauch war das Landrecht für Mevius das Recht einer Provinz oder einer Landschaft (Vorrede). Unter anderem, um die Rechtsverwirrung durch gelehrte Meinungsverschiedenheiten auszuschließen, hätten „mehrentheill der Chuerfürsten, Fürsten und Stände deß Teudschen Reichs Landen (...) solche Landtrechte" erlassen (Vorrede, „zum andern"). In dieser Verwendungsweise war Landrecht der Sache nach gleichbedeutend mit einem allgemeinen Territorialrecht. Ausdrücklich und insoweit konsequent betont Mevius, auch diejenigen, die „Handel und Wandel treiben", sollten dem Landrecht unterfallen (Teil 1, Tit. 1, Art. 3).

Bei einem näheren Blick auf die Inhalte wird genau diese weite Bedeutung aber zweifelhaft. Es gibt Titel über Gesinde bzw. Dienstboten (Teil 1, Tit. 12), über Bauern und Leibeigene (Teil 1, Tit. 13), ganz umfassende Regelungen zum Lehenswesen an Landgütern (große Abschnitte des 2. Teils, auch Teil 4, Tit. 9), Vorschriften zur Weidegerechtigkeit (Teil 2, Tit. 14), Schäferei und Jagd (Teil 2, Tit. 14–15) und zum Mühlenrecht (Teil 2, Tit. 16). Selbst ein Schuldrechtstitel über Miete und Pensionsverträge zeigt unschwer denselben Hintergrund. Es geht hier unter anderem um die Frage, ob ein Mieter die Patrimonialgerichtsbarkeit und das Patronatsrecht[85] über die Kirche mit erwirbt (Teil 3, Tit. 5, Art. 2). Mevius spricht die Früchte auf dem Felde an (Teil 3, Tit. 5, Art. 9), Viehsterben (Teil 3, Tit. 5, Art. 11), Feldarbeit und

82 Molitor, Entwurf (wie Anm. 12), S. 212; Sachsse, Urkunden (wie Anm. 30), S. 331.

83 Dazu Deutsches Rechtswörterbuch, Art. Land(es)recht, 8. Band (wie Anm. 59), Sp. 547–555; Laufs/Schroeder, Landrecht (wie Anm. 75).

84 Hans Hattenhauer, Einführung in die Geschichte des Preußischen Allgemeinen Landrechts, in: ders. (Hrsg.), Allgemeines Landrecht für die Preußischen Staaten, 3. Aufl. Neuwied 1996, S. 1–25 (15).

85 Doreen Henske, Art. Patronat, in: HRG IV (2. Aufl., 26. Lieferung 2017), Sp. 444–448.

Aussaat (Teil 3, Tit. 5, Art. 23). Mit unausgesprochener Selbstverständlichkeit drehen sich fast alle Regelungsprobleme um Rechtsfragen der dörflichen bäuerlichen oder adligen Gesellschaft. In der Tat besaßen viele mecklenburgische Städte ihr eigenes Stadtrecht, das in unterschiedlichem Maße vom lübischen Recht beeinflusst war[86]. Viele typische Regelungsmaterien zeitgenössischer Stadtrechte betrafen etwa den Rat und das Rechtsverhältnis von Bürgern und Einwohnern[87]. Davon ist bei Mevius mit keinem Wort die Rede. Ob sein Landrecht sich ausschließlich auf den ländlichen Raum beschränken sollte, lässt sich anhand der Quelle nicht eindeutig klären. In Redewendungen tauchen gelegentlich Städte mit auf. Hinweise auf spezifisch städtische Verhältnisse sucht man jedoch vergebens. Vermutlich hatte Mevius bei der Arbeit an seinem Entwurf also tatsächlich die ländlichen Regionen vor Augen und entwarf in dieser Hinsicht sein Landrecht. Dieser Stadt-Land-Gegensatz, den die bisherige Literatur nicht bemerkte, ist im Zusammenspiel mit der gar nicht geplanten Vollständigkeit ein gewichtiges Argument gegen die Verlockung, die geplante Gesetzgebung vorschnell zu einer Kodifikation zu erklären[88].

3. Rechtsquellen- und Rechtsanwendungslehre

Die Rechtsquellen- wie auch Rechtsanwendungslehre war ein wichtiger Drehpunkt der zeitgenössischen Rechtslehre und Gesetzgebung. Sowohl in der Vorrede als auch im ersten Titel enthält der Entwurf zahlreiche Hinweise auf die von Mevius beabsichtigte Einbindung des Landrechts in diesen größeren Rahmen. Abermals war es Molitor, der diese Vorschriften als bloßes Lippenbekenntnis ansah. In einem schwer verständlichen Rundumschlag stellt er gemeines Recht, Reichsrecht und Reichsbewusstsein im 17. Jahrhundert der Zeit des preußischen Allgemeinen Landrechts gegenüber, als Preußen sich in rechtlicher Hinsicht angeblich aus dem Reich gelöst habe[89]. Knothe bezweifelt diese unterstellte Distanz vom Reichsrecht zu Recht. Zugleich versteht er aber den im Entwurf enthaltenen Hinweis auf die Besonderheiten des einzelnen Landes als Fingerzeig des Naturrechts, der von Me-

86 So bereits Riccius, Von Stadt-Gesezen (wie Anm. 36), S. 109–113.

87 Revidiertes Lübecker Stadtrecht von 1586, Teil 1, Tit. 1–2.

88 Einordnung als Kodifikation bei Molitor, Entwurf (wie Anm. 12), S. 222: zum erstenmal Typ einer modernen Kodifikation; Knothe, Überlegungen (wie Anm. 16), S. 143: kodifikatorischer Charakter, Vorläufer der großen vernunftrechtlichen Kodifikationen; Gerhard Wesenberg/Gunter Wesener, Neuere deutsche Privatrechtsgeschichte im Rahmen der europäischen Rechtsentwicklung, 2. Aufl. Wien, Köln, Graz 1985, S. 116 (ohne Begründung); ähnlich, aber etwas zurückhaltender Laufs/Schroeder, Landrecht, Sp. 557 (wie Anm. 75). – Zum Vollständigkeitsideal der Kodifikation Pio Caroni, Gesetz und Gesetzbuch. Beiträge zu einer Kodifikationsgeschichte, Basel, Genf, München 2003, S. 129–130.

89 Molitor, Entwurf (wie Anm. 12), S. 231.

vius bis auf Montesquieu vorausdeute[90]. Angesichts solcher Unklarheiten ist der genaue Blick in die Quelle unerlässlich[91].

Gleich zu Beginn seiner Vorrede bekennt sich Mevius zur regionalen Verschiedenheit des deutschen Rechts. Dasjenige, was „insgemein vor Recht gehalten" werde, hänge ab von „eines jeden Ortes vielfeltig discrepirenden Oportunitäten, Bequembligkeiten und Angelegenheiten". Wegen dieser Vielfalt, so Mevius, war es ausgeschlossen, alle Rechtsquellen „auff eine Maaße und Weise" zu „practiciren". Was aber jeweils nützlich sei, habe die Obrigkeit zu entscheiden. Die „Application", also die Anwendung „der gemeinen Rechte" im jeweils einzelnen Land, könne deswegen nicht besser geschehen „dan vermittelst eines darauff woll quadrirenden Landrechts". Frank Schäfer hält diesen Ausgangspunkt von Mevius im Kern für konservativ, weil es darum gegangen sei, römisches Recht in modifizierter Form niederzuschreiben[92]. In der Tat gibt es im Gegensatz zu Molitors Andeutungen keine näheren Hinweise, dass Mevius aus der überkommenen Lehre ernsthaft ausbrechen wollte. Der Vorrang des kleinräumigen Rechts vor dem universalen römisch-kanonischen Recht und vor dem Reichsrecht war im Grundsatz in der zeitgenössischen Rechtsquellenlehre seit langem anerkannt[93]. Nach der Auffassung von Knothe wollte Mevius mit seinem Vorwort dem Verdacht entgegentreten, das Landrecht könne das Reichsrecht außer Kraft setzen[94]. Das aber ist eine ganz schiefe Sichtweise. Nennenswerte eigene zivilrechtliche Gesetzgebung auf Reichsebene gab es ohnehin nicht[95]. Und die Abschaffung des als „des Reichs gemeine Rechte" angesehenen Ius Commune lag in der Mitte des 17. Jahrhunderts schlechthin außerhalb jeder Vorstellungswelt[96].

---

90 Knothe, Überlegungen (wie Anm. 16), S. 132.

91 Wurch, David Mevius (wie Anm. 9), S. 103 Anm. 483, zitiert umfassend die Vorrede von Mevius, wertet diese Quelle aber nicht aus.

92 Frank L. Schäfer, Juristische Germanistik. Eine Geschichte der Wissenschaft vom einheimischen Privatrecht (Juristische Abhandlungen 51), Frankfurt am Main 2008, S. 176.

93 Oestmann, Rechtsvielfalt (wie Anm. 40), S. 6–7.

94 Knothe, Überlegungen (wie Anm. 16), S. 131.

95 Wichtigste Ausnahme war eine erbrechtliche Vorschrift aus dem Reichsabschied von 1498, § 37, die „Succession der Tichtern (!) und Enckeln betreffend", in: Johann Jacob Schmauss/Heinrich Christian von Senckenberg (Hrsg.), Neue und vollständigere Sammlung der Reichsabschiede, Nachdruck Osnabrück 1967 der Ausgabe Frankfurt am Main 1747, Teil II, S. 46; Bernd Mertens, Die Erbfolgegesetzgebung der Reichstage – zum Rechtsquellenverständnis in der frühen Neuzeit, in: ZRG. Germ. Abt. 133 (2016), S. 147–190; Heinz Mohnhaupt, Gesetzgebung des Reichs und Recht im Reich vom 16. bis 18. Jahrhundert, in: Barbara Dölemeyer/Diethelm Klippel (Hrsg.), Gesetz und Gesetzgebung im Europa der Frühen Neuzeit (Zeitschrift für Historische Forschung. Beiheft 22), Berlin 1998, S. 83–108; Überblick über die einschlägigen Policeyordnungen bei Härter/Stolleis, Repertorium (wie Anm. 30), Band 1, Frankfurt am Main 1996, S. 37–106.

96 Zu frühen radikalen Deutschrechtlern, die eine fundata intentio des römisch-kanonischen Rechts rundum ablehnten, Roderich von Stintzing, Art. Kulpis, Johann Georg von, in: Allgemeine

Mit deutlichen Worten wendet sich Mevius in der Vorrede seines Landrechtsentwurfs gegen die Autorität gelehrter Rechtsmeinungen. Molitor unterstellt, Mevius habe diesen Hinweis gar nicht ernst gemeint. Vielmehr sei es „klar", dass Mevius hier lediglich die Brücke zu Landrechtsplänen aus dem 16. Jahrhundert schlagen wollte[97]. Besser als solche Pauschalurteile ist auch hier ein Blick in den von Mevius verfassten Text. Im zweiten Absatz der Vorrede ist die Rede von rechtlichen Ungewissheiten, vor allem im Hinblick auf den unberechenbaren Ausgang von Gerichtsverfahren. Verschiedene Meinungen und Observationen, die von vielfältigen Disputationen der Rechtsgelehrten ausgingen, könne man nur beiseiteschieben, wenn „in einem jeden Land durch gewiße constitutiones" eigenes Recht gesetzt sei. Dann wisse man, „waß aus den differenten Opinionen in demselben vor Recht zu halten" sei. Mevius behauptet sogar, die Beseitigung solcher Meinungsstreite sei ein Hauptgrund für die Gesetzgebung der deutschen Territorien. Statt ungewisser „Opinionen der Rechtsgelarten" solle man sich lieber an dasjenige halten, was die „Obrigkeit mit reiffem Rath guet erachtet".

Zwei Punkte erscheinen hier bemerkenswert. Zum einen bekennt sich der Entwurf deutlich zur Tradition der sogenannten Kontroversengesetzgebung[98]. Keineswegs war diese Gesetzgebungstechnik im 17. Jahrhundert bereits veraltet. Die zeitgleichen sächsischen Dezisionen von 1661 fallen ebenfalls noch in diese Gruppe[99]. An dieser Stelle ist auf einen uneinheitlichen Sprachgebrauch in der neueren Literatur hinzuweisen. Unter Kontroversengesetzgebung versteht man teilweise

---

Deutsche Biographie 17 (1883), S. 364–367 (für Kulpis nur schwach angedeutet bei Bernd Roeck, Art. Kulpis, Johann Georg von, in: Neue Deutsche Biographie 13 (1982), S. 280–282); Peter Oestmann, Kontinuität oder Zäsur? Zum Geltungsrang des gemeinen Rechts vor und nach Hermann Conring, in: Andreas Thier/Guido Pfeifer/Philipp Grzimek (Hrsg.), Kontinuitäten und Zäsuren in der Europäischen Rechtsgeschichte (Rechtshistorische Reihe 196), Frankfurt am Main 1999, S. 191–210 (207).

97 Molitor, Entwurf (wie Anm. 12), S. 218; skeptisch gegenüber Molitor Knothe, Überlegungen (wie Anm. 16), S. 132.

98 Zu diesem Ansatz Gerhard Immel, Typologie der Gesetzgebung des Privatrechts und Prozessrechts, in: Helmut Coing (Hrsg.), Handbuch der Quellen und Literatur der neueren europäischen Privatrechtsgeschichte. Zweiter Band: Neuere Zeit (1500–1800). Zweiter Teilband: Gesetzgebung und Rechtsprechung, München 1976, S. 3–96 (45–47); in der Sache gleich, wenn auch ohne das Schlagwort: Wilhelm Ebel, Geschichte der Gesetzgebung in Deutschland, erweiterter Neudruck der 2. Aufl. 1958, hrsg. v. Friedrich Ebel (Göttinger rechtswissenschaftliche Studien 24), Göttingen 1988, S. 76. – Zur damit verwandten Differentienliteratur, die ihrerseits die Kontroversen klar vor Augen führte Schäfer, Germanistik (wie Anm. 92), S. 57 Anm. 30; Gero Dolezalek, Art. Differentienliteratur, in: HRG I (2. Aufl. 2008), Sp. 1059–1061; Heinz Mohnhaupt, Differentienliteratur als Ausdruck eines methodischen Prinzips früher Rechtsvergleichung, in: Bernard Durand/Laurent Mayali (Hrsg.), Excerptiones iuris. Studies in Honor of André Gouron (Studies in Comparative Legal History), Berkeley 2000, S. 439–458.

99 Immel, Typologie (wie Anm. 98), S. 46.

nicht nur die Entscheidung gelehrter Zwistigkeiten, sondern ebenso die Lösung von Streitfragen, die aus dem Aufeinandertreffen verschiedener Rechtskreise im selben Herrschaftsgebiet herrühren[100]. David Mevius fällt mit seinem Entwurf unmissverständlich in die erste Gruppe derartiger Quellen. Der zweite Punkt wirkt aus heutiger Sicht dagegen deutlich interessanter. Mevius bekennt sich ganz klar zur staatlichen Gesetzgebung. Bis weit in die frühe Neuzeit hinein sahen die Zeitgenossen die Gerichtsgewalt, die iurisdictio, als oberstes Herrschaftsrecht an. Das ist seit langem sattsam bekannt[101]. Mit großer Selbstverständlichkeit war für Mevius die Obrigkeit aber zugleich die wesentliche Rechtsquelle, selbst zur Vermittlung des römisch-gemeinen Rechts. Dieser Eindruck bleibt bestehen, auch wenn Mevius mehrfach auf die Rechtssicherheit vor Gericht eingeht. Modern gesprochen, ging es ihm zugleich um die Senkung der Transaktionskosten für die Rechtsverfolgung[102]. Sowohl Einwohner als auch Fremde sollten nämlich aus dem deutschsprachigen Landrecht ersehen, „wornach sie sich zu achten", damit sie im Streitfall die Erfolgsaussichten vor Gericht selbst abschätzen konnten (Vorrede, drittens). Ausdrücklich verweist Mevius auf die „Unkosten", die ansonsten durch „Befragung der Rechtsgelarten" entständen. Immer wieder betont er aber zugleich die hervorgehobene Rolle des frühmodernen Staates. Man solle die wohlhergebrachten Gebräuche erforschen, um auch in dieser Hinsicht Rechtssicherheit herzustellen. Zudem könne die ständige Rechtsprechung der Kanzleien, Land- und Hofgerichte das Vorbild „zur dauerhafften Nachfolge" abgeben.

Im Anschluss an die Vorrede, die sich allgemein um Rechtsquellenfragen dreht, bringt Mevius im ersten Titel des ersten Teils nochmals einige einleitende Vorschriften, die sich ebenfalls mit dem Landrecht im Ganzen und der Rechtsanwendung befassen. Gleich der erste Artikel spricht deutlich gegen die voreilige Einschätzung der Literatur, beim Landrechtsentwurf handele es sich um eine Kodifikation. Mevius zählt an dieser Stelle nämlich wesentliche bereits in Kraft gesetzte andere Landesordnungen auf, die nach seiner Einschätzung weiterhin ihre Gültigkeit behalten sollten. Fürstliche Reversale, Kirchen- und Konsistorialordnungen, Hofgerichts- und Kanzleiordnungen sowie Policeyordnungen sollten allesamt in ihrer Wirksamkeit verbleiben (Teil 1, Tit. 1, Art. 1). Angesichts dieser klaren Ankündigung ist es deutlich verfehlt, wenn Molitor und Knothe leichthin behaupten, der vierte

---

100 Immel, Typologie (wie Anm. 98), S. 82–83, verwendet in seinem Handbuchbeitrag gleich beide Definitionen.

101 Ebel, Geschichte der Gesetzgebung (wie Anm. 98), S. 70; Michael Stolleis, Geschichte des öffentlichen Rechts in Deutschland. Erster Band: Reichspublizistik und Policeywissenschaft 1600–1800, München 1988, S. 156–166; Oestmann, Geistliche und weltliche Gerichte (wie Anm. 60), S. 11 bei Anm. 52.

102 Überblick über diese Lehre bei Rudolf Richter/Eirik G. Furubotn, Neue Institutionenökonomik. Eine Einführung und kritische Würdigung, 4. Aufl. Tübingen 2010, S. 55–86.

Teil des Landrechtsentwurfs sei der schwächste[103]. Vor allem kann es kaum überzeugen, dass Mevius angeblich aus Zeitnot 1666 den vierten Teil des Landrechts nicht vollständig ausgearbeitet haben soll. In der Tat gab es in Mecklenburg eine Land- und Hofgerichtsordnung von 1568, in erneuerter und verbesserter Fassung eine weitere von 1622. Sie erhielt vielfache Bestätigungen, unter anderem 1626 von Kaiser Ferdinand II. 1655 erschien eine Neuausgabe zusammen mit einigen anderen mecklenburgischen Rechtsquellen[104], also genau in dem Jahr, in dem Mevius den Auftrag erhielt, das Landrecht auszuarbeiten. Angesichts der bestehenden Gesetzeslage war es insofern gar nicht notwendig, eine neue Gerichtsordnung zu konzipieren. Das kündigte Mevius 1658 auch gleich zu Beginn seines Landrechtsentwurfs an. Warum er dennoch vorgehabt haben sollte, genau dieses Prozessgesetz zu entwerfen und später aus Zeitgründen nicht dazu gekommen sein sollte, lässt sich nicht nachvollziehen. Ganz im Gegenteil wies Mevius im ersten Artikel des Landrechts auf diejenigen Rechtsgebiete hin, für die eine neue Gesetzgebung gar nicht erforderlich war[105]. An mehreren Stellen des Landrechts lässt sich zudem klar erkennen, wie Mevius die landesrechtlichen Einzelgesetze in seinen Entwurf einarbeitete und sie dabei teilweise umformulierte. Einige Beispiele kommen auf diesen Punkt sogleich zurück.

Im zweiten Artikel wendet sich der Landrechtsentwurf dem Gewohnheitsrecht zu, hier noch mit dem älteren Begriff Gewohnheit bezeichnet. Gewohnheiten contra legem, die vom gesetzten Landesrecht abwichen, sollten „vor kein Recht zu halten" sein (Teil 1, Tit. 1, Art. 2). Im Gegensatz zur älteren gemeinrechtlichen Rechtsquellenlehre stand das Gewohnheitsrecht also nicht an erster Stelle der Normenhierarchie und besaß auch keine derogatorische Kraft[106]. Vielmehr hing seine Gültigkeit von einem übereinstimmenden Beschluss der Landesherrschaft und der Ständeversammlung ab. Wie bereits in der Vorrede zeigt sich auch an dieser Stelle, mit welcher Entschiedenheit Mevius den frühneuzeitlichen Territorialstaat zur

103 Knothe, Überlegungen (wie Anm. 16), S. 142; Molitor, Entwurf (wie Anm. 12), S. 214.

104 Kamptz, Civil-Recht I/1 (wie Anm. 42), S. 89–99.

105 Laufs/Schroeder, Landrecht (wie Anm. 75), Sp. 556, weisen zutreffend darauf hin, dass zahlreiche zeitgenössische Landrechtsgesetzgebungen durchaus Abschnitte zur Gerichtsverfassung und zum Zivilprozess enthielten.

106 Anders beurteilte Mevius diese Frage im Bereich des lübischen Rechts, wenn eine Stadt aufgrund einer eigenen Gewohnheit einzelne Sätze des lübischen Rechts nicht übernommen hatte: Beispiel bei Hattenhauer/Buschmann, Textbuch (wie Anm. 17), Nr. 52 S. 93–96 (aus den Dezisionen, Teil 2, Dez. 60). – Zur Dogmatik des frühneuzeitlichen Gewohnheitsrechts Siegfried Brie, Die Stellung der deutschen Rechtsgelehrten der Rezeptionszeit zum Gewohnheitsrecht, in: Festgabe für Felix Dahn zu seinem fünfzigjährigen Doktorjubiläum, 1. Teil: Deutsche Rechtsgeschichte, Breslau 1905, S. 129–164; Oestmann, Rechtsvielfalt vor Gericht (wie Anm. 40), S. 24–29; Jan Schröder, Recht als Wissenschaft. Geschichte der juristischen Methodenlehre in der Neuzeit (1500–1933), 2. Aufl. München 2012, S. 16–17, Konkurrenzfragen ebd. S. 19–23.

wesentlichen Rechtsquelle aufwertete. Es gab zeitgenössisch durchaus verschiedene Sichtweisen, die Geltung des Gewohnheitsrechts vom landesherrlichen Willen abhängig zu machen. Zunächst sprachen die Rechtsgelehrten vom tacitus consensus des Landesherrn. Ab der Mitte des 17. Jahrhunderts nahm die Anbindung des Gewohnheitsrechts an die Gesetzgebung des Herrschers dann aber deutlich zu, wobei eine stillschweigende Anerkennung überwiegend weiterhin ausreichen sollte[107]. Wer dagegen die ausdrückliche Bestätigung von Gewohnheitsrecht verlangte, soll nach Einschätzung von Jan Schröder ein Außenseiter gewesen sein[108]. Mevius scheint zu dieser letzten Gruppe gehört zu haben. Er dachte offenbar an eine ausdrückliche Zustimmung des Herrschers, durch die das Gewohnheitsrecht „erkandt und gesetzet" werden müsse. Im Vergleich zur überwiegenden Lehrmeinung drängte Mevius die Bedeutung von Gewohnheitsrecht also besonders stark zurück. Lediglich eine Gewohnheit, die dem Landesrecht nicht widersprach, in der gemeinrechtlichen Terminologie also die Consuetudo praeter legem, konnte eigenständige Beachtung finden, wenn sie längere Zeit beachtet worden war und sich durch drei Anwendungsfälle bescheinigen ließ. An dieser Stelle folgt Mevius der überkommenen Beweislehre[109], fügt einschränkend aber sogleich hinzu, dass die Obrigkeit auch in diesen Fällen jederzeit „durch ein Gesetz oder Ordnung" etwas anderes vorschreiben konnte. Der vormoderne Staat bzw. der Landesherr blieb auch hier der Mittelpunkt der Rechtserzeugung.

Der Einleitungstitel von Mevius' Landrecht enthält drei weitere Vorschriften, die aus den üblichen Gleisen zeitgenössischer Rechtsquellen- und Rechtsanwendungsklauseln herausfallen. So beschäftigt sich der Gesetzentwurf mit der persönlichen Geltung des Landrechts. Seit dem Mittelalter war das angestammte Personalitätsprinzip immer stärker dem Territorialitätsprinzip gewichen[110]. Die Geltung von Partikularrecht innerhalb eines frühneuzeitlichen Territoriums war im 17. Jahrhundert in keiner Weise mehr bemerkenswert. Mevius sprach also eine bloße Selbstverständlichkeit aus, wenn er festlegte, alle diejenigen, die in Mecklenburg „Gueter besitzen, Handel und Wandel treiben, Erbschafft und Gaben gewinnen und

---

107 Jan Schröder, Zur Vorgeschichte der Volksgeistlehre. Gesetzgebungs- und Rechtsquellentheorie im 17. und 18. Jahrhundert, in: ZRG Germ. Abt. 109 (1992), S. 1–47 (37: Zeit bis etwa 1650; 39–41: Zeit ab etwa 1650).

108 Schröder, Vorgeschichte der Volksgeistlehre (wie Anm. 107), S. 40 bei Anm. 171.

109 Zu den gemeinrechtlichen Grundlagen Wolfgang Wiegand, Studien zur Rechtsanwendungslehre der Rezeptionszeit (Münchener Universitätsschriften. Juristische Fakultät. Abhandlungen zur rechtswissenschaftlichen Grundlagenforschung 27), Ebelsbach 1977.

110 Überblick bei Fritz Sturm, Art. Personalitätsprinzip, in: HRG III (1. Aufl. 1984), Sp. 1587–1597; Bernd Kannowski, Art. Personalitätsprinzip, in: HRG (26. Lieferung, 2. Aufl. 2017), Sp. 477–480; Peter Oestmann, Rechtsvielfalt, in: Nils Jansen/Peter Oestmann (Hrsg.), Gewohnheit. Gebot. Gesetz. Normativität in Geschichte und Gegenwart: eine Einführung, Tübingen 2011, S. 99–123 (105–107).

erwerben", seien dem Landrecht unterworfen, ebenso wie alle diejenigen, die als Partei vor Gericht ständen. Dies sollte unabhängig davon sein, „ob sie gleich frömbt" waren oder nicht (Teil 1, Tit. 1 Art. 3). Allerdings wollte Mevius die vollständige Erstreckung des Landrechts auf Ausländer beschränken. Für die Fälle von „Wolthaten" hing die Frage, ob ein Fremder von solchen Regeln profitieren konnte, nämlich von einer Art Gegenseitigkeit ab. Ausgenommen waren von vornherein Privilegien und sogenannte Rechtswohltaten für Landstände und sonstige Einwohner, von Mevius „beneficia" genannt[111]. Diese Vorrechte galten ohnehin nicht für alle Untertanen und deswegen erst recht nicht für Fremde. Sonstiger Rechtswohltaten sollten die Ausländer aber durchaus „fehig sein", soweit Mecklenburger Landesangehörige im Herkunftsland der Fremden „gleichen Rechten genießen".

An dieser Stelle verbindet Mevius das völkerrechtliche Prinzip der Gegenseitigkeit[112] mit Fragen des Territorialitätsprinzips und des internationalen Privatrechts. Erich Molitor meinte, hier entwickele Mevius Vorschriften über das zwischenstaatliche Recht und zeige damit die Trennung vom Gemeinen Recht deutlich an. Tatsächlich geht es hier aber gar nicht um das Verhältnis zweier Partikularrechte zum Gemeinen Recht, sondern zweier Landesrechte zueinander. Das Verhältnis zum Gemeinen Recht ist damit gar nicht berührt. Nach Einschätzung von Coing zählt Mevius mit seinem Ansatz noch zu den Vertretern der sogenannten älteren Statutentheorie[113]. Hier sind inhaltliche Vertiefungen möglich. Die einschlägigen Äußerungen von Mevius in seinem Kommentar zum lübischen Recht liegen seit einiger Zeit in deutscher Übersetzung bequem zugänglich vor[114]. Zu den verschiedenen Spielarten der Statutenkollisionslehre gibt es aktuelle und noch

---

111 Umfassend zu Privilegien in der frühen Neuzeit Heinz Mohnhaupt, Art. Privileg, neuzeitliche, in: HRG (2. Aufl., 26. Lieferung 2020), Sp. 821–825; zahlreiche Einzelstudien bei dems., Historische Vergleichung im Bereich von Staat und Recht (Ius Commune. Sonderheft 134), Frankfurt am Main 2000, Nachweise S. 484–485.

112 Arthur Nussbaum, Geschichte des Völkerrechts in gedrängter Darstellung, München, Berlin 1960, S. 31, 61, 66, 133, 158 (hier zur frühneuzeitlichen Lehre); Wilhelm Grewe, Epochen der Völkerrechtsgeschichte, Baden-Baden 1984, S. 405, 444; frühmittelalterliche Wurzeln bei Heinhard Steiger, Die Ordnung der Welt. Eine Völkerrechtsgeschichte des karolingischen Zeitalters (741 bis 840), Köln, Weimar, Wien 2010, S. 159–160, 173, 219, 414–415; ähnliche Diskussion zur Beachtung fremder Gesetze noch im 19. Jahrhundert bei Peter Oestmann, Zur Gerichtspraxis im 19. Jahrhundert. Ein Schmuggeleiprozess am Oberappellationsgericht Lübeck, Wien, Köln, Weimar 2019, S. 232–233, 327, 435.

113 Helmut Coing, Europäisches Privatrecht. Band I: Älteres Gemeines Recht (1500 bis 1800), München 1985, S. 141 Anm. 20, mit Verweis auf den Kommentar zum lübischen Recht.

114 Christian von Bar/H. Peter Dopffel (Hrsg.), Deutsches Internationales Privatrecht im 16. und 17. Jahrhundert. Materialien, Übersetzungen, Anmerkungen. Erster Band (Materialien zum ausländischen und internationalen Privatrecht 39), Tübingen 1995, S. 410–527, mit der konsequenten Benennung als David „von" Mevius.

unabgeschlossene Forschungen von Kristin Boosfeld[115]. Möglicherweise wird sich die Stellung des mecklenburgischen Landrechtsentwurfs in Zukunft in diesem Punkt also leichter bestimmen lassen.

Viel handfester geht es im folgenden Artikel um Aktenversendungen an auswärtige Juristenfakultäten und Schöffenstühle. Mevius erklärt die Aktenversendung ausdrücklich für zulässig, weist aber darauf hin, dass „jederzeit glaubhaffte Extracte des Landtrechts, soviel die im Streitt schwebende Puncte betrifft", an das Spruchkollegium mitgeschickt werden sollen (Teil 1, Tit. 1, Art. 4). Molitor meinte in seinem Aufsatz von 1941, die geläufige Einrichtung der Aktenversendung habe auf diese Weise nicht völlig beseitigt werden sollen[116]. Tatsächlich scheint die normative Rechtslage für Aktenversendung ins Ausland in Mecklenburg im 16. Jahrhundert zunächst unklar gewesen zu sein[117]. Spätestens ab 1568/72 war sie allerdings vorgesehen[118]. Die Haltung von Mevius war deswegen keineswegs restriktiv, sondern stand ganz im Einklang mit dem Landesrecht. Herzog Adolf Friedrich hatte die Aktenversendung 1622 verbieten wollen, konnte sich mit diesem Plan aber nicht durchsetzen. Bei „hochwichtigen Ursachen" war sie weiterhin vorgesehen[119]. Im Übrigen gab es in der Praxis regelmäßig mecklenburgische Aktenversendungen, selbst bis nach Wittenberg[120] oder Gießen[121]. Der Landrechtsentwurf von Mevius sieht vor, an die auswärtigen Spruchkörper jeweils die einschlägigen Vorschriften des Partikularrechts mit zu versenden, damit auf dieser Grundlage eine Entscheidung im Einklang mit dem Landesrecht erfolgen konnte. Mit dieser Maßgabe

115 Kristin Boosfeld, Die beiden Statutenlehren. Geschichte eines rechtshistorischen Missverständnisses, in: ZRG Germ. Abt. 136 (2019), S. 76–93.

116 Molitor, Entwurf (wie Anm. 12), S. 232.

117 Jörgen Haalck, Die Gutachter- und Urteilstätigkeit der Rostocker Juristenfakultät in ihrem äußeren Verlauf, Diss. jur. Jena 1957, S. 5–6; zu überspitzt dagegen Heiner Lück, Die Spruchtätigkeit der Wittenberger Juristenfakultät. Organisation – Verfahren – Ausstrahlung, Köln, Weimar, Wien 1998, S. 34 bei Anm. 136, der sogar von einem Versendungsverbot ausgeht.

118 Katrin Moeller, Nichts als nur der lieben hohen Obrigkeit wegen? Rechtssetzung und Gerichtspraxis mecklenburgischer Adelsgerichte in Hexensachen, in: Harriet Rudolph/Helga Schnabel-Schüle (Hrsg.), Justiz = Justice = Justicia? Rahmenbedingungen von Strafjustiz im frühneuzeitlichen Europa (Trierer Historische Forschungen 48), Trier 2003, S. 329–352 (335–336).

119 Haalck, Gutachter- und Urteilstätigkeit (wie Anm. 117), S. 10.

120 Lück, Spruchtätigkeit (wie Anm. 117), S. 205.

121 Thomas Kischkel, Die Spruchtätigkeit der Gießener Juristenfakultät. Grundlagen – Verlauf – Inhalt (Studia Giessensia NF 3), Hildesheim, Zürich, New York 2016, S. 557, 579, vermutlich auf eine spätere Zeit bezogen. – Zur normativen Rechtslage in Mecklenburg Haalck, Gutachter- und Urteilstätigkeit (wie Anm. 117), S. 5–6; Steffen Kischkel, Die Spruchtätigkeit der Juristischen Fakultät Rostock in den Jahren 1628 bis 1657 (Rostocker Rechtsgeschichtliche Reihe 4), Aachen 2003, S. 89–93.

schloss sich Mevius einer vergleichsweise fortschrittlichen Lehrmeinung an[122]. Überwiegend sah man es in der Mitte des 17. Jahrhunderts noch als Aufgabe der Parteien an, in einem Rechtsstreit vor einem auswärtigen oder höheren Gericht auf partikularrechtliche Besonderheiten hinzuweisen[123]. Einige Gerichte fügten jedoch ihren Anschriften an die Spruchkollegien bereits von sich aus Abschriften des Landesrechts bei[124]. Gesetzliche Pflichten hierzu bestanden aber selten. Mevius zog aus seiner Regelung allerdings die konsequente Schlussfolgerung. Wenn die Entscheidung der „frömbden Rechtsgelahrten" die Vorschriften des Landrechts nicht beachtete, sollte sie nichtig sein und nicht in Rechtskraft („vires rei judicatae") erwachsen. Hierfür räumte Mevius der beschwerten Partei ein außerordentliches Supplikationsrecht an die mecklenburgischen Kanzlei-, Hof- und Landgerichte ein (Teil 1, Tit. 1, Art. 5)[125]. Auch in anderen Regionen hielt man Fakultätsurteile, die gegen Partikularrecht verstießen, für unbeachtlich[126]. An dieser Stelle ist es aufgrund des guten Forschungsstandes möglich, sogar noch etwas tiefer zu bohren. In seinen Dezisionen betont Mevius zu einem Rechtsstreit von 1654, die Entscheidung auswärtiger Rechtsgelehrter entgegen einem bestehenden Partikularrecht sei „ipso iure nulla, nec in rem judicatam transit"[127], also von selbst nichtig und könne nie in Rechtskraft erwachsen. Das sollte nicht nur für gesetztes Recht, sondern auch für missachtete Gewohnheiten gelten[128]. Hier stimmt also der Gesetzgebungsvorschlag von Mevius mit seinen sonstigen schriftlichen Äußerungen inhaltlich vollkommen überein. Im 18. Jahrhundert orientierten sich einige Vorgaben des mecklenburgischen Erbvergleichs in diesem Punkt weiterhin an dem Landrechtsentwurf von Mevius[129].

---

122 Am Reichskammergericht bestand die Pflicht zur Insinuation des Partikularrechts erst ab 1692: Peter Oestmann, Gemeine Bescheide I Teil 1: Reichskammergericht 1497–1805 (Quellen und Forschungen zur höchsten Gerichtsbarkeit im Alten Reich 63/I), Köln, Weimar, Wien 2013, Nr. 229, S. 585–587.

123 Oestmann, Rechtsvielfalt vor Gericht (wie Anm. 40), S. 53–65.

124 Alois Schikora, Die Spruchpraxis an der Juristenfakultät zu Helmstedt (Göttinger Studien zur Rechtsgeschichte 4), Göttingen 1973, S. 215 (zwei Beispiele dazu auf den letzten beiden Rototafeln des Anhangs); Lück, Spruchtätigkeit (wie Anm. 117), S. 40.

125 Kurz hierzu Molitor, Entwurf (wie Anm. 12), S. 231–232; Knothe, Überlegungen (wie Anm. 16), S. 133.

126 Lück, Spruchtätigkeit (wie Anm. 117), S. 41, 101; Johann Baptist Sartorius, Revision der Lehre von der Aktenversendung, in: Zeitschrift für Civilrecht und Prozeß 14 (1840), S. 219–256 (242), mit Hinweisen auf das römische Recht und ältere Literatur einschließlich Mevius.

127 David Mevius, Jurisdictionis Summi Tribunalis Regii Quod est Vismariae (…) editio secunda, Frankfurt und Stralsund 1675 [= Dezisionen], Teil 2, Decisio 238, S. 238.

128 Mevius, Dezisionen (wie Anm. 127), Teil 5, Decisio 149, S. 737, für ein pommersches Gewohnheitsrecht.

129 Haalck, Gutachter- und Urteilstätigkeit (wie Anm. 117), S. 12.

Das zuletzt genannte Beispiel verweist zugleich auf ein grundsätzliches inhaltliches und methodisches Problem. Es gibt in der bisherigen, wenn auch spärlichen, Literatur die Einschätzung, der Landrechtsentwurf von Mevius sei „überaus fortschrittlich"[130] und auch „durchaus rechtsschöpferisch"[131]. Unausgesprochen liegen solchen Wertungen Vergleiche zugrunde. Um festzustellen, ob der Landrechtsentwurf tatsächlich fortschrittlich war, müsste man klären, welche Auffassung zu den jeweiligen rechtlichen Weichenstellungen die zeitgenössische herrschende Meinung (communis opinio) vertrat. Ebenso wäre die ältere Mecklenburger Rechtslage dem Inhalt des Mevius-Entwurfs gegenüberzustellen, um Gemeinsamkeiten und Unterschiede erkennen zu können. Dasselbe gilt für den angeblich rechtsschöpferischen Charakter des Landrechts. David Mevius müsste dann Lösungen vorgesehen haben, die es in anderen frühneuzeitlichen Gesetzen oder in der gelehrten Literatur so nicht gab. Um solchen Vermutungen nachzugehen, genügt es nicht, darauf hinzuweisen, Mevius sei in seinem Landrechtsentwurf stark vom lübischen Recht und dem Sachsenspiegel beeinflusst gewesen[132]. Nur durch eine Vielzahl von Einzeluntersuchungen ließe sich der Landrechtsentwurf nämlich genauer verorten. Der hierfür erforderliche Aufwand wäre enorm und ist jedenfalls für den hier verfolgten Zweck einer Edition nicht zu rechtfertigen. Gerade da es in Mecklenburg keine ältere Landrechtsgesetzgebung gegeben hatte, müsste man für die Feinheiten immer die Gerichtspraxis zusätzlich erschließen. Und selbst wenn sich auf diese Weise Gemeinsamkeiten und Unterschiede ermitteln ließen, bliebe immer noch die Frage ungelöst, ob es sich um planmäßige Anlehnungen bzw. Abweichungen oder um zufällige Parallelergebnisse handelt. Immerhin war Mevius aus Mecklenburger Sicht ein Landesfremder. Wenn er nicht das Werk eines „weltfremden Stubengelehrten" vorlegte, sondern „große Praxisnähe" zeigte[133], so verkennt eine solche Würdigung zum einen die ohnehin durchgängige Praxisnähe des gesamten Usus modernus[134]. Zum anderen bleibt dennoch unklar, woher Mevius die landestypischen Feinheiten des mecklenburgischen Partikularrechts gekannt haben soll. Während seiner praktischen Tätigkeit in Greifswald bei der Bearbeitung von Aktenversendungen kamen die meisten Fälle aus dem lübischen Rechtskreis[135]. Andererseits scheint

---

130 Molitor, Entwurf (wie Anm. 12), S. 210.

131 Knothe, Überlegungen (wie Anm. 16), S. 144.

132 So aber Holthöfer, Mevius (wie Anm. 3), S. 288.

133 Knothe, Überlegungen (wie Anm. 16), S. 143.

134 Kurze Überblicke bei Ulrich Eisenhardt, Deutsche Rechtsgeschichte, 7. Aufl. München 2019, S. 118 Rn. 240; Klaus Luig, Art. Usus modernus, in: HRG V (1. Aufl. 1998), Sp. 628–636 (629).

135 Stintzing/Landsberg, Geschichte II (wie Anm. 2), S. 115, 125. – Zur den Entscheidungsgrundlagen des Wismarer Tribunals Nils Jörn, Lübisches, Magdeburger, Hamburger, Stader, Bremer, Römisches oder Schwedisches Recht – nach welchem Recht wurde am Wismarer Tribunal geurteilt?, in: Marju Luts-Sootak/Sanita Osipova/Frank L. Schäfer (Hrsg.), Einheit und Vielfalt in der

die Mecklenburger Leibeigenschaft ein Ausgangspunkt gewesen zu sein, von dem aus Mevius seine Schrift über die Rechtsstellung der Bauersleute verfasste[136]. Ob Mevius aufgrund dieser Abhandlung den Auftrag erhielt, seinen Landrechtsentwurf zu erstellen[137], lässt sich allerdings nicht klären.

4. Schlaglichter auf den Inhalt der ersten drei Teile

Eine Nacherzählung oder Zusammenfassung des Landrechtsentwurfs ist an dieser Stelle nicht erforderlich[138]. Das feinmaschige Register ermöglicht den unmittelbaren Zugriff auf die Quelle. Es genügt daher, nur auf einige Besonderheiten aufmerksam zu machen, die das geplante Gesetzeswerk von Mevius kennzeichnen. Wie Molitor und Knothe bereits betont haben, ist die Rechtslage beweglicher Sachen überhaupt nicht im Entwurf enthalten[139]. Eine vollständige Regelung des gesamten mecklenburgischen Privatrechts war von Mevius also nie beabsichtigt. Eingespart hat Mevius zudem sehr oft allgemeine Vorschriften und ausformulierte Rechtsgrundsätze. Der materiellrechtliche Teil des Landrechtsentwurfs beginnt mit Vorschriften über „Eltern und Kinder". Hier setzt Mevius gleich mit einem Spezialproblem ein, nämlich mit der Frage, in welchem Umfang Kinder ohne Zustimmung ihrer Eltern Verträge über ihre eigenen Vermögensgüter schließen dürfen (Teil 1, Tit. 2, Art. 1). Das hing davon ab, ob die Kinder „unter der Eltern Gewaldt" standen. Genau hierzu fehlen dann aber nähere Ausführungen. Immerhin war die Mutter offenbar Mitinhaberin der elterlichen Gewalt, ohne dass dieser Gesichtspunkt im Landrechtsentwurf vertieft würde.

Im folgenden Titel betont David Mevius ganz deutlich, dass es ihm um die Entscheidung einer streitigen Rechtsfrage ging. Nach Gemeinem Recht genüge zur Eheschließung der bloße Konsens[140], doch sei genau dies oft „zweiffelhafft", weswegen auch „viell Streitt und Irrungen entstehen". Aus Gründen der Rechtssicherheit verlangt Mevius für ein richtiges und „vollenkommen" Eheband die Erklärung vor zwei glaubwürdigen Personen. Der Austausch von Geschenken, „Gifften und Gaben", soll demgegenüber keine Rolle spielen (Teil 1, Tit. 3, Art. 1). In der Tat

---

Rechtsgeschichte im Ostseeraum. Sechster Rechtshistorikertag im Ostseeraum, 3.–5. Juni 2010 in Tartu (Estland)/Riga (Lettland) (Rechtshistorische Reihe 428), Frankfurt am Main 2012, S. 95–107.

136 Stintzing/Landsberg, Geschichte II (wie Anm. 2), S. 134, 136; Hugo Böhlau, Ueber Ursprung und Wesen der Leibeigenschaft in Mecklenburg, in: ZRG 10 (1872), S. 357–426 (411–412); Wiese, Leibeigene Bauern (wie Anm. 24), S. 29.

137 Dies vermutet Knothe, Überlegungen (wie Anm. 16), S. 129.

138 Kurze Zusammenfassungen einzelner Abschnitte bei Knothe, Überlegungen (wie Anm. 16), S. 133–144.

139 Molitor, Entwurf (wie Anm. 12), S. 220; Knothe, Überlegungen (wie Anm. 16), S. 131.

140 Hinweis darauf bei Coing, Europäisches Privatrecht I (wie Anm. 113), S. 229.

ließen mehrere protestantische Rechtsgelehrte und Gesetze den Eheschluss vor Zeugen genügen, verlangten zumeist aber noch eine nachfolgende kirchliche Einsegnung[141]. In seiner Vorschrift spricht Mevius den bestehenden Meinungsstreit zu den Voraussetzungen einer wirksamen Ehe ausdrücklich an. Damit erhält der Landrechtsentwurf die zeittypisch-barocke Geschwätzigkeit. In formaler Hinsicht lehnt sich das Gesetzesvorhaben damit an eine Gruppe von Rechtsquellen an, die man treffend als Lehrbuch mit Gesetzeskraft bezeichnet[142]. Diese Landrechte sagen oft in großer Ausführlichkeit, warum es wichtig ist, eine ganz bestimmte Streitfrage mit einem ganz bestimmten Ergebnis zu entscheiden. Bei den Ehevoraussetzungen arbeitet Mevius ganz genauso. Doch solche weitschweifigen Erläuterungen sind im mecklenburgischen Entwurf ansonsten eher selten anzutreffen[143]. Im Gegensatz dazu legte Friedrich Esajas Pufendorf noch in den 1770er-Jahren einen Landrechtsentwurf für Hannover vor, der sich als spätes Beispiel der Kontroversengesetzgebung und in seiner Langatmigkeit mehrfach als Lehrbuch mit Gesetzeskraft darstellt[144]. Im Vergleich hierzu fällt die überwiegend um juristische Lösungen und nicht um Problemdarstellungen bemühte Sprache von Mevius umso stärker ins Gewicht.

In der systematischen Zusammenschau aller Titel des ersten Teils zeigt sich wie auch in den folgenden Teilen eine Anlehnung an das römischrechtliche Vorbild. Das Rechtsverhältnis von Eltern und Kindern, Eheleuten, Frauen und Witwen, Vormündern, Dienstboten und leibeigenen Bauern betrifft jeweils Personen. Der zweite Teil des Landrechts handelt von Gütern, insbesondere von Lehngütern, aber auch von dörflichen Fragen wie Schäferei, Jagd, Mühlen, zudem geht es um erbrechtliche Fragen. All dies zählt zu den Sachen, wenn man das Erbrecht als Möglichkeit ansieht, Eigentum und Besitz zu erwerben[145]. Im dritten Teil fol-

---

141 Coing, Europäisches Privatrecht I (wie Anm. 113), S. 230–231; Ralf Frassek, Eherecht und Ehegerichtsbarkeit in der Reformationszeit. Der Aufbau neuer Rechtsstukturen im sächsischen Raum unter besonderer Berücksichtigung der Wirkungsgeschichte des Wittenberger Konsistoriums (Jus Ecclesiasticum 78), Tübingen 2005, S. 52, 183–184.

142 Friedrich Ebel, Über Legaldefinitionen. Rechtshistorische Studie zur Entwicklung der Gesetzgebungstechnik in Deutschland, insbesondere über das Verhältnis von Rechtsetzung und Rechtsdarstellung (Schriften zur Rechtsgeschichte 16), Berlin 1974, S. 126–127; kritisch zu diesem Buch Bernhard Diestelkamp, Einige Beobachtungen zur Geschichte des Gesetzes in vorkonstitutioneller Zeit, in: ders., Recht und Gericht im Heiligen Römischen Recht (Ius Commune. Sonderheft 122), Frankfurt am Main 1999, S. 503–543.

143 Zutreffend Molitor, Entwurf (wie Anm. 12), S. 220.

144 Ebel, Pufendorfs Entwurf (wie Anm. 21), S. XVII, XX; Sebastian Siepe, Das Diebstahlsdelikt im Codes Georgianus. Eine rechtshistorische Studie, Marburg 2014, S. 7, 13–14; Schlagwort Kontroversengesetzgebung auch bei Tilman Repgen, Art. Pufendorf, Friedrich Esajas Philipp v., in: NDB (wie Anm. 96) 21 (2003), S. 5–6.

145 So später auch der Code civil, 3. Buch, 1. Titel.

gen verschiedene Verträge, im vierten dann die Gerichtsbarkeit. Damit lehnt sich Mevius in seiner Stoffordnung an das römische Institutionenschema an[146]. Auch inhaltlich gibt es mehrfach sachliche Rückgriffe auf das römisch-gemeine Recht, vor allem im Vertragsrecht[147]. Die dogmengeschichtliche Tiefbohrung von Mevius über die gemeinrechtlich-gelehrte Literatur[148] bis zu den römischen Vorlagen bleibt im Folgenden aber bewusst ausgeklammert. Im Mittelpunkt stehen mit dem Gesinderecht, den leibeigenen Bauern und dem Lehensrecht vielmehr Rechtsfragen der Landbevölkerung und des Adels, die als solche im römischen Recht gerade keine Wurzel haben. Zugleich lässt sich an diesen Beispielen sowie an den Schlaglichtern auf den vierten Teil des Entwurfs die Gesetzgebungstechnik von Mevius besonders gut veranschaulichen. Damit verzichtet die Einleitung zugleich bewusst auf eine Zusammenfassung des gesamten Landrechtsentwurfs.

a) Gesinderecht

Kurze Hinweise auf das Dienstboten- und Bauernrecht sind zur Einordnung von Mevius' Entwurf und seiner Arbeitsweise hilfreich, tauchen doch diese Gegenstände in vielen anderen zeitgenössischen Landrechtsgesetzgebungen nicht auf.

Das Gesinderecht[149] bildet mit 21 Artikeln einen umfangreichen Abschnitt im ersten Teil des Landrechtsentwurfs. Mevius spricht an dieser Stelle „Von Herrn und Dienstbothen" (Teil 1, Tit. 12: Überschrift) und bezeichnet das Rechtsverhältnis mehrfach ausdrücklich als Miete (so Teil 1, Tit. 12, Art. 2 und 3). Hier erkennt man die zeitgenössische Rückbindung der Arbeitsverhältnisse an die römischrechtliche Locatio conductio[150]. Dem Wortlaut nach ist der Titel nicht auf den ländlichen Bereich beschränkt, sondern umfasst übergreifend die Rechtslage „in Städten undt auff den Dörffern" (Teil 1, Tit. 12, Art 2). Dennoch legt Mevius die ständische Ungleichheit der Gesellschaft wie selbstverständlich seinen Anordnungen zugrunde.

---

146 Knothe, Überlegungen (wie Anm. 16), S. 130; unzutreffend Molitor, Entwurf (wie Anm. 12), S. 220: Pandektensystem.

147 Andeutungen bei Knothe, Überlegungen (wie Anm. 16), S. 141–142.

148 Einige Hinweise auf Mevius finden sich bei Coing, Europäisches Privatrecht I (wie Anm. 113), S. 637.

149 Überblick mit Schwerpunkt auf dem 19. Jahrhundert bei Rainer Schröder, Art. Gesinde, in: HRG II (2. Aufl. 2012), Sp. 319–325; Hinweis auf die Sozialstruktur in Norddeutschland bei Dirk Schleinert, Die Gutswirtschaft im Herzogtum Pommern-Wolgast im 16. und frühen 17. Jahrhundert (Veröffentlichungen der Historischen Kommission für Pommern V 36), Köln, Weimar, Wien 2001, S. 56.

150 Joachim Rückert, § 611. Dienstvertrag und Arbeitsvertrag, in: Mathias Schmoeckel/Joachim Rückert/Reinhard Zimmermann (Hrsg.), Historisch-kritischer Kommentar zum BGB. Band III: Schuldrecht: Besonderer Teil, 1. Teilband: vor § 433–§ 656, Tübingen 2013, S. 823–1034 (876–883 Fn. 89–99); Peter Oestmann, ebd., §§ 535–580a. Mietvertrag, S. 464–594 (479 Rn. 20).

Wer einen Dienstboten abwirbt, soll dafür eine Geldstrafe zahlen, und zwar ein Adliger zwanzig, ein Bürger zehn Reichstaler, ein Bauer dagegen den Jahreslohn des jeweiligen Dienstboten (Teil 1, Tit. 12, Art. 2). Die Abwerbung konnte nur dann ein tatsächliches Problem sein, wenn es einen Mangel an Dienstboten gab. Für diesen sozialgeschichtlichen Hintergrund spricht auch eine aus heutiger Sicht erstaunliche Verbotsvorschrift. Wer nämlich einem Dienstboten ein höheres Gehalt zahlte, als in einer obrigkeitlichen Gesindeordnung vorgesehen, dem drohte eine Geldstrafe oder sogar Gefängnis (Teil 1, Tit. 12, Art. 6). Möglicherweise handelt es sich um eine rechtliche Reaktion auf den Bevölkerungsrückgang im Gefolge des Dreißigjährigen Krieges[151].

Allerdings zeigt sich wie an anderen Stellen auch gerade hier wieder, wie schwierig es ist, die angebliche Modernität oder Originalität von Mevius an solchen einzelnen Weichenstellungen festzumachen. Im November 1654, also nur wenige Jahre zuvor, war nämlich in Mecklenburg eine sogenannte renovierte Gesindeordnung in Kraft getreten, die gleichfalls ihrerseits dieselben Punkte regelte[152]. Das Abwerbeverbot, das Mevius in seinen Landrechtsentwurf aufnahm, stammte beispielsweise wörtlich aus der mecklenburgischen Gesindeordnung. Auch die im Landrechtsentwurf vorgesehenen Geldstrafen mit ihrer ständischen Abstufung waren genau in derselben Höhe im älteren Gesetz bereits angedroht[153]. Die Festlegung einer taxmäßigen Bezahlung des Dienstpersonals, auf die Mevius ebenfalls anspielte, findet sich in großer Ausführlichkeit ebenfalls in derselben Gesindeordnung von 1654. In einer mehrseitigen Auflistung schrieb der mecklenburgische Landesherr für jede denkbare Tätigkeit in den Einzelheiten die Vergütung vor, etwa für einen „grossen Knecht/ der Pflügen/ Haken/ Säen/ Meyen/ und das Wagen- Pflug- und Haken-Zeug verfertigen kann/ auffs höchste eins für alles 13. Flor.[154] oder auch 12. Flor. und 2. paar Schuhe/ 2. Hembder/ und 2. paar Leinenhosen“[155]. Mevius wiederholt in seinem Landrechtsentwurf diese Gehaltsstufen nicht und sagt lediglich, wer mehr gebe oder nehme, solle „ebenviell dem Fisco Straff entrichten“ (Teil 1, Tit. 12, Art. 6). Die genaue Strafhöhe bleibt im Gesetzestext offen. Das von Mevius benutzte Wort „ebenviell“ klingt wie ein unbedacht hingeschriebenes Füllwort. Der Vergleich mit

151 Dazu Vermutungen bei Knothe, Überlegungen (wie Anm. 16), S. 135; zu angeblichen Lohnforderungen des Gesindes nach dem Siebenjährigen Krieg Rainer Schröder, Das Gesinde war immer frech und unverschämt. Gesinde und Gesinderecht vornehmlich im 18. Jahrhundert, Frankfurt am Main 1992, S. 74.

152 Nachgewiesen bei Schwieger, Mecklenburg (wie Anm. 38), S. 785 Nr. 45.

153 [Gesindeordnung 1654:] Des Durchleuchtigen/ Hochgebornen Fürsten und Herrn/ Herrn Adolph Friederichen/ Hertzogen zu Mecklenburg (...) Renovirte Gesinde- Tagelöhner- Baur- Schäffer- Tax- und Victual-Ordnung (...), Rostock 1654, Tit. III § 1.

154 Florin = Gulden.

155 Gesindeordnung 1654 (wie Anm. 153), Tit. III § 8. – Die Schreibweise variiert selbst bei verschiedenen Ausgaben des Jahres 1654.

der Gesindeordnung von 1654 zeigt allerdings, dass es sich vermutlich um einen technisch gemeinten Verweis handelt. Für den Verstoß gegen die Besoldungshöhe droht die Ordnung nämlich für Adlige und Inhaber adliger Landgüter zwanzig Reichstaler Strafe an, für Bürger zehn Reichstaler, für Bauern den jährlichen Lohn des Dienstboten[156]. Das waren dieselben Strafen, die sowohl die Gesindeordnung als auch Mevius in seinem Entwurf für die rechtswidrige Abwerbung vorgesehen hatten. Insofern handelt es sich bei dem kleinen Wort „ebenviell" genau genommen sogar um eine Doppelverweisung auf die Gesindeordnung und auf eine vorstehende Regelung des Landrechtsentwurfs selbst. Nur in einem einzigen Punkt ist Mevius an dieser Stelle rechtsschöpferisch tätig. Für besonders schwere Verstöße gegen die Besoldungsvorgaben droht die Gesindeordnung nämlich pauschal an, den Dienstherrn sowie den Dienstboten „mit andern schweren Straffen" zu belegen[157]. Mevius ersetzt diese Generalklausel durch die ausdrückliche Ankündigung von „Gefencknus" (Teil 1, Tit. 12, Art. 6 am Ende).

Eine andere Vorschrift des Dienstbotenrechts befasst sich mit der Arbeitspflicht des Gesindes. Angeblich hatte es sich eingeschliffen, dass sowohl in Städten als auch in Dörfern einiges herrenloses Dienstpersonal gar nicht arbeitete, sondern auf „eigen Handt" lebte[158]. Das wollte der Landesherr nicht dulden und befahl deswegen obrigkeitliche flächendeckende Kontrollen. Dieser Artikel (Teil 1, Tit. 12, Art. 21), mit dem der Titel über die Dienstboten endet, stimmt Wort für Wort mit der Gesindeordnung von 1654 überein[159]. Bei anderen Regelungsproblemen änderte Mevius seine Vorlagen auch ab, doch lässt sich die Anlehnung an das ältere Partikularrecht auch hier noch erkennen. So enthält der Landrechtsentwurf in Teil 1, Tit. 12, Art. 12 eine ausführliche Vorschrift über Kündigungsfristen. Grundsätzlich betrug diese Frist drei Monate. Bei Hofmeistern, Vögten, Verwaltern und einer vierten Gruppe verlängerte sie sich auf sechs Monate. Worum es sich bei dieser vierten Gruppe handelte, bleibt unklar. Die Gesindeordnung sprach von „Bawmöhmen"[160]. Mevius redete von „Bauwmäne", Westphalen in seiner späteren Druckausgabe von „Baumanne". Gemeint waren offenbar abgabepflichtige freie Bauern oder Vorarbeiter der Knechte[161]. Nach der Kündigung hatte der Dienstmann einen Anspruch gegen seinen ehemaligen Herrn, ein Arbeitszeugnis zu erhalten. Damit endet die Vorschrift bei Mevius. Die Gesindeordnung von 1654

---

156 Gesindeordnung 1654 (wie Anm. 153), Tit. III § 7.

157 Gesindeordnung 1654 (wie Anm. 153), Tit. III § 7 am Ende.

158 Zu typischen Vorwürfen gegenüber dem Gesinde SCHRÖDER, Das Gesinde (wie Anm. 151), S. 67–68.

159 Gesindeordnung 1654 (wie Anm. 153), Tit. III § 6.

160 Gesindeordnung 1654 (wie Anm. 153), Tit. III § 5.

161 Deutsches Rechtswörterbuch. Band I, bearb. v. RICHARD SCHRÖDER/EBERHARD FRHR. V. KÜNSSBERG, Weimar 1914–1932, Sp. 1302–1303, bei I 3 und I 5.

fügte noch einen zweiten Satz hinzu, eine Strafvorschrift für fehlerhafte Angaben über früheren Arbeitsverdienst. Diese Regelung findet sich bei Mevius nicht. Ein Grund dafür ist nicht unmittelbar ersichtlich. Allerdings stimmt die Fassung bei Mevius mit der älteren mecklenburgischen Gesindeordnung von 1645 überein, die den Zusatz von 1654 noch nicht enthielt[162]. Ob Mevius mit dieser älteren Vorlage arbeitete, ob er die Reform von 1654 bewusst rückgängig machen wollte, ob er einen entsprechenden Auftrag des Landtages zu erfüllen hatte — all dies wird sich ohne tiefergehende Quellen nicht erhellen lassen.

Auf der anderen Seite enthält der Landrechtsentwurf von Mevius einige Artikel, die ihrerseits keine Vorbilder in der Gesindeordnung von 1654 haben. Dazu zählt Teil 1, Tit. 12, Art. 8, eine Art Kündigungsverbot des Arbeitgebers bei Krankheit des Dienstboten[163], der freilich während der Zeit, in der er „gebrechlich" war, auch keinen Lohn empfangen durfte. In der Praxis kamen die von Mevius untersagten Entlassungen im Krankheitsfall offenbar häufig vor[164]. Andererseits legte Mevius fest, dass bei Arbeitsunfällen der Dienstherr keine „Kosten zur Chur und Heylung zu entrichten" schuldig war[165], für Vermögenseinbußen des Dienstboten bei aufgewendeten „Guettern" dagegen durchaus (Teil 1, Tit. 12, Art. 11)[166]. Solche von Mevius entworfenen Vorschriften fehlten nicht nur in der Gesindeordnung von 1654. Auch die ältere mecklenburgische Gesindeordnung von 1645 und eine 1643[167] ergangene Ordnung über Schäfer und Gesinde kennen keine einschlägigen Bestimmungen zu diesen Fragen.

b) Bauernrecht

Im Anschluss an das Gesinderecht enthält der Landrechtsentwurf von Mevius einen umfangreichen Titel „Von Bauerßleuten und Leibeigenen" (Teil 1, Tit. 13).

---

162 [Gesindeordnung 1645, gedruckt erst 1646:] Des Durchläuchtigen, Hochwürdigen, Hochgebornen Fürsten und Herrn, Herrn Adolph Friderichen, Hertzogen zu Mecklenburg (…) Renovirte Gesinde-Tagelöhner- Baur- und Schäffer-Ordnung, (ohne Ort) 1646, Teil III § 5.

163 Im 18. Jahrhundert war dies nach Schröder, Das Gesinde (wie Anm. 151), S. 103, der Minimalkonsens.

164 Thomas Pierson, Das Gesinde und die Herausbildung moderner Privatrechtsprinzipien (Studien zur europäischen Rechtsgeschichte 297), Frankfurt am Main 2016, S. 95.

165 Zu diesem Regelungsproblem auch Schröder, Das Gesinde (wie Anm. 151), S. 100–101.

166 Erwähnt auch bei Knothe, Überlegungen (wie Anm. 16), S. 136–137. — Zu Änderungen im frühen 19. Jahrhundert Pierson, Gesinde (wie Anm. 164), S. 95.

167 Constitution und Ordnung Welche Der Durchleuchtige/ Hochwürdige/ Hochgeborne Fürst und Herr/ H. Adolph Friederich Hertzogk zu Mecklenburgk (…) Wegen der Schäffer/ Tagelöhner/ Gesinde und Dienstbotten/ auch der entwichenen Pawren und Unterthanen (…) verfassen und publiciren lassen, Rostock 1643; nachgewiesen auch bei Schwieger, Mecklenburg (wie Anm. 38), S. 784 Nr. 40.

Die 29 Artikel haben zumindest teilweise ihr Vorbild in einem Abschnitt der Gesindeordnung von 1654. Dort findet sich eine Rubrik „Von BaursLeuten und deren Dienstbarkeit und Außfolgung"[168]. Zumindest fünf der zehn landesherrlichen Vorschriften sind der Sache nach auch bei Mevius vorhanden. Die sprachlichen Anlehnungen an die Vorlage sind hierbei unterschiedlich eng. Die ersten beiden Paragraphen der mecklenburgischen Bauernordnung behandeln Verlöbnisse und Eheschließungen der leibeigenen bäuerlichen Bevölkerung. Die Bauernordnung beschreibt die angeblichen Missstände ganz im Stil der zeitgenössischen Policeyordnungen. Die „tägliche Erfahrung" bezeuge eigenmächtige Verlöbnisse „ohn ihrer Herrn und Obrigkeit vorwissen und bewilligung". Doch genau dies sei unzulässig, weil die Bauern „ihrer Personen selbst nicht mächtig" seien. Daher erklärte der Landesherr derartige Verlobungen für „verbotten und abgeschaffet". Zudem drohte den Leibeigenen eine Geldstrafe bei Verstößen gegen die obrigkeitlichen Vorgaben[169]. David Mevius strich in seiner Fassung die gesamte Einleitung der Vorschrift. Die Klage des Landesfürsten über die unbotmäßigen Bauern entfiel auf diese Weise. Lediglich das Verbot der Verlöbnisse und Heiraten blieb stehen, ebenso der ausdrückliche Hinweis auf die Unwirksamkeit solcher Vereinbarungen. Am Ende wiederholt Mevius die Strafdrohung der Landesverordnung, an dieser Stelle nun wörtlich („mit ernster Straffe angesehen", Teil 1, Tit. 13, Art. 3[170]).

In der Gesindeordnung folgt an dieser Stelle ein Verbot für Prediger, „niemand von Baursleuten" zu „Copuliren noch Vertrawen", sofern sie keine ausdrückliche schriftliche Erlaubnis ihrer „Herrn und Obrigkeit" vorweisen konnten[171]. Mevius straffte die Vorschrift ein wenig und übernahm sie dann teilweise wörtlich. Auch die Strafdrohung an die Pastoren, nämlich den drohenden Amtsverlust, behielt er genauso bei. In der Gesindeordnung gab es an dieser Stelle noch einen zweiten Satz, der inhaltlich etwas anderes besagt: Ohne eine einschlägige Bescheinigung des Grundherrn durfte niemand auf dem Land dem Bauern „Baurrecht" gewähren. In der Stadt war es zudem verboten, ihn „zu Bürgerrecht auffzunehmen". Lediglich der Hinweis auf die schriftliche Freigabeerklärung bot eine lose Klammer für zwei sehr verschiedene Vorschriften. Die zweite Regelung zum städtischen Bürgerrecht übernahm Mevius nicht, obwohl sie bereits in den landesherrlichen Verordnungen von 1643[172] und 1645[173] enthalten war und also eine längere mecklenburgische Tradition besaß. Ob hier eine sachliche Änderung beabsichtigt war, bleibt dennoch

---

168 Gesindeordnung 1654 (wie Anm. 153), Tit. II.

169 Gesindeordnung 1654 (wie Anm. 153), Tit. II § 1.

170 Kurzer Hinweis auf die Vorschrift bei Knothe, Überlegungen (wie Anm. 16), S. 138.

171 Gesindeordnung 1654 (wie Anm. 153), Tit. II § 2.

172 Gesindeordnung 1643 (wie Anm. 167), Artikel „Endlich wegen" (ohne Seitenzahl und Artikelzählung).

173 Gesindeordnung 1645 (wie Anm. 153), Teil II § 2.

offen. Der Landrechtsentwurf von Mevius kennt nämlich zahlreiche Vorschriften über entlaufene Bauern. Der Sache nach war die Verleihung des Bürgerrechts an einen geflohenen Leibeigenen eine Begünstigung der Flucht, und solche Handlungen waren bei Mevius in einer Generalklausel gegen „Unterschleiff oder Befoderung" der „verflüchtigen Unterthanen" ohnehin verboten (Teil 1, Tit. 13, Art. 22).

Die mecklenburgische Gesindeordnung von 1654 enthält eine ernsthafte Ermahnung an diejenigen Grundherren, die durch Umgehungsversuche heimliche Eheschließungen ihrer Bauern mit gutsfremden Frauen förderten. Offenbar gab es hierfür in der Praxis einen Trick. Der Gutsbesitzer erlaubte dem Leibeigenen zunächst die Heirat, stritt dann später diese geheime Einwilligung aber ab und bestand darauf, dass der Bauer mitsamt seiner Frau und etwaigen Kindern zu ihm zurückkehrte. Auf diese Weise ließ sich die Zahl leibeigener Familien besonders einfach vergrößern. Der Landesherr ging gegen solche Tricksereien vor. Wurde der frühere Grundherr „zuforderst dessen überwiesen", sollte er seinen ehemaligen Untertanen verlieren. Die Gutsobrigkeit der Frau durfte vielmehr zukünftig die gesamte Familie unter sich haben[174]. David Mevius war hiermit augenscheinlich einverstanden und übernahm die landesrechtliche Vorgabe wörtlich, fügte am Ende aber noch einen Zusatz an: Auch ein freier Mann, der eine leibeigene Frau ohne Zustimmung ihres Grundherrn „geheyrathett hette", musste dem Rechtsstatus der Gattin „zu folgen schuldig sein" (Teil 1, Tit. 13, Art. 7 am Ende).

Eine weitere Vorschrift der Gesindeordnung findet sich ebenfalls wörtlich bei Mevius. Wenn eine Bäuerin ein nichteheliches Kind zur Welt brachte, unterstand das Neugeborene grundsätzlich der Obrigkeit seiner Mutter, sofern nicht der Vater die Frau später heiratete[175]. Mevius übernahm die knappe Anordnung vollständig in sein Landrecht und ersetzte lediglich die Bezeichnung des Säuglings. Das Kind war nun nicht länger „unehrlich gezeugt", sondern „unehlig gezeuget". Ob dies eine inhaltliche Änderung andeutet oder lediglich auf einer nachlässigen Abschrift beruht, lässt sich freilich nicht klären. Sprachlich jedenfalls wählte Mevius die mildere Fassung.

Ein weiterer Artikel zeigt, in welchem Umfang Mevius die überkommenen Landesgesetze sachlich und sprachlich überarbeitete, wenn sich die Inhalte ändern sollten. Die Gesindeordnung von 1654 enthält eine Rückforderungsvorschrift für geflohene Bauern. Sie betrifft den Fall, dass die Leibeigenschaft des Entwichenen unstreitig oder bewiesen war, der Gutsuntertänige hiergegen aber Einwendungen vortrug. Falls die Exzeptionen des Bauern größere Nachforschungen erforderten, sollte er vorläufig trotzdem seinem ehemaligen Grundherrn schon folgen, sofern

174 Gesindeordnung 1654 (wie Anm. 153), Tit. II § 5.
175 Gesindeordnung 1654 (wie Anm. 153), Tit. II § 6.

Kaution hinterlegt wurde und sich die frühere Obrigkeit verpflichtete, in gleichgelagerten Fällen notfalls auch ihre eigenen Bauern wieder herauszugeben[176]. An dieser Stelle enthält die mecklenburgische Ordnung von 1654 das Gegenseitigkeitsprinzip, das auch im Einleitungsteil des Landrechtsentwurfs als allgemeiner Grundsatz der Rechtsanwendung auftaucht und dort aus den gewohnten Bahnen der zeitgenössischen Statutenlehre ausbricht (Teil 1, Tit. 1, Art. 3). Mevius übernahm in seinem Landrecht diese vorläufige Regelung teilweise wörtlich, änderte aber bereits den Ausgangspunkt: Nicht der Leibeigene trug jetzt seine Einwendungen gegen den Herausgabeanspruch vor, sondern der frühere Grundherr (Teil 1, Tit. 13, Art. 20). Damit änderte sich die prozessuale Situation, wie sie in der Gesindeordnung beschrieben war, von derjenigen, die Mevius seinem Landrecht zugrunde legte. Die auf den ersten Blick wörtliche Übereinstimmung der Vorschriften überdeckt an dieser Stelle also eine deutlich andere inhaltliche Ausrichtung.

Die überwiegende Zahl der Vorschriften zum Bauernrecht im Landrechtsentwurf von David Mevius beruht hingegen nicht auf den landesherrlich-mecklenburgischen Vorgaben. Inhaltlich geht es hierbei um zwei eng miteinander verbundene Fragen, nämlich zum einen um die Abgrenzung freier und unfreier Bauern, zum anderen um Beweisführungen und Vermutungen. Nach der vorgesehenen Konzeption des Landrechts konnte man von der Leibeigenschaft der bäuerlichen Bevölkerung ausgehen, wenn sie „Handstreckung thuet oder gewohnliche Paurdienste leistet" (Teil 1, Tit. 13, Art. 1). Umgekehrt griff für diejenigen, die frei lebten und offenbar dem bauernpflichtigen Stand nicht angehörten, die Vermutung zugunsten ihrer persönlichen Freiheit ein (Teil 1, Tit. 13, Art. 10). Aus der Sicht des Grundherrn handelte es sich bei der Grundhörigkeit um ein quasi-dingliches Recht am Grundstück. Beim Eigentümerwechsel änderte sich also die jeweils zuständige Gutsobrigkeit des Leibeigenen (Teil 1, Tit. 13, Art. 8)[177].

Sofern der Grundherr seine Herrschaftsgewalt missbrauchte, sprach der Landrechtsentwurf den Bauern Rechtsbehelfe zu, verpflichtete sie aber in jedem Fall, bis zum Ausgang einer gerichtlichen Auseinandersetzung auf ihrem Landgut zu bleiben und weiterzuarbeiten (Teil 1, Tit. 13, Art. 13)[178]. Gegen die „Saevitz" ihres Herrn konnten die Landbewohner durchaus klagen, unter bestimmten Voraussetzungen sogar mit dem schneidigen Mandatsverfahren sine clausula[179]. Erich

---

176 Gesindeordnung 1654 (wie Anm. 153), Tit. II § 9.

177 Kurz erwähnt bei KNOTHE, Überlegungen (wie Anm. 16), S. 138, dort irrtümlich als § 9 bezeichnet.

178 Erwähnt bei KNOTHE, Überlegungen (wie Anm. 16), S. 138.

179 Prozessuale Einzelheiten bei MANFRED UHLHORN, Der Mandatsprozeß sine clausula des Reichshofrats (Quellen und Forschungen zur höchsten Gerichtsbarkeit im Alten Reich 22), Köln, Wien 1990; zum Mandatsverfahren am Wismarer Tribunal PETER OESTMANN, Streit um Anwaltskosten in der frühen Neuzeit. Teil 2: Gerichtszuständigkeit und Verfahrensarten, in: ZRG Germ. Abt. 133 (2016), S. 191–295 (251–252).

Molitor meinte 1941, Mevius sei mit seinem Vorhaben, „den unteren gedrückten Ständen Gerechtigkeit gegenüber den Übergriffen Mächtiger widerfahren" zu lassen, „der damaligen Zeit weit voraus" gewesen[180]. Das aber führt in die Irre, wie gerade dieses Beispiel zeigt. Das Mandatsverfahren sine clausula bei der sogenannten Saevitia dominorum war gemeinrechtlich anerkannt, die Einzelheiten finden sich etwa bei Andreas Gail, einem der bekannten Kameralschriftsteller des 16. Jahrhunderts[181]. In seiner in den 1640er-Jahren entstandenen Abhandlung zur Rechtslage der Bauern war Mevius bereits an zahlreichen Stellen auf diese Saevitia eingegangen[182]. Auch in seiner praktischen Tätigkeit am Wismarer Tribunal hatte Mevius mit Klagen gegen die „Sävitz" von Grundherren gegenüber ihren Bauern zu tun[183]. Andererseits erkannte er in seinem Kommentar zum lübischen Recht das Züchtigungsrecht des Herrn sogar gegenüber dem Gesinde an, soweit es nicht zu Wunden, Lähmungen und Beinbrüchen kam[184].

Molitor, der sich als einer der wenigen Rechtshistoriker mit dem Landrechtsentwurf von Mevius befasst hat, nennt das Gesinderecht, Bauernrecht sowie das Recht der Schäferei in einem Atemzug, weil es hier jeweils darum gegangen sei, die wirtschaftlichen Folgen des Dreißigjährigen Krieges rechtlich in den Griff zu bekommen[185]. In der Tat enthält auch die mecklenburgische Gesindeordnung von 1654 in ihrem vierten Titel einen umfangreichen Abschnitt „Von den Schäffern und

---

180 Molitor, Entwurf (wie Anm. 12), S. 229.

181 Andreas Gail, Practicarum observationum (…) libri duo, hier zitiert nach der editio postrema correctior, hrsg. v. Walter Gymnicus, Köln 1697, Lib. I obs. XVII n. 6., S. 34. — Aus der umfangreichen Literatur über Untertanen- und Bauernprozesse in der frühen Neuzeit: Rita Sailer, Untertanenprozesse vor dem Reichskammergericht. Rechtsschutz gegen die Obrigkeit in der zweiten Hälfte des 18. Jahrhunderts (Quellen und Forschungen zur höchsten Gerichtsbarkeit im Alten Reich 33), Köln, Weimar, Wien 1999, S. 139–188; Werner Trossbach, Gar herrlichen(…) zu lesen bei dem Zasio. Die Einbeziehung von Prozessen bäuerlicher Untertanen gegen ihre Obrigkeit in die Kameraljudikatur, in: Friedrich Battenberg/Bernd Schildt (Hrsg.), Das Reichskammergericht im Spiegel seiner Prozessakten. Bilanz und Perspektiven der Forschung (Quellen und Forschungen zur höchsten Gerichtsbarkeit im Alten Reich 57), Köln, Weimar, Wien 2010, S. 63–91 (72 mit Hinweis auf Andreas Gail); Matthias Bähr, Die Sprache der Zeugen. Argumentationsstrategien bäuerlicher Gemeinden vor dem Reichskammergericht (1693–1806) (Konflikte und Kultur – Historische Perspektiven 26), Konstanz, München 2012.

182 Zahlreiche Nachweise bei Wiese, Leibeigene Bauern (wie Anm. 24), S. 387; dies., David Mevius und die Rechte leibeigener Bauern im Prozeß, in: Jörn, Mevius (wie Anm. 5), S. 97–126; Überblick über den Bauerntraktat von Mevius auch bei Knothe, Zur Entwicklung des Rechts der Gutsherrschaft (wie Anm. 24), S. 237–274.

183 Beispiele bei Hans-Georg Knothe, Usus modernus Pandectarum – Die Decisiones von Mevius, in: Dirk Alvermann/Jürgen Regge (Hrsg.), Justitia in Pommern (Geschichte 63), Münster 2004, S. 145–180 (165–167).

184 Schröder, Das Gesinde (wie Anm. 151), S. 122.

185 Molitor, Entwurf (wie Anm. 12), S. 227.

ihrer Unterhaltung“[186]. Doch im Gegensatz zum Gesinderecht lehnte sich Mevius in seinem Landrechtsentwurf an diese Vorlage nicht an. Statt der 30 Paragraphen der landesherrlichen Verordnung sah Mevius lediglich zwei kurze Artikel vor (Teil 2, Tit. 15). Sie befinden sich auch nicht im Personenrecht im ersten Teil des Entwurfs, sondern im zweiten Teil, dort im Zusammenhang von Jagd, Mühlen und Weiden. Gerade weil sich Mevius hier im Gegensatz zum Gesinde- und Leibeigenenrecht auf lediglich zwei ganz knappe Vorschriften beschränkt, ist dieser Titel ein denkbar ungeeignetes Beispiel, um die gesetzgeberischen Absichten von Mevius näher aufzuhellen.

c) Originalität von Mevius?

Der nähere Blick auf das Gesinde- und Bauernrecht erlaubt es an dieser Stelle, den Landrechtsentwurf von David Mevius in mehrfacher Hinsicht zu würdigen. Zunächst zeigt sich, wie schwierig es ist, den eigenschöpferischen Anteil von Mevius an diesem Gesetzgebungsvorhaben zu erkennen. Wenn ein Teil der Vorschriften wörtlich oder zumindest inhaltlich aus dem bereits bestehenden Mecklenburger Partikularrecht stammt, tritt die Persönlichkeit des Verfassers hier nicht erkennbar in Erscheinung. Gleich zu Beginn des Landrechts heißt es ganz im Einklang mit diesem Befund, die „fürstlichen Reversalen, des Landeß Kirchen-, Consistorial-, Hoffgerichts- und Cantzley wie auch (...) Policey- (...) Ordnungen“ sollten „vor der mechlenburgischen Herzog-, Fürstenthuemb und Lande Recht zu halten“ sein (Teil 1, Tit. 1, Art. 1). In diese Gemengelage passt sich Mevius’ Gesetzesvorhaben nicht nur ein, sondern nimmt Teile des älteren Rechts sogar in sich auf. Wenn Knothe meint, entgegen seiner Ankündigung habe Mevius den bisherigen Rechtszustand keineswegs fortgeschrieben, sondern sei „durchaus rechtsschöpferisch“ tätig geworden[187], verzerrt dies den historischen Befund ebenso wie der Hinweis von Molitor, Mevius sei in seinem Landrechtsentwurf überaus fortschrittlich und zeige ein beachtliche soziale Einstellung[188]. Diese Behauptungen müsste man an jeder einzelnen Weichenstellung des Entwurfs durch einen Vergleich mit dem mecklenburgischen Partikularrecht und der gemeinrechtlichen Literatur zeigen. Ansonsten hängen diese unsubstantiierten Wertungen einfach in der Luft.

Dasselbe gilt für die anerkennenden Worte zur Sprache des Gesetzentwurfs. Die angeblich bemerkenswerte Klarheit von Mevius’ persönlichem Barockstil[189] und

186 Gesindeordnung 1654 (wie Anm. 153), Tit. IV §§ 1–30 mitsamt einem Schäfereid.
187 Knothe, Überlegungen (wie Anm. 16), S. 144.
188 Molitor, Entwurf (wie Anm. 12), S. 210, 229.
189 Molitor, Entwurf (wie Anm. 12), S. 219.

seine erfrischende Direktheit im Vergleich zu Kreittmayrs[190] bayerischen Kodifikationen aus dem 18. Jahrhundert[191] lassen sich ebenfalls kaum festmachen, wenn die von Mevius übernommenen und seine selbst formulierten Vorschriften keine deutlichen stilistischen Unterschiede aufweisen. Die älteren, wenn auch positiv gemeinten Würdigungen von Mevius verfehlen möglicherweise das zeitgenössische Ideal. Auch in der Wissenschaft des 17. Jahrhunderts ging es weniger um Originalität der Gedanken, sondern weitgehend um Vollständigkeit und getreue Einbindung in die gemeinrechtliche Überlieferung. Bekanntlich hat etwa Benedikt Carpzov seine starke Anlehnung an einen Vorgänger wie Matthias Berlich in keiner Weise geschadet, ebenso wenig wie Andreas Gail die starke Orientierung an dem etwas älteren Joachim Mynsinger[192]. Für die Gesetzgebung der Zeit galt großenteils dasselbe[193]. Ein anderer Punkt kommt dazu: Molitor und Knothe haben den vierten Teil des Landrechtsentwurfs als eher leichtgewichtig angesehen, unter anderem, weil er wesentlich knapper als die ersten drei Teile gehalten ist[194]. Wenn aber David Mevius in die ersten Teile des Gesetzentwurfs andere Landesgesetze aufnahm[195], im vierten Teil die mecklenburgische Hof- und Landgerichtsordnung hingegen nicht wiederholte, relativiert dieser Befund den angeblichen Qualitätsunterschied zwischen den vier Teilen ganz deutlich.

Insgesamt bringen diese wenigen Überlegungen das gesamte Dilemma der Dogmengeschichte[196] auf den Punkt. Es genügt eben nicht, bestimmte inhaltliche Aussagen nur mit der römisch-kanonischen gelehrten Diskussion oder mit der zeitgenössischen Rechtswissenschaft zu vergleichen. Gerade angesichts der bekannten Praxisnähe des Usus modernus sind die partikulare Gesetzgebung und Rechtsprechung immer mit einzubeziehen. Das mag dann zu überraschenden Befunden führen, wenn etwa ein Autor wie Mevius in seinem Kommentar zum lübischen Recht, in seiner Tätigkeit als Richter in Wismar und als Gesetzeber unterschiedliche

190 Zu ihm Hans-Joachim Hecker, Art. Kreittmayr, Franz Xaver Wiguläus Aloysius von (1705–1790), in: HRG III (2. Aufl. 2016), Sp. 225–228.

191 Knothe, Überlegungen (wie Anm. 16), S. 130; Überblick bei Barbara Dölemeyer, Art. Bayerische Kodifikationen des Naturrechtszeitalters, in: HRG I (2. Aufl. 2008), Sp. 478–480.

192 Heiner Lück, Art. Berlichius, Matthias, in: HRG I (2. Aufl. 2008), Sp. 533–534: Nisi Berlichius berlichizasset, Capzovius non carpzoviasset; Peter Oestmann, Art. Observationes Andreas Gail, in: Dauchy etc., The Formation (wie Anm. 9), S. 129–132.

193 Bernd Mertens, Art. Gesetzgebung, in: HRG II (2. Aufl. 2012), Sp. 302–315 (306): bewahrendes Element vor bewusst gestalterischen Eingriffen.

194 Molitor, Entwurf (wie Anm. 12), S. 214; Knothe, Überlegungen (wie Anm. 16), S. 142.

195 Im Hinblick auf Vormundschaften ist möglicherweise zusätzlich die mecklenburgische Policeyordnung von 1562 einschlägig, nachgewiesen bei Schwieger, Mecklenburg (wie Anm. 38), S. 778 Nr. 5 (hier nicht näher überprüft).

196 Überblick bei Coing, Europäisches Privatrecht I (wie Anm. 113), S. 1–2.

Problemlösungen vertrat. Vielleicht hatte er es einfach mit unterschiedlichen rechtlichen Vorgaben zu tun. Solche Gesichtspunkte sollte die Privatrechtsgeschichte in Zukunft stärker berücksichtigen.

d) Lehensrecht

Im zweiten Teil des Landrechtsentwurfs beschäftigt sich Mevius umfassend mit lehensrechtlichen Fragen. Vom zweiten bis zum elften Titel geht es fast nur um das Lehenswesen, an anderen Stellen des Landrechts tauchen die Bezüge aber ebenfalls auf. Gleich im ersten Titel des zweiten Teils definiert Mevius, was unter einem Lehen zu verstehen sei. Es ging zum einen um alle unbeweglichen Güter, zum anderen um diejenigen, die „in Rechten" dafür gehalten und vom Landesherrn verliehen würden. Dieses Lehen erstreckte sich umfangreich auf sämtliches Zubehör und auf Bestandteile[197]. Dazu zählten ausdrücklich auch Bauern und die Gerichtsbarkeit (Teil 2, Tit. 1, Art. 3)[198]. Die Rechtsquellenlage war wie oftmals in der frühen Neuzeit kompliziert. Mevius verwies auf „sonderbahre privilegia, Freyheiten und Gebräuche", die das gemeine Lehensrecht abgeändert hätten. In erster Linie maßgeblich sollte im Einzelfall der Inhalt „der Investitur und Lehenbrieff" sein (Teil 2, Tit. 2, Art. 1)[199]. Mevius sprach hier möglicherweise aus eigener Erfahrung. 1653 war er selbst von der schwedischen Königin mit einigen Landgütern belehnt worden[200]. Zumindest aus Vorpommern kannte er das Lehensrecht nicht nur als rechtsgelehrter Beobachter, sondern sowohl als Lehensnehmer gegenüber der Königin wie auch als Grundherr gegenüber seinen Bauern.

Ausdrückliche landesherrliche Gesetze zum mecklenburgischen Lehensrecht gab es nicht. David Mevius war allerdings nicht der erste Jurist, der das mecklenburgische Lehensrecht als Ganzes aufarbeitete. Bereits vor ihm hatten sich Heinrich Husanus und Ernst Cothmann mit dem Mecklenburger Lehensrecht beschäftigt. Husanus, der mehrere Jahre mecklenburgischer Kanzler gewesen war und dann

---

197 In der Praxis gab es zahlreiche Rechtsstreitigkeiten um derartige Landgüter, einige Nachweise bei Tobias Schenk, Wiener Perspektiven für die mecklenburgische Landesgeschichte. Ein Werkstattbericht über die Erschließung der Reichshofratsakten, in: Mecklenburgische Jahrbücher 130 (2015), S. 73–104 (83, allgemeine Hinweise zum Lehenswesen 94–97).

198 Hinweis auf Bauern als „Zubehör" des Grundstücks bei Wiese, Leibeigene Bauern (wie Anm. 24), S. 171.

199 Erwähnt auch bei Knothe, Überlegungen (wie Anm. 16), S. 140.

200 Dirk Schleinert, Aus Bürgerlichen werden Landadlige. Die Familie von Mevius als Grundbesitzer in Vorpommern, in: Nils Jörn/Haik Thomas Porada (Hrsg.), Lebenswelt und Lebenswirklichkeit des Adels im Ostseeraum. Festgabe zum 80. Geburtstag von Bernhard Diestelkamp (Schriftenreihe der David-Mevius-Gesellschaft 5), Hamburg 2009, S. 21–111 (21, 59).

Syndikus in Lüneburg wurde[201], hatte bereits einige andere mecklenburgische Gesetze entworfen und verfasste 1580 einen Entwurf einer Lehensgesetzgebung. Er legte insbesondere eine Übersicht bisher entschiedener Streitfälle vor. Mehrere verschiedene Bearbeitungen seiner Vorlage sind überliefert. 1583 befasste sich der Landtag mit diesem Projekt[202]. Zwei Jahrzehnte später erhielten die Mecklenburger Stände 1602 einen weiteren Lehensrechtsentwurf, ausgearbeitet vom Rostocker Professor und späteren Kanzler Ernst Cothmann[203]. Nach den Untersuchungen von Paul Roth[204], der in der Mitte des 19. Jahrhunderts das mecklenburgische Lehensrecht in einer umfangreichen Monographie aufarbeitete, soll der Entwurf von Cothmann in Mecklenburg „als geltendes Gesetz allegirt" worden sein[205]. Cothmann baute hierbei auf dem älteren Entwurf von Husanus auf. Dennoch übte die mecklenburgische Ritterschaft später Kritik, weil Cothmann angeblich zu stark das sächsische und das gemeine Recht berücksichtigt habe[206]. Der Entwurf von Cothmann wurde im frühen 18. Jahrhundert gedruckt[207], lag also erst in der Zeit nach David Mevius allgemein zugänglich vor.

Paul Roth verglich in seinem Werk ganz kursorisch das von Mevius entworfene Lehensrecht mit der Vorlage von Ernst Cothmann. Nach seiner Einschätzung lehnte sich Mevius im Aufbau, also in der Titelfolge, weitgehend an Cothmann an. Inhaltliche Abweichungen sollte es jeweils dort geben, wo Cothmann bestimmte Interessen der Ritterschaft nicht ausreichend genug berücksichtigt hatte. Hier soll Mevius „die von der Ritterschaft erhobenen Ansprüche" jeweils deutlicher in den

---

201 Ludwig Fromm, Art. Husanus, Heinrich, in: Allgemeine Deutsche Biographie 13 (1881), S. 446–447; Friedrich Merzbacher, Art. Husanus (Haussen), Heinrich, in: NDB (wie Anm. 96) 10 (1974), S. 80–81.

202 Paul Roth, Mecklenburgisches Lehenrecht, Rostock 1858, S. 5–7.

203 Roth, Lehenrecht (wie Anm. 202), S. 7–9. Zum Verfasser Ludwig Fromm, Art. Cothmann, Ernst, in: ADB 4 (1876), S. 518; Sönke Lorenz, Ernst Cothmann (1557–1624) aus Lemgo in Westfalen. Ein Iurisconsultus Rostochiensis in Sachen Hexenprozeß, in: Martin Kintzinger/Wolfgang Stürner/Johannes Zahlten (Hrsg.), Das Andere Wahrnehmen. Beiträge zur europäischen Geschichte. August Nitschke zum 65. Geburtstag gewidmet, Köln, Weimar, Wien 1991, S. 437–449.

204 Zu diesem Werk Sten Gagnér, Zielsetzungen und Werkgestaltung in Paul Roths Wissenschaft, in: ders., Abhandlungen zur europäischen Rechtsgeschichte, hrsg. v. Joachim Rückert/Michael Stolleis/Maximiliane Kriechbaum (Bibliotheca Eruditorum 29), Goldbach 2004, S. 347–520 (484–487), ursprünglich erschienen in: Sten Gagnér/Hans Schlosser/Wolfgang Wiegand (Hrsg.), Festschrift für Hermann Krause, Köln, Wien 1975, S. 276–450 (414–417).

205 Roth, Lehenrecht (wie Anm. 202), S. 8.

206 Roth, Lehenrecht (wie Anm. 202), S. 9.

207 Project Des Mecklenburgischen Leen-Rechtes/ Welcher Aber in allen und jeden Puncten der Landes-Verfassung nach/ bißhero noch nicht approbiret noch publiciret (…), in: Peter Tornov, Tractatus de feudis Mecklenburgicis eorumque jure, Güstrow und Leipzig 1708, S. 1–80.

Mittelpunkt gestellt haben[208]. Roth hat diese Sichtweise in der Einleitung zu seinem Werk nicht näher begründet, gibt in den Einzelkapiteln aber mehrfach Hinweise auf die Lehensrechtsentwürfe von Cothmann, Husanus und Mevius. Hier können künftige Untersuchungen weitere Klärungen erbringen. Denn selbst wenn man die über das engere Lehensrecht hinaus im Landrechtsentwurf von Mevius verstreuten Vorschriften mit einbezieht, handelt es sich insgesamt um weniger als 200 Artikel. Mit entsprechendem Aufwand ist es also möglich, die Lehenrechtsfassungen von Cothmann und Mevius miteinander zu vergleichen und auch zu prüfen, wie adelsfreundlich die Ergebnisse bei Mevius tatsächlich ausfielen. Hans-Georg Knothe vermutet dagegen ohne nähere Begründung, Mevius folge in seinem Entwurf im Wesentlichen dem gemeinen Lehensrecht, weil diese Quellen ja weiterhin als subsidiäres Recht im Entwurf genannt seien[209]. Knothes Auffassung ist allerdings zweifelhaft, weil die Ritterschaft genau mit dieser Begründung Kritik an Ernst Cothmann übte und David Mevius den Auftrag für einen neuen Entwurf erteilte. Hier sind die Ergebnisse noch ausstehender vertiefender Forschungen abzuwarten. Lohnenswert erscheint eine Tiefbohrung nicht zuletzt deswegen, weil zahlreiche regionalhistorische Studien in der jüngeren Zeit die große Bedeutung des Lehensrechts bis weit in die Neuzeit hinein nachdrücklich untermauert haben[210]. Ähnlich wie beim mecklenburgischen Gesinderecht und dem Recht der Leibeigenen lässt sich ein formaler Befund zur Gesetzgebungstechnik allerdings bereits an dieser Stelle formulieren. Mevius stützte sich auch in seinen lehensrechtlichen Abschnitten auf mecklenburgische Vorlagen. Wie eigenständig er in inhaltlicher oder sprachlicher Hinsicht war, steht damit in keiner Weise fest. Die pauschalen Lobeshymnen von Molitor und Knothe hängen jedenfalls auch hier in der Luft.

5. Der vierte Teil des Landrechtsentwurfs

Es ist nicht möglich und auch nicht sinnvoll, in der Einleitung der Landrechtsedition alle Titel des Entwurfs, geschweige denn die Vielzahl einzelner Vorschriften genauer unter die Lupe zu nehmen. Gerade wegen der negativen Bewertung des

208 Roth, Lehenrecht (wie Anm. 202), S. 10; zustimmend Böhlau, Mecklenburgisches Landrecht (wie Anm. 27), S. 142 Anm. 40.

209 Knothe, Überlegungen (wie Anm. 16), S. 140.

210 Tobias Schenk, Der Reichshofrat als oberster Lehnshof. Dynastie- und adelsgeschichtliche Implikationen am Beispiel Brandenburg-Preußens, in: Anette Baumann/Alexander Jendorff (Hrsg.), Adel, Recht und Gerichtsbarkeit im frühneuzeitlichen Europa (Bibliothek Altes Reich 15), München 2014, S. 255–294; zahlreiche Quellennachweise auch bei Peter Oestmann (Hrsg.), Gemeine Bescheide. Teil 2: Reichshofrat 1613–1798 (Quellen und Forschungen zur höchsten Gerichtsbarkeit im Alten Reich 63/II), Köln, Weimar, Wien 2017, S 462.

vierten Teils durch Erich Molitor und Hans-Georg Knothe[211] verdient der letzte Hauptteil des Landrechtsentwurfs aber an dieser Stelle eine Vertiefung. Nach Knothes Einschätzung ist die Systematik des prozessrechtlichen Teils „nicht recht gelungen". Außerdem bemängelt er, Mevius habe „keine umfassende Regelung des gerichtlichen Verfahrens" vorgesehen, sondern sich vornehmlich auf gütliche Einigungen beschränkt[212].

Eine angemessene Würdigung setzt auch hier einen genaueren Blick auf die Mecklenburger Rechtslage voraus. Im Sommer 1622 hatten die beiden regierenden Landesfürsten nämlich eine Land- und Hofgerichtsordnung in Kraft gesetzt[213], nachdem bereits 1568 eine ältere Hofgerichtsordnung ergangen war, die der oben erwähnte Heinrich Husanus maßgeblich ausgearbeitet hatte[214]. Die Gerichtsordnung von 1622 umfasst in der Güstrower Druckausgabe über 110 Seiten und war damit eines der umfangreichsten mecklenburgischen Landesgesetze überhaupt. Hätte David Mevius diese Ordnung in ihrem gesamten Inhalt in seinen Landrechtsentwurf aufgenommen, wäre der vierte Teil damit genauso umfangreich geworden wie die ersten drei Teile. Die Kritik an dem angeblich zu knapp gehaltenen Schlussteil geht also ins Leere, solange nicht bekannt ist, in welchem Umfang sich die mecklenburgische Land- und Hofgerichtsordnung in der Praxis bewährt hatte. Möglicherweise bestand hier überhaupt kein Reformbedarf. Das ist beim jetzigen Forschungsstand aber nicht näher bekannt.

a) Bekenntnis zur Patrimonialgerichtsbarkeit

Mevius beginnt den vierten Teil seines Landrechtsentwurfs mit einem ausdrücklichen Bekenntnis zum Herkommen. Die „Gerichtsübung", so wie sie „in den Städten unndt auff dem Lande (…) hergebracht" war, sollte beibehalten werden, wie sie immer schon bestanden hatte[215]. Auf diese Weise unterstand jeder Untertan „seiner ordentlichen ohnmittelbahren Obrigkeit" (Teil 4, Tit. 1, Art. 1). Das war ein

211 Molitor, Entwurf (wie Anm. 12), S. 214; Knothe, Überlegungen (wie Anm. 16), S. 142.

212 Knothe, Überlegungen (wie Anm. 16), S. 142–143.

213 Nachgewiesen bei Schwieger, Mecklenburg (wie Anm. 38), S. 782 Nr. 29, Inhaltsangabe bei Johann Christoph Schwartz, Vierhundert Jahre deutscher Civilproceß-Gesetzgebung, Berlin 1898, S. 318–320.

214 Fromm, Husanus (wie Anm. 201), S. 446; nachgewiesen bei Schwieger, Mecklenburg (wie Anm. 38), S. 779 Nr. 9; Stobbe, Rechtsquellen II (wie Anm. 35), S. 359.

215 Zur mecklenburgischen Patrimonialgerichtsbarkeit Moeller, Nichts als nur (wie Anm. 118), S. 332–338; knappe Hinweise, zumeist aber zur späteren Zeit bei Carl Meltz, Patrimonialgerichtsbarkeit und Stadtgerichte in Mecklenburg, in: Wolfgang Dietz/Dietrich Pannier (Hrsg.), Festschrift für Hildebert Kirchner zum 65. Geburtstag, München 1985, S. 241–248.

umfassendes Bekenntnis zur Patrimonialgerichtsbarkeit[216]. Ausdrücklich gibt es den Hinweis, dieser Form von Justiz unterfielen nicht nur Diener und Untertanen des jeweiligen Grundherrn, sondern schlechthin alle Bewohner, „die sich darunter heußlig niederliessen", insbesondere auch Gewerbetreibende, Handwerker und Küster (Teil 4, Tit. 1, Art. 2). Die Patrimonialgerichtsbarkeit war damit mehr als nur eine umfassende Gutsherrschaft[217] über Leibeigene.

Die mecklenburgische Land- und Hofgerichtsordnung von 1622 erkannte in ihrem zweiten Teil die Patrimonialgerichtsbarkeit ausdrücklich an. Der erste Titel des Gesetzes sprach zum einen von Untergerichten in Städten, Flecken und „andern Orthern", in denen Gerichte tätig waren, zum anderen ausdrücklich von Angehörigen der Ritterschaft, die Gerichtsherren über ihre „Bawren und Unterthanen" waren[218]. David Mevius beschäftigte sich in seinem Entwurf mit mehreren Fragen, die in der Gerichtsordnung nicht geregelt waren. Falls ein Landgut verpfändet wurde, sollte die Gerichtsbarkeit automatisch auf den neuen Besitzer übergehen. Insbesondere die Einnahmen aus Brüchezahlungen, also kleineren Geldbußen[219], sollten an den Gerichtsherrn gehen. Insoweit war die Patrimonialgerichtsbarkeit nicht zwingend mit dem Eigentum verknüpft (Teil 4, Tit. 1, Art. 3). Bei schuldrechtlicher Überlassung der Güter durch Pension oder Miete sollte die Gerichtsgewalt dagegen beim Vermieter verbleiben (Teil 4, Tit. 1, Art. 4).

Mevius wollte die hergebrachte Patrimonialgerichtsbarkeit nicht durch die landesherrlichen Gerichte aushöhlen lassen. Deswegen sollte niemand das Recht haben, eine Sache vom zuständigen Untergericht „abzuziehen", sofern kein Fall von Rechtsverweigerung oder Rechtsverzögerung[220] vorlag (Teil 4, Tit. 1, Art. 7). In diesen Rechtsverweigerungsfällen sah der Landrechtsentwurf ein Promotorialschreiben des Obergerichts an den unteren Gerichtsherrn vor. Durch solch ein Beförderungsschreiben sollte das Obergericht in einer Form von Justizaufsicht das

---

216 Überblick bei Anette Baumann, Art. Patrimonialgerichtsbarkeit, in: HRG (2. Aufl., 26. Lieferung 2017), Sp. 430–433.

217 Überblick bei Jan Peters, Art. Gutsherrschaft, in: HRG II (2. Auf. 2012), Sp. 630–634.

218 [Land- und Hofgerichtsordnung 1622:] Der Durchleuchtigen Hochgebornen Fürsten und Herrn, Herrn Adolph Friedrichen/ und Herrn Hans Albrechten/ Gebrüdern/ Hertzogen zu Meckelnburgk (...) Landt- und Hoffgerichts Ordnunge, [Güstrow] 1622, Teil 2, Tit. 1, Art. „Wir befehlen Bürgermeister" und „So sollen auch" (ohne Zählung der Artikel).

219 Eva Schumann, Art. Geldstrafe, in: HRG II (2. Aufl. 2012), Sp. 18–23 (20), mit dem ungenauen Hinweis, der Begriff Brüche sei vor allem im friesischen Recht geläufig gewesen; Annika Tammen, Frühmoderne Staatlichkeit und lokale Herrschaftsvermittlung. Normgebung und Herrschaftspraxis im Herzogtum Holstein des 17. und 18. Jahrhunderts (IZRG-Schriftenreihe 18), Bielefeld 2017, S. 131–134.

220 Hierzu allgemein Peter Oestmann, Rechtsverweigerung im Alten Reich, in: ZRG Germ. Abt. 127 (2010), S. 51–141.

untergeordnete Gericht zu ordnungsgemäßer und zügiger Arbeit anhalten. Der Sache nach war diese Regelung bereits in der landesherrlichen Gerichtsordnung von 1622 enthalten, dort allerdings mit der entgegengesetzten Fragestellung „Was für Sachen an Unserm Land- und Hoffgericht anzunehmen“[221] seien. Hier schloss sich der Landrechtsentwurf also an einen überkommenen gemeinrechtlichen Grundsatz an, der bereits seit Jahrzehnten in Mecklenburg rezipiert war.

Für alle wichtigen Angelegenheiten, die „etwaß Merckliches“ betrafen, schränkte Mevius die Patrimonialgerichtsbarkeit ein. Ausdrücklich genannt sind Fragen der Ehre, Sachen um Leib und Leben sowie „ein Antheill seiner irdischen Wollfahrt“. Hier musste der Patrimonialherr einen „Rechtsvorstendigen“ hinzuziehen und einen Notar mit der Protokollführung beauftragen. Das Urteil sollte in jedem Fall von Rechtsgelehrten gefällt werden, falls „die Sache wollbedencklich“ war sogar immer durch Aktenversendung an eine Juristenfakultät (Teil 4, Tit. 1, Art. 9). Auf diese Weise war ein Mindestmaß an rechtsgelehrter Kompetenz im Gerichtsverfahren gewährleistet. Die Land- und Hofgerichtsordnung von 1622 erwähnte die Aktenversendung im Rahmen des landgerichtlichen Verfahrens. Hier sollte sie nur auf Antrag einer Partei und nur dann erfolgen, wenn „genugsame und hochwichtige Ursachen“ gegeben waren[222]. In diesem Punkt räumte Mevius der Aktenversendung also einen größeren Raum ein, was der zeitgenössischen Praxis viel näher kam[223].

b) Streit um die Gerichtsgewalt

Bemerkenswert ist eine im Landrechtsentwurf enthaltene Regelung zu Jurisdiktionsstreitigkeiten. Im Konflikt über die Gerichtsherrschaft sollte man auf das Herkommen achten und so verfahren, wie man es beim „letzten Actum, so nicht in Streit gekommen“, gehalten hatte. Rechtsänderungen mussten dagegen „zu Recht außgeführet“ werden (Teil 4, Tit. 1, Art. 13). Mit solchen Zweifelssätzen bekannte sich Mevius zur gewachsenen Tradition der mecklenburgischen Niedergerichtsbarkeit. Der Landrechtsentwurf verfolgte überhaupt nicht die Absicht, hieran etwas zu ändern. Für den Fall, dass ein Herkommen nicht „beybringlich“ war, also in der gemeinrechtlichen Sprache nicht allegiert und bewiesen werden konnte[224], gab es eine sehr kleinteilige und verschachtelte Lösung. Zunächst sollte man in diesem Fall darauf sehen, wer das sogenannte Rauchhuhn erhielt. Das war eine Anspielung auf

221 Land- und Hofgerichtsordnung 1622 (wie Anm. 218), Teil 2, Tit. 3.

222 Land- und Hofgerichtsordnung 1622 (wie Anm. 218), Teil 2, Tit. 23, Art. „Solte aber“.

223 Zur mecklenburgischen Praxis Moeller, Nichts als nur (wie Anm. 118), S. 335–336, allerdings mit Schwerpunkt auf Strafsachen; umfassende Deutung der frühneuzeitlichen Aktenversendungen bei Ulrich Falk, Consilia. Studien zur Praxis der Rechtsgutachten in der frühen Neuzeit (Rechtsprechung. Materialien und Studien 22), Frankfurt am Main 2006.

224 Oestmann, Rechtsvielfalt (wie Anm. 40), S. 47–64.

eine dörfliche Steuer, häufig auch Herdschilling genannt[225]. In Mecklenburg scheint das Rauchhuhn als Abgabe der Bauern an den Grundherrn bis ins 18. Jahrhundert üblich gewesen zu sein, offenbar tatsächlich als Naturalleistung mit der Übergabe von einem Huhn jährlich[226]. In einem Rechtsstreit auf der Insel Poel aus dem Jahr 1585 bestätigten mehrere Zeugen, dass es sich bei dem Rauchhuhn nicht nur um eine ganz übliche Abgabe handelte. Vielmehr sollten demjenigen, „welchem das Rauchhuhn zusteht, auch die Gerichte (…) zustendig sein"[227]. Das scheint offenbar ein überliefertes Herkommen gewesen zu sein. David Mevius lehnte sich mit seiner auf den ersten Blick kuriosen Bestimmung also an eine seit Jahrzehnten bestehende mecklenburgische Gewohnheit an.

Falls die Bauern dem Grundherrn zwar Hühner ablieferten, es aber unklar war, ob es sich um Rauchhühner im rechtlichen Sinne handelte, sollte man darauf achten, wem die „Auff- und Ablaßung bey den Höfen" zustand. Damit war vermutlich das Recht gemeint, die Höfe bestimmten Bauern zu überlassen. In diesem Sprachgebrauch taucht das Wort jedenfalls in Rügen, Pommern und Mecklenburg gelegentlich auf[228]. Wenn auf diese Weise immer noch keine Eindeutigkeit zu erzielen war, sollten die jeweiligen Prätendenten gemeinsam einen Richter einsetzen. Waren sie selbst dazu nicht in der Lage, musste während der Schwebezeit bis zur rechtlichen Klärung ein Sequester die Jurisdiktion ausüben (immer noch Teil 4, Tit. 1, Art. 13[229]). Das von Mevius vorgesehene Verfahren war also denkbar kompliziert und kleinteilig abgestuft. Jedenfalls versuchte er, gemeinsame Gerichtsherrschaften, wie sie in der frühen Neuzeit in Kondominien und anderswo weit verbreitet waren[230], so gut wie möglich zu vermeiden. Die übergenauen Weichenstellungen deuten zugleich auf erheblichen praktischen Regelungsbedarf hin. Offenbar lagen hier gravierende Streitpunkte zwischen den Rittergutsbesitzern. Mevius wollte diese Auseinandersetzungen im Einklang mit der mecklenburgischen Rechtstradition entscheiden.

---

225 Eva-Maria Lill, Art. Herdschilling, Herdzins, in: HRG II (2. Aufl. 2012), Sp. 959; Jacob Grimm, Deutsche Rechtsalterthümer, 4. Aufl. Leipzig 1899, Band I, S. 518–519, 616; Simon Teuscher, Erzähltes Recht. Lokale Herrschaft, Verschriftlichung und Traditionsbildung im Spätmittelalter (Campus Historische Studien 44), Frankfurt am Main 2007, S. 146 Anm. 112 (Geschenk von 60 Hühnern).

226 Rudolf Ihde, Amt Schwerin. Geschichte seiner Steuern, Abgaben und Verwaltung bis 1655 (Jahrbücher des Vereins für mecklenburgische Geschichte und Alterthumskunde 77/Beiheft), Schwerin 1913, S. 62.

227 Zitiert nach Gertrud Lemke, Die Entwicklung der bäuerlichen Verhältnisse auf der Insel Poel vom 12. Jahrhundert bis 1803, in: Mecklenburgische Jahrbücher 99 (1935), S. 1–106 (49).

228 Deutsches Rechtswörterbuch I (wie Anm. 59), Art. Ablassung I, Sp. 150–151.

229 Das Sequestrationsverfahren war in der Land- und Hofgerichtsordnung 1622 (wie Anm. 218), Teil 2, Tit. 40, vorgesehen.

230 Überblick bei Dietmar Willoweit, Art. Kondominat, in: HRG II (2. Aufl. 2012), Sp. 2012–2014.

c) Schlichten statt richten

Im zweiten Titel des vierten Teils regelt Mevius die „Entscheidung der streitigen Händell". Hans-Georg Knothe kritisiert diesen vierten Teil des Landrechtsentwurfs in mehrfacher Hinsicht und merkt an, Mevius habe keine umfassende Regelung des gerichtlichen Verfahrens vorgesehen[231]. Der Vorwurf fällt freilich sofort in sich zusammen, wenn man einen Blick in die Gerichtsordnung von 1622 wirft. In zeittypischer Weitschweifigkeit geht es in der Land- und Hofgerichtsordnung um die beteiligten Richter, Urteiler und Personen mitsamt ihren Qualifikationen und Eiden[232], ebenso um die Zuständigkeit der Gerichte, um Parteien und um die üblichen Tücken des weitgehend schriftlichen Gerichtsverfahrens[233]. Die gesetzlichen Vorgaben waren allesamt vorhanden. Möglicherweise beschränkte sich Mevius deswegen in seinem Landrechtsentwurf auf diejenigen Fragen, die zehn Jahre nach dem Ende des Dreißigjährigen Krieges in besonderem Maße regelungsbedürftig erschienen. Die Schwäche der frühmodernen Staatlichkeit brauchte Mevius hierbei nicht ausdrücklich zu betonen. Jedermann kannte sie. Deswegen handelt sein Titel „Von Entscheidung der streitigen Händell" (Teil 4, Tit. 2) der Sache nach vor allem von der Abwimmelung förmlicher streitiger Händel. Vorgesehen war eine Vermeidungsstrategie. Um Gerichtsprozesse zu verhindern, sah Mevius ein umfassendes Güteverfahren vor. Jede Streitpartei sollte einen Nachbarn oder irgendeinen anderen „qualificirten Mann" benennen, und diese Vertrauensleute hatten die Aufgabe, einen Vergleichsversuch zu unternehmen (Teil 4, Tit. 2, Art. 1).

Der Sache nach erinnert diese Vorgabe an das zeitgenössische Austrägalverfahren[234]. Die Schlichtungsstellen oder Schiedsgerichte waren nicht fest besetzt, sondern mussten bei jedem Streitfall neu eingerichtet werden. Als Schlichter sollten Nachbarn oder andere verständige, vernünftige und qualifizierte Männer in Betracht kommen. Das Ziel war von vornherein ein „güetlicher Vorgleich" oder ein Ergebnis nach Billigkeit. Es ist bekannt, dass David Mevius am Wismarer Tribunal eine „Kultur des Vergleichs" etablierte und durch zügige Güteverhandlungen Rechtssicherheit herstellte. Nach Einschätzung von Nils Jörn diente diese Prozessstrategie zugleich dem Wiederaufbau der durch den Dreißigjährigen Krieg

---

231 Knothe, Überlegungen (wie Anm. 16), S. 142–143.

232 Land- und Hofgerichtsordnung 1622 (wie Anm. 218), Teil 1, Tit. 1–33.

233 Land- und Hofgerichtsordnung 1622 (wie Anm. 218), Teil 2, Tit. 1–45.

234 Zum reichsrechtlichen Rahmen Nils Meurer, Die Entwicklung der Austrägalgerichtsbarkeit bis zur Reichskammergerichtsordnung von 1495, in: Anette Baumann/Peter Oestmann/Stephan Wendehorst/Siegrid Westphal (Hrsg.), Prozesspraxis im Alten Reich. Annäherung — Fallstudien — Statistiken (Quellen und Forschungen zur höchsten Gerichtsbarkeit im Alten Reich 50), Köln, Weimar, Wien 2005, S. 17–52.

darniederliegenden Territorien[235]. In seiner Dezisionensammlung bezeichnete Mevius die gütliche Einigung als billig und gerecht, und die von ihm entworfene Tribunalsordnung sah hierfür ein besonderes Verfahren, den sogenannten Vorbescheid, vor[236]. Der Landrechtsentwurf für Mecklenburg enthält ein solches Vorbescheidsverfahren nicht. Allerdings kannte die Land- und Hofgerichtsordnung von 1622 in ihrem zweiten Teil in einem gesonderten Titel „Von gütlichen Handlungen“ verschiedene Vergleichsmöglichkeiten und sprach hierbei ausdrücklich vom Vorbescheid[237]. Vor dem Beginn des ordentlichen Gerichtsverfahrens musste das Land- und Hofgericht die Parteien „ex officio vorbescheiden“. Die Güteverhandlung stand den Parteien und dem Gericht also nicht frei, sondern war von Amts wegen durchzuführen. Der Sache nach wählte Mevius in seinem Landrechtsentwurf denselben Weg. Wenn jemand nämlich „Zuspruch“ zu haben vermeinte, also gerichtlich einen Anspruch gegen seinen Widersacher durchsetzen wollte, sollte der vom Kläger erwählte Schiedsmann dem Gegner eine Frist von mindestens zwei Wochen setzen und zugleich einen „bequemen“ Ort für die Güteverhandlung nennen. Wie der Kläger sollte auch der Beklagte „eine geschickte Persohne“ zu den Vermittlungsgesprächen mitbringen (Teil 4, Tit. 2, Art. 2).

Die Einzelheiten des Vergleichsverfahrens sind im Entwurf von Mevius erheblich kleinteiliger geregelt als in der landesherrlichen Gerichtsordnung. Das mag für die praktische Bedeutung der Schlichtungen sprechen. Für den Fall, dass eine gütliche Einigung scheiterte, blieb ein nachfolgendes kontradiktorisches Streitverfahren möglich. Mevius übte hier aber einen spürbaren wirtschaftlichen Druck aus. Der gescheiterte Vergleichsversuch sollte nämlich protokolliert und zu den späteren Prozessakten gereicht werden. Wenn im Gerichtsverfahren diejenige Seite, die sich dem Vergleichsschluss verweigert hatte, keine für sich bessere Entscheidung erzielen konnte, sollte sie die gesamten Gerichtskosten und zusätzlich eine Missbrauchsgebühr „malitiosi ligitii“, also wegen boshafter Prozessführung, zahlen (Teil 4, Tit. 2, Art. 3).

Für den Ablauf des Schiedsverfahrens unterschied Mevius zwischen Fällen, in denen Streit um den Sachverhalt herrschte, und solchen Angelegenheiten, bei denen nur die Rechtslage unklar war. Diese Weichenstellung war auch in der Gerichtsordnung von 1622 enthalten. Bei unstreitigen Sachverhalten und rechtlichen Meinungsverschiedenheiten sollte das Gericht den feststehenden Sachverhalt in einem „Bescheid“ festhalten. Die Partei, die sich beschwert fühlte, konnte hiergegen

---

235 Nils Jörn, Art. Mevius, David, in: HRG III (2. Aufl. 2016), 1488–1491 (1489).

236 Umfassend dazu Astrid Thomsch, David Mevius und der (Prozess-)Vergleich im Usus modernus pandectarum. Eine Analyse von Gerichtsordnung, Decisionen und Akten (Schriftenreihe der David-Mevius-Gesellschaft 8), Hamburg 2014.

237 Land- und Hofgerichtsordnung 1622 (wie Anm. 218), Teil 1, Tit. 14.

die Wiedereinsetzung in den vorigen Stand[238] oder die Nichtigkeitsklage[239] geltend machen. Ein ordentliches Rechtsmittel wie die Appellation hatte man dagegen nicht vorgesehen[240]. Waren die Parteien allerdings über die Tatsachen nicht einig und deswegen nicht vergleichsbereit, sollte je nach „Beschaffenheit" entweder ein summarisches oder ein ordentliches Gerichtsverfahren beginnen[241]. David Mevius sah hier andere Lösungen vor, aber der von ihm beschriebene Vergleichsversuch fand ja auch vor der Schiedskommission und nicht vor einem landesherrlichen Gericht statt. Das änderte womöglich den gesamten Rahmen. Bei einem streitigen Sachverhalt sollten die Schiedsleute trotzdem „Fürschläge" mit „vornünfftigen Rationibus" unterbreiten (Teil 4, Tit. 2, Art. 4). Falls es nur Auseinandersetzungen über die Rechtslage gab, sollte die Kommission die Parteien vor die Wahl stellen, entweder den Fall einer Juristenfakultät zur Entscheidung vorzulegen oder mit dem „Arbitrium" der Schiedsleute Vorlieb zu nehmen[242]. Mit verschiedenen Bestimmungen versuchte Mevius, die Durchsetzungskraft der Schiedsleute zu verstärken. Wenn es zu einer gütlichen Einigung kam, sollte dieser Vergleich die „Krafft und Würckung" eines Gerichtsurteils haben (Teil 4, Tit. 2, Art. 8). Eine Appellation gegen einen Schiedsspruch war auf jeden Fall verboten. Lediglich ein besonderes gerichtliches Verfahren zur Verbesserung des Spruches war vorgesehen (Teil 4, Tit. 2, Art. 9). Ausdrücklich erlaubte es der Landrechtsentwurf, zu den Vergleichsverhandlungen Advokaten oder andere Rechtsgelehrte hinzuzuziehen. Allerdings sah Mevius bei fehlerhaften Ratschlägen eine besondere Anwaltshaftung vor (Teil 4, Tit. 2, Art. 10).

238 Allgemeine Überblicke bei Heinrich Wiggenhorn, Der Reichskammergerichtsprozeß am Ende des alten Reiches, Diss. jur. Münster 1966, S. 233–237; Dieter Werkmüller, Art. Wiedereinsetzung in den vorigen Stand, in: HRG V (1998), Sp. 1366–1368.

239 Karin Nehlsen-von Stryk, Appellation und Nichtigkeitsklage aus der Sicht der frühen Kameralistik, in: Leopold Auer/Eva Ortlieb (Hrsg.), Appellation und Revision im Europa des Spätmittelalters und der Frühen Neuzeit (Beiträge zur Rechtsgeschichte Österreichs III/1), Wien 2013, S. 87–102.

240 Land- und Hofgerichtsordnung 1622 (wie Anm. 218), Teil 2, Tit. 14, Art. „Damit aber".

241 Land- und Hofgerichtsordnung 1622 (wie Anm. 218), Teil 2, Tit. 14, Art. „Solle sich". Überblick über die Besonderheiten des summarischen Verfahrens bei Martin Ahrens, Prozessreform und einheitlicher Zivilprozess. Einhundert Jahre legislative Reform des deutschen Zivilverfahrensrechts vom Ausgang des 18. Jahrhunderts bis zur Verabschiedung der Reichszivilprozessordnung (Tübinger Rechtswissenschaftliche Abhandlungen 102), Tübingen 2007, S. 33–35.

242 Umfassend zum gemeinrechtlichen Konzept Massimo Meccarelli, Arbitrium iudicis und officialis im ius commune: Ein Instrument für die Vermittlung zwischen einem allgemeinen Recht und der örtlichen Realität (XIV.–XVI. Jahrhundert), in: ZRG Germ. Abt. 115 (1998), S. 552–565; monographisch ders., Arbitrium. Un aspetto sistematico degli ordinamenti giuridici in età di diritto comune (Università di Macerata. Pubblicazione della Facoltà di Giurisprudenza II/93), Milano 1998.

d) Beweisrecht

Der vierte Teil des Landrechtsentwurfs enthält sodann einen Abschnitt über Beweise im Allgemeinen und einen besonderen Titel über Eidesleistungen. Auch hier gab es landesrechtliche Vorgaben. Die mecklenburgische Land- und Hofgerichtsordnung von 1622 regelte das Beweisrecht insgesamt deutlich ausführlicher in acht Titeln[243]. Mevius beginnt seinen Abschnitt zum Beweis mit einem wohlmeinenden Rat. Für den Fall späterer Rechtsstreitigkeiten solle jedermann bei rechtlich relevanten Handlungen darauf achten, entweder zwei Zeugen dabei zu haben oder alles in Schriftform abzufassen (Teil 4, Tit. 3, Art. 1). Falls jemand vergessen hatte, diese sinnvollen Vorgaben einzuhalten und dann kurz vor seinem Tod auf seinem „Kranckbette“ alles nachholen wollte, durfte sein Geschäftspartner sich diesem Ansinnen nicht verschließen oder musste notfalls später Beweisnachteile in Kauf nehmen (Teil 4, Tit. 3, Art. 2).

In drei weiteren Artikeln lässt sich klar erkennen, dass David Mevius hier eine Rechtsreform plante, und zwar bei der Beweisführung mit Kaufmanns- und Kramerbüchern. Die Gerichtsordnung von 1622 enthielt hierzu eine knappe Vorschrift. Grundsätzlich sollte „Schuldbüchern/ als privatis scripturis, kein Glaube gegeben“ werden, sofern nicht der Schuldner selbst für die Forderung unterschrieben hatte. Bei einem „Kauff- oder Handwercksmann“ konnte ein eigenhändiges Schuldbuch dagegen durchaus auch ohne Unterschrift des Schuldners als Beweismittel Anerkennung finden[244]. Mevius beschränkt seine Regelung von Beginn an auf Kaufmanns- und Kramerbücher, sofern die Verfasser einen guten Leumund hatten. Für Sachen, die „nicht zu groß“ waren, wollte er derartige Bücher als Beweisurkunden gelten lassen (Teil 4, Tit. 3, Art. 3). An dieser Stelle enthält der Entwurf eine Lücke und danach ein abgekürztes Guldenzeichen. Im Rahmen des Gesetzgebungsverfahrens sollte offenbar noch eine Festlegung erfolgen, bis zu welcher Wertgrenze diese Beweisregel eingreifen konnte. Eine solche Grenze gab es im mecklenburgischen Partikularrecht zuvor nicht. Bei höheren Summen behielt Mevius dem Verfasser des Buches einen körperlichen Eid vor, der dann das Kaufmannsbuch zu einem vollen Beweismittel erstarken ließ. Selbst nach dem Tod des Kaufmanns konnten dessen Witwe und Erben einen Wissens- oder einen Glaubenseid schwören und damit die Beweiskraft des Buches rückwirkend herstellen (noch Teil 4, Tit. 3, Art. 3). An solchen Stellen zeigt sich, wie stark Mevius der zeitgenössischen gesetzlichen Beweislehre verhaftet war. Gerade der Glaubenseid mutet aus moderner Rückschau schlechthin kurios an. Die Hinterbliebenen, die keinerlei Sachkenntnis besaßen, konnten nämlich schwören, dass sie glaubten, ihr

243 Land- und Hofgerichtsordnung 1622 (wie Anm. 218), Teil 2, Tit. 23–30.

244 Land- und Hofgerichtsordnung 1622 (wie Anm. 218), Teil 2, Tit. 27.

verstorbener Verwandter habe seine Bücher ordentlich geführt[245]. Falls sich in einem Streit um die Glaubwürdigkeit des Kaufmannsbuchs herausstellte, dass die Eintragungen falsch waren, sollte der Kaufmann oder Kramer als „Glaubloser unndt Maineydiger“ gelten, seine Mitgliedschaft in einer Zunft oder Gilde verlieren und außerdem bestraft werden (Teil 4, Tit. 3, Art. 5). Für notarielle Urkunden sowie für Bestätigungen „in offentlichen Landt- oder Stadtämptern“ (Teil 4, Tit. 3, Art. 10) sah Mevius weitere besondere Regeln über den Urkundenbeweis vor.

Zur Eidesleistung nahm Mevius neun Artikel in seinen Landrechtsentwurf auf (Teil 4, Tit. 4). Damit wollte er ausdrücklich das Partikularrecht ergänzen, denn die neuen Vorschriften sollten immer dann eingreifen, wenn die „Rechte, Landes-Constitutiones oder Gewonheiten cörperliche Eyde erheischen“ (Teil 4, Tit. 4, Art. 1). In der Tat enthält die Gerichtsordnung von 1622 in ihrem ersten Teil knapp 20 Titel über die Eide der Gerichtspersonen, der Verfahrensbeteiligten und auch der Zeugen[246]. Die jeweiligen Eidesformeln sind wörtlich im Gesetz vorgegeben. Mevius wiederholte diese Vorgaben in seinen Artikeln nicht, sondern beschränkte sich auf allgemeine Vorgaben. So bestand offenbar Regelungsbedarf, falls jemand den Eid nicht auf Gott und sein heiliges Wort ablegte, sondern auf adelige Ehren, gute Treue oder redlichen Glauben (Teil 4, Tit. 4, Art. 2). Auch zur Bestandskraft von Eiden und zum gemeinrechtlichen Verfahren, den Schwörenden von seinem Eid zu lösen, sah Mevius einschlägige Bestimmungen vor[247].

Mehrere Artikel in Mevius’ Entwurf beschäftigen sich mit der Eideszuschiebung, einem ebenfalls auf der gesetzlichen Beweistheorie beruhenden Bekräftigungsmittel (Teil 4, Tit. 4, Art. 5–8). Bei einem unvollständigen Beweis war es nach gemeinrechtlicher Doktrin möglich, dem Prozessgegner den Eid zuzuschieben, um auf diese Weise einen Vollbeweis zu erlangen. Die Zeitgenossen sprachen von der Eidesdelation bzw. der Eidesdeferierung, so auch Mevius in seinem Entwurf. An solchen rechtlich-technischen Stellen benutzte Mevius wie selbstverständlich die überlieferten lateinischen Fachbegriffe. Erich Molitor meinte, Mevius habe sich ganz offensichtlich bemüht, lateinische Ausdrücke in seinem Landrechtsentwurf zu vermeiden[248]. Die wenigen noch vorhandenen lateinischen Wendungen selbst

245 Zu diesem heute vergessenen Beweismittel Ferdinand Hartter, Ueber den Glaubenseid als Beweisergänzungsmittel; eine civilistische Abhandlung, Regensburg 1831; Beispiel aus der Prozesspraxis des 19. Jahrhunderts bei Oestmann, Zur Gerichtspraxis (wie Anm. 112), S. 807–810, 826, 970–972.

246 Land- und Hofgerichtsordnung 1622 (wie Anm. 218), Teil 1, Tit. 15–32.

247 Zu dieser sogenannten Relaxatio ad effectum agendi Adolf Laufs (Hrsg.), Die Reichskammergerichtsordnung von 1555 (Quellen und Forschungen zur höchsten Gerichtsbarkeit im Alten Reich 3), Köln, Wien 1976, Teil 3, Tit. 24, S. 201–202; Beispiele dazu bei Peter Oestmann, Hexenprozesse am Reichskammergericht (Quellen und Forschungen zur höchsten Gerichtsbarkeit im Alten Reich 31), Köln, Weimar, Wien 1997, S. 276–278.

248 Molitor, Entwurf (wie Anm. 12), S. 219.

seien ihm möglicherweise nicht einmal als Fremdwörter erschienen. Zumindest dieser letzte Punkt ist unwahrscheinlich. Mit großer Beständigkeit wechselt im Entwurf nämlich jedes Mal die deutsche mit der lateinischen Kanzleischrift, wenn lateinische Fachwörter auftauchen. Das lässt sich freilich nur erkennen, wenn man nicht mit der Druckfassung von 1739, sondern mit der im Archiv erhaltenen Handschrift arbeitet. Gewiss passte Molitors Auffassung 1941, dem Jahr, in dem kurz nach seinem NSDAP-Beitritt[249] sein Aufsatz erschien, gut in das damalige allgemeine wissenschaftspolitische Umfeld. Die latente Geringschätzung des römischen Rechts und das Bekenntnis zur deutschen Rechtssprache mochten den Blick auf die gemeinrechtliche Lage trüben. Mit der Eideszuschiebung stand Mevius jedenfalls inhaltlich und sprachlich ganz in der gelehrten Tradition.

Die mecklenburgische Land- und Hofgerichtsordnung enthielt einen Titel „Von Eyden/ so Juris decisivum und suppletorium genennet werden". Im Grundsatz ging es darum, Parteieide so gut wie möglich zu vermeiden. Falls es zur Eideszuschiebung kam, besaß der Prozessgegner die Möglichkeit, von der zuschiebenden Partei, dem sogenannten Deferenten, zuvor einen Kalumnieneid[250] zu verlangen[251]. Die von Mevius vorgesehenen Punkte ergänzten insoweit die landesrechtlich bereits bestehenden Vorschriften.

e) Konkursrecht

Als Spezialfall eines gerichtlichen Verfahrens geht es bei Mevius im vierten Teil des Landrechtsentwurfs sodann um das Konkursrecht (Teil 4, Tit. 5). In der Land- und Hofgerichtsordnung von 1622 war das Verfahren nicht geregelt, eine eigenständige Konkursordnung scheint nicht ergangen zu sein[252]. Mit dem folgenden Titel „Von der Cessione bonorum" (Teil 4, Tit. 6) lehnte Mevius sich demgegenüber deutlich enger an die Gerichtsordnung an. Praktisch mit der gleichen Überschrift findet sich auch dort ein Titel „De Ceßione bonorum". Diese Vermögensübertragung auf

---

249 Umfassend Nadine Däumichen, Erich Molitor – Mitbegründer der neueren Arbeitsrechtswissenschaft. Arbeitsverhältnis und Arbeitsvertrag zu Zeiten der Weimarer Verfassung und des Dritten Reiches (Schriften zur Rechtsgeschichte 156), Berlin 2012, S. 41–42.

250 Überblick bei Bettina Dick, Die Entwicklung des Kameralprozesses nach den Ordnungen von 1495 bis 1555 (Quellen und Forschungen zur höchsten Gerichtsbarkeit im Alten Reich 10), Köln, Wien 1981, S. 117–119.

251 Land- und Hofgerichtsordnung 1622 (wie Anm. 218), Teil 2, Tit. 28, Art. „Es sol ein".

252 Härter/Stolleis, Repertorium der Policeyordnungen 12/2 (wie Anm. 38), S. 1004, weisen im Register nur für Pommern Konkursgesetze nach. Zum Mecklenburger Konkursrecht gab es später eine Dissertation: Ernst Johann Friedrich Mantzel (Präside)/Johann Abraham Duve (Respondent), De Juribus singularibus in Megapoli circa processum concursus creditorum, Rostock 1738.

Gläubiger außerhalb eines Konkursverfahrens führte zu einer rechtlichen Besserstellung des kooperationswilligen Schuldners. Deswegen stellen frühneuzeitliche Vorschriften immer mit drastischen Worten die Fälle zusammen, in denen die gemeinrechtliche Rechtswohltat ausgeschlossen ist. Für Mevius waren das Verschwendung, übles Haushalten, übermäßige Pracht, unehrbares Leben und Wandel und andere betrügerische Wege, auf denen man vorwerfbar in Armut geraten war (Teil 4, Tit. 6, Art. 1). Die Gerichtsordnung kennt denselben Ausnahmefall, formuliert aber leicht anders. Ausgenommen von der Zession waren hiernach Fälle von Müßiggang, übermäßiger Pracht, unehrbarem Leben und Wandel, Fressen, Saufen, Spielen und Doppeln und ungedeckte Bürgschaften[253]. Übermäßige Pracht sowie unehrbares Leben und Wandel tauchen wörtlich und genau in dieser Reihung sowohl in der Gerichtsordnung als auch bei Mevius auf. Allerdings beruft sich die Gerichtsordnung an dieser Stelle ausdrücklich auf die Vorgaben des gelehrten Rechts. Mevius dagegen zitierte die „Landes Constitution wieder die boßhaffte Schuldener“ (noch Teil 4, Tit. 6, Art. 1). Hier bleibt einiges unklar. Im Repertorium der frühneuzeitlichen Policeyordnungen ist eine derartige Landeskonstitution nicht nachgewiesen. Im Rostocker Dokumentenserver der Universität Rostock findet sich ein einschlägiger zeitgenössischer Druck ebenfalls nicht. Vielleicht ging Mevius davon aus, dass parallel zu seinem Landrecht eine derartige Ordnung in Kraft treten würde. Eventuell spielte er auf eine römischrechtliche Konstitution aus dem gemeinen Recht an. Möglicherweise handelt es sich aber auch schlicht um einen ungenauen Verweis auf die landesherrliche Gerichtsordnung.

Jedenfalls legte Mevius fest, dass derjenige, der das Benefizium nutzen wollte, ein ordnungsgemäßes Güterverzeichnis bei Gericht einreichen musste. Die Güter selbst waren dann „gerichtlich“ abzutreten, wozu der Schuldner persönlich zu erscheinen hatte (Teil 4, Tit. 6, Art. 2). Inhaltlich bestimmte die Gerichtsordnung von 1622 dasselbe, allerdings mit anderen Formulierungen[254]. Dieselbe Regelungstechnik zeigt auch die Vorschrift über die Ehefrau des Schuldners. Sofern diese an den Schulden des Mannes kein Mitverschulden trifft, kann sie aufgrund ihres gemeinrechtlichen Zurückbehaltungsrechts in den Besitztümern des Mannes wohnen bleiben, bis die Gläubiger ihr den Brautschatz auszahlen (Teil 4, Tit. 6, Art. 4). Die Gerichtsordnung formuliert leicht abweichend. Danach kann die Frau ebenfalls den Brautschatz fordern. Es bleibt jedoch unklar, ob die Ehefrau auf den Gütern wohnen bleiben kann. Das Gesetz spricht nämlich lediglich davon, die Gattin habe die Güter „zugeniessen“, und zwar höchstens bis zur Wertgrenze der jährlichen Zinsen „von solchem Brautschatz“[255]. Allerdings soll die Frau auch nach dieser

253 Land- und Hofgerichtsordnung 1622 (wie Anm. 218), Teil 2, Tit. 45, Art. „Nach dem die gemeine“.
254 Land- und Hofgerichtsordnung 1622 (wie Anm. 218), Teil 2, Tit. 45, Art. „Damit aber“.
255 Land- und Hofgerichtsordnung 1622 (wie Anm. 218), Teil 2, Tit. 45, Art. „Und wann der Schuldener“.

Konzeption, nachdem sie wegen des Brautschatzes „contentiret (…,) die Güther räumen“. Offenbar konnte die Frau also nach beiden Vorstellungen zunächst im Haus ihres Mannes wohnen bleiben. In der Fassung von Mevius sind die Rechte der Frau aber viel deutlicher formuliert und leichter erkennbar. Bei der Frage, welches Vermögen der Schuldner auch nach der Zession noch behalten konnte, lehnt sich Mevius auch sprachlich deutlich stärker an die partikularrechtliche Vorlage von 1622 an. Der Mann sollte eine notwendige Kleidung, ein mittelmäßiges Bett und das Leinen, das er in täglichem Gebrauch hat, weiterhin benutzen dürfen. Bei einem „Handtwercksmann pleiben ihm sein nothüfftiges Werkzeug nach Gestaldt der Persohnen unndt Handtwercks“ (Teil 4, Tit. 6, Art. 6). Die Gerichtsordnung beschränkt die erste Aufzählung auf die „nothwendige Kleidung am Leibe“, vermerkt aber auch zum Handwerksmann „sein nothurfftiges Werkzeug/ nach gestalt der Personen und Handwercks“[256]. In diesem Punkt folgt Mevius also wörtlich seiner Vorlage.

Im letzten Artikel dieses Titels gewährt David Mevius dem Adel ein bevorrechtigtes Verfahren. Die nächsten Verwandten oder andere Vettern sollen die Möglichkeit erhalten, das Lehensgut des Schuldners zu übernehmen und daraufhin die Gläubiger zu befriedigen (Teil 4, Tit. 6, Art. 9). Demgegenüber enthielt die Gerichtsordnung von 1622 den ausdrücklichen Hinweis, die Vorschriften seien „ohn jenig ansehen der Personen/ vom Adel oder Unadel“ gültig[257]. Hier scheint Mevius also die besonderen Interessen seiner landständischen Auftraggeber berücksichtigt zu haben.

f) Strafrecht

Der Landrechtsentwurf umfasst weitere Titel über die Rangordnung bei Gläubigermehrheiten (Teil 4, Tit. 7), über die Zuteilung von Gütern im Konkurs- oder Gerichtsverfahren (Teil 4, Tit. 8), über das Verfahren vor Lehensgerichten mit ausdrücklichem Hinweis auf das Hofgericht (Teil 4, Tit. 9) und über Arrest und Pfändung (Teil 4, Tit. 10 und 11). Ganz am Ende geht es um das Strafverfahren (Teil 4, Tit. 12), das in der Land- und Hofgerichtsordnung nur mit zwei kurzen Artikeln angedeutet ist. Die Gerichtsordnung enthält einen Pauschalverweis auf die Carolina, die Halsgerichtsordnung des Römisch-deutschen Reiches von 1532, sowie die Androhung von Strafen für Unterrichter, die in Kriminalsachen rechts-

256 Land- und Hofgerichtsordnung 1622 (wie Anm. 218), Teil 2, Tit. 45, Art. „Und ob wol der Schuldener“.

257 Land- und Hofgerichtsordnung 1622 (wie Anm. 218), Teil 2, Tit. 45, Art. „Nach dem die gemeine“.

widrig gehandelt hatten[258]. David Mevius ging auch in diesem Rechtsgebiet von der kleinteiligen patrimonialen Gerichtsgewalt aus. Deswegen stellten sich Fragen des Verfolgungs- und Verhaftungsrechts zwischen verschiedenen privaten und öffentlichen Hoheitsträgern (Teil 4, Tit. 12, Art. 1–6). Falls ein Verdächtiger aufgrund eines Steckbriefs oder aus anderem Grunde verhaftet wurde, sollte der peinliche Kläger innerhalb von vierzehn Tagen die Klage erheben (Teil 4, Tit. 12, Art. 7). Hier legte Mevius im Einklang mit dem gemeinen Recht den Akkusationsprozess als Grundform des strafrechtlichen Processus ordinarius zugrunde. Wenn der Kläger allerdings sein Interesse verlor und die Klage nicht anstellte, musste der Inhaftierte wieder entlassen werden. Lediglich bei einem „Delictum atrox et notorium", also einer bekanntermaßen schweren Straftat, sollte das Verfahren von Amts wegen stattfinden[259].

Grundsätzlich hielt auch Mevius die peinliche Halsgerichtsordnung Kaiser Karls V. in Strafsachen für anwendbar, „soweit eß in dieses Landes Ordnungen nicht geendert worden" (Teil 4, Tit. 12, Art. 11). Erich Molitor meinte 1941, im strafrechtlichen Teil des Entwurfs zeige Mevius einen „Geist rationaler Verständigkeit", erkennbar etwa bei seinem „verständigen Einschreiten gegen den Mißbrauch der Folter"[260]. In der Tat sah die einschlägige Vorschrift des Landrechtsentwurfs vor, dass ein Beschuldigter, „sonst ehrlichen Nahmenß", der Spezialinquisition nur dann unterworfen werden durfte, wenn die Indizien ihn sehr verdächtig machten. Zum Zwecke der Verteidigung sollte er insbesondere einen Anspruch auf Mitteilung der Indizien und auf die Ausführung seiner Verteidigung haben. Sofern die Belastbarkeit der Indizien zweifelhaft erschien, musste das Gericht die Akten an eine „unvordechtige Juristenfakultät" schicken (Teil 4, Tit. 12, Art. 12). Diese behutsamen Vorschriften waren allerdings im ordentlichen Strafprozess der Carolina durchaus angelegt. Kaum zufällig warfen bereits Zeitgenossen der Halsgerichtsordnung vor, sie schaffe mit ihrer großen Milde ein „Asyl der Verbrecherwelt"[261]. Wenn Mevius diesem gemeinrechtlichen Modell folgte, war er

---

258 Land- und Hofgerichtsordnung 1622 (wie Anm. 218), Teil 2, Tit. 43, Art. „Es sollen" und „Und wofern"; kurze Hinweis auf diesen Titel bei Molitor, Entwurf (wie Anm. 12), S. 229, und Knothe, Überlegungen (wie Anm. 16), S. 143.

259 Zum Verhältnis von Akkusations- und Inquisitionsprozess Eberhard Schmidt, Einführung in die Geschichte der deutschen Strafrechtspflege, 3. Aufl. Göttingen 1965, §§ 104–113, S. 122–130 (klassische Lehrdarstellung); Peter Oestmann, Wege zur Rechtsgeschichte: Gerichtsbarkeit und Verfahren, Köln, Weimar, Wien 2015, S. 207–213.

260 Molitor, Entwurf (wie Anm. 12), S. 229.

261 Schönes Zitat bei August Schoetensack, Der Strafprozeß der Carolina, Leipzig 1904, S. 100; neuere Zusammenschau bei Alexander Ignor, Geschichte des Strafprozesses in Deutschland 1532–1846. Von der Carolina Karls V. bis zu den Reformen des Vormärz (Rechts- und Staatswissenschaftliche Veröffentlichungen der Görres-Gesellschaft N. F. 97), Paderborn u. a. 2002, S. 41–82.

weder fortschrittlich noch grausam, sondern schlichtweg ein Rechtsgelehrter auf der Höhe der zeitgenössischen Lehre.

Allerdings hielt David Mevius den Anspruch des Inquisiten auf Akteneinsicht auch in Hexenprozessen aufrecht und nahm auf diese Weise eine deutlich mildere Position ein als etwa sein Zeitgenosse Benedikt Carpzov oder die Juristenfakultät Frankfurt/Oder[262]. Mevius entwickelte dieses strafprozessuale Konzept im Übrigen 1658, also genau in dem Jahr, in dem er die ersten drei Teile seines Landrechtsentwurfs verfasste, und dies auch genau auf eine Anfrage des mecklenburgischen Hofgerichts hin. Es verwundert daher kaum, dass er seine Maximen gerade auch in den strafrechtlichen vierten Teil aufnahm. Wie bereits Molitor und Knothe bemerkten, wollte Mevius die gemeinrechtliche Strafe des Staupenschlags und der Landesverweisung weitgehend abschaffen und durch Zwangsarbeit, Leibeigenschaft und Gefängnis ersetzen (Teil 4, Tit. 12, Art. 13)[263]. Damit verfolgte er drei Ziele. Durch die Strafe sollten die Übeltäter „würcklich gebeßert", Dritte „durch den Augenschein geschrecket" und „dem Vaterlande dadurch beßer gedienet" werden. Dieser Hinweis auf die Nützlichkeit öffentlicher Zwangsarbeit war ein beliebtes Argument, das auch bei Cesare Beccaria im 18. Jahrhundert noch auftauchte[264].

Die letzte Vorschrift des vierten Teils befasst sich mit der Urfehde, einem typischen Problem des frühneuzeitlichen Strafverfahrens. Im gemeinen Recht war zugunsten des Beschuldigten kein Freispruch vorgesehen. Wer also aus dem Gefängnis entlassen wurde, weil die Indizien zur Folterung nicht vorlagen oder ausreichten, wurde lediglich von der Instanz entbunden. Die Gerichte schützten sich in diesen Fällen durch Urfehdeeide. Wegen der erlittenen Haft sollte der Entlassene keine Rache üben, in der Praxis also keinen Realinjurienprozess gegen den Richter oder den Henker anstrengen[265]. Hier wollte Mevius für den Normalfall der Urfehde lediglich genau diese allgemein üblichen Ansprüche ausschließen, sonstige Rechtsmittel aber nicht beschränken (Teil 4, Tit. 12, Art. 14). Wenn das Gericht eine erweiterte

---

262 Sönke Lorenz, David Mevius (1609–1670) und der Hexenprozeß – Zur Problematik der Diskussion, wer als Gegner der Hexenverfolgung bezeichnet werden kann, in: Hartmut Lehmann/ Otto Ulbricht (Hrsg.), Vom Unfug des Hexen-Processes. Gegner der Hexenverfolgungen von Johann Weyer bis Friedrich Spee (Wolfenbütteler Forschungen 55), Wiesbaden 1992, S. 305–324; Ignor, Geschichte (wie Anm. 261), S. 123–124.

263 Knapp hierzu Molitor, Entwurf (wie Anm. 12), S. 229; Knothe, Überlegungen (wie Anm. 16), S. 143.

264 Cesare Beccaria, Dei delitti e delle pene, 3. Aufl. Lausanne 1765, § XXVII, S. 75–76; auch bei Wolfgang Sellert/Hinrich Rüping, Studien- und Quellenbuch zur Geschichte der deutschen Strafrechtspflege. Band 1: Von den Anfängen bis zur Aufklärung, Aalen 1989, S. 434, Quelle 93 a.

265 Überblick bei Stefan Chr. Saar, Art. Urfehde, in: HRG V (1998), Sp. 562–570 (565–568); süddeutsche Quellenbeispiele bei Andreas Blauert, Das Urfehdewesen im deutschen Südwesten im Spätmittelalter und in der frühen Neuzeit, Tübingen 2000, S. 13–21.

Urfehde angenommen hatte, sollte dagegen das gemeinrechtliche Verfahren zur Eideslösung eingreifen[266].

Wie der etwas genauere Blick auf den vierten Teil des Landrechtsentwurfs zeigt, sind die Vorbehalte von Molitor und Knothe weitgehend unbegründet. Angesichts der Land- und Hofgerichtsordnung, die als Partikulargesetz seit über vier Jahrzehnten in Mecklenburg vorhanden war, konnte Mevius sich großenteils auf Punkte stützen, die im Landesrecht noch nicht geregelt waren. Dazu zählten vielfach Fragen im Zusammenhang mit der umfangreichen Patrimonialgerichtsbarkeit und der Vermeidung streitiger Gerichtsprozesse. Die Gesetzgebungstechnik zwischen der Anlehnung an bestehende Ordnungen und Neuregelungen lässt sich hier wie auch in den anderen Teilen des Landrechtsentwurfs erkennen.

IV. Beschreibung der Vorlage und Editionsrichtlinien

Die handschriftliche Fassung des Landrechtsentwurfs von David Mevius befindet sich im Landeshauptarchiv Schwerin[267]. Der einschlägige Teilbestand umfasst die vom 16. bis ins 18. Jahrhundert reichenden Anläufe, ein mecklenburgisches Landrecht in Kraft zu setzen. Der Entwurf von Mevius trägt keinen Titel und umfasst 287 beidseitig beschriebene Folioseiten, also insgesamt 574 Seiten. Ob Mevius den Text eigenhändig schrieb oder hierfür einen Schreiber einsetzte, steht nicht fest. Die Handschrift des Entwurfs ist jedenfalls dieselbe, mit der Mevius seinen Brief im Januar 1658 an den mecklenburgischen Landtag sandte und damit als Anlage die ersten drei Teile seines Gesetzeswerks überreichte. Der vierte Teil zeigt ein leicht verändertes Schriftbild, was aber kaum erstaunt, weil er ja immerhin acht Jahre später entstand.

Ausgangspunkt der Edition ist die von David Mevius oder seinem Sekretär stammende handschriftliche Fassung. Die buchstabengenaue Transkription bildet im Kern das Gerüst des hier wiedergegebenen Textes. Die Vorlage des Landrechtsentwurfs ist sauber geschrieben und fast immer zweifelsfrei lesbar. An einigen Stellen befinden sich Unterstreichungen in einzelnen Vorschriften (z. B. Teil 1, Tit. 2, Art. 4 am Ende), gelegentlich gibt es auch Anstreichungen am Rand mit geschwungenen Klammern und zugehörigem „Notabene"-Vermerk „NB" (z. B. Teil 1, Tit. 2, Art. 5–6). Diese Hervorhebungen sind in der Edition in den Fußnoten immer nachgewiesen. Von wem sie geschrieben sind, ist unklar. Möglicherweise stammen sie von 1755, als der inzwischen einhundert Jahre alte Entwurf von der

266 Zur Eidesleistung oben bei Anm. 245–251.

267 Landeshauptarchiv Schwerin Bestand 3.1–1: Mecklenburgische Landstände mit Engerem Ausschuss der Ritter- und Landschaft zu Rostock Nr. 11512 (alte Signatur: Art. XX: Von politischen Sachen überhaupt, Nr. 337 Band 2).

Neustrelitzer Regierung an den Landtag weitergeleitet wurde. Gleichzeitig reichte die Regierung von Mecklenburg-Schwerin nämlich einen neu erstellten zweiten Landrechtsentwurf von Ernst August Rudloff[268] ein[269]. Vielleicht verglich ein zeitgenössischer Jurist beide Entwürfe und markierte auf diese Weise die Besonderheiten von Mevius. Außerdem begutachteten in den 1720er-Jahren einige Mitglieder des Oberappellationsgerichts Celle den von Mevius stammenden Entwurf und äußerten sich zu der Frage, ob er nach so vielen Jahrzehnten noch als Vorlage eines Gesetzgebungsvorhabens tauge[270]. Auch aus dieser Zeit können die Bearbeitungsspuren in der Handschrift stammen.

An wenigen Stellen enthält der handschriftliche Landrechtsentwurf Korrekturen, etwa Einschübe am Rand. Bei einem Artikel fehlt das Verb „zu bezahlen" und befindet sich deswegen am Seitenrand (Teil 1, Tit. 4, Art. 9). In einer anderen Vorschrift begegnet zweimal das Wort „verwandt", doch unterschlägt der Text den dazugehörigen zweiten Satzteil. Am Rand befindet sich deswegen eine längere Einfügung (Teil 1, Tit. 4, Art. 18). Solche Verbesserungen sind insgesamt selten und zeigen die große Sorgfalt, mit der die handschriftliche Fassung erstellt ist. Der Entwurf von 1658/66 enthält gelegentlich leichte Anlehnungen an die niederdeutsche Mundart, ist aber ansonsten in typisch frühneuzeitlichem Hochdeutsch gehalten.

Eine Besonderheit besteht in der Verwendung der ü-Striche. Die Handschrift unterscheidet fast nie zwischen u und ü und verwendet hierfür weithin einheitlich nur einen Überstrich. Bei der Transkription erscheinen alle diese Worte immer nur in u-Schreibung. In einigen Fällen sind nämlich zweifelsfrei Doppelstriche als Umlautzeichen zu erkennen. Der Schreiber unterschied also durchaus zwischen u und ü, und dies weist die Edition vorlagengetreu nach. Auch die häufige Verwendung des j in Wörtern wie „jegen" (gegen) oder des w in „Bauwren" (Bauern etc.) bleiben erhalten. Der unveränderte Buchstabenbestand geht allerdings einher mit Normalisierungen, die lediglich die Lesbarkeit betreffen. Wie schon bei früherer Gelegenheit[271] folgt die Groß- und Kleinschreibung, die Zeichensetzung und die Zusammenfügung der Komposita den heutigen Gepflogenheiten. Einiges Fingerspitzengefühl erfordern die in den Text eingefügten lateinischen Substantive, zumeist Fachbegriffe der zeitgenössischen gelehrten Rechtssprache. Mevius hatte

---

268 1712–1775, zu ihm Karl Ernst Hermann Krause, Art. Rudloff, Ernst August, in: Allgemeine Deutsche Biographie 29 (1889), S. 470–472, dort S. 471 zu seinem Landrechtsentwurf.

269 Dazu Böhlau, Landrechts-Pläne (wie Anm. 27), S. 316; Molitor, Entwurf (wie Anm. 12), S. 216; kurzer Hinweis auch bei Barbara Dölemeyer, Kodifikationspläne in deutschen Territorien des 18. Jahrhunderts, in: Dölemeyer/Klippel, Gesetz und Gesetzgebung (wie Anm. 95), S. 201–223 (207–208).

270 Molitor, Entwurf (wie Anm. 12), S. 216.

271 Peter Oestmann, Gemeine Bescheide I (wie Anm. 122), S. 88 (hier anders beim u/v-Wechsel); ders., Zur Gerichtspraxis (wie Anm. 112), S. 72.

den Auftrag zu erfüllen, ein Landrecht in deutscher Sprache zu entwerfen[272]. Dazu bekannte er sich ausdrücklich in seinem Vorwort und betonte gleich zu Beginn den Wert eines Landrechts, „und zwar in der den semptlichen Einwohnern bekandten Sprache". Trotzdem begegnen dem Leser lateinische Einschübe zuhauf. Wenn die Begriffe deutsche Wortendungen enthalten wie etwa „Creditoren" oder „Liquidation", sind diese Wörter immer wie deutsche Substantive groß geschrieben, auch wenn der Wechsel in die lateinische Schreibschrift die fremde Herkunft andeutet. Die lateinisch verbliebenen, teilweise sogar mit deklinierten Endungen versehenen Termini sind je nach Zusammenhang manchmal groß, manchmal klein geschrieben. Hier fehlt die letzte Konsequenz, doch besaßen die Zeitgenossen des 17. Jahrhunderts diese Strenge ebenfalls nicht. Im Ergebnis soll auch dies die Lesbarkeit des inhaltlich ohnehin schwierigen Textes erhöhen.

Die Fußnoten weisen nach, inwieweit der handschriftliche Entwurf von David Mevius sich von der Druckausgabe von 1739 unterscheidet. Dokumentiert sind sämtliche Wortabweichungen, nicht aber eine lediglich andere Rechtschreibung. Die Grenzziehung ist nicht leicht und vielleicht nicht bis in die letzten Kleinigkeiten konsequent durchgehalten. Immer dann, wenn es sich um eine verschiedene grammatische Form handelt oder wenn die Aussprache sich ändert, ist dies in den Anmerkungen festgehalten. Wegen des zeitlichen Abstands von acht Jahrzehnten zwischen Handschrift und Druckausgabe betreffen diese Unterschiede teilweise auch gewandelte Vorsilben oder Wortendungen. Hier bietet die Edition dennoch ein erheblich höheres Maß an Genauigkeit als meine früheren Veröffentlichungen der Gemeinen Bescheide[273]. Aber gerade um den auch sprachlich eigenständigen Wert der Mevius-Fassung zu unterstreichen, leistet die Edition an dieser Stelle deutlich mehr, als rein inhaltlich-rechtshistorisch erforderlich wäre.

Zu den zahlreichen Oberflächlichkeiten, unter denen die Fassung von Ernst Joachim von Westphalen leidet, gehören auch vielfache Druckfehler. Einzelne Buchstaben fehlen oder sind vertauscht, es gibt zahlreiche offenkundige Flüchtigkeitsfehler. Ob Westphalen oder ein Mitarbeiter die „Monumenta inedita" Korrektur gelesen hat, ist unklar und aufgrund der Fülle von Unzulänglichkeiten kaum anzunehmen. Die Fußnoten weisen die Druckfehler teilweise nach, erheben insoweit aber keinen Anspruch auf Vollständigkeit. Zudem ergeben sich ständig Leseschwierigkeiten bei der Unterscheidung der Buchstaben a und ä. Ganz häufig fehlen die Punkte auf dem ä bei Westphalen, wo der Leser sie sprachlich erwarten würde. Ob die Lettern hier verschmutzt oder abgenutzt waren, ob tatsächlich der Drucker a statt ä benutzte, lässt sich kaum klären. Deswegen sind in den Fußnoten viele Wörter lediglich mit a nachgewiesen, wie andererseits in der Mevius-Handschrift oftmals

272 Molitor, Entwurf (wie Anm. 12), S. 213–214.

273 Editionsrichtlinien bei Oestmann, Gemeine Bescheide I (wie Anm. 122), S. 85–93.

die ü-Striche fehlen. Eigene Zutaten von Westphalen sind in jedem Fall lateinische Randmarginalien, meistens kurze Schlagworte für die Titelüberschriften. Sie sind in den Fußnoten immer nachgewiesen.

Das Ziel der Edition bleibt am Ende dennoch bescheiden. Für die Mevius-Forschung ist sein gesetzgeberisches Hauptwerk endlich in einer zuverlässigen Fassung zugänglich. Die norddeutsche Rechtsgeschichte und die Landesgeschichte werden vielfache Hinweise auf die Lebens- und Rechtskultur der ländlichen Gesellschaft finden. Die Dogmengeschichte kann die Lösungen des Landrechtsentwurfs in die übergreifenden Strömungen des Usus modernus einordnen. Das umfangreiche Register soll den Weg zur Quelle erleichtern. Die inhaltliche Auswertung des mecklenburgischen Landrechtsentwurfs ist damit auf gesicherter Grundlage möglich. Das Feld steht offen.

Edition: David Mevius,
Entwurf eines mecklenburgischen
Landrechts, 1658/66

Vorrede[1]

[fol. 8r[2]]

Daß in dem Römischen Reich Teudtscher Nation sehr nütz-[3] und diensamb sey, bey iedweder[4] Provintz und Landtschafft ein eigenes absonderliches Landtrecht und zwar in der den semptlichen Einwohnern bekandten Sprache anzurichten, wird ein jedweder Vestendiger, bey dem die Zutregligkeiten[5] eines solchen Rechtens *in Consideration* kommen, leicht nachgeben.

Einmahl zum Rechte, so ein[6] Richtschnuer der menschlichen Hendel sein soll, ist nicht gnueg[7], das man wiße, waß Gott, die Natur[8] und anderer vernunfftigen[9] Völcker *Consensus*, ja auch die höchste des Reiches[10] Obrigkeit Recht zu sein erachtet, und verordnet, sondern zufoderst gereichet zu Handthabung und Genoß[11] der warhafften[12] Gerechtigkeit, daß solches so insgemein vor Recht gehalten und *constituir*et, nach eines jeden Landes Einwohner *ingeniis, conditionen*, Nahrung und Handtierung[13], wie auch jeden Ortes vielfeltig[14] *discrepir*enden[15] *Oportunität*en[16], Bequembligkeiten[17] und Angelegenheiten recht *applicir*et undt zu gedeylichem[18] Gebrauch gebracht werde; Wie weißlich nun und verstendig auch insgemein eines insonderheit deß in viel *territoria* vertheilten Römischen Reichs Satzungen und Ordnungen verfaßet weren, so gar nicht laßen sich doch dieselbe[19] allenthalben

---

1 Nur bei W, fehlt bei M.
2 M *1*.
3 W *nutz*.
4 W *jedweder*.
5 W *Zuträglichkeiten*.
6 W *eine*.
7 W *genug*.
8 *Die Natur* fehlt bei W.
9 W *vernünfftiger*.
10 W *Reichs*.
11 W *Genuss*.
12 W *wahrhafftigen*.
13 W *Nahrungen, und Handthierungen*.
14 Fehlt bei W.
15 W *discreptirenden*.
16 W *opportunitäten*.
17 W *Bequehmlichkeiten*.
18 W *gedeylichen*.
19 W *dieselben*.

auff eine Maaße[20] und Weise *practicir*en, sondern was zu derselben nutzlichem[21] *praxi* gehörig, solches mueß [fol. 8v] eines jeden Landes hohen Obrigkeit zu reiffer Ermeßigung nach obberegten Umbstenden[22] hingelaßen werden. Von dero dann die *Application* der gemeinen Rechte auf ihrer Landt und Leuthe Zustandt nicht beßer und füeglicher geschehen mag, dan[23] vermittelst eines darauff woll *quadrir*enden Landrechts.

Undt alß zum andern am Tage, wie daß gemeine Recht, ja auch numehr jeden Landes und Orthes[24] eigene Satzungen und Gebreüchen[25] durch der Rechtsgelarten vielfeltige[26] *disputationes* undt Deutungen dahero entstehende verschiedene Meinungnen und *Observanti*en[27] so sehr *distrahi*ert und in Zweiffel geführet, das darauß dieselbe zu finden schwer und die *regula*[28] *actionum* in großer Ungewißheit, darüber fast niemandt seines Rechten gewiß sein, sondern in steter Gefahr schweben muß, ob er sich auch deßen versichert halten könne, das nicht die, so bey den Gerichten sitzen, oder von denen die Urtell[29] erholet werden, anderer Meinung sein, befahren muß, deßen aber sich abzuhelffen, kein beßer und fast daß einzige *remedium*, daß in einem jeden Lande durch gewiße *constitutiones* gesetzet und abgerichtet werde, waß aus den *different*en *Opinion*en in demselben vor Recht zu halten, Gestaldtsahmb dann[30] in den mehrentheill[31] der Chuerfürsten, Fürsten[32] und Stände[33] deß Teudschen Reichs Landen[34] [fol. 9r[35]] deßwegen solche Landtrechte undt Abscheide verfaßet, dadurch den beschaffet[36] wirdt, daß die Recht suchen, geben und nehmen sollen, nicht von den ohngewißen[37] Bedüncken und *Opinion*en der Rechtsgelarten, zuweillen[38] *ex errore* oder denen *rationibus*, welche auff aller

---

20 W *Maass.*
21 W *nützlichen.*
22 *Nach obberegten Umbstenden* fehlt bei W.
23 W *denn.*
24 W *Orths.*
25 W *Gebräuche.*
26 W *vielfältigen.*
27 W *Observationes.*
28 W *Regulae.*
29 W *Urtheil.*
30 W *gestaltsahm denn.*
31 W *mehrentheils.*
32 M *Chur-, Fürsten*; W *Chur-Fürsten.*
33 W *Ständen.*
34 W *Ländern.*
35 M *2.*
36 W *dann verschaffet.*
37 W *dem ungewissen.*
38 W *so zuweiln.*

Örter Leute sich nicht *applicir*en laßen, herruhren[39], *dependir*en durffen[40], sondern waß dero Obrigkeit mit reiffem[41] Rath guet erachtet, zur bestendigen zuverleßigen Richtschnuer haben.

Dabey drittens in Erwegung, was daran gelegen, das ein ieder[42], der Recht thuen solle, daß Recht auch wiße undt verstehe, annoch dieser merklicher großer Nutzen erscheinet, das durch ein Landtrecht in teudscher Sprache sowoll Einwohner und Frömbde[43] verstendiget werden, wornach sie sich zu achten oder worauff sie sich verlaßen können, dabey selbst ermeßen mögen, ob sie ihre habende *Intention*en[44] zu Recht *obtinir*en, oder sich denen, so Ansprache zu ihnen[45] vornehmen, mit Fuege und Bestande *opponir*en, also was fur[46] ihre Gewißen und Angelegenheiten[47] rathsahmb auß einer selbst bekandten *norma* schließen mögen, dadurch ohne Zweiffel viell[48] Unrichtigkeiten verhütet, dem Recht so vielmehr nachgestrebet, weitleufftige geldtfreßende Rechtstreitt[49] verhütet, große Unkosten, die sonst[50] auff Befragung der Rechtsgelahrten verwendet werdenn, ersparet, eine guete rechtschaffenn[51] Zuversicht zu der *Justitz* gestifftet wirdt. [fol. 9v]

Zu geschweigen ietzo, wie ein bestendiges guetes Landtrecht undt deßen *obseruantz* zwischen den Obrigkeiten und Unterthanen ein festes Vertrauen, den Gerichten und dero Bedienten in ihren Ambtsverrichtungen eine große Erleichterung, und aller *Action*en vor Gott, dero Oberen, ihrem Gewißen und iedermenniglichen eine richtige ohngezweiffelte Verandtworthung, denen, so der *Justitz* bedurfftig[52], ein festes Ancker dero Hoffnung und Suchens, dem gantzen Lande einen großen Ruhmb *causir*et und stifftet.

---

39 W *herrühren.*
40 W *dürffen.*
41 W *reiffen.*
42 W *jeder.*
43 W *als Frembde.*
44 W *intention.*
45 W *ihrem.*
46 W *für.*
47 W *Angelegenheit.*
48 W *viele.*
49 W *Recht-Streite.*
50 W *sonsten.*
51 W *rechtschaffene.*
52 W *bedürfftig.*

Deßen Betrachtung auch sowoll die durchleuchtige[53] hochgebohrne Fursten[54] und Herren, Herren Adolff Friedrich[55] undt Herr[56] Hans Albrecht, Hertzogen zu Mechlenburg, Fursten[57] zu Wenden, Schwerin undt Ratzeburg, auch Graffen zu Schwerin, der Lande Rostock und Stargard Herren, *respectivè* hochseliges Angedenckens[58], alß die ehrbare[59] löbliche[60] Ritter- und Landtschafft[61] bewogen, darauff gnädig und hochvernunfftig[62] bedacht zu sein, wie in diesem iztbemeltem[63] Hertzog-, Fürstenthuemb undt Landen ein bestendig[64] teudsches Landtrecht angerichtet wurde[65], demnach dan[66] in denen *Anno* 1621 gnädig gegebenen fürstlichen *Reversalen*[67] *art.* 36 begriffen, das hochgemelte Ihre[68] fürstlichen[69] Gnaden[70] mit Zuziehung dero getreuen[71] Ritter- und Landtschafft[72] ein gemein Landtrecht in teudscher Sprache, damit ein ieder[73], wie seine Sache in[74] Gericht zu treiben, selber verstehen konne[75], zusammenbringen und abfaßen, [fol. 10r[76]] nach demselben in den Cantzleyen[77] und Hoffgericht *sententionir*en und sprechen laßen wollen;

Obberegten gedeylichen Zwegk zu erreichen, ist außer Zweiffel dienlich, daß einmahl und zu erst dieser Hertzog-, Fürstenthuemb und Länder *fundamental*satzungen, *Reversal*en und Ordnungen mitt Fleis nachgesehen, erforschet und

53 W *Durchlauchtige.*
54 W *Fürsten.*
55 W *Friderich.*
56 Fehlt bei W.
57 W *Mecklenburg, Fürsten.*
58 W *höchstseeligen Andenckens.*
59 W *Ehrbah.*
60 M *die E. Löbl.*
61 W *Ritterschafft und Landschafft.*
62 W *hochvernünfftig.*
63 W *diesen itztbemeldten.*
64 W *beständiges.*
65 W *würde.*
66 W *denn.*
67 W Reversalien.
68 W *Hochbemeldten Ihro Ihro.*
69 W *Fürstl. Fürstl.*
70 W *Gnaden Gnaden*; abgekürzt bei M *II. F.F. GG.*
71 Fehlt bei W.
72 W *Ritterschafft und Landen.*
73 W *jeder.*
74 W *Sachen im.*
75 W *könne.*
76 M 3.
77 W *Cantzeleyen.*

dero Einhaldt das vornehmbste Theill solches[78] Landtrechts sey und pleibe, daß Übrige denselben[79] *attemperirt* und bey allen woll beobachtet werde, daß dieselbe der Grundt deß Rechtens pleibe und nicht *violir*et[80] noch in Streit oder Zweiffel gezogen werden.

Vors ander[81], daß von den alten vernunfftigen[82] und wolhergebrachten Gebreuchen die grundtliche[83] Nachricht eingezogen und wie dieselbe befindtlich, also zu mehrer Gewißheit und Nachricht in eine Landes *constitution* gebracht, dardurch dero mehrer und beßer Beobachtung veranlaßet werde.

Drittens, das man daß Absehen habe, waß in denen *casibus et*[84] *quaestionibus*, da von dem Rechte, deßen Verstandt und Übung Zweiffel vorkommen, bey den fürstlichen Cantzleyen[85], Land- und Hoffgerichten bestendig *judicir*et und vor Recht gehalten, solches auch zur dauerhafften Nachfolge bringe und bestetige.

Zum vierten, das über den *quaestionibus* [fol. 10v], so *in praxi* offtmals vorkommen, darüber aber der Rechtsgelahrten Meinung[86] nicht einig sein, was in dem Lande hinfürters vor Recht zu halten *statuir*et werde.

Dan[87] endtlich fünfftens, das[88] bey dem, so sonst die gemeine Rechte verordnet, nachgesehen werde, ob darin ein oder anders befindtlich, so in diesen Landen sich bey dero eigenen *Constitution*en, Ordnungen und Gewonheiten nicht woll oder auch nicht also, wie es darin begriffen, sich[89] *practicir*en laße.

Wie nun die ehrbare[90] Ritter- und Landtschafft[91], waß in obhochgenandten[92] fürstlichen *Reversal*en veranlaßet und zu gemeinen Nutzen gereichendt, dermahl eins nach den Behindernußen[93] so bishero daß leidige Kriegeswesen entzwischen geworffen, abzulangen begierig, alß haben sie so woll solche Begierde zu bezeigen[94],

78 W *solchon.*
79 W *demselben.*
80 W *violirt.*
81 W *andere.*
82 W *vernünfftigen.*
83 W *gründliche.*
84 W *&.*; M unklar, möglicherweise *ex.*
85 W *Cantzeleyen.*
86 W *Meynungen.*
87 W *Dass.*
88 Fehlt bei W.
89 Fehlt bei W.
90 M *E.*
91 W *dieses ein R. und L.*
92 W *die obhochgemeldeten.*
93 W *Behindernissen.*
94 W *zeigen.*

auch zu dem heilsahmen Zweck unterthänig zu *cooperir*en, waß ihnen dabey zu beobachten zu sein in gueter Wolmeinung bedaucht[95] ohnvergreifflich vorbemelten[96] *Regul*en nach zusammentragen und auffsetzen laßen.

[fol. 11r[97]]

95 W *bedacht*.
96 W *vorbemeldter*.
97 M *4*.

Des Landtrechts Erster Theill.

Titulus[98] *I.*
Von dem Landrecht ins gemein, und wie solches zu *observiren*.

1.[99] Waß in den fürstlichen *Reversal*en, des Landeß Kirchen-, *Consistorial*-, Hoffgerichts- und Cantzley-[100], wie auch der Policey- und andere[101] mitt Zuziehung Ritter und Landtschafft auffgerichteten und *publicirt*en Ordnungen verfaßet und enthalten, solches ist zufoderst[102] vor der mechlenburgischen[103] Herzog-, Fürstenthuemb und Lande Recht zu halten und also bestendig zu *observir*en, daß nach dero Einhaldt bey allen Gerichten bestendig geurtheilet, und allenthalben gelebet, nicht aber dawieder etwas unter einigen *praetext* zugelaßen werde.

2.[104] Wer sich auff eine alte Gewonheit berufft, ist, soweitt solche des Landes Ordnungen[105] zujegen[106], damitt nicht zu hören, sondern bloß auff derselben *Observantz* zu verweisen, was dakegen verhandelt [fol. 11v], vor kein Recht zu halten, eß werde dan[107] von der hohen Landesobrigkeit mitt Zuziehung Ritter- und Landschafft davor erkandt[108] und gesetzet. Waß aber denen nicht zuwiedern, hergebracht zu sein vorgewand wirdt, wann eß öffendtlich eine geraume Zeitt also *observir*et und durch drey *actus* bescheiniget werden mag, inmaßen[109] denen, die sich darauff beruffen, der Beweißthuemb oblieget, ist vor eine zuleßige Gewonheit zu halten und ferner zu folgen, bis ein Anders durch ein Gesetz oder Ordnung der hohen Obrigkeit *constituir*et.

3.[110] Welche in diesem[111] Hertzog-, Furstenthuemb und Landen Gueter besitzen, Handel und Wandel treiben, Erbschafft und Gaben gewinnen und erwerben, Recht

98 Bei W jeweils als *Tit.* abgekürzt.

99 Bei W immer mit §-Zeichen. Am Rand: *De jure provinciali Mecklenburgico generatim.*

100 W *Cantzeley-.*

101 W *andern.*

102 W am Rand: *Ordinationibus & Legibus Territorialibus.*

103 W *Mecklenb.*

104 W am Rand: *De Observantia & Consuetudine.*

105 W *Ordnung.*

106 W *zugegen.*

107 W *denn.*

108 W *erkennet.*

109 W *immassen.*

110 W am Rand: *Quibus obligantur subditi & forenses.*

111 W *diesen.*

suchen und zu geben haben[112], sein in dem[113] allen, ob sie gleich frömbt[114], das Landtrecht zu *observir*en schuldig, wie sie dan auch hinjegen[115] der Wolthaten[116] solches Rechtens, soferne dieselbe nicht Ritter- und Landtschafft oder der Einwohner absonderliche[117] *privilegia* oder *beneficia* betreffen oder also bewandt sein, das sie sich selbst nach den[118] Buchstab oder *ex ratione* auff dieselbe *restringir*en, fehig sein sollen, wan hinjegen[119] dieses Landes Unterthanen und Einwohner an denen Orthen, von dannen sie kommen, gleichen Rechten[120] genießen.

4.[121] Wan *acta* an außwertige *Jurist*en und [fol. 12r[122]] *Facultät*en, Schöppenstüle[123] umb Urthel[124] verschicket werden, soll[125] jederzeit glaubhaffte *Extract*e des Landtrechts, soviel die im Streitt schwebende Puncte betrifft, geschicket, und sie darnach zu *sententionir*en angewiesen werden.

5. Waß anders, dann in dem Landtrecht enthalten, und wieder daßelbe etwa von frömbden[126] Rechtsgelahrten oder sonst geurtheillet[127], soll von nichten sein, und *vires rei judicatae*[128] nimmer erreichen, dahero denen, so vermeinen, ein wiedriges vor Recht erkandt sey[129], frey stehen[130], *supplicando* solches anzuzeigen[131], darauff bey unsern Cantzleyen[132], Hoff- und Landtgerichten die Urthel darnach geendert und gefaßet werden[133].

---

112 W *suchen und geben.*
113 W *den.*
114 W *frembd.*
115 W *hingegen.*
116 W *Wohlthat.*
117 W *sonderliche.*
118 W *dem.*
119 W *hingegen.*
120 W *Rechtens.*
121 W am Rand: *De Actorum transmissione.*
122 M 5.
123 W *Schöppfen-Stuhl.*
124 W *und Urthels-Fasser.*
125 W *sollen.*
126 W *vom frembden.*
127 W *geurtheilet wird.*
128 Bei M verbessert aus *judicati.*
129 W *erkannt zu seyn.*
130 W *stehen soll.*
131 W am Rand: *Et remedio supplicationis.*
132 W *Cantzeleyen.*
133 W *werden mögen.*

Titulus II.
Von Eltern und Kindern.

1.[134] Solange Kinder unter der Eltern Gewaldt pleiben, sein sie ihres Guetes weiter nicht, als von den Eltern erlaubet wird, mechtig, darumb alle Vertrage[135], *alienationes* und Handlungen, so ohne der Eltern *consens* darüber ergehen, ohnkrefftig. Geben aber die Eltern den [fol. 12v] Kindern einige Güether, unter ihrer Gewaldt, damitt zu *negotiir*en oder solche[136] selbst zu verwalten, ist, waß darüber gehandelt und *contrahi*ret, bestendig.

2.[137] Wann[138] Kinder mitt der Eltern Willen zur Ehe schreiten, sein sie von der Zeit an, das[139] daß Ehebette von ihnen betreten, von der Eltern Gewald befreyet, und dieselben[140] ihnen ihr Guett, auch der Vater dasjenige, davon er den *usumfructum* gehabt, abfolgen zu laßen schuldig.

3. Imgleichen wan[141] Kinder außer dem Ehestande zur eigenen Haußhaltung, Nahrung und Handtierung tretten, wie dan auch, wan[142] sie zu Ehrenemptern[143] und *Titul*n gelangen, werden sie damit frey von der Eltern Gewaldt, und muß ihnen ihr Guett zu ihrer Verwaltung gereichet und überlaßen werden.

4. Kinder mögen von ihren Eltern bey dero Lebezeiten[144] ihrentwegen nichts an Erbtheil oder *loco legitimae* fodern[145], waß aber zu ihren *Aliment*en und Unterhalt vonnöten, darunter mitt gehöret, waß zu Erlernung einer Nahrung, Kauffhandels oder Handgewercks[146], auch zur Außsteuer vonnöten, gebühret denselben, und soll mittelst obrigkeitlicher Verordnung, bey [fol. 13r[147]] welcher eß zugleich nach jedwedern Stande Gelegenheit und Vermögen zu ermeßen, gereichet werden[148].

---

134 W am Rand: *De parentibus & liberis.*

135 W *Vorträge.*

136 Fehlt bei W.

137 Bei M geschwungene Klammer um 2-3, am Rand *NB* für *Notabene.*

138 W *Wenn.*

139 W *da.*

140 W *dieselbe.*

141 W *wenn.*

142 W *wenn.*

143 W *Ehren-Aemptern.*

144 W *Lebzeiten.*

145 W *fordern.*

146 W *Handwercks.*

147 M 6.

148 Bei M Unterstreichung von *gebühret denselben … gereichet werden.*

5.[149] Wan die Eltern übel haußhielten, und alles verzerten[150], ist den[151] Kindern und ihren Anverwandten frey, solches bey der Obrigkeit anzumelden, undt soll darauff die Versehung geschehen, das durch Verschwendung der Eltern die Kinder nicht gar lehr außgehen, sondern denselben Vormunder[152] gesetzet werden.

6. Der Kinder Guetter sollen die Eltern in ihrer *administration* und Genies haben, doch also gebrauchen, daß den Kindern das Eigenthuemb ohngeschmelert verpleibe, und sie deßen heutt oder morgen habhafft sein[153] mögen, derowegen[154] sie bey Verlust des *ususfructus* über der Kinder Haabe ein richtiges *inventarium* verfertigen, daneben auch durch die Obrigkeit der Vater, wan er nicht kundlich[155] also *possessioniret*, das die Kinder außer Gefahr sein mögen, zur gnuegsahmen *caution* angehalten werden, den Kindern ihr Guett zu *conserviren*, und keinesweges zu verschwenden, oder zu verbringen[156], Wehre auch der Vater entweder ein Verschwender[157], daß er[158] mit den Seinen[159] nicht woll umbginge, oder auch arm, und möchte[160] die *caution* nicht [fol. 13v] leisten, soll die Verwaltung ihm nicht gelaßen, sondern andergestaldt durch einen *Curatorem* bestellet, jedoch die Abnutzung[161] ihm gereichet werden.

7.[162] Wie der Vater, wan[163] er obberegten *usumfructum* haben will, den[164] Kindern zum ehrlichen Unterhaldt und alle demso zur gueten Aufferziehung gehörig, gehalten, also wan[165] er dazu nicht bedacht oder Mittel schaffet, soll der Nutzen der Kinder Güetter ihnen allein pleiben, und dem Vater davon nichts gereichet, noch die *administration* in Henden gelaßen werden.

8. Die Eltern mögen der Kinder unbewegliche Guetter, auch die bewegliche, so ohne ihren Schaden können *conserviret* werden, nicht vereußern, Ob es gleich mitt

149 Bei M am Seitenrand geschwungene Klammer um 5-6 mit Hinweis *NB* für *Notabene*.
150 W *verzehreten*.
151 W *denen*.
152 W *Vormünder*.
153 W *werden*.
154 W *deswegen*.
155 W *kündlich*.
156 *Oder zu verbringen* fehlt bei W.
157 *Wehre ... Verschwender* fehlt bei W.
158 W *da er aber*.
159 W *mit dem Seinigen*.
160 W *mögte*.
161 W *Abnützung*.
162 Bei M daneben Kammer am Seitenrand.
163 W *wenn*.
164 W *denen*.
165 W *wenn*.

der ohnmündigen[166] Kinder Wißen und Willen geschehe[167], soll es doch ohngültig[168] sein, eß erfoderte dan die ohnvermeidtliche Nott, alß wan[169] zu Bezahlung der Kinder Schulde oder zu ihren Unterhaldt, Außsteur oder[170] Erlernung deßen, davon sie sich zu ernehren gemeint[171], dadurch Mittel auffzubringen[172]; Vermeinten aber sonst die Eltern, daß mitt der Kinder Nutz oder[173] zu dero Notturfft solche vorzunehmen, sollen sie zuerst ihren negsten Ver- [fol. 14r[174]] wandten solches vermelden, dieselbe oder mitt dero[175] Vorwißen ihnen Vormunder[176] verordnen laßen, und mitt dero Willen nicht anders, aber[177] zu der[178] *alienation* schreiten, jedoch wan sie sich doch nicht vereinigen können, mögen sie die Sache vor Gericht bringen, undt alda auff vorgehende[179] *cognitionem causae* des *decreti* erwarthen.

9. Wann die Eltern in Schulden vertieffet, von den *Creditorn* zur Zahlung angestrenget, und in dero Guettern[180] *immissiones* bitten, oder eß zum *concursu*[181] gelanget, soll von den Guetern, waß deroselben Kindern zukombt, da eß verhanden, *separir*et, wan aber es nicht verhanden, deßwegen auff daß Recht so ihre Mutter gehabt, wan es von deroselben[182] herrühret, oder[183] das stillschweigende Unterpfandt, welches die Rechte den[184] Kindern *tribuir*en, die *intervention* ihnen und ihren Anverwandten verstatet, und wan[185] sie deßwegen vor den *Creditor*en die *priorität* hetten, zuerst ihnen das Ihrige zugetheillet werden, und ob zwahr der Vater davon[186] den *usumfructum* hatt, und auch nach *cession* seiner Güetter beheldt,

166 W *unmündigen.*
167 W *geschehen.*
168 W *ungültig.*
169 W *wenn.*
170 W *Aussteuer, und*
171 W *vermeinet.*
172 W *anzuwenden.*
173 W *und.*
174 M *7.*
175 W *deren.*
176 W *Vormünder.*
177 Fehlt bei W.
178 W *zur.*
179 W *vorhergehende.*
180 W *Güther.*
181 W *Concurs.*
182 W *von derselben.*
183 W *oder auf.*
184 W *denen.*
185 W *wenn.*
186 Fehlt bei W.

davon[187] doch den *Creditor*en nichtes[188] angewiesen werden, alß was nach des[189] Eltern und Kinder notturfftigen[190] Unterhalt bey dem Vater übrig bleibet. [fol. 14v]

10. Waß die Kinder, so unter der Eltern Gewaldt sein, auffleihen, dörffen[191] die Eltern von den Ihrigen nicht zahlen, eß sey dan zu dem[192] erweißlich angewandt, worzu[193] die Eltern den Kindern verbunden, alß waß zu ihren ehrlichen Unterhaldt, studiren, Außsteur[194], Erlernung und Fortsetzung einer ihnen anstehenden Nahrung und dergleichen Nottwendigkeiten angewandt. Hetten aber die Kinder eigene Güetter, so unter der Eltern Verwaltung sein, mußen[195] sie davon abtragen, waß beweißlich zu der Kinder Nutzen und Notturfft gereichet. Außerdem[196] haben sich die *creditorn* beyzumeßen, das sie ohnvorsichtig denen, so unter Eltern Gewalt sein, ohne dero belieben etwaß *crediti*ret.

11. Wann Eltern zur andern Ehe schreiten, sollen sie zu vorhero wegen der Kinder voriger Ehe Mutter Guett, oder was ihnen sonst angeerbet mit Zuziehung der Kinder negsten Anverwandten[197] Richtigkeit machen, und eß dahin richten, daß auff alle Felle die Kinder deßen bestendige Gewißheit und Versicherung haben. Im wiedrigen mögen die Kinder und dero Anverwandten sie durch die Obrigkeit dazu anhalten laßen. [fol. 15r[198]]

12. Wann die Mutter zur anderen Ehe schreitet, ist den Kindern und deren[199] Anverwandten frey, waß der Vater hinter sich verlaßen oder ihnen sonst zustendig, von ihr abzufodern und zu ihrer *administration* zu nehmen, oder darüber zu *disponir*en, und mag daraus die Mutter über daß, so sie ihm zugebracht, oder sonst nach[200] dem Landtrechte ihr gebüret[201], nichts fodern oder einbehalten, ohne waß sie zu der Kinder Unterhalt, Notturfft und scheinlichen Nutzen verwendet, oder soweit die Kinder ihr bey ihrer bekandten Dürfftigkeit[202] zum Zuschub undt *alimenten* gehalten. Dem Vater aber, ob er gleich zur andern Ehe tritt, gebühret von

---

187 W *soll davon.*
188 W *Creditorn nichts.*
189 W *der.*
190 W *Kindern nothdürfftigen.*
191 W *dürffen.*
192 *Zu dem* fehlt bei W.
193 W *wozu.*
194 W *Aussteuer.*
195 W *müssen.*
196 W *ausser denen.*
197 Bei M verbessert aus *Verwandten.*
198 M *8.*
199 W *derer.*
200 W *sonsten nach.*
201 Bei M verbessert aus *gebürete.*
202 W *Dürftigeit.*

der Kinder Mutter Guett, oder waß denselben von den Großeltern oder andern Freunden[203] anstirbet, oder sonst zufelt, so lange die Kinder unter seiner Gewaldt und ohnaußgesteuret sein, oder eigene Nahrung, Handthierung und Gewerb ergreiffen, der Genießbrauch, er habe dieselbe bey sich oder nicht, ob sie auch gleich nicht von ihm, sondern anderswo ihre *alimenta* haben.

13. Ein Stieffvater hatt kein Recht zu der Kinder Güeter, dahero ohne der Kinder Anverwandten Willen er derselben sich nicht anmaßen soll. Wann [fol. 15v] aber mit dero *consens* er der Kinder wegen einige Guetter an sich nimpt, soll er denenselben gnuegsahme *caution* bestellen, auch was davon kompt oder genießlich, richtig berechnen und außfolgen laßen.

14. Wann Stieffeltern die Kinder bey sich haben, und mitt notturfftigen[204] Unterhalt versehen, mögen sie von denen deßwegen keine Erstatung oder einig Kostgeldt fodern, wan sie dieselbe in ihren Diensten zur Haußhaltung oder sonst[205] gebrauchen, oder auch einige von ihren Eltern hinterlaßene oder sonst ererbte Guetter genießen. Wan aber derogleichen[206] keines geschiehet, sein die Kinder demselben[207] ein billiges Kostgeldt und was ihnen über den Unterhaldt verschoßen[208], zu entrichten verbunden, sie möchten[209] dan erweisen, oder auch auß gueten Vermutungen glaubwurdig[210] machen, daß der Stieffeltern Meinung gewesen, sie ohne Entgeldt bey sich zu haben, worzu dan[211] gnuegsahmb zu achten, wan[212] die Stieffeltern bey ihrem Leben darumb keine Anmahnung gethaen, oder in ihren Buchern oder[213] Registern davon nichts auffgezeichnet befunden wirdt.

15. Die Eltern und Kinder sollen auff ihren[214] Todeßfall sich unter einander die *legitimam* [fol. 16r[215]] nemblich den dritten[216] Theill deßen, so ihnen nach der *succession ab intestato* zukommen kan, unverletzt zu laßen schuldig sein, sie hetten dann[217] darauff bey ihrem Leben etwas empfangen, so billig abzurechnen.

---

203 W *Frembden.*

204 W *nothdürftigen.*

205 W *sonsten.*

206 W *dergleichen.*

207 W *denenselben.*

208 W *dem Unterhalt vorgeschossen.*

209 W *mögten.*

210 W *glaubwürdig.*

211 W *wozu denn.*

212 W *wenn.*

213 W *Büchern und.*

214 W *ihrem.*

215 M 9.

216 W *3ten.*

217 W *denn.*

Dajegen dann[218] keine andere *disposition, pacta, Taxir*ung der Guetter gultig[219] sein, sondern dieselbe, ob sie gleich[220] Eltern und Kinder[221] unterschreiben, also verstanden werden sollen, das ihnen solche *portion* gantz verbleibe und dero[222] *supplement* zu suchen ohnbenommen sey[223].

16. Wann Eltern bey ihren Lebezeiten mund-[224] oder schrifftliche Anordnung machen, wie auff ihren[225] Todesfall die Kinder die Verlaßenschafft oder etzliche[226] Guetter und Stücke unter sich theillen, imgleichen[227] wie solche unter den Kindern *aestimir*et und einen vor den[228] andern zugeschlagen, und es damit gehalten werden solle, wann solches nur gläublich beygebracht, eß geschehe[229] durch Zeugen[230], so es angehöret, oder der Eltern Schrifft, sie haben solche gantz geschrieben oder unterschrieben, gebühret den Kindern solchen, obgleich darunter eine Ungleicheit were, nachzuleben, und sollen die, so[231] dadurch beschweret[232] zu sein vermeinen, nicht ge- [fol. 16v] höret werden, sie könten dan[233] erweisen, das sie an ihrer *legitima* dadurch verkürtzet weren.

17. Nach Absterben des Vatern sollen die Kinder bey der Mutter gelaßen, und ihr wieder ihren Willen nicht abgenommen werden, ob sie gleich zur andern Ehe schreiten würde, eß möchten[234] dann die Vormunder[235] oder negsten Freunde beybringen, daß die Kinder bey ihr nicht woll oder mit mehren Kosten und *pericul* alß bei andern erzogen werden, oder auß dergleichen vernunfftigen[236] Ursachen sie bey ihr aufferziehen zu laßen bedencklich were, so zu richterlicher Ermeßigung stehet.

---

218 W *dagegen denn.*
219 W *gültig.*
220 W *gleich von.*
221 W *Kindern.*
222 W *dahero.*
223 W *seye.*
224 W *Leben-Zeiten münd-.*
225 W *ihrem.*
226 W *etliche.*
227 W *ingleichen.*
228 W *einem vor dem.*
229 W *geschehe (NB.).*
230 Bei M *durch Zeugen* unterstrichen, darüber *NB* für *Notabene.*
231 W *die, welche sich.*
232 W *beschwehrt.*
233 W *denn.*
234 W *mögten.*
235 W *Vormünder.*
236 W *vernünfftigen.*

18. Kinder sollen durch Beymeßung fruhzeitiger[237] Geburth nicht unehlich gehalten oder gescholten noch die Eltern eines ohnzimblichen Beyschlaffes[238] beschuldiget oder verdammet werden, wan nicht kundt, offenbahr und außer allen Zweiffel ist, daß der naturlichen[239] Ordnung nach unmueglich[240], in solcher Zeitt, alß welche von dem Beyschlaff zu der Geburth gereichet, eine vollkommene[241] *partus* an den Tag muege[242] gebracht werden, undt ob von [fol. 17r[243]] Zeit der Hochzeit nicht mehr den einhundertfunffzig Tage verlauffen, soll doch ein[244] vollkommene Geburth nicht gescholten, sondern *pro legitimo partu* gehalten, wan auch unter der Zeitt[245] ein Kindt gebohren, da die[246] *partus* mangelhafft oder nicht *vitalis* vor ehelich[247] geachtet, und *in dubio pro partu* stetz erkandt werden.

Titulus III.
Von Vorlobnußen und Ehehendelen[248].

1.[249] Obzwahr nach den gemeinen Rechten ein Ehebandt durch einen bloßen *Consens* und Versprechen vollenkommen wirdt, alß gleichwoll[250] solches zu vielen mahlen sehr zweiffelhafft[251], ob ein dergleichen bestendiger volkommener[252] *Consens*, alß dazu gehörig, erfolget, dannenhero viell Streitt und Irrungen entstehen, ohne daß die *clancularia sponsalia* viell Ohngelegenheiten[253] und Mißverstände bey sich führen, soll[254] hinführo wann[255] Streitt darüber entstehet, der Ehebandt[256] vor richtig und vollenkommen nicht geachtet werden, eß sey dan in Beysein zum

237 W *frühzeitiger.*
238 W *Beyschlaffs.*
239 W *natürlichen.*
240 W *unmöglich.*
241 W *ein vollenkommener.*
242 W *möge.*
243 M *10.*
244 W *eine.*
245 Bei M verbessert aus *Zeill.*
246 W *der.*
247 W *ehrlich.*
248 W *Verlöbnissen und Ehe-Händeln.*
249 W am Rand: *De sponsalibus.*
250 W *gleich.*
251 W *zweiffelhaftig.*
252 W *vollenkommener.*
253 W *Ungelegenheiten.*
254 W *so soll.*
255 W *wenn.*
256 W *Ehebund.*

wenigsten zweyer glaubwurdigen[257] Persohnen, die zu solchem ende zusammen bescheiden[258], der *consensus* [fol. 17v] *declarir*et und vor denselben der Ehebundt beschloßen. Wann solches geschehen, obgleich kein Gifften und Gaben gereichet, soll das Verlöbnuß[259] bestendig geachtet werden, wie hinjegen[260] ob[261] gleich ein dem andern etwas geschencket, doch ohne[262] beregter *Declaration* solches ohnvollkommen zu halten.

2. Wann jemandt des Beyschlaffes[263] von einem Frauensbilde, welches sonst ehrlichen gueten Lebens und Wandels befunden, und dabey gethanen Versprechens, dieselbe zu ehligen[264], beschuldiget, deß ersten[265] gestendig oder[266] zu überweisen, ist er daß letzte auch zu vollenziehen schuldig, er vermöchte dan[267] vermittelst Eides erhalten, daß er vor oder[268] bey der Schwengerung oder Beyschlaff ihr der Ehe halber nichts versprochen habe. Wer aber eine Weibespersohne[269] außerhalb solchen Gelübds[270] schwengert, darff dieselbe nicht ehligen[271], sondern allein die Geschwengerte nach Gestaldt seines Vermögens und der Geschwengerten *Condition* mitt einem gewißen Gelde, so zu gerichtlicher Ermeßigung stehet, abfinden, undt das Kindt, bis es zu den Jahren gelanget, daß es ein Stuck[272] Brodt erwerben mag, mit *Aliment*en versorgen[273].

3. Kinder, ob sie gleich vollenkommenen Alters, sollen ohne Vater und Mutter, auch nach dero Absterben [fol. 18r[274]] der Großeltern Einrathen und *Consens* sich nicht verehligen[275]. Wann dajegen[276] geschehe, mag Vater und Mutter daß Gelübde, so lange es durch das beylager noch nicht *consummir*et, dem *Consistorio*[277]

---

257 W *glaubwürdigen.*

258 W *beschieden.*

259 W *Verlöbniss.*

260 W *hingegen.*

261 Bei M danach gestrichen *Sie.*

262 W *ohn.*

263 W *Beyschlaffs.*

264 W *ehelichen.*

265 W *dass er des ersten.*

266 W *und.*

267 W *vermögte denn.*

268 M *od.*

269 W *Weibes-Persohn.*

270 W *Gelübdes.*

271 W *eheligen.*

272 W *Stück.*

273 W *versehen.*

274 M *11.*

275 W *vereheligen.*

276 W *dagegen.*

277 W *Consistorium.*

ohnverbindtlich zu erklehren bitten, auch damitt gehöret werden, jedoch das er erhebliche Ursachen des *Dissensus* und dadurch gesuchter Trennung vor- und beybringe. Wann[278] aber ohne einige bewegliche Ursachen die Eltern[279] ein sonst nicht ohngerathenes[280] Gelübd auffheben wolten[281], soll ihr Suchen nicht staath haben, sondern guetliche Vereinigung zwischen ihnen und den Kindern gesuchet, in dero[282] Entstehung nichtes[283] destoweniger bey dem Ehegelübde, wann[284] eß sonst erlich und zu der Kinder Nutzen gereichet, gelaßen werden.

4. Wan Eltern auß Ursachen, die durch richterlicher Erkandtnus[285] erheblich geachtet, der ohn ihren *Consens* getroffenen Heyrath ihrer Kinder wiedersprechen, deßen aber ohngeachtet, dieselbe sich davon nicht abhalten laßen wolten, sondern daß Gelubd[286] vollenziehen, mögen sie solchen der Kinder Ungehorsahmb alßdann[287], sonst aber nicht, mitt der Enterbung straffen. [fol. 18v]

5. Wann Kinder der Eltern *Consens* zue ihrer Heyrath erfodern, dieselbe aber wiedersprechen denselben nicht zeitig, sondern schweigen still dazu, und dieselbe verloben sich darauff, mag ihrer[288] *Dissensus* hernach das Gelübde[289] nicht auffheben. Wann sie aber außtrücklich *dissentir*en, sollen Kinder sich weitern Verfahrens bey Verlust ihres veterlichen Erbtheils enthalten, sich der Eltern Willen zu erhalten[290], durch kindtliche Erweisung sich[291] bemuhen, da[292] sie denselben dadurch nicht[293] abreichen mögen, doch[294] ohne Ursache die Eltern die Verwiederung thuen, alßdan bey dem[295] *Consistorio* sich anmelden, daselbst zwischen den Eltern und ihnen summarisches Behör suchen, darauff dann[296] nach Befindung der Ursache,

---

278 W *Wann sie.*

279 *Die Eltern* fehlt bei W.

280 W *abgerathenes.*

281 W *wollen.*

282 W *deren.*

283 W *nichts.*

284 W *wenn.*

285 W *Richterliche Erkänntniss.*

286 W *Gelübde.*

287 W *alsdenn.*

288 W *ihr.*

289 W *Gelübd.*

290 W *gehorchen.*

291 Fehlt bei W.

292 W *bemühen, dass.*

293 Fehlt bei W.

294 W *so aber doch.*

295 W *alsdann beym.*

296 W *denn.*

ob sie den Eltern woll anstehe und beweglich oder nicht, die Vollenziehung[297] ab- oder zugesprochen werden.

6. Eltern sollen ihre Kinder, wann sie abwesendt, oder ob sie gegenwertig, ohne ihren außtrücklichen *Consens* nicht verloben, weniger zum Gelübd[298] wieder ihren Willen zwingen. Geschehe dawieder, und die Kinder könten bey sonst erblickenden Anzeigen [fol. 19r[299]] deß[300] *metus*[301] auff ihren[302] Eidt erhalten, das sie nicht auß freyen Willen, sondern auß Zwanck und Furcht vor den Eltern die Zusage gethaen, soll das Gelubde[303] ohnkrefftig sein, sie weren denn hernach bey dehm waß anfengklich auß Zwang und Furcht versprochen, mit guetem[304] Willen verblieben, und hetten nicht zeitig solches vermeldet.

7. Eß sollen Kinder, die unter der Vormunder[305] Gewaldt sein, ohne dero Vorwißen und Raht nicht heyrathen, und ob es geschehen, ist das Verlöbniß ohngültig, und mögen so lang[306] zurück ziehen, alß der Vormunder[307] *Consens* nicht erfolget. Wolten aber ohne demselben die Verlobte zusammen pleiben, mag das Gelübde nicht auffgehoben werden, eß were dann das auff Vorbringen der Vormunder[308] durch richterliches Ermeßen befunden, daß die Unmundigen[309] mitt ohnehrlichen[310] oder ihren[311] Standt nicht gleichen Persohnen, oder gar unvorsichtig, und zu ihrem augenscheinlichen Verderben sich in das Gelübde eingelaßen, so mag das *Consistorium*, was ohnbesonnen von Unverstendigen[312] vereiniget, auffheben.

8. [fol. 19v] Ein[313] Ehegelübde, so mit Bedinge auff gewiße *Condition* vereiniget, ist vor deroselben[314] Erfüllung nicht bestendig, darumb auch die, so sich auff die Artt verloben, nicht vor Brauttleuthe zu halten, noch sich also bezeigen, sondern

---

297 W *Vollziehung.*
298 W *Gelübde.*
299 M *12.*
300 W *dass.*
301 W *metus verhanden.*
302 W *ihrem.*
303 W *Gelübde.*
304 W *guten.*
305 W *Vormünder.*
306 W *lange.*
307 W *Vormünder.*
308 W *Vormünder.*
309 W *Ohnmündigen.*
310 W *unehrlichen.*
311 W *ihrem.*
312 W *Ohnverständigen.*
313 W *Die.*
314 W *derselben.*

deroselben[315] erwarthen sollen, mögen aber von ihrem Gelübde immittelst nicht abtretten, es erschiene[316] dan das[317] Theill, bey dem die Erfullung[318] stehet, darin seumig oder mangelhafft sey, oder auch betrieglich handele. Erließe aber ein Theill daß andere[319] die *Condition*, oder vor dero Ergenzung, wurden[320] die also Verlobte sich fleischlich erkleren, imgleichen[321], da die *Condition* auff Ohnmögligkeit[322] oder demienigen[323], so dem Ehestande der Natur und Rechten nach zuwiedern, sollen dero ohngehindert auch ohnerwarthet die Verlobte daß Gelübde zu vollenziehen schuldig seien.

9.[324] Die Persohnen, so an Eltern oder Kinder staath sein und gehalten werden, imgleichen[325] die sich mitt Bluetfreundtschafft oder Schwägerschafft im drittenn Grad gleicher oder ungleicher *Lini*en verwandt, eß rühre dieselbe von gantz- [fol. 20r[326]] oder halbbürtigen[327], ehrlichen oder unehrlichen Geburth her, mögen[328] sich nicht zusammen verehligen. Geschehe es, soll daß Ehegelübde, ob eß gleich öffentlich beschloßen, solange es durch die priesterliche *Copulation* nicht vollenzogen[329], alß nichtig erkleret und gehalten, da aber diese dazu gekommen, zwar die Eheleute, daferne nur sie *in linea recta* oder[330] *primo gradu collateralis lineae* sich nicht verwandt, nicht getrennet, nach Gestald aber deß Verbrechens ernstlich gestraffet werden.

10. Deß Mannes und Frauen Freunde[331] wie auch zusammengebrachter[332] Kinder, *comprivigni* genandt, mögen sich woll heyrathen.

11.[333] Damit alle Bluettschande destomehr vermitten[334] werde, sollen, die sich verloben wollen, zuforderst erforschen, ob auch unter ihnen eine Bluettfreundt-

---

315 W *derselben.*
316 W *erscheine.*
317 W *dass das.*
318 W *Erfüllung.*
319 W *dem andern.*
320 W *würden.*
321 W *ingleichen.*
322 W *Unmöglichkeit.*
323 W *demjenigen.*
324 Bei M geschwungene Klammer am Rand, daneben *NB* für *Notabene.*
325 W *ingleichen.*
326 M *13.*
327 W *halb- oder gantzbürtigen.*
328 W *mügen.*
329 W *vollzogen.*
330 M *od.*
331 Fehlt bei W.
332 W *zusammen gebrachte.*
333 W am Rand *De gradibus prohibitis.*
334 W *vermieden.*

schafft oder Schwiegerschafft[335] sey, von den Priestern auch vor deßen[336] Erforschung nicht *copulier*et werden. Bey [fol. 20v] dero Befindung aber soll vor dem Gelübde bey wilkürlicher Straffe, wie nahe die Verwandtnus[337] sey, dem *Pastori* des Kirchspiels, worunter die Verlobende[338] sich befinden, vermeldet, von demselben, ob sie im verbothenen *gradu* sey[339], woll erwogen, wo eß zweiffelhafft, von ihm die Persohnen an daß *Consistorium* zu Einholung gueten Berichts verwiesen, immittelst aber mitt dem Gelübde eingehalten werden.

12. In denen *gradibus*, welche nicht in Gottes Worth, sondern allein in diesem Landrecht verbothen, alß in dem andern gleicher *Linie* und folgenden weitern[340], mag fur[341] die, so bewegende Ursachen furzubringen[342] haben, warumb sie zu der Heyrath zuzulaßen, bey dem *Consistorio* oder der hohen Landesobrigkeit *dispensir*et werden, undt sollen die[343], so die *dispensation* suchen, damitt gehöret werden, wan es etwa alte abgelebte Leuthe, die von ihren Verwandten so viell mehr Liebe und Pflege verhoffen, imgleichen[344], da ein oder andern Theils zeittliche Wollfarth daran henge oder wan kein sonderliches Ergerniß dabey besorglich. [fol. 21r[345]]

13. Wer sich mitt zweyen verlobet, soll mitt derselben Persohne[346] zufoderst das Gelübde vollenziehen, mitt welcher es öffendtlich in Beysein glaubwurdiger[347] Zeugen oder mitt *Consens* der Eltern oder Vormunder[348] ohne *Condition* getroffen, ob es gleich das letzte sey, eß hetten dan[349] die Erstverlobte sich bereits fleischlich erkandt, so bleiben sie billig vor den andern beysammen[350]. Weren aber beyde Gelübde offentlich[351] und mitt der Eltern und Vormunder[352] *Consens* beschlo-

335 W *Schwägerschafft.*
336 W *deren.*
337 W *Verwandniss.*
338 Bei M verbessert aus *Verlöbnus.*
339 W *seyn.*
340 W *weiteren.*
341 W *für.*
342 W *fürzubringen.*
343 W *diejenige.*
344 W *ingleichen.*
345 M *14.*
346 W *Persohn.*
347 W *glaubwürdiger.*
348 W *Vormünder.*
349 W *denn.*
350 W *zusammen.*
351 W *öffentlich.*
352 W *Vormündern.*

ßen[353], ist das erste, so lang[354] mitt der andern die priesterliche *Copulation* nicht dazu gekommen, ungültig[355], obgleich mit der andern die fleischliche Vermischung ergangen. Eß soll aber der Persohnen[356], so abstehen muß, soferne sie des andern Gelübdß zur Zeitt ihrer beschehenen Zusage ohnwißendt gewesen oder sonst[357] nicht mittschuldig, von dem andern nebst *Restitution* deßen, so von ihr geschenket, ihres Schimpfes und angewandten Kosten halber Erstatung geschehen.

14. Solang[358] daß Ehegelübde in Beysein glaubwürdiger Zeugen nicht beschloßen, ist die Underredung unverbindtlich undt mag, was beredet[359], zurückgeruffen werden. Wann [fol. 21v] aber einmahl daß Gelübde öffendtlich geschehen, sollen die Verlobte auch nicht mittelst eigener Vereinigung davon abzuweichen bemechtiget sein. Da sie aber vermeinten, Ursache zu haben, von dem Ehegelübde befreyet zu werden, sollen sie dieselbe dem *Consistorio* vorbringen, Bescheides erwarthen, immittelst aber sich weiter Verehligung enthalten.

15.[360] Wan unter Verlobten ein schwerer Mißverstandt und Feindtseeligkeit entstehet, mögen dieselbe sich eigenes Gewalts oder durch ihren Willen nicht scheiden, sondern wan durch die[361] Anverwandte oder jeden orths[362] Predigampt[363] keine Einigung zu[364] erreichen, soll durch das *Consistorium* der Vergleich eußerst versuchet, in Entstehung, wer darzu Anlaß und Ursach gegeben, mitt Fleiß erforschet, die Persohne[365], welche sich des Haltens verwiedert, und keine sehr bewegende Ursache dazu gehabt, durch ernste Vermahn- und Bedrohung, fürters durch Geldtbueße, auch endtlich durch die *Incarceration* dazu gezwungen, da aber solches alles nichtes[366] verfangen solte, daß ohnschuldige[367] Theill loß erkandt, den[368] Schuldigen aber die anderwertige[369] Heyraht untersaget, auch nach Gestaldt des Verbrechens

353 W *geschlossen.*
354 W *lange.*
355 W *gültig.*
356 W *die Persohn.*
357 W *sonsten.*
358 W *So lange.*
359 W *geredet.*
360 W am Rand: *De repudiis.*
361 Bei M über der Zeile eingefügt.
362 Bei M danach gestrichen *die.*
363 W *Predigt-Amt.*
364 Bei M über der Zeile eingefügt.
365 W *Persohn.*
366 W *nichts.*
367 W *unschuldige.*
368 W *dem.*
369 W *anderweite.*

die Kirchen- oder andere Bueßen[370] [fol. 22r[371]] aufferleget werden. Wann aber die Verwiederung auß solchen Ursachen geschiehet, so entweder dem[372] Gelübde nach den Kirchenrechten und erbahren Gewonheiten trennen können oder auch nicht zulaßen, daß eine friedliche Ehe zu hoffen, vielmehr großes Unheill, Ärgernuß[373] und Unwesen zu besorgen, welches zu richterlicher Ermeßigung stehet, mag dem ohnschuldigen Theill der Zwang erlaßen und die Trennung bey dem *Consistorio* verstatet werden.

Titulus IV.
Von Eheleuthen.

1.[374] Obwoll unter Verlobten der Beyschlaff vor der in der evangelischen Kirchen üblichen priesterlichen Zusammenfuegung verbothen, auch straffbahr, soll doch deßwegen die Brautt, so von ihrem Breutigamb geschwengert, nichtsdestoweniger vor ein rechtmeßig Eheweib[375] gehalten werden, obgleich der Breutigamb vor der Hochzeit versturbe, demnach[376] deßen, so ander[377] Eheweiber auß der Menner Güetter bekommen, fehig, die auß solchem Beyschlaff gezeugte[378] [fol. 22v] Kinder *pro legitimis* gehalten werden und den Eltern *succedir*en.

2. Waß bey wehrendem[379] Ehestande erworben wirdt, gehöret dem Manne und deßen Erben alleine zu, und hatt die Frau daran kein Theill oder ein mehres, obgleich der Mann zu weitt größerm[380] Vermögen gerathe, alß ihr nach unserm Landtrecht gebühret, daran zu fodern.

3.[381] Waß den Eheleuten zusammen bey oder nach der Hochzeit geschencket, ist denselben zu gleichen Theilen gemein, und soll also auch mitt ihren Erben nach ihrem[382] Absterben getheillet werden. Waß aber einem oder andern absonderlich

370 W *Busse.*
371 M *15.*
372 W *das.*
373 W *Aergerniss.*
374 W am Rand: *De conjugibus.* Bei M geschwungene Klammer am Rand.
375 W *eine rechtmässige Ehefrau.*
376 W *verstürbe, die mag.*
377 W *andere.*
378 W *gezeugete.*
379 W *währenden.*
380 W *grössern.*
381 W am Rand: *De illatis & donatis.*
382 W *ihren.*

geschencket, bleibet denselben allein, und hatt das[383] ander bey Leben oder nach dem Todte darauff nichts zu *praetendir*en.

4. Mann und Frau mögen Zeitt wehrenden Ehestandes sich woll mit Gaben beschencken. Es pleibet aber, was geschencket, solange sie zusammen leben, zu gemeinem[384] Nutz, und mag der Mann, was er der Frauen geschencket, zu seinen Nöthen in Mangel ander[385] Mittel woll[386] angreiffen und anwenden. Stirbet [fol. 23r[387]] aber der, so es geschencket, bleibt[388] es dem andern Ehegatten, dem eß verehret, soferne der *Donator* seine Gleubiger sonst bezahlen mag, auch die Kinder an der *legitima* dadurch nicht verkürtzet werden. Stürbe aber vorher, dem es geschencket, und ließe ander Erben, alß die in niedersteigender *Lini*en sein[389], ist das *donir*ende[390] Theill neher, solches zu behalten, befuegt alß die Erben, es zu fodern, obgleich ihnen im letzten Willen es vermachet[391] were.

5.[392] Waß dem Mann die Frau an Ehegeldt zugebracht, davon hatt derselbe den Genies und denselben zu erhalten darüber die freye *Disposition*, auch Macht, die Gelder und Schulde einzufodern, solche zu seinen Nutzen anzuwenden, solange er *solvendo* ist, hatt aber außerdem die Frau Gelder und Gueter, darüber hatt der Man nicht weiter zu *disponir*en oder dero zu genießen, alß die Macht ihn[393] von der Frauen dazu gegebenn. Leßet sie ihm aber die Verwaltung und Genies, ist, was er außer[394] dero *Alienation* handelt, krefftig. Die Frau und dero Erben mögen auch von ihm und seinen Erben die Zinsen und Abnutzung[395], so er eingehoben undt [fol. 23v] sie ihm gelaßen, nicht fodern.

6. Obgleich einem Ehemanne[396] das versprochene Ehegeldt nicht erleget wurde[397], soll er dahero nicht bemechtiget sein, die Ehefraue[398] von seinem Hause ab- undt an die Eltern oder wer den Brauttschatz schuldig zu verweisen, sondern

383 W *der.*
384 W *gemeinen.*
385 W *anderer.*
386 Fehlt bei W.
387 M *16.*
388 W *bleibet.*
389 W *Linie seyn, nach.*
390 W *dotirende.*
391 W *vermacht.*
392 W am Rand: *Jura dotis.*
393 W *ihm.*
394 W *aus.*
395 W *Abnutzungen.*
396 W *Ehe-Mann.*
397 W *würde.*
398 W *Ehe-Frau.*

ihm gebüret nichtes[399] destoweniger, jegen[400] sie, alß einem[401] getreuen Eheman zustehet, sich anzuschicken[402], ihr den notturfftigen[403] Unterhaldt zu reichen, waß ihm aber versprochen, in[404] Guete oder[405] zu Rechte gebürlich suchen und fodern.

7.[406] Die Frau darff vor den Mann[407] nicht zahlen, und können derselben Güetter des Manneß Schuldt halber nicht angegriffen werden, eß sey dann die Schuldt von ihm in ihrer ehelichen Vormundschafft oder zu ihren scheinlichen Nutzen gemacht oder verwendet[408], oder es habe die Frau durch ihre Pracht, übel Haußhalten[409] oder unverandtwortliche[410] Hendel dem Mann die Schuldenlast verursachet, bey welchen Begebenheiten sie nicht allein des Mannes *Creditor*en[411] mitt ihrer Gerechtigkeit sich nicht entiegen[412] setzen mag, sondern daneben von dem[413] Ihrigen mitt zahlen muß. [fol. 24r[414]]

8. Machet die Frau bey werendem Ehestande Schulde, ist der Mann nicht weiter, alß erscheinet, zu[415] seinen Nutzen es geschehen sey, solche zu bezahlen schuldig. Eß mag auch solang[416] die Ehe bestehet, der Glaubiger[417] deßwegen an das Eheguett[418] nicht kommen, oder davon seine Bezahlung suchen. Was aber vorher die Frau schuldig gewesen, muß von dem *dote* abgezogen und bezahlet werden.

9. Waß Mann undt Fraw zusammen in einer Verschreibung zu bezahlen[419] versprochen, muß der Mann und seine Erben alleine zahlen. Die Frau aber ist deßwegen nicht gehalten, sie habe sich dann[420] eidtlich verpflichtet, oder eß erschiene, das der Frauen zu Nutzen der Handel gepflogen, es ihre Sachen oder Guett betreffe

399 W *nichts.*
400 W *gegen.*
401 W *einen.*
402 W *sich zu schicken.*
403 W *nothdürfftigen.*
404 W *mit.*
405 W *und.*
406 W am Rand: *Jura uxorum.*
407 W *dem Manne.*
408 W *gemachet, oder verwandt.*
409 W *haussgehalten.*
410 W *durch unverantwortliche.*
411 W *Creditorn.*
412 W *entgegen.*
413 W *den.*
414 M *17.*
415 W *dass zu.*
416 W *so lange.*
417 W *Gläubiger.*
418 W *Ehe-Geld.*
419 *Zu bezahlen* bei M am Rand eingefügt.
420 W *denn.*

oder ihrentwegen die verpflichtung geschehen oder auch, was so zu bezahlen, in ihren Nutzen verwandt sey.

10. Wann eine Frau vor ihrem Eheman burget[421] oder seine Schuldt zu bezahlen über sich nimpt, ob sie deßwegen sich verpflichtet, ist es zurecht ohngültig[422], es geschehe dann auff [fol. 24v] gehabte guete Nachricht ihres deßwegen habenden Rechtens, durch deßen Erinnerung vermittelst eines corperlichen[423] Eydes oder mitt den *Formali*en, so einen solchen Eydt in sich begriffen[424], oder auch auff richterlicher Verordnung und Bestetigung, vermittelst ergehender *causae cognitione*, oder die Schuldt sey also bewandt, daß eine Frau auß ehelicher Pflicht den[425] Eheman beyzuspringen verbunden, alß wann zu Rett- und Befreyung von Gefencknus, schmeliger[426] *Condemnation*, zu nötigen des Mannes ihr und der ihrigen gemeinen[427] Unterhaldt und *Aliment*en die Verpflichtung geschiehet.

11. Eine Ehefrau mag einigen[428] ihres Mannes *Creditior*n zu Guete, damitt dieselbe soviell mehr versichert sein, sich ihrer freulichen Vorzugs-[429] und Pfandtrechten an des Mannes Guetern begeben, und ist die *renunciatio* gultig[430], obgleich dem *SC Vellejano* und dem[431] Rechten, so der Ehefrauens Burgschafften[432] ohnkrefftig machen, nicht *renunciirt*[433]. Sie mueß aber mitt außtrücklichen Worthen geschehen, undt ist dazu nicht gnuegsahmb, das mitt Vorwißen, Willen oder[434] Gedult der Frauen, waß ihr verpfendet, einen[435] andern unterpfendtlich [fol. 25r[436]] eingesetzet sey, ob sie gleich es so[437] geschehen leßet, wirdt sie des Verzugs[438] nicht verlustig.

421 W *bürget.*
422 W *ungültig.*
423 W *cörperlichen.*
424 W *begreiffen.*
425 W *dem.*
426 W *Gefängniss, schmählicher.*
427 Fehlt bei W.
428 W *einige.*
429 W *Vorzuges.*
430 W *gültig.*
431 W *den.*
432 W *Ehe-Frauen Bürgschafften.*
433 W *renunciiret.*
434 W *und.*
435 W *einem.*
436 M *18.*
437 W *also.*
438 W *Vorzuges.*

12. Vertiefft sich ein Ehemann in Schulden oder geret[439] sonst zu[440] Verderben, daß die Frau bey Anfoderung der *Creditoren*[441] oder des Mannes Ohnvermögen[442] den[443] Verlust ihres Ehegeldes und, waß ihr sonst auß seinen[444] Guettern gebuhret[445], zu besorgen hatt, soll auff Ansuchen der Frauen oder ihrer Freunde mitt der Rechtshülffe an des Mannes Guettern eingehalten werden, bis aus denen soviell, alß[446] zu ihrer Versicherung gereichet, abgesondert, welches zu ihrer oder eines *curatoris administration* hingethaen, die Abnutzungen[447], so hoch die landtgewönliche Zinsen des Ehegeldes sich erstrecken, ihr zu ihren, des Mannes oder[448] der Kinder nötigen Unterhalt gefolget. Ist hernach etwas übrig, mag es des Mannes *Creditor*en[449] in Zahlung[450] gegeben werden.

13.[451] Eheleute sollen ohne vorhergehende richterliche Behör und Erkandtnuß[452] sich voneinander nicht trennen. Geschehe es, soll das Theill, so außtritt, in der Obrigkeitt [fol. 25v] willkürliche Straffe fellig, daneben alles deßen verlustig sein, was es auß des[453] überlebenden Guettern sonst zu erwarten gehabt.

14. Scheiden Eheleuthe voneinander mitt guetem[454] Willen, alß wann der Mann zue Kriege ziehet oder sonst seines Ambtes[455] oder Gewerbe halber an andere Örther sich begiebet, mag, solang auch der[456] Abwesender außenbleibet undt obgleich in vielen langen Jahren von ihm keine Zeitung were, daß ander sich nicht wieder verheyrathen, eß seye dann[457] des Abwesenden Tott glaubwürdig beygebracht, so dan nach langer *Absentz*[458] durch einen Gezeugen, der bey seinem Absterben oder todtlichen Kranckheit jegenwertig[459] gewesen, imgleichen durch

---

439 W *gerath.*
440 W *zum.*
441 W *Creditorum.*
442 W *Unvermögenden.*
443 Fehlt bei W.
444 W *ihren.*
445 W *gebühret.*
446 Fehlt bei W.
447 W *Abnützungen.*
448 W *und.*
449 W *Creditorn.*
450 W *Bezahlung.*
451 W am Rand: *De separatione & divortio.*
452 W *Erkänntniss.*
453 W *des nicht.*
454 W *guten.*
455 W *Amts.*
456 W *so lange der.*
457 W *sey denn, dass.*
458 W *absence.*
459 W *Todes-Kranckheit gegenwärtig.*

einen Schein des Ortts Obrigkeit, wor[460] er gestorben, oder des Obristen, unter dem er gedienet, geschehen mag, wie dann[461] auch, wann derselbe bereits das siebenzigste Jahr des Alters, da er lebete, überstanden und über zehen[462] Jahr wegk und unwißend gewesen, vor gestorben zu achten.

15. Schiede ein Ehegathe von dem andern wieder deßen Willen in Wiederwertigkeit [fol. 26r[463]] und Unmuth und es were im Zweiffel, ob er lebete oder todt were, mag der ander ihn *citir*en laßen, und wan[464] solches zu dreyen Mahlen geschehen, und es erschiene niemandt, oder man erfuhre[465] auch nicht, ob der Entwichener lebendig, mag die verlaßene Persohnn von ihm loß erkandt werden und wiederumb heyrathen.

16. Wann eines der Eheleute daß ander übel *tractir*et, verleßet, an demselben ehebruchig[466] wirdt oder sich sonst also nicht erweisen[467], wie einem[468] christlichen getreuen Ehegathen geziemet, soll daßelbe nebst andern dadurch verwirkten Straffen alles deßen verlustig sein, welches *pro lucris*[469] *nuptialibus* in den[470] Rechten verordnet und zwischen Eheleuten üblich ist, das Theill aber, so daran unschuldig, ob es gleich wegen unleidlicher *Saevitz* und üblen Verhalten sich trennen mußen[471] oder von Tisch und Bette geschieden, behelt alles dasjenige ohnverkürtzet, und hatt aus den Abnutzungen der Guetter, *Aliment*en und sonst[472] zu genießen, was Eheleuten gebühret.

17.[473] Waß in einer ieden[474] Stadt oder Ortt Landes durch Gewohnheit hergebracht, wie die [fol. 26v] Eheleute einander erben oder waß sie sonst auß des Erstverstorbenen Guetter bekommen, dabey soll es gelaßen werden. Wan aber dadurch kein Gewißes zugetheilet oder auch in den[475] Ehe *pactis* kein Gewißes vermachet, so dan als ein *lucrum conjugale* dem Uberlebenden[476] gefolget werden

460 W *wo.*
461 W *denn.*
462 W *zehn.*
463 M *19.*
464 W *wenn.*
465 W *erführe.*
466 W *Ehebrüchig.*
467 W *erweiset.*
468 W *einen.*
469 Bei M *luctis*, möglicherweise Schreibfehler.
470 W *denen.*
471 W *müssen.*
472 W *sonsten.*
473 W am Rand: *Jura haereditatis conjugalis.*
474 W *jeden.*
475 W *denen.*
476 W *Ueberlebenden.*

soll, ist dennest[477] billig, das die Eheleute auff den[478] Fall, keine Kinder verhanden, aus des[479] Erstabgelebten Guetern etwas zu genießen haben. Undt als die adelichen Wittwen auß der Menner Lehen[480] und andern Güettern sich eines ansehnlichen nach dieser Lande Rechte[481] und Gewonheiten zu erfreuen haben, sollen hinjegen[482] die Männer auch der Frauen halber, wann[483] sie mitt ihnen keine Kinder gezeuget und hinterlaßen (denen sonst das Mutterguett allein gebühret), von ihrem zugebrachten Ehegelde nach Abzug deßen, so auff die Begräbnuß[484] und seine Traurkleidung[485] zu verwenden, daneben von ihren Betten und Bettgewandt auch solche[486] Leinen, so in der Haußhaltung gebrauchet, den dritten Theill behalten, imgleichen[487] alles, so der Mann ihr bey angehender und zeittwehrender Ehe geschencket, zu sich zurück nehmen.

18. Ein Mann ist die Frau von dem Seinigen zu beerdigen nicht schuldig, sondern was auff ihre Begräbnus[488] nach dem Landgebrauch[489] [fol. 27r[490]] nicht unmeßig verwandt, nicht aber, waß in ihrer Kranckheit auff die Pfleg und Cur verwandt[491], hatt er von ihrem zugebrachtem[492] Guethe zu nehmen und einzubehalten, waß nach deren Abzueg ubrig[493], darauff haben die Erben zu sprechen.

19. Verstirbet eines[494] der Eheleute, ist dem andern anderweitt zu heyrathen, ohnbenommen, ob eß auch *intra annum luctus* geschehe, ohnstraffbahr. Eß soll gleichwoll dabey, was erbahr, *observir*et[495], demnach niemandt der Eheleute bey Verlust deßen, so er auß des Verstorbenen Guettern zu *lucrir*en, ehe das abgelebte[496] Theill beerdiget, auch sonst nach deßen Todte inwendig einem halben Jahr[497] sich

477 W *demnechst.*
478 W *dem.*
479 W *der.*
480 W *Lehn.*
481 W *Rechten.*
482 W *hingegen.*
483 W *wenn.*
484 W *Begräbniss.*
485 W *Trauer-Kleydung.*
486 W *solchen.*
487 W *ingleichen.*
488 W *Begräbniss.*
489 W *nach des Landes Gebrauch.*
490 M *20.*
491 Bei M *nicht aber … verwandt* am Rand eingefügt; W *Kranckheit verwandt auf die Pfleg, und Cur.*
492 W *zugebrachten.*
493 W *übrig.*
494 W *eins.*
495 W *observiret werden.*
496 W *abgelebete.*
497 W *Jahre.*

wieder in Ehegelübde einlaßen, der überlebenden Ehegatten[498] zu vorher, ehe das ander[499] Ehebette betretten, zu Verhütung vielen Streits und Ungelegenheiten mitt deß abgestorbenen Erben der[500] Verlaßenschafft halber Richtigkeit mache, die dan durch *mandata* die *Copulation* solange verwehren mögen, bis daß Richtigkeit getroffen, eß erschiene dann[501], das es nicht bey dem Wittwer[502] oder Wittfrauen, sondern bey den Erben stehe, wie dann[503] imgleichen, wann jene sich zum Billigen und im Übrigen zur *Caution* erbieten, mag umb dieser [fol. 27v] *Difficultir*en[504] die Ehebindung nicht verzugert[505] werden.

Titulus V.
Von der Kinder Außsteur und Heyrathsguett.

1.[506] Die Eltern sein nicht allein den Kindern zu gedeylichen Heyrathen behülfflich zu sein, sondern auch nach deren Vermögen und Gelegenheitt dieselbe[507] mitt einem Eheguett außzusteuren schuldig, und zwahr die Tochter mit einem zimblichen Heyrahts- oder Ehegelde nebst einer halben Hochzeit und Ehrenkleidern, welche ihren und ihres Breutigambs Stande gemeeß, die Söhne aber auch mitt der halben Hochzeit und Ehrenkleidern[508], daneben mitt einer vermöglichen Hülffbietung, wann sie dero zum Anfang ehister eigenen Nahrung bedurfftig[509].

2. Ob Eltern bey Verehligung ihrer Kinder zum Ehegeld und Außsteur[510] kein Gewißes vermacht oder versprochen, sollen sie dennest[511] denenselben nach ihrem Vermögen, Stand und *Condition* der Persohnen [fol. 28r[512]], so zur Ehe treten, ohngeachtet ob sie sonst beguettert, ein Ehegeldt zu reichen schuldig sein, undt wan Eltern und Kinder darüber sich nicht vereinigen können, eß zu richterlicher

498 W *überlebende Ehe-Gatte.*
499 W *andere.*
500 Fehlt bei W.
501 W *erscheine denn.*
502 W *Wittber.*
503 W *denn.*
504 W *Difficultät.*
505 W *verzögert.*
506 W am Rand: *De dote.*
507 W *dieselben.*
508 *Welche ihren ... Ehrenkleidern* fehlt bei W.
509 W *bedürfftig.* Bei M Klammer am Seitenrand von *daneben mitt ... bedurfftig.*
510 W *Aussteuer.*
511 W *danechst.*
512 M *21.*

Ermeßigung gestellet[513] werden. Verstürbe aber die[514] Tochter, der solches Ehegeldt gebühret, vor der Voreinigung[515] oder richterlicher Erkandtnuß[516], kan der Ehemann davon nichtes[517] weiter fodern.

3. Eß mögen[518] beyde Eltern zugleich oder auch eines nach des andern Absterben daß Ehegelübd den Töchtern auß dem gemeinen vater[519]- und mutterlichem[520] Guett entrichten. Wan aber solches nicht außtrücklich gemeldet, wirdt die Außsteur[521] allein auß den[522] väterlichen geschehen zu sein vermuthet, es befunde[523] sich dann[524], daß dieselbe des Vatern Vermögen überstiege, alßdan mußen[525] die Kinder so außgesteuret[526], nicht weniger bey der mutter- alß väterlichem[527] Erbschafft solches *conferir*en, und die noch unaußgesteuret, haben ein Gleiches auß beiderseits Guett zu fodern und zu erwarthen[528].

4. Gleichwie der Tochter[529] übermeßige [fol. 28v] Außsteuren die Guetter sehr[530] beschweren und verringern, auch bevorab, wann dero mehr dan eine verhanden, verursachen, daß die letzte nicht soviell und guett dan die ersten überkommen, dahero viell Zwist[531] und Unheill erwachset[532], alß ist billig, darin eine guete Maaße[533] zu halten und alles also zu richten, das die Eltern nicht betrübet, noch die Güetter übermeßig beschweret werden. Wan das nicht geschehen und dadurch iemandt[534] in Unvermogen[535] gerathen, sollen ihnen[536] die *beneficia miserabilium debitorum*

513 W *gestattet.*
514 Bei M verbessert aus *der.*
515 W *Vereinigung.*
516 W *Erkänntniss.*
517 W *weiter nichts.*
518 W *mügen.*
519 W *väter-.*
520 W *Mütterlichen.*
521 W Aussteuer.
522 W *dem.*
523 W *befünde.*
524 W *denn.*
525 W *alsdenn müssen.*
526 W *ausgesteuert.*
527 W *Mütter- als Väterlichen.*
528 W *erwerben.*
529 W *Töchter.*
530 Fehlt bei W.
531 W *Zwiest.*
532 W *erwächset.*
533 W *Maass.*
534 W *jemand.*
535 W *Unvermögen.*
536 W *ihm.*

nicht zu staaten[537] kommen, die Kinder auch von dem, waß zu übermeßig auff sie verwandt, die deßwegen gemachete Schulde abzutragen verbunden sein.

5. Insonderheit damitt[538] die Lehen[539] bey den *Famili*en erhalten werden, soll niemandt über die *quantitatem legitimae*, so den Töchtern, wann sie mitterbeten, zukommen konte[540], darauß ein Ehegeldt zu vermuthen, befuegt, und, ob es geschehen, soviell die Lehne betrifft, ungültig, die Burgen[541] aber, so sich deßwegen verpflichtet, gehalten sein.

6. Waß jemandt der ersten Tochter, [fol. 29r[542]] wann sie zur Ehe schreitet, zum[543] Ehegeld und Außsteur[544] gereichet, soll, wann in den Ehe*pact*en kein anders verglichen oder sonsten außbedungen, den[545] andern mittzugeben schuldig sein, er könte dan[546] erweisen oder mittelst Eydes erhalten, daß sein Vermögen sich hernach durch Zufelle geendert oder die erste Außsteur[547] übermeßig geschehen sey.

7. Wann die Eltern den letztaußsteurenden Töchtern soviell als den[548] ersten nicht geben mögen, dafern[549] solches der ersten Töchter[550] übermeßige Außsteur[551] verursachet, sollen die ersten den[552] andern etwas zu ihrer Außsteur[553] *pro rata* zuruck[554] kehren und erstaaten[555], sonst aber wann die Eltern durch ander[556] Zufelle oder ihre[557] Verschwenden und ubele[558] *administration* zue Schaden kommen,

537 W *statten.*
538 W *da.*
539 W *Lehn.*
540 W *könte.*
541 W *Bürgen.*
542 M *22.*
543 Fehlt bei W.
544 W *Aussteuer.*
545 W *denen.*
546 W *denn.*
547 W *Aussteuer.*
548 W *denen.*
549 W *daferne.*
550 W *Tochter.*
551 W *Aussteuer.*
552 W *dem.*
553 W *Aussteuer.*
554 W *zurück.*
555 W *erstatten.*
556 W *andere.*
557 W *ihr.*
558 W *üble.*

dazu nicht verbunden sein, sondern nach[559] gegenwertiger der Eltern Gelegenheit die letzten Kinder friedtlich seien[560].

8. Wann der letzten Tochter zur Außsteur[561] ein Mehres dan den[562] ersten versprochen oder gegeben wirdt, mögen die [fol. 29v] ersten solches von den Eltern Zeitt ihres Lebens nicht nachfodern, eß were ihnen dann solches bey ihren Ehestifftungen vorbehalten. Nach der Eltern Todte aber müßen die letzten, wann sie mitterben, solches *conferir*en.

9. Waß jemandt an Ehegeldt verspricht, das soll er halten und darumb sich zuvorher woll[563] bedencken und vorsehen, daß er über Vermögen deßwegen nichts[564] zusage. Wurde[565] von einem wißendtlich ein Höhers, alß sein Vermugen[566] erleidet, zugesaget und darnach nicht gehalten, das dahero wie fast gemein unter den Eheleuten Uneinigkeit entstunde[567], soll der *promissor dotis* der Wollthaten[568] den *Debitor*en[569] zu Guete verordnet und üblich nicht zu genießen haben, daneben Andern zum *exempel*, das zu vielen Ohngelegenheiten[570] unter Eheleuten nicht Anlaß gegeben werde, ernstlich gestraffet werden.

10. Wirdt versprochenes Ehegeldt in den bestimbten *Termin*en nicht bezahlet, muß davon landtübliche Zinß[571] nach Ablauff eines Jahres[572] von der Zeitt des *termins* von dem, der es schuldig, gegeben werden. [fol. 30r[573]] Weren aber keine *termine* gesetzet noch Zinse verschrieben, das allein, so *pro dote*[574] versprochen, ist nießbahr und zinßtragend, hatt der Mann, was davon fellig, zu genießen. Were es aber so nicht bewandt, sondern beruhete auff bloße Zusage, und dabey keine Zinse versprochen, mag nicht ehe dan nach verlauff zwey Jhare von[575] Zeitt der Hochzeitt die Zinß[576] gefodert werden.

---

559 W *mit.*
560 W *seyn.*
561 W *Aussteuer.*
562 W *mehres, dann.*
563 W *zuvorhero wohl.*
564 W *nichtes.*
565 W *würde.*
566 W *Vermögen.*
567 W *entstünde.*
568 W *Wohlthaten.*
569 W *Debitorn.*
570 W *Ungelegenheiten.*
571 W *Zinse.*
572 W *Jahrs.*
573 M *23.*
574 W *dato.*
575 W *von der.*
576 W *Zinse.*

11. Ist in den Ehestifftungen kein gewiß Ehegeldt *constituir*et und die Frau were zuvor verehliget gewesen, soll bey dem andern Mann[577] für Ehegeldt geachtet sein, soviell dem ersten zugebracht, wann kein anders erscheinet. Sonst aber bey vorkommendem[578] Zweiffel würde daßelbe dafur[579] gehalten, waß die Frau ihrem Manne übergeben, und zu seinem[580] Genies gelaßen, er auch wurcklich[581] alß ein Eheguett in seinem Gebrauch, Genieß und *Disposition* hatt.

Titulus VI.
Von der Frauens[582] und Wittwen Rechten an ihrer Ehemenner Lehn und anderen[583] Güettern.

[fol. 30v]

1.[584] Verstirbet jemandt, bleibet deßen hinterlaßene Wittiwe[585] in deßen Lehen[586] und andern des Mannes Güettern so lange, bis sie wegen alles deßen, so sie ihm zugebracht oder ihr sonst aus den Güettern gebühret, befriediget, ist aber schuldig, ein *Inventarium* über alle Güetter auffzurichten, dazu auch die negsten[587] Erben und Lehnsfolger[588] erfodern zu laßen, damitt[589] inwendig 2 Monatt nach des Mannes Todte den Anfang zu machen und folgendes[590] in zwey[591] Monatt es zur Endtschafft zu beschaffen.

2. Ist in der Ehestifftung oder sonsten[592] von dem Eheman den[593] Wittwen zu ihrer Versicherung und Abfindung[594] ein gewis[595] Stück Guethes zur *hypothec*

---

577 W *Manne.*
578 W *vorkommenden.*
579 W *dafür.*
580 W *seinen.*
581 W *würcklich.*
582 W *Frauen.*
583 W *andern.*
584 W am Rand: *De Jure Viduarum in feudis & allodiis.*
585 W *Wittwe.*
586 W *Lehn.*
587 W *nechsten.*
588 W *Lehnfolger.*
589 W *da.*
590 W *folgends.*
591 W *2.*
592 W *sonst.*
593 W *der.*
594 W *Abfoderung.*
595 W *gewisses.*

eingesetzet und daßselbe werde dazu gnuegsahmb[596] befunden, soll sie sich daran vergnugen[597] laßen und mag zu andern Güettern nicht greiffen noch die *Possessor*es belangen, bis außfundig[598], das aus denselben sie das ihrige nicht oder doch nicht ohne Beschwer und große[599] *Difficultät*[600] erheben könne, alßdan *in subsidium* in den übrigen das *jus retentionis* und *hypotheca*[601] ihr vorbehalten bleibet, auch darauff ohn Verzug sie darin *immittir*et werden soll. [fol. 31r[602]]

3. Zeit wehrender *Retention* gebühret ihr alß eine fleißige getreue Haußmutter[603] den Guethern vorzusein, die *Administration* gedeylich zu bestellen, alle Abnutzungen zu berechnen und die Rechnungen jerlich den Erben von den Erbgüettern, den Lehensfolgern[604] von den Lehen zuzuschicken[605], sich allen Verringers[606] der *Pertinenti*en und Hauens in den harten Holtzungen, Vereußerung der Unterthanen, Verenderung[607] mitt den Guethern enthalten.

4. Bey wehrendem[608] *jure retentionis* gebühret der Wittwen von den Abnutzungen der Guetter, was zur meßigen Haußhaltung vonnöthen, die auch, soviell der Wittwen Notturfft betrifft, davon abzuziehen, und anstath der *Aliment*en ohne Abzueg von ihren Zinsen zureichen, daneben dann der[609] landüblichen Zinsen von ihrem Eingebrachten und waß ihr *liquido*[610] und unstreitig aus den Güettern gebühret.

5. Die Wittwen haben des[611] *juris retentionis* sich wieder die Lehnsfolger und [fol. 31v] Erben bis zu ihrer Bezahlung zu gebrauchen, demnach sie dann die Guetter semptlich wieder sie solang behalten mögen[612]. Wieder die andern *Creditorn* aber erstrecket sich bemeltes Recht nicht weiter dann zu ihrer Versicherung, derowe-

596 W *genugsahm.*
597 W *vergnügen.*
598 W *ausfündig.*
599 W *grosser.*
600 Bei M *oder doch nicht … difficultät* am Rand eingefügt.
601 W *hypothecae.*
602 M *24.*
603 W *getreue fleissige Haus-Mutter.*
604 W *Lehns-Folgern.*
605 W *dem Lehn zuschicken.*
606 W *Verringerns.*
607 W *Veränderungen.*
608 W *währenden.*
609 W *dann auch die.*
610 W *liquide.*
611 W *des;* M mit unleserlicher Korrektur im zweiten Buchstaben, vermutlich verbessert aus *das.*
612 *Wieder sie… mögen* fehlt bei W.

gen, wann die verlaßene[613] Güetter ihr Zugebrachtes und waß ihnen[614] aus den Guettern sonst[615] gebüret übersteigen und so geschwinde das Ihrige ihnen nicht werden könte, sollen sie auff Anhalten der Erben oder *Creditor*en[616] soviell, als zu deßen Versicherung nötig[617] ist, erwehlen oder durch gerichtliche Erkandtnuß[618] zugetheilet werden, daß Übrige aber nach deßen Erlangung den *Creditor*en[619] abtreten.

6. Bey wehrendem[620] *jure retentionis* ist den *Agnaten* und Lehnsfolgern ohnverbotten, iemand[621] bey den Wittwen[622] in die Güether zur Auffsicht zu setzen, der daraus gespeiset und besoldet werden[623], doch die Wittwen an dem Genieß und Verwaltung nicht verhindern soll.

7. Leßet der Mann Kinder erster Ehe, so ihrer Mutter Zugebrachten halber noch nicht abgefunden, demnach[624] des *juris retentionis* sich zu gebrauchen haben. Imgleichen wann [fol. 32r[625]] die *Creditoren*[626], so von ihm zu fodern haben, vor der Wittwen Rechten einen Vorzug haben, wie dan insonderheit so altveterliche *creditores* sein[627], die des Lehnsfolgers[628] Gleubigern vorgehen, behalten zwahr die Wittwen das *jus retentionis* so lang, alß nicht erscheinet, daß sie nach Befriedigung der *potiorum creditorum* nichts bekommen, mögen aber den vorgemelten *anterioribus*[629] die[630] Erhaltung der *Immission*, auch[631] Einsetzung eines *curatoris* oder die[632] *Concurrentz* bey der *administration* und Genieß nicht verwehren.

613 W *verlassenen.*
614 W *ihnen sonst.*
615 Fehlt bei W an dieser Stelle.
616 W *Creditorn.*
617 W *von nöthen.*
618 W *gerichtlichen Erkänntniss.*
619 W *Creditorn.*
620 W *währenden.*
621 W *jemand.*
622 W *Wittwern.*
623 W *werde.*
624 W *dennoch.*
625 M *25.*
626 W *Creditorn.*
627 Fehlt bei W.
628 W *Lehnfolgers.*
629 Bei M verbessert aus *auterioribus.*
630 W *vorgemeldeten anterioribus der.*
631 W *oder.*
632 Fehlt bei W.

8. Nimbt eine Wittwe auff ihre[633] Ehegeldt Verbeßerung und andere zustehende Foderungen von den Erben oder Lehensfolgern[634] Versicherung an, und reumet die Lehen[635], ist sie sich deßwegen an die Guether, so ihr unterpfendtlich eingesetzet, zu halten nicht verbunden noch mag[636] sich daraus bezahlt zu machen angehalten werden, sondern wann[637] ihr nicht eingehalten, des[638] Mannes übrige Guetter die *Immission* suchen und soll ohne Uffschub[639] und langen *process* dieselbe ihr erkandt undt *effectuir*et, sie auch bis zur Bezahlung dabey gelaßen werden. [fol. 32v]

9. Stirbet eine Wittwe, ehe sie abgefunden, bey werendem[640] *jure retentionis*, gelanget solches auff dero Erben und mögen dieselbe darauff sich in die Guetter auff der Wittwen Recht setzen undt deßen, worzu[641] sie befuegt, gebrauchen, bis sie bezahlet sein.

10. Eine Wittfrau[642] soll das *jus retentionis*, so sie in des Mannes Güettern hatt und gebrauchet, Zeitt ihres Lebenß niemandt abtreten oder vereußern, eß geschehe dann mitt Wißen und Willen der Erben und Lehensfolger[643] oder, da dieselbe darin zu verwilligen verwiederten und deßen Ursache zu haben vermeineten, auff richterliche, insonderheit, wo es Lehne betrifft, des Lehenherren[644] Bewilligung und Erkandtnus[645], dabey dan[646] angesehen werden soll, ob die Erben und[647] Lehensfolger[648] in *mora* sein, bey dero Befindung ihnen eine gewiße Zeitt *ad solvendum*, darnach aber der Wittwen die Macht zur *Translation* an andere gegeben werden soll, die *Administration*, mag sie auff ihr Recht und wie sie solches zu gebrauchen, befuegt, einen[649] Andern woll einreumen; sie aber bleibt darüber [fol. 33r[650]] zu der Verandtwortung gehalten.

---

633 W *ihr.*

634 W *Lehns-Folgern zur.*

635 W *Lehne.*

636 W *mag sie.*

637 W *wenn.*

638 W *in des.*

639 W *Aufschub.*

640 W *währenden.*

641 W *wozu.*

642 W *Wittwe.*

643 W *Lehns-Folger.*

644 W *Lehns-Herrn.*

645 W *Erkänntniss.*

646 W *denn.*

647 W *oder.*

648 W *Lehns-Folger.*

649 W *einem.*

650 M *26.*

11. Wann der Wittwen Ehegeldt und ander Gebürnuß[651] zum Theill oder gantz unrichtig, *illiquid* und langer Außführung bedurfftig[652], mögen die Erben, Lehnsfolger oder *Creditor*en[653], so an den Güettern *interessir*et, ihr dasienige, so *liquidirt*[654], und auff das übrige *Caution offerir*en und, da diese ohnmangelhafft, soll sie daiegen[655] die Güetter zu reumen schuldig sein, wan sie aber deßen sich verwiederte, auff[656] einen Vorbescheide[657] *summariè* sowoll, was die Wittwe zu ihrer *liquidation* oder iegen[658] die *caution*, hingegen, was die Erben, Lehnsfolger oder *Creditor*en[659] vorbringen, vernommen, erwogen und dann nach Befindung, daß nichts *liquidirt*[660], die *Caution* aber gnuegsahmb, wie dann dieselbe, so mitt den Güettern, darin sie das *jus retentionis praetendirt*[661], bestellet zu achten, sie die Güetter zu reumen angewiesen werden.

12. Solang eine Frau in ohnverendertem Wittibenstande[662] verbleibet, soll sie die Freyheiten, *Immunität*en und Würden genießen, so sie Zeit ihres Ehemannes Ab- [fol. 33v] sterben gehabt, sobaldt sie aber zur andern Ehe tritt, dero sich nicht weiter gebrauchen, sondern des Mannes *Condition* folgen.

13. Stirbt ein[663] vom Adell undt hatt Lehen[664], auch Güetter in Städten, wirdt es mit Abfindung der Wittwen gehalten, wie es in der Ehestifftung enthalten, damitt sie zufrieden sein soll. Ist aber keine auffgerichtet oder der Einhaldt der selben keine gewiße Maaße gibt[665], soll sie nach dem *domicilio mariti* geschehen, und zwar, dafern er in der Stadt gewohnet, nach derselben Rechten, ob er gleich im Lande Lehne hette, wann aber er[666] seine Wonung auff dem Lehne gehabt, nach dem adelichen Gebrauch, da solches zweiffelhafft[667], zu ihrer Wahl stehen, nach

651 W *andere Gebührniss.*
652 W *bedürftig.*
653 W *Creditorn.*
654 W *liquidiret.*
655 W *dagegen.*
656 W *soll auf.*
657 W *Vorbescheid.*
658 W *gegen.*
659 W *und Creditorn.*
660 W *liquidiret.*
661 W *praetendiret.*
662 W *ohnveränderten Wittwen-Stande.*
663 W *einer.*
664 W *Lehn.*
665 *Oder der ... gibt* fehlt bei W.
666 W *wann er aber.*
667 W *zweiffelhaftig, soll.*

welchen Rechten sie wolle abgefunden sein, mag aber beydes zugleich nicht fodern und erhalten[668].

14. Zuerst haben die Wittfrauen auß der[669] Erbschafft und, wan dieselbe dazu nicht genuegsahmb[670], aus den Lehnen zu fodern, den Brauttschatz oder Ehegeldt, welches sie ihrem Ehemann[671] zugebracht, so ihnen [fol. 34r[672]] vor[673] allen andern ihres Mannes *Creditor*en[674], ob sie gleich *expressas anteriores hypothecas*[675] hetten, gebühret.

15. Hette jemandt zur Zeitt der getroffenen Heyraht Lehne, verkauffte aber dieselbe, legte das Geldt an *Allodial*güetter oder auff Zinse, soll deßen Wittwe nichtsdestoweniger also ausgesteuret und abgefunden werden, alß wann[676] er die Lehne noch hette.

16. Den[677] Wittwen und dero Erben gebühret zu beweisen, was sie ihrem Eheman[678] an Außsteur[679] zugebracht. Dazu aber ist die Ehestifftung, wann darin allein die Versprechnus[680] des Ehegeldes, nicht aber der Empfang bekundtschafftet[681], nicht gnuegsahmb[682], wie den[683] auch nicht des Ehemannes[684] bloße *quitung*[685] oder *assertion*, außerhalb wann wieder ihn[686] oder seine Erben die Sache ist. Sonst aber, da aus andern glaubwürdigen *indiciis* die Einbringung keine starcke rechtmeßige Vermuttungen hatt, ist entweder der Mann, vermittelst Eydes vor Gericht den warhafften Empfang zu bejahen[687], oder, da solches nicht geschehen, auch kein an-

668 Bei M von *wann aber er … erhalten* geschwungene Klammer am Rand, daneben *NB* für *Notabene*; W *behalten*.

669 Bei M verbessert aus *die*.

670 W *gnugsahm*.

671 W *Ehemanne*.

672 M *27*.

673 W *von*.

674 W *Creditorn*.

675 Bei M *hypothecas* über der Zeile eingefügt.

676 W *wenn*.

677 W *Der*.

678 W *Ehemanne*.

679 W *Aussteuer*.

680 W *Versprechnis*.

681 W *bekundtschaffet*.

682 W *genugsahm*.

683 W *dann*.

684 W *Ehemanns*.

685 W *Quitungen*.

686 W *ihm*.

687 W *bezahlen*.

der Beweißthuemb bey bringlich, die Wittwe darüber, das es sich [fol. 34v] also[688], wie des Mannes *quitung* lautet, einen corperlichen[689] Eydt abzulegen schuldig.

17. Stirbet der Eheman und eß ist bey ihm annoch verhanden, was die Ehefrau ihm anstaath Ehegeldes oder sonst zugebracht, ob es gleich ihm *aestimato* vor einen[690] gewißen Werth zugeschlagen were, muß sie solches wieder annehmen und kan anstaat deßen kein Geldt oder sonst ein Mehres fodern, denn was durch des Ehemannes[691] Verursachen *per culpam levem* daran verschlimmert oder dadurch zu weinigern[692] Nutzen, dann man daraus gehabt, gelanget were. Imgleichen[693] nach dero Absterben mögen die Erben kein Anders fodern. Hette aber der Mann solches vereußert, verendert oder auch Baargeldt empfangen, muß er und seine Erben der Frauen und ihren Erben Bahrgeldt[694] wieder geben, und mögen sich mit *Offerir*ung anderer Guether zur Bezahlung wieder ihren Willen nicht befreyen.

18. Hatt die Frau ihrem Eheman[695] anstaat des Ehegeldes *nomina* und Schuldbrieffe zugebracht und der Mann darauff das Geldt gehoben oder sonst durch Umbsetzung [fol. 35r[696]] solche vereußert oder in seinen Nutzen verwandt, ist er sambt seinen Erben schuldig, der Frawen und ihren Erben im Fall, wan das Ehegeld zurückgefodert[697], bare Zahlung hinwiederumb zu thuen, jedoch abgezogen, was zu Einfoderung der Gelder nottwendig verwandt oder bey der Umbsetzung der Gelder unumbgenglich nachgelaßen werden mußen[698]; so wann[699] solches die Bewandtnus[700] der Schuld erheischet und[701] dem Man deswegen nichtes[702] Unverandtwortliches bey gemeßen werden kann, der Frauen pillig abgehet. Weren aber die *nomina* uneingemahnet, muß die Frau solche wiederumb annehmen, eß könne dann[703] von ihr erweißlich gemachet[704] werden, daß der Mann durch seine

688 W *also verhalten.*
689 W *Cörperlichen.*
690 W *einem.*
691 W *dessen Ehemanns.*
692 W *weniger.*
693 W *ingleichen.*
694 *Empfangen, muß ... Bahrgeldt* fehlt bei W.
695 W *Ehemanne.*
696 M *28.*
697 W *zurück gefordert.*
698 W *müssen.*
699 W *dann.*
700 W *Bewandniss.*
701 W *u.*
702 W *nichts.*
703 W *denn.*
704 W *gemacht.*

Nachleßigkeit solche verschlimmern laßen. Alsdan muß ihr der Schade auß des Mannes Guettern ersetzet werden.

19. Ist die Einbringung des Ehegeldes nicht erweißlich, es sein aber[705] die in Rechten verordnete Zeiten, dadurch die *exceptio non numeratae dotis* auffgehoben wirdt, verlauffen, mag der Eheman und seine Erben keinen ferneren[706] Beweis fodern[707], sondern sein zur Zahlung verbunden. Andern aber, insonderheit den *Creditor*en[708] wie[709] auch den Lehns- [fol. 35v] folgern, wann[710] sie nicht zugleich Erben sein, soll der Verlauff solcher Zeitt nicht nachtheilig noch an Erfoderung des Beweises des beschehenen[711] Einbringens behinderlich sein.

20. Sein von dem Eheguett, so dem Man zugebracht, Zinsen vor seinem Absterben fellig oder die Nutzbarkeiten *â fundo separir*et, pleiben die dem Mann alleine[712]. Die übrigen aber, so noch nicht fellig noch *respectivè* von dem fruchttragendem *corpore separir*et, sollen, wann sie fellig, *pro rata temporis* oder des Jahres, darin selbige zu *percipir*en, unter den Wittwen und Manneserben oder Lehnsfolgern getheillet werden.

21. Zum andern gebuhret[713] den Wittwen iegen[714] das Eheguett ein Leibgeding, daferne es vermachet[715] oder versprochen, sonst aber zusambt dem Ehegelde deßen *lucrum*, die Beßerung genandt, worvon in Folgenden verordnet.

22. Vors Dritte, wann außer dem Ehegelde die Frau ihrem[716] Mann ander Güetter zugebracht, die man *Paraphernal*ien [fol. 36r[717]] nennet, hatt sie[718] deßwegen, wann des Mannes Empfang bewiesen, in deßelben Güetter[719] das *jus retentionis* und *hypothecam tacitam* von der Zeitt, das es ihm zugebracht, demnach aus solchen zu weichen nicht schuldig, bis sie deßwegen vergnuget[720]. Die Abnutzung aber, so bey wehrendem Ehestande auß denen von dem Manne erhoben[721], oder auch

705 W *erweisslich, seyn aber.*
706 W *fernern.*
707 W *fordern.*
708 W *der Creditorn.*
709 Fehlt bei W.
710 W *wenn.*
711 W *an Forderung des beschehenen.*
712 W *allein.*
713 W *gebühret.*
714 W *gegen.*
715 W *vermacht.*
716 W *ihren.*
717 M *29.*
718 Fehlt bei W.
719 W *Güthern.*
720 W *vergnüget.*
721 W *erheben.*

an dero staath landtsittliche[722] Zinsen und Beßerung mag sie oder ihre Erben nicht fodern, eß sey dan in den Ehe*pact*en ein anders verglichen, auff welchen[723] Fall aber die Frau alle Jahr[724] von dem Manne die Rechnung abfodern und sich bezahlen laßen soll, damit durch auffschwoll der Hebung oder Zinsen die Erben und Lehensfolger[725] hernach nicht zu sehr beschweret werden, sonst dieselben[726] alß nachgelaßen sollen geachtet und[727] nicht ein mehres[728], dan[729] was annoch von den Abnutzungen verhanden oder scheinlich, in des Mannes bestendigen Nutzen verwandt zu sein bewiesen oder auch nur des letzten Jahres Zinse erstattet werden.

23. Waß von ihren *Paraphernali*en[730] die [fol. 36v] Frau dem Mann angeliehen oder sonst vorgestrecket, deßhalber[731] hatt sie kein ander und[732] mehres Recht dann ander[733] *creditores*, und wann in der darüber gegebenen Verschreibung keine andere Versicherung enthalten, wird sie unter die *Chirographi*en[734] gesetzet.

24. Zum Vierthen nehmen die Wittwen zu sich alles, was sie an Golde[735], Kleinodien, Silbergeschier, Kleidern, Leinen, Betten, Kisten und Kasten, Gerethe[736], auch andern derogleichen[737] Geschmuck, so bey Antritt der Ehe zugebracht oder hernach ihnen geschencket, angeerbet oder sonst[738] rechtmeßig geschaffet[739], soviel davon verhanden, zu sich. Was aber von demselben in werender Ehe verbrauchet, ohne deß Mannes Verursachen verdorben oder sonsten[740] abgenommen, deßwegen haben sie auß der Erbschafft oder Lehnen nichtes zu fodern, eß könne dann[741] erwiesen werden, das der Mann davon etwas zu sich genommen undt nicht zum gemeinen Haußwesen verbrauchet, sondern absonderlich in seinem[742] eigenen

722 W *Land sittlich.*
723 W *welchem.*
724 W *Jahre.*
725 W *Lehnsfolger.*
726 W *dieselbe.*
727 W *u.*
728 W *mehrers.*
729 W *denn.*
730 Bei M offenbar Schreibfehler: *parphernalien.*
731 W *deshalben.*
732 W *oder.*
733 W *andere.*
734 W *Chirographarien.*
735 W *Gelde.*
736 W *Kasten-Geräthen.*
737 W *dergleichen.*
738 W *sonsten.*
739 W *ihnen geschaffet.*
740 W *sonst.*
741 W *denn.*
742 W *seinen.*

Nutzen oder Schulde verwandt, so hatt sie daß Recht[743], was der *Paraphernal*ien halber üblig[744], deßwegen zu gebrauchen.

25. [fol. 37r[745]] Giebt eine Wittwe vor, der Mann habe ihr[746] Geschmück oder etwas davon zu sich genommen und in seinen Nutzen verwandt, muß sie, wohin es kommen, eigendtlich *specificir*en und erweisen, mag bloß auff ihren Eydt[747] bey nicht erfindtlicher[748] andern glaubwürdigen Nachricht solches nicht erhalten. Hette aber der Mann unter seiner Handt ihr deßen Schein gegeben oder sonst es ausgesaget undt sie darüber einen Eydt schweren würde, soll darauff ihr aus der Erbschafft und, wann dieselbe nicht *solvendo*, auß den Lehnenn Erstaatung geschehen.

26. Vors Fünffte bekompt eine Wittfrau vom[749] Adell aus ihres verstorbenen Mannes Guettern ohne Unterscheidt, es sein Kinder, mitt ihr oder in andern Ehen gezeuget, verhanden oder es erben andere, eß seien auch diese[750] wenig oder viell, die Helffte von aller ihres Mannes fahrenden Haabe an Vieh, Korn, Bettgewandt und allen andern beweglichen Eigenthuemb, wie das genennet werden mag, der[751] Bahrschafft, darunter Kleinodien, Perlen, Goldt- und Silbergeschier, wie auch die *nomina* gerechnet, Rüstung und Bücher außbescheiden, so den Erben und Lehensfol- [fol. 37v] gern[752] verbleiben, und mag der Ehemann ihr solchen halben Theill[753] durch einen letzten Willen nicht nehmen oder verringern.

27. Ehe die Wittwen zur Erbschafft oder fahrenden Habe gelangen, muß davon zuerst die[754] Schuldt bezahlet[755] werden, darumb die Wittwen ihre Helffte *cum onere aeris alieni* annehmen und entweder soviell, alß darauff *pro rata* an Schulden kompt, abziehen und bey den Erben laßen oder, soweitt es sich erstrecket, den *Creditor*en[756] die Zahlung thuen.

---

743 W *des Rechts.*
744 W *üblich.*
745 M *30.*
746 W *ihre.*
747 W *ihrem Eyde.*
748 W *erfindlichen.*
749 W *von.*
750 W *sey auch dieses.*
751 W *die.*
752 W *Lehnsfolgern.*
753 W *ihr der Sachen Theil.*
754 W *muss davon die.*
755 W *zuerst bezahlet.*
756 W *Creditorn.*

28. Zum fahrenden Haab, davon die Wittwe den halben Theill zu fodern hatt, gehören nicht die Pferde und Ochsen, damitt man stetz pfluget[757], wie[758] auch nicht andere *instrumenta rustica* alß Pflueg, Egenden[759] und dergleichen, so zum Ackerwercke[760] eigendtlich und stets gehalten werden, imgleichen[761] nicht der Bauren Hoffwehr, sondern dieselbe[762] bleiben bey dem Ghuethe alß ein *pertinens*.

29. Zum Sechsten gebühret den Wittwen auß der Erbschafft und, wann die nicht verhanden, auß den Lehnen ein rühmbliches Traur- [fol. 38r[763]] kleidt[764], dazu gehörig soviell an Tuch und Leinen, womitt sie sich und ihre Dierne[765], so auff ihr Leib wartet[766] bekleide.

30. Vors[767] Siebende mueß der Wittwen ein Waage[768] nebst soviell Pferden, als der Ehemann Zeitt seines Lebenß zu seiner undt ihrer gewonlichen[769] Fuhr gebrauchet, abgefolget werden, dabey aber mitt dem besten Waagen und Pferde, so bey dem Guette verhanden, friedlich sein, mag[770] von den Erben oder Lehnsfolgern andere oder[771] ein mehres nicht fodern.

31. Waagen undt Pferde gehet[772] vorab, ehe die Fahrnus[773] mit der Wittwen getheillet wirdt, wormit[774] sie dan auch, wann sie verhanden, damitt allen *Creditoren*[775] zu *praeferir*en.

32. Waß den Wittwen wegen zugebrachten Ehegeldes oder sonsten zu ihrer Abfindung gebühret, dafur hafften die Lehne nur *in subsidium*, dafehrne kein[776] Bahrschafft verhanden, woraus solches abzustaaten. Eß muegen[777] aber dieselbe

757 W *stets pflüget.*
758 Fehlt bei W.
759 W *Egeden.*
760 W *Ackerwerck.*
761 W *ingleichen.*
762 W *dieselben.*
763 M *31.*
764 W *Trauer-Kleid.*
765 W *Diener.*
766 W *warten.*
767 W *Fürs.*
768 W *Wage.*
769 W *gewöhnlichen.*
770 W *und mag.*
771 W *so der.*
772 W *gehen.*
773 W *Fahrniss.*
774 W *womit.*
775 W *Creditorn.*
776 W *keine.*
777 W *mögen.*

auff die Guetter, so in verderblichen Stande, auch[778] die ohngewiße[779] Schulde nicht gewiesen werden, sondern wann solche also befindlich, [fol. 38v] das sie daß Ihrige gar nicht, oder auch nicht ohne grosse Beschwer und *Pericul* erreichen mögen, stehet ihnen frey, bey den[780] Lehnen zu bleiben, und sein[781] alßdan die Lehnsfolger[782] sie bahr abzufinden oder auch zu behandeln schuldig. Hiniegen[783] mögen diese aus den Erbgüettern wehlen und behalten, soviell sie der Wittwen entrichtet haben.

33. Waß Frauen von dem[784] Ihrigen auff die Hochzeitt verwandt, imgleichen[785], wann sie zu den Hochzeittkosten ein Gewißes mitt[786] bekommen und den Mennern zugebracht und dieselbe die Außrichtung gethaen, solches kann sie alß ein zugebrachtes Guett nicht wiederfodern, es sey dann[787] in der Ehestifftung solches mitt zu Ehegeld angeschlagen und die Zuruckfoderung[788] außtrücklich vorbehalten.

34. Setzet ein Mann seine Frau zur Erbin seiner *Allodi*en und Baarschafft, kan dieselbe aus den Lehnen nichts ferner fodern, sie habe dan[789] ein *Inventarium* auffgerichtet und dabey sich des, so aus den Guettern nicht zu erheben, an dem Lehen außtrucklich[790] vorbehalten. Giebt er ihr aber gewiße *legata* und es sey an den Erbguettern soviell nicht übrig, das [fol. 39r[791]] sie über solches ihr zugebrachtes und was ihr sonst gebühret, bekommen möchte[792], mues sie, was *legirt*, sich an denselben[793] kürtzen laßen, ehe sie zu dem Lehne Zusprach[794] hatt. Ist aber die Erbschafft *solvendo*, bekombt sie die *legata* nebst andern ihren Gebürnußen[795].

35. Hette eine Wittfrau[796] wegen Armuett ihrem Manne nichts zugebracht, auch wegen des Mannes Schulden Vielheit aus des Mannes Erbschafft[797] nichts erlangen

---

778 W *u[nd] auf.*
779 W *ungewisse.*
780 W *denen.*
781 Fehlt bei W.
782 W *Lehnsfolgere.*
783 W *hingegen.*
784 W *den.*
785 W *ingleichen.*
786 Fehlt bei W.
787 W *denn.*
788 W *Zurückfoderung.*
789 W *denn.*
790 W *den Lehnen ausdrücklich.*
791 M *32.*
792 W *mögte.*
793 W *demselben.*
794 W *Zusprache.*
795 W *Gebührnissen.*
796 Bei M verbessert aus *Fraw.*
797 *Schulden ... Erbschaft* fehlt bei W.

mögte, soll derselben dennest[798] aus den Lehnen nach Gestaldt dero Gelegenheit *arbitrio judicis* ein Gewißes an *Aliment*en vermachet[799], sonst aber von den *lucris nuptialibus* nichts gefolget werden.

Titulus VII.
Von dem Leibgeding und Beßerung, so auff das Ehegeld den Wittwen gebühret.

1.[800] Wann jemandt auff seinen[801] Todesfall seiner Ehefrauen in den Ehe*pact*en oder sonsten hernach durch gewiße Vertrage[802] ein Leibgeding vermachet[803], soll sie Zeitt ihres Lebens dabey gelaßen und geschützet werden, eß seye[804] dann, daß solches [fol. 39v] übermeßig zu des Lehenfolgers[805] Nachtheill *constituir*et. So wirdt derselbe, wan er darüber seinen *Consens* zuvohr nicht gegeben, so weitt billig gehöret, das vermittelst summarischer Erforsch- und[806] Ermeßigung erwogen werde, ob und wie weitt er sich zu beschweren Ursach habe[807] und nach Befindung also *moderir*et, das die Frau *pro quantitate dotis illatae* und daiegen[808] habenden Abnutzungen ein zimbliches Leibgeding behalten, daiegen[809] der Lehnsfolger nicht leer außgehe. Vor übermeßig aber soll gehalten werden, wann die Abnützungen des Leibgedings den gedoppelten Zins des zugebrachten Ehegeldes übersteigen.

2. Eine Wittwe ist des Leibgedings nicht fehig, eß sey den das Ehegeldt[810], so sie versprochen, außgekommen, und obgleich der Man bey seinem Leben solches also vermachet, das es ihr, ohngehindert der Brauttschatz nicht erfolget, werden solle, sein doch dazu allein seine Erben und Söhne, nicht aber die anderen[811] Lehnsfolger,

798 W *demnechst.*
799 W *vermacht.*
800 W am Rand: *De dotalitio & Melioratione Dotis.*
801 W *seinem.*
802 W *Verträge.*
803 W *vermacht.*
804 W *sey.*
805 W *Lehnfolgers.*
806 W *Erforschung und.*
807 W *Ursache habe.*
808 W *dagegen.*
809 W *Leibgedinge behalte, dagegen.*
810 W *Eheguth.*
811 W *andern.*

sie hetten[812] dann darin[813] verwilliget, verbunden. Mangelte auch annoch[814] etwas an dem Ehegelde, muß sie solches erlegen oder *pro rata* von dem Leibgeding[815] abziehen laßen.

3. Obgleich in den[816] Ehe- und andern *Pact*en kein Leibgeding[817] *constituir*et, wann es aber [fol. 40r[818]] versprochen, ist der Lehensfolger[819] solches aus den hinterlaßenen Guettern zu vermachen schuldig. Und wann außer dem Stambhauß mehr Guetter verhanden, hatt die Wittwe darauß die Wahl auff so hohe Abnutzungen, alß die gedoppelte Zinß des Ehegeldes außmachet. Zu dem Rittersitz aber ist sie nicht anders, dann daferne[820] er ihr von dem Manne[821] *expresse* vermachet oder sonst keine Güetter verhanden, zu laßen.

4. Es stehet zu der Wittwen Wahl und Belieben, ob sie das Leibgeding annehmen oder landtgewönliche Beßerung auff das Ehegeld fodern wollen, deßwegen sie sich auff[822] ein Gewißes inwendig 6 Monathen nach deß Mannes Todte ercleren und dabey, was einmahl gewehlet, bestendig bleiben soll.

5. Die Wahl und Ergreiffung des Leibgedings[823] hebt auff und verschlinget das Ehegeldt, darumb dan hernach die Wittwe Zeitt ihres Lebens und nach ihrem Todte die Erben dasselbe nicht fodern können, es were dan mitt landesfürstlicher und der negsten Lehensfolger[824] *Consens* ein anders in den Ehe*pact*en oder sonst verglichen. Was aber außerhalb den[825] Brauttschatz dem Manne zugebracht [fol. 40v] oder nach der Landes*constitution* und Gewonheiten den Wittwen gebühret, hatt sie und nach ihrem Todte die Erben zu empfangen.

6. Wann das Leibgeding[826] in Lehnen *constituir*et, gebühret dem Lehensfolger[827] aus der Erbschafft, wann soviell verhanden, was der Wittwen an Ehegelde daraus

812 W *haben.*
813 W *darein.*
814 W *noch.*
815 W *Leibgedinge.*
816 W *dem.*
817 W *Leibgedinge.*
818 M 33.
819 W *Lehnsfolger.*
820 W *dafern.*
821 W *Mann.*
822 W *auch.*
823 W *Leibgedinges.*
824 W *des nechsten Lehnfolgers*; M mit Verbesserung im Wort.
825 W *dem.*
826 W *Leibgedinge.*
827 W *Lehnsfolger.*

hette sollen abgetragen werden, so ihm von den Erben voraus zu entrichten oder, wann[828] er mitterbe, es zu *praecipir*en hatt.

7. In dem Leibgeding erlanget die Wittwe den *usumfructum*, ist demnach ein *Inventarium* deßen, so dabey empfangen und verhanden, verfertigen zu laßen, daßelbe dem Lehensfolger[829] außzureichen, demselben auch *Caution*, das nach den Einhaldt die Wiederliefferung geschehen solle, zu leisten schuldig, immittelst bis auff den Todtsfall[830] es wie einem[831] getreuen fleißigen Haußwirth zustehet zu verwalten und zu nutzen befuegt, dabey ihr Recht sich so weitt und nicht weiter erstrecket, dann die Rechte einem *usufructuario* nachgeben.

8. Eß ist in der Wittfrauen Willen, ob sie das Wittumbsguett selbst besitzen, [fol. 41r[832]] und verwalten oder einen[833] andern zur Berechnung einthuen oder iegen[834] jerliche *pension* vermiethen wolle[835]. Was aber deßwegen verglichen und angeordnet, höret mitt ihrem Todt auff, und sind[836] die Lehnsfolger daran nicht verbunden.

9. Wann die Wittwen[837] sich wiederumb verehligen[838], mag dero ander Eheman das Leibgeding mitt ihr beziehen, bewohnen und nutzen, auff das Recht und Maaße, als die Wittwe befuegt gewesen, kein mehres aber sich darin anmaßen, bey Verlust der Gerechtigkeit. Eß stehet aber dem Lehensfolger[839] frey, ob er, ehe der ander Mann in die Güetter kömpt[840], der Wittwen ihr Ehegeldt, deßen Beßerung und was dem anhengig, baar entrichten wolle, so soll sie alßdann jegen dem[841] Empfang das Leibgeding[842] abzutretten[843] schuldig sein, eß were dan in der Heyrahts- und Wittumbsverschreibung, so mitt fürstlichen und vetterlichen *Consens* auffgerichtet, ein anders enthalten.

828 W *wenn.*
829 W *Lehnsfolger.*
830 W *Todes-Fall.*
831 W *einen.*
832 M *34.*
833 W *einem.*
834 W *gegen.*
835 W *wolte.*
836 W *seyn.*
837 W *Wittwe.*
838 W *verehelichet.*
839 W *Lehnsfolger.*
840 W *kommt.*
841 W *gegen den.*
842 W *Leibgedinge.*
843 Bei M verbessert aus *abgetretten.*

10. Solang[844] die Wittwe das Leibgeding besitzet, können des Mannes andere *creditores* daran nicht kommen, sondern mußen[845] ihren[846] Todt abwarthen. Sie mag auch, wann es ihr vermachet ehe der Mann *bonis cedir*et, [fol. 41v] bey des Mannes Leben wieder deßen *Creditor*en[847] soweit solches vertretten, das darin keine *Immission*en oder *Adjudication*en geschehen. An die Abnutzung aber können sie, solang der Mann lebet, gewiesen werden.

11. Wann die Wittwe verstirbet, höret das Leibgeding auff, und mag es der Lehensfolger[848] eigenes Gewaldts alß sein Guett einnehmen, aber alsofordt dero Erben darauß nicht vertreiben, sondern mues dieselben oder den sie in ihrem[849] Nahmen darin setzen wollen[850], leiden, und sich friedlich iegen[851] denselben bezeigen, bis die Leiche zur Erden bestetiget oder abgeführet, das eingeerndte Korn außgedroschen und verführet[852], auch alle eingesamblete Abnutzungen[853] wegkgebracht, welches dan ihnen in drey[854] Monath zu thuen, auch dem Lehensfolger[855], soviell ohne Verseumnis des Ackerwercks geschehen kann, auff funff[856] Meilen die Abfuhr mitt des Guetts Unterthanen zugeben oblieget. Was an Abnutzungen[857] zur Zeitt des Absterbens noch nicht eingesamblet, behalten die Erben nicht anders, dan daferne durch ihre Muhe[858] und Kosten es soferne gebracht, das es eingesamblet werden kann, alß nemblich was die Egde bestrichen und unterbracht. Was aber unter den Nutzungen so *naturales* genennet, wie dan auch was in den [fol. 42r[859]] *industrialibus* so weitt nicht kommen, pleibet dem Lehensfolger[860] allein, ist er die Außsaath und was der Wittwen sonst[861] an Unkosten außer des[862] Guethes[863] und Hoffes Dienste und Leute darin verwandt zu erstaten schuldig.

---

844 W *So lange.*
845 W *müssen.*
846 Bei M am Rand eingefügt.
847 W *Creditorn.*
848 W *Lehnsfolger.*
849 W *ihren.*
850 W *darein setzen wollten.*
851 W *gegen.*
852 *Das eingeerndte … verführet* bei M am Rand eingefügt.
853 W *Abnutzen.*
854 W *3.*
855 W *Lehnsfolger.*
856 W *fünf.*
857 W *Abnutzung.*
858 W *Mühe.*
859 M *35.*
860 W *Lehnfolger.*
861 W *sonsten.*
862 Wort bei M über der Zeile eingefügt.
863 W *Guths.*

12. Ließe die Wittwe Schulde nach, obgleich sie nichtes[864] hette, wovon dieselbe zu bezahlen, ist deßwegen nach ihren[865] Todte das Leibgeding und der Lehensfolger frey. Obgleich Zeitt ihres Lebens einige *Creditor*en daran verwiesen, kann doch solches nicht anders, dan auff die ihr[866] gebührende Abnutzungen verstanden werden.

13. Wann in den Ehe*pact*en oder sonsten kein Leibgeding vermachet, so gebühret den adelichen Wittwen iegen[867] ihr eingebrachtes Ehegeldt oder Brauttschatz ein *lucrum dotis*, die Beßerung genandt, nemblich die Halbscheidt des zugebrachten *dotis*[868], alß auff iedes Tausendt Gulden fünffhundert, undt zwahr ohne unterscheidt, sie sein mitt dem Mann[869] beerbet oder nicht.

14. Die Verbeßerung gebühret den Wittwen nicht weiter dann drauff[870], was [fol. 42v] sie an Ehegelde[871] dem Manne würcklich zugebracht und empfangen, und wenn[872] bereits in die[873] Ehestifftungen ein anders, insonderheit auch[874] das, ob das Ehegeldt würcklich nicht außgekommen, doch die Beßerung erfolgen solle, beliebet[875], ist es nicht gültig. Derowegen, wann daß Ehegeldt auff zertheilte *termine* versprochen, der Man aber ehe, dann sie alle fellig sein, stirbet, gebühret auff das, so nicht erleget, keine Beßerung. Were aber der, so das Ehegeld zu erlegen schuldig, *in mora* und daher die Frau an der Besserung verkurzet[876] wirdt, hatt sie wieder denselben *actionem ad interesse*.

15. Hatt der Man das Ehegeldt bekommen, aber in seinem[877] Nutzen nicht verwand noch keinen Nutzen davon gehabt oder solches gar verschwendet, daferne nicht erwiesen, die[878] Frau solches verschuldet hette, gebühret ihr nichts desto weniger die landtübliche Beßerung.

16. Wann der *dos constituir*et *in nominibus*, dabey auch die Überweisung geschiehet, der Man aber die angewiesene Gelder und Foderungen bey dem *debitore* auff Zinsen stehen leßet, deßen Glauben folget, er habe Zinsen davon bekommen [fol.

---

864 W *nichts*.
865 W *ihrem*.
866 Fehlt bei W.
867 W *gegen*.
868 *Die Beßerung … dotis* fehlt bei W.
869 W *Manne*.
870 W *darauff*.
871 W *Ehegeld*.
872 W *wann*.
873 W *den*.
874 *Insonderheit auch* fehlt bei W.
875 W *beliebiget*.
876 W *gekürtzet*.
877 W *seinen*.
878 W *dass die*.

43r[879]] oder nicht, wirdt es vor ein zugebrachtes Ehegeldt geachtet und gebühret davon die Besserung. Hette aber der Eheman des *debitoris fidem* nicht gefolget, sondern was versprochen erheben wollen, ob er gleich ein oder andermahl wegen nicht abgestateten Ehegeldes die Zinsen gefodert oder auch bekommenn, so dürfft die Beßerung nicht gegeben werden.

17. Die Beßerung gebühret von dem *dote*, wann derselbe auff ein gewißes *constituir*et. Were aber die *constitutio dotis* nicht auff ein Gewißes gerichtet, obgleich die Wittwe dem Mann ein ansehenliches[880] Guett zugebracht, mag sie darauff keine Beßerung fodern, eß erscheine dann, wieviel davon anstaat des Ehegeldes sein solle[881]. Were es zweiffelhafft, stehet zu richterlicher Ermeßigung, wieviell *pro dote* anzuschlagen.

18. Wann der Lehenman[882] wegen Vielheit der Schulden seine Lehen[883] und Guetter *cedir*et oder sonst dieselbe der Schulden halber *distrahir*et, oder *in solutum* hingegeben[884] werden mußen[885], hatt die Wittwe die Beßerung ihres Ehegeldes nicht ehe, dann die *creditor*es befriediget, zu er- [fol. 43v] heben, wie sie dann[886] damitt keinen Vorzug noch daß *jus interventionis* hatt, sondern allen *Creditor*en[887] nachstehet.

19. Vor Entrichtung der Beßerung soll die Frau dem Lehensfolger[888] gnuegsahme Versicherung stellen, das auff ihren Todesfall des Wiederempfanges[889] er versichert sey oder auch das Geldt bey ihm gegen gnugige[890] Versicherung des Empfangs die[891] jerlichen Zinsen stehen laßen[892].

20. Stirbet[893] die Frau vor ihrem Manne, gebühret dero Erben keine Verbeßerung oder einig anders *lucrum nuptiale*, sondern allein, was die Frau dem Manne zugebracht.

21. Nach der Frauen Todte, wofern sie ohne Kinder abstürbe, oder da sie gleich zur andern Ehe geschritten und mitt ihrem andern Manne Kinder, aber keine

879 M *36*.
880 W *ansehnliches*.
881 W *solte*.
882 W *Lehnmann*.
883 W *Lehn*.
884 W *gegeben*.
885 W *müssen*.
886 W *denn*.
887 W *Creditorn*.
888 W *Lehnsfolger*.
889 W *Wieder-Empfangens*.
890 W *gnügige*.
891 W *der*.
892 W *lasse*.
893 W *Stirbt*.

mitt dem ersten gezeuget hette, fellet die Verbeßerung wieder dahin, daher es[894] gereichet worden und außkommen, und haben der andern Ehe Kinder daran kein Theill oder Erbschafft zu fodern, sondern müßen sich an[895] der Mutter Außsteur[896] begnügen laßen. Auff die Kinder [fol. 44r[897]] erster Ehe aber verfellet dieselbe als ein Erbguett.

Titulus VIII.
Von den Frauen und ihren Rechtenn.

1.[898] Eine Frau, so lang ihr Mann lebet, ist sie unter deßen Pflege und soll ohne deßen Wißen und *Consens* außer deme, was zu frewlichen Bestell- und Verrichtungen bey dem Haußwesen gehöret, keine *Contract*[899], *Alienation*en oder derogleichen Händel, dadurch des Mannes oder ihre *Condition* und Recht geschmelert würde, vornehmen. Thete sie dawieder, soll es von nichten sein.

2. Hatt ein Frauensbild keinen Eheman, mag sie, waß zu ihrer Kinder teglichen Notturfft und ihrer Haußhaltung gehöret, ohne Vormundt woll selbst beschaffen und verrichten, imgleichen ihre Güetter verwalten und darüber *disponir*en, und sein die dahin[900] gereichende Händel und *Contract*[901] bestendig. Will sie aber außerdem von ihren Guetern etwas, so ansenlich ist, als wann[902] es ein vornehmes Theill derselben[903] oder ein [fol. 44v] unbewegliches[904] Guett betrifft, vereußern oder[905] verendern, soll sie dazu einen Vormundt außbitten oder auch ihre negste Anverwandte dazuziehen, mitt derselben Rath es vornehmen[906], sonst[907] es zu[908] Recht bestendig nicht geachtet werden.

894 W *sie.*
895 W *von.*
896 W *Aussteuer.*
897 M *37.*
898 W am Rand: *De juribus Foeminarum extra judicia & in judiciis.*
899 W *Contracte.*
900 W *darin.*
901 W *Contracte.*
902 W *wenn.*
903 W *desselben.*
904 W *unbeweglich.*
905 W *und.*
906 W *denselben Raths vornehmen.*
907 W *sonst soll.*
908 Wort bei M über der Zeile eingefügt.

3. Einer zu Recht schwebenden Sache[909] mag eine Frau sich nicht begeben noch mitt ihrem Iegentheill[910] sich vergleichen ohne Wißen und *Consens* ihres kriegischen Vormundes[911] oder der negsten Freunde.

4. Eine Frauensbilde[912] mag ohne ihres Mannes, Vormundes oder negsten Anverwanthen *Consens* und Erlaubnus[913] ein *Testament* wie auch eine Gaabe, *mortis causa donatio* genandt, wie dann auch sonst ihren letzten Willen auffrichten und auff ihren Todesfall, wie ihr beliebig, *disponir*en. Ob auch gleich denselben[914] wiedersprochen, soll es gültig sein, wann nur kein ander Mangel deß Rechten[915] befindlich.

5. Eine Frau soll ohne ihren Mann[916] oder krigischen Vormund vor Gericht nichts verhandeln, demnach nicht sie, sondern ihr [fol. 45r[917]] Man in ehelicher Vormundschafft *citir*et, wann sie außer Ehestandes lebet, einen[918] krigischen Vormund außzubitten zufoderst angewiesen oder *ex officio* einer zugeordnet werden. Die Eyde aber, so sonst persönlich abzustaaten, soll sie in Persohn ablegen, es werde dann im Gericht[919] auß vorlauffenden Ursachen ein anders erkandt.

6. Waß[920] eine Frau mit Rath und *Consens* ihres Mannes, Vormundes oder negsten Anverwandten handelt und verrichtet, soll aus dem Vorwandt einiger *Laesion*, sie erstrecke[921] sich dan über die Helffte des Werths deßen, worüber gehandelt worden, nicht zurückgezogen oder auffgehalten noch daiegen[922] eine *restitutio in integrum* zugelaßen werden. Geschehet[923] es aber ohne Rath und *Consens* ihres Mannes, mag sie sich über geringere *laesion* beklagen und, wann dieselbe ansenlich, *restitutionem in integrum* suchen, doch alles, so sie empfangen, sie sey deßen gebeßert oder nicht, erstaten.

---

909 W *Sachen.*

910 W *Gegenpart.*

911 W *Vormunds.*

912 W *Ein Frauens-Bild.*

913 W *Erlaubniss.*

914 W *demselben.*

915 W *Rechtens.*

916 W *ihrem Manne.*

917 M *38.*

918 W *soll sie, einen.*

919 W *Gerichte.*

920 W *Wann.*

921 W *erstrecket.*

922 W *dagegen.*

923 W *Geschehe.*

7. Eine Frau mag fur jemand[924] nicht Burge[925] werden noch deßen Schuldt zu bezahlen über sich nehmen, sondernob es [fol. 45v] geschehen, hatt sie daiegen[926] der *exception SenatusConsulti*[927] *Vellejani* sich zugebrauchen, mag gleichwoll solche[928] Wolthaet sowoll in alß außer Rechtens sich wol begeben, mueß aber, wan sie solches bestendig thuen will, zuvorhero deßen wolberichtet und verstendig[929] sein, demnach die *renunciation* nicht anderß gultig[930] sein soll, dan daferne[931] vor Gericht oder durch einen *Notarium* in Beysein zweyer[932] glaubhafften[933] Gezeugen der Unterricht und Erinnerung geschehen und darüber glaubhafftes[934] *Documentum* auffgerichtet werden. Ob außerdem in der Verschreibung der *Renunciation* und Erinnerung gemeldet, soll solches nicht gnuegsahmb noch dieselbe zu Recht bestendig sein.

8. Waß eine Fraue[935] leihet, muß sie bezahlen und hatt sich der frewlichen Wollthaten nicht zu gebrauchen, obgleich, was geliehen, hernach in des Mannes oder ander Leuthe Nutzen gewandt oder sonst zu ihrem Vortheill nicht gedeyen[936].

9. Handelt eine Frau betrieglich und trachtet, zu ihrem[937] oder der Ihrigen Vortheill andere in Schaden zu führen, hatt sie bey [fol. 46r[938]] keinem Handel *Obligation* oder *Alienation* sich der frawlichen Wolthaten und Rechte zu gebrauchen, muß halten, was sie versprochen oder gehandelt.

---

924 W *iemanden.*

925 W *Bürge.*

926 W *dagegen.*

927 M *SC*; W *SCt.*

928 W *solcher.*

929 W *verständiget.*

930 W *gültig.*

931 W *dafern.*

932 Fehlt bei W.

933 W *glaubhafter.*

934 W *ein glaubhaftes.*

935 W *Frau.*

936 W *gedyen.*

937 W *ihrer.*

938 M *39.*

Titulus IX.
Von Minderjärigenn.

1.[939] Ein Minderjeriger ist, welcher den letzten Tag des fünffundzwantzigsten Jahres[940] noch nicht abgelebet, und soll so lang, wo er nicht unter der Eltern[941] Gewaldt ist, unter vormundtlicher Pflege bleiben und seines Guethes nicht mechtig sein, er werde dann[942] der vormundtlichen Gewaldt rechtmeßig erlaßen.

2. Waß ein Unmundiger[943] ohne seiner Vormunder[944], unter dero Gewaldt und Pflege er ist, *contrahir*et und handelt, ist zue Recht ohngültig[945] und mag wieder ihn oder seine Vormunder[946] darauff nicht weiter *agir*et werden, alß er des Handels gebeßert ist, welches der, so von ihnen fodert, eigentlich anzuzeigen und beizubringen schuldig ist.

3. Wer einem Unmundigen[947] ohne seiner [fol. 46v] Vormunder[948] Wißen und Willen Geldt leihet, mag[949] es von seinen Vormundern[950] nicht wieder fodern, er beweise dan, das derselbe solches in seinem[951] Nutzen verwandt. Sonst wirdt der Vormund und Unmundiger[952] bey Vorgeben, durch solch Geldt nichts[953] gebeßert zu sein, loß gesprochen.

4. Ein Unmundiger[954] kan nicht Burge[955] werden, noch eines Andern Schuldt auff sich *transferir*en weiter, alß er scheinlichen Nutzen davon gehabt[956], und ob er sich mitt *Autorität* und *Consens* seiner Vormunder[957] frembder Schuldt[958] halber verpflichtete[959], ist es zu Recht gantz ohngültig.

---

939 W am Rand: *De Minoribus eorumque jure & privilegiis.*
940 *Jahrs.*
941 W *Erben.*
942 W *denn von.*
943 W *Unmündiger.*
944 W *seinen Vormündern.*
945 W *ungültig.*
946 W *Vormünder.*
947 W *Unmündigen.*
948 W *Vormünder.*
949 W *mag er.*
950 W *Vormündern.*
951 W *seinen.*
952 W *Unmündiger.*
953 W *nicht.*
954 W *Unmündiger.*
955 W *Bürge.*
956 W *hat.*
957 W *Vormünder.*
958 W *Schulden.*
959 W *verpflichtet.*

5. Ein Minderjeriger mag wieder den Handel, in seiner Minderjerigkeit getroffen, dadurch er *laedir*et, sowoll bey wehrender Minderjerigkeit alß nach derselben sowoll wieder[960] seine Vormunder[961] des zugefuegten Schadens halber besprechen[962] alß inwendig vier Jahren bis zum letzten Monatt[963] neunundzwanzigsten Jahres, nicht aber weiter, es sey dan, das in den vier Jahren er durch Unwißenheit oder unableglicher Behindernußen[964] abgehalten were, *restitutionem in integrum* bitten[965], ob er aber dieselbe nicht gebethen, doch[966] auch hernach sich[967] mitt der [fol. 47r[968]] *Exception* seiner Minderjerigkeit wieder die Zusprache schutzen[969], er habe dann durch Foderung, Genies oder sonst etwas gethan, gehandelt oder zugelaßen, dadurch in dem vollkommenen[970] Alter daßelbe einiger Gestaldt *approbir*et wirdt.

6. Wollen[971] Minderjerige sich der *restitution in integrum* oder *exception minorennitatis* gebrauchen, sollen sie nicht allein ihre Älter[972], sondern auch, das sie alleine durch deßen Unvorsichtigkeit ohne einige ihre[973] Argelist undt Verursachen verletzet, auch nicht geringen Schaden erlitten, eigendtlich anzeigen und beybringen, sonst damit nicht[974] gehöret werden.

7. Wirdt einer vor einem Unmundigen Burge[975] auff den[976] Fall, wann der Minderjerige sich seiner Rechte oder Wollthaten gebrauchen oder die *restitutionem in integrum* suchen werde, so mues er zahlen und erstaaten, worin, der auff seinen[977] Glauben gefolget, beschediget worden, obgleich der Minderjeriger[978] nicht ver- [fol. 47v] bindtlich *obligir*et. Ist er aber nur schlechterdinge Burge[979] geworden, hatt er deß Rechtens zu genießen, deßen sich der *minorennis* zu bedienen hatt.

---

960 *Sowoll wieder* fehlt bei W.
961 W *Vormünder.*
962 W *besprochen.*
963 W *Monath des.*
964 W *unableglichen Behindernissen.*
965 W *zu bitten.*
966 W *so kan er sich doch.*
967 Fehlt bei W.
968 M *40.*
969 W *Zusprach schützen.*
970 W *vollenkommenen.*
971 W *Wolten.*
972 W *ihrAlter.*
973 W *einiger ihrer.*
974 Fehlt bei W.
975 W *Unmündigen Bürge.*
976 W *dem.*
977 W *seinem.*
978 W *Minderjährige.*
979 W *Bürge.*

8. Waß ein Unmundiger[980], nachdem er das 18te Jahr seines Alters erreichet, vermittelst eines corperlichen[981] Eydes verspricht, wann[982] es geschicht, darüber einen[983] *Act* und Handlung, die sonst zu Recht bestendig, soll seines Alters ungehindert er solches halten und daiegen[984] ihm keine Einrede von seiner Minderjerigkeit oder deßwegen die *restitution in integrum* zustaaten kommen. Das[985] er aber von einem Andern dazu betrieglich verleitet oder über die helffte *laedir*et, mag der[986], des Eydes ohngehindert, woll einwenden[987].

9. Waß in Ehestifftungen mitt Wißen und Belieben der Eltern oder negsten Freunde versprochen, soll unter dem Vorwandt der Minderjerigkeit und einigen erlittenen Schaden nicht angefochten oder *rescindir*et werden. Vermeinte aber jemandt, sie[988] über die Helffte *laedir*et zu sein, mag er [fol. 48r[989]] im Übrigen der Ehestifftung ohne *Praejuditz* zum *Supplement* deßen, so ihm gebüret, ordentlich *agir*en.

10. Gelanget ein Minderjeriger zu öffendtlichen Emptern und Wurdenn, erlangt[990] er dadurch zugleich *veniam aetatis* und mag sich hernach mit den[991] Wolthaten, so dem unvollkommenem[992] Alter nachgegeben, nicht behelffen.

11. Wann die Vormunder[993] einem Minderjerigen die Verwaltung seiner Güetter übergeben oder derselbe durch Heyraht zu seiner eigenen Haußhaltung kompt[994] oder auch eigen Kauff- und ander[995] Handlung treibet, das er öffentlich vor einen[996], der vollenkommen alles ist, sich helt undt gehalten wirdt, deßen *Contract* undt Handlungen sein zu Recht bestendig undt sollen unter dem Vorwandt der Minderjerigkeit und daher entstehenden *Laesion* nicht weiter, den alß *majorennis*[997]

980 W *Unmündiger.*
981 W *Cörperlichen.*
982 W *wenn.*
983 W *geschicht, über ein.*
984 W *dagegen.*
985 W *da.*
986 W *er.*
987 W *wohl gehöret werden.*
988 W *sich.*
989 M *41.*
990 W *Würden, erlanget.*
991 Fehlt bei W.
992 W *vollenkommenen.*
993 W *Vormünder.*
994 W *kömmt.*
995 W *andere.*
996 W *einem.*
997 W *Majorennes.*

darzu rechtlich[998] gelangen können, *rescindir*et, noch er mitt den *Exception*en, so allein[999] Minderjerigen zustaaten kommen, wieder seine Verpflichtung gehöret werden. [fol. 48v]

12. Obgleich Minderjerige bevormundet sein, wann sie doch in frembden Landen oder auch zu Hauß sein und der Vormundt ist abwesend oder also behindert, das sie seiner nicht mechtig werden können, soll, was von ihnen gehandelt, fur sich nicht ohngültig[1000] sein, doch dawieder die *beneficia*, so den Minderjerigen, die[1001] keine Vormunder[1002] haben, erlaubet, ohnbenommen bleiben.

13. Wann jemandt daß Zwantzigste Jahr seines Alters erreichet, sein eigen werden und der vormundtlichen Pflege[1003] loß sein will, mögen deßen Vormunder[1004] oder er selbst bey der hohen Landesobrigkeit solches vortragen, und soll alßdan von seinem Verhalten, Verstande undt Geschickligkeit, insonderheit, ob er zur Verwaltung seiner Guetter tauglich und wie er sich hinfürters[1005] zu ernehren gemeinet, Erkundigung angestellet, nach Befindung ihm die Verwaltung seiner Guetter erlaubet, darauff aber hernach nicht weiter vor minderjerig gehalten, noch dero *Beneficie*n, soviell die guetter betrifft, fehig werden.

14. [fol. 49r[1006]] Minderjerige mögen nach den vierzehenden[1007] Jahr ihres Alters ohne Wißen und Willen ihrer Vormunder[1008] *Testament* und letzten Willen auffrichten, auch *mortis causa* Geschenck[1009] thuen[1010], so nach ihrem Todt[1011] bestendig und unwiederrufflich soll gehalten werden.

---

998 Bei M Wort am Seitenrand eingefügt.
999 W *allen.*
1000 W *ungültig.*
1001 W *so.*
1002 W *Vormünder.*
1003 W *Vormündlichen Pflegen.*
1004 W *Vormünder.*
1005 W *hinfürters sich.*
1006 M *42.*
1007 W *14ten.*
1008 W *Vormünder.*
1009 W *Geschencke.*
1010 Bei M Klammer am Rand von *Testament … thuen.*
1011 W *ihren Tode.*

Titulus X.
Von Vormundern[1012] und Vormundschafft.

1.[1013] Die Vormunder[1014], so Vater und Mutter wie auch die Großeltern in ihrem letzten Willen[1015], derselbe sey *in solenni testamento* oder sonst verfaßet, wann nun[1016] daraus derselben ernster und bestendiger Wille erscheinet, ihren Kindern und Kindeskindern Vormunder[1017] verordnen, sollen[1018] zufoderst solchem nach die Vormundschafft antreten undt verwalten, auch durch iedes[1019] Ortts Obrigkeit fleißige Auffsicht und Nachfrage angestellet werden, das solchem woll nachgegangen werde. Wann aber außer denen andere der Kinder Freunde oder Frömbde ihnenn Vormundere[1020] zuordnen wollten, [fol. 49v] ist es nicht gültig, es hetten dann dieselbe die Verpflegende zu erben über ihre Gütter oder dero ansehnlichen Antheill eingesetzet und were darüber der Obrigkeit *Confirmation* erfolget.

2. Wann durch jemandes[1021] letzten Willen Kinder nicht bevormundet[1022], ist der Kinder Mutter oder, wann solche verstorben oder auch zur andern Ehe geschritten, die Großmutter von Vater oder Mutter wegen zur Vormundschafft die Negste[1023], jedoch das sie zur andern Ehe geschritten[1024], auch des Behelffs der Rechte, *SenatusConsultum*[1025] *Vellejanum* genandt, außtrücklich absagen, gestaldtsamb dan in allen zur vormundtlichen[1026] Verwaltung gehörigen Handlungen der frawlichen[1027] Gerechtigkeiten *ex*[1028] *SC.*[1029] *Vellejano*[1030], ob sie dero sich nicht abgesaget hetten, ohnfehig, dabey[1031] schuldig sein sollen, alßfordt[1032] nicht weniger, alß andern Vor-

---

1012 W *Vormündern.*
1013 W am Rand: *De Tutoribus & tutela.*
1014 W *Vormünder.*
1015 W *Willen constituiret.*
1016 W *nur.*
1017 W *Vormünder zu.*
1018 W *sollen sie.*
1019 W *jedes.*
1020 W *Vormünder.*
1021 W *jemands.*
1022 W *bevormündert.*
1023 W *nechsten.*
1024 W *zu schreiten*; bei M verbessert aus *geschritten.*
1025 M *SC.*; W *SCt.*
1026 W *Vormündlichen.*
1027 W *Fräulichen.*
1028 Fehlt bei W.
1029 W *SCt.*
1030 W *Vellejani.*
1031 W *auch dabey.*
1032 Fehlt bei W.

mundern[1033] oblieget, ein *Inventarium* auffzurichten, einen *litis-curatorem* den[1034] Kindern außzubitten, auch in wichtigen Händeln, so ein Guetttheill der Kinder Wollfarth angehet, deroselben negste Anverwandten, wan[1035] sie an den Sachen nicht *interessir*et, zu Raht[1036] zu ziehen, auch vor dem[1037] jerlich die Rechenschafft von [fol. 50r[1038]] ihrer Verwaltung zu thuen. Insonderheit aber sollen sie in Sachen und Handlungen[1039], Lehn betreffend, der negsten Vettern Rahtt mittnehmen.

3. Wan die Mutter oder Großmutter der Vormundtschafft sich entziehen oder zur andern Ehe zu[1040] schreiten vorhabens, sollen sie, imgleichen, wann dieselbe nicht verhanden, die negste Anverwanthen sich dero Weißen[1041] annehmen und binnen sechs[1042] Wochen sich nach der Eltern Todte bey iedem Ortts[1043] Obrigkeit angeben, der Vormundigen[1044] Zustand berichten, da sie der Vormundschafft sich unterfangen wollen, sich dazu bestetigen lassen oder auch, warumb sie dero sich nicht unterfangen können, in selbiger Zeitt vorbringen und Vormunder[1045] mittelst Benennung etzlicher dazu tauglicher[1046] Persohnen außbitten bey Verlust der Anwartung, so sie zu des Unmundigen[1047] Gueter haben, auch Vermeidung, das sie sonst des[1048] aus ihrem Seumbsaal erlittenen Schadens halber gehalten seien[1049].

4. Wann vater- undt mutterlose Kinder im Hertzogthuemb Mechlenburg[1050] unbewegliche Gütter haben, bevorab Lehen[1051], obgleich ihre Eltern außerhalb Landes wonhafft[1052], [fol. 50v] sie auch alda bevormundet, sollen doch ihre Anverwandten undt außwertige Vormunder[1053] ihnen in diesem Hertzogthuemb

1033 W *Vormündern.*
1034 W *denen.*
1035 W *wenn.*
1036 W *Rathe.*
1037 W *denen.*
1038 M *43.*
1039 Bei M danach gestrichen *in.*
1040 Bei M Wort über der Zeile eingefügt.
1041 W *sich der Wäysen.*
1042 W 6.
1043 W *jedem Orte.*
1044 W *Unmündigen.*
1045 W *Vormünder.*
1046 W *tauglichen.*
1047 W *Unmündigen.*
1048 Fehlt bei W.
1049 Fehlt bei W.
1050 W *Mecklenburg.*
1051 W *Lehne.*
1052 W *wohnhafft gewesen.*
1053 W *Vormündere.*

über die darin belegene Guetter Vormunder[1054] oder[1055] *Curatores* außbitten oder auff dero Anhalten, welchen daran gelegen und mitt ihnen wegen Schuld oder anderen[1056] Foderungen halber zu schaffen haben oder auch *ex officio*, dieselbe verordnet werden.

5. Zu Vormundern[1057] sollen nicht verordnet werden, dann die in diesem Hertzogtuhmb[1058] geseßen und also begütert, das die Verpflegende ihrer *Administration* halber gesichert sein mögen, insonderheit auch darauff gesehen werden, wie sie selbst ihren Güettern vorstehen und zu Verwaltung frembder Gütter geschickt und verstendig, gleicher Gestaldt, das sie mitt den[1059] Verpflegenden keine Rechtfertigung, Streitt oder Gemeinschafft in den[1060] Guettern haben noch mitt ihren Eltern in großer Wiederwertigkeit und Feindschafft gelebet.

6. Damit[1061] Wittwen und Waysen soviell beßer versehen und vor allen[1062] Nachtheill verwahret werden, soll ein fleißiges Auff- [fol. 51r[1063]] mercken sein über die, so der Vormundschafft sich annehmen, das es dazu taugliche undt woll geschickte Persohnen sein, keiner, auch ob er gleich in der Eltern *Testament* dazu verordnet oder der negste Anverwandte sey, sich dero[1064] unterfangen, er habe sich dan bey der Obrigkeitt angemeldet[1065] und die Bestettigung erhalten.

7. Wer dem[1066] Unmündigen mitt ansehnlichen Schulden verbunden oder von ihm als einen[1067] Schuldener[1068] einen großen[1069] Schuldpost[1070] zu fodern oder auch gemeine Guetter und Einkommen mit demselben zu der Zeitt, da die Vormundtschafft anzunehmen, haben würde, soll sich deroselben[1071] nicht unterziehen, er habe dann zufoderst der Obrigkeit solches angemeldet, zu deßen Erkandtnus[1072],

1054 W *Vormünder.*
1055 W *und.*
1056 W *andern.*
1057 W *Vormündern.*
1058 Bei M abgekürzt *Hertzuhmb*; W *Hertzogthum.*
1059 W *dem.*
1060 W *dessen.*
1061 W *Damit die.*
1062 W *allem.*
1063 M 44.
1064 W *der.*
1065 W *gemeldet.*
1066 W *den.*
1067 W *einem.*
1068 W *Schuldner.*
1069 Bei M über der Zeile eingefügt.
1070 W *Schuld-Posten.*
1071 W *derselben.*
1072 W *Erkänntniss.*

ob deßen ohngehindert[1073] er mitt deß Minderjerigen Nutzen Vormundt sein könte, stehen soll. Wann nun er deßen Bericht gethaen oder der Obrigkeitt doch solche Bewandtnuß[1074] wißend, dennest[1075] deßen, ohnangesehen, er zur Vormundtschafft were gelaßen, alßdan ist ihm solches ohne *Praejuditz* und Nachtheill, mag den Unmundigen[1076] zahlen und auß seinen Güettern [fol. 51v] sich bezahlet[1077] machen. Außerdehme[1078] aber ist er schuldig, von der Vormundschafft, ohngeachtet er einmahl sich dero unternommen, abzustehen, soll daneben, wan hirunter einig Betrug und den Unmundigen[1079] daraus entstandener[1080] Schade[1081] befindlich, seiner Schuldfoderung verlustig sein.

8. Stieffeltern sollen sich der Vormundtschafft nicht annehmen, sie sein dan mitt der negsten Anverwandten *Consens* mittelst Behör der Sachen darzu von der Obrigkeit rechtmeßig verordnet, mögen aber ihren Stieffkindern, wann sich die negsten Freunde ihrer nicht annehmen, Vormunder[1082] außbitten.

9. Welchen die Vormundschafft angetragen oder anbefohlen wird, sollen außer denen in Rechten zugelaßenen Ursachen sich aller Entschuldigung enthalten und derselben inwendig 4 Wochen sich unverzueglich annehmen, ob sie auch *causas excusandi justas* zu haben vermeinen, solche inwendig solcher Zeitt vorbringen und zugleich, wann sie nicht offentlich[1083] kundtbahr sein, glaublich bescheinigen, [fol. 52r[1084]] im Widrigen damitt nicht gehöret, sondern zu Annehmung der Vormundtschafft ernstlich angewiesen und zu keinen weiteren[1085] *Appelliren* oder Einwenden verstaatet[1086] werden, der Verzug auch[1087] zu ihren[1088] *Pericul* stehen[1089].

1073 W *ungehindert.*
1074 W *Bewandtniss.*
1075 W *danechst.*
1076 W *Unmündigen.*
1077 W *bezahlt.*
1078 W *ausser dem.*
1079 W *Unmündigen.*
1080 W *entstandene.*
1081 Bei M über der Zeile eingefügt.
1082 W *Vormünder.*
1083 W *öffentlich.*
1084 M 45.
1085 W *weitern.*
1086 W *verstattet.*
1087 Fehlt bei W.
1088 W *ihrem.*
1089 W *stehet.*

10. Alß in diesen Landen hergebracht, daß Vormunder[1090] mitt Eyden und *Satisdation*en nicht beschweret werden, damit die Benötigte soviell ehe[1091] und nitt[1092] weniger *difficultir*en zu[1093] Vormundschafft gelangen, bleibt eß dabey. Sie sollen aber, sobaldt sie sich der Vormundschafft annehmen, sie sein *ex testamento* oder *a magistratu* verordnet, vor allen Dingen und von solcher Zeitt an in viehr[1094] Wochen ein richtig bestendig *Inventarium* von aller der Kinder liegenden und fahrenden Güetter[1095], Schulden, Iegenschulden[1096], Urkunden, Brieffen, Registern in den Städten in Beysein deß Stadtschreibers und der Rahtspersohnen, so die Uffsicht[1097] über die Weysen haben, uff[1098] dem Lande in Iegenwarth[1099] eines *Notarij* und dreyer[1100] andern erlichen Persohnen nach Gelegenheit ieden Orthes[1101] auffrichten und verfertigen laßen.

11. Die Vormunder[1102] sollen mitt derogleichen [fol. 52v] Sorgfaldt undt Fleiß, alß einem getreuen Haußvater zustehet, ihrer verpflegten Persohne[1103] Habe und Guetter sich getreülich und unnachleßig annehmen, insonderheit Obacht haben, daß die Unmundige[1104] zur wahren Gottesfurcht, güetten Sitten nach Standesgelegentheit und ihrer *ingeniorum* Bewandtnußen[1105] zu den *studiis* oder andern anstendlichen *Exerciti*en und diensahmen Lernen gehalten und woll aufferzogen, da sie auch die Mittel, sich selbst durchzubringen, nicht hetten, bey andern, da ietztberegtes zu erreichen, untergebracht, ihre Guetter aber in dem Stande, wie sie *inventir*et, gelaßen, nicht verschlimmert, sondern soviell mueglich[1106] verbeßert werde[1107].

1090 W *Vormünder.*
1091 W *eher.*
1092 W *mit.*
1093 W *difficultäten zur.*
1094 W *4.*
1095 W *Güthern.*
1096 W *Gegen-Schulden.*
1097 W *Aufsicht.*
1098 W *auf.*
1099 W *Gegenwart.*
1100 W *dreyen.*
1101 W *jedes Orts.*
1102 W *Vormünder.*
1103 W *Persohnen.*
1104 W *Unmündigen.*
1105 W *Bewandnissen.*
1106 W *möglich.*
1107 W *werden.*

12. Eß soll kein Vormunder[1108] seines Verpflegten Guetter in seinen eigenen Nutzen kehren oder verwenden noch dieselbe vereußern, verpfenden, verendern oder beschweren, es geschehe dann solches aus Nott oder zu scheinlichen Nutzen der Unmundigen[1109].

13. Wann der Unmundigen[1110] unbewegliche, imgleichen die bewegliche Guetter, darauff ein vornehmes Theill ihres *patrimonii* bestehet, zu vereußern undt zu verpfenden [fol. 53r[1111]] die Notth oder Nutz erheischet[1112], gebuhret dem Vormundern[1113], solches nicht *sine decreto judiciali* vorzunehmen, sondern ihr Vorhaben und deßen warhaffte Ursachen der ohnmittelbahren Obrigkeit, darunter ihre Verpflegten gehörig, vorzubringen, auch soviel thuenlich alßfort[1114] zu bescheinigen[1115], worauff nach Befindung auff einen Vorbescheide[1116] oder durch *Commissari*en alle Nachricht eingezogen, erwogen und mittelst der *Cognition*, nach Gestaldt es nötig oder nicht, die *alienatio per decretum* untersaget oder zugelaßen, in dehm allen aber *summarie* verfahren werden. Were außerdem eine Vereußerung oder Verpfendung vorgenommen, mag der Verpflegter, wan[1117] er zu seinen vollkommenen[1118] Alter gelanget, inwendig fünff[1119] Jahren dieselbe wiederruffen und nichtig erklehren laßen.

14. Ein jeder Vormund soll mitt Fleis darob sein, das seines Verpflegten Guetter und Gelder woll genutzet[1120] werden, demnach auch deßen Gelder nicht mußig[1121] liegen laßen, sondern entweder an Erkauffung nießlicher[1122] Guetter anwenden oder zinßbahr machen. Im Wiedrigen landtgewonliche Zinse[1123] davon einzubringen schuldig sein, er [fol. 53v] möchte dan[1124] einige vernunfftige Ursache[1125], warumb solches nicht geschehen, glaublich bescheinigen.

1108 W *Vormünder.*
1109 W *Unmündigen.*
1110 W *Unmündigen.*
1111 M *46.*
1112 W *verheischet.*
1113 W *gebühret den Vormündern.*
1114 W *alsofort.*
1115 W *beschleunigen.*
1116 W *Vorbescheid.*
1117 W *wenn.*
1118 W *vollenkommenen.*
1119 W *5.*
1120 W *genützet.*
1121 W *müssig.*
1122 W *zuträglicher.*
1123 W *Land-gewöhnliche Zinsen.*
1124 W *denn.*
1125 W *vernünftige Ursachen.*

15. Ein Vormundt mag sowenig mitt seiner *Confession* und Nachgeben, es geschehe in oder außerhalb Gerichts, seinen[1126] Verpflegten *praejudicir*en, alß wan[1127] er sonst etwas von seinen Güettern ohne Nott oder Nutzen[1128] vereußert hette, mag auch selbst seinen Irthuemb wiederruffen und im Nahmen der Unmundigen[1129] *restitutionem in integrum* suchen.

16. Den Vormundern[1130] gebühret vor allen Dingen zu verhüten, daß ihre Verpflegte nicht in weitleuffige[1131] Rechtsstreite und dadurch in Unkosten geführet werden. Wann sich[1132] dan ansehen leßet, außer[1133] Recht gehen auß der Sache nicht zu kommen, sollen sie zufoderst schuldig sein, zwischen ihren[1134] Verpflegten und dem Iegentheill[1135] einen Vorbescheidt außzubitten und dabey den Richter zu ersuchen, durch fleißige Bemuhung[1136], dazu dann derselbe *in causis pupillorum* schuldig, sie auß dem Streitt zu ziehen, und mögen sich auff deßen Anweisung zum *Compromiss* über einen kurzen *Process* woll einlaßen, außerdehm aber sich nicht als mitt Vorbehaldt aller den Unmundigen[1137] [fol. 54r[1138]] zustehenden Rechtsmitteln[1139] und Wolthaeten dazu verstehen.

17. Den Vormundern[1140] ist erlaubet, *pro redimenta*[1141] *vexa*[1142] etwas, so zu ihrer Verpflegten sonderbahren Schaden nicht gereichet, zu geben oder nachzulaßen, auch, was ihre Sachverwandte auß vernünfftigen Ursachen thuen, des Nachlaßes halber mitt einwilligen, wann auch der Rechtsstreitt gar weitleuffig, zweiffelhafft und beschwerlich, fur[1143] selbst zur *Transaction* sich[1144] einlaßen, wann dadurch von deß Unmundigen[1145] unbeweglichen Guettern oder zu dem[1146] habenden Zu-

1126 W *seinem.*

1127 W *wenn.*

1128 W *Nutz.*

1129 W *Unmündigen.*

1130 W *Vormündern*; bei M über der Zeile eingefügt, darunter gestrichen *Unmundigen.*

1131 W *weitläuftige.*

1132 W *sichs.*

1133 W *dass ausser.*

1134 W *ihrem.*

1135 W *Gegentheil.*

1136 W *Bemühung.*

1137 W *dem Unmündigen.*

1138 M *47.*

1139 W *Rechts-Mittel.*

1140 W *Vormündern.*

1141 W *redimenda.*

1142 Bei M verbessert aus *taxa.*

1143 W *für sich.*

1144 Fehlt bei W.

1145 W *Unmündigen.*

1146 W *den.*

sprache nichtes[1147] *alienir*et wird. Wan aber solches die *Transaction* mit sich führet, lieget ihnen ob, nicht anders dann[1148] vor dem Gericht[1149], da die Sache anhengig ist oder der Streitt besorglich, mittelst Behör- und Erforschung der Sachen[1150] zu *transigir*en. Waß also verglichen, ist bestendig.

18. Kein Vormundt soll bey werender Vormundtschafft *nomina* und Schulde an sich bringen, damit seine Verpflegete[1151] oder dero Eltern andern verwandt. Thuett er daiegen[1152] soll er deßen verlustig und seine Verpflegte frey sein. Mochte[1153] er aber auß Nott nicht verbey[1154], derogleichen Foderung in Zahlung oder sonst *justo titulo* anzu- [fol. 54v] nehmen, soll er vor Schließung darüber *re integra* solches[1155] dem Gerichte, darunter der Unmundig gehoret[1156], anmelden, und[1157] *decretum* erwarthen, zugleich aber auff seinen[1158] Eydt erhalten, das er so hoch alß vorgebracht und ohne Gefehrde die Annehmung geschehen.

19. Die Guetter, so groß undt weittleuffig[1159] sein, das die Vormunder[1160] selbst dero Verwaltung fueglich nicht obsein mögen, konnen[1161] sie auff der Verpflegten Kosten einen Verwalter bestellen, in Pflicht nehmen und von dehm sich Versicherung thuen laßen oder auch die Gutter[1162] umb ierliche[1163] gewiße *pension* außthuen, doch also daß sie dieselbe[1164] ierlich[1165] einmahl in Augenschein nehmen, daß davon nichtes[1166] verderbet werde, Auffsicht haben und zutragliche[1167] Anstaldt machen, wie es auff folgendes Jahr soll gehalten werden, alßdan auch die Rechnungen auffnehmen und in guetter Verwahrung halten, daß nach geendig-

1147 W *nichts.*
1148 W *denn.*
1149 W *Gerichte.*
1150 W *Sache.*
1151 W *Verpflegte.*
1152 W *dagegen.*
1153 W *mögte.*
1154 W *vorbey.*
1155 Fehlt bei W.
1156 W *Unmündige gehöret.*
1157 W *und ein.*
1158 W *seinem.*
1159 W *weitläuftig.*
1160 W *Vormünder.*
1161 W *obseyn können, mögen.*
1162 W *Güther.*
1163 W *jährliche.*
1164 W *dieselben.*
1165 Bei M verbessert aus *dieselbe sie ierlich.*
1166 W *nichts.*
1167 W *zuträgliche.*

ter Vormundschafft solche nebst dem *inventario* den[1168] Bevormundeten könne außgereichet werden, wie dann dieselbe, ehe solches geschehen, sie zu *quitir*en nicht schuldig sein.

20. Geriethe ein Vormundt mitt seinen [fol. 55r[1169]] Verpflegten bey wehender[1170] Vormundschafft zu einer Gemeinheit oder in Streidt oder begebe sich sonst, daß einer von den[1171] andern etwas zu kauffen oder zu handeln oder sie sonst zu *contrahir*en hetten, weren dann Mittvormunder[1172], mag durch[1173] dero *Autorität* der Handel woll vorgenommen[1174] und so, wie es der[1175] vormundtlichen[1176] *Administration* gemeeß, getroffen werden. Were aber kein Mittvormundt, soll zu dem *actu*[1177] ein Vormundt oder *Curator* vorher außgebethen und zugeordnet, bey beyden Fellen aber der Obrigkeit, was ergangen, *referir*et und die *Confirmation* ersuchet werden.

21. Unmundige Brüder[1178] undt Schwester Guetter pleiben allen gemein, solang[1179] sie unter der vormundtlichen[1180] Gewaldt sein, iedoch das, waß auff einen[1181] ieden daraus verwandt, absonderlich berechnet werde. Wan aber unter ihnen ein oder mehr zu ihren Jahren gekommen und theillen wolten oder auch den übrigen Unmundigen[1182] zu dero Schaden undt Beschwer[1183] in der Gemeinschafft mit den andern pleiben, ist den Vormundern[1184] *ad divisionem* zu *provocir*en erlaubt[1185], sollen aber alßdann solches dem ohnmittelbahren Gericht anmelden und gewiße verstendige, erfahrne[1186] *commissarios* außbitten, welche sowoll der Unmundigen[1187] [fol. 55v] Angelegenheit erkundigen alß die Guetter, wann[1188]

1168 W *dem*.
1169 M *48*.
1170 W *währender*.
1171 W *dem*.
1172 W *Mit-Vormünder*.
1173 W *mit*.
1174 W *angenommen*.
1175 Fehlt bei W.
1176 W *vormündlicher*.
1177 W *Actui*.
1178 W *Unmündiger Bruder*.
1179 W *so lange*.
1180 W *vormündlichen*.
1181 W *einem*.
1182 W *Unmündigen*.
1183 W *Beschwerhrde* (!).
1184 W *Vormündern*.
1185 W *erlaubet*.
1186 Fehlt bei W.
1187 W *unmündigen*.
1188 W *wenn*.

sie sich theillen laßen, in gewißen Anschlag bringen, voneinander setzen oder, da dieselbe nicht bequemblich voneinander zu theillen, dero gewiße vernunfftige[1189] *Aestimation* vornehmen, darnach folgendts eß zum Loß, wer Geldt geben oder nehmen soll, anstellen. Befunden[1190] sie auch diensahmer, das in[1191] Nahmen der Unmundigen[1192] zu einem Guett oder Gelde zufoderst sie wehleten[1193] und das ander Theill sich solches gefallen laße, mögen sie, iedoch auff vorhergehende Anzeige der Ursach und Erlaubnus[1194] der[1195] Obrigkeit dazue schreiten.

22. Waß durch[1196] die Vormunder[1197] mitt den Unmundigen[1198] Gelde gekaufft und erworben, imgleichen in ihrem[1199] Nahmen *contrahir*et und gehandelt wirdt, soll das Ihrige sein und pleiben, von den Vormundern[1200] keiner Gestaldt auff sich gebracht oder ihnen vorenthalten werden. Geschehe daiegen[1201], sollen die Verpflegte nichtes[1202]destoweniger solches Guett und deßen erhobener[1203] Nutzbarkeitt alß das Ihrige von allen Orthen zu *vindicir*en undt zu fordern bemechtiget pleiben. [fol. 56r[1204]]

23. Wer einmahl zum Vormundt verordnet, soll die Vormundtschafft, bis die Unmundige[1205] ihr völliges Alter alß das fünffundzwantzigste Jahr erreichet oder sonst mundig[1206] erklehret werden, verwalten, eß stießen ihm dan die Ungelegenheiten undt Ursachen zu, deßwegen er von der Vormundtschafft zu entschuldigen. So mag er dieselbe der Obrigkeit vorbringen, und umb Erlaßung anhalten, dabey aber schuldig sein, zuvorher Andere auß den Anverwandten oder, da die nicht weren, Frembde, doch geschickte, zu benennen[1207] und außzubitten, und wann sie bestetiget, vor ihnen die Rechnung abzulegen[1208].

1189 W *vernünfftige.*
1190 W *befünden.*
1191 W *im.*
1192 W *Unmündigen.*
1193 W *zufoderst zu wehlen.*
1194 W *Erlaubniss.*
1195 Bei M danach gestrichen *Uhrsach.*
1196 Fehlt bei W.
1197 W *Vormünder.*
1198 W *der Unmündigen.*
1199 W *ihren.*
1200 W *Vormündern.*
1201 W *dagegen.*
1202 W *nichts.*
1203 W *erhobene.*
1204 M 49.
1205 W *Unmündige.*
1206 W *mündig.*
1207 W *benahmen.*
1208 W *ablegen.*

24. Wann zu der Zeitt, da von dem Vormundern[1209] des Unmundigen Gelder[1210] außgeliehen oder er sonst in deßen Sachen Glauben gegeben, der Schuldman woll geseßen, keiner Schuldenlast oder bösen Verhaltens berüchtiget oder unzahlbar gehalten, und der Vormunder[1211] solches darthuen kann, mag ihm der sich hernach mit demselben begebender Unfall nicht zugerechnet werden, sondern der Schade trifft dem Vorpflegten[1212], er möchte[1213] dann beybringen daß in Abfoderung oder Beschaffung gueter Versicherung der Vormundt verseumet, waß einen[1214] fleißigen Haußwirthe [fol. 56v] zustehet undt dahero ihm ein Schade zugewachsen.

25. Waß des Verpflegten Eltern und Andere, von denen die *nomina* auff die Unmundige[1215] gekommen, außgeliehen und zinßtragend gemachet[1216], sollen die Unmundige[1217] annehmen, ob es bereits damitt in einem[1218] schlechteren[1219] Zustand gerahten, wann nun nicht zu erweisen, das in Abfoderung der Vormundt durch merkliche Nachleßigkeit etwaß verseumet oder verursachet hette, so denen, welche die Nachleßigkeit vorwerffen, zu beweisen oblieget[1220].

26. Waß in Vormundschafft gehandelt[1221], versprochen oder verrichtet[1222] wirdt, eß werde dabey also bedinglich gemeldet oder die Thaett und Handlung wiese es also auß, daß, der[1223] mitt ihm gehandelt, deßen nicht ohnwißend gewesen oder sein können, deßwegen sein die Vormunder[1224] nicht weiter alß ihres Ambts halber, nicht aber für[1225] ihre Persohn und Guetter verbunden, demnach auch außer der Vormundschafft und, wan[1226] dieselbige geendiget, wieder sie oder ihre Guetter keine *action* oder *execution* staat hatt, sondern wieder die *Pupill*en und ihre Guetter geübet und verrichtet wirdt, [fol. 57r[1227]] sie hetten sich dann vor sich dazu

1209 W *den Vormündern.*
1210 W *Unmündigen Geld.*
1211 W *Vormünder.*
1212 W *den Verpflegten.*
1213 W *mögte.*
1214 W *einem.*
1215 W *Unmündige.*
1216 W *gemacht.*
1217 W *Unmündige.*
1218 W *einen.*
1219 W *schlechten.*
1220 W *oblieget, ist selbiger entschuldiget.*
1221 W *mit Pupillen gehandelt.*
1222 Druckfehler bei W: *verrichet.*
1223 Fehlt bei W.
1224 W *Vormünder.*
1225 W *vor.*
1226 W *wenn.*
1227 M *50.*

verbindtlich gemacht oder möchten[1228] einiger Argelist undt Betruegs, dadurch sie das wiedertheill in schaden geführet, überwiesen werden.

27. Erhelt ein Unmundiger[1229] wieder die *Contract* undt Handlungen, so er mitt *Autorität* oder[1230] *Consens* des Vormundes[1231] getroffen, *restitutionem in integrum* oder verwiedert sich sonst unter dem Vorwandt der *laesion*, dieselbe zu halten, mag derjenige, mitt dem die Handlung getroffen, seiner daher erlittenen Ungelegenheit halber und das etwa er kein mehres, dan wodurch der Verpflegte gebeßert, wieder bekompt, von dem Vormundt keinen Abtrag fodern, er überweise ihm[1232] dan eines Betruges oder[1233] daß er davon etwas in seinem oder der seinigen Nutzen[1234] verwandt hette.

28. Wer in eines abgelebten oder erloßenen[1235] Vormundes[1236] Stelle verordnet wirdt, soll bey Antretung der Vormundtschafft zuerst von dem Abscheidenden oder seinen Erben daß *Inventarium* fodern, sich darnach die Guetter *tradi*ren, auch wann daran[1237] ein Mangel, wor[1238] es geblieben, Nachricht geben, solches alles durch einen *Notarium* verzeichnen, fürters [fol. 57v] der vorigen *Administration* halber sich Rechnung ablegen laßen und waß dazu gehörig in Richtigkeit bringen. Geschiehet dasselbe nicht, sondern er tritt ohne[1239] solches in die Verwaltung, ist er zu dehm, so von dem vorigen gehandelt, ohngeachtet aller *Protestation*, die er deßwegen thuen möchte[1240], gehalten.

29. Die Vormunder[1241], sie seien[1242] durch *Testament* oder sonst verordnet, imgleichen[1243] die Mutter und Großmutter, wo sie die Vormundschafft über sich nehmen, sollen schuldig sein, von ihrer Verwaltung, Lehen[1244] und anderen[1245]

1228 W *mögte.*
1229 W *Unmündiger.*
1230 W *und.*
1231 W *Vormünders.*
1232 W *ihn.*
1233 W *Betrugs, als.*
1234 W *in seinen Nutzen, oder der Seinigen.*
1235 W *erlasseven* (!).
1236 W *Vormunds.*
1237 W *davon.*
1238 W *wo.*
1239 W *ohn.*
1240 W *mögte.*
1241 W *Vormünder.*
1242 W *seyn.*
1243 W *ingleichen.*
1244 W *Lehn-.*
1245 W *andern.*

Guettern, alle nichts[1246] außbeschieden, richtige Rechnungen zu halten, denenselben alle Einnahme und Außgabe, dero Zeitt, Ursache, Nutzen und Nottwendigkeitt einvorleiben[1247], solche auch alle Jahr fertigzumachen und zu haben, deßwegen dann wie auch zu Beredung der Unmundigen[1248] Angelegenheiten in iedem Jahr sie einmahl zusammen kommen, alßdan[1249] solche durchzusehen und[1250] zu überlegen, hernach semptlich unterschreiben, versiegeln und verwarlich ins Gericht legen.

30. Wann die Vormundschafft geendiget[1251], sollen die Vormundere[1252] die bey ihrer Verwaltung gehaltene Rechnung nebst allen [fol. 58r[1253]] dazu gehörigen *instrumentis*, brieffliche Urkunden, *Quit*ungen und Nachrichten mittelst der[1254] *Designation* ihren gewesenen Verpflegten außreichen, diejenige aber heriegen[1255] schuldig sein, inwendig drey[1256] oder, da die von vielen Jahren und weittleuffig[1257], in sechs[1258] Monathen solche durchzusehen, ihr[1259] Erinnerungen dabey einzubringen oder, da sie keine hetten, die Vormunder[1260] zu *quitir*en. Weren sie darin[1261] seumig oder auch, es würde an den Rechnungen etwas *desiderir*et, dahero die *Quitung* verwiedert, soll auff erstbemelten Fall den Bevormundeten im Gerichte[1262] eine gewiße Zeitt, zu *quitir*en oder auch die Ursachen der Verwiederung einzubringen, mitt der Verwarnung, daß sonst die Vormunder[1263] gerichtlich loß gezehlet werden sollen, angesetzet, nach dero Verlauff die Vormunder[1264] frey erklehret, auff den letzten wie dann auch imgleichen, wann gerichtlich die Verwiederungsursachen eingebracht, *commissarii* zu Überlegung der Rechnungen[1265], auch Vergleichung verordnet, durch dieselbe alles möglichst zur Richtigkeit gebracht oder, da solche

---

1246 W *nichtes.*

1247 W *einverleiben*; bei M verbessert aus *einvorbleiben.*

1248 W *Unmündigen.*

1249 W *alsdenn.*

1250 W *u.*

1251 W *sich geendiget.*

1252 W *Vormünder.*

1253 M *51.*

1254 Bei M über der Zeile eingefügt.

1255 W *hergegen.*

1256 W *3.*

1257 W *weitläuftig.*

1258 W *6.*

1259 W *ihre.*

1260 W *Vormünder.*

1261 W *daran.*

1262 W *Gericht.*

1263 W *Vormünder.*

1264 W *Vormünder.*

1265 W *Rechnung.*

für ihnen nicht zu erreichen, dem Gericht *referir*et, über das, so noch streitig, ein Vorbescheidt angeordnet, bey demselben die Irrungen *summariè* ver- [fol. 58v] nommen, entschieden, dabey *liquida ab illiquidis separir*et und, wie es dieserwegen zu halten, Maaß gegeben werden.

31. Wann die Obrigkeit oder jemand in seinen[1266] letzten willen Vormunder[1267] verordnet und unter denenselben die vormundtlichen[1268] Verwaltungen vertheilet, ist ein jeder vor sich wegen deßen, so ihm unterhanden kompt, nicht aber vor die anderen[1269], obgleich, der die *Administration* hatt, ohnzahlbahr were, gehalten. Daferne aber alleine die Vormunder[1270] unter sich die Verwaltung vertheillen, sein die anderen[1271] auch deßwegen, was sie nicht verwaltet haben, gehalten, sollen derowegen mitt den andern zugleich die Rechnung ablegen und dazu erfordert[1272] werden. Allein haben sie[1273] nach zugelegter[1274] Rechnung daß *beneficium ordinis*, das sie nicht anders, alß wan der *Administrator* ohnzahlbahr, zutreten und zahlen durffen[1275], demnach deßen *excussion* vorher erfodern können.

32. Ein Vormundt mag sowoll bey verwalteter Vormundschafft sich selbst wegen richtiger Schuldt woll bezahlt[1276] machen, [fol. 59r[1277]] also[1278] auch bey Ablegung der Rechnung von dem Vorrath einbehalten, waß ihm aus verwalteter Vormundschafft oder sonsten die Verpflegte[1279] schuldig oder gestendig. Wehren aber die Verpflegte der Schuldt nicht gestendig[1280] oder, ob sie *liquid*, doch vor der Handt nicht zu zahlen oder die Zahlungsmittel weren[1281] nicht zur Handt noch ohne großen Schaden aus den Guttern vor der Handt zu nehmen, demnach der *Creditor* Gedult zu haben schuldig, mag der Vormundt unter solchem Verwandt[1282] die *in Administration* gehabte Guetter in Henden nicht behalten, sondern ist deßen,

1266 W *seinem.*
1267 W *Vormünder.*
1268 W *Vormündliche.*
1269 W *andern.*
1270 W *Vormünder.*
1271 W *andern.*
1272 W *erfodert.*
1273 W *allein sie haben.*
1274 W *zurückgelegter.*
1275 W *dürffen.*
1276 W *bezahlet.*
1277 M 52.
1278 W *als.*
1279 W *Verpflegete.*
1280 *Wehren aber … gestendig* fehlt bei W.
1281 W *wovon.*
1282 W *Vorwand.*

ohngeachtet[1283], da Verpflegter sonst geseßen, ohne einige andere *Postulat*en oder, da er nicht geseßen, iegen[1284] mögliche *Caution* alles, so er alß ein Vormundt gehabt oder bekommen, nach dem *Inventario* außzuandtworthen schuldig.

33. Geriethen Vormunder[1285] und ihre Verpflegte über die Vormundschafft oder sonst einiger ander Ursach halber in Streit, deßwegen dann die *Extradition* der Guetter verwiedert oder verweilet werden, auch der Richter Ursach befunde[1286], worumb[1287] solche so geschwinde nicht geschehen [fol. 59v] möchte[1288], so soll dennest[1289] den Verpflegten, wann bis zu dero Außliefferung seinen[1290] unterhaldt wie auch, was auff den *Process* an Kosten gehet, außfolget[1291] oder gerichtlich vermachet, die Verwaltung auch von dem Einhaber, alß es einem[1292] Vormund ansthet[1293], *continuir*et, richtige Rechnung gehalten, abgeleget und dazu in allem[1294] von ihnen geandtworthet[1295] werden.

34.[1296] Waß ein Bevormundeter[1297] nach erreichetem vollkommenem[1298] Alter einmahl *expressè* oder *tacitè* bewilliget, daiegen[1299] soll und kan er hernach nicht kommen oder streiten, wie dan auch nach funff[1300] Jahren er mitt keinen[1301] Einreden und Anfechtungen wieder die abgelegte[1302] Rechnungen und Händel, so die vormundtliche[1303] Verwaltung betroffen[1304], soll gehöret werden, er könne dann erhalten, daß ihm nach der Zeitt die Nachricht, darauff er sich begrunden[1305] will, zugekommen.

1283 W *ungeachtet.*
1284 W *gegen.*
1285 W *Vormünder.*
1286 W *befunden.*
1287 W *warum.*
1288 W *mögte.*
1289 W *demnechst.*
1290 W *sein.*
1291 W *ausgefolget.*
1292 W *als einen.*
1293 W *wohl anstehet.*
1294 W *allen.*
1295 W *geantwortetet* (!).
1296 Bei M verbessert aus *XXXV.*
1297 W *Bevormündeter.*
1298 W *erreicheten vollenkommenen.*
1299 W *dagegen.*
1300 W *5.*
1301 W *keinem.*
1302 W *abgelegten.*
1303 W *Vormündliche.*
1304 W *betreffen.*
1305 W *begründen.*

35. Wann ein Vormundt die Rechnungen abgelegt[1306] und *quitir*et, ist er von allem[1307], so die vormdundtliche[1308] *Administration* be- [fol. 60r[1309]] trifft, frey und darff nicht weiter andworthen noch, wan seine gewesene Verpflegte deßwegen in Ansprach[1310] genommen werden, ihnen *assistir*en, daferne es nicht ein solches *Factum* betrifft, deßwegen die Vormunder[1311] zur Verandtwortung, als wann er üblen[1312] *Administration* und nicht *observir*ter Gebühr beschuldiget wird, oder zu einem Gewehr und Schadeloßhaltung[1313] zu Recht verbunden.

36. Wer sich ohnrechtmeßig der vormundtlichen[1314] Verwaltung unternimpt, wan[1315] er nicht dazu gebührlich verordnet, ist zu allen dem gehalten, waß einem Vormund oblieget, und sowoll, was durch ihn und sonst dahero, das die Unmundigen[1316] nicht bevormundet[1317] gewesen, an Schaden zugefueget und an Nutzen verseumet, zu erstaaten[1318] schuldig. Waß von ihm verhandelt wirdt, ist, soviell die Unmundigen[1319] betrifft, ohngültig undt unverbindtlich. Denen aber, so dadurch beschediget, ist er zu Ersetzung ihres *Interesse*, daß sie von ihm nicht[1320] verführet, verbunden.

[fol. 60v]

1306 W *abgeleget.*
1307 W *allen.*
1308 W *Vormündliche.*
1309 M 53.
1310 W *Ansprache.*
1311 W *Vormünder.*
1312 W *übler.*
1313 W *Schadlosshaltung.*
1314 W *Vormündlichen.*
1315 W *wenn.*
1316 W *Unmündigen.*
1317 W *bevormündet.*
1318 W *erstatten.*
1319 W *Unmündigen.*
1320 Fehlt bei W.

Titulus XI.
Von Verwaltern frömder[1321] Guether undt dero Rechnungen.

1.[1322] Wer Verwaltung frömbder[1323] Guetter über sich nimbt, es geschehe aus welchem *Titul* es wolle, soll sich dieselbe[1324] vermittelst eines *Inventarii* von den[1325] Herrn, oder dem, so dieselbe[1326] zur Verwaltung übergibt und ihm unterschrieben, *Designation tradir*en laßen, Rechnung davon abstaten und nach derselben solche hinwiederumb nach geendigter *Administration retradir*en, von dem aber, so abkommen, Rede und Andtworth geben. Weren sie ihm außer dem *tradir*et, ist er nicht weiter gehalten, als er empfangen zu haben überwiesen wirdt.

2. Waß einer dem Anderen[1327] zur *Administration* unter Henden[1328] gibt, darüber giebt er ihm Macht, alles zu thuen, waß zur *Administration* gehoert[1329] und ohne welches dero Zweck nicht kann erreichet werden. Darumb wird er in Allem[1330], so dazu gehörig, durch denselben soweit, alß es die Verwaltung be- [fol. 61r[1331]] trifft, *obligir*t[1332] und mueß zahlen und erstaaten, was seinentwegen versprochen oder an Schuld gemachet[1333]. Schreitet aber der Verwalter auß den Schrancken seines Ambts und Verwaltung, würde das, so seiner Verwaltung untergeben, ohne dero Nottwendigkeit und scheinlichen Nutzen vereußern, verenderen[1334], verpfenden oder thuen, waß dehm, deßen Güetter er *administrir*et, nicht angehet, wie dan[1335] auch, da er *delinquir*t, deßwegen ist, der ihm[1336] bestellet, ohnverbunden.

3. Ein iedweder[1337], so Verwaltung über sich nimpt, soll die Rechnungen also faßen, das er ordentlich und unterschiedlich den Empfang und die[1338] Außgabe,

1321 W *fremder.*
1322 W am Rand: *De Administratoribus, Rationariis & negotiorum gestioribus.*
1323 W *fremder.*
1324 W *dieselben.*
1325 W *dem.*
1326 W *dem, der dieselben.*
1327 W *andern.*
1328 W *Handen.*
1329 W *gehöret.*
1330 W *allen.*
1331 M 54.
1332 W *obligiret.*
1333 W *gemacht.*
1334 W *verändern.*
1335 W *denn.*
1336 W *ihn.*
1337 W *jedweder.*
1338 Fehlt bei W.

dabey die Zeitt, Ursach und ander[1339] Umbstende eigendtlich *specificire*. Wann solches befunden und hiniegen[1340] keine Falschheit überwiesen, mag bey vorkommenden Zweiffel der sie gehalten, wann[1341] er sonst gueten Wandels und Nahmens, dieselbe mitt seinem Eyde *justificir*en und damitt loß sein, im Wiedrigen ist er zu mehrem[1342] Beweiß verbunden. [fol. 61v]

4. Bringet jemandt in Rechnung, darauff zu *quitir*en gewonlich[1343] oder leicht zu erhalten, ist ein *Administrator* die Rechnung mitt *Quit*ungen[1344] zu belegen oder seinen Herren[1345] wieder die ferner[1346] Ansprache zu versichern schuldig. Sein es aber derogleichen[1347] Pöste, darauff nicht pflegt *quitirt*[1348] werden alß der Dienstbotten- und Handtgewercksleuthe[1349], imgleichen geringe Posten[1350], so sich über 4 Gulden[1351] nicht erstrecken, ist ihm solang damitt zu glauben, bis ein Anders erscheine. Were aber dem Herrn ann sicher[1352] Nachricht gelegen, mag er den Eydt von ihm fodern.

5. Wer auff Rechnung sitzet, soll nicht abscheiden, er habe dan dem, welchen er dazu verbunden, solche herausgegeben und abgeleget. Thete er dawieder, mag er auff Ansuchen seiner[1353] Herrn angehalten, mitt *arrest* oder nach Befindung der Untreu mitt Gefencknuß[1354] beleget werden, bis er seine Rechnungen richtig mache. Were aber der Ander an Auffnehmung der Rechnung seumig, mag er bey dem Gerichte, unter welchem er geseßen, auff [fol. 62r[1355]] deßen Kosten ein *Mandatum* in gewißer Frist dieselbe auffzunehmen, daneben *commissarios*, vor[1356] denen es geschehe, zu verordnen bitten, die dann[1357] forderlichst damitt verfahren, da dieser

1339 W *andere.*
1340 W *hingegen.*
1341 W *wenn.*
1342 W *mehrern.*
1343 W *gewöhnlich.*
1344 W *Quittung.*
1345 W *Herrn.*
1346 W *fernere.*
1347 W *dergleichen.*
1348 W *pfleget quittiret zu.*
1349 W *Handwercks-Leute.*
1350 W *Pösten.*
1351 W *fl.*
1352 W *sichere.*
1353 W *seines.*
1354 W *Gefängniss.*
1355 M *55.*
1356 W *von.*
1357 W *denn.*

außbliebe, die Rechnungen annehmen, ins[1358] Gericht bringen sollen, darauff dann der Verwalter woll abscheiden[1359].

6. Entstehet über Rechnungen Streitt, sollen beym Gericht gewiße *Commissari*en oder *Calculatores* verordnet werden, so den *calculum* ziehen undt davon, was einem oder andern Theill nachstendig, einen Anschlag oder *computum* machen. Eß sollen aber dieselbe[1360] kein Theill nicht verbinden, eß sey dann ein gerichtlicher Spruch darüber ergangen, bis dahin einem jeden seine Erinnerung zu thuen frey bleibet.

7. Wer jemandt die Verwaltung seiner Gueter vertrauet[1361], muß ihm auch in seinen Rechnungen trauen so lang[1362], bis er Untreu überwiesen, und mag der Verwalter [fol. 62v], waß iegen ihn vorbracht[1363], so lang nicht völlig bewiesen[1364], mitt seinem Eydt die Rechnung *justificir*en. Ist er aber von einem in mercklicher Untreu betroffen, ist er zum Eyde nicht zuzulaßen[1365], sondern muß sich der Beschuldigungen sonst entledigen.

8. Waß ein *Administrator*, dem jemandt seine Guetter vertrauet, betrieg- und geferlich veruntrauet, soll er gedoppelt erstatten, oder es mag ihn sein Herr, wan er die *Jurisdiction* über ihn hatt, in Hafft nehmen oder, wann er solche über ihn nicht hatt, bey dem Gerichte einziehen laßen, bis er ihn bezahle[1366]. Sonst soll er im Lande nicht gelitten werden, auch aller Ehren ohnfehig sein. Wurde[1367] er aber nur Etwas ohne Argelist verwahrlosen, indehm er nicht thete, was seiner *Inspection* gemees oder einem[1368] getreuen, fleißigen Haußwirth in derogleichen Sachen, so ihm anbefohlen, zustehet, ist er nicht weiter dan[1369] zu einfacher Erstatung verbunden, oder, da er solche nicht thuen möchte, mit Gefencknuß[1370] nach Gestaldt der Nachleßigkeit zu straffenn. [fol. 63r[1371]]

9. Wer nicht vor sich und in seinem, sondern deßen Nahmen, deß Guetter er verwaltet, *contrahir*et, Geld auffnimpt oder sonst etwas verhandelt[1372], ist deßwegen von dem Seinigen zu zahlen nicht verbunden, sondern mag den Gleubiger an

1358 W *und ins.*
1359 W *abscheiden mag.*
1360 W *dieselben.*
1361 W *anvertrauet.*
1362 W *lange.*
1363 W *waß iegen … vorbracht* fehlt bei W.
1364 W *bewiesen, was gehen ihm vorbracht.*
1365 W *nicht zu lassen.*
1366 W *ihm bezahlet.*
1367 W *Würde.*
1368 W *einen.*
1369 W *denn.*
1370 W *Gefängniss.*
1371 M 56.
1372 *Geld … verhandelt* fehlt bei W.

seinen Herrn verweisen, er habe dann dabey mißgehandelt und gethaen, das seine Herschafft solches nicht halten durffte[1373], so bleibt[1374] er zu dem, was er ohnrecht gethaen, verbunden.

Titulus XII.
Von Herrn[1375] und Dienstbothen.

1.[1376] Wer sich zu einem Herrn vermietet, derselbe soll ohne[1377] einig Vorwenden, er werde[1378] dann durch Unfelle zum Dienste ohntauglich[1379], zuziehen oder auch dem Herrn eines[1380] seinesgleichen ohntadelhafften Dienstbothen verschaffen, Im Wiedrigen dennselben[1381] soviel, als sein Dienstlohn sein soll, geben, daneben[1382] nach Befindung des Muettwillens und Betruegs, ernstlich gestraffet werden.

2. Eß soll hinführo in Städten undt [fol. 63v] auff den Dörffern keiner des Andern Gesinde, weill es noch in des Andern Dienst und[1383] Brott und unerlaubet ist, es geschehe dan mitt des Andern Vorwißen, außmieten und dingen oder durch Anbietung größern Lohns oder dergleichen an sich ziehen und locken, soll[1384] bey Straffe, so es einer vom[1385] Adel oder Einhaber adelicher Guetter thate, zwantzig Reichsthaler[1386], der Burger zehen Reichsthaler[1387] und der Baur[1388], so hoch sich das jerlich[1389] Lohn deßelbigen[1390] Dienstbotten erstreket, davon ein Theill iedes Ortts Obrigkeit, der ander Theill *ad pios usus* und der dritte[1391] demjenigen, der einen solchen Ubertreter[1392] wirdt anzeigen, und nahmkundig machen, heimbfallen

1373 W *dürffte.*
1374 W *bleibet.*
1375 W *Herren.*
1376 W am Rand: *De juribus Dominorum & servientium eorumque conductionibus.*
1377 W *ohn.*
1378 W *wäre.*
1379 W *untauglich.*
1380 W *einen.*
1381 W *demselben.*
1382 *Soviel, als … daneben* bei M am Rand eingefügt.
1383 W *Diensten oder.*
1384 Fehlt bei W.
1385 W *von.*
1386 W *thäte, 20. Rthlr.*
1387 W *Bürger 10. Rthlr.*
1388 W *Bauer.*
1389 W *jährliche.*
1390 W *desselben.*
1391 W *3te.*
1392 W *Uebertreter.*

und zugekehret werden solle. Der Dienstbotte aber, so sich dergestaldt auß dem Dienste[1393] ohne seines Herrn Vorwißen und Willen auffreden[1394] ließe, der soll seines Dienstlohns verlustig sein und daselbst iemands[1395] Anders zu dienen nicht gelitten, sondern an seinen ersten Herren[1396] verwiesen werden. Und wer solche Dienstbotten daselbst annehmen[1397] würde, der soll gleich den Andern wie oben gemeldt[1398] gestraffet werden.

3. Wer sich an zwey zu Dienste ver- [fol. 64r[1399]] spricht, soll[1400] dem zuziehen und die Dienste leisten, dem er sich zuerst pflichtig gemachet[1401], wann deßwegen richtige Zusage geschehen und Gottesgeldt gegeben. Undt ob er bereits dem Andern zugezogen, soll er doch da ab undt zu dehm, der ihm[1402] erst gemietet, in Dienst gehen. Dem Andern aber, der die erste Vermietung nicht gewust, soll er entweder einen Dienstbothen seinesgleichen schaffen oder demselben das Lohn, worfur[1403] er dem Ersten dienet, erlegen, darüber[1404] dann nach Gestaldt seines Betruegs mitt harter Gefencknuß[1405] gestraffet werden.

4. Wann ein Dienstbotte, nachdehm er außgedienet hatt oder sonst mitt Willen seineß Herrn von einem andern sich mieten ließe und das Gottesgeldt darauff empfangen, dem soll er auch, ob ihn schon sein ietziger[1406] Herr oder[1407] Frau behalten und er dabey verbleiben wolte, dennoch zu dienen und zuzuziehen schuldig sein, undt der so wißendlich mit einem[1408] Dienstbotten, so albereit von einem anderen[1409] Gottesgeldt empfangen[1410], dingen würde, der soll von deß Orthes[1411] Obrigkeitt [fol. 64v] ebenmeßig, wie droben gesetzet, gestraffet werden.

1393 W *Dienst.*
1394 W *ausreden.*
1395 W *jemand.*
1396 W *Herrn.*
1397 W *daselbsten nehmen.*
1398 W *gemeldet.*
1399 M 57.
1400 W *soll bey.*
1401 W *gemacht.*
1402 W *ihn.*
1403 W *wofür.*
1404 W *darum er.*
1405 W *Gefängniss.*
1406 W *itziger.*
1407 W *und.*
1408 W *einen.*
1409 W *andern.*
1410 W *erhalten.*
1411 W *Orths.*

5. Eß soll kein reisiger Knecht, Gutzher[1412], Voygt, Muller[1413], Schäffer und derogleichen[1414] Gesinde auß seinem Dienst abscheiden, er nehme den[1415] vor[1416] dem Herren[1417], dem er gedienet, einen Schein seines Verhaltens und Abscheides, den ihm ein jeder auff sein Eydt undt Pflicht, nach warhafften Verhalt mittheillen soll. Scheidet er ohne demselben ab, soll er von einem Andern zu Dienst nicht angenommen, auch er selbst, wo er angetroffen, als ein Außtreter angehalten undt wilkürlich gestraffet werden.

6. Waß an Dienstlohn durch der hohen Obrigkeitt in Gesindordnungen oder sonst gesetzet[1418], darüber soll kein Herr geben oder einen Dienstbothen nehmen, auch bey keinem Gericht anders oder ein Höhers, ob es gleich versprochen, dan darauff erkand werde[1419]. Gebe jemandt ein Mehres, soll, wie dann auch, der es nimpt, ebenviell[1420] dem *Fisco* Straff entrichten, oder da ers nicht vermöchte[1421], mitt Gefencknus[1422] gestraffet werden. [fol. 65r[1423]]

7. Ist in einer Dienstordnung oder sonst kein gewiß[1424] Lohn gesetzet, mag sich Herr und Diener darumb vereinigen. Wird vorher nichts verabredet, hatt er zu gewarthen, waß in gemeinen Gebrauch ist oder der Herr seinem Diener zu geben vorher[1425] gewohnet. Da auch dieses nicht erscheinet, stehet[1426] zu richterlicher Ermeßig-[1427] und Verordnung, undt obgleich vorher in des Herrn bloßen Willen, was er geben wolle, gestellet were, mag damit ein Diener ohn[1428] billigen Lohn nicht gelaßen werden.

8. Wirdt ein Dienstbothe kranck, gebrechlich und ohn vermögen[1429], soll im Fall, es nicht durch sein übels[1430] Verhalten geschicht oder die Seuche anklebendt[1431]

1412 W *Guthherr.*
1413 W *Vöigte, Müller.*
1414 W *dergleichen.*
1415 W *denn.*
1416 W *von.*
1417 W *Herrn.*
1418 W *gesetzt.*
1419 W *werden.*
1420 W *eben so viel.*
1421 W *vermögte.*
1422 W *Gefängniss.*
1423 M *58.*
1424 W *gewisses.*
1425 W *vor.*
1426 W *stehet es.*
1427 W *Ermäss-.*
1428 W *ohne.*
1429 W *gebrechlich, oder unvermögend.*
1430 W *übles.*
1431 Wort bei M über der Zeile eingefügt, darunter unleserliche Streichung.

were[1432], er nicht alßfordt[1433] außgestoßen werden, sondern der Herr ihn bey sich behalten oder sonst zur Pflege unterbringen. Lohn aber durfft er ihn[1434] nicht reichen[1435], dann nur von der Zeitt[1436], da er wurcklich[1437] gedienet hatt.

9. Stirbt ein Dienstbothe, seine Erben haben das Lohn nicht weiter, dan auff die Zeitt, da er gestorben, zu fodern. Der [fol. 65v] Herr ist daneben zu seiner Beerdigung Zuschueb zuthuen nicht verbunden.

10. Stirbet[1438] der Herr, mußen[1439] deßen Erben, dafern sie ihm[1440] nicht anderswo in Dienst unterbringen oder er fueglich unterkommen konte[1441], ihm auff ein gantzes oder halbes Jahr, wie er sich vermietet oder, da es auff keine gewiße Zeitt geschehen, worauff die Vermietungen gewönlich, das Lohn entrichten, ist daiegen[1442] die Dienste, wann sie wollen, ihnen zu leisten schuldig.

11. Wer bey seinem Dienste an seinem Leibe beschediget wird, dem ist der Herr Kosten zur[1443] Chur-[1444] und Heylung zu entrichten nicht schuldig. Verlieret er aber an seinen Guettern, was er zu seinem Dienste[1445] und deß Herren[1446] Nutzen gebrauchen muß, deßen Erstatung gebühret ihm.

12. Eß soll ein Dienstbotte zur[1447] rechter Zeitt, nemblich ein viertheill[1448] Jahrs vorher (worunter doch die Hoffmeister, Voigte, Verwalter und Bauwmäne[1449] auff dem Lande nicht verstanden werden, sondern dieselbe gleich den Schäffern ein halb Jahr [fol. 66r[1450]] vorher[1451] undt zwahr auff Ostern zue *resigniren* schuldig sein sollen) seinen Dienst seinem Herrn auffkundigen[1452] oder, da solches nicht geschicht, auff der ersten Stellen zu verbleiben verbunden sein. Immaßen dann

---

1432 W *ist.*
1433 W *alsofort.*
1434 W *dürft er ihm.*
1435 W *geben.*
1436 W *Zeit an.*
1437 W *würcklich.*
1438 W *Stirbt.*
1439 W *müssen.*
1440 W *daferne sie ihn.*
1441 W *könte.*
1442 W *dagegen.*
1443 W *zu seiner.*
1444 W *Cur,.*
1445 W *seinen Dienst.*
1446 W *Herrn.*
1447 W *zu.*
1448 W *Viertel.*
1449 W *Baumanne.*
1450 M 59.
1451 W *vorhero.*
1452 W *aufkündigen.*

niemandt in oder außerhalb gewonlicher[1453] Miettzeitt frömbdes[1454] Gesinde zu Dienste[1455] auffnehmen soll, bey obiger straffe, eß[1456] könne dann von seinem vorigen Herrn oder des Orthes[1457] Obrigkeitt einen Schein und[1458] Kundtschafft furzeigen[1459], daß er redlich abgeschieden sey, welcher Schein ihm dan auch[1460] auff solchen Fall unweigerlich und ohne Entgeld mittgetheilet werden soll.

13. Wann auch ein Dienstbothe außerhalb der Zeitt ohne rechtmeßige Ursache sein Urlaub selbst nimpt, dem[1461] soll der Herr oder die Frau ienigen[1462] Lohn zu geben nicht schuldig[1463] und niemandt bey obiger Straffe in Dienst[1464] wieder anzunehmen bemechtiget sein.

14. Wann[1465] ein Herr seinen Diener, Knecht oder Magd vor Ablauff[1466] der Zeitt, worauff er sich vermiethet, auffsaget oder wegkiaget, daferne dieser dazu durch sein erweißliches übels[1467] Verhalten [fol. 66v] nicht Ursach[1468] gegeben, darüber jedes Orthes[1469] Obrigkeitt zu erkennen hatt, mueß ihm das volle Lohn entrichtet werden.

15. Wirdt ein Dienstbothe kranck und von seinem Herren außgeschafft[1470] oder der Herr reichet ihm nicht Lebensnotturfft oder er *saeviir*et[1471] in ihm also, das er seines Lebens und Gesundtheitt nicht gesichert sey, mag er vor der Zeitt woll auß dem Dienste scheiden, soll aber vorher bey dem Gericht sich angeben, die Ursache seines vorhabenden Abtrits alda vermelden und Bescheides[1472] darüber erwarthen.

16. Waß von einem Dienstbothen auffgeliehen oder durch sein Verwarlosen oder Übelthaet einem Andern an Schaden zugefueget wird, darff der Herr nicht bezahlen oder bueßen, es entstehe dann derselbe auß seinem Befehl oder Verursachen,

1453 W *gewöhnlicher.*
1454 W *fremdes.*
1455 W *Dienst.*
1456 W *er.*
1457 W *Orths.*
1458 W *oder.*
1459 W *vorzeigen.*
1460 Fehlt bei W.
1461 W *denn.*
1462 W *einigen.*
1463 Bei M danach gestrichen *sein.*
1464 W *Diensts.*
1465 W *Wenn.*
1466 W *Verlauff.*
1467 W *erweisslich übles.*
1468 W *Ursache.*
1469 W *Orths.*
1470 W *Herrn ausgeschaffet.*
1471 W *saeviret.*
1472 W *Bescheids.*

wie auch durch[1473] Annehmung und Gebrauch eines kundtlich[1474] untauglichen Dieners. Er ist aber seinen Diener auff Erfodern[1475] des Beschedigten für Recht zu stellen und so lang in Verwarsahmb[1476] zu nehmen schuldig.

17. Wird ein Diener seinem Herren[1477] [fol. 67r[1478]] untreu und entwendet ihm etwas vorsetzlich, soll er als ein Dieb gehalten und gestraffet werden, ohngeachtet, er habe daß Entwendete nicht selbst zu ihm genommen, sondern bey[1479] ihm von dem Herrn in Henden gestellet.

18. Klaget ein Diener seinen Herrn felschlich ann oder träget[1480] ihn übel auß bey Anderen[1481], imgleichen wann er die ihm vertraute Heimbligkeiten muettwillig entdecket, soll er mitt Gefencknuß[1482] gestraffet und darüber seines Lohns verlustig sein.

19. Ein Herr mag seinen Diener nach Gestaldt deß Verbrechens mitt Worthen und Schlegen woll zuchtigen[1483], auch, wann[1484] er die *Jurisdiction* hatt, in Gefencknus[1485] legen, in dero Mangel aber bey dem Gericht[1486] anhalten, daß er bey Befindung deßen damitt gestraffet werde. Entstehet uber[1487] die verandtwortliche Züchtigung wieder des Herrn Vorsatz[1488] ein Unfall[1489], ist er daran unschuldig.

20. Berufft sich ein Knecht oder Magt in ihren Ubelthaten[1490] auff ihres Herrn [fol. 67v] oder Frauen Befehl, soll ihr ohne Beweiß oder[1491] starcken Vermuthungen nicht glaubet[1492] werden, sie bestehe dann darüber in peinlicher Frage. Eß soll sie aber solch Befehl nicht entschuldigen, sondern nichts destoweniger, alß hette er[1493] es vor sich gethaen, gestraffet werden.

1473 Fehlt bei W.
1474 W *kündlich.*
1475 W *Erfordern.*
1476 W *Verwahrsam.*
1477 W *Herrn.*
1478 M *60.*
1479 W *sey.*
1480 W *trägt.*
1481 W *andern.*
1482 W *Gefängniss.*
1483 W *züchtigen.*
1484 W *wenn.*
1485 W *Gefängniss.*
1486 W *Gerichte.*
1487 W *über*; bei M verbessert aus *aber.*
1488 *Wieder … Vorsatz* fehlt bei W.
1489 Bei M verbessert aus *Fall.*
1490 W *Uebelthaten.*
1491 W *und.*
1492 W *geglaubet.*
1493 W *als hätten sie.*

21. Weill wir auch befinden, das allerhandt herrenloß Gesinde und ledige Knechte und Megde auß Muettwillen andern Leuthen sonderlich bey wollfeyler Zeitt zue dienen, bey andern[1494] einzuliegen und auff ihre eigen[1495] Handt zu leben sich einschleiffen[1496], wir aber solches hinführo[1497] abgeschaffet haben wollen, so sollen demnach solche Einlieger, so gesund sein und dienen können, hinführo nicht gelitten noch geduldet werden undt soll desfals jedes Orthes[1498] Obrigkeit bey allen Einwohnern in Stätten und auff dem Lande iedes Viertheljahr einmahl oder auch offters[1499], da es vonnöthen, von Hause zu Hause nachfragen und Erkundigung anstellen, was fur[1500] Leuthe sich bey ihnen auffhalten und waß fur[1501] Nahrung ein ieglicher treibe, undt wan Knechte oder[1502] Megde, so Gesundtheit halber zur Arbeit tauglich und duchtig[1503], obgesetzten[1504] Maßen ohne Berueff angetroffen [fol. 68r[1505]] werden, dieselbe zur Arbeit und Dienste sich zu begeben, angetrieben, indeßen aber und bis solches geschiehet, ihnen nach beschaffenen Umbständen eine wochendtliche[1506] oder monatliche Steuer alß einen Gulden[1507] zu *Reparir*ung ieden[1508] Orths Kirchen, dahin sie eingepfarret, zu geben aufferleget und dadurch dienst- und[1509] redliche Nahrung zu suchen genötiget, undt wann solche Einlieger anderswo[1510] hinziehen wollen, von jedes Orthes[1511] Obrigkeitt, wohin und wehm sie sich vermietet haben, einen Schein, damitt solcher freventlichen Wiedersetzligkeitt möge gewehret werden, einzubringen schuldig sein sollen.

1494 W *andere.*
1495 W *eigene.*
1496 W *entschliessen.*
1497 W *aber hinführo solches.*
1498 W *Orths.*
1499 W *öffters.*
1500 W *vor.*
1501 W *für.*
1502 W *und.*
1503 W *tüchtig.*
1504 W *oftgesetzter.*
1505 M *61.*
1506 W *wöchentliche.*
1507 W *Steuer als 1. fl.*
1508 W *jedes.*
1509 W *Dienst und.*
1510 Bei M verbessert aus *woanders.*
1511 W *Orths.*

Titulus XIII.
Von Bauerßleuten und Leibeigenen.

1.[1512] Wer sich ohne Beding und Vorbehalt seiner Freyheitt auff einen Paurhoff[1513] und Katen begiebt, gebürliche Handtstreckung thuet oder gewohnliche[1514] Paurdienste leistet oder Dienstgeldt entrichtet, derselbige[1515] soll vor einen dingpflichtigen Unterthanen[1516] gehalten werden. Gebe er aber vor, solches were nur auff eine gewiße Zeitt oder mitt Bedinge angenommen, mueß er solches erweisen, [fol. 68v] immittelst aber in dero[1517] Pflicht bleiben und an dem Ortt, da er einmahl alß ein Paur gewohnet und gedienet, auff Ansprache folgen[1518] und alßdan seine Sache zu Recht außfhüren.

2. Leßet sich iemandt, so frey, zur Paurspflicht ein und hatt vordehm in seiner Freyheit Kinder gezeuget, die werden durch der Eltern bloße Pflicht, ob sie gleich darunter außdrücklich begriffen weren, nicht leibeigen, sondern mögen, wann[1519] sie zu ihren Jahren kommen, sich auff ihre Freyheit beruffen, sie haben dann, wenn[1520] sie zu verstendigen Jahren gelanget, der Eltern Vorsprechen[1521] *approbir*et oder[1522] sonst unterthenig gemachet[1523]. Die aber von einmahl leibeigen gewordenen gezeuget, folgen des Vatern[1524] *Condition*.

3. Keine paurspflichtige Persohne[1525], Man oder Weib, soll sich ohne Wißen und Willen ihrer Herrschafft verloben oder zum Ehestande versprechen, vielweniger mitt frömbden Unterthanen ehelich einlaßen[1526]. Geschehe dawieder, soll das Ehegelubd[1527] unverbindlich, der Herrschafft ohnnachtheillig, auch alß nicht geschehen geachtet, daneben, die sich solches unterfangen, mit ernster Straffe angesehen werden. [fol. 69r[1528]]

1512 W am Rand: *De rusticis & hominibus propriis horumque obligationibus & juribus.*
1513 W *Bauers-Hof.*
1514 W *gewöhnliche.*
1515 W *derselbe.*
1516 W *Dienstpflichtigen Unterthan.*
1517 W *der.*
1518 W *abfolgen.*
1519 W *wenn.*
1520 W *denn, wann.*
1521 W *Versprechen.*
1522 W *oder sich.*
1523 W *gemacht.*
1524 W *Vaters.*
1525 W *Person.*
1526 W *sich einlassen.*
1527 W *Ehegelübde.*
1528 M *62.*

4. Eß soll keine[1529] Prediger in Stetten oder auff dem Lande Pauersleuthe, sie haben dann von ihrer Herrschafft glaubhafften, richtigen Schein ihrer Erlaßung oder außtrücklichen[1530] Bewilligung eingebracht und bey ihm gelaßen, *copulir*en und vertrauen noch iemand einigen Geburtsbrieff mittheilen bey Straffe der Entsetzung ihres Amptes[1531], auch Erstaatung des Schadens und Ungelegenheit, so der Herrschafft darauß erwechset.

5. Hetten sich Paursleuthe ohne ihrer Herrschafft Wißen und Willen zusammen verlobet und *copulir*en laßen, soll das Weib, auch wann sie eine Wittfrau und auff das Gehöffte gefreyet, dem Mann und zu deßen Herrschafft mitt denen von ihm gezeugeten[1532] Kindern undt was[1533] sie zusammen erworben folgen, die Kinder aber, mitt dem vorigen Mann gezeuget, bey dem Gehöffte bleiben und ihnen die Helffte der Güether, so Zeitt getroffenen anderen[1534] Heyrath gewesen, gelaßen werden.

6. Verstatet iemand, daß seine [fol. 69v] Unterthaninne eines Anderen Unterthanen[1535] heyrathet, oder wann[1536] er weiß, das es geschiehet, nicht bey Zeiten es wiederspricht, soll er damitt des Rechtens an der Persohne[1537] verlustig und Erstatung dafur zu foderen[1538] nicht befuegt sein. Ist er aber ohnwißend der Unterthänigkeit oder der[1539] Heyraht, sollen, so lang die *Copulation* nicht geschehen, die Persohnen geschieden, nach derselben aber ein Lösegeldt gereichet werden.

7. Wurde[1540] jemand befodern oder Anlaß dazu geben, daß einer seiner Unterthanen eines Andern Unterthanen[1541] ohne ihrer Obrigkeit, darunter sie gehöret, Wißen und Willen freyete[1542], damitt er hernach mitt *Praetendir*ung des Landtrechts Man und Weib abfodern könte, soll er, wan er deßen überwiesen, seines Unterthanen verlustig sein, imgleichen auch wann[1543] ein freyer Man ohne der

1529 W *kein.*
1530 W *ausdrückliche.*
1531 W *Amts.*
1532 W *gezeugten.*
1533 W *wie.*
1534 W *andern.*
1535 W *andern Unterthan.*
1536 W *wenn.*
1537 W *Persohn.*
1538 W *dafür zu fodern.*
1539 Fehlt bei W.
1540 W *Würde.*
1541 W *Unterthanin.*
1542 W *freyet.*
1543 W *wenn.*

Herrschafft Erlaubnus[1544] wißendlich ein leibeigenes Weibesbilde[1545] geheyrathett hette, das[1546] Weib zu folgen schuldig sein.

8. Kaufft jemand ein Guett mitt allen *Pertinenti*en, erlangt[1547] er dadurch die Herrschafft über alle dazu gehörige Leuthe, [fol. 70r[1548]] so[1549] zuvorn nicht erlaßen, frey oder auff andere Guetter von dem Grundtherren[1550] dingpflichtig gemachet[1551] sein, sie befinden sich, wor[1552] sie wollen, allein die, so außtrucklich außbescheiden[1553], sein außgeschloßen[1554]. Imgleichen wenn[1555] Guetter oder[1556] dero Höffe verpfendet, hatt auff[1557] dieselbe Leuthe, so zu den Guettern Zeitt des Pfand*contract*s gehören, daßelbe Pfandrecht.

9. Pauerkinder, so unehlig[1558] gezeuget und gebohren, verpleiben der Obrigkeitt, worunter das Weib gehöret, eß were den[1559] daßelbe von den[1560] Pauren, so sie geschwengert, geehliget, so würde es gehalten, wie sonst der geehligten frömbden Unterthanen halber Rechtens ist.

10. Wer sich in der Freyheitt nemblich in einen[1561] andern den[1562] pauerspflichtigen[1563] Stand befindet und die Leibeigenschafft in Leugnen ziehet, pleibet dabey, bis er dieser von dem, so Zusprache thuet, uberwiesen[1564]. Ist er aber gestendig oder überwiesen[1565], das er dero einmahl verlustig worden[1566] undt in Pauerspflicht kommen, ob er sich hernach in Freyheit[1567] wieder gesetzet, muß er eine recht-

1544 W *Erlaubniss.*
1545 W *Weibes-Bild.*
1546 W *soll er das.*
1547 W *so erlanget.*
1548 M 63.
1549 W *welche.*
1550 W *Grundherrn.*
1551 W *gemacht.*
1552 W *wo.*
1553 W *ausdrücklich ausbeschieden.*
1554 W *ausgelassen.*
1555 W *wann.*
1556 W *und.*
1557 W *hat der Pfand-Einhaber auf.*
1558 W *unehlich.*
1559 W *dann.*
1560 W *dem.*
1561 W *einem.*
1562 W *als.*
1563 W *Bauerpflichtigen.*
1564 W *überwiesen.*
1565 *Ist er … überwiesen* fehlt bei W.
1566 W *werden.*
1567 W *in Freyheit hernach.*

meßige Erlaßung beybringen oder [fol. 70v] dahin, wo er einmahl dingpflichtig gewesen, folgen. Befindet sich aber iemandt im[1568] Paurenstande und vermeinet, zur Freyheit davon berechtiget zu sein, mag er zwar bey den Gerichten, darunter seine Herrschafft geseßen, deßhalber seine *Action* zur Freyheit vorbringen und Recht suchen, soll ihm auch von der Herrschafft darin keine Hindernuß[1569] oder deßwegen einige Betrubnus[1570] oder Beschwer zugefueget[1571], sondern ohne Ansehen der Persohn, waß Recht ist, nach Befindung gesprochen werden, immittelst aber nach wie vor biß zu endlicher Erkandtnuß[1572] in der *Condition* bleiben und, waß seinesgleichen Paursleuthen[1573] gebühret, gehorsamblich leisten.

11. Wer von einem andern, dann der über die Guether, darunter Pauersleuthe pflichtig sein, ein Herr ist, erlaßen, hatt dadurch nicht weiter der Freyheit[1574] sich zu gebrauchen, dan[1575] er von dem Herren[1576] Macht und Recht zu der Erlaßung erlanget, darumb die von Beampten, Verwaltern, Pfandeinhabern, *Pensionari*en, Vormundern[1577], Eltern, so der Kinder Guetter verwalten, Ehemennern, so der Frauen Ehe- oder[1578] ander[1579] Guetter in Verwaltung haben, erlaßen, nicht frey werden noch sich damitt wieder die Anßprach [fol. 71r[1580]] schützen konnen[1581], eß sey dann[1582] auß Noth oder zu mercklichen der Herrschafft Nutzen oder derer, so daruber[1583] Herr sein, Bewilligung geschehen, sodan dem[1584] der Erlaßungsschein angefueget oder er sonst nichts gultig[1585] sein soll.

12. Hatt iemandt seine Guetter verpfendet oder dieselbe vor gewiße järliche *Pension* außgethaen, imgleichen da von den *Creditior*en[1586] dieselbe besetzet oder zur *immission agir*et wirdt, mag ein Herr der Guetther zu deroselben Schaden,

1568 W *in.*
1569 W *Hinderniss.*
1570 W *Betrübniss.*
1571 W *zugefügt.*
1572 W *Erkäntniss.*
1573 W *Bauers-Leute.*
1574 W *der Freyheit nicht weiter.*
1575 W *denn.*
1576 W *Herrn.*
1577 W *Vormündern.*
1578 W *und.*
1579 W *andere.*
1580 M 64.
1581 W *können.*
1582 W *denn.*
1583 W *darüber.*
1584 Bei M über der Zeile eingefügt.
1585 W *gültig.*
1586 W *denen Creditorn.*

Beschwer[1587] und Nachtheill niemand der Unterthanen erlaßen oder von den Guettern abziehen und andere Guetter damitt besetzen.

13. Beklageten[1588] sich Paursleuthe[1589] über ihrer Herrschafften *Saevitz*[1590], großen Bedruck, unleidliche[1591] Beschwerungen, übermeßige Straffen oder ohngewohnliche[1592], unertregliche Dienste, sollen sie zwahr bey deroselben Obrigkeit damitt gehöret, dieselbe darüber vernommen, auch wan die *Saevitz* undt Beschwer[1593] eigentlich *specificir*et, auch das sie iztbemelter *Qualität* sein, glaubwurdig[1594] beygebracht oder offenbahr und die [fol. 71v] Herrschafft sich[1595] in gewißer Zeitt dero nicht entledigen kann[1596], *mandata*[1597] *sine clausula*, sie über landtgewönliche Schuldigkeit nicht zu beschweren[1598], auch, wann[1599] sie darauff nicht *parir*en und es sich damitt in Warheit[1600] also verhielte, gar der Pflicht frey, erkandt werden[1601], dieselbe aber immittelst nicht befuegt sein, sich von ihren Gehöfften[1602] oder auß den Guettern zu[1603] begeben oder die landgebreuchliche[1604] Dienste und Gehosahmb zu entziehen, ohngeachtet sie vermeinten, durch die beschuldigte Beschwerden[1605] sich den Rechten nach in die Freyheiten zu setzen, damitt sie zu ordentlichem[1606] *Process* zu verweisen, *pendente lite* aber alles dabey, wie sich Unterthanen zu bezeigen schuldig, zu laßen, dawieder sie sich auch keiner Schutzbrieffe, sondern nur allein wieder ohnrechtmeßige Gewald und *Saevitz* zu behelffen haben.

1587 W *Beschwerd.*

1588 W *Beklagen.*

1589 W *Bauerleute.*

1590 Bei M verbessert aus *Savitz.*

1591 W *unleidlichen.*

1592 W *ohngewöhnliche.*

1593 W *oder Beschwehrde,*

1594 W *glaubwürdig.*

1595 Fehlt bei W.

1596 W *Zeit sie davon nicht entlediget.*

1597 W *mag die Obrigkeit Mandata.*

1598 W *beschwehren, ergehen lassen.*

1599 W *wenn.*

1600 W *in Wahrheit damit.*

1601 *Gar der … werden* bei M unterstrichen, danaben am Rand *NB* für *Notabene.*

1602 W *Geschäfften.*

1603 W *sich zu.*

1604 W *oder der Land-gebräuchlichen.*

1605 W *die Beschädigten Beschwehrde.*

1606 W *ordentlichen.*

14. Entlaufft[1607] ein Paur[1608] muetwillig, mag ihm[1609] seine Herrschafft verfolgen, da er ihn antrifft in[1610] Landwege und unter frömbde[1611] Bottmeßigkeit, anhalten, damit er nicht entkomme oder sich verstecke, selbst oder durch die[1612] Seinige[1613] in Verwarsahmb nehmen, doch von dem Ortt[1614] nicht weitter dan zu[1615] dem negsten Gericht abführen, alda er eß vermelden und den Verlauffenen darin [fol. 72r[1616]] lieffern, daraus dann, wann der Unterthaen seiner Pflicht gestendig oder alsofordt zu überweisen, seine Einreden auch zu Recht nicht bestendig oder[1617] alßfordt[1618] *verificir*et, derselbe ihm ohne Verzueg und Verwiederung abgefolget werden soll.

15. Sobald ein Unterthaen in Ansprache genommen und durch glaublichen Schein deßen Pflicht beygebracht, soll die Obrigkeitt, darunter er befindlich, ohngeachtet er die Pflicht leugnen[1619] würde, wan dieselbe nicht ohnleugbahr[1620] oder alßforth[1621] bewiesen werden, demselben auff des *Vindicant*en Begehren und Kosten in Verwarsahmb nehmen und daraus nicht erlaßen, er bestelte[1622] dan annehmbliche *caution*. Wirdt er daiegen handlen[1623], darüber der Baur[1624] entkommen, soll er alles[1625] deßwegen zugefuegten Kosten und[1626] Schadens Erstathung thuen. Eß soll aber iedoch bey der Obrigkeitt stehen, wie nach Gestaldt des Vorbringens und Einreden[1627], auch dero Glaubwurdigkeitt[1628] die *caution* zu *moderir*en und zu meßigen.

1607 W *Entläufft.*
1608 W *Bauer.*
1609 W *ihn.*
1610 W *im.*
1611 W *frembder.*
1612 Bei M über der Zeile eingefügt.
1613 W *Seinigen.*
1614 W *Orthe.*
1615 W *vor.*
1616 M 65.
1617 W *und.*
1618 W *alsofort.*
1619 Bei M danach gestrichen *haben.*
1620 W *ohnlaugbar.*
1621 W *alsofort.*
1622 W *bestelle.*
1623 W *dagegen handeln, und.*
1624 W *Bauer.*
1625 W *aller.*
1626 W *Unkosten, u.*
1627 W *Einredens.*
1628 W *Glaubwürdigkeit.*

16. Wer unter dem Vorwandt der Paurespflicht iemand in Ansprache[1629] nimpt und in Hafft bringen leßet, soll ohnver- [fol. 72v] zueglich[1630] auff Verneinen des Eingezogenen mitt seinem Beweiß oder Hintertreibung[1631] der vorkommenden Einreden verfahren. Wurde er[1632] in 14 Tagen damitt[1633] nicht einkommen, mag der Eingezogener, wann[1634] er keine andere *Caution* bestellen kann, auff seinen[1635] Eydt erlaßen werden.

17. Ein Leibeigener, so[1636] in Ansprache genommen wird, mag mitt seinen Außagen undt *Confeßionen*, ob sie gleich eydtlich, im Fall die darüber streitende Theill[1637] darüber[1638] nicht einig weren[1639], keinen[1640] *praejudicir*en, darumb bloß darnach in *puncto* der Leibeigenschafft nicht weiter soll geurtheillet dan auß[1641] andern Nachrichten oder starcken Muetmaßungen dieselbe glaublich gemachet[1642] werden, wieder sie aber selbst, außer des Dritten *Praejudit*z, gelten sie zu volligem[1643] Beweise.

18. Haben sich bey iemandt Persohnen baurlicher[1644] Dienstbarkeit auffgehalten, und die Herrschafft hatt nicht gewust, das sie Andern zugehöret, dahero gegleubet[1645], das es seine Unterthanen rechtmeßig geworden, entweichen[1646] aber und befinden sich in Freyheit oder unter andern Herrschafften[1647] niedergelaßen, sollen sie alßfordt ohnerachtet aller Einreden[1648] dahin, wann[1649] sie abgewichen, wieder folgen [fol. 73r[1650]] und abgefolget und nicht ehe, alß wann sie zu ihrer vorigen *Condition* zuerst wiederkommen, damitt gehöret werden, es sey dann *notorium*

1629 W *Ansprach.*
1630 W *ohnverzöglich.*
1631 W *Hinterschreibung.*
1632 W *würde er damit.*
1633 Fehlt bei W an dieser Stelle.
1634 W *wenn.*
1635 W *seinem.*
1636 W *so nicht.*
1637 W *streitende Theile.*
1638 Fehlt bei W.
1639 W *werden.*
1640 W *keinem.*
1641 W *geurtheilet, wo nicht darnach aus.*
1642 W *gemacht.*
1643 W *völligen.*
1644 W *in bauerlichen.*
1645 W *geglaubet.*
1646 W *entwichen.*
1647 W *oder hätten sich unter anderer Herrschaft.*
1648 W *ohngeachtet alles Einredens.*
1649 W *wem.*
1650 M 66.

oder *in continenti* mitt genuegsahmen[1651] Beweiß darzuthuen, daß die entwichene freye Leudte, wieder Recht und ihren Willen zu der Paurespflicht[1652] gezwungen oder auch deßen, bey welchem er sich ietzo befindet, Unterhaen were. Gehörete[1653] er aber unter einer andern Herrschafft, mag das dem[1654] *Detentor*en wieder die Abfolge nicht schützen noch der *tertius*, ehe die *Restitution* geschehen, gehöret werden[1655], er *verificir*e dann[1656] sein Recht und *intervention* alßfort[1657] also, daß daiegen[1658] der, so die *restitution* suchet, keine erhebliche Einreden hette.

19. Hatt der, unter welchen der Paur[1659], so abgefodert, wohnhafft[1660] ist, wieder die Zusprache *exceptiones*, worumb[1661] er zur Abfolge nicht verbunden, obgleich der Pauer der vorigen Pflicht gestendig, auch dazu zuruck[1662] treten wolle[1663], soll er damit, soweitt sie zu Recht bestendig und glaubwurdig[1664], gehöret werden. Weren sie aber nicht der Bewandtnuß[1665] und es befunde[1666] sich hernach ohne[1667] Fuege der Herrschafft die Abfolge verwiedert, soll der sich deßen unterfangen demselben allen[1668] Kosten und Schaden, so ihm durch Entrathung[1669] des dienstes entstanden, zu erstaten schuldig sein. [fol. 73v]

20. Ist deßen, so in Ansprache genommen, Leibeigenschafft oder Pauerspflicht ohnleugbahr, also das er dero gestendig oder durch gnuegsahme Kundtschafften alßfordt überwiesen, die Einrede aber der Herrschafft[1670], darunter er sich befindet, des Landes Rechten und Gebreuchen zuwiedern, soll die Abfolge alßfordt geschehen, imgleichen wann solche zweiffelhafft oder *altioris indaginis* und

1651 W *gnugsahmen.*
1652 W *zu des Bauers Pflicht.*
1653 W *Gehöret.*
1654 W *mag es denen.*
1655 *Die Restitution … werden* bei M am Rand eingefügt.
1656 W *denn.*
1657 W *alsofort.*
1658 W *dagegen.*
1659 W *welchem der Bauer.*
1660 Wort bei M neben der Zeile eingefügt; W *wohnhafftig.*
1661 W *warum.*
1662 W *zurück.*
1663 W *wolte.*
1664 W *glaubwürdig.*
1665 W *Bewandniss.*
1666 W *befünde.*
1667 W *dass ohne.*
1668 W *alle.*
1669 W *Antretung.*
1670 W *der Herrschaft aber.*

lenger Außführung bedurfftig[1671], dabey gleichwoll fur[1672] der Ansprache undt wieder die Einreden starcke Vermuthungen und *praesumptiones* sich auffgeben oder vorzubringen, soll, der seine[1673] *Intention* woll behauptet, durch dieselbe nicht auffgehalten, sondern wann[1674] er gnuegsahme *Caution* oder *Revers* außandtworthen leßet, das, daferne er von dem Abgeforderten[1675] an gehörigem[1676] Orthe in Ansprache genommen, dero gewertig und dem *judicato* geleben, die Obrigkeit der Ansprache halber[1677] soweitt Rechtens noth- und schadloß halten, auch in gleichen Fellen ebenmeßig es also halten und *observir*en wurde[1678], die *Vindicirt*e außgefolget werden. Wann[1679] aber aus den[1680] Einreden soviell erschiene, das sie auff gueten Recht beruheten[1681], auch *in factis* glaublich, darff nicht fort die Abfolge geschehen, sondern soll vorher[1682] *causae cognitio*, doch *summaria* [fol. 74r[1683]], darauff rechtmeßige Erkandtnus ergehen[1684].

21. Die außgetretene Pauren, sie werden in den furstlichen[1685] Emptern bey vom Adeln[1686] oder in Städten gefunden, sollen von niemandt auffgehalten, sondern auff gebührliches Ansuchen und Beweißthuemb von jeden Orts Beambten, Grundtherren[1687] oder die des Orts über die Paursleuthe zu gebiethen haben, ohnweigerlich abgefolget werden.

22. Niemandt soll sich unterstehen außgetretenen, verflüchtigen[1688] Unterthanen Unterschleiff oder Befoderung[1689] zu ihrem Entweichen zu thuen, sondern viellmehr einem ieden obliegen, dieselbe zur Gebühr anzuweisen, insonderheit wann in Stätten[1690] oder Dorffschafften dieselbe oder auch die, so deßen verdechtig, anhalten, ihrer *Condition* und Herkommens sich erkundigen, da sie auff der Flucht

---

1671 W *bedürftig.*
1672 W *für.*
1673 W *so seine.*
1674 W *wenn.*
1675 W *abgefoderten.*
1676 W *gehörigen.*
1677 W *halben.*
1678 W *würde.*
1679 W *Wenn.*
1680 W *dem.*
1681 W *gutem Recht beruhet.*
1682 W *vorhero.*
1683 M 67.
1684 W *Erkänntniss gehen.*
1685 W *Fürstlichen.*
1686 W *von Adeln.*
1687 W *Grund-Herrn.*
1688 W *vorflüchtigen.*
1689 W *Beforderung.*
1690 Bei M mit Verbesserung im Wort.

und Außweichen betroffen, ihren Herrschafften solches auff deroselben[1691] Kosten anmelden, immittelst[1692] in gueter Verwahrung zu halten. Verursachet jemandt durch Heelen, Vertuschen und Unterschleiff wißendtlich oder muettwillig, daß solche Leuthe entkommen, soll er der Herr- [fol. 74v] schafft zu Ersetzung des Schadens gehalten, auch in der Obrigkeitt ernste Straffe verfallen sein.

23. Wann den Pauren ihre Höffe undt Ecker abgenommen und zu der Herrschafft Nutzen gebraucht[1693], ihnen aber und ihren Kindern nicht alßfordt Gelegenheit und Unterhalt wiederumb verschaffet, sein dieselbe frey und mögen hernach nicht wieder *vindicir*et[1694] werden. Setzet aber jemandt die Pauren ab, weill sie verarmen oder bey dem Hoffe nicht fortkommen konnen[1695] oder sich sonst auff die faule Seite legen, imgleichen[1696] wann sie umb ihrer Übelthaet[1697] willen abgetrieben, sein sie oder ihre Kinder nicht frey, ob bereits sie[1698] eine geraume Zeitt sich auß den Guettern begeben und auffgehalten.

24. Giebt einer die Eltern frey oder dieselbe gelangen sonst zur Freyheitt, außerdehm wann sie obgedachtem[1699] nach vertrieben sein, werden die Kinder, welche sie zuvohr gezeuget, nicht mitt frey, sie sein dann außtrucklich[1700] mitt erlaßen oder die Ursach[1701] der erlangten Freyheit sie zugleich mitt betrifft. [fol. 75r[1702]]

25. Entweichet ein Pauer heimblich oder ohne der Herrschafft Willen, wirdt er nimmer frey, sondern mag sowoll er alß seine anderswo gezeugte Kinder, solang sie leben, zur Leibeigenschafft zuruckberuffen[1703] werden. Ist er aber von seiner Herrschafft mit deroselben Wißen undt Willen auß den Guethern abgeschieden, doch von derselben nicht erlaßen, hatt sich unter Anderen pauerpflichtig gemachet[1704] und ist mitt Wißen seiner angebohrnen Herrschafft ohne einige Ansprache, *Protestation* oder Bedinge zehen[1705] Jahr, von Zeitt der Wißenschafft an zu rechnen[1706], dabey geblieben, hatt die letzte Herrschafft nach Verlauff solcher Zeitt sich

1691 W *dero*.
1692 Bei M danach gestrichen *in guetter*.
1693 W *gebracht*.
1694 W *wiederum vindicirt*.
1695 W *können*.
1696 W *Ingleichen*.
1697 W *Ubelthat*.
1698 W *ob sie bereits*.
1699 W *obgedachten*.
1700 W *ausdrücklich*.
1701 W *Ursache*.
1702 M 68.
1703 W *zurück beruffen*.
1704 W *unter andere Bauerpflichtigen gemacht*.
1705 W *zehn*.
1706 W *anzunehmen*.

der *Praescription* zu bedienen. Were er aber keiner Herrschafft pflichtig geworden, sondern in der *Condition*, worin er abgeschieden, geblieben, mag er undt seine Kinder inwendig 30 [1707]Jahren woll zuruckgeholet[1708] werden[1709].

26. Setzete ein Paur[1710] oder deßen Sohn mit Wißen und Willen[1711] seiner Herrschafft sich in solchem Stand[1712], bey welchem er ihm nicht lenger pauerpflichtig sein könte, alß wann[1713] er zu vornehmen Bedingungen[1714] im Kriege, zu Hoffe oder bey Stadten[1715], imgleichen zur Kauff- [fol. 75v] manschafft und Handtgewercken[1716] sich begeben, demselben wehre auch bey Zeiten nicht gewehret oder wiedersprochen, soll hernacher wieder seinen Willen davon nicht abgezogen werden, doch schuldig sein, eine zimbliche *Remuneration* zur danckbahren Erkandtnus[1717] der verstateten Freyheit nach seinem Vermögen zu entrichten. Were er aber ohne der Herrschafft Wißen dazu gelanget, soll ihm der angenommene Standt zu der Freyheitt nicht dienen, er habe sich dan von seiner Herrschafft loß gemachet[1718], demnach er undt seine Kinder zur Pauerspflicht[1719] folgen oder den halben Theill seiner Guetter der Herrschafft geben[1720].

27. Es stehet jeder Herrschafft frey, wann zwischen ihr oder[1721] seinen Vorfahren und[1722] den Unterthanen kein gewiß Geding gemachet oder die Unterthanen sonst kein Recht, auff gewiße Pächte oder Dienste *restringir*et, erweißlich erworben, derjenige[1723], so zuvorn Geld gegeben, zu landüblichen erträglichen Diensten zu gebrauchen oder hinwiederumb die Dienste geleistet, mitt Geld zu belegen, und sollen dadurch, daß Pauersleuthe deren eines[1724] von unhinterdencklichen

1707 Bei M unterstrichen.

1708 W *zurück gehalten.*

1709 Bei M von *worin er …werden* Markierung am Rand, daneben *NB* für *Notabene.*

1710 W *Setzte ein Bauer.*

1711 *Und Willen* bei M über der Zeile eingefügt.

1712 W *Stande.*

1713 W *wenn.*

1714 W *Bedienungen.*

1715 W *Städten.*

1716 W *Handwercken.*

1717 W *Erkänntniss.*

1718 W *gemacht.*

1719 W *Bauerschafft.*

1720 Bei M von *oder den halben … geben* unterstrichen.

1721 W *und.*

1722 W *unter.*

1723 W *denjenigen.*

1724 W *dadurch des Bauers Leute, so deren eins.*

Jahren *praestir*et, wann sie [fol. 76r[1725]] dazu kein absonderliches Recht auffweisen konnen[1726], von dem, so Pauersleuthen zustehet, befreyet[1727] sein.

28. Eß sein die[1728] Pauersleuthe die ihnen umb gewiße Zins und Pächte eingethane Hueffen, Acker[1729] und Wiesen, dafern[1730] sie keine Erbzins, Gerechtigkeitt, *jus emphyteuticum* oder derogleichen gebreuchlich[1731] beyzubringen haben, den Eigenthuembsherren[1732] auff vorhergehende Loßkundigung[1733] *nulla vel immemorialis temporis detentatione obstante* unweigerlich abzutreten und einzureumen schuldig.

29. Einen[1734] jeden, der in Städten oder seinen Guettern die *Jurisdiction* hatt, soll erlaubet sein, die wehligen Bettler, Landtstreicher und derogleichen unnutzes[1735] Gesinde mit ihren Weib und Kindern anzuhalten, zu Dienst und Pflicht zu zwingen, auch in Banden zu halten, bis er dero versichert.

Titulus XIV.
Von Alimenten.

1.[1736] Die Eltern sein schuldig, ihre Kinder [fol. 76v], wann sie sonst von den[1737] Ihrigen die Lebensmittel nicht haben, zu unterhalten, bis sie zu eigener Nahrung gelangen mögen. Undt gehöret zu solchen *Aliment*en, die den Kindern gebühren[1738], nicht allein die Speisung und Kleidung, sondern auch, was zu Erlernung einer ehrlichen Handtierung, Gewerb und Nahrung vonnothen[1739]. Undt wann

1725 M 69.
1726 W *können.*
1727 W *nicht befreyet.*
1728 Fehlt bei W.
1729 W *Aecker.*
1730 W *daferne.*
1731 W *dergleichen gebräuchliches.*
1732 W *dem Eigenthums-Herrn.*
1733 W *Losskündigung.*
1734 W *Einem.*
1735 W *unnützes.*
1736 W am Rand: *Jura alimentationis Parenrentum (!), Conjugum, Contrahentium.*
1737 W *dem.*
1738 W *gebühret.*
1739 W *von nöthen.*

sie einmahl sie[1740] zu einem[1741] gewißen Gewerbe[1742] bewiedmet und gebracht, mußen[1743] sie ihnen auch dazue die Notturfft nach Vermögen reichen.

2. Waß die Eltern zum Unterhaldt ihrer Kinder notturfftiglich[1744] verwandt, mögen sie von ihnen nicht zurück fodern und durfft[1745] von ihnnen bey der Erbtheillung[1746] nicht *conferirt*[1747] werden, eß sey dan mitt dem außtrucklichem[1748] Bedinge geschehen, daß solches erstatet werden solle.

3. Wer ein Weibesbildt außerhalb Ehestandes schwengert, ist schuldig, waß von ihr gebohren, so lang zu unterhalten, bis es sich selbst ernehren[1749] und durchbringen mag, hernach auch[1750] daßelbe außzusteuren[1751], und obgleich solche unehlige[1752] Kinder dem Vater nicht *succedir*en sollen, dennest[1753] deßen [fol. 77r[1754]] Erben schuldig sein, nach des Vatern[1755] Todte dem Kinde bis zu den Jahren, daß es sein Brott verdienen kann, soviell jerlich zu reichen, alß deßen notturfftiger[1756] Unterhaldt und Außsteur[1757] erfodert.

4. Wann ein Vater des Vermögens nicht ist, das er seine Kinder ehrlich ernehren und aufferziehen mag, ist die Mutter schuldig, denen[1758], die sonst nicht bemittelt, dazu die Notturfft von dem Ihrigen zu reichen, und mag der Vater zu solchem[1759] Behueff auch[1760] der Frauen Ehe- oder andere Gelder[1761] angreiffen. Wann aber der Vater hernach beßern Vermögens würde, mag sie von ihm oder seinen Erben, waß zu solchem[1762] Unterhalt verwand, wieder fodern.

1740 Fehlt bei W.
1741 W *einen.*
1742 W *Gewerb.*
1743 W *müssen.*
1744 W *nothdürfftiglich.*
1745 W *dürffte.*
1746 Bei M verbessert aus *Theillung.*
1747 W *conferiret.*
1748 W *ausdrücklichen.*
1749 W *errathen.*
1750 W *durchbringen kan, auch hernach.*
1751 W *aussteuren.*
1752 W *uneheliche.*
1753 W *dennoch.*
1754 M *70.*
1755 W *Vaters.*
1756 W *nothdürfftiger.*
1757 W *Aussteuer.*
1758 W *denen Kindern.*
1759 W *solchen.*
1760 W *auf.*
1761 W *Ehe- und andern Geldern.*
1762 W *solchen.*

5. Den Kindern gebühret, ihren[1763] Eltern wie auch Großeltern, wann sie notturfftig[1764] sein, ob sie gleich Guetter[1765] verschwendet oder sonst die Armuett verursachet, mitt nötigen *Aliment*en nach ihrem Stande und Gelegenheit zu versorgen. Wann aber eins der Kinder vor den andern solche Darreichung thuett, mag daßelbe die Erstatung [fol. 77v] bey der Erbtheilung fodern, so demselben auch voraus zugewendet werden soll.

6.[1766] Brüder und Schwestern[1767] wie auch andere Anverwandte, und zwahr die negsten, so guetes Vermögens sein, sollen schuldig sein, ihre durfftige[1768] Anverwandten, die sonst keine Lebensmittel haben oder erwerben können, mitt notturfftigem[1769] Unterhaldt, bis sie sonst dazu gelangen mögen, zu versorgen oder auch anderswo denselben zu beschaffen.

7. Wer sich durch ehrliche Mittel und Arbeitt woll ernehren mag, aber auff die faule Seite leget[1770], imgleichen die ergerlich leben und böse straffbahre *Exempel* treiben oder getrieben und dadurch in Armuth gerathen, sein von ihren Eltern und andern Verwandten[1771] die *alimenta* zu fodern nicht befuegt, wie dann imgleichen dieselbe dazu nicht verbunden, wann die, deßen bedurfftig, iegen[1772] dieselbe sich also übel verhalten, das sie dahero von der Erbschafft außgeschloßen werden könte[1773]. [fol.78r[1774]]

8. Wann ein Eheman stirbet oder entweichet, soll den[1775] Frauen der notturfftige[1776] Unterhalt so lange auß seinen Guettern gereichet werden, biß in erstgemeltem[1777] Fall sie ihres Eingebrachten halber abgefunden, bey dem letzten aber, solange er abwesendt.

1763 W *ihre.*
1764 W *nothdürfftig.*
1765 W *ihre Güther.*
1766 Bei M neben dem gesamten Artikel geschwungene Klammer am Rand, daneben *NB* für *Notabene.*
1767 W *Schwester.*
1768 W *dürfftige.*
1769 W *nothdürfftigen.*
1770 W *lieget.*
1771 W *Anverwandten.*
1772 W *bedürfftig, gegen.*
1773 W *könnten.*
1774 M *71.*
1775 W *der.*
1776 W *nothdürfftige.*
1777 W *erst gemeldten.*

9. Wann der Mann dürfftig[1778] undt sonst keine Lebensmittel hatt oder zu erwerben weiß, ist die Ehefrau ihn von dem[1779] Ihrigen nicht allein den Ehe-, sondern[1780] *Paraphernal*- und andern Güettern zu unterhalten schuldig. Ob auch derselbe[1781] verstürbe, auff den[1782] Fall, er auß der abgelegten Guetter[1783] so viell nicht erlanget, gebühret den Erben die Notturfft, dem überlebendem[1784] Eheman auß derselben Abnutzungen zu vermachen undt zu reichen.

10. Weme in einem *Contract* gewiße *Aliment*en versprochen oder im *Testament* vermachet oder auch von [fol. 78v] dem Richter zugeordnet, sollen dieselbe gereichet werden, ohngeachtet er sonst gehabt oder[1785] noch hette, worvon er sich ehrlich ernehren kann. Dahero derselben nicht bedurfftig[1786] gewesen. Demnach[1787] ihm auch *ad praeterita alimenta* die Zusprache verbleibet, eß erscheine dann auß dem *Contract*, letzten Willen oder richterlichen[1788] Verordnung, daß allein auff den[1789] Fall der Durfftigkeit[1790] selbige vermacht weren. Wann aber außerdehm bloß[1791] vonn Rechts wegen jemandt die *Aliment*en gebühren, alß Kindern[1792], Eltern, Bluetsverwanthen und derogleichen, hatt darauff die Zusprach[1793] nicht ferner staath, alß wan sie dero benötiget und sonst worvon den Unterhalt nicht haben, darumb auff die verwichene Jahr[1794], darin sie außer dehm denselben gehabt, die *Aliment*en nicht fodern können, sie weren dan durch dero Mangel in Schulden gerathen. So sein sie alßdan dieselbe zu bezahlen verbunden, soweitt solche sich erstrecken sollen[1795].

1778 W *nothdürfftig.*
1779 W *ihm von den.*
1780 W *sondern auch.*
1781 W *dieselbe.*
1782 W *dem.*
1783 W *abgelebten Güthern.*
1784 W *überlebenden.*
1785 W *oder es.*
1786 W *bedürfftig.*
1787 W *dennoch.*
1788 W *Richterlicher.*
1789 W *dem.*
1790 W *Dürfftigkeit.*
1791 Fehlt bei W.
1792 W *Kinder.*
1793 W *Zusprache.*
1794 W *Jahre.*
1795 W *solten.*

11. Wenn[1796] einer, der durch seiner [fol. 79r[1797]] Hende[1798] Arbeitt seinen Unterhaldt erwerben mußen[1799], von jemand, außerhalb wann es auß Nott oder Ohnversehens ohne sein Verursachen geschicht, verwundet oder sonst beschediget, daß er zur Arbeit untuchtig[1800] wirdt, soll der Verursachte[1801] demselben zu seinem[1802] nötigen Unterhaldt reichen, was er daran durch die Beschedigung entrahtenn muß.

[fol. 80r[1803]]

1796 W *Wann.*
1797 M *72.*
1798 W *Hand.*
1799 W *muss.*
1800 W *untüchtig.*
1801 W *der es verursachet.*
1802 W *seinen.*
1803 Bei M keine Foliierung.

Der ander Theill[1804].

Titulus I.
Von Güthern und dero Besitz ins gemein.

1.[1805] Unbewegliche Guether, so in unserin Lande[1806] Frömbde und anderswo geseßen[1807], eigenthuemblich oder pfandesweise[1808] erwerben oder einhaben, sie besitzen solche selbst oder durch andere, die[1809] gelangen dazu auff Arth undt[1810] Weise, wie es wolle[1811], pleiben unter des Landes Recht, Gericht und Gewonheiten. Demnach sein die Einhabere[1812] derentwegen in diesem Lande zu Recht zu[1813] stehen, waß bey derogleichen Guther[1814] im Lande rechtens und im Gebrauch, zu folgen, nach denenselben solche zu erwerben zu haben zu genießen, darin zue *succedir*en schuldig, sich aber dawieder mit den[1815] in *loco domicilii* habenden Rechten, *Privilegi*en und Freyheiten zu schützen nicht befuegt.

2. Die *jura actionis* und *nomina* sein ihrer [fol. 80v] Eigenschafft nach nicht beweglich oder unbeweglich Gueth, sondern machen *tertiam speciem*, dahero dann unter dero Meldung der eigentlichen Deutung nach in *Constitution*en, *Contract*en, *Testament*en und bey andern menschlichen Händeln dieselbe unter eins deroselben nicht weiter begriffen werden, als der *Contrahent*en oder *Disponent*en Meinung offenbahr, daß sie dieselbe darunter mitt wollen verstanden haben.

3. Entstehet über Guether Zweiffel, ob sie Lehen[1816] oder *allodial* sein, ist vor Lehenguett[1817] zu halten alles Guett, so unbeweglich oder dafur[1818] in Rechten

---

1804 W *Des Land-Rechts ander Theil.*

1805 W am Rand: *De bonis immobilibus & possessionibus generatim.*

1806 W *unsern Landen.*

1807 W *Gesessene.*

1808 W *Pfandsweise.*

1809 W *sie.*

1810 Bei M danach gestrichen *und.*

1811 W *wie sie wollen.*

1812 W *Einhaber.*

1813 Fehlt bei W.

1814 W *Güther.*

1815 W *denen.*

1816 W *Lehn.*

1817 W *Lehn-Guth.*

1818 W *dafür.*

gehalten und von dem[1819] Landesfürsten alß Lehenherrn[1820] verliehen wirdt. Und wann ein Guett zu Lehen[1821] empfangen, sein alle deßelben *Pertinentien*, Gerechtigkeit und Herrligkeiten, welche der Lehenmann[1822] mitt, bey und neben dem Guett hatt und gebrauchet, vor Lehen[1823] zu achten, obgleich deßen im Lehenbrieffe außtrucklich[1824] nicht gemeldet. Darumb diejenigen, so derogleichen zu Lehen[1825] gelegte und gebrachte Stücke und Rechte als Ecker[1826], Pauren, Mühlen, Gericht und derogleichen vor ihr *Proper*[1827], Eigen und *Allodial*guett außgeben, solches zu beweisen, außerdehm es nicht weiniger als das Lehen[1828] selbiges[1829] zu *recognoscir*en undt dabey es dem Lehensfolger[1830] [fol. 81r] zu laßen schuldig sein. Wann aber beweißlich, daß dergleichen Stücke und Guetter von den Besitzern und ihren Vorfahren alß ein frey *Allodial*guett erworben und beseßen, zu Lehen einmahl[1831] auffgetragen, ob sie gleich zum Lehen[1832] von langen Jahren gebrauchet, so muegen[1833] die Einhaber damit alß ihren erblichen Eigenthuemb schalten und walten und fellet nach des Lehenmans[1834] Todte nicht[1835] auff die Lehensfolger[1836] sondern Landterben.

4. Ist etwas, deßen *condition* zweiffelhafft, zum Lehen[1837] als ein *pertinens* beharlich geleget oder gebrauchet, mueß es dabey bleiben, so lang erörtert und zu Recht entschieden, ob es Lehen[1838] oder *allodial* sein[1839], demnach dan die Lehensfolger[1840], nicht aber die Landterben in deßen *Possession* zu setzen und zu laßen. Were es aber zum *Pertinens* nicht gemachet, so ist es *in dubio* vor *allodial* zu achten

---

1819 W *den.*
1820 W *Lehn-Herrn.*
1821 W *Lehn.*
1822 W *Lehn-Mann.*
1823 W *Lehn.*
1824 W *Lehn-Brieffe ausdrücklich.*
1825 W *Lehn.*
1826 W *Acker.*
1827 W *propre.*
1828 W *weniger als das Lehn.*
1829 Fehlt bei W.
1830 W *Lehnsfolger.*
1831 W *Lehn niemahl.*
1832 W *Lehn.*
1833 W *mögen.*
1834 W *Lehnmanns.*
1835 W *nichts.*
1836 W *Lehnsfolger.*
1837 W *Lehn.*
1838 W *Lehn.*
1839 W *sey.*
1840 W *Lehnsfolger.*

und haben bis zu rechtlicher Entscheidung die Erben mehr Recht zum Besitz und Gebrauch dann die Lehensfolger[1841], darumb dan die Erben nach dem Tode des Besitzers daran zu *immittir*en, die Lehensfolger[1842], bis sie ein anders bewiesen, sich deßen zu enthalten haben. [fol.81v]

5. Wirdt ein Guett absonderlich beseßen und man befindet darüber kein Lehenbrieff[1843] oder die Verzeichnus[1844] in der Lehen*registratur*[1845] oder auch, das[1846] es zu[1847] Lehen[1848] erkandt und entfangen, ist es fur[1849] *allodial* zu achten, bis das die *qualitas feudalis* außfündig gemachet[1850].

6. Ein Guett, so einmahl zu Kirchen, Schulen, Armenheusern oder sonsten zu Gottes Ehren und *ad pios usus* bewiedmet[1851] und verwandt, soll hinfürters davon nicht *alienir*et oder zu weldtlichen Gebrauch verwandt werden, es geschehe dan[1852] auß unvormeidlicher[1853] Noth, die Kirchen und Gottesheuser der Schuldenlast oder andere[1854] verderblichen Beschwerden zu entheben, oder zu deroselben ansehnlichen Nutzen und Beßerung, imgleichen, da es eine sonderbahre *Pietät* alß bey Unterhaldt der Armen, Lösung der Gefangenen, Rettung des Vaterlandes auß feindtlicher Gewaldt erheischete[1855]. Alßdan aber sollen[1856] derogleichen Guetter-Vorweisere[1857] oder -Verwaltere nicht eigenmächtig damit verfahren, sondern dem *Pastori* und Prediger des Orts ihr Bedencken anmelden, nebst demselben fürters deßen Anzeige dem *Superintendenti* thuen undt mitt[1858] deßen Willen der hohen Landesobrigkeit [fol. 82r] die Ursache und waß dabey Noth oder Nutz zu sein vermeinet würde, eigentlich anzeigen, ein *Decretum* auff Zulaßung der *alienation* bitten, solches[1859] auff vorhergehende *cognitionem causae* erwarthen. Wirdt außer

1841 W *Lehnsfolger.*
1842 W *Lehnsfolger.*
1843 W *keinen Lehn-Brieff.*
1844 W *Verzeichniss.*
1845 W *Lehn-Registratur.*
1846 W *da.*
1847 W *nicht zu.*
1848 W *Lehn.*
1849 W *für.*
1850 W *gemacht.*
1851 W *gewidmet.*
1852 W *denn.*
1853 W *unvermeidlicher.*
1854 W *andern.*
1855 W *erheischte.*
1856 W *alsdann sollen aber.*
1857 W *Vorwesere.*
1858 Fehlt bei W.
1859 W *und solches.*

solchem[1860] die *Alienation* vorgenommen, ist sie ungultig[1861], und mag in 40 Jahren *revocir*et, dabey sollen, die daran schuldig, ernstlich gestraffet werden.

7. Bringet oder ziehet[1862] an sich ein vom[1863] Adel bürgerlich[1864] oder Pauren-Gueter, werden dieselbe nicht[1865] frey adelich Guett, sondern pleiben in dem[1866] Stande und unter der Pflicht und Gebühr, darin sie zuvorn gewesen, eß werde dan darauff mit *Consens* derer, denen daran gelegen, die *Exemption* erhalten.

8. Ist ein Guett fur sich nicht steurbahr, dingpflichtig oder solchen Gebührnußen[1867] unterworffen, welche man *jura et onera realia* oder *patrimonialia* nennet und kompt auff die Persohnen, welche ihres Herkommens, Empter[1868] oder ander neher Ursachen halber Freyheiten, *Immunitat*en[1869] und[1870] *Exemption*en haben, so mag der Besitzer bey denen seines sonderbahren Rechtens und Freyheiten mitt genießen und folgen deßen *Condition* in allen Vorkommenheiten[1871], [fol.82v] darin auff der Persohn das Absehen und nach dero Rechten zu richten Ist aber dem Guett fur sich etwas obliegend und solches unter einer dinglichen Pflicht und Gebühr, wirdt es durch den Einhaber nicht befreyet, sondern es kompt auff denselben[1872] mit seiner Schuldigkeit und Beschwerden.

9. Ein jeder soll, waß er in[1873] Besitz hatt, ruhesahmb und ohne *Turbation* besitzen und genießen, bis es durch ordentliches Recht ihm aberkandt und durch die Rechtshülffe er daraus gesetzet wirdt. Ist dabey niemandt den *Titul* oder Anfang seines Besitzes anzuzeigen schuldig, er *recognoscire* oder erkenne es dann zu Lehen[1874] oder habe es nicht als sein, sondern alß ein frömbdes Guett, alß *ex emphyteusi censuali contractu conductione*[1875] und dergleichen *titulis*, so ist er auff Erfodern des

1860 W *solchen.*
1861 W *ungültig.*
1862 W *Ziehet, oder bringet.*
1863 W *von.*
1864 W *Bürgerliche.*
1865 W *nicht ein.*
1866 W *demselben.*
1867 W *Gebührnissen.*
1868 W *Amts.*
1869 W *immunitäten.*
1870 W *oder.*
1871 W *Vollenkommenheiten.*
1872 W *demselben.*
1873 W *im.*
1874 W *Lehn.*
1875 W *aut conditione.*

Lehen und andern Herrn[1876] von der Ursache und *Titul* seines Besitzes[1877] Rede und Andtwortt zu geben gehalten.

Titulus II.
Von Lehenguethern[1878].

1.[1879] Alß bey den mechlenburgischen[1880] Lehnen [fol. 83r] unterschiedliche sonderbahre *privilegia*, Freyheiten und Gebräuche verhanden undt durch dieselben ein Anders hergebracht alß in den[1881] gemeinen Lehenrechten[1882] verfaßet, ist zufoderst nicht durch diesen, sondern des Landes eigenen Rechten und Gewonheiten deroselben[1883] *Natur* und Eigenschafft zu achten und zu *censir*en, demnach bey allen diese betreffenden Vorkommenheiten vorerst auff[1884] den Einhaldt der *Investitur* und Lehenbrieff[1885], mittelst dero solche verliehen, hernach auff des Landes *special constitutiones* und Gebreuche, wann[1886] aber dieselbe auffhören und nichts Sonderliches *disponir*en, auff die gemeinen Lehenrechte[1887] zu sehen und darnach, was zu entscheiden istzu richten.

2. Außerdehm, was auß sonderbahren des Landes Rechten, Gewonheiten und Verträgen nicht sonderlich der Lehne halber[1888] verordnet oder zu befinden, sein die mechlenburgische Lehen[1889] derogleichen *Condition* und *Natur*, die man *ex pacto et providentia* nennet, und sollen bey vorkommendem[1890] Zweiffel und nicht befindlicher sonderbahren *ratione diversitatis* dafur[1891] gehalten und nach dero *reguln*[1892] davon geurtheillet werden.

1876 W *Lehn- und anderer Herren.*
1877 W *Besitzers.*
1878 W *Lehn-Güthern.*
1879 W am Rand: *Singularia jura bonorum feudalium.*
1880 W *Mecklenburgischen.*
1881 W *denen.*
1882 W *Lehn-Rechten.*
1883 W *derselben.*
1884 W *und auf.*
1885 W *Lehn-Brieffe.*
1886 W *wenn.*
1887 W *Lehn-Rechte.*
1888 W *halben.*
1889 W *Mecklenburgische Lehn.*
1890 W *vorkommenden.*
1891 W *dafür.*
1892 W *regula.*

3. Alte Stamblehen[1893] sein, welche von [fol. 83v] den Voreltern angeerbet, undt sein daran alle diejenige, so mitt dem Belehnten eines Nahmensschildes und Helmes[1894] sein berechtiget und als von Anfang mittbelehnet zu achten, darumb auch ohne ihre Mittbewilligung an solchen Lehnen zu ihrem Nachtheill nichts bestendig mag verordnet werden.

4. Neue Lehne sein diejenige Guetter, welche entweder zuvorn *allodial* gewesen und hernach erst zu Lehnen gemachet oder aber, ob sie bereits zuvorn alte Stamlehen[1895] gewesen, doch der sie empfangen von seinem[1896] Vorfahren, daran kein Recht angestammmet, sondern ihm erst auffs Neue verliehen, oder ob er und seine Vorfahren daran ein Recht gehabt, doch deßen verlustig geworden[1897] und auß sonderbahren Gnaden wiederumb damitt belehnet, daran[1898] hatt niemandt außer dem Belehneten[1899] und deßen Leibeslehen Erben[1900] einig Recht oder die *Succession*, es sey dann solches bey der Belehnung nachgegeben.

5. Wer sein frey Guett zu Lehen[1901] aufftväget, mag demselben auch die Maaße geben, wornach ers zu Lehen[1902] haben und empfangen will. Und will er es alß ein alt Lehen[1903] haben und der Lehenherr[1904] *consentir*et darein[1905], wirdt eß in allem[1906] nach den Eigenschafften eineß alten Lehens[1907] geachtet, und haben Recht daran [fol. 84r] undt die gesambte Handt darin, die seines Geschlechts sein, ob sie bereits in der *Investitur*[1908] nicht benennet.

6. Wirdt ein neu Lehen[1909] auff Arth und Weise eines alten Lehens[1910] verliehen, empfangen und erworben, eß geschehe bloß durch den Einhalt der Belehnung oder die Vereinigung zwischen dem Lehenherren[1911] undt Lehenmann[1912], wirdt,

1893 W *Stamm-Lehne.*
1894 W *Helms.*
1895 W *Stamm-Lehn.*
1896 W *seinen.*
1897 W *worden.*
1898 W *davon.*
1899 W *Belehnten.*
1900 W *Leibes-Lehn-Erben.*
1901 W *Lehn.*
1902 W *Lehn.*
1903 W *Lehn.*
1904 W *Lehn-Herr.*
1905 W *darin.*
1906 W *allen.*
1907 W *Lehns.*
1908 Bei M verbessert aus *vestitur.*
1909 W *Lehn.*
1910 W *Lehns.*
1911 W *Lehn-Herrn.*
1912 W *Lehn-Mann.*

ohnangesehen es an sich ein neu Lehen[1913], doch in allem[1914] vor ein alt Lehen[1915] gehalten, undt deßen Eigenschafften, Rechte und Gebrauche[1916] bey demselben *observir*et.

7. Kaufft jemand ein Lehen[1917] vor sich und seine *Agnat*en oder erwirbt es sonst *oneroso titulo*, ob es bereits zuvorn einem andern Geschlecht zugehörig und zu ein andern Geschlecht von dem Kauffer[1918] erst erworben und gebracht, soll es nichtsdestoweniger die *Natur* und Eigenschafft eines alten Stamlehens[1919] erlangen und die Vettern, welche mitt ihm auff den funfften[1920] Grad *exclusive* die *agnation* zu berechnen haben, zur *Succession* und Lehenempfengnuß[1921] verstaatet, ihre Leibeßlehenserben[1922] *in infinitum* daran ein altes Lehen Recht[1923] haben. [fol. 84v]

8. Entstehet darüber Zweiffel, ob es ein alt[1924] oder neues Lehen[1925] sey, und es erscheine nicht, unter welche *specien*[1926] es zu bringen, ist es *in dubio* vor ein alt Lehen[1927] zu achten und der seine *Intention* auff die *Natur* eines neuen Lehens[1928] *fundir*et, solches zu beweisen schuldig.

9. Waß einer zu eines Lehens[1929] Erweiterung oder Verbeßerung zukaufft oder sonst des Lehens[1930] Zubehör wirdt, folget die[1931] *Natur* und Eigenschafft deßelben Lehens[1932], wird mitt demselben auff gleiche Weise verliehen, empfangen undt beseßen. Darumb ist daß Lehen[1933], alt oder neu, so erlangt, waß solchen[1934] angefüegt, die *Natur* dergleichen Lehens[1935].

1913 W *Lehn.*
1914 W *allen.*
1915 W *Lehn.*
1916 W *Gebräuche.*
1917 W *Lehn.*
1918 W *Käuffern.*
1919 W *Stamms Lehns.*
1920 W *dem fünfften.*
1921 W *Lehns-Empfängniss.*
1922 W *Leibe-Lehns-Erben.*
1923 W *Lehn-Recht.*
1924 W *altes.*
1925 W *Lehn.*
1926 W *speciem.*
1927 W *Lehn.*
1928 W *Lehns.*
1929 W *Lehns.*
1930 W *Lehns.*
1931 W *der.*
1932 W *Eigenschafft solches Lehns.*
1933 W *Lehn.*
1934 W *solchem.*
1935 W *Lehns.*

10. Geschiehet eine Umbwechselung der Lehen[1936] oder etzlicher dero Stücke mitt *Consens* des Lehenherren[1937], soll ein jedes die *Natur*, Eigenschafft und Recht haben, welches gehabt die Stücke, in dero Stelle ein jedes durch die *Permutation succedir*et, eß were dan ein anders verglichen.

11. In allen Belehnungen, *Disposition*en [fol. 85r] und Verordnungen, so Lehenguetter[1938] betreffen, soll das Wortt Erben nicht anders dan[1939] von Lehenerben[1940], alßo den Sohnen[1941] und Vettern, nicht aber von den Töchtern und andern Anverwandten, verstanden werden.

12. Eß mag ein jeder sein frey[1942] *Allodial*guett, wie dan auch das Pfandtrecht, welches er an Lehenguettern[1943] hatt, imgleichen die Baarschafft, die er hatt, an Lehen[1944] verwenden oder zu Lehen[1945] machen undt aufftragen, wan es geschicht mit des Herrn, darunter es[1946] gehörig, *Consens* und ohne jemands Verkurtzung[1947] und Betrueg, hatt[1948], waß an solchen Guettern oder Geldern zu Lehen[1949] gemacht, die *Natur* eines Lehens[1950], muß dafur[1951], so offt der Fall sich begibt *recognoscir*et, verdienet undt unverenderlich gelaßen[1952], mag ohne deß Lehenherren[1953] und zugleich Belehnten *Consens* nicht wieder zum *Allodial*guett gemachet oder ver*alieni*ret werden. Die *succession* ergehet auch, wie in Lehen[1954] gebreuchlich ist.

13. Wurde[1955] jemandt, der nicht mehr *solvendo* ist, sein frey Erbguett oder Geldt zu Verkürzung seiner Gleubiger [fol. 85v] zu Lehen[1956] machen wollen, imgleichen, da es seinen Töchtern oder Eltern zu Verdruß und Wiederwillen, sie

---

1936 W *Lehn.*
1937 W *Lehns-Herrn.*
1938 W *Lehn-Güther.*
1939 W *denn.*
1940 W *Lehn-Erben.*
1941 W *Söhnen.*
1942 Fehlt bei W.
1943 W *Lehn-Güthern.*
1944 W *Lehn.*
1945 W *Lehn.*
1946 W *er.*
1947 W *Verkürtzung.*
1948 W *so hat.*
1949 W *Lehn.*
1950 W *Lehns.*
1951 W *dafür.*
1952 W *gelassen werden.*
1953 W *Lehn-Herrn.*
1954 W *Lehnen.*
1955 W *Würde.*
1956 W *Lehn.*

an der *succession* zu verkürtzen ein solches vornehme[1957], ist es nicht bestendig, ehe die *Creditor*en[1958] befriediget, auch Kinder und Eltern der zu gebührenden *legitimae* halber verwahret[1959] sein, und ob bereits Belehnung geschehen, soll doch den *Creditor*en[1960], imgleichen Eltern undt Kindern[1961], ihr Recht, welches sie an den Erbguetern gehabt, verbleiben. Andere Anverwandten aber mögen solches an freyen Guettern, darüber jemandt die freye ohnbehinderte *Disposition* zustehet[1962], nicht weren.

14. Ein Guett, so nach des Landes oder einer Stadt und Orthes[1963] Rechten undt Gewonheiten oder auch vermöge auffgerichtete Vertrage[1964] oder bestendige *Testament*[1965] und *Fideicommissen* außerhalb deß Geschlechts nicht mög[1966] ver-eußert, sondern bey den[1967] gewönlichen Erbgangk müßen gelaßen werden[1968], kan niemandt ohne der sembtlichen darin *interessir*ten Anverwandten *Consens* zu Lehen[1969] machen.

15. Obwoll auß[1970] solchen Verträgen und Ver- [fol.86r] einigungen, daß ein gewißes Geldt, so entweder auß einem Lehne mittelst der Theilung oder Kauffs erhoben oder auch sonst bey jemand verhanden, an Lehne soll verwandt werden, daßelbige[1971] nicht Lehen[1972] wird, ehe und zuvohr eß würcklich an Lehen gele-get[1973] oder auch sonst mitt *Consens* des Oberherrn[1974] zu Lehen[1975] gemachet, soll dennest[1976] denjenigen, welchen zu guett derogleichen *Pactum* beliebet und getroffen, daran der Vorzueg und das Recht zustehen und pleiben, das entweder die

---

1957 W *vornehmen.*
1958 W *Creditorn.*
1959 W *versichert.*
1960 W *Creditorn.*
1961 W *Kinder.*
1962 W *hat.*
1963 W *Orths.*
1964 W *aufgerichteter Verträge.*
1965 W *Testamenten.*
1966 Bei M verbessert aus *mögen*; W *mag.*
1967 W *dem.*
1968 W *Erbgang gelassen werden muss.*
1969 W *Lehn.*
1970 W *durch.*
1971 W *dasselbe.*
1972 W *Lehn.*
1973 W *Lehn gelegt.*
1974 W *Ober-Herren.*
1975 W *Lehn.*
1976 W *dennechst.*

Erben ein Lehen davor[1977] anschaffen, oder auch zu dessen Erkauffung das Geldt folgen laßen müßen.

16. Wirdt ein Lehenguett[1978] verkaufft oder mitt andern Guettern, so nicht Lehen[1979] sein, verwechselt, ist das Geldt oder Gutt, dafur[1980] bekommen, nicht Lehen[1981], eß werde dan mitt *consens* deß Lehenherrn[1982] dazu gemachet, würde aber dabey eine solche Vereinigung getroffen, daß das Geldt oder Guett nicht auff die Landterben, sondern auff die Lehensfolger[1983] kommen solle, ist dieselbe zu Recht bestendig und ergehet darnach die *succession*. [fol. 86v]

17. Ein Lehenman[1984] kan vor sich selbst ein Lehenguett[1985] woll verbeßern oder[1986] ohne des Lehenherrn[1987] und mittbelehnten *Agnat*en *Consens* nicht vor Anderen[1988] verringern[1989], verschlimmern und beschweren[1990]. Geschehe ein Anders, ist es nichts[1991] gültig undt kan weder den Lehenherren[1992] noch den mittbelehnten *Agnat*en nachtheilig oder *praejudicir*lich sein.

18. Ein Lehen[1993] ist zu des Lehenmans[1994] Recht und Gewaldt nicht lenger, dan er lebet, darumb alles, was er über daß Lehen[1995], auch deßen Abnutzungen, verspricht, verordnet und *contrahir*et, nicht lenger, dann[1996] solang er lebet, gultig, die Lehensfolger[1997] sein daran[1998] nicht weiter verbunden, dan[1999] sie haben darin verwilliget oder des Verstorbenen Erben geworden.

1977 W *Lehn davon.*
1978 W *Lehn-Guth.*
1979 W *Lehn.*
1980 W *so dafür.*
1981 W *Lehn.*
1982 W *Lehn-Herrn.*
1983 W *Lehns-Folger.*
1984 W *Lehnmann.*
1985 W *Lehn-Guth.*
1986 W *aber.*
1987 W *ohne der Lehn-Herrn.*
1988 *Vor Anderen* fehlt bei W.
1989 W *verändern, verringern.*
1990 *Verschlimmern und beschweren* bei M am Rand eingefügt.
1991 W *nicht.*
1992 W *dem Lehn-Herrn.*
1993 W *Lehn.*
1994 W *Lehnmanns.*
1995 W *Lehn.*
1996 W *denn.*
1997 W *gültig, Lehnsfolger.*
1998 W *davon.*
1999 W *denn.*

19. An einem Lehen[2000] haben alle, die unter der Belehnung begriffen, die gesambte Hand und von dem *primo acquir*ente[2001] ein solch *jus quaesitum*, so ihnen ohne ihren *Consens* nicht kan genommen, geringert oder verschlimmert werden, mögen aber sich des Rechten[2002] nicht ehe gebrauchen noch dem Lehenman[2003] an den[2004] Besitz, Genies und Gebrauch [fol. 87r] des Lehens[2005] und aller deßwegen habenden Gerechtigkeiten behinderlich sein, oder was er mitt des Lehensherrn[2006] oder negsten *Agnat*en *Consens* über die Lehne verhandelt, anfechten, ehe durch die *Succession* das Lehen[2007] auff sie kommet. Allein können sie verwehren, das außer Nott und bewegenden[2008] Ursachen das Lehen[2009] von dem Geschlechte[2010] nicht gebracht werde, und ob es geschehen muße[2011], darin[2012] des *juris protimiseos* sich gebrauchen.

20. Ein Pfandtlehen[2013] ist, was der Lehenherr jegen[2014] außgezahlten Pfandtschilling verliehen, und follget in allem[2015], so lang es bey dem Pfandnehmer unabgelöset ist, die Natur und Eigenschafft eines alten Stamblehens[2016], wirdt also verdienet und verwürkt[2017], mag aber nach hundert und mehr Jahren loß gekundiget[2018], und iegen[2019] Erstatung des Pfandgeldes abgelöset werden, ohngeachtet in den letzten Lehenbrieffen[2020] solches nicht vorbehalten sey. Nach der Ablösung aber fellet[2021]

2000 W *Lehn.*
2001 W *Acquirenti.*
2002 W *Rechtens.*
2003 W *Lehn-Mann.*
2004 W *dem.*
2005 W *Lehns.*
2006 W *Lehn-Herrn.*
2007 W *Lehn.*
2008 W *bewegten.*
2009 W *Lehn.*
2010 W *Geschlecht.*
2011 W *müsse.*
2012 Fehlt bei W.
2013 W *Pfand-Lehn.*
2014 W *Lehn-Herr gegen.*
2015 W *allen.*
2016 W *Stamm-Lehns.*
2017 W *verwürcket.*
2018 W *lossgekündiget.*
2019 W *gegen.*
2020 W *Lehn-Briefen.*
2021 W *fällt.*

das Geldt wie von andern gepfandeten Lehen[2022] an die semptliche des Pfandes Erben, es were dan in den[2023] Lehnbrieffe ein An- [fol. 87v] ders gemeldet.

21. Kaufft iemandt ein Lehen wiederlößlich[2024], folget solches die Natur und Eigenschaffft anderer Lehen, so lang[2025] es bey dem Käuffer bleibet, der davon die Lehensgebhür[2026] zu erstaten schuldig. Wan es aber wiederumb abgelöset wirdt, gehöret das Geldt denen zu[2027], so unter der Kauffverschreibung[2028] begriffen, ist aber davon nichts darin enthalten, erheben daßelbe alleine die Lehensfolgere[2029], nicht aber die Erben, sie mögen dan erweisen des Kauffers[2030] Meinung gewesen, solches[2031] auff sie kommen solte.

Titulus III.
Von Belehnungen.

1.[2032] Wer durch die *Succession*, Kauff oder[2033] andern *Titul* zum Lehen[2034] kompt, soll in[2035] Jahr und Tag vor der Zeitt, da er oder in seinem Nahmen jemandt den Besitz ergreifft, die Belehnung bey dem Lehenherrn[2036] bitten und zu gebührenden[2037] Empfahung der Lehen[2038] sich gehorsahmblich erbiethen, bey Verlust [fol. 88r] der Lehne, er were dann annoch minderjerig oder wurde[2039] durch Abwesenheit und ander[2040] unvermeidtliche Hindernuß[2041] davon abgehalten. So gewinne[2042] der Lauff des Jahres und Tages, hiezu bestimbt, von der Zeitt, da die Hindernuß

2022 W *Lehn.*
2023 W *dem.*
2024 W *Lehn wiederlässlich.*
2025 W *Lehnen, so lange.*
2026 W *Lehns-Gebühr.*
2027 Fehlt bei W.
2028 W *Kauffbeschreibung.*
2029 W *Lehnsfolgere.*
2030 W *erweisen, dass des Verkäuffers.*
2031 W *dass solches.*
2032 W am Rand: *De Investitura feudali & obligationibus infeodatorum.*
2033 W *und.*
2034 W *Lehn.*
2035 W *im.*
2036 W *Lehn-Herrn.*
2037 W *gebührender.*
2038 W *Lehn.*
2039 W *würde.*
2040 W *andere.*
2041 W *Hinderniss.*
2042 W *gewinnt.*

auffhöret[2043], den Anfang und würde von derselben abgezogen, so lange solche gewehret.

2. Ist der Lehensfolger unmundig[2044], gebühret den Vormundern[2045] inwendig Jahr[2046] und Tages von Zeitt angetretener Vormundschafft, das Lehen[2047] zu muthen und darüber einen Schein und Muttzettel[2048] zu suchen, darff aber den Leheneydt[2049] im Nahmen seiner[2050] Verpflegten nicht schweren, sondern derselbe wirdt zu erreichtem vollkommenen[2051] Alter nach dem 25.[2052] Jahr verschoben. Wann alßdan sie zu dem Besitz und Verwaltung der Lehen[2053] gelangen, sein sie in Jahr und Tag sich zu Abstatung des Leheneydes[2054] zu erbiethen[2055] oder auch bey einfallenden Hindernus[2056] Auffschub zu suchen schuldig.

3. Theilen die *Successor*en ein Lehen[2057], ist und pleibet solches, solang es bey dem Geschlecht pleibet, ein Lehen[2058] und darff nicht [fol. 88v] alß über zweyen[2059] Lehnen, sondern alß bey gesambter Handt zugleich die Belehnung gebethen werden. Kompt hernach das eine Theill wiederumb zum andern, ist auch die absonderliche Belehnung nicht nöthig. Wurden[2060] aber auß einem Lehen zwey gemachet[2061], ist es zu halten, alß wen es absonderliche Lehen[2062] sein.

4. Verstürbe[2063] jemandt, ließe verschiedene Söhne oder Vettern nach und dieselbe verglichen sich umb das angeerbte Lehne[2064], das es bey einem bliebe, die

---

2043 W *Hinderniss aufhört.*
2044 W *Lehnsfolger unmündig.*
2045 W *Vormündern.*
2046 W *Jahres.*
2047 W *Lehn.*
2048 W *Muth-Zettul.*
2049 W *Lehn-Eyd.*
2050 W *seines.*
2051 W *erreichten vollenkommenen.*
2052 W *25ten.*
2053 W *Lehn.*
2054 W *Lehn-Eydes.*
2055 W *entbiethen.*
2056 W *einfallender Hinderniss.*
2057 W *Successorn ein Lehn.*
2058 W *Lehn.*
2059 W *zwey.*
2060 W *Würden.*
2061 W *Lehn zwey gemacht.*
2062 W *Lehn.*
2063 W *Verstirbet.*
2064 W *Lehn.*

andern[2065] mitt Gelde abgefunden werden, durffen[2066] die alleine, nicht aber die Abgetheilte, so das Lehen[2067] behalten, die Erneuerung der *Investitur* bitten, es were dann, was sie bekommen, Lehen[2068] oder würde zu Lehen gemachet[2069]. Alßdan lieget ihnen ob, davon die *Recognition* zu thuen.

5. Wer durch die Belehnung die gesambte Handt zu dem Lehne hatt, soll, wan er innerhalb Landes auch sonst durch unvormeidtliche Hindernuße[2070] nicht abgehalten, so offt die Erbhuldigungen[2071] geschehen und dabey die Lehenempfangnußen[2072] sich mitt angeben, und die landgebreuchliche Lehengebühr[2073] erstaaten. Sonst aber mögen sie woll, so offt sich der [fol. 89r] Fall begibt, das des Lehenmans Persohne[2074] verendert, sich angeben, aber sein dazu ohnverbunden, können auch dadurch an ihrem Recht sich nicht verseumen.

6. So lang einem Lehenman[2075] sein Recht am Lehen[2076] von Andern gestritten wird und die Sache zu Recht anhengig, dabey *sub lite*, ob er oder ein Ander zum Lehen möchte[2077] befuegt sein, ob er bereits den *Possess*[2078] ergriffen hette, durfft[2079] er die *Investitur* nicht suchen. Und wan[2080] er dieselbe bethe, mag sie dennoch vor der Sachen Entscheidung ihm nicht ertheillet werden, ist aber nichtsdestoweniger von dem Lehen[2081] immittelst alle andere Gebühr dem Lehenherrn[2082] zu erweisen schuldig.

7. Ein Lehenman[2083] mag durch einen Andern oder durch eine unterthänige *Supplication* die Belehnung bitten undt erwarthen, daß ihm zum Empfang des Lehens[2084] eine Zeitt von dem Lehenherrn angesetzet[2085] werde, nicht aber ohne

---

2065 W *bliebe, und die andere.*
2066 W *würden, dürffen.*
2067 W *Lehn.*
2068 W *Lehn.*
2069 W *Lehn gemacht.*
2070 W *unvermeidliche Hindernisse.*
2071 W *Erbhuldigung.*
2072 W *Lehn-Empfängnissen.*
2073 W *Lehn-Gebühr.*
2074 W *Lehnmanns Persohn.*
2075 W *ein Lehnmann.*
2076 W *Lehn.*
2077 W *Lehn mögte.*
2078 W *Process.*
2079 W *darf.*
2080 W *wenn.*
2081 W *Lehn.*
2082 W *Lehn-Herrn.*
2083 W *Lehnmann.*
2084 W *Lehns.*
2085 W *Lehn-Herrn angesetzt.*

deßelben Erlaubnuß[2086] durch einen Andern den Leheneydt[2087] ablegen, sondern muß sich persöhnlich dazu gestellen. Da er aber durch Ehehaffte behindert würde, solche [fol. 89v] dem Lehenherrn[2088] gebürlich melden und erwarthen, ob er deßwegen durch einen Gevollmechtigten[2089], der aber alßdan mitt einem *Special*befehl zu versehen, zu Abstatung des Eydes wolle[2090] gelaßen oder bis nach Ablegung der Hindernuß[2091] Auffschueb gegeben werden.

8. Auff welche Arth und Bedinge die erste und eltiste[2092] Belehnung lautet, darauff wird das Lehen[2093] folgendts gegeben und empfangen und mag, solang[2094] es dem Lehenherrn[2095] nicht eröffnet worden, auff andere *Condition* ohne deßen und[2096] zugleich des Lehensfolgern[2097] und der gesambten Handthabenden Willen nicht geendert werden.

9. Wirdt bey der *Investitur* oder in Lehenbrieffen[2098] ein Guett mit allen seinen[2099] Zubehör und Rechten gegeben oder gemeldt, ist darunter begriffen alles, so zu der Zeitt zu dem Lehen[2100] gelegen oder gebrauchet, wie auch daß Recht, waß davon abgekommen, da es ein *Pertinens* gewesen, wiederumb dabey zu bringen. Imgleichen[2101] werden damitt verliehen alle die Rechte, *Jurisdiction*[2102], Nutzbarkeiten so nach des Landes Rechten und Gewonheiten derogleichen Lehenleute[2103] nicht alß ein[2104] *privilegio* oder *Specialconcession*, sondern nach gemeinen üblichen Gebrauch haben [fol. 90r], ob derogleich *in specie* nicht gedacht, so ferne sie nur nicht außtrucklich[2105] *excipirt*.

2086 W *Erlaubniss.*
2087 W *Lehn-Eyd.*
2088 W *Lehnherrn.*
2089 W *Gevollmächtigen.*
2090 W *solle.*
2091 W *Hinderniss.*
2092 W *u. älteste.*
2093 W *Lehn.*
2094 W *lange.*
2095 W *Lehnherrn.*
2096 W *u.*
2097 W *Lehnsfolgers.*
2098 W *Lehn-Brieffen.*
2099 W *allem seinem.*
2100 W *den Lehn.*
2101 W *ingleichen.*
2102 W *Jurisdictionen.*
2103 W *Lehn-Leute.*
2104 W *nicht aus einem.*
2105 W *ausdrücklich.*

Titulus IV.
Von gesambter Handt und Anwartungen.

1.[2106] Nach dieser Lande Rechte und Gewonheit wirdt die gesambte Handt durch die erste Belehnung für alle, die so darunter begriffen, und ihren Nachkommen erworben und, solange von denen einige ubrig[2107], erhalten, ob sie gleich, so offt ein Lehenherr[2108] oder Lehenman[2109] stirbt oder verendert wirdt, nicht genommen, erneuert oder das Lehen[2110] mitt empfangen wurde[2111].

2. Die gesambte Handt machet allen, so darunter begriffen, ein Recht zu dem Lehn, das sie darin *succedirn*[2112], auch durch die, welche solche erhalten, zu ihrem Nachtheill ohne ihren *Consens* die Lehne nicht in *perpetuum* vereußert werden können, gibt aber denen nicht ein gleiches Recht, sondern in der[2113] Ordnung, alß sie zu der *Succession* die negsten sein, mögen auch vor begebenden *Successions*fall den Vorhergehenden, waß *salvo feudo* geschiehet, nicht verwehren.

3. Die Anwarthungen[2114] zu den Lehen[2115] [fol. 90v], bey Leben des Lehenmans[2116] ertheilet, auff den[2117] Fall, wann durch Absterben oder ander Gestaldt die Lehne eröffnet undt erlediget, sein nach dero buchstablichen[2118] Einhaldt gultig[2119], bestendig und unwiederrufflich, demnach bey sich begebendem[2120] Fall die, welche derogleichen Anwartung[2121] erhalten, dazu die negsten sein und darin alßfordt[2122] gewiesen werden sollen.

2106 W am Rand: *Jura simultaneae investiturae & exspectantiae.*
2107 W *übrig.*
2108 W *Lehn-Herr.*
2109 W *Lehn-Mann.*
2110 W *Lehn.*
2111 W *würde.*
2112 W *succediren.*
2113 Bei M abgekürzt *d.*
2114 Bei M verbessert aus *andtworthungen.*
2115 W *Lehnen.*
2116 W *Lehnmanns.*
2117 W *dem.*
2118 W *Buchstaben.*
2119 W *gültig.*
2120 W *begebenden.*
2121 W *dergleichen Anwartungen.*
2122 W *alsofort.*

4. Hatt jemandt auff eines andern Todeßfall die Anwartung, ist nicht offenbahr, auff[2123] diesen Nahmen die *Concession restringir*et sey, hatt er Recht zum Lehen[2124], wan es in ander[2125] Wege eröffnet oder ledig geworden ist.

5. Stirbet der die Anwartung hatt, ehe das Lehen[2126] ledig wird, höret derselbe[2127] auff, wo nicht vor seine[2128] Erben dieselbe mitt erhalten, oder *titulo oneroso* erworben, dafür mitt zu achten, was wegen gueten Verdienstes zum *recompans*[2129] gegeben.

6. Wann zwey oder mehr an ein Lehen[2130] die Anwarthung erhalten, solang es damit[2131] bloß darin[2132] beruhet, daß beyde darauff gleiche Verschreibung haben, gehet derselbe vor, der die erste *Concession* oder[2133] Anwartung erlanget. Hette aber einer über das die *Investitur* [fol. 91r] oder die gesambte Handt, also das er würklich belehnet were oder auch ordentlich und ohne geferliche[2134] *Praeoccupation* den Besitz erlanget, so ist deme der Vorzug zustendig und bey dem Lehen[2135] zu schützen. Wehren sie auch hierin gleich, ist, der zum ersten dazu[2136] gelanget, mehr berechtiget.

7. Wer *in genere* eine Anwarthung[2137] auff daß Lehen[2138], so zum ersten eröffnet wird, erhalten, kan zu demselben nicht gelangen, darauff ein Ander die *Special*anwarthung hatt, obgleich daßelbe zuerst erlediget, sondern die *Specialconcession* hatt den Vorzug, es sey dann, das wie solches zum Angefall beynahe gestanden, dieser die erste *Concession*[2139] gewust hette, hinterlistig und es dem[2140] Andern an seinem Recht zu behindern außgebeten hette.

2123 W *dass auf.*
2124 W *Lehn.*
2125 W *andere.*
2126 W *Lehn.*
2127 W *dieselbe.*
2128 W *seinen.*
2129 W *recompense.*
2130 W *Lehn.*
2131 Bei M über der Zeile eingefügt.
2132 Bei M danach gestrichen *damit.*
2133 W *und.*
2134 W *gefährlicher.*
2135 W *Lehn.*
2136 W *darzu.*
2137 Bei M verbessert aus *Andtworthung.*
2138 W *Lehn.*
2139 Bei M verbessert aus *cession.*
2140 W *den.*

8. Wer eine Anwarttung[2141] zu Lehen[2142] hatt, sie beruhe in der bloßen *Concession* oder es habe bereits, der einmahl die *Investitur* erlangt[2143], auch die gesambte Handt empfangen, darff hernach, ehe dieselbe[2144] erlediget und er zum Besitz gelanget, darüber weiter die *Investitur*, Belehnung oder Muettzettul nicht bitten, ist auch, so offt der Besitzer des Lehens[2145] sich verendert, vor der Eröffnung die *Renovation* seiner *Exspectans*[2146] zu suchen [fol. 91v] nicht schuldig.

9. Wer auff sein Lehen[2147] Geldt nimpt und solches zum Unterpfande einsetzet oder das Lehen[2148] vereußern will, darff dazu des Anwarters, der nur die bloße *Expectanz* hatt, *Consens* nicht erfodern, sondern, wann der Lehennherr[2149] *consentir*et, muß er, wan das Lehen[2150] auff ihn kompt, die Schuld bezahlen. Hatt er aber daran zugleich die gesambte Handt durch die Belehnung erworben, so mag ohne seinen[2151] Willen und *Consens* die Verpfendung oder Vereußerung nicht geschehen, ist auch nicht lenger bestendig, alß das Lehen ohneröffnet[2152].

10. Wann ein Angefäll, darauff jemandt nur die bloße Anwarthung gehabt, eröffnet, soll derselbe, daferne ihm in der *Concession* die Macht, eigenes Gewaldts ohnersuchet des Lehensherrn[2153] den Besitz zu ergreiffen, nicht[2154] gegeben, das Lehen[2155] bey Verlust seines Rechtens eigendtlich nicht *occupir*en, sondern zuforderst bey dem Lehenherrn[2156] umb die *Immission* oder Vergunstigung[2157] der *Occupation* anhalten, dieselbe auch, wann keine *Contradiction* von jemandt auß scheinbahren erheblichen Ursachen dazwischen[2158] kompt, [fol. 92r] ohnverzueglich ertheilet werden. Wehre er aber bereits wurcklich[2159] belehnet, undt dadurch

2141 Bei M verbessert aus *andtworttung*.
2142 W *zu dem Lehn*.
2143 W *erlanget*.
2144 W *dasselbige*.
2145 W *Lehns*.
2146 W *Exspectance*.
2147 W *Lehn*.
2148 W *Lehn*.
2149 W *Lehns-Herr*.
2150 W *Lehn*.
2151 W *seinem*.
2152 W *Lehn uneröffnet*.
2153 W *Lehns-Herrn*.
2154 Bei M *nicht* mit anderer Schrift am Seitenrand eingefügt.
2155 W *Lehn*.
2156 W *Lehn-Hern*.
2157 W *Vergönstigung*.
2158 W *darzwischen*.
2159 W *würcklich*.

zu der gesambten Handt gelanget, ist[2160] ohne solch[2161] Gesuch er das Angefall, wan deßen Besitz ledig ist undt darin sich nicht befindet, so ein beßers Recht *praetendir*et, einzunehmen befuegt.

Titulus V.
Von den Successoren in den Lehen[2162].

1.[2163] Waß nicht außtrücklich bey den *Succession*en der Lehne durch das Landtrecht oder absonderliche Gewonheit geendert zu sein befunden wirdt, darin[2164] wirdt, soviell die *gradus* dero[2165] *proximität*, *partes succedentium* und *modum succedendi* betrifft, bey den Lehen[2166] und dero fehigen Personhen gefolget, was[2167] sonst bey Erbschafften zu Recht versehen und gebreuchlich ist.

2. In Lehen[2168] mag niemandt *succedir*en, den der ehelicher[2169] Geburth ist, deroselben aber zu sein wirdt auch der erachtet, so zwahr außerhalb Ehestandes gezeuget und gebohren, aber hernach durch deßen Erfolg *legitimir*et wird. Die aber ander[2170] Gestaldt [fol. 92v] sich *legitimir*en laßen, kommen nicht zur *Succession*. Sie werden dan mitt *Consens* des Lehenherren[2171] undt der[2172] gesambter Handt Vettern[2173] dazu *legitimir*et.

3. In den Lehenn[2174] *succedir*en (der Fall, wan nach dieses Landes *Constitution*en und *Privilegi*en Erbjungfrauen dazu gelangen konnen[2175], außbeschieden) allein die menliches Geschlechtes[2176] sein und die von denen gebohren worden[2177].

2160 Bei M danach gestrichen *er*.
2161 W *solchen*.
2162 W *dem Lehn*.
2163 W am Rand: *De Successionibus feudalibus*.
2164 W *darein*.
2165 W *der*.
2166 W *Lehn*.
2167 W *und*.
2168 W *Im Lehn*.
2169 W *ehrlicher*.
2170 W *anderer*.
2171 W *Lehn-Herrn*.
2172 W *mit der*.
2173 W *Vettern Willen*.
2174 W *Lehnen*.
2175 W *können*.
2176 W *Männlichen Geschlechts*.
2177 W *werden*.

4. Die Lehne fallen nicht zuruck[2178] von den Kindern auff die Eltern, demnach dan, es sein neue oder alte Lehne, die Eltern darin nicht[2179] *succedir*en, eß sey dan solches in der *Investitur* anders begriffen oder auch den Kindern des Vattern halber undt umb deßen Wollverdienst das Lehen[2180] gegeben oder von[2181] den Kindern vor[2182] dem Vater oder mit deßen Gelde erkaufft oder auch vormahlen[2183] solches des Vatern oder Großvatern Lehen[2184] gewesen und von demselben den[2185] Sohn oder *Nepoti* abgetreten, in welchen Fellen der Vater zu dem Lehen[2186] neher dan[2187] die Brüder und andere *Agnaten.*

5. Die *Succession* in den Lehnen folget *in linea collaterali* dieselbe Ordnung und Weiße, so viell die *Agnaten* betrifft, welche [fol. 93r] bey den Erbschafften nach den gemeinen Rechten hergebracht, darumb dan in dehm[2188] die Brüder Kinder mit ihren Vater Brüdern *in stirpes*, wan sie aber alleine sein, *in capita* in den Lehnen wie in andern Erbguettern *succedir*en.

6. Der Bruder[2189] und *Agnat*en Recht ist bey der *Succession* gleich, sie sein dem abgestateten Lehenman[2190] und unter sich durch voller oder halber Geburth verwandt, wan nur sie in gleichem[2191] *grad* und von einem menlichen, des Lehens[2192] fehigen, Stamb entsproßen.

7. Eß bleibe das Lehen[2193] bey einer Linien der *Agnation* oder komme zur andern, sein zur *Succession* nicht alle zugleich berechtiget, welche die gesambte Handt dazu haben, sondern die negsten in der Anverwandtnus[2194] sein die negsten zur *Succession* und schließen auß die, so in weitern *gradibus* befunden werden.

8. Die Negstigkeit zur *Succession* ist nach der Verwandtnuß[2195], mit denen welchen *succedir*et wird, zu rechnen, demnach, wer dem letztverstorbenen Lehen-

2178 W *zurück.*
2179 W *nicht darin.*
2180 W *Lehn.*
2181 W *vor.*
2182 W *von.*
2183 W *vormahln.*
2184 W *Lehn.*
2185 W *denselben dem.*
2186 W *Lehn.*
2187 W *denn.*
2188 *In dehm* fehlt bei W.
2189 W *Brüder.*
2190 W *abgestorbenen Lehnmann.*
2191 W *gleichen.*
2192 W *Lehns.*
2193 W *Lehn.*
2194 W *Anverwandtniss.*
2195 W *Verwandtniss.*

man[2196] der Negste ist, *succedir*et vor denen, so dem *primo acquir*enti, wodurch das Lehen[2197] erst zum Geschlecht gekommen, neher verwandt sein. [fol. 93v]

9. Stirbt ein Lehenman[2198] und leßet *Agnaten* hinter sich, die nicht von einer, sondern unterschiedlichen *Lini*en der Verwandtnuß[2199] sein, unter welchen die Persohnen zur *Succession* gleich nahe berechtiget, aber an[2200] Zahl ohngleich, geschiehet die Theilung des Lehens[2201] nach *Lini*enzahl und kompt auff iedes ein Theill, welches, die unter derselben sein, nach ihrer Zahl vertheilen. Und wehren nur von[2202] einer drey oder mehr von[2203] der andern Linien[2204], erben diese sembtlich[2205] soviell alß der Einziger. Sein aber unter einer Linien die Anverwandten neher dan[2206] unter der andern, schließet diese die andere Linie und die darunter sein durch die *Proximität* auß.

10. Wan der Lehenman[2207] keine Söhne, sondern nur Töchter hinter sich verlaßen, dieselbe aber alß Erbjungfern[2208] sich ihres *privilegii* gebrauchen, obgleich immittelst derjenige, so Zeitt des Vatern Absterben der negste Lehensfolger[2209] gewesen, verstorben, soll nichts desto weniger es also gehalten werden, alß wann er damahlen[2210] *succedir*et hette. Darumb, wann einer[2211] Brudere[2212] oder Vettern in gleichem[2213] Grad hinter sich verlaßen und[2214] dero ein oder sie zusammen verstorben[2215] und ließen Kinder[2216], obgleich der Überlebender einen *Grad* neher dan dieser[2217] wehre, sollen sie doch zusammen wie die [fol. 94r] Eltern *succedir*et

2196 W *Lehnmann.*
2197 W *Lehn.*
2198 W *Stirbet ein Lehnmann.*
2199 W *Verwandtniss.*
2200 W *die.*
2201 W *Lehns.*
2202 W *nur von der einen Linie.*
2203 W *aber von.*
2204 W *Linie.*
2205 W *erben die sämtliche.*
2206 W *denn.*
2207 W *Lehnmann.*
2208 W *Erb-Jungfrauen.*
2209 W *Lehnsfolger.*
2210 W *damahln.*
2211 Bei M verbesser aus *ein.*
2212 W *Brüdere.*
2213 W *im gleichen.*
2214 W *oder.*
2215 W *ein, oder mehr verstürben.*
2216 W *Kinder nach.*
2217 W *diese.*

hetten, zu den Lehen[2218] gelangen. Imgleichen, wan die sembtliche Brüeder, so Zeitt vorberegten Absterbens gewesen, abgeschieden[2219] undt Bruderkinder[2220] in ungleicher[2221] Anzahl verlaßen, *succedir*en sie doch in diesem Fall nicht nach Hauptzahl, sondern also, wie ihre[2222] Eltern zum Lehen gekommen[2223].

11. In alten Lehen[2224] *succedir*en alle, welche mitt den[2225] Letztverstorbenen eines Nahmens, Schildes und Helmes sein, ob sie gleich die Siepschafft nicht berechnen könten. In neuen Lehnen aber, ob sie gleich vor ander alß Leibes Lehenserben[2226] nemblich vor die *Agnat*en mitt vorliehen[2227] oder empfangen, *succedir*en dieselbe allein, welche mit den[2228] ersten *Acquir*enten bis zum funfften[2229] Grad der *Agnation* und Siepschafft halber sich berechnen konnen[2230] undt die von dehnen herrühren.

12. Die Sohne[2231] mögen sich der *Succession* in den Lehnen nicht anmaßen und der Erbschafft begeben, sondern sollen beydes zugleich annehmen oder laßen. Ob daiegen[2232] geschehe, sollen sie nichtsdestoweniger zu Bezahlung der väterlichen Schulden[2233] gehalten sein, mögen aber dabey durch Auffrichtung eines *Inventarii* sich verwahren und, wan solches geschehen, sein sie nicht weiter dan[2234] daß [fol. 94v] Vermögen der Verlaßenschafft an Lehen[2235] und Erbe sich erstrecket[2236].

13. Wann ein neu Lehen erkaufft[2237], obgleich der Kauffschilling aus des Keuffers Erb- und *Allodial*güettern genommen und angewandt, *succedir*en dennest[2238] darin alleine die Söhne und andere des Geschlechts, so lehensfehig[2239], wan es zugleich vor dieselbe mitterkaufft. Die Töchter aber haben daran kein *ius successionis*. Alleine

2218 W *dem Lehn.*
2219 W *verstorben.*
2220 W *Kinder.*
2221 Bei M verbessert aus *gleicher.*
2222 W *die.*
2223 W *Lehn gekommen wären.*
2224 W *Im alten Lehn.*
2225 W *dem.*
2226 W *Lehnserben.*
2227 W *verliehen.*
2228 W *dem.*
2229 W *5ten.*
2230 W *können.*
2231 W *Söhne.*
2232 W *dagegen.*
2233 W *Schulde.*
2234 W *denn.*
2235 W *Lehn.*
2236 W *erstrecket, gehalten.*
2237 W *Lehn verkauft.*
2238 W *demnechst.*
2239 W *Geschlechts Lehnsfähige.*

wan befindtlich, das die Eltern daran ein guett Theill ihrer eigenthumblichen[2240] Haabe und Güether verwandt, dahero ein geringes Erbtheill vor die Töchter übrig, soll auß den erkaufften Lehnen den Töchtern und, wan sie verstorben, ihren Kindern soviel gereichet oder zu dehm, so auß der Erbschafft übrig, geleget werden, alß ihnen, wann solch Geld dazu nicht angewandt, anstaath der *legitimae* zukommen mögen. Haben alßdan darauß keine Außteur[2241] und *Alimenten* zu fodern, sondern zu eins von diesen die Wahl.

Titulus VI.
Von Theilung der Lehenguther[2242].

1.[2243] Ist ein Lehen zuvohr[2244] getheilet gewesen, die Theile aber sein auff einen[2245] gekommen und der hatt hinwiederumb soviell *Successor*en[2246], [fol. 95r] alß dero zuvorn gewesen, oder es leßet sich daßelbe doch fueglich theillen, also das die[2247] daran gleich Recht[2248] haben, auch zu gleichen Genies gelangen und kein Theill von dem[2249] andern möchte beschweret oder in Ungelegenheitt geführet werden undt einer deroselben *provocir*et zur *Division*, sein die andern darin zu willigen schuldig und mögen, die darumb bey den Lehenherrn[2250] ansuchen, an die, so sich deßen verwiedern, *mandatum*[2251] erhalten. Hette es aber mitt dem Lehen[2252] eine andere Bewandtnuß[2253] und die Theilung sonderbahr[2254] Beschwer oder Nachtheill bey sich, mag einer dem[2255] andern wieder seinen Willen dazu nicht mußigen[2256], sondern haben sich auff andere Mittel zuvereinigen.

2240 W *eigenthümlichen.*
2241 W *Aussteuer.*
2242 W *Lehn-Güther.*
2243 W am Rand: *De Divisione bonorum feudalium.*
2244 W *Lehn zuvorn.*
2245 W *einem.*
2246 W *successorn.*
2247 W *sie.*
2248 W *Acht.*
2249 W *den.*
2250 W *dem Lehn-Herrn.*
2251 W *ein Mandatum.*
2252 W *Lehn.*
2253 W *Bewandniss.*
2254 W *sonderbahre.*
2255 W *den.*
2256 W *müssigen.*

2. Leßet sich ein Lehen[2257] nicht fueglich theilen, mögen, die darin zu gleichen Theillen berechtiget, sich über den[2258] gemeinen Nutzen vereinigen und entweder einen jegen[2259] gewiße jerliche Abstatung es laßen oder einem gemeinen Verwalter auff Rechnung oder *Pensionario* iegen[2260] gewiße *Pension* außthuen. Will aber einer unter ihnen in der Gemeinheit nicht bleiben, mag er das Lehen[2261] auff einen[2262] gewißen *Taxt* setzen, und den Andern die Wahl laßen, daß Lehen[2263] oder Geld zu wehlen. Eß soll aber, der vor sein Theill Geldt nimpt, solches im Lehen jegen[2264] landübliche Zinsen [fol. 95v] zu laßen oder an Lehen[2265] wiederumb zu legen schuldig sein, er werde dan deßen von den Andern erlaßen.

3. Entstehet darüber Streitt, ob sich das Lehen[2266] fueglich theillen laße oder nicht undt mögen die Lehensfolger[2267] unter sich keine Vereinigung treffen, sollen sie ihre *Intention*en[2268] undt wie sie damitt vortzukommen gemeinet, dem Lehenherrn[2269] eigentlich anzeigen, *Commissari*en zu Besichtigung der Lehne Umbstende und Gelegenheiten außbitten, dieselbe dan alles in Augenschein nehmen und sich erkundigen[2270], davon *Relation* zusambt ihren Bedencken in die Cantzleyen[2271] einbringen, darauff alßdan[2272] *Decretum*, ob und wie weitt die *Division* zuleßig, ertheilet werden.

4. Wurden die Lehensfolger[2273] einig, das Lehen[2274], so ihnen angeerbet, zu verkauffen und das Geldt unter sich zu theillen, mögen sie solches mit *Consens* des Lehenherrn[2275] thuen, sein aber, wann ander[2276] verhanden, so an[2277] dem

---

2257 W *Lehn.*
2258 W *dem.*
2259 W *einem gegen.*
2260 W *gegen.*
2261 W *Lehn.*
2262 W *einem.*
2263 *Daß Lehen* bei M am Rand eingefügt; W *Lehn.*
2264 W *Lehn gegen.*
2265 W *Lehn.*
2266 W *Lehn.*
2267 W *Lehnsfolger.*
2268 W *intention.*
2269 W *Lehn-Herrn.*
2270 Bei M danach gestrichen *darauff alsdan.*
2271 W *Cantzeleyen.*
2272 W *alsdenn.*
2273 W *Würden die Lehns-Folger.*
2274 W *Lehn.*
2275 W *Lehn-Herrn.*
2276 W *andere.*
2277 Bei M mit Verbesserung im Wort.

Lehne die gesambte Handt haben, die Gelde[2278] zu Erwerbung ander Lehen von[2279] die gesambter[2280] Handt Vettern wiederumb zu verwenden und den Vettern ein gleiches Recht daran zu verschaffen oder sonst mitt ihnen sich abzufinden schuldig. Sonst bleibet ihnen [fol. 96r] ihr Recht an den verkaufften Lehnen ohnverkürtzet.

5. Verglichen sich Bruder oder[2281] Vettern bey der Theillung, daß einer[2282] das Guett, dem andern ein gewiß Geldt daraus werde, solches aber, so auß den Lehen[2283] gekommen, ins Lehen[2284] wieder fallen und Lehen[2285] bleiben solle, ist die Vereinigung zu Recht bestendig und mag ein Bruder oder Vetter, welchem Geldt gefallen[2286], daßelbe nicht abfodern, er versichere dan seine Mittbelehnte, das er es in Lehen[2287] legen oder also bestetigen wolle, das auff seinen[2288] Todesfall sie deßen gewiß sein mögen.

6. Würde auff die Vereinigung, das das Geld, so den Abgetheilten gebühret, zu Lehen[2289] solle gemachet oder angewendet werden, vor daß Geld keine Lehne gekaufft, sondern bliebe in den Lehen[2290], daraus es zu erheben, bestehen oder würde abgegeben und an ander[2291] Örtter zinsbahr beleget, soll es jederzeit, soviell die *Succession* betrifft, die Natur und Eigenschafft eines Lehens[2292] behalten, solches alleine auff die *Agnat*en, so Lehen fehig[2293], vererbet, dan[2294] durch *Testament* oder ander[2295] *Disposition* nichts darin benommen werden. [fol. 96v] Eß darff aber solch Geldt nicht wie Lehen[2296] gesuchet oder verdienet noch anstaat der Roßdienste etwas abgetragen werden.

2278 W *Gelder.*
2279 W *anderer Lehn vor.*
2280 W *gesamte.*
2281 W *Brüder und.*
2282 W *einem.*
2283 W *dem Lehn.*
2284 W *Lehn.*
2285 W *Lehn.*
2286 W *welchem solches zugefallen.*
2287 W *Lehn.*
2288 W *seinem.*
2289 W *Lehn.*
2290 W *dem Lehn.*
2291 W *und in andere.*
2292 W *Lehns.*
2293 W *Lehnfähig.*
2294 W *deme.*
2295 W *andere.*
2296 W *Lehn.*

7. Fellet einen[2297] Bruder auß den Lehen[2298] ein gewiß Geld anstaath seines Antheils zu und er fodert solches Zeitt seines Lebens nicht ab, stirbt und leßet[2299] keine Kinder nach, obgleich kein *Pactum* darüber getroffen, das es Lehen[2300] sein und pleiben solle, pleibt es doch im Lehen[2301] und haben außer deßen Kindern weitere Anverwandten von ihm nichts zufodern.

8. Auff das Geld, so durch gewiße Verträge bey der Theilung oder[2302] sonst die Lehensnatur[2303] erlanget, haben deßen, dem es zugefallen, Wittwe, Tochtern undt *Creditoren*[2304] das Recht, was sie an Lehen[2305] haben, außer deme und auff ander[2306] Weise, alß derogleichen Persohnen zu dem Lehen[2307] gelangen, mögen sie an solchem Gelde nichts[2308] erben oder erreichen. Die Zinsen aber, so davon nachstendig, fallen auff die Landterben.

9. Wird einem Mittbelehnten oder Mitt*succedir*enden aus dem Lehne ein gewiß[2309] Geldt zugetheilet und abgegeben, ist dabey nichts verabredet, daher es an- [fol. 97r] staath Lehens[2310] pleiben soll, hatt, der es empfangen, darüber die freye *Disposition*, mag[2311] es anlegen, wie er will, und erben es, die[2312] zu andern Erbgüethern durch die *Succession* kommen.

10. Bey Theilung der Lehen[2313] mögen, die so theillen, ohne des Lehenherrn[2314] und der[2315] *Agnat*en *Consens* derogleichen[2316] *Pacta* woll auffrichten und sein außer dehm bestendig, dadurch die Lehne[2317] nicht verendert oder der Lehenherr[2318] und *Agnat*en an ihrem Rechte nicht verkürtzet werden. Geschicht aber dadurch eine

2297 W *einem.*
2298 W *dem Lehn.*
2299 W *lässt.*
2300 W *Lehn.*
2301 W *Lehn.*
2302 W *und.*
2303 W *Lehns-Natur.*
2304 W *Töchter, und Creditorn.*
2305 W *Lehnen.*
2306 W *andere.*
2307 W *Lehn.*
2308 W *nichtes.*
2309 W *gewisses.*
2310 W *Lehns.*
2311 W *mag er.*
2312 W *erben die es, so.*
2313 W *Lehne.*
2314 W *Lehn-Herrn.*
2315 Fehlt bei W.
2316 W *dergleichen.*
2317 W *Lehn.*
2318 W *Lehn-Herr.*

Verenderung der Lehenschafft[2319] oder wirdt dem Lehenherren[2320] oder *Agnat*en eine Beschwerde oder *Praejuditz* zugefueget, ist es, soviel dieselbe betrifft, ohne dero *Consens* ohngultig[2321] und ihnen ohn*praeiudicir*lich.

Titulus VII.
Von der Töchter und Jungfrauen Recht an den Lehnen.

1.[2322] Wann ein Lehenman verstirbt[2323] und keine Söhne oder Sohnssöhne, sondern nur Töchter, so annoch nicht ausgesteuret und [fol. 97v] im Ehestandt[2324] leben, hinter sich verlest, so mögen diese nach des Hertzogthumb Mecklenburgs[2325] sonderbahren *Privilegi*en die hinterlaßene Lehen[2326] Zeitt ihres Lebens einbehalten, besitzen und genießen.

2. Eß ist aber solch Recht alleine des Lehenmans Töchtern[2327] und, im Fall derselbe ein oder mehr Sohne[2328] gehabt, die aber vor dem Vater verstorben und keine Söhne, sondern nur[2329] Töchter verlaßen, des Sohns Töchtern[2330], welche mitt ihres Vater[2331] Schwestern an dem[2332] großväterlichen Lehen[2333] die Erbjungfrauengerechtigkeit nach Hauptzahl mitt *participir*en, zustendig. Andere aber alß des Lehenmans[2334] Schwestern und weitere Verwandten haben deßelben Rechtens sich nicht zu gebrauchen.

2319 W *Lehnschafft.*
2320 W *Lehn-Herrn.*
2321 W *ohngültig.*
2322 W am Rand: *Jura Virginum nobilium in Bonis feudalibus.*
2323 W *Lehnmann verstirbet.*
2324 W *Ehe-Stande.*
2325 W *Mecklenburgischen.*
2326 W *Lehn.*
2327 W *Lehn-Mannes Tochtern.*
2328 W *Söhne.*
2329 Fehlt bei W.
2330 W *Töchter.*
2331 W *Vaters.*
2332 W *den.*
2333 W *Lehn.*
2334 W *Lehn-Manns.*

3. Leßet jemandt Töchtere[2335] und von seinen[2336] Sohn gezeugete[2337] Söhne, haben diese Enckel an dem[2338] großväterlichen Lehen[2339] den Vorzug und die Tochter[2340] sich itztberegter Gerechtigkeitt nicht, sondern waß ihnen daraus zum Heyrathguett zukommen kann, zu erfreuen.

4. Wann mehr dan[2341] eine Erbjungfrau verhanden, mögen dieselbe über die Verwaltung und Genieß der Lehenguetter[2342], daran [fol. 98r] sie vorgedachte Gerechtigkeit haben, sich vergleichen, die Güether gemein behalten oder auch unter sich vertheillen. Stürbe von denen eine oder mehr, wan sie ihres Vatern Lehen[2343] ungetheilet und *pro indiviso* gebrauchen und genießen, so *succedir*et eine der andern und kompt das Lehen[2344] nicht auff die Lehensfolger[2345], ehe sie alle abgestorben. Hetten sie aber die Lehne unter sich getheilet, so verstammet und fellet der Verstorbenen Antheill an die negste *Agnat*en oder den Lehenherrn[2346], wie dan auch auff den[2347] Fall geschicht, wan ein oder mehr Schwestern von[2348] den andern mitt Gelde abgefunden, dan[2349] dieselbe hinfürters denen, so die Guetter behalten, nicht *succedir*en, sondern das Lehen[2350] felt an den Lehensfolger[2351].

5. Obgleich der Lehenman[2352] in den mechlenburgischen Landen[2353] heußlich nicht geseßen, doch wann er ohne mänliche Leibeslehens Erben[2354] Todes verfahren und alleine Töchter hinter sich verlaßen wirdt, sollen dieselbe[2355] weniger nicht, alß wann der Vater in dieser Lande Bottmeßigkeitt sein *Domicilium* und stetiges

---

2335 W *Töchter.*
2336 W *seinem.*
2337 W *gezeugte.*
2338 W *den.*
2339 W *Lehn.*
2340 W *Töchter.*
2341 W *Wenn mehr denn.*
2342 W *Lehn-Güther.*
2343 W *Lehn.*
2344 W *Lehn.*
2345 W *Lehnsfolger.*
2346 W *Lehn-Herrn.*
2347 W *dem.*
2348 W *vor.*
2349 W *da.*
2350 W *Lehn.*
2351 W *die Lehnsfolger.*
2352 W *Lehn-Mann.*
2353 W *dem Mecklenburgischen Lande.*
2354 W *Männlichen Leibes-Erben.*
2355 W *dieselbige.*

Anwesen gehabt, deß mechlenburgischen[2356] *privilegii* fehig sein und genießen. [fol. 98v]

6. Den Erbjungfrauen gebühret Zeitt ihres Einhabens der Lehenguether[2357] Nutzen und Genies *jure usus fructus* auff Fueg und Weise, alß die Leibgeding Rechtswegen eingehabt und genutzet[2358] werden.

7. Die Erbjungfrauen sein schuldig, über die Lehne und dero Zubehör, wann derselben sie auff ihre Gerechtigkeit sich annehmen, ein *Inventarium* auffrichten[2359] und zu deßen Verfertigung die negsten Lehensfolgere[2360] erfodern zu laßen, in den Guethern und dero Verwaltung also zu verfahren und sich zu verhalten, wie es einem[2361] guethen Haußwirth anstehet, dieselbe also, wie sie befunden, in baulichem[2362] Wesen *conserviren*, auch aller *Deterioration* sich enthalten, auch das durch ihre Leuthe solches nicht geschehe, verhüten. Im Wiedrigen sollen sie, was durch ihre Verwarlosung und Verursachen an Schaden zugefueget, zu ersetzen schuldig sein.

8. Eß soll keine Erbjungfrau neue Zimmer oder[2363] Gebeu ohne des Lehensfolgers[2364] Vorwißen anzurichten bemechtiget oder dafur[2365] keine Entgeltung gewertig sein, die Zimmer aber, so verhanden, mag sie zu ihrem[2366] und des Hoffes Nutzen und Nöthen [fol. 99r] *reparir*en, auch andere zutregliche Beßerungen anrichten. Und wan dieselbe also befunden, das sie dem Lehensfolger[2367] zu besondern Nutz und Frommen gereichen konnen[2368], soll ihnen undt ihren Erben dieselbe mitt billiger Ermeßigung zum Halbscheid vor dem Abtritt bezahlet, waß aber der Vater im Lehen[2369] gebauet und gebeßert, gar nicht *refundir*et und wiedererstatet werden.

9. Die Erbjungfrauen mögen keine Pauren ohne Vorwißen der Lehensfolger[2370] von ihren Höffen und Kaaten auff- und absetzen, weniger von den pauresplichti-

2356 W *Mecklenburgischen.*
2357 W *Lehn-Güther.*
2358 W genützet.
2359 W *aufzurichten.*
2360 W *Lehnsfolgere.*
2361 W *einen.*
2362 W *baulichen.*
2363 W *und.*
2364 W *Lehnfolgers.*
2365 W *dafür.*
2366 W *ihren.*
2367 W *Lehnsfolger.*
2368 W *können.*
2369 W *Lehn.*
2370 W *Lehnsfolger.*

gen[2371] Unterthanen iemandt erlaßen, sondern, ob es geschehe, soll es nichtig und ohngultig[2372] sein.

10. Die weichen Holtzungen können die Erbjungfrauen in Zeitt ihres Einhabenß in und nach den Hawen[2373] und Caveln, darin sie geleget[2374] und die Fellung üblich, zu des Hauses und Hoffes Notturfft gebrauchen, auch[2375] waß über dieselbe mehr sein wirdt, zu ihren Nutzen verkauffen, das harte Mast- und Bauholtz aber, sein sie weiter, alß es zu deß Lehens[2376] scheinbahren Nutzen und Frommen verwandt wirdt, zu ver- [fol. 99v] hawen nicht bemechtiget, sondern zu allem[2377] den harten Holtzungen durch sie zugefuegten Schadens Erstaatung verbunden.

11. Eß ist den Jungfrauen nicht vergönnet[2378] von dem Lehen[2379] oder deßen *Pertinenti*en etwaß zu ver*alienir*en, zu vereußern, daßelbe zu verringern oder zu beschweren. Undt ob von jemand das Lehen[2380] oder einiges deßen Antheill in Zusprach genommen würde, sollen sie solche ungeseumbt dem Lehensfolger[2381] *denunciir*en und ohne deßen Vorwißen nichts darüber vornehmen, weniger mitt jemandt über des Lehengueths *Particul*en[2382] oder Rechten *transigir*en oder sich vergleichen, ob aber hieiegen[2383] geschehe, dem Lehensfolger[2384] solches[2385] ohn-*praeiudicir*lich und, wan[2386] es nicht ergangen, gehalten sein.

12. Eß gebühret den Erbjungfrauen in Zeitt und Jahren, da sie die Guether haben und nutzen, die Roßdienste durch düchtige Persohnen, wie auch ander Lehensbürden[2387] und *onera realia* alß Priester, Küstergebuhr[2388], Kirchenschoß[2389], Reichs-,

2371 W *Bauerspflichtigen.*
2372 W *ohngültig.*
2373 W *dem Hauen.*
2374 W *gelegen.*
2375 W *und.*
2376 W *Lehns.*
2377 W *allen.*
2378 W *vergönnt.*
2379 W *Lehne.*
2380 W *Lehn.*
2381 W *Lehnsfolger.*
2382 W *Lehns-Guths Particuln.*
2383 W *hingegen.*
2384 W *Lehnsfolger.*
2385 W *solche.*
2386 W *als wann.*
2387 W *andere Lehns-Bürden.*
2388 W *Küster-Gebühr.*
2389 W *Kirchen-Schloss.*

Creyß- und Landsteuren wie auch auß den Guethern andern[2390] gebührende Hebungen und Pächte abstaaten[2391]. [fol. 100r]

13. Die Schulde[2392], welche der Lehenmann[2393] hinter sich verlaßen, werden zufoderst von dessen Erbschafft bezahlet. Wan aber diese nicht zureichen, sondern derogleichen Schulde sein würden, so auff den Lehen[2394] hafften, pleiben dieselbe[2395] dabey und sein die *Capitali*en von dem Lehensfolger[2396] abzuzahlen. Die Zinsen aber sollen in und von den Jahren, darin die Erbjungfrauen sich ihres *privilegii* in den Guettern gebrauchen werden, von ihnen richtig gemachet und abgeführet werden.

14. Neue Schulde sollen von den Erbjungfrauen auff die Lehne ohne des Lehensfolgers[2397] *Consens* nicht gemachet[2398] oder gebürdet werden, dieselbe auch die alten Schulde, dadurch sich an dem Lehne ein mehres[2399] Recht zu machen, nicht an sich handeln oder *cedir*en laßen, eß geschehe dan auch mitt Belieben des Lehenfolgers[2400]. Ob es aber geschehen, sollen unter dem Verwandt kunfftig[2401] die Güetter von den Jungfrauen oder ihren Erben nicht *ex praetextu juris retentionis* vorenthalten, sondern nicht[2402] destoweniger abzutreten[2403], sie aber zu ordentlicher Zusprache verwiesen werden.

15. Wann der Erbjungfrauen Vater [fol. 100v] nicht soviel an Baarschafft und *Allodial*guettern[2404] auff seinen[2405] Todesfall hinter sich verlaßen würde, daß sie davon gebührlich außgesteuret werden könten[2406], so soll ihr der Brautschatz *ex feudo pro quantitate ejusdem* wenigers nicht und ungeachtet ihres habenden Nießbrauches[2407] abgerichtet und gefolget werden.

2390 W *andere.*
2391 W *abzustatten.*
2392 W *Schulden.*
2393 W *Lehnmann.*
2394 W *dem Lehn.*
2395 W *dieselben.*
2396 W *Lehnsfolger.*
2397 W *Lehnfolgers.*
2398 W *gemacht.*
2399 W *Lehn ein mehrers.*
2400 W *Lehnfolgers.*
2401 W *Vorwand künftig.*
2402 W *nichts.*
2403 W *abgetreten.*
2404 W *Allodial-Gürhern* (!).
2405 W *seinem.*
2406 W *könte.*
2407 W *Niesbrauchs.*

16. Wan die letzte von den Erbjungfern Todes verblichen, mag der Lehensfolger[2408] alßbald der Lehenguetter[2409] sich annehmen undt den Besitz ergreiffen, doch das er deroselben Erben an außlendische Verführung und Wegkschaffung deßen, so von dem letzten Jahr eingehoben, auch waß der Verstorbenen eigen gewesen, nicht behindern, auch zugleich die *Melioration*en, so erweißlich, erstaten soll. Gestaldtsahmb dan der Lehensfolger[2410] das Getreyde und auch das Gerethe, so die Jungfrau hinterlaßen, bis auff die negste Stadt durch der Guetter Unterthanen abführen, die Erben auch, was nicht zum Lehen[2411] gehöret, ohngehindert wegknehmen zu laßen und darin also zu verfahren, und im ubrigen[2412] es zu halten schuldig, wie es nach Erledigung des Leibgedings gehalten wirdt.

17. Denen Jungfrauen, so zu obbemelter Erbgerechtigkeit nicht gelangen mögen, gebühret auß den Lehen[2413], sie sein alt oder neu, erkaufft [fol. 101r], ererbet oder eröffnet, von ihren Brüdern Vettern, auch auff den Fall[2414], niemandt dero mehr übrig, dem Lehenherrn[2415] ein Gewißes zur Außsteur[2416], wan sie zur Ehe schreiten wollen, dafern sie ein solches auß ihres Vatern hinterlaßenen Erbguethern nicht erlangen mögen.

18. Die Lehne sein zu des verstorbenen Lehenmans[2417] Schwestern oder Tochter Außsteur nicht weiter dan *in subsidium* verbunden, demnach dazu vorerst anzuwenden, was nach Abzug der Schulde übrig sich befindet. Were aber in der Erbschafft soviell an baaren Mitteln oder derogleichen[2418] Haabe, der solchen zu vergleichen, nicht verhanden, alß eine billige Außsteur[2419] erfodert, wird das Übrige aus dem Lehen[2420] ersetzet, dem Lehensfolger[2421] aber auß[2422] der Erbschafft Mitteln, so

2408 W *Lehnsfolger.*
2409 W *Lehn-Güther.*
2410 W *Lehnsfolger.*
2411 W *Lehn.*
2412 W *übrigen.*
2413 W *Lehnen.*
2414 W *auch im Fall.*
2415 W *den Lehn-Herren.*
2416 W *Aussteuer.*
2417 W *Lehnmanns.*
2418 W *dergleichen.*
2419 W *Aussteuer.*
2420 W *Lehn.*
2421 W *Lehnsfolger.*
2422 W *ist aus.*

vor Baarschafft nicht zu achten oder da daßelbige nicht fort zu[2423] machen, sich deßen, so vorleget[2424], zu erholen vorbeheltlich[2425].

19. Mitt der Maaße der Außteur[2426] ist es also zu halten, das, wan zufoderst nach Einhalt des *Inventarii* die Guetter in einen gewißen billigen Anschlag (nach dero Bewandtnus[2427] zur Zeitt der Eltern Absterbens, nicht aber wann die Außsteur[2428] geschehen soll) gebracht, davon die Schuldt wie auch den Roßdienst [fol. 101v] damitt der Lehenmann[2429] verhafftet, abgezogen, von dem, was übrig, den Töchtern soviell, als die *legitima portio* außmachet, benandtlich der dritte[2430] Theill deßen, was ieder Tochter, wan sie mitterben möchte, zukommen konte[2431], zu ihrer semptlichen Außsteur an[2432] Kleidern gereichet werde. Waß über solches von den Eltern versprochen, sein die Lehensfolger[2433] deßen ohngeachtet aus den Lehenn[2434] zu entrichten nicht verbunden, auß des Vatern Erbschafft aber oder auch von den Bürgen, so deswegen verpflichtet, solches zu fodern, pleibet ihnen ohnbenommen.

20. Hatt der Vater ein oder mehr Töchter bey seinem Leben außgesteuret, gebühret den andern unaußgesteureten[2435] nach deßelben Todte ebensoviell, eß hette dan[2436] des Vatern Zustand und Vermögen hernach sich geendert oder das Lehen[2437] were damitt übermeßig beschweret, so wehren auch die hinterlaßene[2438] Söhne, aus dem Lehne solches zu reichen, nicht, die außgesteurte[2439] Schwestern aber, wan sie hernach Vater oder Mutter Erbe fodern[2440] wolten, was sie bekommen zu *conferir*en, auch *pro ratâ* ein gewißes zu *restituir*en schuldig.

21. Wann eine adeliche Jungfrau [fol. 102r] öffentlich zu schanden wirdt, gebühret ihr aus den Lehnen[2441] nichts, sie würde dan hernach durch den Ehestandt

2423 Bei M verbessert aus *fort nicht zumachen*; W *zu Gelde zu.*
2424 W *verleget.*
2425 W *vorbehaltlich.*
2426 W *Aussteuer.*
2427 W *Bewandniss.*
2428 W *de (!) Aussteuer.*
2429 W *Lehnmann.*
2430 W *3te.*
2431 W *könte.*
2432 W *Aussteuer, und andern.*
2433 W *Lehnsfolger.*
2434 W *dem Lehn.*
2435 W *unausgesteuerten.*
2436 W *denn.*
2437 W *Lehn.*
2438 W *hinterlassenen.*
2439 W *ausgesteurete.*
2440 W *fordern.*
2441 W *dem Lehn.*

wiederumb zu Ehren gebracht, alßdan aber ihr nicht soviell als Andern, sondern nur der dritte Theill deß Ehegeldes, welches sie sonst haben sollen, zu reichen. Nicht ein Mehres[2442] sollen auch die haben, welche also heyrahten, das es ihnen und ihrem Geschlechte zum *Despect* gereichet, so aber nicht zu[2443] eines ieden, sondern richterlicher Ermeßigung stehet.

22. Die Außsteur[2444] gebühret den Töchtern und Schwestern nicht ehe, dan wann sie zum Ehestandt schreiten. Versterben sie vorher, pleibet ihr Ehegeldt bey dem Lehne und erben davon die negsten Freunde nichts. Wan aber dieselbe verehliget[2445] und stirbt[2446] nach der Hochzeit, obgleich daßelbe auß den Lehnen nicht abgeführet oder auff[2447] gewiße Zeiten und *Termine* versprochen, kompt[2448] es alß der Jungfrauen einmahl gewordenes *Patrimonium* auff dero Erben, denen der Lehensfolger[2449] solches zu entrichten schuldig, wie sie dann auch darüber zu *disponir*en befuegt ist.

23. Were der Außsteur[2450] halber aus den Lehenn[2451] zwischen dem Lehensfolger[2452] und Jungfrauen eine gewiße Vereinigung, wieviel ein jeder [fol. 102v] haben solle, getroffen, es stürben aber dero eine[2453] oder mehr unbefreyet[2454], alßdan soll von der Verstorbenen Antheill den Übrigen alß die Außsteur[2455] der Andern halber, so viell ringer gesetzet, die Helffte zu Erhöhung deßen, so vorhin vermachet, zuwachsen, das Übrige bey dem Lehne bleiben.

24. Wann Vater und[2456] Mutter verstorben[2457] und laßen nach sich einen Sohn und Tochter, die noch unbefreyet ist, und der Sohn vergleichet sich mitt der Schwester, wie hoch er sie außsteuren wolle und verstirbt[2458] darnach ohne Leibeserben

2442 W *mehrers.*
2443 Bei M danach gestrichen *schlechte.*
2444 W *Aussteuer.*
2445 W *verehlichet.*
2446 W *stirbet.*
2447 W *auch auf.*
2448 W *kömmt.*
2449 W *Lehnsfolger.*
2450 W *Aussteuer.*
2451 W *Lehnen.*
2452 W *Lehnsfolger.*
2453 W *ein.*
2454 W *unbefryet.*
2455 W *als deren Aussteuer.*
2456 W *u.*
2457 W *versterben.*
2458 W *verstirbet.*

also, das seine Lehen[2459] an die nehesten[2460] Vettern, aber das Erbe an die Schwester fellig wirdt und es begehret seine Schwester von den Lehensfolgern[2461] dermaßen ausgesteuret[2462] zu sein, wie sich ihr Bruder iegen[2463] ihr verpflichtet hatt und will gleichwoll nichtes[2464] destoweniger die Erbschafft auch hinwegknehmen, auff dem Fall stehet in ihrem Willkühr, ob sie des Brueders mitt ihr wegen ihrer Außsteurung auffgerichteten Vertrag[2465] vollenzogen haben, und[2466] hinwieder die Erbschafft (inmaßen iegen den Verstorbenen auch geschehen hette mußen) dem Lehenßfolger erinnern laßen, ob er die Erbschafft[2467] nehmen und deren friedlich sein wolle, alles beydes zu fodern ist sie nicht befuegt. [fol. 103r]

25. Wegen der Außsteur[2468] hafften den Töchtern und[2469] Schwestern ihres Vatern Guether *jure tacitae hypothecae*, mögen aber Krafft deßen den väterlichen *Creditor*en[2470], ob dieselbe gleich nur gemeine Gleubiger, also genanthe *Chirographarii*, werden[2471], nicht vorgehen, zumahlen[2472] die Außsteur[2473] vor Abzug der Schulde nicht gebühret, die veterliche *creditores* auch vor ihre Bezahlung den Tochtern[2474] etwas zu laßen oder zu reichen[2475] nicht schuldig sein. Aber vor Allen der Bruder undt Vettern *Creditor*en[2476] haben sie an den[2477] väterlichen Lehenn[2478] den Vorzug.

26. Eß haben die unaußgesteurte[2479] Jungfrauen an den Lehnen bis zu ihrer Verehligung sich des *juris retentionis* zu gebrauchen undt sein daraus zu weichen nicht schuldig, eß sey dan von den Brüdern und Vettern ihnen ein Gewißes zur Auß-

2459 W *sein Lehn.*
2460 W *nechsten.*
2461 W *Lehnsfolgern.*
2462 W *ausgesteuert.*
2463 W *gegen.*
2464 W *nichs* (!).
2465 W *Contract, oder, Vertrag.*
2466 W *oder.*
2467 *(Inmaßen iegen ... Erbschafft* fehlt bei W.
2468 W *Aussteuer.*
2469 W *u.*
2470 W *Creditorn.*
2471 W *wären.*
2472 W *zumahl.*
2473 W *Aussteuer.*
2474 W *Töchtern.*
2475 W *rechnen.*
2476 W *Creditorn.*
2477 W *der.*
2478 W *Lehn.*
2479 W *ausgesteurete.*

steur[2480] auff solchen Fall versprochen und gnuegsahmbe[2481] deßen Versicherung mitt demselben Lehenguete[2482] geleistet.

27. Stirbet einer und leßet Söhne und Töchter, bleiben diese bey jenen in den Güethern, bis sie ihrer Außsteur[2483] halber gnuegsahmb verwahret, können aber sich alßdann der *Administration* nicht anmaßen, sondern solang[2484] die Söhne unmündig, soll[2485] von den Vor- [fol. 103v] mundern[2486] in ihrer sembtlichen Nahmen die Guether verwaltet werden. Kommen aber die Sohne[2487] zu ihrem vollkommenem[2488] Alter, erlangen sie die *Administration*, doch mitt Vorbehaldt und unverkürzet des *juris retentionis* den Schwestern.

28. Stirbet jemandt und leßet Töchter oder Schwestern und *Agnat*en[2489], mögen diese der Lehne sich nicht annehmen, bis die Tochter[2490] wie billig befriediget. So lang sie aber in den Guettern verbleiben, sollen sie dieselbe also, wie gueten Haußwirthen zustehet, verwalten, jehrlig dem Lehensfolger[2491] die Rechnung zusenden, den *Creditor*en[2492] die lauffende Zinsen bezahlen, sich alles Hauens in den harten Holtzungen, Vereußerung der Unterthanen enthalten, darin auch nicht freyen, eß geschehe dan mitt deß Lehenfolgers[2493] *Consens* und gewiße Vereinigung über die Berechnung oder Abstatung einer jerlichen *Pension*.

29. Solange die Schwestern und Töchter ohnaußgesteuret und aus ihren väterlichen Erbguethern soviel nicht haben, daß sie auß den Zinsen und Abnutzungen ihrem Stande gemeeß sich ehrlich erhalten könten[2494], gebühren denselben bis zu ihrer Außsteur[2495] die *Alimenta* auß den Lehnen. Dahero der Lehensfolger[2496] schuldig, sie bey der Mutter oder an[2497] einem andern ehrlichen [fol. 104r] Orthe

2480 W *Aussteuer.*
2481 W *genugsahme.*
2482 W *Lehn-Guthe.*
2483 W *Aussteuer.*
2484 W *so lange.*
2485 W *sollen.*
2486 W *Vormündern.*
2487 W *Söhne.*
2488 W *ihren vollen kommenen.*
2489 W *Agnaten nach.*
2490 W *Töchter.*
2491 W *Lehnsfolger.*
2492 W *Creditorn.*
2493 W *Lehnfolgers.*
2494 W *können.*
2495 W *Aussteuer.*
2496 W *Lehnsfolger.*
2497 Fehlt bei W.

mitt Eßen, Trincken, Wohnung, Kleidung, Geschmueck[2498] und anderen[2499] Notturfft ihrem Stande geziemblich nach deß Lehens[2500] Gelegenheit zu versorgen, welche, im Fall sich die Lehensfolger[2501] und Jungfrauen darüber[2502] nicht vereinigen könten, nach Gestaldt der Lehne, Vermögens der Persohnen, Anzahl, Alters und *Condition* durch die hohe Landesobrigkeit also zu ermeßen, das sie die ehrliche Notturfft überkomen und ihrem Stande gemeeß sich erhalten mögen, ohnangesehen, ob ihnen außer der väterlichen Erbschafft aus andern Erbfellen oder sonst etwas zuwachsen möchte[2503] oder sie sich bey der Mutter und andern auffhielten. Verstürben sie auch, ehe sie verheyratett, und hetten soviell nicht hinterlaßen, das sie ihrem Stande gemeeß rühmblich zu der Erde könten bestetiget[2504] werden, alßdan soll dazue[2505] die Notturfft auß dem Lehen[2506] gereichet werden.

30. Obgleich ein Vater das Ehe- oder ander[2507] Geldt, so er mitt der Kinder Mutter bekommen, zu Erkauff- oder[2508] Befreyung eines Lehens[2509] oder etzlicher Lehnstücken angewandt, mögen die Töchter solches oder ein Theill daran[2510] nicht *praetendir*en, sondern es gebühret ihnen allein, waß die Mutter zugebracht, und zwahr, wann in den *Pact*en oder sonst der Eltern Wille nicht[2511] erscheinet, [fol. 104v] zufoderst aus den Erbguethern; soweitt dieselbe nicht reichen, auß den Lehnen.

2498 W *Geschmuck.*

2499 W *anderer.*

2500 W *Lehns.*

2501 W *Lehnsfolger.*

2502 Fehlt bei W.

2503 W *möge.*

2504 W *Erden bestätiget.*

2505 Fehlt bei W.

2506 W *Lehn.*

2507 W *andere.*

2508 W *und.*

2509 W *Lehns.*

2510 W *davon.*

2511 W *Willen nichts.*

Titulus VIII.
Von der Landterben Rechten undt Foderungen an den Lehnen.

1.[2512] Stirbt[2513] ein Lehenman[2514] und leßet hinter sich andere *Successor*n[2515] in den Lehnen und ander[2516] zu den[2517] *Allodial*- und Erbguethern, es sein aber die Guetter vermischet und befindet sich die Erbschafft in den Lehnen, so sollen beyde, sowoll Lehensfolger[2518] alß Erben, inwendig 4 Wochen nach des Abgelebten Hintritt in dem Guett, darin er wonhafft[2519] gewesen, zusammenkommen und sich über die Leichbestetigung vereinigen, dabey dan zugleich, wie es mitt den Guettern zu halten, verabreden. Haben die Landterben wegen ihrer Außsteur[2520], *Aliment*en, der[2521] Abnutzungen, *Meliorationen* oder sonst kein zu Recht bestendiges *jus retentionis*, mogen[2522] die Lehensfolger[2523] den Besitz des Guettes ergreiffen und behaltenn, auch der Verwaltung halber beliebige Anstaldt machen. Alleine[2524] ist alßdan den Landterben vergönnet, jemand zum Verwarsahmb ihrer darin verhandenen Guetter bis zur Abfuhr, worzu[2525] innerhalb Landes des Lehensdienste[2526] ihnen verstaatet werden sollen, darin zu behalten, doch daß derselbe sich des Lehens[2527] nicht weiter annehme [fol. 105r] oder den Lehensfolger[2528] behindere. Ist aber den Landerben ein rechtmeßiges *jus retentionis* in den Lehnen zustendig, sollen die Lehensfolger[2529], nicht ehe des Lehens[2530] und deßen *Administration* außerhalb Einsetzung iemands zur Auffsicht, sich nicht anmaßen, es geschehe dan mitt Willen der Landterben[2531] oder daß mitt ihm Richtigkeit gemacht. Wann

2512 W am Rand: *De haeredibus allodialibus eorumque jure in feudis.*
2513 W *Stirbet.*
2514 W *Lehnmann.*
2515 W *Successoren.*
2516 W *andere.*
2517 W *der.*
2518 W *Lehnsfolger.*
2519 W *wohnhaftig.*
2520 W *Aussteuer.*
2521 W *und.*
2522 W *mögen.*
2523 W *Lehnsfolger.*
2524 W *allein es.*
2525 W *wozu.*
2526 W *Lehns-Dienste.*
2527 W *Lehns.*
2528 W *Lehnsfolger.*
2529 W *Lehnsfolger.*
2530 W *Lehns.*
2531 W *Landeserben.*

nun solche ohne daß nicht zu erreichen, mögen die Lehensfolger[2532] einen Vorbescheidt außbitten, dabey sie in Guete oder auff summarische Behör durch einen *Provisional*abscheidt entschieden werden.

2. Zum Lehen[2533] gehöret, waß erd- undt nagelfest ist, und fellet auff die Lehensfolger[2534] und Landerben[2535], obgleich der Beßerung halber ihm[2536] etwaß gebühret, mögen[2537] solches wieder dero Willen nicht wegk nehmen. Zur Erbschafft aber gehöret Viehe, Fahrnuß[2538], Haußgeraht, Bau- und Feldtgeräthe, obgleich solches zur Notturfft und Nutzen des Lehens[2539] gebrauchet worden.

3. Wann daß Lehen[2540] auff die *Agnat*en kommet[2541] oder eröffnet ist, was an Früchten und Niesbarkeiten von den[2542] Grundt abgesondert, ob eß gleich in Verwarsahmb nicht gebracht oder im Lehen[2543] noch verhanden, gehöret den [fol. 105v] Erben zue, imgleichen waß von Abnutzungen zu erheben[2544], wann durch[2545] des Verstorbenen Lehenmans Muhe[2546], Kosten undt Arbeit es so weitt gebracht, das sie mögen ohne ferner[2547] Bearbeitung erhoben werden, gestaldtsahmb dann, was bey seinem Leben in den Lehen[2548] auff dem Felde mitt der[2549] Egden bestrichen und untergebracht, also auch da eine Garte geradet, geseet, geackert, die Fruchte die[2550] Erben folgen ohne Unterscheidt, zu welcher Zeitt er verstorben. Die selbst wachsende[2551] Früchte aber, so ohne sonder Kosten und Muhe erreichet[2552] werden, die man *naturales* nennet alß Wiese, Wachs[2553], Obst, Mast[2554] undt dero-

2532 W *Lehnsfolger.*
2533 W *Lehn.*
2534 W *Lehnsfolger.*
2535 W *oder auf den Lehn-Erben.*
2536 W *ihnen.*
2537 W *mögen sie.*
2538 W *Fahrniss.*
2539 W *Lehns.*
2540 W *Lehn.*
2541 W *kommt.*
2542 W *dem.*
2543 W *Lehn.*
2544 Bei M verbessert aus *heben.*
2545 Bei M über der Zeile eingefügt, darunter gestrichen *auch.*
2546 W *Lehmanns Mühe.*
2547 W *fernere.*
2548 W *in dem Lehn.*
2549 W *den.*
2550 W *Früchte den.*
2551 W *wachsene.*
2552 W *u. Mühe errichtet.*
2553 W *Wiesewachs.*
2554 W *Most.*

gleichen[2555], imgleichen auch die *industriales*, wann, woraus sie erwachsen, nicht völlig bearbeitet, bleiben den Lehensfolgern[2556] und Grundherrn, nicht aber den Erben, ob sie gleich nach des Lehensmans[2557] Todte einige Muhe[2558] und Kosten angewandt undt eß soweitt gebracht hetten. Eß sein aber die Lehensfolger[2559] denenselben die Außaedt[2560] zu erstaathen schuldig.

4. Sehende[2561] Pächtte, Zehenden, Bruche[2562] undt Straffgelder und dergleichen Hebungen, welche bey des Lehenmans[2563] Leben betaaget sein, bleiben bey deßen Erben. So aber erst nach seinen[2564] Todte fellig, gehören dem Lehensfolger[2565] zu. [fol. 106r]

5. Ist ein Lehen[2566] von dem Lehenman iegen[2567] gewiße jerliche *Pension* außgethaen, dahero, was sonst[2568] der Abnutzungen halber verordnet, sich so leicht nicht unterscheiden und[2569] *observir*en leßet, soll zu[2570] Verhütung Weittleuffigkeit und Streites[2571] es mitt der *Pension* also gehalten werden, daß sie in die zwölff[2572] Monaten vertheilet undt, soviell der im Jahr der Lehenmann[2573] belebet, den letzten, obgleich nur in demselben ein Tag erreichet, eingeschloßen, soviel *pro rata* den Erben folgen, daß übrige dem Lehensfolger[2574], oderwann das Lehen[2575] eröffnet, dem Lehenherrn[2576] pleiben.

2555 W *dergleichen.*
2556 W *Lehnsfolgern.*
2557 W *Lehnmanns.*
2558 W *Mühe.*
2559 W *Lehnsfolger.*
2560 W *Aussaat.*
2561 W *Stehende.*
2562 W *Brüche.*
2563 W *Lehnmanns.*
2564 W *seinem.*
2565 W *den Lehnsfolgern.*
2566 W *Lehn.*
2567 W *Lehnmann gegen.*
2568 Bei M über der Zeile eingefügt.
2569 W *u.*
2570 W *zur.*
2571 W *Weitläuftigkeit und Streit.*
2572 W *12.*
2573 W *Lehnmann.*
2574 W *Lehnsfolger.*
2575 W *Lehn.*
2576 W *Lehnherrn.*

6. Waß an Holtz gefellet, so viell zur Haußhaltung oder Verkauff angewand werden sollen, kompt den Erben zue, das aber davon zur Baute oder Zimmer[2577] *destinir*et, bleibet bey dem Lehne.

7. Hatt ein Lehenman[2578] Söhne und[2579] leßet dieselbe nach seinem Todte hinter sich, waß in das Lehen[2580] also verwandt, das es davon nicht getrennet werden kann, behalten dieselbe alleine, ob es gleich zu dero ansehnlichen Beßerung gereichet, und sein ihren Schwestern nicht weiter gehalten alß zu ihrer Außsteur[2581], [fol. 106v] wann dieselbe aus der Baarschafft undt *Allodial*guettern nicht geschehen mag, eß konte[2582] dann durch die Töchter erwiesen werden, deß Vatern[2583] Meinung und Will[2584] gewesen, das davon oder dajegen[2585] ihnen eine Erstatung auff ihr Antheill wiederfahren solte.

8. Leßet der verstorbene Lehenman[2586] keine Söhne, sondern Vettern[2587], oder es wirdt daß Lehen dem Lehenherrn[2588] eröffnet, so gebühret den Landterben die Erstatung der Beßerungen des Lehens[2589] soweitt, alß durch des letztverstorbenen Lehenmans[2590] Kosten deßelben bestendig pleibenden[2591] Nutzen vermehret, erweitert oder verbeßert.

9. Kaufft einer Acker, Pauren, Muhlen[2592], Wiesen oder dergleichen Stucke[2593] und leget oder brauchet dieselbe zu einem[2594] alten Lehen[2595] alß *Pertinent*ien, haben die Landterben daran kein Theill, sondern sie pleiben bey den Lehensfolgern[2596], ob es zuvorn kein Lehen[2597], sondern frey *Allodial*guett gewesen. Den

2577 W *zum Bauen, oder Zimmern.*
2578 W *Lehnmann.*
2579 W *u.*
2580 W *Lehn.*
2581 W *Aussteuer.*
2582 W *könte.*
2583 W *dass des Vaters.*
2584 W *Wille.*
2585 W *dagegen.*
2586 W *Lehnmann.*
2587 W *Vettern nach.*
2588 W *Lehn dem Lehnherrn.*
2589 W *Lehns.*
2590 W *Lehnmanns.*
2591 W *bleiben den.*
2592 W *Mühlen.*
2593 W *Stücke.*
2594 W *einen.*
2595 W *Lehn.*
2596 W *Lehnsfolgern.*
2597 W *Lehn.*

billigen Werth aber derselben, wie sie Zeitt des Absterbens des Lehenfolgers[2598] befunden und dieselbe durch eydtlich[2599] Biedermänner gesetzt[2600] wirdt, nicht aber den erst erlegten Kauffschilling, sein die Lehensfolger[2601] den Landterben alß eine Besserung zu erstaaten schuldig. [fol. 107r]

10. Waß zu Erhaltung der Lehne in ihrem Stande *Reparir*ung, *Conservation* der dabey befundenen Zimmer, Garthen, Hockelwerke[2602], Zeune, Graben und andern[2603] Zubehör angewandt, pleibet bey dem Lehne und haben die Erben deßwegen keine Erstatung von dem Lehensfolger[2604] zu fodern. Neue Zimmer aber alß ein Wohnhauß, Scheunen, Stelle, Back- und Brauhauß, soferne sie nöthig oder zu Nutzen[2605] des Lehen[2606] gereichen, sein vor Beßerung[2607] zu halten. Imgleichen[2608] was dabey vorhin nicht gewesen, sondern auffs Neue durch des Lehenmans[2609] Mittel und Kosten angeschaffet, und zu scheinlichen und bestendigen Nutzen des Lehens[2610] oder der Lehensfolger[2611] gereichet, das gehöret alß eine *Melioration* den Erben zu und haben deßen Erstatung zu fodern.

11. Leßet sich, was zu Beßerung des Lehens[2612] beygeschaffet und angewandt, von demselben also trennen, das nach Absonderung es gleichwoll nicht gantz umbkomme[2613] und zu[2614] Nachtheill der Erben ohnnutz werde[2615], stehet in des Lehenfolgers[2616] Belieben, solches zu behalten oder den Erben abzutretten, es sey dan mit deßen *Consens* und Rath angeschaffet. Dahero ist derselbe es zu behalten und [fol. 107v] zu erstaten verbunden. Were aber daßelbe der Bewandnuß[2617], das es nottwendig hette müßen gebauet oder angeschaffet werden oder ob es nicht

2598 W *Lehnmanns.*
2599 W *eydliche.*
2600 W *gesetzet.*
2601 W *Lehnsfolger.*
2602 W *Hackelwercke.*
2603 W *anderen.*
2604 W *Lehnsfolger.*
2605 W *Nuatzen* (!).
2606 W *Lehns.*
2607 W *Verbesserung.*
2608 W *ingleichen.*
2609 W *Lehnmanns.*
2610 W *Lehns.*
2611 W *Lehnsfolger.*
2612 W *Lehns.*
2613 W *umkommen.*
2614 W *zum.*
2615 W *ohne Nutzen wäre.*
2616 W *Lehnfolgers.*
2617 W *Bewandniss.*

aus Nottwendigkeit, sondern zu Nutzen des Lehens[2618] angeschaffet, es sich nicht absondern ließe oder nach der Absonderung deßen gahr kein[2619] Nutzen oder auch sehr gering pliebe[2620], imgleichen, da mehr aus Verdruß und Wiederwillen jegen[2621] die Erben alß durch vernunfftiges[2622] Bedencken der Lehensfolger[2623] zu der Absonderung wehlet, soll er dazu nicht verstaatet, sondern zu dem pilligen[2624] Werth gehalten sein.

12. An den *Melioration*en erstaten die Lehensfolger[2625] den Erben allein, waß der letztverstorbene Lehenman[2626] mitt seinen eigenen Kosten dabey geschaffet, sein Holtz und andere *Material*ien auß den Lehnen genommen[2627]. Imgleichen haben des Guethes[2628] Unterthanen dabey gearbeithet, wird solches nicht mitt gerechnet oder erstatet, sondern abgezogen. Weill aber deßen *Demonstration* nicht leicht geschehen kan, demnach darüber öffters Streitt und Weittleuffigkeit erwachset[2629], mögen zu deßen Verhütung die Helffte die Erben fodern oder auch die Lehensfolger[2630] erstaten und sollen beyde, daferne sie nicht *in continenti* ein[2631] [fol. 108r] Mehres[2632] oder Wenigers, aus eigenen Mitteln dazu verwandt sey, vor Augen stellen können, solches zu nehmen oder zu geben gehalten sein.

13. Bauet ein Lehenman[2633] neue Zimmer, aber dieselbe werden durch Brandt, Krieg und andere Zufelle *ruinir*et, trifft ihn der Schade und haben deßen Erben von dem Lehensfolger[2634] nichts weiter[2635] zufodern, alß ihnen[2636] davon gelieffert wirdt.

2618 W *Lehns.*
2619 W *keinen.*
2620 W *geblieben.*
2621 W *gegen.*
2622 W *vernünfftiges.*
2623 W *Lehnsfolger.*
2624 W *den billigen.*
2625 W *Lehnsfolger.*
2626 W *Lehnmann.*
2627 W *gekommen.*
2628 W *Guths.*
2629 W *Weitläufftigkeit erwächset.*
2630 W *Lehnsfolger.*
2631 W *dass ein.*
2632 W *mehrers.*
2633 W *Lehnmann.*
2634 W *Lehnfolger.*
2635 W *weiter nichts.*
2636 W *ihm.*

14. Sein[2637] die *Melioration*en offenbahr und *liquid*, sein die Erben aus dem Lehen[2638] zue weichen nicht schuldig, bis solche ihnen erstatet, sollen aber der Nutzung, so[2639] bey der *Retention*, welche ihnen zustehet, erheben, berechnen und waß eingehoben an ihrer Foderung sich kürtzen laßen;. Wann aber die Foderung[2640] der *Melioration*en *illiquid*, streitig und ferner Außführung bedurfftig[2641], mögen sie deßwegen dem Lehensfolger das Lehen[2642] nicht vorenthalten, sondern sein dero ohngeachtet solches abzutreten schuldig, eß pleibet ihnen aber auff das, so hernach richtig befunden und erkandt wirdt, zum Unterpfande[2643].

15. Waß an Vieh und Farnuß, Haußgerath[2644], Bauzeug und ander Geräthe[2645] bey den[2646] Lehne verhanden, mögen die Landterben ihres [fol. 108v] Gefallens zu sich nehmen, und kan der Lehensfolger[2647] wieder ihren Willen, das ihnen[2648] solches vor Bezahlung des Werthes[2649] gelaßen werde, nicht erhalten, sie weren dan es vor sich nicht, sondern zu verkauffen gemeinet, alßdan hette er den Verkauff[2650] vor das, so andere geben wollen.

16. Wann der Lehenman[2651] bey seinem Leben das Lehen[2652] durch sein Verursachen verringert oder in Verderben gebracht, sollen deßen Erben, was von ihm muethwillig verwarloset, zu ersetzen oder dem Lehensfolger[2653] pillige Erstatung zu thuen schuldig sein.

17. Kaufft jemandt ein neu Lehen[2654], behelt seinen Töchtern oder andern Erben darin nichts bevohr, *succedir*en die Leibes Lehenserben[2655] und die, so die gesambte Handt daran haben, die Töchter aber nicht und mögen auch daß Kauffgeldt oder deßwegen etwas alß ein[2656] *Melioration* und Beßerung nicht fodern.

2637 W *Sind.*

2638 W *Lehn.*

2639 W *so sie.*

2640 W *Foderungen.*

2641 W *bedürfftig.*

2642 W *Lehns-Folger das Lehn.*

2643 W *Unterpfand.*

2644 W *Fahrniss, Haussgeräth.*

2645 W *anderen Geräthen.*

2646 W *dem.*

2647 W *Lehnsfolger.*

2648 W *ihm.*

2649 W *Werths.*

2650 W *Vorkauf.*

2651 W *Lehnmann.*

2652 W *Lehn.*

2653 W *Lehnsfolger.*

2654 W *Lehn.*

2655 W *Leibes-Lehns-Erben.*

2656 W *eine.*

Titulus IX.
Von Vereußerung der Lehen[2657] und dero selben Revocation.

1.[2658] Will jemandt sein Lehen[2659] an einem Frömbden[2660] verkauffen, verpfänden, vertauschen verleibgedingen[2661], Erbzinse oder Dienstbarkeit [fol. 109r] darauff verschreiben oder sonst etwas davon ver*alienir*en und auff Andere bringen, kan es nicht anders dan[2662] mit *Consens* des Lehenherren[2663] und negsten Anverwandten[2664], *Agnat*en[2665] bestendig geschehen, derowegen denselben zeitig die vorhabende *Alienation* vermeldet und der *Consens* erfodert werden soll.

2. Wer die gesambte Handt an ein Lehen[2666] hatt ohne deßen *Consens*, mag das Lehen[2667] nicht vereußert oder beschweret werden. Wer aber allein eine bloße *exspectativam* oder Anwarthung erlanget, deßen *Consens* darff nicht erfodert werden. Wan er aber vermeinet, zu[2668] seinem Nachtheill und *Praejuditz* geferlich die *Alienation* erginge, mag er solches *interveniendo* anzeigen und soll soweit Rechtens gehöret werden, auch wann die *Alienation* nottwendig und dahero von dem Lehenherrn[2669] rechtmeßig erkandt oder[2670] verstatet wirdt, des *juris protimiseos* vor vollenzogenen Verkauff sich zu gebrauchen haben.

3. Wann die Vettern in die *Alienation* verwilligen, mögen sie und ihre Erben hernach den Kauff oder andern *Contract*, darin sie einmahl außtrucklich[2671] *consentir*et [fol. 109v], nicht beysprechen noch daran das *jus protimiseos* gebrauchen oder das Lehen[2672] *revocir*en.

4. Bewilliget der Lehenherr[2673] in Verpfand-[2674], Vereußer- und andere Verenderung der Lehnen, die *Agnaten* aber haben ihren *Consens* dazu nicht gegeben, ist, was

---

2657 W *Lehne.*
2658 W am Rand: *De alienationibus feudorum eorumque revocatione.*
2659 W *Lehn.*
2660 W *Fremden.*
2661 Bei M verbessert aus *leibgedingen.*
2662 W *denn.*
2663 W *Lehnherrn.*
2664 Bei M Verbesserung im Wort.
2665 W *oder Agnaten.*
2666 W *Lehn.*
2667 W *Lehn.*
2668 W *dass zu.*
2669 W *Lehnherrn.*
2670 W *und.*
2671 W *ausdrücklich.*
2672 W *Lehn.*
2673 W *Lehnherr.*
2674 W *Verpfänd-.*

gehandelt und verfüegt, solang der Lehenman[2675] und seine Sohne[2676] leben, auch soviel dem Lehenherren[2677] betrifft, bestendig, nach seinem Todte aber durffen[2678] die *Agnat*en solches nicht weiter halten und *observir*en, alß der Lehenman[2679] sie sonst außer ihren *Consens* zu *obligir*en befuegt gewesen.

5. Ertheilet der Lehenherr[2680] auff Verpfendung oder wiederlößliche Verkauffung seinen *Consens*, aber fueget denselben[2681] eine gewiße Zeitt an, solang er *consentir*en will, und in solcher Zeitt wird das Pfand oder was wiederlößlich verkaufft, nicht gelöset, höret das Pfandt und Kauffrecht, soweitt es ohne solchen *Consens* nicht bestehen mag, auff und kompt in dem[2682] Stand, worin es were, wan dieselbe[2683] nicht erfolget, es möchte dan erwiesen werden, das in der bestimbten Zeitt, der das Seinige wieder gesuchet, nicht erreichen kan, und ohne des *creditoris* oder Keuffers Verursachen die Schuldt oder das Lösegeldt [fol. 110r] lenger bestehen geblieben.

6. Wann die *Agnaten* oder welche die gesambte Handt haben ihren *Consens* zur *Alienation* verwiedern und der Einhaber deß Lehens[2684] will darauff nicht in Ruhe stehen, vermeinte zur Vereußerung dringende oder befuegte, hingegen die Vettern zur *Contradiction* keine Ursache zu haben, mag er umb ein *mandatum* an die Vettern, die *causas dissensus* anzuzeigen, anhalten und sollen sie dieselbe in 4 Wochen in Schrifften einsenden, darüber der Lehenman[2685], der umb den *Consens* anheldt, vernommen, darauff dan nach Befindung von dem Lehenherrn[2686] geurtheilet. Wan die *Alienation* außer Noth oder zu des Lehens[2687] mercklichen Nutzen nicht gereichend ist, solche zu[2688] *Praejudiz* der *Agnat*en nicht leicht verstatet, da aber dieselbe wegen der Schuldenlast oder sonst nottwendig oder nutzlich[2689] befunden, zugelaßen werden, darauff dan der *Agnat* entweder zutreten und das Lehen[2690] durch Erstaatung deßen, so die Noth erfodert, retten oder die *Alienation* geschehen laßen muß.

2675 W *Lehn-Mann.*
2676 W *Söhne.*
2677 W *den Lehn-Herrn.*
2678 W *dürffen.*
2679 W *Lehnmann.*
2680 W *Lehnherr.*
2681 W *demselben.*
2682 W *den.*
2683 W *derselbe.*
2684 W *Lehns.*
2685 W *Lehnmann.*
2686 W *Lehnherrn.*
2687 W *Lehns.*
2688 W *zum.*
2689 W *nützlich.*
2690 W *Lehn.*

7. Will ein Vater oder Großvater sein Lehen[2691] vereußern oder verpfenden, bedarff er darzu[2692] seiner Sohne[2693] *Consens* nicht, [fol. 110v] sondern soviell dieselbe betrifft, ist die *alienatio* nach ertheilten des Lehenherrn[2694] *Consens* bestendig. Jedoch wann[2695] Kinder vermeinten, die[2696] Eltern ohne Noth auß Verschwendung oder sonst zu ihrem[2697] mercklichen großen Nachtheill die Voreußerung[2698] vornehmen, mögen sie oder ihre Freunde sich deßwegen bey dem Lehenherrn[2699], solang[2700] *res integra* ist, oder kurtz hernach angeben, ihre Einreden vorbringen und von demselben zu deßen *Cognition* es stehet, ob und wie weitt die *Contradiction* zulessig, Bescheides erwarthen.

8. Ein Vater, er sey jung oder alt, mag bey seinem Leben einen und mehren seiner Söhne sein Lehen[2701] woll abtreten und *refutir*en, und können die andern Kinder bey seinem Leben eß nicht hindern noch nach seinem Todte es wiederruffen, sondern daß Lehen[2702] pleibet bey dehm, so es bey des Vatern Leben durch die gentzliche Abtretung entfangen[2703]. Eß sein aber die andern auß den übrigen Guettern soviell alß die, so das Lehen[2704] empfangen, würcklich erlanget, zu ihrem vaterlichen[2705] Erbtheill voraus zu erheben oder auch dieser ihnen aus den[2706] Lehnen Erstatung zu thuen verbunden, daferne bey der Abtretung oder durch ander des Vatern *Disposition* kein Anders verordnet, ob aber dieselbe bereits *disponir*et[2707], die[2708] Kinder das Lehen[2709] ohne Entgeldt oder Abkurtzung[2710] haben sollen, undt hernach in des Vatern übrige Guether[2711] soviell nicht verhanden wehre, daß aus

2691 W *Lehn.*
2692 W *dazu.*
2693 W *Söhne.*
2694 W *Lehn-Herrn.*
2695 W *wenn.*
2696 W *dass die.*
2697 W *ihren.*
2698 W *Vereußerung.*
2699 W *Lehn-Herrn.*
2700 W *so lange.*
2701 W *Lehn.*
2702 W *Lehn.*
2703 W *empfangen.*
2704 W *Lehn.*
2705 W *ihren Väterlichen.*
2706 W *denen.*
2707 *Kein Anders … disponiret* bei M am Rand eingefügt.
2708 W *dass die.*
2709 W *Lehn.*
2710 W *Abkürtzung.*
2711 W *übrigen Güthern.*

denselben, wan sie mitt den abgetretenen [fol. 111r] Lehnen zusammen gerechnet, die andern Söhne die *legitimam* haben köndten, so sein, die daß Lehen[2712] bekommen, ihnen wie auch den Schwestern zur Außsteur[2713] bis auff dieselbe gehalten.

9. Ein Lehen[2714] mag an einen der Vettern, so mittbelehnter Anwarther ist, ob er gleich der Negster[2715] zur *succession* nicht were, ohne des Lehenherrn[2716] undt Vettern *Consens* woll abgetreten[2717] werden. Es ist aber[2718] der neher[2719], so ohne Mittel die Anwarthung hatt, in Jahresfrist von seiner Wißenschafft oder von dem achzehenden Jahre seines Alters anzurechnen, zu dem[2720] Kauff oder Pfande neher und mag iegen[2721] Darreichung deßen, so ein Ander gibt, denselben abtreiben, begebe sich auch der Fall, das er zur *Succession* gelangte, undt er hette den Handel in jetztberegter[2722] Frist *contradicir*et, ist ihm das, so mitt den weitern *Agnat*en gehandelt, darin ohnnachtheilig, mag auff sein nehers Recht, wan er hernach nicht *consentir*et, daß Lehen[2723] *avocir*en. Würde er aber in der Zeitt dawieder nicht sprechen, hatt er sich an der neher[2724] Handt verschwiegen.

10. Ein Lehen[2725], so mitt fürstlichem[2726] *Consens* verpfendet, mag dem *creditori*, aus[2727] den Abnutzungen seine Zahlung an *Capital*[2728] und Zinsen zu suchen. woll eingereumbt[2729], aber nicht anders dan mitt des Lehenherren[2730] *Consens* demselben in Bezahlung übergeben werden, sondern wer [fol. 111v] sonst nicht bezahlen kan undt einiges Lehenstück[2731] *in solutum* abtreten will, soll zuvorher

2712 W *Lehn.*
2713 W *Aussteuer.*
2714 W *Lehn.*
2715 W *nechste.*
2716 W *Lehn-Herrn.*
2717 Bei M verbessert aus *abtreten.*
2718 Bei M verbessert aus *ist es aber.*
2719 Fehlt bei W.
2720 W *den.*
2721 W *gegen.*
2722 W *itztberegter.*
2723 W *Lehn.*
2724 W *nähern.*
2725 W *Lehn.*
2726 M *Fürstl.*; W *Fürstlichen.*
2727 W *um aus.*
2728 W *Zahlungen Capital.*
2729 W *eingeräumet.*
2730 W *Lehn-Herrn.*
2731 W *Lehn-Stück.*

dem Lehenherrn[2732] solches anmelden, deßen *Consens* ersuchen, und, da er mitt des *creditoris* Persohn friedlich, mitt der Abtretung verfahren.

11. Der Lehenman[2733] mag sein Lehenguett[2734] ohne *Consens* des Lehenherren[2735] und negsten Vettern woll ver*pensioniren*. Eß sein aber die Lehensfolger[2736], wan sie nicht zugleich Erben sein, bey dem[2737] mit dem Haußman und *Pensionario* getroffenem[2738] *Contract* es nur bis zu Ende deß Jahres[2739], da der Lehenman[2740] verstorben, nicht aber, so lange die Jarscharn werden[2741], zu laßen schuldig.

12. Wirdt über des Lehenmans[2742] Recht an den Lehen[2743] und deßen Stucken[2744] gestritten, mag derselbe darüber woll *transigir*en und sich in ein *Compromiss* einlaßen. Ist aber der Streitt über des Lehens[2745] Eigenthuemb, *Qualität* undt andern Recht, so nicht ihn[2746] allein, sondern dem Lehenman[2747] und deßen Geschlecht zugleich mitt betreffen, soll vorher des Lehenherrn[2748] undt *Agnat*en *Consens* dazu erfodert, sonst, was verglichen, wieder dieselbe nichtes gultig[2749] sein.

13. Ein neu Lehen[2750], so jemandt auff sein [fol. 112r] Geschlecht erst gebracht, ohnangesehen in dem *Investitur*brieff die gesambte Handt undt das Recht zur *Succession* Kindern undt *Agnat*en erworben, mag der, so es erst erworben, mitt *Consens* des Lehenherrn[2751] vereußern, verendern, auch gar *allodial* machen undt kann der, dem zu Guethe[2752] er es zu Lehne gemachet[2753], ihm darin nicht wiedersprechen noch, waß gehandelt, *retrahir*en oder widerruffen.

2732 W *Lehn-Herrn.*
2733 W *Lehnmann.*
2734 W *Lehn-Guth*; bei M danach gestrichen *doch nicht.*
2735 W *Consens es* (!) *Lehn-Herrn.*
2736 W *Lehnsfolger.*
2737 W *den.*
2738 W *getroffenen.*
2739 W *Jahrs.*
2740 W *Lehnmann.*
2741 W *Jahrs-Schaaren währen.*
2742 W *Lehnmanns.*
2743 W *Lehn.*
2744 W *Stücken.*
2745 W *Lehns.*
2746 W *ihm.*
2747 W *Lehnmann.*
2748 W *Lehn-Herrn.*
2749 W *nichts gültig.*
2750 W *Lehn.*
2751 W *Lehnherrn.*
2752 W *gute.*
2753 W *gemacht.*

14. Vereußert iemandt sein Lehen[2754] mitt des Lehenherrn[2755] Bewilligung[2756], mögen daran die anwarthungshabende Vettern, so darin[2757] nicht *consentir*et, inwendig Jahr und Tag von Zeitt der Wißenschafft des Handels, wordurch die *Alienation* geschiehet, wan sie das 18te Jahr erreichet oder, da sie darunter wehren, nach demselben in solcher Frist sich des *juris protimiseos* gebrauchen und iegen wurcklicher[2758] *Offerir*ung des, so ein Ander gegeben, das verkauffte Lehenguett[2759] beysprechen undt *retrahir*en. Schwiegen sie aber still dazu oder theten die Einsprache[2760], *offerir*ten aber dabey nicht wurcklich[2761], was ein Ander gegeben, mögen sie nicht *retrahir*en. Wann sich aber die Felle begeben, daß sie durch die *Succession* zu dem Lehne[2762] gelangen, bleibet ihnen die *revocatio feudi*, soweit Rechtens, ohnbenommen. [fol. 112v]

15. Die Vettern, so an dem Lehen[2763] die gesambte Handt haben, wan sie in die Vereußerung nicht *consentir*en, mögen in dreißig[2764] Jahren daß vereußerte Lehen[2765] ohne Entgeldt *revocir*en, wann in solcher Zeitt sie zu der *Succession* wurcklich[2766] gelangen. Hetten aber die, so es gekaufft, und dero *Successor*en daßelbe dreißig[2767] Jahr ruhelig beseßen, soll es hinführo in keine Wege *revocir*et werden.

16. Söhne und deroselben[2768] Kinder mögen ein Lehen[2769], so von dem Vater oder Großvater verkaufft und sonst vereußert, ob sie gleich deßelben Erbschafft abgesaget oder sich enthalten hetten, nachdehm es an einen Andern *tradir*et, weeder nach deren Todt[2770] *revocir*en noch bey deroselben[2771] Leben sich des *juris protimiseos* gebrauchen, sondern müßen, was von ihm gehandelt, genehm halten. Allein

---

2754 W *Lehn.*
2755 W *Lehn-Herrn.*
2756 W *Verwilligung.*
2757 Fehlt bei W.
2758 W *gegen würckliche.*
2759 W *Lehn-Guth.*
2760 W *Ansprache.*
2761 W *würcklich.*
2762 Bei M verbessert aus *Lehene.*
2763 W *Lehn.*
2764 W *30.*
2765 W *Lehn.*
2766 W *würcklich.*
2767 W *30.*
2768 W *derselben.*
2769 W *Lehn.*
2770 W *Tode.*
2771 Bei M verbessert aus *dero.*

wan der Vater und Großvater zur *Alienation* schreitet, ist ihnen und, da sie unmundig[2772], ihren negsten Anverwandten vergönnet, da es aus Noth geschiehet, durch Beyschaffung der Mittel, wordurch[2773] solche abzuwenden, die *Alienation* verhüten[2774] oder, wann außer[2775] solcher es vorgenommen, bey dem Lehnhern ansuchen, das bey Ertheilung des *Consensus* ihrer in Acht genommen werde. [fol. 113r]

17. Welche von dem Lehenman[2776], so die Vereußerung des Lehens[2777] gethaen, imgleichen dehm so darin *consentir*et, ohnmittelbahr oder durch Mittel geerbet, haben wieder das vereußerte Lehen[2778] keine Zusprache[2779] noch das *jus revocandi*, sondern mußen[2780] genehmen, was deßwegen[2781] verhandelt.

18. Ob schon die negsten *Agnat*en in die Vereußerung des Lehens[2782] *consentir*en, mögen doch die, so in weiterm[2783] *gradu* sein, wan sie die gesambte Handt haben, in Jahr und Tag des *juris protimiseos*, auch hernach[2784] des *juris revocandi* ohne Entgelt sich gebrauchen, und folget solches die Ordnung der *Succession* also, das welche dazu die negsten oder im[2785] gleichen *gradu* sein, das foderste[2786] oder gleiches Recht haben.

19. Wann die Lehne wegen der daraus zahlenden Schulde oder auß andern nothwendigen Ursachen vereußert, verkaufft und *in solutum* gegeben, mögen die *Agnat*en zwahr zur Zeitt der *Alienation* zutreten und das Lehen[2787] durch Darlegung des Werths oder was ein Ander dafur[2788] geben will, retten und bey dem Geschlecht *conservir*en. Hernach[2789] aber sollen sie mitt dem *jure protimiseos* oder *actione revocatoria* nicht gehöret [fol. 113v], sondern der es auß solchem *Titul* wegen der

2772 W *unmündig.*
2773 W *wodurch.*
2774 W *zu verhüten.*
2775 W *aus.*
2776 W *Lehnmann.*
2777 W *Lehns.*
2778 W *Lehn.*
2779 W *Zusprach.*
2780 W *müssen.*
2781 W *derowegen.*
2782 W *Lehns.*
2783 W *weitern.*
2784 W *hernacher.*
2785 W *in.*
2786 W *vorderste.*
2787 W *Lehn.*
2788 W *dafür.*
2789 W *Hernacher.*

darauff hafftenden Schulde bekommen, dabey wieder alle Zusprache geschützet werden.

Titulus X.
Von Eröffnung und Verwirkung der Lehne.

1.[2790] Wann ein Lehen[2791] dem Lehenherrn[2792] eröffnet wird, gebühret den Wittwen und Tochtern[2793] von demselben oder denen, so an dem Lehen[2794] die Anwarthung haben, das Ihrige, so sie eingebracht oder zur Außsteur[2795] benöthiget, nicht weniger, alß wan die *Agnat*en *succedir*en, haben sich auch gleichen Rechtens zu deßen Erhaltung zu gebrauchen.

2. Hatt der Lehenherr[2796] in Verpfendung des Lehens[2797] *consentir*et, ob der *Agnat*en *Consens* bereits dazu nicht gekommen, ist es doch, so viell ihn[2798] betrifft, bestendig undt wirdt bey Eröffnung des Lehens[2799] die Schuldt nichts destoweniger bezahlet[2800], alß wan die Vettern *succedir*ten[2801].

3. Wirdt einer durch wißendliche unverandtworthliche Verseumnus[2802] der Lehenssuchung[2803] oder durch unrechtmeßige Vereuße- [fol. 114r] rung oder auch durch die Ubelthaten[2804], so den Lehenrechten[2805] nach den Verlust wirken, des Lehens[2806] verlustig, fellet eß von Zeitt der darüber ergehenden Erkandtnuß[2807] an den Lehenherrn[2808], der, solang der darzu[2809] Verdampter und seine Leibes Lehens-

2790 W am Rand: *De apertura feudi & felonia.*
2791 W *Lehn.*
2792 W *Lehn-Herrn.*
2793 W *Töchtern.*
2794 W *Lehn.*
2795 W *Aussteuer.*
2796 W *Lehn-Herr.*
2797 W *Lehns.*
2798 Bei M verbessert aus *ihnen*; W *ihnen.*
2799 W *Lehns.*
2800 W *bezahlt.*
2801 W *succediren.*
2802 W *Versäumniss.*
2803 W *Lehnssuchung.*
2804 W *Uebelthaten.*
2805 W *Lehnrechten.*
2806 W *Lehns.*
2807 W *Erkänntniss.*
2808 W *Lehn-Herrn.*
2809 W *dazu.*

erben[2810] leben, den Besitz und Genieß solchen Lehens[2811] behelt und Andern solang einreumen undt wiederumb verleihen mag. Sein aber nach dem Absterben deßen, so des Lehens[2812] verlustig geworden, und seiner Leibeserben verhanden, welche an den Lehnen[2813] die gesambte Handt und das *Succession*recht haben, gebühret alßdan demselben[2814], was ihm[2815] zugestanden, wan die Verwirckung des Lehens[2816] nicht geschehen, alß welche denenselben an ihren Rechten ohnnachtheilig undt un*praejudicir*lich sein, demnach das Lehen[2817] ihnen von den Einhabern wieder abgetreten werden soll.

4. Geschiehet ein Verkauff, Verpfendung oder sonst andere Handlung über ein Lehen[2818], so zu deßen Vereußerung gereichet und die, so dergleichen[2819] Handel treffen, bedingen und melden, das darüber des Lehenherrn[2820] *Consens* erfodert werden solle, ist zwahr, waß gehandelt, bis derselbe seinen *Consens* darüber ertheilet, nicht vollkommen, des Lehens[2821] aber werden sie dadurch nicht verlustiget[2822], wan nur vor vollenkommener[2823] Abtrettung des Besitzes der *Consens* gebethen. Soviell aber die *Contrahenten* betrifft, sein undt bleiben[2824] dadurch *obligir*t, solang der Handel nicht durch gerichtlichen Spruch *cassir*et wird. [fol. 114v]

5. Ist ein Lehen verwurckt[2825] und damitt dem Lehenherrn[2826] zufellig, nimbt er, oder, wan[2827] es auff diesen[2828] Fall wiederumb gegeben, in dem Standt, wie er

2810 W *Leibes-Lehns-Erben.*
2811 W *Lehns.*
2812 W *Lehns.*
2813 W *dem Lehne.*
2814 W *denenselben.*
2815 W *ihnen.*
2816 W *Lehns.*
2817 W *Lehn.*
2818 W *Lehn.*
2819 W *desgleichen.*
2820 W *Lehn-Herrn.*
2821 W *Lehns.*
2822 W *verlustig.*
2823 W *vollkommener.*
2824 W *bleiben sie.*
2825 W *Lehn verwirckt.*
2826 W *Lehn-Herrn.*
2827 W *wem.*
2828 W *diesem.*

es findet[2829], mit allen daraus kommenden Fruchten[2830] und Beßerungen und ist dem Lehenman[2831] oder seinen Erben zu Erstatung[2832] nicht gehalten.

6. Wirdt jemandt deßen, wordurch den Rechten nach ein Lehen verwurckt[2833], beschuldiget, soll er nicht mitt der Thaet überfahren noch ihn[2834], ehe er gehöret, daß Lehen[2835] eingezogen, genommen und er deßen entsetzet, sondern vorher *Citation* an ihn[2836] erkandt, ein *Terminus* zu Einbringung seiner Verandtworthung angesetzet, er damit wie rechtens vernommen und darauff mit Urthell[2837] und Recht *procedir*et werden, doch dero nicht verlustig sein, ehe er deßen wurdig[2838] zu sein durch gerichtliche Erkandtnuß erklehret.

7. Waß ein Lehenman[2839] an seinen[2840] Herrn mißhandelt, wirdt es bey beyderseits Leben nicht geandet[2841] und fur[2842] Gericht gezogen, ist nach derselben Absterben es mitt Todt und ab.

Titulus XI.
Von Lehen[2843] und Roßdiensten.

1.[2844] Roß und Lehendienste[2845] alß ein [fol. 115r] *onus reale* folget das Lehen[2846] und bleibet deßwegen der Lehenherr[2847] bey dem Besitzer des Lehens[2848] und derselbe hinwiederumb bey dehm, so ihm[2849] deßen zu ertheilen[2850] verbunden.

2829 W *befindet.*
2830 W *Früchten.*
2831 W *Lehnmann.*
2832 W *Erben etwas zu erstatten.*
2833 W *Lehn verwirckt.*
2834 W *ihm.*
2835 W *Lehn.*
2836 W *ihm.*
2837 W *Urtheil.*
2838 W *würdig.*
2839 W *Lehnmann.*
2840 W *au* (!) *seinem.*
2841 W *geändert.*
2842 W *für.*
2843 W *Lehn-.*
2844 W am Rand: *Servitia feudalia.*
2845 W *Lehn-Dienste.*
2846 W *Lehn.*
2847 W *Lehn-Herr.*
2848 W *Lehns.*
2849 W *ihn.*
2850 W *entheben.*

2. Wirdt ein Lehen[2851] verpfendet oder jemandt wegen Schuldt- und ander Foderungen darin gewaltiget, solange der Lehenman[2852] das *utile dominium* behelt und ein Ander[2853] damitt nicht belehnet, pleibet er schuldig, dem Lehenherrn Dienst[2854] und Auffwarthung zu thuen. Eß ist aber der Einhaber die dazu nötige Kosten, alß welche vor alle Schulde gehen, auß den Abnutzungen dazu zu reichen schuldig, wann der Lehenman[2855] sonst nicht hatt oder des Vermuegens[2856] ist[2857], das er außer dehm die Gebuhr[2858] leisten konte[2859]. Were er auch darin seumig oder abwesendt, mag der Lehenherr[2860] damitt bey dem Lehen[2861] bleiben und muß[2862] der Einhaber, was dazu erfodert, darreichen, hatt es aber in Rechnung abzuziehen.

3. Wirdt ein Lehen[2863] getheilet, es geschehe mitt oder ohne des Lehenhern[2864] *Consens*, bleibt[2865] der Roß- und Lehendienst[2866] bey dem Stambhauß undt deßen Einhaber[2867]. Eß ist aber derselbe von Andern, so durch die Theillung von dem Lehen[2868] etwas zukommen, *pro rata* des Anschlages, wornach und für es zugeschlagen[2869], [fol. 115v] den Zuschub zu fodern befuegt und soll wieder die Besitzer *paratissimâ executione* dazue verholffen werden.

4. Wirdt ein Stuck[2870] vom Lehen[2871] mitt *Consens* des Lehenherrn[2872] vereußert, mag derselbe, so es entohniget[2873], zugleich die Ringerung[2874] des Dienstes, so vom

2851 W *Lehn.*
2852 W *Lehnmann.*
2853 W *einander.*
2854 W *Lehn Herrn-Dienst.*
2855 W *Lehnmann.*
2856 W *Vermögens.*
2857 W *nicht ist.*
2858 W *Gebühr.*
2859 W *könne.*
2860 W *Lehn-Herr* (!).
2861 W *Lehn.*
2862 W *auch.*
2863 W *Lehn.*
2864 W *Lehn-Herrn.*
2865 W *bleibet.*
2866 W *Lehn-Dienst.*
2867 W *Einwohner.*
2868 W *vom Lehn.*
2869 W *und wofür es anzuschlagen.*
2870 W *Stück.*
2871 W *Lehn.*
2872 W *Lehn-Herrn.*
2873 Ebenso bei W.
2874 W *transferirung.*

Lehen[2875] gebühret, und die Zuschreibung auff dehm[2876], so damit belohnet[2877] wirdt, suchen, sodan nach Gestaldt des Antheils, so abgehet, *moderir*et undt *transferir*et werden soll. Geschehe aber solches nicht, bleibet der Dienst bey dehm, so das groseste[2878] Theill des Lehens[2879] behelt und mag derselbe alßdan[2880] *pro rata* die Erstatung des Dienstes von dem Einhaber fodern.

5. Besitzen Wittwen ihre[2881] Leibgeding, oder *Creditoren*[2882] mitt oder ohne solchem[2883] *Pacto*, so man *antichreticum* nennet, ein Pfandguett, so ihnen übergeben, imgleichen wan *Creditor*en[2884] in die Lehne *immittir*et sein, solang es deßen, von dehm es gekommen, Lehen[2885] pleibet, ist er[2886] zu Lehendienst[2887] verbunden, und muß die dergestaldt Einhabende des Dienstes halber befreyen oder auch, waß sie deßwegen auffgewandt, erstaten, es were dan ein Anders verglichen. [fol. 116r]

6. Ist jemandt ein Lehen[2888] vor eine große[2889] *taxa adjudicirt*[2890], dabey der Post darauff abgezogen, ist er zu den Lehendiensten[2891] gehalten.

7. Bey den Anschlegen und *Tax*en der Guether soll ein Gewißes alß auff jedeß Pferdt, so davon zu Dienste zu halten[2892], N.N.[2893] in Anschlag gebracht und abgezogen werden.

2875 W *Lehn.*
2876 Bei M danach gestrichen *auf dehm.*
2877 W *belehnet.*
2878 W *gröste.*
2879 W *Lehns.*
2880 W *alsdenn.*
2881 W *ihr.*
2882 W *Creditorn.*
2883 W *solchen.*
2884 W *Creditorn.*
2885 W *Lehn.*
2886 W *es.*
2887 W *Lehn-Dienste.*
2888 W *Lehn.*
2889 W *gewisse.*
2890 W *adjudiciret.*
2891 W *Lehn-Diensten.*
2892 W *erhalten.*
2893 *N.N.* fehlt bei W.

Titulus XII.
Von Grentzen.

1.[2894] Die Nachbahren[2895] sollen zu Verhütung Streits darob sein, das die Scheiden und Grentzen zwischen ihnen woll gemercket und gewiß sein. Wie aber dieselbe einmahl gesetzet, sollen sie von niemandt verrückt[2896] noch von iemand Grentz- und Mahlstein oder ander[2897] Scheidezeichen ohne des Nachbahren[2898] Beysein undt Mittbewilligung[2899] verendert oder gesetzet werden. Konten[2900] sie sich nicht vergleichen, soll jedes Orths ohnmittelbahre Obrigkeitt den Augenschein einnehmen und mittelst deßen die Grentze ziehen.

2. Wie weitt bey den Guethern in den negsten[2901] zehen Jahren der Besitz und Gebrauch [fol. 116v] hergebracht, sollen hinfurters[2902] die Grentzen deroselben geachtet werden und mag ein jeder an dem Orth ohnbehindert[2903] Marckzeichen[2904] setzen. Vermeinte der Nachbahr, er[2905] darzu kein Fuege[2906] und Recht zu wehre[2907], kan er solches anders nicht wehren, dan mitt[2908] ordentlichem[2909] Rechte daiegen[2910] verfahren.

3. Gehet oder ist zwischen zweyen Guethern und dero[2911] Zubehör waß gemein alß ein Weg, Fluß, See, Teich, Graben oder derogleichen etwas und kein Anders erweißlich hergebracht, haben die an beyden Seiten daran Wohnende[2912] ein gleiches Recht bis an die Mitte, bis dahin ein jeder die Nutzbarkeiten, hinjegen[2913] auch das

2894 W am Rand: *De Jure finium & pertinentiarum.*
2895 W *Nachbarn.*
2896 W *verrücket.*
2897 W *andere.*
2898 W *Nachbarn.*
2899 W *mit Bewilligung.*
2900 W *Könten.*
2901 W *Güthern in nechsten.*
2902 W *hinfürters.*
2903 *An dem Ort* fehlt bei W.
2904 W *Merck-Zeichen.*
2905 W *dass er.*
2906 W *Fug.*
2907 W *Recht hätte.*
2908 W *solches nicht anders, denn mit.*
2909 W *ordentlichen.*
2910 W *dagegen.*
2911 W *deren.*
2912 W *wartende.*
2913 W *hingegen.*

Beschwer und Kosten hatt. Ist etwas[2914] in der Mitte an[2915] Genieß oder Kosten, kompt[2916] beyden zugleich zu. Auff den Flüßen ist die Mitte nach den Strohm zu rechnen, dahero[2917] beyden daran Wohnenden zum halben Theill frey.

Titulus XIII.
Von Landtstraßen.

1.[2918] Die öffendtliche Landtstraßen und die *Jurisdiction* darauff bleiben der hohen Landesobrigkeit, daferne nicht durch dero *Concession* oder langjehrige Übung dieselbe [fol. 117r] von Andern, auff dem[2919] die *Jurisdiction*, erhalten und hergebracht. Auff die Wege aber, so von einem Dorff zum andern gehen, so *vicinales* genandt werden, bleiben zum Eigenthumb und *Jurisdiction*[2920] derjenigen, von dero Eckern sie genommen.

2. Die Landtwege seindt zu achten, so zwischen den Städten oder[2921] Dorffschafften den[2922] gemeinen reisenden Man insgemein zu Dienst sein. Waß[2923] inwendig den Stetten und Dorffern[2924] ist, obgleich der Wegk dadurch leufft, gehöret unter deßen Bottmeßigkeitt, welcher daß Straßengericht hatt, der auch richtet über dehm[2925], so inwendig in Städten und Dörffern auff den Straßen vorgehet.

3. Wan ein Übelthater[2926] auß der Hafft weichet oder nach anderswo[2927] verübter Thaet vorflüchtig wirdt, imgleichen wan ein Diener oder Unterhaen entleufft, mag der, so über ihn die *Jurisdiction* hatt, auff den Landtwegen, so an seinen[2928] Grundt und Bottmeßigkeitt stoßen, ob solche ihm[2929] alda bereits nicht zustehet, denselben verfolgen, angreiffen und in seine Hafft ziehen, andere Ubelthater auch[2930], so in

2914 W *etwa.*
2915 W *Mitten ein.*
2916 W *so kommts.*
2917 Bei M über der Zeile eingefügt; W *daher.*
2918 W am Rand: *De viis earumque juribus & reparationibus.*
2919 W *und auf den.*
2920 *Erhalten und ... jurisdiction* fehlt bei W.
2921 W *und.*
2922 W *dem.*
2923 W *was aber.*
2924 W *Dörffern.*
2925 W *dasjenige.*
2926 W *Uebelthäter.*
2927 W *anderswo nach.*
2928 W *seinem.*
2929 W *ob ihnen solche.*
2930 W *Uebelthäter kann er auch.*

*viâ regia delinquir*en, das sie nicht entweichen, greiffen laßen. Diese aber mueß er[2931] in Hafft [fol. 117v] zu[2932] dehm, der die *Jurisdiction* hatt, bringen.

4. Ein jeder soll den Landtweg halten undt niemandt denselben verendern oder auff eines Andern Grundt verlegen oder nehmen noch auch weiter, alß derselbe sich erstrecket, außfahren. Geschiehet dawieder, mag die Herrschafft des Grundes, dem[2933] er beschediget, den[2934], so dawieder handelt, auff den[2935] Seinigen anhalten und pfanden, biß ihm der zugefuegte Schade[2936] ersetzet.

5. Die Landwege sollen in guetem[2937] Stande erhalten und also gebeßert werden, daß der reisende Man und die *Commercia* durch Schlimme der Wege[2938] nicht behindert oder dadurch den Weck[2939] anderswohin zu nehmen oder zu legen nicht nötig[2940] sein. Dazu aber alle die Benachbahrte auff Verordnung der hohen Obrigkeitt oder negsten Beambten Hülff zu bieten schuldig sein, deßwegen dann dieselbe alle Jahr einmahl etwa umb N. auff den Emptern zusammenzukommen, von Verbeßerung der Wege reden, Mittel[2941] dazu anzuschaffen schuldig sein.

6. Wer[2942] in dem Landtwege Demme und Brücken zu halten oblieget, soll dieselbe auff seinen[2943] Kosten in guetem Wesen erhalten. [fol. 118r] Geschehe aber daran ein großer Schaden[2944] und geriethen ohne[2945] sein Verursachen in Verderben, sein die Nachbahren[2946] zur *Reparir*ung mitt gehalten, oder es mag auff Erlaubnus[2947] der hohen Obrigkeit dem reisenden Mann ein Gewißes zum Zuschub aufferleget werden, davon solche geschehe, so nach erreicheter[2948] Erstaatung der Kosten auffhören soll.

2931 W *dieselbe muss er aber.*
2932 W *und zu.*
2933 W *den.*
2934 W *dem.*
2935 W *dem.*
2936 W *Schaden.*
2937 W *guten.*
2938 W *durch schlimme Wege.*
2939 W *Weg.*
2940 W *genöthiget.*
2941 W *und Mittel.*
2942 W *Wem.*
2943 W *seine.*
2944 W *Schade.*
2945 W *ohn.*
2946 W *Nachbarn.*
2947 W *Erlaubniss.*
2948 W *erreichter.*

Titulus XIV.
Von Drifften[2949] und Weyden.

1.[2950] Wer auff eines Andern Ecker[2951] das Recht zu weyden hatt, mag deßen sich nicht anders dan nur zu offenen Zeiten gebrauchen, dahero dan durch das *jus pascendi*, so ein Ander erlaubet, niemandt die Ecker zu begaaten[2952] und zu besehen[2953] benommen, es were dan ein Anders verglichen oder durch Gewonheit hergebracht, alß wan nicht nur zu gewißen Zeiten, sondern wann es beliebig, jemand die Felder betreiben mag.

2. Die Wiesen, Felder und Weyde, darauff einer sein Viehe[2954] außer den offenen Zeiten zur Weyde zu treiben berechtiget, soll dero Eigenthumbsherr zum Acker nicht machen oder gebrauchen noch umbreißen oder sonst etwas Verenderliches vornehmen, soweitt es an der Weyde behinderlich. Machte[2955] aber der [fol. 118v] Nachbahr an dehm, so übrig der Weyde, so, wie sie ihm zustendig, ohne Gebrauch genießen, bleibet dem Andern der ohnnachtheiliger[2956] Gebrauch des Seinen frey und ohnbehindert, demnach, wan an den andern Wiesen vor das Viehe Weyde übrig, ist er der *Servitut* ohngehindert etwaß außzubrechen undt zu besehen[2957] woll befuegt.

3. Auff gemeine Weyde soll niemandt ungesundt undt verderblich Viehe bringen. Ob daiegen[2958] gehandelt würde, sollen nicht allein, die darin[2959] Gemeinschafft haben, solches abzutreiben, zu pfenden[2960] und abzuschaffen befuegt, sondern auch der solches wieder des Landes Ordnung sich unternehmen wurde[2961], Andern dadurch zugefugten[2962] Schaden zu erstaten schuldig sein.

4. Ist unter den Nachbaren[2963] die Koppelweyde also, das einer dem Andern auff dem Seinen zu treiben vergönnet, obgleich daßelbe hundert und mehr Jahren unter

---

2949 W *Trifften.*
2950 W am Rand: *De jurisbus pascendi & compascuis.*
2951 W *Acker.*
2952 W *begahten.*
2953 W *besäen.*
2954 W *Vieh.*
2955 W *Mögte.*
2956 W *ohnnachtheilige.*
2957 W *besäen.*
2958 W *dagegen.*
2959 W *allein, darinnen.*
2960 W *pfanden.*
2961 W *würde.*
2962 W *zugefügten.*
2963 W *Nachbarn.*

ihren Vorfahren und ihnen also[2964] gehalten, erlanget keiner daraus ein Recht zur *Servitut*, ist auch niemandt dadurch benommen, deß Seinigen zu seinem Belieben und Nutzen zu gebrauchen. Ob dadurch der Ander an der Weyde behindert werde, derselbe hatt auch solches nicht zu verwehren, allein auff dem[2965] Seinigen hinwiederumb die gewohnliche[2966] Trifft zu verbiethen. [fol. 119r]

5. Gebrauchet der gemeinen Weyde einer der Nachbahren[2967] allein, obgleich die Andern in ohndencklichen Jahren nicht darauff getrieben, höret dennest[2968] die Gemeinheit nicht auff, noch mag der, deßen Recht daran außfundig[2969], hernach daran behindert oder mitt seinem Viehe davon abgehalten werden.

6. Wer auff eines Andern Grundt[2970] das Recht zur Weyde hatt, mag soviell Viehe alß gewönlich darauff treiben, nicht aber ein Mehres[2971], auch nicht zu andern Zeiten dann hergebracht. Ist deßwegen nichtes[2972] Gewißes auß dem bestendigen Gebrauch zu befinden, es[2973] also zu gebrauchen, daß den Grundherrn dadurch[2974] die Trifft und Weyde seines Viehes nicht behindert werde.

7. Wer auff eines Andern Grund der Weyde sich gebrauchet, mag sich daraus kein Recht machen, er beweise dann, wie er dazu gelanget oder daß er von unhinterdencklichen[2975] Jahren sich deßen alß eines Rechten[2976] gebrauchet habe. Erscheinet solches nicht, wirdt bey vorkommendem[2977] Zweiffel dafür gehalten, das auß nachbarlichem[2978] Willen und Freundschafft solches verstaatet, nicht aber eine *Servitut*[2979] zu weyden *constituir*et sey.

8. Hatt jemandt die Weyde auff eines Andern Grundt iegen[2980] gewiße ierliche[2981] Dienste, [fol. 119v] Fuhren, Korn oder Weydegutergeldt[2982], obgleich nicht beyzu-

---

2964 W *so.*
2965 W *den.*
2966 W *gewöhnliche.*
2967 W *Nachbarn.*
2968 W *demnechst.*
2969 W *ausfündig.*
2970 W *Grund und Boden.*
2971 W *mehrers.*
2972 W *nichts.*
2973 W *so ist es.*
2974 W *dass dadurch dem Grund-Herrn.*
2975 W *ohnhinterdencklichen.*
2976 W *Rechts.*
2977 W *vorkommenden.*
2978 W *Nachbarlichen.*
2979 W *Servitute.*
2980 W *gegen.*
2981 W *jahrliche.*
2982 Bei M verbessert aus *weydegeldt*; W *Weyde, und Zütergeld.*

bringen, woher solches erst gekommen, so mag doch daraus allein kein bestendig Recht zu einer *Servitut* gemachet[2983] werden, sondern ist dafur[2984] zu halten, daßselbe iegen[2985] verstateten Genoß[2986] zur *Recognition* gegeben, dahero, wann es dehm, der ein solches verstatet, nicht lenger gelegen, dem[2987] Andern die Weyde auffsagen mag und der Ander sich dero enthalten mues, er könne dan andergestaldt ein bestendig Recht dazu erworben zu haben erweisen.

9. Wer ein *perpetuir*liches unwiderruffliches Recht zur Weyde auff eines Andern Grund erworben, daiegen[2988] aber Dienst, Korn, Geldt oder sonst etwas zu entrichten schuldig, ist daßelbe zu thuen gehalten, ob er gleich die Weyde nicht gebrauchet oder darin durch andere Zufelle behindert wirdt. Unterleßet er solches in zehen[2989] Jahren, ist er seines Rechts verlustig, hatt aber derselbe ein solches Recht nicht, sondern nur die Erlaubnus iegen[2990] solche *Recognition*, darff dieselbe nicht abstaten, dan[2991] in den Jahren, da er die Weyde gebrauchet. In beyden Fellen aber ist einen iedern[2992] auff seinem Grundt die Pfandung des Viehes erlaubt[2993], bis die Gebühr entrichtet wirdt.

10. Wor[2994] die Weyde gemein und daß [fol. 120r] Viehe[2995] vor einen[2996] gemeinen Hirten zu treiben hergebracht, mag niemandt einen eigenen Hirten annehmen oder, ob er es[2997] thete, muß[2998] doch dem gemeinen Hirten sein gewönliches Lohn zu seinem[2999] Theill geben, und kann nicht anders[3000] weyden, dan wie und wor die[3001] Dorffschafft Viehe[3002] geweydet wirdt. Ist aber hergebracht, daß die in einem Dorff wohnen, ob bereits die Weyde gemein, doch ieder einen[3003] absonderlichen

2983 W *gemacht.*
2984 W *dafür.*
2985 W *sey gegen.*
2986 W *Genuss.*
2987 W *er dem.*
2988 W *dagegen.*
2989 W *10.*
2990 W *Erlaubniss, gegen.*
2991 W *als nur.*
2992 W *einem jeden.*
2993 W *erlaubet.*
2994 W *Wäre.*
2995 W *Vieh.*
2996 W *einem.*
2997 W *ob ers.*
2998 W *muss er.*
2999 W *seinen.*
3000 Bei M danach gestrichen *geben.*
3001 W *wo der.*
3002 W *Vieh.*
3003 W *seinen.*

Hirten gehalten, mag ein dem[3004] Andern dazu nicht zwingen, das er mitt ihm[3005] vor einen[3006] gemeinen Hirten treibe.

11. Wer in einem Dorff 2[3007] Huffen hatt, darauff kein Paurvieh[3008] gehalten wirdt, mag darauff in der Wochen einen Tag mitt seinen Schaffen treiben. Hatt er aber allein die Pächte aus dem Dörffe[3009] zu heben, sich deßwegen der Schafftrifft nicht anzumaßen.

12. Daß Recht, auff eines Andern Feldt zu treiben oder zu weyden, kan niemandt anders, dan wie es vor dem gebreuchlich[3010], gebrauchen, demnach der zum Rindvieh daßelbe gehabt, Schaffe darauff nicht treiben, also, der vor sein Viehe[3011] solches gebrauchet, frömbdt Viehe[3012] auff die Weyde nicht nehmen. Ist auch vormahlen[3013] solches vor eine geringe Anzahl nur üblich gewesen, mag nicht größer Zahl, alß [fol. 120v] zum Höhesten[3014] vorhin gehalten, dahin gebracht werden.

Titulus XV. Von Schäffereyen.

1.[3015] Wer in einem gemeinem Dörffe[3016] vier Landthueffen sadigen[3017] Ackers hatt, mag darauff eine Schäfferey anlegen und soviell Schaffe halten, alß er des Orthes[3018], von dem Zuwachs und Futter auff den Huffen geworben, außfuttern kann, soll aber von andern Orthen kein Futter zuführen.

2. Wer in einem Dörffe[3019], darin die Acker[3020] durcheinander liegen, auch die Weyde gemein ist, eine Schäfferey anlegen will, soll, ob er gleich vier oder mehr

3004 W *den.*
3005 W *ihnen.*
3006 W *einem.*
3007 W *zwey.*
3008 W *Bau-Vieh.*
3009 W *Dorffe.*
3010 Bei M danach gestrichen *gewesen.*
3011 W *Vieh.*
3012 W *frembd Vieh.*
3013 W *vormahln.*
3014 W *höchsten.*
3015 W am Rand: *De Oviariis.*
3016 W *gemeinen Dorffe.*
3017 W *saatigen.*
3018 W *Orths.*
3019 W *Dorffe.*
3020 W *Aecker.*

Huffen sadigen[3021] Ackers hatt, also damitt verfahren, das er mitt seinen Schaffen die Bracke[3022] und Weyde nicht anders betreibe, dan wie es jeden Orths Gebrauch und Gerechtigkeit mittbringet, auch nichts an dehm, waß der andern, so im Dorff wohnen, Recht und Gewonheit mitt sich führet, verendere[3023] und ihre *Condition* dadurch verschlimmere[3024].

Titulus XVI.
Von Jagten.

[fol. 121r]

1.[3025] Ein ieder, der die Jagdgerechtigkeitt rechtmeßig hergebracht und auff dem Seinigen[3026] bißhero geubt[3027], soll dabey ruhig gelaßen werden undt solche auff seinen[3028] Grundt und Güettern, wie dan auch in dehnen, welche er mitt Andern gemein oder vermischet hatt, zu gebrauchen befuegt sein, sich aber dabey des Jagens, Schiessens und Reitens auff seines Nachbahren[3029] und Andern Feldern, ohne deßen Erlaubnus[3030] enthalten, bey Verlust des Garn undt Jägerzeuges, auch ernster Straffe zumahlen[3031]. Dann da jemandt wieder dies unser Verbott mit der Jagd, Schießen und Weydewerck auff frembden Grund beschlagen würde, der soll auff Clag unsers *Fiscals*[3032] jederzeit ans Hoffgericht *citir*et werden, anzusehen, sich in Straffe 200 Thaler[3033], halb dem *Fisco* und halb dem Beleidigten zu verdammen, oder Ursachen anzuzeigen, warumb er darin nicht[3034] zu verurtheilen[3035] sey[3036].

3021 W *saatigen.*
3022 W *Beecke.*
3023 W *verändern.*
3024 W *verschlimmern.*
3025 W am Rand: *Et Venationibus.*
3026 W *auf den Seinigen.*
3027 W *geübet.*
3028 W *seinem.*
3029 W *Nachbahrn.*
3030 W *Erläubniss.*
3031 W *zumahln.*
3032 W *Fiscalis.*
3033 W *Rthlr.*
3034 Abkürzung bei M *ō.*
3035 W *vertheilen.*
3036 *Dann da jemandt … sey* bei M am Rand eingefügt.

2. Wann ein Jeger daß Wild auff seinem Feld auffiaget und solches mitt den Hunden über die Grentze leufft, daferne, in deme[3037] es alßfordt[3038] durch die Hunde oder mitt der Büchse gefangen oder gefellet wurde[3039], mag derselbe es *in continenti*[3040] auffnehmen und wegkbringen. Ferner aber auff der benachbahrten[3041] Grund und Boden daß Wildt zu verfolgen, ist nicht erlaubt[3042], sondern es gebühret dem Jeger, wann er das Wild an der Grentze nicht fellen noch die Hunde es alda erhaschen und fangen mögen, die Hunde zurückzuruffen, auch von dem frömbden[3043] Grundt und Boden abzutreten. Alleine wann er nur alda die Büchse abgeleget, ist ihm die übergelauffene[3044] Jagthunde zurückzuholen und deßwegen [fol. 121v] auff des Nachbahren[3045] Grundt zu reiten ohnbenommen.

3. Wer über des Andern Grundt und Boden reitet, soll Jagd- und Windhunde nicht anders dan[3046] angekoppelt und im Stricke[3047] bey sich führen.

4. Niemandt kan auff eines Andern Feldt der Jagd sich anmaßen, er beweise dann, das er oder[3048] seine Vorfahren lange Jahr darauff sich der Jagd gebrauchet, sondern ist schuldig, das Recht, so er darzue[3049] erlanget, anzuzeigen und zu beweisen oder auff des Grundherrn Verbott sich zu enthalten.

Titulus XVII.
Von Mühlen.

1.[3050] Eß mögen die von Ritterschafft und Städten auff ihrem[3051] unstreitigen Grundt und Boden, da einer dem Andern an Waßer und Windt keinen Schaden zufueget undt die Unterthanen auff gewiße Mühlen zu mahlen nicht verbunden sein, ohnbehindert Mühlen bauen.

3037 *In deme* fehlt bei W.
3038 W *alsofort.*
3039 W *würde.*
3040 W *continent.*
3041 W *benachtbahrten.*
3042 W *erlaubet.*
3043 W *fremden.*
3044 W *überlauffene.*
3045 W *Nachbarn.*
3046 W *denn.*
3047 W *Strick.*
3048 W *und.*
3049 W *dazu.*
3050 W am Rand: *Jura Molendinarum.*
3051 W *ihren.*

2. Niemandt soll negst[3052] an dem Landtwege Windtmühlen bauen, sondern dieselbe also angerichtet werden, das dem reisenden [fol. 122r] Man durch Schüchterung der Pferde keine Gefahr entstehe.

3. Wer eigene Mühlen hatt, mag seine Unterthanen dazu woll halten, das sie darauff mahlen und zu keinen frömbden[3053] Mühlen gehen, es hetten dan diese dazue eine sonderbahre Gerechtigkeit erlanget, dadurch sie alda zu mahlen pflichtig, dazu aber das Mahlen von undencklichen Jahren allein nicht gnuegsahmb. Zu frömbden[3054] Mühlen aber zu gehen, mögen sie wieder ihrem[3055] Willen nicht gezwungen werden.

4. Hatt jemandt das Recht erworben oder[3056] woll hergebracht, daß seine oder frömbde[3057] Leüthe auff seiner Mühlen mahlen mußen[3058], ist er schuldig, dabey landtüblich zu verfahren, die Mühle in guetem[3059] Wesen, auch die gebührliche Metzen[3060] beyzubehalten und zu beschaffen, daß die Mahlgeste können befodert werden. Geschehe es nicht, mögen sie bis zur Beßerung benachbarte Mühlen woll besuchen.

5. Ist eine Mühle jemandt mattenfrey zu mahlen oder sein Korn abzuholen und[3061] wieder hinzuschaffen oder zu derogleichen[3062] Abstatungen verbunden, [fol. 122v] erstrecket[3063] sich solche Gebühr nicht weiter dan auff den[3064] Standt, darin es mitt dem, so solches gebühret, machen[3065], in Sonderheitt zur Zeitt der *Constitution* deß Rechts gewesen. Vermehret oder verendert sich hernach deßen *familia*, ist doch kein Mehres[3066] dan vorhin zu leisten. Ist auch wegen eines gewißen Guethes[3067] oder Hoffes solches Recht im Gebrauch, mag es auff andere Örther nicht außgedenet werden.

3052 W *nechst.*

3053 W *fremden.*

3054 W *fremden.*

3055 W *ihren.*

3056 W *und.*

3057 W *fremde.*

3058 W *müssen.*

3059 W *guten.*

3060 W *Matzen.*

3061 W *u.*

3062 W *dergleichen.*

3063 W *strecke.*

3064 W *dem.*

3065 Fehlt bei W.

3066 W *mehrers.*

3067 W *Guths.*

Titulus XVIII.
Von Servituten, Diensten, Pechten und jehrlichen[3068] Hebung in und auß frembden Guettern.

1.[3069] Ein jedweder[3070] *Servitut*, so in eines Andern Guett erworben wird, benimpt dem Herrn solches Guets[3071] die Macht, in demselben vorzunehmen, wordurch[3072] der Gebrauch der *Servitut* behindert, verringert oder schwerer gemachet[3073] wirdt. Waß aber solche Wurckung[3074] nicht hatt, das ist dem Herrn auch an dem Ortt, dar[3075] solcher Dienst unterworffen, frey und unbenommen.

2. Niemandt soll sich des Rechten, so er auff eines Andern Grundt und Guther[3076] erworben, anders dan zu seinem[3077] und seiner Guetter [fol. 123r] Nutzen und Bequembligkeit zu gebrauchen berechtiget sein. Waß er darunter bloß zu seines Nachbahren[3078] Verdruß, Schaden undt Ungelegenheit vornimbt, mag ihm woll verwehret, soll auch von der Obrigkeit deßwegen ernstlich angesehen, auch bey *continuir*ender Bosheit seines Rechtens verlustig werden[3079].

3. Wer in zehen[3080] Jahren die *Servitut*, so er an Andern Guettern erworben, nicht gebrauchet, da er die Gelegenheit dazu gehabt, soll hinfürters deßen sich nicht anmaßen.

4. Waß auß oder[3081] von eines Andern Guethern zu Nutzen und Dienst den Nachbahren[3082] oder seinen Guethern versprochen oder ander Gestaldt *constituir*et, gebühret in dem Stande und in der Maaße, wie es zur Zeitt der *Constitution* solches Rechtes[3083] gewesen, zu erhalten und daruber[3084] sich nichtes[3085] weiter anzumaßen. Verendert es sich damitt, soweitt die *Servitut* oder das Recht kostbahrer

---

3068 W *jährlicher*.
3069 W am Rand: *De Servitutibus & praestationibus*.
3070 W *jeder*.
3071 W *solcher Güther*.
3072 W *wodurch*.
3073 W *schwehr gemacht*.
3074 W *Wirckung*.
3075 Bei M verbessert aus *der*; W *dem*.
3076 W *Güther*.
3077 W *seinen*.
3078 W *Nachbahrn*.
3079 W *seyn*.
3080 W *zehn*.
3081 *Auß oder* fehlt bei W.
3082 W *Nutzen, und Verdienst der Nachbahrn*.
3083 W *Rechts*.
3084 W *daruber*.
3085 W *nichts*.

und beschwerlicher würde, dazu ist der Nachbahr und sein Guett nicht gehalten. Immaßen dan auch nach der[3086] Verenderung des Guetes[3087], dem gedienet wirdt, deßelben Guett, so dienet, nicht darff verendert werden.

5. Hatt einer auß eines Andern Höffen [fol. 123v] Dienste und Fuhren, demselben[3088] ist eine gewiße Zeitt und Maße gesetzet[3089], mag er dieselbe nicht überschreiten und dero anders gebrauchen. Were auch solche nicht gesetzet, sollen dieselbe geleistet werden, wie es vorhero gebräuchlich. Hette aber derselbe Gebrauch keine Gewißheitt, so würde es nach vernunfftiger[3090] Haußwirthe Artt gerichtet, insonderheit aber soll, dehm die Dienste gebühren, solche nicht fodern, wann die Herschafft der Hoffen[3091] solche von seinem Ackerbau in der hilden Saat und Erndte Zeitt[3092] nicht entrathen mag.

6. Wer gewiße und gemeßene Dienste im Dorffe oder Hoffen[3093] hatt, kan sich über dieselbe an dem[3094] Eigenthuemb, Drifften[3095], Weiden, Jagten, *Jurisdiction* und anderen[3096] Dingen dahero nichts[3097] weiter anmaßen, dan er erweisen mag, das solches dehm, so ihm gebühret, nach Landesgebrauch anhengig oder außer denen er[3098] solches rechtmeßig erlanget und hergebracht.

7. Wer Dienste, Kornpächte undt Hebungen schuldig ist, mag solche an Geld nicht, also[3099] hiniegen[3100], der solche an Gelde schuldig, nicht an Getreide wieder deßen, dem sie gebühren, Willen ablegen, sondern wie dieselbe [fol. 124r] gestifftet, also gebühren sie, ohnangesehen ob ihr[3101], so den Empfang hatt, durch die Verwechselung keinen Schaden hette.

8. Gebühret auß Guethern Pacht oder Hebung und dieselbe ist auff deroselben Fruchte[3102] geleget, also das es ein *onus fructuum* geworden, alß da sein Zehenden und Abschoß, ist nichts eingehoben, wirdt auch nichts entrichtet, und obgleich vor

3086 Fehlt bei W.
3087 W *Guths.*
3088 W *so denselben.*
3089 W *gesetzt.*
3090 W *vernünftiger.*
3091 W *Höffen.*
3092 W *Erndten-Zeit.*
3093 W *Höffen.*
3094 W *hat, kann derselbe an dem.*
3095 W *Trifften.*
3096 W *andern.*
3097 W *nichs.*
3098 W *ausser dem es.*
3099 Bei M verbessert aus *als.*
3100 W *hingegen.*
3101 W *der.*
3102 W *Früchte.*

solche Hebungen von den Früchten ein gewiß[3103] Geldt zugesaget oder gebreüchlich, so kan auch daßelbe nicht oder nicht gantz gefodert werden, wan[3104] nichts oder nicht alles genutzet. Ist aber dieselbe nicht auff die Abnutzungen geleget, sondern ein *onus fundi*, ob sie gleich aus oder von denen[3105] abgetragen werden, muß die Entrichtung geschehen, solang der Grundtherr oder Einhaber die Gueter im Besitz hatt und dero[3106] Genieß haben können, ob er bereits denselben[3107] wegen *Sterilität*, Mißgewachs[3108] und andern Zufelle[3109] nicht erreichet. Begeben sich aber die Zufelle, dadurch er bey dem[3110] Seinigen nicht pleiben und deßen genießen können[3111], alß wann Krieges-, Landtschaden und dergleichen Verwüstung halber niemand bey dem Seinigen ruhelig[3112] pleiben können, ist auff solche Zeitt er von den *oneribus realibus* [fol. 124v] so lange, alß die Hindernus[3113] wehret, frey. Ist aber außer dehm jemandt persöhnlich deßwegen verbunden, bleibet darauff die *Action* und wirdt gehalten, wie es anderer Schulden halber zu Recht verordnet[3114].

9. So lang[3115] Höffe und Ecker, davon Andern Dienste, Pächte und Hebungen gebühren, wüste[3116] liegen und nicht genutzet[3117], darff der Grundther davon nichts entrichten, eß were dann derselbe, dem solche gebühren, das solche wiederumb besehet[3118] werden, bedacht, aber die Herrschafft wolte[3119] dazu vorgeschlagene beliebliche Mittel nicht annehmen. Nimbt aber die Herrschafft die Höffe und Acker[3120] zu sich oder in seinem[3121] Gebrauch, obgleich die Besetzung nicht geschiehet, muß dennoch der Einhaber mit jenem sich vergleichen oder auff gerichtliche Ermeßigung die Gebuhr[3122] oder dero Werth abstaten.

3103 W *gewisses.*
3104 W *wenn.*
3105 W *denen Früchten.*
3106 W *dahero.*
3107 W *demselben.*
3108 W *Misswachs.*
3109 W *Zufällen.*
3110 W *den.*
3111 W *könne.*
3112 W *ruhiglich.*
3113 W *Hinderniss.*
3114 W *verordnet ist.*
3115 W *lange.*
3116 W *wüst.*
3117 W *genützet werden.*
3118 W *besäet.*
3119 W *wolte die.*
3120 W *Aecker.*
3121 W *seinen.*
3122 W *Gebühr.*

Titulus XIX.
Von Gemeinheiten.

1.[3123] Bey Gemeinheiten in Dörffern, Eckern und sonst soll niemandt ohne des andern daran mitt *interessir*ten Willen einige Neuerung [fol. 125r] vornehmen, sondern ein jeder es bey dem alten Gebrauch, dazu solche bewiedmet und gebrauchet, bis zu der semptlichen *Interessen*ten Vereinigung laßen. Geschehe[3124] dawieder, mag der Ander es verwehren, und sollen ihm darauff *mandata sine clausula* ertheilet werden.

2. Waß von Alters in gemeinen Nutzbesitz[3125] und Gebrauch gewesen, deßen Theilung kan ein Theill ohne des andern Willen nicht verwehren noch erhalten, sondern muß bleiben, wie es gewesen. Was aber zuvohr nicht gemein, sondern zufellig in Gemeinheit kompt, zu deßen *Division* mag ein jeder *provocir*en, auch wieder des Andern Willen solche erhalten.

3. Ist das Straßengericht in einem Dorffe[3126] gemein und ohngetheilet, kan einer ohne des andern Willen auff der Straßen nichtes[3127] bauen, graben, Lein sehen[3128] oder sonst verrichten, waß nicht landtgebreuchlich und in dem Dorffe hergebracht. Waß aber mitt gemeinem Belieben oder sonst nach Gewonheit auff der Straßen zuleßig, daran haben die [fol. 125v] *Interessent*en nach Hueffenzahl den Gebrauch und Genieß und kan deßen einer auch wieder des andern Willen sich anmaßen.

4. Ist ein Paur[3129] gemein, mag einer ohne des andern Willen den Pauren[3130] sein Weib, Kinder oder die zu dem Gehöffte gehörig[3131] nicht erlaßen, anderswo hinsetzen[3132] oder einige Verenderung vornehmen, sondern waß geschiehet, ist ohngültig. Hatt aber einer an dem Grund und Eigenthuemb kein Theill, sondern auß dem Hoffe nur Dienste, Pächte[3133] oder Hebungen, ist der den Eigenthuemb hatt, mitt den Leuten undt Eckern seinem[3134] Belieben nach Verordnung vorzunehmen berechtiget, wan nur der Ander an dem, so ihm gebühret, nicht beschediget oder vernachtheilet wirdt.

3123 W am Rand: *De rebus & possessionibus communibus.*

3124 W *geschicht.*

3125 W *Nutz, Besitz.*

3126 W *Dorff.*

3127 W *nicht.*

3128 W *Lein säen.*

3129 W *Bauer.*

3130 W *des Bauern.*

3131 W *gehören.*

3132 W *anders wohin setzen.*

3133 W *Dienst-Pächte.*

3134 W *seinen.*

Titulus XX.
Von Erbschafften.

1.[3135] Stirbt jemandt und ist ohnbekandt, ob er Erben habe oder nicht, soll durch öffentliche *proclamata* der Erbfall verkundet[3136], die dazu einig Recht zu haben ver- [fol. 126r] meinen[3137], inwendig Jahr undt Tag sich anzugeben, *citir*et, immittelst ein *Curator*, der die Erbschafft *inventir*e, in Gueter Obacht habe, die Erbgueter, wie einem[3138] getreuen Haußwirtt anstehet, verwalte, bestellet und in absonderliche Eydespflicht genommen werden. Geben sich nun die Erben an und bringen ihr Recht zu der Erbschafft glaublich bey, soll denselben von dem *Curatore* solche mittelst des *Inventarii* außgefolget und die Rechnung von der Verwaltung abgeleget werden. Meldete[3139] sich aber niemandt an der hinterlaßenen verwittweiden Persohn[3140], alß die auff solchen Fall dazu berechtiget, die Übergabe geschehen. Da aber auch solche nicht hinterlaßen, soll der *Curator* alßdan der Obrigkeitt, so *das jus bonorum vacantium* hatt, solches außlieffern.

2. Ist ungewiß, ob die, so zur Erbschafft die Negsten sein, leben oder verstorben, soll den nachfolgenden Freunden die *Succession* oder Anmaßung[3141] der Erbschafft alß Erben nicht verstatet werden, sie haben dann des nehern Verwandten Todt glaublich beygebracht oder es würde zu der Zeitt derjenige, so abwesend und nicht außgeforschet werden mag, bereits das siebenzigste [fol. 126v] Jahr des Alters erreichet haben, daß alßdan nach solchen seines Absterbens rechtliche Vermuthung[3142] were. Imgleichen soll es auch gehalten werden, wann es mitt den[3143] Sterben und Todt[3144] derer, so nebst ihnen gleich nahe und Mitterben sein, keine Gewißheit hatt. Eß mögen aber, die[3145] nach ihnen zur Erbschafft die Negsten sein, anhalten, das iegen[3146] gnuegsahme *Caution* ihnen die Guetter zu ihrer Verwaltung abgefolget[3147] werden, so solten[3148] sie alßdan hirzu vor allen Andern die Negsten, dabey aber schuldig sein, die Erbguether in ein gewiß *Inventarium* zu bringen, davon

---

3135 W am Rand: *Jura Haereditatum.*

3136 W *verkündiget.*

3137 W *vermeinten.*

3138 W *einen.*

3139 W *Meldet.*

3140 W *niemand an, soll den hinterlassenen verwitwenden Personen.*

3141 W *Anmassungen.*

3142 W *rechtlichen Vermuthungen.*

3143 W *dem.*

3144 W *Tode.*

3145 W *die, so.*

3146 W *gegen.*

3147 W *angewiesen.*

3148 W *sollen.*

richtige Rechnung zu halten und, wann der Abwesende sich wiederumb auffgibt, vermittelst deßen, was eingehoben, demselben ohne einige Wiederrede abzustaten.

3. Setzen sich Leute auß dem Vorwandt eines dazu habenden Rechtens in jemandes Guether bey seinen[3149] Leben oder sobaldt er verschieden, damitt sie ander[3150], so an deßen Erbschafft ein beßers oder gleiches Recht haben, abhalten, ihnen die Sache[3151] schwer machen, immittelst die Güether genießen mögen, soll ihnen solche *Praeoccupation* nicht zustaten kommen, sondern wann[3152] Andere an der Erbschafft auß einem *Testament* oder *ab intestato* ein beßers oder gleiches [fol. 127r] *Successions*recht auffweisen, sie alßfort auf ersten Fall daraus oder der[3153], so bey den andern[3154] gleich mitt ihnen zu der Erbschafft berechtiget, darin gewiesen. Weren aber beyde Theile zweiffelhafft, es in vorigen Standt gesetzet, sie der Guether sich zu enthalten und hernach das Recht zur[3155] *Succession* beyzubringen angewiesen werden.

4. Entstehet über der Erbschafft oder was dazu gehörig ist, Streitt und ein Theill begrundet[3156] sich auff ein *Testament* oder letzten Willen, so keinen sichtlichen Mangel hatt, soll daßelbe des andern, so außer daß *Testament* seine *Intention fundir*et, Wiedersprechens ohngehindert daran, das ander aber zu ordentlicher Zusprache verwiesen werden und mag, der in den[3157] Besitz der Guether also gelanget, alß ein Erbe mitt denen schalten und walten, so lang[3158] er *solvendo* ist, das sein Jegentheill[3159] auff allem[3160] Fall ohnbeschediget pleiben mag. Sonst aber muß er sich aller Vereußerungen enthalten, bis daß er gnuegsahme *Caution* auff den Fall, da er im Rechtt unterlieget, bestellet.

5. Ist auß dieses Landes eigen oder gemeinen Rechten offenbahr, das einer zur [fol. 127v] Erbschafft befuegt, des andern Rechten[3161] zur *Succession* streitig und in[3162] Zweiffel, soll dieser[3163] *Contradiction* ohngeachtet iener auff Erweisung seines

3149 W *seinem.*
3150 W *andere.*
3151 W *Sachen.*
3152 W *wenn.*
3153 W *denen.*
3154 W *bey dem andern Fall.*
3155 W *zu der.*
3156 W *gründet.*
3157 W *dem.*
3158 W *lange.*
3159 W *Gegentheil.*
3160 W *allen.*
3161 W *Recht.*
3162 W *im.*
3163 W *dieses.*

Rechtens ohne weittleuffigen[3164] *Process* in den *Possess* der Erbguther[3165] gesetzet und, ob dieser darin gekommen, doch zur *Administration* deroselben mitt gelaßen, die Erbsache aber zu ordentlicher Außführung verwiesen werden.

6. Wirdt darüber gestritten, wer zur Erbschafft der Negste sey und ist beyder Recht im[3166] Zweiffel, einer aber in den[3167] Besitz, ist derselbe dabey zu laßen, aber inmittelst[3168] die Güether zu *conservir*en schuldig und außer Nott oder zu Bezahlung der Schulde nichts davon zu vereußern befuegt. Sein[3169] sie aber beyde außer des Besitzes, soll vor Außtrag der Sachen sich niemandt darin setzen, sondern mitt dero *Consens* oder da, sie sich nicht vereinigen konten[3170], von dem Gericht ein *Curator* verordnet, demselben[3171] zur Verwaltung die Erbschafft in Händen[3172] gegeben werden.

7. Fellet jemandt durch des Ander[3173] Todt eine Erbschafft oder sonst einig[3174] *Lucrum* aus derselben an, obwoll sonst nach den gemeinen Rechten unter den Erben ein Unterscheidt gemachet[3175] und Kindern[3176] und Eltern allein [fol. 128r] bey den andern Erben, aber nicht weiter, alß wann sie *intra annum deliberandi* verstorben, daß *jus transmissionis* verstatet wirdt, ist doch, wie an etzlichen benachbahrten Orthen durch Gewonheit hergebracht, mehr billig und zu Auffhebung vieles verwirrenden Streits zu reichend, das ohne Unterscheidt, wann es jemandt einmahl angefallen, ob er gleich der Erbschafft und was daraus gebühret sich nie angemaßet oder davon Wißenschafft gehabt hette, doch deßen Recht auff deßelben negsten Erben kommen und dieselbe[3177] näher als Andere des verstorbenen Freunde zu derselben befuegt sein, auch, soviell das *jus transmissionis* betrifft, nicht anders gehalten werde[3178], dann wann die einmahl angefallene Erbschafft *adiir*et[3179] were.

3164 W *weitläuftigen.*
3165 W *Erbgüther.*
3166 W *in.*
3167 W *dem.*
3168 Bei M verbessert aus *mittelst*; W *immittelst.*
3169 W *so.*
3170 W *könnten.*
3171 W *und demselben.*
3172 W *die Hände.*
3173 W *andern.*
3174 W *einiges.*
3175 W *gemacht.*
3176 W *Kinder.*
3177 W *dieselben.*
3178 W *werden.*
3179 W *adiret.*

Titulus XXI.
Von Erben dero Recht undt Gebührnußen[3180].

1.[3181] Wer Kinder hinter sich verlaßet[3182], ist schuldig, sie Erben sein zu laßen, undt, wann er einen letzten Willen verfertiget, dazu einzusetzen oder auß rechtschaffenen Ursachen [fol. 128v] sie zu enterben. Thuett er der keines, ist das *Testament*, soviell die Einsetzung eines andern Erben betrifft, zu Recht ohngültig. Was ausser deroselben darin *disponir*et, soweitt es an der den[3183] Kindern gebührenden *legitimae*[3184] ohnabbruchig[3185], bleibt bestendig und muß von den Kindern nichtsdestoweniger aus der Eltern Güether[3186] abgeführet werden.

2. Eltern mögen ihren Kindern zum Erbtheil nicht weiniger[3187] laßen dan die *legitimam*, welche ist der[3188] dritte Theill deßen, so die Kinder bekommen mögen, wann deren[3189] viehr oder weniger verhanden. Die Helffte aber der Guther[3190], wan derselben mehr hinterlaßen, ob sie demnach dieselben zu Erben einsetzeten[3191], doch nicht soviell ließen, sein sie befuegt, das *Supplementum* bis dahin zu suchen, deßwegen sie dann wieder alle diejenige, so etwas von der Eltern Güethern, die zur Zeitt des Absterbens zu deren Erbschafft gehörig, alß darin ihnen ein stillschweigendes Pfandt zustendig, besitzen, Zusprache haben, so ihnen sowenig als bemelte[3192] *legitima* durch der Eltern Willen einiger Gestaldt kan genommen, verringert oder beschweret werden.

3. Die *legitima* gebühret und wird gerechnet [fol. 129r] nach Abzug der Schulde[3193], so die Eltern Zeitt ihres Lebens schuldig gewesen oder durch ihren Todt schuldig werden[3194], alß da sein[3195] die Begrebnußkosten[3196] und waß bey ihnen

3180 W *Gebührnissen.*
3181 W am Rand: *De Legitima et Juribus Haeredum.*
3182 W *verlässet.*
3183 W *denen.*
3184 W *Legitima.*
3185 W *unabbrüchig.*
3186 W *Gütern.*
3187 W *weniger.*
3188 W *das.*
3189 W *dero.*
3190 W *Güter.*
3191 W *einsetzten.*
3192 W *bemeldete.*
3193 W *Schulden.*
3194 W *geworden.*
3195 W *sind.*
3196 W *Begräbniss-Kosten.*

unter der *Condition* der *Restitution* auff den Todsfall[3197] verhanden gewesen[3198], was aber sonst auß seinen Guettern alßdan nach Verordnung der Rechte seiner Wittwen an den *lucris nuptialibus* oder *portione statutoria*[3199] wie auch den Töchtern der Außsteur[3200] halber gebühret, solches wirdt nicht mitt abgerechnet, sondern kompt mitt in den Anschlag.

4. Erhebet ein Kindt auß des Vatern *Testament*, waß ihm vermachet[3201] oder *approbir*et ander[3202] Gestaldt mitt Worthen oder durch einige Thaett, demselben[3203] mag es[3204] hernach solchen[3205] nicht anfechten, sondern muß, was empfangen, auff die *legitimam* anrechnen, kan aber daß *Supplementum* fodern[3206], dazu ihm[3207] durch die Erhebung des *legati* oder einen andern *actum* die Zusprache ohnbenommen, solange er derselben nicht außdrücklich absaget.

5. Eltern haben zu der Kinder Erbschafft ein gleiches Recht, alß die Kinder zu dem[3208] ihrigen haben, demnach die Kinder sie zu Erben machen oder auch aus zu Recht bestendigen Ursachen [fol. 129v] enterben mußen[3209], sonst haben sie den letzten Willen, soviell die Einsetzung zum Erben betrifft, anzufechten und auffzuheben, auch ob sie zu Erben gemachet[3210], bis zu derer *legitimam*, so der dritte Theill der Guetter ist, zum *Supplement* eben[3211] wie der[3212] Kinder Zusprach.

6. Eß mögen sich die Kinder der Eltern Erbschafft woll begeben und sich von den Schulden dadurch befreyen, sollen sich aber alßdan der Eltern Guether gentzlich enthalten, sie hetten dann ihrer Mütter[3213] eingebrachten halber oder aus andern Pfandtrecht das *juris*[3214] *retentionis* sich zu gebrauchen. Deßwegen aber mögen sie zwahr in den Guettern bleiben, sollen aber zu Verhütung aller *Confusion*

3197 W *dem Todes-Fall.*

3198 Bei M danach gestrichen *waß aber auff den todtsfall verhanden gewesen*

3199 W *statutaria.*

3200 W *Aussteuer.*

3201 W *vermacht worden.*

3202 W *es anderer.*

3203 W *derselbe.*

3204 Fehlt bei W.

3205 W *solches.*

3206 W *fordern.*

3207 W *ihm auch.*

3208 W *der.*

3209 W *müssen.*

3210 W *gemacht.*

3211 Fehlt bei W.

3212 W *die.*

3213 Bei M verbessert aus *mitt*; W *Mutter.*

3214 W *Jus.*

und Streites[3215] schuldig sein, ihre *Intention* und *Titul* vor Gericht furderlichst[3216] anzuzeigen, auch umb die Verordnung anzuhalten, daß[3217] nebst ihren andern *Creditor*en[3218] daß Ihrige wiederfahre, immittelst ein *Inventarium* zu verfertigen undt auff die Guetter guete Auffsicht zu haben, davon Rechnung zu thuen.

7. Wer unter denen, so zu der[3219] *succession* durch den letzten Willen oder *ab intestato* gelangen können, in den Besitz der Erbguether begriffen wirdt, ist so lange vor den[3220] Erben zu halten, demnach[3221] alß ein Erbe [fol. 130r] zu besprechen und zu verdammen, bis er beweise, daß er sie nicht alß ein Erbe, sondern auß andern *Titul* besitze.

8. Sein Kinder in Besitz der Eltern Guetter, maßen sich auch dero Verwaltung an, sollen sie so lange vor Erben gehalten werden, biß sie einen andern *Titul* und Ursach ihres Besitzes anziehen undt damitt sich der *Immixtion* entledigen können. Sein sie aber außer dem Besitz oder hetten sich allein geringschetzige Dinge[3222] auß ihren[3223] Noth oder sonst angenommen, des Vornehmbsten aber sich enthalten, sollen sie vor Erben nicht geachtet werden, sondern wer sie davor außgeben undt besprechen will, deßen[3224] rechtmeßig überweisen[3225].

9. Die Erben mußen[3226] der Verstorbenen Schulde[3227] bezahlen, ob sie gleich aus der Erbschafft so viel, alß die Schuldt außmachet, nicht gehoben, es were dann, das sie derselben sich vermittelst eines *inventarii* angenommen hetten, dabey dann genueg[3228], daß sie des Letztverstorbenen Guether, wie sie befunden, *inventir*en laßen. Und ob dieselbe einem Andern *sine inventario succedir*et, sein doch deßen Erben über daß Vermögen seiner Erbschafft nicht gehalten. Lehensfolger[3229] aber, welche zugleich nicht Erben sein, [fol. 130v] ob sie gleich kein *inventarium* auffgerichtet, sein über den Werth des Lehens[3230] nicht gehalten.

3215 W *Streits.*
3216 W *fürderlichst.*
3217 W *dass ihnen.*
3218 W *Creditorn.*
3219 W *so zur.*
3220 W *dem.*
3221 W *und demnach.*
3222 W *geringschätziger Ding.*
3223 W *ihrer.*
3224 W *sie dessen.*
3225 W *überführen.*
3226 W *Eltern müssen.*
3227 W *Schulden.*
3228 W *gnug.*
3229 W *Lehnsfolger.*
3230 W *Lehns.*

10. Wann viele Erben seien[3231], wie sie *succedir*en, also sein sie zu den Schulden gehalten, die unter ihnen *pro rata portionis haereditariae* vertheilet werden, soweitt sie dann auch nur verbunden, eß wehre dan, daß vor dieser[3232] Schuldt ein Unterpfandt haffte und daßelbe auff den[3233] einen Erben gekommen, alßdan were er deßwegen allein gehalten, hatt aber wieder die Mitterben die Zusprache zu Befreyung oder Erstatung auß ihrem[3234] Erbtheill.

11. Niemandt kan seine Erben durch einige *Contract*[3235] höher verbinden alß auff die *rata*[3236] oder Antheill, worauff er *succedir*et, er laße ihm dann vorauß auß seinen Guthern[3237] die Ersetzung der[3238] Übrigen. Geschehe dawieder, soll derogleichen Verschreibung den Erben ohnnachtheilig, auch die *Renunciation* der Rechts*regul*, *quod haeredes non nisi pro rata teneantur* ohngultig[3239] sein.

12. Obgleich Kinder von der Eltern Erbschafft *abstinir*en, sollen sie dennest[3240] von dem[3241] Ihrigen zahlen, was die Eltern ihrentwegen sie außzusteuren zur Nahrung zu bringen [fol. 131r] oder sonst zu ihrem[3242] Unterhalt auffgeliehen und schuldig geworden, auch in ihren scheinlichen Nutzen gekommen, wann sonst in ihren Guethern soviell nicht, alß davon solches könte abgefuhret[3243] werden, verhanden.

13. Die ihren[3244] Großeltern erben, sich aber ihrer Eltern Erbschafft gantz nicht oder nur vermittelst des *beneficii inventarii* annehmen, durffen[3245] der Eltern Schulde[3246] von dem, waß von den Großeltern auff sie kompt[3247], nicht zahlen.

14. Besitzen Kinder der Eltern Guetter auß andern *Titul*n alß das sie Erben wehren, etwann wegen ihres mutterlichen[3248] Guethes oder dergleichen *Praetension*en,

---

3231 W *seyn.*
3232 W *dieses.*
3233 W *dem.*
3234 W *ihren.*
3235 W *Contracte.*
3236 W *Ratam.*
3237 W *Gütern.*
3238 W *des.*
3239 W *ohngültig.*
3240 W *demnechst.*
3241 W *den.*
3242 W *ihren.*
3243 W *könne abgeführet.*
3244 W *ihre.*
3245 W *dörffen.*
3246 W *Schulden.*
3247 W *kömmet.*
3248 W *mütterlichen.*

deßwegen ihnen das *jus retentionis* gebühret, thuen aber ein Mehres, alß denselben zustehet, vereußern oder verschwenden die väterlichen[3249] Guether, suchen nicht mitt Recht das Ihrige darauß zu erheben, sondern nur ander[3250] Gleübiger zu behindern, mißbrauchen ihres Rechtens, sollen sie des *praetextes*[3251], dem[3252] sie[3253] nicht gemeeß verhalten, ohngeachtet alß Erben gehalten, zur Bezahlung *condemnir*et, auch die *Creditoren* zu ihnen in die Guether gewiesen werden.

15. Damitt die Erbschafften zu[3254] Verderb [fol. 131v] nicht zu lang ledig liegen und die *Creditor*en[3255] mitt ihren Foderungen auffgehalten werden, sollen diejenige, so im *Testament* zu Erben eingesetzet oder die negsten Anverwandten sein, inwendig drey[3256] Monathen von erlangter Nachricht des Erbfals ohne weitern Auffschueb schlechter Dinge sich erklehren[3257], ob sie Erben sein wollen oder nicht. Thuen sie solches nicht, sollen sie hinführo nicht zugelaßen, sondern entweder den Negstfolgenden in solcher Frist die Erbschafft übergelaßen oder ein *Curator* darein gesetzet werden.

16. Will ein Erbe sich des *beneficii*[3258] *inventarii* bedienen, soll er inwendig Monatsfrist, von der Zeitt an zu rechnen, wann er von der ihm angefallenen Erbschafft Nachricht erlanget, und an den[3259] Ortt, da solche zum Mehrentheill verhanden, bequemblich kommen kann, an zu rechnen[3260], ehe er von der Erbschafft etwas angreifft, durch einen *Notarium* in Beysein zweyer glaubwurdigen wolbenambten[3261] Gezeugen alle zur Erbschafft gehörige Guether und Nachrichten verzeichnen laßen, also das er denenselben des Verstorbenen Bucher[3262], Schrifften und Urkunde, nichts außbeschieden[3263], vorlege, sie selbst in den Guthern[3264] herumb führe, beweg- und unbewegliche Guether in Augenschein nehmen, darauß, wie [fol. 132r]

3249 W *väterliche.*

3250 W *andere.*

3251 W *Praetexts.*

3252 W *wenn.*

3253 W *sie sich.*

3254 W *zum.*

3255 W *Creditorn.*

3256 W *3.*

3257 W *zu erklähren.*

3258 Bei M danach gestrichen *bed[ienen].*

3259 W *dem.*

3260 Fehlt bei W.

3261 Bei M *glaubwurdigen* durchgestrichen und wieder unterpunktet, *wolbenambten* über der Zeile eingefügt; W *glaubwürdigen, wohlbenahmten.*

3262 W *Bücher.*

3263 W *ausbescheiden.*

3264 W *Gütern.*

alles und jedes beschaffen, was an Schulden und Iegenschulden[3265] verhanden, erforschen und eigendtlich an ihrer *Qualität* und *Quantität*[3266], wie sie befunden, beschrieben[3267], darüber dann eine richtige *Designation*, darauß ein *Instrumentum* verfertigen, dasselbe hernach mitt eigener Handt unterschreibe[3268] oder, da er Schreiben nicht gelehrnet, durch einen andern *Notarium* auff sein Geheis unterschreiben laße[3269], sich auch bemuhe[3270], das alles[3271] inwendig den negsten zweyen[3272] Monaten, von Zeit des Anfangs an zu rechnen, in Richtigkeit bringe, da er aber darin behindert, die Ursache und dero glaublichen Schein dem *Inventario* anfuegen laße.

17. Sein[3273] die Erbguether nicht an einem Orth, bevorab wan solche nicht nahe beyeinander belegen, mögen die Erben über dieselbe unterschiedliche belegene Guether, verschiedene *Inventaria* durch unterschiedene *Notarios* verfertigen laßen. Eß sollen aber bey allen vorbemelte *Solemni*en[3274] *observir*et, sie hernach zusammen gebracht, und vor ein *Inventarium* gehalten werden.

18. Obwoll nach den gemeinen Rechten zu Verfertigung eines *Inventarii* die Zusam- [fol. 132v] menberuffung der *Creditor*en[3275] erfodert wird, alß dennest[3276] solche in diesem Lande[3277] nicht hergebracht, bleibet es bey dem Gebrauch, jedoch wan man weiß, das die Erbschafft mitt Schulden *onerir*et, stehet zu Abwendung Verdachts und Streits den Erben zu, zwey auß der[3278] in der Nehe verhandenen *Creditor*en[3279], so ihm nicht verwandt, zur *Inventation* zu ziehen, demnach denselben das Vorhaben zu *notificir*en und dero Erscheinens gewertig zu sein oder auch bey dem Gericht gewiße ohnparteysche[3280] *Commissar*ien außzubitten, welche dem *Actui* beywohnen. Geschicht solches, ist er des Verdachts ledig, und ob die beruffene Gleubiger nicht erscheinen, mag er doch verfahren.

3265 W *Gegen-Schulden.*
3266 *Und quantität* fehlt bei W.
3267 W *beschreiben.*
3268 W *unterschreiben.*
3269 W *lassen.*
3270 W *bemühe.*
3271 W *er alles.*
3272 W *zwey.*
3273 W *Seynd.*
3274 W *Solennien.*
3275 W *Creditorn.*
3276 W *demnechst.*
3277 W *diesen Landen.*
3278 W *denen.*
3279 W *Creditorn.*
3280 W *unpartheyische.*

19. Hatt der Verstorbene bey seinem Leben eine *Designation* aller seiner Guether gemachet[3281] und solche beygelegt, das seine Erben seine Verlaßenschafft daraus erlernen mögen, sein dieselbe nicht weiter zu Verfertigung eines *Inventarii* gehalten, sondern wann sie in Beysein des *Notarii* und glaubhaffter Gezeugen nach solcher *Designation* die Guether durchsehen, dabey, was nicht oder mehres befunden, vorzeichenen[3282] laßen, soll es eben gehalten werden, alß hetten sie ein *solenn Inventarium* verfertiget, mögen sich auch von allen beschuldigten Mängeln durch [fol. 133r] ihren Eydt entledigen. Hette aber ein solches der Verstorbene nicht gelaßen, doch den Erben die Verfertigung eines *Inventarii* erlaßen wollen oder verordnet, daß die Hinterlaßung ihm nicht schaden solte, ist solches, soviell die *Creditor*en[3283] betrifft, nichts gultig[3284] und kann den Erben nicht befreyen.

20. Ehe das *Inventarium* verfertiget, sollen die Erben von den Erbguethern nichts von ihrer Stelle bringen, verendern[3285] oder vereußern, es geschehe dan[3286] aus unvermeidlicher Noth, wann[3287] es Wahren oder Güether, so zu Verderb liegen[3288], oder[3289] scheinlichen[3290] Nutzen, so[3291] damitt der Erbschafft mag gestifftet werden, ihmgleichen[3292] sich auch aller *Disposition*en enthalten, außer denen, so die Notturfft und die *Inventation* wie auch der[3293] verstorbenen Begräbnuß[3294] und Bestellung der Haußhaltung erheischet oder zum Verwarsahmb der Guether gereichen. Wann aber derogleichen[3295] etwas vorzunehmen, sollen die Erben zu Vermeidung allen Verdachts bey Verfügung in das Erbhauß oder wor[3296] die Guether verhanden einen *Notarium* und Zeugen zu sich nehmen, in dero Beysein solche *Disposition* thuen, weßen sie nicht benötiget in Verwarsahmb bringen, ver- [fol. 133v] schließen, auch[3297] durch den *Notarium* nach der Sachen Bewandtnuß[3298]

3281 W *gemacht.*
3282 W *verzeichnen.*
3283 W *Creditorn.*
3284 W *gültig.*
3285 W *vermindern.*
3286 W *denn.*
3287 W *als wann.*
3288 W *Güter, so verderblich.*
3289 W *oder so.*
3290 W *scheinlicher.*
3291 Fehlt bei W an dieser Stelle.
3292 W *ingleichen.*
3293 W *des.*
3294 W *Begräbniss.*
3295 W *dergleichen.*
3296 W *wann.*
3297 W *und.*
3298 W *Bewandniss.*

bis zur *Inventation* versiegeln laßen. Geschehe solches nicht, sein die Erben sich allen Verdachts durch den Eydt zu erledigen schuldig.

21. Wann die Erben[3299] vermittelst eines *Inventarii* sich der Erbschafft annimbt, die er weiß mitt Schulden beleßiget[3300] zu sein, soll er zufoderst darauff bedacht sein, das die *Creditor*en[3301] abgefunden werden, demnach dieselbe ohngeseumbt *citir*en laßen, ihnen das Vermögen der Erbschafft vorhalten, auß dero Mitteln ihnen die Zahlung *offerir*en, sich mitt ihnen darüber vergleichen oder zu Recht die *Discussion* ergehen laßen und fernere Entscheidung[3302] suchen, immittelst sich aller Verenderungen und Vereußerungen enthalten. Handelt er dawieder und bliebe in den Güethern eine geraume Zeitt sitzen, ließe die *Creditor*en[3303] vergeblich mahnen, verenderte oder vereußerte[3304] immittelst deroselben guethen Theill, wolte hernach von dem Übrigen allein die Zahlung thuen, soll er damitt nicht gehöret, sondern, soweitt sich die Erbschafft erstrecket hatt, *condemnir*et, auch in seine eigene Güether die Rechtshülffe angeordnet werden.

22. Könte der Gleubiger[3305], oder dehm sonst [fol. 134r] daran gelegen, erweisen, das der Erbe des *Inventarii* mißbrauchet, dabey geferlich umbgangen, etwas betrieglich[3306] verschwiegen, soll derselbe des *Beneficii* nicht fehig[3307] sein.

23. Wann des Verstorbenen Wittwe Kinder oder ander[3308], so in den Guethern das *jus retentionis* gebrauchen, ein *Inventarium* auffgerichtet und vermittelst deßen den Erben oder Lehensfolgern[3309] die Guether hernach übergeben und eingereumet, sein dieselbe kein anders verfertigen zu laßen, sondern nach solchem[3310] allein den *Creditor*en[3311] zu andworthen schuldig.

24. Wer vermittelst eines *Inventarii* sich der Erb und Lehne annimpt, ist nicht weiter dann[3312] mitt den ererbten Guethern zu zahlen, demnach dan die *Creditor*en[3313] solche in Bezahlung vor den[3314] Werth anzunehmen schuldig, darin auch

3299 W *Wann ein Erbe.*
3300 W *belästiget.*
3301 W *Creditorn.*
3302 W *Entschuldigung.*
3303 W *Creditorn.*
3304 W *verausserte.*
3305 W *Glaubiger.*
3306 W *betrüglich.*
3307 W *fahig.*
3308 W *andere.*
3309 W *Lehnsfolgern.*
3310 W *solchen.*
3311 W *Creditorn.*
3312 W *denn.*
3313 W *Creditorn.*
3314 W *dem.*

allein die Rechtshülffe zur *Distraction* und Erhaltung des Ihrigen, nicht aber in des Erben eigenen Guethern, oder von dehm sonst baare Zahlung zu suchen befuegt, er habe dann von den Erbguethern bereits soviel *distrahir*et oder in seinem[3315] Nutzen verwandt.

25. Wer also der Erbschafft sich angenommen, mag dieselbe den *Creditor*en[3316] oder [fol. 134v] auch[3317] sonst hernach abtreten, solange dieselbe in einem unverendertem[3318] Zustande und also bewandt, wie er solche empfangen. Were aber dabey eine merckliche Verenderung[3319] von ihm durch Vereußerung einiger vornehmer Stucke[3320] außerhalb der Nott oder ander Gestaldt vorgenommen und die Erbgüether könten in vorigem Stande[3321] nicht gelieffert werden, mag nach einmahliger *Adition* die *Repudiatio* oder *Abstinatio* nicht geschehen. Jedoch ist der Erbe über das Vermögen der Guether nicht gehalten.

26. Wer mittelst des *Inventarii* der Erb oder Lehne sich annimpt, ist auff deroselben Werth, wie es zur Zeitt der Anmaßung beschaffen, den *Creditor*en[3322] alßforth gehalten und mag sich hernach auff keine *Administration* oder Rechnung beziehen oder auch mitt dem Vorwandt nicht gehabten Nutzen[3323] schützen.

27. Ein Erbe vermittelst des *Inventarii* darff die Kosten zu der *Conservation* und Rettung der Guther[3324], Anfoderung der Erbschulde, Belohnung der Bedienten, so der Erbschafft zu guethe[3325] auffwarthen, von dem Seinigen nicht erlegen, sondern kan dieselbe, nicht aber, was auff unnütze Rechtsfertigung[3326] verwandt, von der Erbschafft abziehen.

28. Entstehet über die Güether, dero die Erben ver- [fol. 135r] mittelst des *beneficii inventarii* sich angenommen, inwendig Jahr und Tag ohne dessen Verursachen durch einen *casum fortuitum* Schaden und Verderben, betrifft derselbe die Glaubiger[3327] und gehet denen ab, würde aber in solcher Zeitt der Erbe nicht zahlen[3328] oder auch die Guether nicht abtreten oder zu der *Creditor*en[3329] Befriedigung

3315 W *seinen.*
3316 W *Creditorn.*
3317 Fehlt bei W.
3318 W *unveränderten.*
3319 W *Veranderung.*
3320 W *vornehmen Stücke.*
3321 W *vorigen Stand.*
3322 W *Creditorn.*
3323 W *Nutzens.*
3324 W *Güter.*
3325 W *gute.*
3326 W *Rechtfertigung.*
3327 W *Gläubiger.*
3328 W *bezahlen.*
3329 W *Creditorn.*

anmelden[3330], also[3331] in Abfindung der Gleubiger seumig sein, kan er den *Creditoren*[3332] deßhalber hernach nichts[3333] abziehen oder anrechnen[3334].

29. In werender Zeitt, so zu Verfertigung des *Inventarii* gesetzet, kan der Erbe wegen des Verstorbenen Schulde[3335] nicht gemahnet werden, sondern die *Creditores* bis nach deßen Vollenziehung verwiesen[3336], dieselbe sein auch, dafern er nun[3337] dabey nicht seumig, bey deßen Befindung sie billig wieder ihn[3338] gehöret werden, so lang zu warthen schuldig. Was aber in der Erbschafft verhanden, so einen[3339] Andern zugehörig und der *Restitution* halber keinen Streitt hatt, ist daraus auch in solcher Zeitt abzufolgen und niemandt damitt auffzuhalten.

30. Wann das *Inventarium* verfertiget, mag der Erbe den sich zu erst angebenden *Legatar*ien und Glaubigern[3340] Bezahlung thuen, solange[3341] ihm nicht bewust, das Andere mehr, und zwahr [fol. 135v] eltere, auch mehr *privilegir*te *Creditor*en[3342] verhanden, denen vorauß dieselbe gebühret. Wuste[3343] er solches und zehlete[3344] gleichwoll oder er handelte sonst hirin betrieglich[3345], ist er dadurch nicht befreyet.

31. Hette[3346] einer kein *Jnventarium* gemachet, es erschiene auch nicht. das es geferlich[3347] hinterlaßen, dabey aber wehre offenbahr und die *Creditores* kondten[3348] nicht leugnen[3349], das die Erbschafft zu der Zeitt, wie er solche abgetreten, nicht *solvendo*, auch darin kein mehres, alß er angeerbet, verhanden gewesen, so mag er über das, so er empfangen, nicht besprochen werden, sondern[3350], wann er den *Creditoren*[3351] den Empfang herausgibt, frey sein.

3330 W *sich nicht anmelden*; bei M vor *anmelden* gestrichen *nicht*.

3331 W *und also*.

3332 W *Creditorn*.

3333 W *deshalben nichts*.

3334 *Oder anrechnen* fehlt bei W.

3335 W *Schulden*.

3336 W *verweisen*.

3337 W *nur*.

3338 W *ihm*.

3339 W *einem*.

3340 W *Gläubigern*.

3341 W *so lang*.

3342 W *Creditores*.

3343 W *wüste*.

3344 W *zahlete*.

3345 W *betrüglich*.

3346 W *Hatte*.

3347 W *gefahrlich*.

3348 W *könnten*.

3349 W *laugnen*.

3350 Bei M danach gestrichen *sein*.

3351 W *Creditorn*.

32. Hatt ein Unmündiger wie auch ein Soldat, solang er noch in Krigsdiensten[3352] begriffen, ob er gleich *actu* zu der Zeitt im Kriege nicht gewesen, sich der Erbschafft ohne *Inventario* angemaßet, mögen dieselbe und[3353] dero Erben inwendig vier Jahren nach der Minderjerigkeitt und niedergelegten Kriegsdiensten[3354] *restitutionem in integrum* bitten, und wann alßdan von ihm eine eydtliche *Designation* deßen, so sie auß derselben empfangen, übergeben, des *beneficii* alßdann[3355] genießen.

33. Wer sich auff das *beneficium inventarii* berufft, wann er besprochen wirdt [fol. 136r], soll daßelbe alßfordt[3356] *in originali produciren* oder zu der *Production* einen *Terminum* bitten, geschiehet solches nicht, mitt[3357] dem Einwenden nicht gehöret, sondern also ferner wieder ihn[3358] verfahren werden, alß wan keines verhanden were.

Titulus XXII.
Von Testamenten und letzten Willen.

1.[3359] Wer einen letzten Willen auffrichten will, der mag es thuen vor sieben hirzue erfoderten Gezeugen mennliches Geschlechts gueten ohnverleumbdeten Wandels oder auch vor Gerichte ohne Beysein einiger andern[3360] Zeugen. Beydes ist frey und gültig.

2. Wer vor Zeugen in Schrifften[3361] ein *Testament* machen will, soll dieselbe auff einmahl an einen gewißen Orth pittlich erfodern laßen, in dero semptlichen Beysein seine ernste Meinung von vorhabender Errichtung eines *Testaments* anzeigen, waß er in Schrifften verfaßet, oder von einem Andern verfaßen laßen, darauff vorzeigen, in ihrer *Praesentz*[3362] eß unterschreiben oder, da er gantz oder etwa wegen Schwacheit daßmahl[3363] nicht schreiben könte, durch einen Andern auff sein *Special*befehl unterschreiben laßen, darauff die Zeugen erbitten, daß zum Gezeugnuß[3364] deßen sie [fol. 136v] es mitt unterschreiben und mitt ihren oder auch

---

3352 W *Krieges-Diensten.*
3353 W *oder.*
3354 W *Krieges-Diensten.*
3355 W *alsdenn.*
3356 W *alsofort.*
3357 W *soll er mit.*
3358 W *ihm.*
3359 W am Rand: *Jura Testamentorum.*
3360 W *ander.*
3361 W *Schriffte.*
3362 W *Presence.*
3363 W *damahls.*
3364 W *Gezeugniss.*

andern Pittschafften, in[3365] das dieses gemeldet, versiegeln wollen. Wann daßelbe geschehen, ist es ein vollkommen[3366] *Testament*. Den Zeugen aber daßelbe[3367] vorzuleßen, ist nicht nötig, sondern es mag ihnen verschloßen oder eingewickelt zur Unterschreibung hingegeben werden, nur daß diese dem *Testament* angefüget.

3. Wolte einer ohne Schrifften ein *Testament* machen, kan er solches vor sieben dazu erfoderte Zeugen also thuen, das er in derselben Gegenwardt seine Meinung, insonderheit wem[3368] oder welche er zu Erben haben, auch, was er sonst vermachen wolle, außtrücklich melde[3369], so ist solches krefftig[3370] alß ein *Testamentum Nuncupativum* genandt. Damitt auch solches hernach soviel beßer begleübiget[3371] werde, mag er darüber alßforth[3372] durch einen *Notarium* mitt Zuziehung zweyer beglaubter Gezeugen ein offentliches[3373] *Instrument* auffrichten laßen. Wann nun demselben solches also richtig einvorleibt[3374], so hatt es vollen Glauben und bedarff es keines weitern Beweißthuembs, im Fall aber solches darüber nicht auffgerichtet oder mangelhafft wehre, mußen[3375] die Zeugen, so dabey gewesen, vermittelst Eydes, was ergangen, erhalten. Weren dero etzliche verstorben, mögen die übrigen, nur daß der [fol. 137r] meiste Theill noch im Leben, es bezeugen.

4. Wer vor Gericht ein *Testament* auffrichten will, mag es thuen an allen Orthen, wor[3376] Gericht gehalten wirdt, ob er gleich unter demselben nicht geseßen oder rechtpflichtig, muß aber in Persohn vor demselben sich gestellen und alßdan selbst oder in seinen Beywesen[3377] durch einen Andern anzeigen, was sein letzter Wille sey oder auch, wo er denselben in Schrifften verfaßet und also übergeben will, das darin sein letzter Will enthalten, darauff dan bitten, das solches *ad acta* und *protocollum* gebracht und bis auff sein Absterben oder Abfodern verwarlich hinterleget werde; darff aber, was in Schrifften verfaßet, nicht verlesen, sondern mag es versiegelt und verschloßen einlegen und also bis auff seinen Todt in Verwahrung zu haben bitten, waß also *disponir*et, ist bestendig, obgleich keine Zeugen dazu gezogen.

5. Ein *Testament*, vor Gericht auffgerichtet, ist bestendig, obgleich daßelbe nicht öffentlich geheget und gehalten ist, sondern auch, wann nur ein oder ander zum

3365 W *indem*.
3366 W *vollenkommen*.
3367 W *solches*.
3368 W *wen*.
3369 W *melden*.
3370 W *krafftig*.
3371 W *beglaubiget*.
3372 W *alsofort*.
3373 W *öffentliches*.
3374 W *einverleibt*.
3375 W *müssen*.
3376 W *wo*.
3377 W *seinem Beyseyn*.

Gericht Verordneten[3378] nebst dem Gerichts*secretario* oder *Notario* oder, wann die abwesend, einem Andern von dem[3379] Gericht Verordneten[3380], der es in das *Protocol* verzeichnet, zujegen[3381].

6. Wer behindert wirdt, selbst vor Gericht zu kommen, mag bitten, daß zwey von des[3382] Gerichts [fol. 137v] *Assessor*n oder auch sonst einige *Commissarii* verordnet werden, von ihm in seinem Hauß oder wor[3383] er sich befindet, seinem[3384] letzten Willen zu vernehmen oder, was er in Schrifften auffgesetzet, anzunehmen, wann dieselbe dazu gerichtlich verordnet und er vor ihnen, wie vor den Zeugen üblich, seinen letzten Willen anzeiget, sie auch daßelbe ins Gericht gebracht, immaßen sie zu thuen schuldig, soll es vor ein gerichtliches[3385] *Testament* bestehen.

7. Wann ein *Testament* vor Gericht verfertiget, mag der *Testator* bitten, das es unter des Gerichts Siegel ihm außgefolget werde, und soll, wan er[3386] hernach auff seinen Todsfall[3387] also versiegelt und sonst ohnverletzt an Schrifften befunden, gultig[3388] sein.

8. In Pestzeiten, wie auch andern gefehrlichen Leuffen[3389], alß wan[3390] Bluettgang, rohte Ruhr und dergleichen anklebende Seuchen *grassir*n[3391], mag derjenige, so mitt solcher Krankeit behafftet oder in Heusern[3392], die damitt *inficir*et, sich auffheldt, seinen letzten Willen, imgleichen[3393] auch die Geschencke, so er auff seinen Todsfall[3394] vermachen will, vor zwey oder drey Zeugen, die er haabhafft werden mag, bestendig auffrichten und soll dergleichen letzter Will zu jederzeitt, auch hernach, wann derogleichen Seuchen auffhöreten[3395], oder der *Testator* zur Gesundtheitt gelanget, bestendig[3396] sein, [fol. 138r] wann nur die Zeugen, es sein

---

3378 Bei M danach gestrichen *der*; W *Verordneter*.
3379 W *den*.
3380 W *Gerichts-Verordneten*.
3381 W *zugegen*.
3382 W *den*.
3383 W *wo*.
3384 W *seinen*.
3385 W *gerichtlich*.
3386 W *wenn es*.
3387 W *Todes-Fall*.
3388 W *gültig*.
3389 W *Laufften*.
3390 W *wenn*.
3391 W *grassiren*.
3392 W *Hausern*.
3393 W *ingleichen*.
3394 W *Todes-Fall*.
3395 W *aufhören*.
3396 W *bestandig*.

Manß- oder Frauenspersohnen, sonst beglaubt, von dem *Deponent*en selbst vernommen, denselben gesehen und von ihn[3397] gehöret, daß, waß vorgebracht, sein letzter Wille sey und darüber durch einen *Notarium* ein glaubliches *Instrument* auffgerichtet oder auch die Zeugen auff ihren Eydt daßelbe hernach erhalten. Wer aber nicht mitt derogleichen Seuche behafftet oder an gefehrlichen[3398] Orten sich befindet, demselben[3399] mag dieselbe von den sonst gewonlichen *Solemni*en[3400] nicht befreyen, sondern ist schuldig, den vollen Zahl der Zeugen zu *adhibir*en, er möchte dann solcher an dem Ortt nicht mechtig[3401] sein.

9. Wer in Kriegsgefahr ist, er sey ein Soldat oder sonst jemandt, mag seinen letzten Willen verfertigen, wie er kann oder will, und waß er auffgesetzet oder Andere auffschreiben laßen, ist gultig[3402], wann nur ohnleugbahr[3403], das eß deßelben Handt sey, obgleich keine Zeugen dabey gewesen oder, da es von ihm nicht geschrieben, sonst durch zwey Zeugen mag bekundschaffet[3404] werden. Wann aber jemandt auch ein Soldatt außer der Kriegesgefahr ist, liegt in *Guarnison*en, da er vor des Feindes Einfall gesichert, ist sein *Testament* nicht gültig, es sey dann mitt sonst ublichen[3405] *Sollenni*en[3406] verfertiget, also auch diejenigen *Testament*[3407], so in Kriegesleuffen[3408] gefertiget, wann sie nicht zugleich alsdann wann das *Testament*[3409] verfertiget, [fol. 138v] in[3410] Kriegesgefahr[3411] nicht sein, sondern Zeitt und Gelegenheit gehabt, ordentlich zu *testir*en, nicht anders dann wie sonst Rechtens ihren letzten Willen verfertigen mögen.

10. Auff dem Lande sollen nicht weniger dan in Städten[3412] zu den *Testament*en sieben Zeugen gebrauchet werden, wann man dero mechtig[3413] sein mag. Solte aber

3397 W *ihm.*
3398 W *gefahrlichen.*
3399 W *denselben.*
3400 W *gewöhnlichen Solennien.*
3401 W *machtig.*
3402 W *gültig.*
3403 W *ohnlaugbar.*
3404 W *bekundschaftet.*
3405 W *üblichen.*
3406 W *Solennien.*
3407 W *Testamente.*
3408 W *Krieges-Laufften von denjenigen.*
3409 *Gefertiget ... Testament* fehlt bei W.
3410 W *die anjetzo in.*
3411 W *Kriegs-Gefahr.*
3412 W *Stadten.*
3413 W *machtig.*

zu solcher Zahl nicht zu gelangen sein, so ist das *Testament* bestendig[3414], wann nur fünff Zeugen dabey gewesen.

11. Wann jemandt an den Orthe[3415] lebet, da er der ordentlich Erforderten[3416] nicht mechtig[3417] werden kann, daß entweder die Leuthe nicht verhanden oder auch so geschwind, dann es nöthig, zur Handt zu schaffen, alß wann iemandt durch Kranckheit oder ander[3418] Zufelle in Lebensgefahr gerathen, soll alß sein letzter Wille gelten, waß zwischen drey oder zwey[3419] Zeugen anstaat deßelben verordnet, wann nur dieselbe beglaubet und auff ihren Eydt außagen könten, das es des Verstorbenen letzter und ernster Wille gewesen, sie solches auß seinem Munde in Beysein gehöret und solches eigentlich vernommen haben.

12. Waß Pauersleuthe auff dem Lande vor dem Pfarherrn und zwey andern beglaubten Mannern[3420] zu ihren letzten Willen außagen, mag auff derselben eydtliches Gezeugnuß[3421] [fol.139r] gelten und bestendig[3422] sein.

13. Waß Vater und Mutter, imgleichen[3423] Großeltern unter ihren Kindern oder Kindeskindern über ihre Guether oder sonst *disponir*en und verordnen, ob eß gleich allein unter dero Handt geschrieben oder von ihnen untergeschrieben[3424], obgleich keine Zeugen dabey gewesen oder sonst einige andere *Solennität adhibir*et, ist es ein zu Recht bestendiger[3425] letzter[3426] Wille undt soll von den Kindern demselben gehorsahmblich nachgelebet werden, nur daß an der Schrifft kein Mangel, Zweiffel[3427] und, was geschrieben, leßlich und verstendig[3428] sey.

14. Waß Eltern unter ihren Kindern nicht in Schrifften, sondern vor zwey dazu erfoderten[3429] glaubhafften Zeugen[3430] verordnen soll, wann es vor *instrumentirt*[3431]

3414 W *bestandig.*
3415 W *dem Orth.*
3416 W *erfoderten Zeugen.*
3417 W *machtig.*
3418 W *andere.*
3419 W *zwey oder drey.*
3420 W *Männern.*
3421 W *Gezeugniss.*
3422 W *bestandig.*
3423 W *ingleichen.*
3424 *Oder von … untergeschrieben* fehlt bei W.
3425 Bei M verbessert aus *bestendig*; W *bestandiger.*
3426 Bei M über der Zeile eingefügt.
3427 W *Mangel, oder Zweiffel.*
3428 W *bestandig.*
3429 W *erforderten.*
3430 W *Gezeugen.*
3431 W *verinstrumentiret.*

oder von den Zeugen eydtlich bekrefftiget[3432], so viell die Kinder betrifft vor ein gültig *testament* gehalten werden.

15. Waß die Eltern in ihrem[3433] *Testament* unter den Kindern bloß in einer[3434] von ihnen geschriebenen oder unterschriebenen Zettul oder Schrifft *disponir*en, ist allein unter den Kindern, nicht aber, soviell Frömbde[3435], auch des *Testatoris* Ehefrau und Verwandthen [fol. 139v] angehet, vor einen bestendigen[3436] letzten Willen zu halten, es sein dann daneben zwey Zeugen *adhibir*et. Wann solche zugezogen und es mitt bekundtschaffen[3437], ist auch, soviel die Frembde betrifft, ein solch *legatum* und andere Vermachnus gultig[3438].

16. Eheleuthe mögen zugleich ein *Testamentum*, *reciprocum* genandt, verfertigen, so wann es in einem *Instrumento* begriffen, nur einerley *Solennia* nicht anders, alß wann[3439] es ein *Testament* were, erfodert, doch in der Thaet zwey *Testament*[3440] sein. Eß kan aber eines[3441] der Eheleute auch ohne und wieder des andern Willen von dehme, so darin seinentwegen[3442] *disponir*et, sowoll bey deßen Leben alß nach deßelben Todte abtreten, seinen letzten Willen ander Gestaldt auffrichten oder bey der *succession ab intestato* mittelst Wiederruffung des *Testaments* bewenden laßen, obgleich die Eheleuthe sich mittelst Eydes anders verbunden hetten[3443], dahiniegen[3444] bleibt deß Andern *Testament* so darin nichts verendert[3445], nichts destoweniger bey Krefften[3446]. Imgleichen ob sonst durch andere Wege das *Testament* des einen nicht gültig, ist doch des Andern, wann nicht erscheinet, das der[3447] *Testir*enden Wille anders sey, bestendig[3448].

17. Hatt jemandt verschiedene Erben eingesetzet, und [fol. 140r] einer davon verstirbt vor dem *Testatore* oder will und kann nicht Erbe sein, wechset[3449] deßen

3432 W *bekrafftiget.*
3433 W *ihren.*
3434 W *einem.*
3435 W *so viel es Fremde.*
3436 W *bestandigen.*
3437 W *bekundschafftet.*
3438 W *Vermachtniss gültig.*
3439 W *wenn.*
3440 W *Testamente.*
3441 W *eins.*
3442 W *seinetwegen.*
3443 W *hatten.*
3444 W *da hingegen.*
3445 W *verandert.*
3446 W *Krafften.*
3447 W *des.*
3448 W *bestandig.*
3449 W *wachset.*

Antheill den Übrigen zu, die schuldig sein, dasjenige davon abzustaaten, was der *Testator* verordnet. Verstürben sie aber alle oder wolten und kondten[3450] nicht erben oder solches begebe sich bey einem, der allein eingesetzet, so ist das *Testament* nichtig[3451], undt kompt die Erbschafft auff die so *ab intestato succedir*en, dieselbe aber durffen[3452] nichts außer dehm so *ad pias causas* vermachet[3453], von dehm so verordnet, erstaaten, eß erscheine dann[3454] des *Testir*enden Wille, das er auff alle Felle[3455] solches wolle gehalten haben, so dan auch die *clausula salutaris*[3456] genandt, das *omni meliori modo* der letzte Wille gultig[3457] sein solle, wurcket[3458].

18. Uber[3459] Lehne undt dero *Pertinent*ien sein die *Testament* und Verordnung des letzten Willen ohngültig, sie sein dann mitt *consens* des Lehenherrn[3460] und der Mittbelehnten Vettern auffgerichtet.

19. Eß mag kein Vater durch seinen letzten Willen seinen Kindern das Lehen[3461] gentzlich, daran[3462] sie die gesambte Handt haben, nehmen[3463] oder verringern, wolte er aber zwischen seinen Kindern verordnen, wie es mitt *administration* der Lehne bis zu ihrem vollenkommenem Altern[3464] oder auch hernach mitt der Erb-[fol. 140v] theilung soll gehalten werden, obgleich darin einer[3465] vor dem Andern ein Vortheill gestifftet, were die *laesion* nicht zu groß, soll solches wie dann auch was zu Stifftung gueten Fried, Einigkeitt und Gleicheit gereichet, von ihnen *observir*et, und dawieder nicht gehandelt werden.

20. Über[3466] ein Neulehen[3467] mag, der es erworben, mitt *consens* des Lehenherrn[3468] ein *Testament* oder letzten Willen verfertigen, und dadurch seinen Söhnen

3450 W *könnten.*
3451 W *richtig.*
3452 W *dörffen.*
3453 W *vermacht.*
3454 W *denn.*
3455 W *Falle.*
3456 W *Codicillaris.*
3457 W *gültig.*
3458 W *würcket.*
3459 W *Aber von.*
3460 W *Lehn-Herrn.*
3461 W *Lehn.*
3462 W *darin.*
3463 W *wehrenden.*
3464 W *ihren vollenkommenen Alter.*
3465 W *einem.*
3466 W *Uber.*
3467 W *Lehn.*
3468 W *Lehn-Herrn.*

gewiße Ordnung, wornach sie sich deßen anzunehmen haben, setzen, auch woll einem solches gantz oder sonst darin ein Vorthel[3469] vermachen.

21. *Testir*et jemandt zugleich von seinen Lehen[3470] und Erbguethern, obwoll, soviell die Lehen[3471] betrifft, das *Testament* zu Recht unbestendig, nicht[3472] eins die *Aestimation* oder ander[3473] Erstaatung dem, so was Lehen[3474] ist, vermachet wirdt, es erscheine dann des *Testatoris* freyer Wille gewesen[3475] gebühret, so ist es doch im Ubrigen[3476] und so viel die Erbguther[3477] angehet als bestendig zu halten.

22. Verordnet ein Vater in seinem *Testament* wie es mitt den Gebührnußen[3478] so aus dem Lehen einen[3479] entrichtet werden, alß seiner Wittwen und Töchter Außsteur[3480], Leibgeding, Bezahlung seiner Schulde[3481], und dero- [fol. 141r] gleichen solle gehalten werden, sein deßen Söhne ob es gleich die Lehne betrifft und daraus die Abstaatung geschehen soll, solchem[3482] nachzuleben schuldig, sie weren dan übermeßig dadurch beschweret[3483], was aber zu ihrem[3484] Nachtheill in andern Fellen[3485], wann die Lehen[3486] nicht *obligir*et, verordnet, durffen[3487] sie aus dem[3488] alten Lehen[3489] nicht *praestir*en, sie haben sich dann *sine beneficio inventarii* der Erbschafft angemaßet, seine *Agnat*en aber mag durch ein *Testament* niemand weiter verbinden, alß sie außer dem schuldig sein.

23. Eß mag jemandt mitt gueten Wortten und beheglichen Gefällen dem[3490] Andern wollbewegen, das er ihn in seinem letzten Willen zum Erben einsetze, oder

---

3469 W *Vortheil.*
3470 W *Lehn-.*
3471 W *Lehne.*
3472 W *so gar, dass nicht.*
3473 W *andere.*
3474 W *Lehn.*
3475 W *gewesen zu seyn.*
3476 W *übrigen.*
3477 W *Erb-Güter.*
3478 W *Gebührnissen.*
3479 W *Lehn einem.*
3480 W *Aussteuer.*
3481 W *Schulden.*
3482 W *solchen.*
3483 W *damit beschwehrt.*
3484 W *ihren.*
3485 W *Fallen.*
3486 W *Lehn.*
3487 W *dürffen.*
3488 W *den.*
3489 W *Lehn.*
3490 W *behaglichen Gefallen den.*

sonst etwas vermachet[3491], wann nur dabey es aus freyem[3492] Willen geschiehet. Wann aber daß *Testament* nicht auß freyen Willen, sondern auff jemands betriegliche[3493] arglistige Zureden, oder *importunir*liches Getrieb[3494], oder auff eingejagte Furcht und Zwanck gemachet, und daßelbe der *Testator* vor seinem Todte bekandt[3495], oder sterbend Nachricht gelaßen, oder sonst glaublich[3496] beygebracht, soll es soviell demselben[3497] betrifft, der sich derogleichen Dinges gebrauchet[3498], nichts gültig sein, sondern was ihm vermachet, auff die Erben fallen, wann [fol. 141v] auch starcke Vermuthungen solches Vornehmens sich ereugten, derselbe sich deßen durch den Eydt oder nach Befindung sonsten, zu entledigen schuldig sein.

24. Wer einem[3499] an Verfertigung seines letzten Willens verhindert, derselbe soll nicht allein auß deßen Erbschafft nichts fehig, sondern daneben schuldig sein, demjenigen, welchem[3500] der Abgelebte in seinem letzten Willen etwas vermachen wollen, wan dieses bestendiger Will[3501] und ienes Verursachen beygebracht, das *Interesse* und soviell, als worin er ihm[3502] behindert, zu erstaten schuldig sein.

25. Mögen Kinder erweisen, das die Stieffeltern bey ihrem natürlichem[3503] Vater oder Mutter die Verfertigung des letzten Willens einstendigst getrieben und darin were ein ubermeßig[3504] Vermachnuß von[3505] den Stieffeltern zu ihrem[3506] großen Nachtheill und Beschwer geschehen, soll, was also verordnet, ohngültig sein.

26. Was jemandt auff seinem Kranckenbette oder außer demselben auff deßen Frage, dem er etwas vermachet, andtworthet, ob es in vieler Leuthe Gegenwarth geschehe, soll vor einen[3507] letzten Willen nicht gehalten werden, sondern ohnkrefftig sein, wehre [fol. 142r] aber jemandt seinen letzten Willen auffzurichten gemeinet und hette dazu die Zeugen erfodert, mag derselbe von andern, alß die daran[3508]

3491 W *vermache.*
3492 W *freyen.*
3493 W *betrügliche.*
3494 W *Getribe.*
3495 W *bekannt gemachet.*
3496 W *glaulich* (vermutlich Satzfehler).
3497 W *denselben.*
3498 W *gebrauhet* (vermutlich Satzfehler).
3499 W *einen.*
3500 W *denjenigen, welchen.*
3501 W *Wille.*
3502 W *ihn.*
3503 W *natürlichen.*
3504 W *übermässig.*
3505 W *Vermächtniss vor.*
3506 W *ihren.*
3507 W *einem.*
3508 W *davon.*

etwas zu erwarthen, woll gefraget und, was er andtworthet, vor den[3509] letzten Willen gehalten werden.

27. Obgleich jemandt in gefenckliche Hafft und zum Todte verurtheilet und verdampt, hatt er doch über seine Guether zu schalten, demnach die Macht, ein *Testament* oder letzten Willen auffzurichten, und was er verordnet, soll bestendig[3510] sein, hatt er nichtes[3511] *disponir*et, fallen die Guether auff die negsten Erben.

28. Behelt sich der *Testator* in seinem *Testament* bevohr, was[3512] er nach demselben über seine Guether undt sonst zu *disponir*en haben möchte, auff eine Schrifft und Zettul zu verzeichnen und dem *Testament* anzufüegen, das es alßdan soviell, als wann es darin verfaßet, gelte, soll, was darin befunden, eben also gültig sein, wann nur es mitt des *Testatoris* Handt geschrieben oder unterschrieben. Were aber in dem *Testament* ein solch *reservat*[3513] nicht, sein solche angefüegte Zettel[3514] von keiner Wurde[3515], sondern bleibt bey den[3516] Einhaldt des *Testament*s.

29. Waß der *Testator* in seinem [fol. 142v] *Testament* aus freyen Willen ohngenötigt bekandt und gesetzet hatt, dem mußen die Erben Glauben geben und werden zu wiedrigem[3517] Beweiß nicht verstatet, sie mögen dann erst außfundig machen, das dieselbe[3518] durch Betrug, Irthuemb oder Zwanck verleitet und gezwungen.

30. Alle *Testament*[3519] in Schrifften verfaßet, sollen entweder von dem *Testatore* selbst oder nach seinem Todte von den Erben oder Andern, bey welchem[3520] sie verhanden, dem Gericht[3521], darunter derselbe geseßen, eingelieffert und alda nach deßen Absterben in vier[3522] Wochen *publicir*et, dazu dann die negste Verwandten erfodert werden, eß sey dann, das ein Vater seinen letzten Willen unter den Kindern auffgerichtet hette, deßen öffendtliche *Publication* nicht vonnöthen ist.

31. Die *Publication* des *Testaments* soll durch keine Einrede, *Supplicir*en oder *Appellir*en behindert, sondern unverzueglich damitt verfahren und, was daiegen[3523] eingewandt, nach der *Publication* zur Außführung mittelst Vorbehalt eines jeden

3509 W *dem.*
3510 W *bestandig.*
3511 W *nichts.*
3512 W *dass.*
3513 W *eine solche Reservation.*
3514 W *Zettul.*
3515 W *Würde.*
3516 W *dem.*
3517 W *wiedrigen.*
3518 W *dieselben.*
3519 W *Testamente.*
3520 W *welchen.*
3521 W *Gerichte.*
3522 W *4.*
3523 W *dagegen.*

rechtlichen Notturfft verwiesen werden, eß köndte dann[3524] jemandt *in continenti verificir*en, das der letzte Wille *cassir*et und auffgehoben sey[3525].

32. Wann ein *publicirt*es *Testament* keinen sichtlichen[3526] Mangel hatt, sollen darauff die [fol. 143r] Erben oder wem sonst darin etwas vermachet[3527] ohngeachtet aller Wiederrede an die Güether oder[3528] waß ihnen vermachet[3529] durch gerichtliche Verordnung *immittir*et, auch der gantze Einhaldt des *Testament*s unauffheldtlich[3530] vollenstreket, die aber, so dajegen[3531] Einreden zu haben vermeinen, nach geschehener *Execution* zu ordentlichen Recht verwiesen werden.

33. Ficht jemandt eines letzten Willen muethwillig auß nichtigen und zu Recht unbestendigen[3532] Ursachen also ann, das er ihn alß falsch undt gantz nichtig beschuldige, dannenhero gentzlich auffheben wolte, soll er daraus nichtes[3533] zu erwarthen oder zu genießen haben, allein demselben pleiben, was durch das *Testament* ihm nicht mag genommen werden. Hette[3534] er aber dazu eine[3535] im Rechten nicht ohnbegrundete[3536] scheinliche Ursache, ob er hernach *succumbir*te, oder die Anfechtung gereichete nicht zu gentzlicher[3537] Auffhebung, sondern Beschuldigung einer oder andern[3538] *Disposition*, wirckt dieselbe nicht die *poenam privationis*, es hette dann der *Testator* in denen Dingen, so zu seiner freyen *Disposition* gehören, solche angefügt[3539].

34. Eß mag ein jeder sein Gueth durch *Legata* und *Donationes*, wie und an wem er [fol. 143v] will, wann es in[3540] Rechten ohnverbotten, vermachen und verschencken, den Erben aber bleibt[3541] der vierthe[3542] Theill, alß die *Falcidiam*, davon abzuziehen und einzubehalten frey, daferne bey solchen Vermachnußen[3543]

3524 W *denn.*
3525 Fehlt bei W.
3526 W *sichtbahren.*
3527 W *sonst etwas darin vermacht.*
3528 W *und.*
3529 W *vermacht.*
3530 W *unaufhaltlich.*
3531 W *dagegen.*
3532 W *unbestandigen.*
3533 W *nichts.*
3534 W *Hatte.*
3535 W *aber eine dazu.*
3536 W *ohnbegründete.*
3537 W *gantzlicher.*
3538 W *der andern.*
3539 W *angefüget.*
3540 W *im.*
3541 W *bleibet.*
3542 W *den vierdten.*
3543 W *Vermachtnissen.*

es nicht außtrucklich untersaget. Wann aber des *Testatoris* Wille aus seinen Worthen offenbahr, das er ohne *Detraction* was vermachet, bezahlet und entrichtet haben wolle, gebühret den Erben nichts weiter alß er ihnen gelaßen.

35. Ein *Testament* wird damitt nicht *cassir*et, das jemandt gesaget, er wolle es auffheben oder es solle sein letzter Wille nicht sein, es geschehe dann solches vor dazu auff einmahl beruffenen dreyen Gezeugen. Sonst bleibt[3544] es bestendig, wann es ohnversehrt befunden. Were aber auff die *Declaration* das *Testament* an einem oder andern Ortt zerrißen, durchgeschnitten, durchgestrichen[3545], die Siegel abgerißen, die Schrifft ausgelöschet oder sonst gethaen, das die Verenderung[3546] des Willens anzeigte[3547], so ist es alß[3548] auffgehoben zu achten.

36. Waß *ad pias causas* oder milten Sachen gegeben, soll ohne einigen Abzug entrichtet werden und den Vorzug vor allen andern *Legaten* und Vermachnußen[3549] haben, das, obgleich diese nicht könten bezahlet werden, doch an jenem[3550] nichts abgehen solle[3551].

[fol. 144r] 37. Wirdt ein *Testament* vermachet, was Andern verunterpfendet[3552], soll bey nicht erscheinender des *Testatoris* anderer Meinung das Gueth davon durch die Erben befreyet werden.

38. Hatt jemandt in seinem *Testament* vermachet, was er nach demselben vereußert[3553], imgleichen[3554] wann *legirte nomina* und Schulde[3555] von ihm[3556] eingefodert oder Andern angewiesen, gehöret[3557] damit die Vermachnus[3558] auff.

3544 W *bleibet.*

3545 W *durchstrichen.*

3546 W *Veranderung.*

3547 W *anzeigete.*

3548 W *alles.*

3549 W *Vermächtnissen.*

3550 W *jenen.*

3551 W *soll.*

3552 W *verunterpfandet.*

3553 W *veraussert.*

3554 W *ingleichen.*

3555 W *Schulden.*

3556 W *ihnen.*

3557 W *höret.*

3558 W *Vermächtniss.*

Titulus XXIII.
Von Enterbungen.

1.[3559] Eß mögen Eltern ihre Kinder und hinwiederumb Kinder die Eltern woll enterben, wan[3560] es geschiehet auß einer bewegenden zu Recht bestendigen Ursache, dieselbe ist[3561] auch bey der Enterbung angezeiget und kann von den eingesetzten Erben wahr gemachet[3562] werden.

2. Obwoll in den kayserlichen Rechten gewiße Ursachen gesetzet, aus welchen die Enterbung[3563] geschehen sollen, dabey es auch in diesem Landtrecht sein Bewenden hatt, mögen dennest[3564] dieselben nichtsdestoweniger [fol. 144v] geschehen, wann derogleichen ander[3565] Ursachen Eltern oder Kindern[3566] dazu bewegen[3567] und dieselbe von nicht weniger *Consideration*, Erhebligkeitt und also beschaffen, daß ein ehrliebender vernunfftiger[3568] Biederman die Enterbete der Verlaßenschafft und Guethaten ohnwürdig[3569] achten muße[3570], so aber zu richterlicher[3571] Erwegung undt Erkandtnus[3572] stehen, die auch so[3573] zu den[3574] Enterbungen thuen, dazu nicht leicht schreiten sollen, sie haben dan darüber sich bey den Gerichten oder unpartheyschen[3575] Rechtsgelahrten Bedenkens erholet.

3. Auß welchen Ursachen die Eltern die Kinder von ihrer Erbschafft auschließen[3576] mögen, auß denenselben kann auch ein Vater seinem Sohn das Lehen[3577] nehmen undt einem Andern in[3578] *Testament* geben.

3559 W am Rand: *De Exhaeredationibus.*
3560 W *wenn.*
3561 W *muss.*
3562 W *gemacht.*
3563 W *Enterbungen.*
3564 W *demnechst.*
3565 W *andere.*
3566 W *und Kinder.*
3567 W *bewogen.*
3568 W *vernünfftiger.*
3569 W *Gutthaten unwürdig.*
3570 W *müste.*
3571 W *Rechtlicher.*
3572 W *Erkänntniss.*
3573 Bei M über der Zeile eingefügt.
3574 W *auch so die.*
3575 W *unpartheyischen.*
3576 W *ausschliessen.*
3577 W *Lehn.*
3578 W *im.*

4. Setzet jemandt seine auß unehliger[3579] verdampter Gebuhrtt gezeugte Kinder zu Erben ein und enterbet seine Schwester und Brueder, ist das *Testament* zu Recht nicht bestendig. Dieselbe Kinder mag einer woll enterben, sie auch, wann[3580] er keine Brueder und Schwestern hatt, zu Erben einsetzen, sonst aber kein Mehres alß die Helffte seiner Erbguether[3581] ihnen vermachen. [fol. 145r]

Titutlus XXIV. Von Erbschafften und wie einer fur[3582] dem Andern zu dem Erbe gelaßen werde.

1.[3583] Stirbt[3584] jemandt und leßet nach sich eheleibliche Kinder, unter denselben sollen alle Erbguether ohne Unterscheidt, sie sein Töchter oder Söhne, zugleich getheilet werden. Wehre aber ein Sohn oder Tochter zuvohr gestorben und hette einen oder mehr Erben und also Söhne oder Töchter oder derselben Kinder nach sich am Leben verlaßen, dieselbigen[3585] sollen mitt den Kindern, so den Fall erlebet haben, anstaath ihres vorhin verstorbenen Vaters, Großvaters, Mutter oder Großmutter zu einem[3586] Theill mitt zugelaßen und also die Erbschafft nach dem Stammen[3587] getheilet werden, welches dann[3588] auch also gehalten werden soll. Wann allein[3589] Kindeskinder von zweyen oder mehr Brüdern oder Schwestern verhanden wehren, alß wann einer verstürbe undt ließe nach sich von einem Sohn drey Kindeskinder und von dem andern nur ein Kindeskindt, alßdan wirdt das Erbe in die Stamme[3590] und also in zwey gleiche Theile getheilet, undt nimpt der eine Neve[3591] oder Nifftel an des Großvaters oder Großmutter Erbe so- [fol. 145v] viell alß die andern drey.

3579 W *unehelicher.*
3580 W *wenn.*
3581 W *Güter.*
3582 W *für.*
3583 W am Rand: *De Successione ab intestato.*
3584 W *Stirbet.*
3585 W *dieselbige.*
3586 W *einen.*
3587 W *den Stämmen.*
3588 W *denn.*
3589 W *alleine.*
3590 W *Stämme.*
3591 W *Neffe.*

2. Stirbt jemandt ohne Leibeserben und lest[3592] auch nach sich weder Schwester oder Brueder[3593], sondern hatt noch am Leben seinen Vater undt Mutter oder der einen allein oder aber dero auch keinen, sondern seinen[3594] Großvater und Großmutter, einen oder mehr, auff den Fall, wo Vater undt Mutter oder ein[3595] von denselben verhanden sein, so nehmen sie des Verstorbenen Erbschafft alleine und schließen die Großveter und Großmutter[3596] aus.

3. Wo Vater und Mutter nicht verhanden, sondern allein die Großväter und Großmutter[3597] noch am Leben, alßdann nimpt des Verstorbenen[3598] Vaters Vater, und des Verstorbenen Vaters Mutter den halben Theill und des Verstorbenen Mutters Vater und Mutter den andern halben Theill, undt obgleich der Großvater und die Großmutter auff einem Theile zuvohr verstorben were[3599], so nimbt doch alßdan die entzele[3600] Persohn auff der einen Seiten soviell als die ander[3601] zwo auff der ander[3602] Seiten, undt alhie wirdt kein Unterscheidt gemachet, obgleich der Verstorbene von dem Vater mehr[3603] dan von der Mutter oder hinwiederumb mehr von der Mutter [fol. 146r] dann von dem Vater bekommen habe.

4. Wann jemandt verstirbt undt lest nach sich neben seinen Eltern Brüdere oder Schwestere[3604] von voller Geburth, so wirdt die Erbschafft unter dem Vater und Mutter oder, wo die nicht verhanden, unter den Großvätern undt Großmüttern und unter den Brüedern undt Schwestern von voller Geburth zugleich in die Haupter[3605] und also nach Persohnenzahl getheilet undt, wo der Verstorbene Brueder- oder Schwesterkinder von voller Geburth neben den Bruedern undt Schwestern undt Eltern verlaßen hette, so treten des vorhin verstorbenen Brueders Kinder[3606] an ihres verstorbenen Vaters staht und nehmen auch ein Theill. So seind auch deß

3592 W *lässet.*

3593 W *Bruder.*

3594 *Vater undt Mutter … seinen* fehlt bei W.

3595 W *eins.*

3596 W *Gross-Mütter.*

3597 W *Gross-Mütter.*

3598 W *Verstorben.*

3599 W *wären.*

3600 W *eintzele.*

3601 W *andern.*

3602 W *andern.*

3603 W *Verstorbene mehr von dem Vater.*

3604 W *und Schwestern.*

3605 W *Häupter.*

3606 W *Kinders.*

Verstorbenen Großvatern und des Bruedern[3607] oder der Schwester Kinder von voller Gebuhrt zu dem Erbe gleiche[3608] nahe.

5. Wo Vater oder Mutter, Großvater oder Großmutter und Brueder oder Schwester[3609] von halber Gebuhrt von dem Vater alleine oder Mutter alleine verhanden sein, so werden dieselbigen durch den Vater oder Mutter oder auch Großvater oder Großmutter von deß Ver- [fol. 146v] storbenen Erbschafft gentzlich außgeschloßen.

6. Alle andere, außerhalb der Brueder[3610] und Schwester und[3611] derselben Kinder von voller Gebuhrt und also des Großvatern oder Großmuttern Brueder[3612] undt Schwester auch des Vatern und Mutter Brueder undt Schwester[3613] von[3614] der Erbschafft deß Verstorbenen durch den Vater undt Mutter oder auch Großvater oder Großmutter außgeschloßen.

7. Verstirbt[3615] jemandt und lest[3616] keine Kinder noch Eltern nach sich, sondern alleine Bruder[3617] und Schwester von voller Geburth, dieselben nehmen alßdan das Erbe zugleich und schließen die Brüder und Schwester von halber Geburth auß[3618]. Ist aber ein Bruder oder Schwester von voller Gebuhrt vorhin verstorben und hatt Kinder nach sich gelaßen, deßelbigen verstorbenen Bruders Kinder treten an ihres Vatern[3619] statt und nehmen nebst ihres Vatern Brudern[3620] oder Schwestern den Theill, den ihr Vater, wo er den Fall erlebet, hette nehmen sollen.

8. Wann der Verstorbene hinder sich [fol. 147r] verlest halbe Brüder oder[3621] halbe Schwestern und von voller Gebuhrt, Brueder und Schwesterkinder, so nehmen solche Brüder- und Schwesterkinder von voller Gebuhrt das Erbe, auch mitt gentzlicher Außschließung des Verstorbenen halben Bruders oder halben Schwester, unangesehen das sie dem Verstorbenem[3622] in dem andern[3623] Gliedt oder

3607 W *Brudern.*
3608 W *gleich.*
3609 W *Schwestern.*
3610 W *Bruder.*
3611 W *auch.*
3612 W *Gross-Mutter Bruder.*
3613 *Auch des ... Schwester* fehlt bei W.
3614 W *werden von.*
3615 W *Verstirbet.*
3616 W *lässet.*
3617 W *Brüder.*
3618 *Dieselben nehmen ... Geburth auß* fehlt bei W, dafür bei W: *so succediren selbige in die Haupter.*
3619 W *Vaters.*
3620 W *Brüdern.*
3621 W *und.*
3622 W *Verstorbenen.*
3623 W *ersten.*

Siepschafft undt Bruder[3624] oder Schwester von voller Gebuhrt Kinder in dem dritten[3625] Gliedt verwand sein gewesen.

9. Wann der Verstorbene allein Bruder[3626] undt Schwesterkinder nach sich verlest und keine Bruder oder Schwester[3627], so[3628] wirdt unter denselbigen Bruder- oder Schwesterkindern[3629] die Erbschafft nach Persohnenzahl getheilet, dergestaldt: Wan ein Bruder ein Kindt und der ander vier Kinder nach sich verlaßen, so wirdt die Erbschafft ihres verstorbenen Vatern Bruders[3630] in fünff gleiche Theile getheilet und es bekehmen[3631] die vier Kinder, so von einem Bruder gebohren, vier Theile und das eine Kindt ein Theil, welches auch also gehalten wirdt, wo allein Bruder- oder[3632] Schwesterkinder von halber Geburth verhanden; wie auch gleicher Gestaldt, wann halbe Brüder oder Schwester [fol. 147v] neben halber Bruder- oder[3633] Schwesterkinder verhanden sein, alßdan auch die Kinder in ihres Vatern statt treten und ihres Vatern Theill nehmen.

10. Wann keine Bruder[3634] oder Schwestern von voller Gebuhrt oder derselben Kinder, sondern allein Brüder oder Schwestern von halber Gebuhrt oder derselben Kinder verhanden sein, so schließen sie die andern Freunde, so seitwerts stehen, von der Erbschafft des Verstorbenen auß, daraus erfolget, das halber Bruder[3635] undt halber Schwester Kinder zu dem Erbe werden gelaßen und nicht des[3636] Verstorben[3637] Vaters Bruder oder Schwester[3638], sie seindt von halber oder[3639] voller Geburth.

11. So keine Kinder, Eltern, Brüder Schwester, Bruder-[3640] oder Schwesterkinder weder von voller noch von halber Geburth verhanden, so hatt alßdan statt die gemeine Rechtsregul, wer sich neher zu dem Verstorbenen geblutshalber[3641]

3624 W *Brüder.*
3625 W *andern.*
3626 W *Brüder.*
3627 W *Brüder oder Schwestern.*
3628 Fehlt bei W.
3629 *Unter denselbigen ... Kindern* fehlt bei W.
3630 W *Vater Bruders.*
3631 W *bekamen.*
3632 W *Brüder und.*
3633 W *halbe Brüder- und.*
3634 W *Brüder.*
3635 W *Brüder.*
3636 W *die des.*
3637 W *Verstorbenen.*
3638 W *Schwester seye.*
3639 W *und.*
3640 W *Brüder-.*
3641 W *Gestorbenen Geblüths halber.*

berechnen undt ziehen kan, der schleust den Andern, sodem Verstorbenen in weiterm[3642] Glied oder *Grad* verwandt gewesen, von der Erbschafft aus, undt alßdann wirdt nicht mehr Achtung daruff geben[3643] oder bewogen, ob die Eltern einander von halber oder gantzer [fol. 148r] Gebuhrt verwandt gewesen sein[3644] oder nicht.

12. Der Mutter halbe Schwester ist neher zu des Verstorbenen Erbe den des Großvatern volstendige Schwester, also auch sind Vaters oder Mutters Bruder[3645] oder Schwester von voller[3646] Gebuhrt und Vaters oder Mutters Bruder oder Schwester von halber Gebuhrt[3647] gleiche nahe zu dem Erbe des Verstorbenen. Item des Vatern Brudere[3648] von halber Gebuhrt seind[3649] neher zu der Erbschafft dan[3650] des Vatern Bruderkinder[3651] von voller Gebuhrt[3652], dann[3653] das die Bruderskinder in ihres Vatern statt treten. Solches geschicht[3654] allein, wann ein Bruder oder Schwester verstorben ist und lest[3655] nach sich Brüder oder Schwester, und[3656] Bruders-[3657] oder Schwesterkinder. Unter den Persohnen aber, so im weiterm[3658] *Grad* einander verwandt, hatt solches nicht statt, sondern es bleibet die gesetzte *Reg*ell[3659] feste stehen, das der negste Freundt den weitesten und also des Vatern Bruder des andern[3660] verstorbenen Vaters Brudersohn, *item* des Großvaters Bruder, des Großvaters Bruder[3661]-Sohn außschleust. *Item* des halben Bruders Sohn schleust des Bruders von voller Gebuhrt Sohns Sohn auß, weill des halben Bruders Sohn in dem dritten *Grad* ist und des Brudern von voller Gebuhrt Sohns Sohn in dem vierten *Grad* ist[3662], undt [fol. 148v] alleine wie gemeldet die Bruder[3663]

3642 W *im weitern.*
3643 W *darauf gegeben.*
3644 Bei M über der Zeile eingefügt.
3645 W *Mutter Brüder.*
3646 W *halber.*
3647 *Und Vaters … Gebuhrt* fehlt bei W.
3648 W *Brüder.*
3649 W *sind.*
3650 W *denn.*
3651 W *Brudern Kinder.*
3652 *Seind neher zu … Gebuhrt* bei M am Rand eingefügt.
3653 W *Denn.*
3654 W *geschiehet.*
3655 W *lasset.*
3656 *Brüder oder …und* fehlt bei W.
3657 W *Brüder-.*
3658 W *in weitern.*
3659 W *Regul.*
3660 Fehlt bei W.
3661 W *Brudern.*
3662 Fehlt bei W.
3663 W *Brüder-.*

Kinder das Recht haben, das sie in ihres Vatern staht tretten, undt nicht die weitere Verwandten oder[3664] Freunde.

13. Wo sich ein Fall zutrüge, das einer verstürbe undt ließe nach sich einen halben Bruder von dem Vater undt einen halben Bruder[3665] von der Mutter, alßdan nimpt der halbe Bruder von der Mutter die Güether, so der Verstorbene von seiner Mutter oder derselbigen Linien bekommen, und der halbe Bruder von dem Vater die Guether, so der Verstorbene von seinem Vater oder deßelben Linien bekommen hatt, aber in den Guthern[3666], die der Verstorbene sonsten[3667] bekommen und erlanget hatt, erben sie beyde ohne[3668] Unterscheidt zugleich.

Titulus XXV.
Von Erbtheilungen.

1.[3669] Verstirbt[3670] jemandt und leßet Lehen[3671] und Erbgüether, dabey Söhne undt Töchter, so nehmen dieselbe zusammen aus der Erbschafft ihrer Mutter Ehegeldt, dem Vater[3672] zugebracht, voraus undt bekommen davon Söhne sowoll als Töchter ihre[3673] Erbtheill. Hernach wirdt [fol. 149r] abgezogen, was zu Bezahlung der Schulde[3674] vonnöhten. Darauff folget die Abstatung der Tochter Außsteur[3675]. Ist dan[3676] noch etwas von[3677] Erbe übrig, theilen solches die Kinder nach Hauptzahl undt behalten die Söhne das Lehen[3678] frey. Wurde[3679] aber die Erbschafft so weitt nicht reichen, so wirdt auß dehm, so in der Erbschafft verhanden, undt folgendts dem Lehne das Mutter Ehegeldt, darnach die Schuld, folgendts der Töchter Ehegeldt[3680] abgetragen.

3664 W *und.*

3665 *Von dem ... Bruder* fehlt bei W.

3666 W *Gütern.*

3667 W *sonst.*

3668 W *ohn.*

3669 W am Rand: *De Haereditatis divisionibus in feudis et allodis.*

3670 W *Verstirbet.*

3671 W *Lehn-.*

3672 *Dem Vater* bei M am Rand eingefügt.

3673 W *ihr.*

3674 W *Schulden.*

3675 W *Töchter Aussteuer.*

3676 W *denn.*

3677 W *vom.*

3678 W *Lehn.*

3679 W *Würde.*

3680 *Darnach die ... Ehegeldt* fehlt bei W.

2. Bey Erbtheilungen sollen an dem Gueth, es sey beweg- oder unbeweglich, Erb- oder Lehenguett[3681], welches sich nicht füeglich und ohne Schaden theilen leßet, diejenige[3682] den Vorzug haben, von dero Eltern undt Vorfahren solches erweißlich hergekommen, iedoch iegen[3683] den pilligen Werth, so es gelten mag, hernach die, so daran das größeste[3684] Theill haben, welche dehnen, so das Wenigste daran haben, den Werth deßen, so es unpartheylich *taxir*et, auff ihren Theill herausgeben mögen. Wann aber deßhalber sich alles gleich befindet, soll es auffs Loß gesetzet, darumb geloset, und demjenigen, dem es das Loß zutheilet, pleiben.

3. Welche über Erb- undt andere Güther [fol. 149v], die sich bequemblich nicht theilen laßen, sich vergleichen, wer solches behalten solle oder die Losung belieben, sollen vorher[3685] sich nicht alleine uber[3686] deßen Werth, sondern auch, wie dann das Guett feldt[3687], dem andern die Zahlung thuen soll, richtig vergleichen, daß hernach darüber kein Streidt erwachse. Geschehe ein solches nicht, soll dem das Guett gefallen, was[3688] unparteyliche Leuthe es *taxir*en, inwendig drey[3689] Monathen, wann es leicht auffzubringen, wann es aber eine größere Summe und nach des Schuldeners[3690] Vermögen nicht leicht auffzubringen, inwendig Jahr undt Tages ohnweigerlich[3691] undt ohne Außflucht bezahlen.

4. Wann Eltern verstorben undt laßen unmundige[3692] Kinder oder diesen fallen sonst[3693] Erbschafften zu, so lange dieselbe noch in der Minderjerigkeitt sein, sollen die Unmundige[3694] solche unter ihnen nicht theilen, sondern alles zu gemeinen Nutzen laßen, es geschehe dann mitt *Consens* der Obrigkeitt, welcher die Ursachen, so zu der Theilung bewogen, sollen vorgebracht und nach Befindung darüber[3695] erkandt undt verordnet werden. Wurde[3696] aber hernach ein oder mehr der Kinder

3681 W *Lehn-Guth.*
3682 W *diejenigen.*
3683 W *jedoch gegen.*
3684 W *grösste.*
3685 W *vorhero.*
3686 W *über.*
3687 W *wie, dem das Guth zufallt.*
3688 W *wie.*
3689 W 3.
3690 W *Schuldners.*
3691 W *ohnwegerlich.*
3692 W *umündige.*
3693 W *sonsten.*
3694 W *Unmündige.*
3695 Fehlt bei W.
3696 W *Würde.*

mundig[3697] oder wurden[3698] außgesteuret, so mögen diese zur Theilung *provocir*en, darauff auch die andern Vormunder[3699] solche [fol. 150r] mitt ihnen vornehmen undt werckstellig machen, jedoch also, das zur *Taxir*- und Voneinandersetzung der Güether gewiße verstendige[3700] *Commissarii* außzubitten, undt mitt derselben Raht alles ergehen[3701].

5. So lange Kinder undt Erben in gemeinen Guethern sein, gereichet alles denselben zugleich zu Gewin und Verderben, haben aber daraus nichts, was[3702] zu ihrem[3703] Unterhaldt verwandt, solange sie in und bey den Güethern bleiben, vorauß und ohne Abkurtzung[3704] zu genießen, sondern was darauß einer vor dem andern erhebet[3705] undt bekompt, muß er sich anrechnen undt bey der Theilung kurtzen[3706] laßen.

6. Wann bey Theilungen[3707] der Erbschafften oder Lehne einer die Guether annimbt, den andern Mitterben oder Lehensfolgern[3708] ein Gewißes herauszugeben sich verpflichtet, soll solches, es sey zinstragend gemachet[3709] oder auff *Termine* gesetzet, alß ein Erbgeldt geachtet werden, deßwegen die Guether, daraus es abzustaten, bis zur endtlichen Abführung hafften, und der Vorzug daran vor allen andern *Creditor*en[3710] deßen Erben oder *Successor*en[3711] zustehen.

7. Einmahl vollenzogene Erbtheilung [fol. 150v] hatt *vim transactionis* und sollen ohne der semptlichen[3712] *Interessent*en Willen nicht wiederruffen werden. Were aber dabey in den Persohnen oder Guethern und dero Rechten geirret, das diejenige mitt zum Erbtheill gekommen, so nicht erben können, oder die Guetter in die Theilung gebracht, so zur Erbschafft nicht gehörig, oder dieselbe, so dazu gehöret, alß Lehen[3713] undt derogleichen Güether davon abgeschieden, ist bey deßen Be-

3697 W *mündig.*
3698 W *würden.*
3699 W *Vormünder.*
3700 W *verstandige.*
3701 W *ergehe.*
3702 W *als was.*
3703 W *ihren.*
3704 W *Abkürtzung.*
3705 W *hebet.*
3706 W *kürtzen.*
3707 W *Theilung.*
3708 W *Lehnfolgern.*
3709 W *gemacht.*
3710 W *Creditorn.*
3711 W *Successorn.*
3712 W *dero samtlichen.*
3713 W *Lehn-.*

findung, was deßwegen zu Recht gebuhret[3714], annoch zu suchen ohnbenommen. Jedoch stehet deßwegen nicht in deßen, der dadurch *laedir*et, Belieben, die gantze Theillung auffzuheben, es sey dan, das der Irthuemb solche gentzlich betreffe und nichtig mache, sondern[3715] bey dem andern Theill stehen, ob es, worin die Andern *laedir*et, ersetzen und endern oder mitt ihnen alles auffheben wolle.

8. Wem bey der Erbtheilung Schuldtfoderungen undt *Nomina* zufallen, ob sie gleich anstaht bahren Geldes oder iegen ander[3716] beweg- oder[3717] unbewegliche Guether gesetzet, hatt deßwegen wieder seine[3718] Mitterben der *Eviction* halber zu Ersetzung deßen, so[3719] er von dem Schuldtman nicht erheben mag, keine Zusprache, eß sey dan außtrücklich verabredet oder es befinde sich die Schuldt gantz unrichtig undt streitig, das der Erbe, der [fol. 151r] solche entfangen[3720], darin hintergangen undt verletzt.

9. Wieder[3721] die Erbvereinigung, sie geschehe vermittelst Lösung[3722] oder sonst in einige ander[3723] Wege, soll niemandt, der zu der Zeitt vollkommenem[3724] Alters und des Verstandes mechtig, mitt dem Vorwandt ihm zugefuegter *Laesion* gehöret oder dieselbe auffgehoben werden, er möge dan erweisen, das betrieglich mitt ihm umbgangen, oder die *Laesion* sey so groß, das über die Helffte deßen, so ihm Rechts wegen zukommen mag, eß verkurtzet[3725] sey.

Titulus XXVI.
Von Collationen.

1.[3726] Waß von den Eltern auff ihre Kinder, ehe sie außgesteurt[3727], zu ihren notturfftigen[3728] Unterhaldt verwandt, obgleich unter ihnen eine Ohngleicheit[3729] sey,

---

3714 W *gebühret.*
3715 W *sondern es soll.*
3716 W *gegen andere.*
3717 W *und.*
3718 W *seinen.*
3719 W *was.*
3720 W *empfangen.*
3721 Bei M mit Verbesserung im Wort.
3722 W *Losung.*
3723 W *andere.*
3724 W *vollenkommenen.*
3725 W *verkürtzet.*
3726 W am Rand: *Bonorum Collationes.*
3727 W *ausgesteuret.*
3728 W *nothdürfftigen.*
3729 W *Ungleichheit.*

soll nicht *conferir*et werden. Was aber über demselben eins mehr als der ander[3730] bekommen, insonderheit auch, wann eines[3731] vor dem andern etwas Mercklíches zu Unnutzen[3732] verzehret, soll eingebracht oder bey der Theilung demselben abgezogen werden. [fol. 151v]

2. Bey den Erbtheilungen, so zwischen Brudern[3733] undt Schwestern, auch dero Kindern, über der Eltern oder Großeltern Erbschafft vorgenommen werden, sollen diejenige[3734], welche von ihren Eltern oder Großeltern bey deroselben[3735] Leben Ehegeldt undt über die tegliche gewohnliche[3736] Kleidung Ehrenkleider, Geschmuck, Geschmeide oder sonst etwas zu ihrer Außsteur[3737] bekommen, sich abziehen laßen oder wiederumb zu gemeiner Theilung einbringen, eß möchte[3738] dann von ihnen der Eltern Willen, das sie es zu *conferir*en nicht schuldig sein sollen, erweißlich beygebracht werden.

3. Waß von Eltern ihren Kindern, wann sie zum Ehestandt[3739] schreiten oder ihre Haußhaltung[3740] und Nahrung anfangen wollen, zu einer Beyhulff[3741] gereichet, das gebühret den andern Mitterben zu *conferir*en. Dieselbe aber sein schuldig, solches zu erweisen, undt wirdt darin der Eltern bloßen Verzeichnuß[3742] oder Schrifft nicht geglaubet.

4. Waß zu der Kinder Nutzen nicht, sondern sonst verwandt alß zum *Exempel*, was zu ein oder andern Kindes Hochzeitt außgegeben undt verzehret, dafern[3743] es nicht mitt in das Ehegeldt eingeschlagen, imgleichen[3744] was den Söhnen zu Forthsetzung ihrer *Studi*en oder, [fol. 152r] wann sie sich in Kriegesdienste begeben, zu ihrer Mundir-[3745] und Außrüstung oder zu Erlernung einer Handtierung undt Gewercks gereichet, kompt nicht in die *Collation*, es sey dan zu befinden, das der Eltern Will[3746] und Meinung gewesen, das die es empfangen sich an ihrem Erbtheill

---

3730 W *das andere.*
3731 W *einer.*
3732 W *unnützen.*
3733 W *Brüdern.*
3734 W *diejenigen.*
3735 W *dero.*
3736 W *gewöhnliche.*
3737 W *Aussteuer.*
3738 W *mögte.*
3739 W *Ehestande.*
3740 W *eigene Hausshaltung.*
3741 W *Beyhülffe.*
3742 W *Verzeichniss.*
3743 W *daferne.*
3744 W *Ingleichen.*
3745 W *Mondur.*
3746 W *Wille.*

solches sollen abziehen laßen, oder es sey gahr zu übermeßig, das die andern Kindere[3747] dadurch an ihren Erbtheill gröblich *laedir*et worden, so zu richterlicher Ermeßigung und Abrichtung zur Billigkeitt gestellet sein soll, oder aber es were von den Kindern gar übel angewandt und unnutzlich[3748] verzehret, gestaldtsahmb dann insonderheitt, wann die Söhne nichts Redliches *studir*et und gelernet, daß sie mitt ihren *Studiis* der Kirchen Gottes oder dem gemeinen Besten dienen[3749] konnen[3750] oder wollen, sondern davon sich abgeben, was über die *Alimenta*, welche die andern Kinder empfangen oder haben sollen, zu[3751] des Richters Ermeßen[3752] stehet, auff *Academi*en verzehret, sich kurtzen[3753] laßen sollen.

5. Wann Eltern verstorben[3754] und *Bibliotecen*[3755] hinter sich verlaßen, pleiben dieselben[3756] den Söhnen, welche so viell, das sie dero nützlich gebrauchen können, *studir*et haben, vorauß, eß bestehe dann ein vornehmes Antheill der Eltern[3757] Vermögens in derselben, das die andern Kinder soviell nicht bekommen möchten[3758], alßdan sollen [fol. 152v] zwahr den *studir*enden Söhnen solche vor andern gelaßen, aber auff einen pilligen nicht gahr zu hohen und nicht zu geringen Werth gesetzet werden, undt der sie beheldt[3759] davon zwey Theill undt[3760] andern Brüdern und Schwestern jeden ein Theill von dem *Precio*[3761] erlegen.

6. Waß die Sohne[3762] undt Töchter von ihren Voreltern empfangen und zu *conferir*en schuldig, daßelbe soll auch von ihren Kindern, so derselbigen Erben geworden, wann sie mitt ihren Vater undt Mutter, Brüdere[3763] und Schwestern *succedir*en oder wann es alle zusammen Kindeskinder sein, welche die Erbtheilung hetten, ob es gleich[3764] ihre Eltern, so es empfangen, bereits verzehret hetten und nicht mehr verhanden wehre, *conferir*et und in ihr Erbtheill mitt angerechnet werden, hetten

3747 W *Kinder.*
3748 W *unnützlich.*
3749 W *nicht dienen.*
3750 W *können.*
3751 W *so zu.*
3752 W *Ermässigung.*
3753 W *kürtzen.*
3754 W *versterben.*
3755 W *Bibliothequen.*
3756 W *dieselbe.*
3757 *Der Eltern* bei M am Rand eingefügt.
3758 W *mögten.*
3759 W *behalt.*
3760 W *und den.*
3761 W *Pretio.*
3762 W *Söhne.*
3763 W *Brüdern.*
3764 W *Erb-Theilungen hatten, obgleich.*

sie aber ihrer Eltern, so es empfangen[3765], Erbschafft[3766] sich nicht angemaßet, enthielten sie sich aber derselben gentzlich undt wolten nur wegen ihrer Persohne[3767] den Großeltern *succedir*en, so sein sie zur *Collation*[3768] deßen, so die Eltern empfangen, ohnverbunden.

7. Waß Eltern ein oder anderm[3769] Kinde Zeitt ihres Lebens auß freyen Willen schencken, sein dieselbe in *Collation* zu bringen ohnverbunden, [fol. 153r] eß erscheine dann, das solches der Eltern Meinung gewesen, als wann sie alles, so auff ein[3770] Kindt mehr dann das ander verwandt, nicht nur blos auffgeschrieben, welches zu solcher Meinung nicht gnuegsahmb[3771], sondern in ihrem Schuldtbuche verzeichnet oder solche Geschenck iegen[3772] daßienige gethaen, so die andern Kinder *conferir*en mußen[3773], deßen Vermuthung *ex quantitate et*[3774] *proportione donati cum reconferenda* zu nehmen, oder es wehre die *Donation* so gahr übermeßig, das daraus eine große Ungleicheit[3775] unter den Kindern entstunde[3776], also das die andere[3777] die *Legitimam* nicht erheben würden.

8. Stirbt ein Vater und verleßet zugleich Lehen[3778] und[3779] Erbguether, nehmen die Söhne die Lehen[3780] vorauß und dürffen deßwegen nicht *conferir*en. Gleichergestaldt bekommen alsdann die Töchter ihre Außsteur[3781] ohne *Collation*, sie sein bereits außgesteuret oder sollen noch außgesteuret werden, dann[3782] solches gehet von den Erbguethern als eine Schuld vorab. Haben auch die Söhne bey des Vatern[3783] Leben etwaß bekommen, behalten sie daiegen[3784] als ein ihm[3785] geschencktes Guett. Was aber übrig, theilen sie alsdann zu gleichen Theilen. Eß mögen

3765 *Bereits verzehret … empfangen* fehlt bei W.
3766 W *der Erbschafft.*
3767 W *Persohn.*
3768 W *Collection.*
3769 W *andern.*
3770 Bei M über der Zeile eingefügt.
3771 W *genugsam.*
3772 W *gegen.*
3773 W *müssen.*
3774 W *&.*
3775 W *Ungelegenheit.*
3776 W *entstünde.*
3777 W *andern.*
3778 W *Lehn-.*
3779 Wirt bei M über der Zeile eingefügt, darunter gestrichen *oder.*
3780 W *Lehne.*
3781 W *Aussteuer.*
3782 W *denn.*
3783 W *Vaters.*
3784 W *es dagegen.*
3785 W *ihnen.*

aber die Eltern ein anderß in ihrem[3786] letzten Willen oder auch sonst unter den Kindern anordnen. [fol. 153v]

9. Eltern mögen die Kinder sembtlich[3787] oder eins undt ander unter denselben der *Collation* woll erlaßen, es geschehe durch einen letzten Willen oder ander *Disposition*, wan nur der Wille erscheinet, das sie sembtlich[3788], was übrig, zu gleichen Theilen zu sich nehmen oder einige unter ihnen allein dabey, zuvohr[3789] was empfangen, einbringen, jedoch also, daß hirunter keiner von den Kindern an seiner *Legitima* verkurzet[3790] werde, bey deßen Begebenheit der Eltern *Disposition* ohngehindert, die so nichts oder wenig entfangen[3791], zuerst, was bey der Theilung an ihrer *Legitima* nach den Anschlag, wor[3792] sie solche bey der gebührenden *Collation* erreichen mögen, ermangelt, vorauß zu nehmen haben.

Titulus XXVII.
Von Geschencken.

1.[3793] Eß ist einem jeden seine Güether, alle oder davon etzliche, wan sie nur nicht Lehen[3794] oder mitt *Fideicommissen* und derogleichen[3795] *oneribus*, so die Vereußerung[3796] nicht gestaten, behindert, bey seinem Leben oder auff seinen[3797] Todesfall zu verschencken erlaubet, und soll, was geschencket, von dem *Donatore* und seinen Erben, wann darin den Rechten zu- [fol. 154r] wiedern nicht gehandelt, denen, so es geschencket, gehalten, darauß auch ihnen, wann die *Tradition* nicht geschehen, dazu die Rechtshulffe[3798] ertheilet werden.

2. Eß mag jemandt sowoll im *Testament* alß außer demselben durch eine absonderliche *Donation* auff seinen Todesfall alle seine Haabe[3799] undt Guether oder dero[3800] Theill oder auch gewiße Stücke verschencken undt sollen des *Donatoris*

3786 W *ihren.*
3787 Fehlt bei W.
3788 W *samtlich.*
3789 W *so zuvor.*
3790 W *verkürtzet.*
3791 W *empfangen.*
3792 W *wodurch.*
3793 W am Rand: *De donationibus bonorum allodialium rerumque alienabilium.*
3794 W *Lehn.*
3795 W *dergleichen.*
3796 W *Verausserung.*
3797 W *seinem.*
3798 W *Rechts-Hülffe.*
3799 W *Haab.*
3800 W *dero ein.*

Erben das Geschenckte, wann es bey deßen Leben nicht außgereichet[3801], inwendig 4[3802] Wochen entrichten. Wan es aber von der Höhe, das den Erben der vierte Theill der Guether nicht bliebe, mögen sie soviell einbehalten, das die *Falicidia*[3803] ihnen gantz pleibe.

3. Wer außer *Testaments* auff seinen Todesfall etwas verschencken will, soll entweder vor dazu beruffenen fünff Gezeugen, so glaubhaffte Leuthe[3804] sein, seinen Willen und Meinung erklehren oder auch vor Gericht treten und alda die *Donation* thuen, darauff dieselbe den[3805] *actis publicis* einverleiben laßen. Wann also verfahren, soll dieselbe bestendig sein, sonst[3806] unkrefftig gehalten werden, eß geschehe dann an dem Orth alß auff dem Lande oder zu[3807] Pest-, Krieges- [fol. 154v] und dergleichen Zeitt, da man soviell Gezeugen oder des Gerichts nicht mechtig werden können, alßdan darauff gesehen werden soll, waß glaublich ergangen.

4. Eß mag eine solche *Donation* vor- undt[3808] außer Gericht mund-[3809] oder schrifftlich, wie es dem *Donatori* gefellig, geschehen. Wer in Schrifften *donir*en will, soll vor[3810] den fünff Gezeugen, darunter dan der *Notarius*, so *adhibir*et, mitt begriffen, den *Donation*brieff übergeben undt die Zeugen solchen mitt unterschreiben laßen. Wann aber ohne Schrifften die *Donation* geschiehet, alßdan ist gnueg[3811], das solche vor dem Gerichte gemeldet, in das gerichtliche *Protocol* gebracht oder, wann sie außer Gerichts geschiehet, darüber von einem *Notario* ein *Instrument* auffgerichtet, darin die dabey gewesene Zeugen[3812] benennet werden. Wor[3813] solches nicht geschehen, mag die *Donatio* nicht bestehen, es werde dann[3814] durch die Zeugen, wann sie noch im Leben, eydlich erhalten, daß dergestaldt, wie vorgegeben, es mitt der *Donation* hergangen.

5. Waß auff den Todesfall geschencket wirdt, mach[3815] der *Donator*, solang[3816] er lebet, wiederruffen, auch über den geschenckten [fol. 155r] Guetern eigenes

---

3801 Bei M verbessert aus *gereichet*.

3802 W *vier*.

3803 W *Falcidia*.

3804 Wort bei M über der Zeile eingefügt, darunter gestrichen *gezeugen*.

3805 Fehlt bei W.

3806 W *sonst aber*.

3807 W *zur*.

3808 W *oder*.

3809 W *Münd-*.

3810 W *von*.

3811 W *genug*.

3812 W *Gezeugen*.

3813 W *wo*.

3814 W *denn*.

3815 W *mag*.

3816 W *so lange*.

Gefallens *disponir*en. Wan auch solches durch einigen *Contract* oder letzten Willen vereußert oder verendert, höret darin die *Donation* auff.

6. Wirdt etwas geschencket in Absehen auff einen einstehenden oder besorgeten Zufall, alß wan jemandt mit Kranckheit befallen in Pest- oder Kriegszeiten[3817] oder, wann er zur See verreisen will, auff den[3818] Fall, er durch solche umbkehme[3819], die *Donation* richtet, höret dieselbe, ob deßwegen nichts erklehret[3820] würde, auff, sobaldt der *Donator* der Gefahr entfreyet und mag bey hernach aus andern Ursachen sich begebenden Todtsfall[3821] daraus hernach nichts gefodert werden, es sey dan erwiesen, des[3822] *donatoris* Wille gewesen, die *Donation* dahin zu erstrecken.

7. Die *donatio mortis causa* ist bestendig, obgleich der, an dem sie geschicht, nicht zugegen were und solche *acceptir*et. Andere aber bestehen nicht, es *acceptir*e dann dieselbe[3823] der *Donatarius*, sodann auch, da er abwesendt, durch Brieffe oder Gevollmechtigten geschehen mag.

8. Wer über fünffhundert *Ducat*en oder eintausendt Reichsthaler Werth auß [fol. 155v] lauter Freygebigkeitt, ob es gleich an Kirchen, Schulen oder zu andern Mitteln solche[3824] geschehen, außerhalb eines letzten Willens verschencket, soll seine *Donation* vor Gericht[3825] thuen, oder auch gerichtlich bestetigen laßen, sonst dieselbe zwahr unter undt uff[3826] die jetzgedachte Summe, wann sie sonst ohnmangelhafft, gültig, darüber[3827] aber geschehen, ohngeachtet, es habe der *Donator* solchem Recht *renunciir*et, von keinen Wurden[3828] sein, dahero sowoll dem *Donatori* alß deßen Erben dawieder zu kommen frey stehen[3829], eß hette dann der *Donator* vermittelst eines corperlichen[3830] Eydes das Geschenck unwiederrufflich zu laßen sich verpflichtet.

9. Erleßet jemandt seinem Schuldtman die Foderungen, so er zu ihm hatt, obgleich der Erlaß sich höher dann auff eintausendt Reichsthaler erstrecket, ist es doch

---

3817 W *Krieges-Zeiten.*
3818 W *dem.*
3819 W *umkäme.*
3820 W *nichtes erklahret.*
3821 W *Todes-Fall.*
3822 W *dass des.*
3823 Fehlt bei W.
3824 W *solte.*
3825 W *Gerichte.*
3826 W *auf.*
3827 W *was darüber.*
3828 W *Würden.*
3829 W *stehen soll.*
3830 W *Cörperlichen.*

zu Recht bestendig und mag unter den[3831] Vorwandt nicht beschehener *Insinuation* weiter darauff nicht gesprochen werden.

10. Waß wegen erwiesener Wollthaettt, Treue oder geleisteten Dienste geschencket, ob es gleich weitt mehres[3832] dann die eintausendt Reichsthaler betrifft, soll wegen nicht geschehener *Insinuation* nicht ohnbestendig gehalten, noch obgleich derjenige, so geschencket, [fol. 156r] hernach sich iegen[3833] den *Donatorem* ubel[3834] verhielte oder die Ursachen, worumb[3835] die *Donationes* auffhören, sich auffgeben, wiederruffen, sondern nicht anders als ein *Contract* bestendig gehalten werden.

11. Beschencken sich verlobte Persohnen jegen[3836] einander, in Absehen auff ihren Ehestandt oder errichten über gewiße Geschencke bey der Ehestifftung Verträge und *Pacta*, wie es deswegen bey ihrem[3837] Leben oder auff den[3838] Todesfall zu halten, sein solche *Donationes*, sie belieffen sich so hoch, wie sie wollen, nicht allein zu Recht bestendig, sondern werden alß eine Schuldt, so *oneroso titulo* gemachet[3839], geachtet, deßwegen dann waß der *Insinuation* und *Revocation* der *Donation*[3840] halber in Rechten verordnet, bey denen nicht staatfindet.

12. Waß Eltern ihren Kindern und Kindeskindern und hinwiederumb diese den Eltern von dem Ihrigen bey Leben oder auff den Todtsfall[3841] schencken, ist nach unser[3842] Rechte bestendig, wann dabey *observir*et, waß bey Geschencken Recht ist.

13. Wann einer dem Andern etwas schencket, der *Donatarius* aber vor der Liefferung undt zwahr, ehe der *Donator* verstorben, haben deßen Erben daruff[3843] keine Zusprache, sie erweisen dann, das sie unter der *Dona-* [fol.156v] *tion* mitt begriffen oder des *Donatoris* Meinung gewesen sey, das geschenckte Guett auch auff sie zu bringen.

14. Waß geschencket, es geschehe die *Donation* auß Ursache oder auff Arth undt Weise, wie es wolle, darff nicht abgetragen werden, ehe des *Donatoris Creditores* bezahlet sein, die vor dem Geschenck den Vorzug haben, ob auch bereits die

---

3831 W *dem.*
3832 W *mehrers.*
3833 W *gegen.*
3834 W *übel.*
3835 W *warum.*
3836 W *gegen.*
3837 W *ihren.*
3838 W *dem.*
3839 W *gemacht.*
3840 *Der Donation* bei M am Rand eingefügt.
3841 W *dem Todes-Fall.*
3842 W *unsern.*
3843 W *darauf.*

geschencketen Guther[3844] außgelieffert weren und sich befunde[3845], das zur Zeitt der *Donation* der *Donator* nicht mehr *solvendo* gewesen, soll der *Donatarius*, waß aus den Guthern[3846] zur Bezahlung nicht auffzubringen, von der *Donation*, so weitt solche reichet, zurückzukehren verbunden sein, ohngeachtet, es haben die *Creditor*en[3847] an den geschenckten Güthern die *Hypothec* oder keine. Were aber zu obberegter Zeitt der *Donator* bey guetem[3848] Vermögen und solches hernach in Abnehmen gerithe, haben die *Creditor*en von dem[3849] Geschenckten nichts zurück oder von dem *Donatario* die Zahlung zu fodern, sie könten dann erweisen, das der *Donator* seine Güeter *in fraudem creditorum* verschencket habe.

15. Wann[3850] von jemandt außerhalb *Testaments* all sein Guett geschencket wirdt, ist vor einen Erben nicht zu halten. Er soll aber davon zuvohr alle des *Donatoris* Schulde[3851] [fol. 157r] abziehen undt bezahlen, jedoch nicht weiter, alß das geschenckte Guett sich erstrecket, ob er gleich kein *Inventarium* gemachet. Wann aber nur der *Ususfructus* oder die Abnutzungen[3852] der Gueter geschencket werden, ist er also nicht gehalten, hatt aber den Genies nur nach Abzug deßen, so auff die Schulde[3853] zu verwenden, und muß erdulden, das von den Guettern die Erben soviell voraus nehmen, alß zu solcher erfodert wirdt, oder ob ers bereits entfangen[3854], soviell zurückgeben undt sich abziehen laßen, an den Guettern sich auch nichts weiter, den nach Abzug der *onerum* übrig ist, anmaßen.

16. Wirdt jemandt ein Geschenck gethaen auff gewiß Beding und iegen[3855] eine Abstatung oder Leistung undt der *Donatarius* hatt es einmahl angenommen ist er dazu hinfurters[3856] gehalten, ob ihm gleich dadurch eine grossere Beschwer dan[3857] Nutzen zuwachse, oder, was geschencket, bey ihnen[3858] nach geschehener *Tradition*

3844 W *geschenckten Güter.*
3845 W *befünde.*
3846 W *Gütern.*
3847 W Creditorn.
3848 W *guten.*
3849 W *den.*
3850 W *Wem.*
3851 W *Schulden.*
3852 W *Abnutzen.*
3853 W *Schulden.*
3854 W *empfangen.*
3855 W *gegen.*
3856 W *hinfürters.*
3857 W *grössere Beschwerde, denn.*
3858 W *ihm.*

umbkehme oder in Verderben geriethe, mag auch durch Abtragung deßen, so ihn[3859] geschencket, sich von dem, so ihn dagegen oblieget[3860], nicht befreyen.

17. Ein Geschenck, aus einer gewißen Ursache gegeben, daß dafur[3861], der es empfangt[3862], etwas hinjegen[3863] leisten, erstaten oder ver- [fol. 157v] richten solte, mag, der es gegeben und seine Erben nach seinem Todte, wann die Ursache nicht erstatet wirdt, wiederruffen und ist, der es empfangen, daß geschenckte Guett, nicht aber die davon gehobene Abnutzungen zuruckzugeben[3864] schuldig, er köndte dan erweisen, das darunter ihm solcher obliegenden[3865] Erstatung außtrücklich erlaßen oder, worauff solche gerichtet, sich verendert hette.

18. Waß jemandt verschencket, ehe er Kinder zeuget, wann es also ansehnlich undt ein vornehmes Theill seiner Güther ist, das sich etwa auff den vierdten[3866] Theill dero[3867] erstrecke, mag, obgleich unter den Eheleuten selbst bey wehrendem[3868] Ehestande die *Donatio* ergangen, sowohl er alß deßen Kinder wiederruffen, eß sey dann die *Donatio*[3869] *ob benemerita* oder *reciproce* geschehen oder sonst der *Donator* dero scheinlich gebeßert.

19. Wer sich undanckbahr erweiset, von dem mag daß geschenckte Guett[3870] oder deßen Werth zurückgefodert werden, wann die Undanckbarkeitt gar grob undt unverandtwordtlich, nemblich der Arth[3871], so in *j.*[3872] *ult. C. de revoc. donat.*[3873] gemeldet, oder auch derselben gleich, so zu richterlicher Ermeßigung stehet. [fol. 158r]

3859 W *ihm.*

3860 W *so ihm oblieget.*

3861 W *dafür.*

3862 W *empfängt.*

3863 W *hingegen.*

3864 W *zurück zu geben.*

3865 W *solche obliegende.*

3866 W *4ten.*

3867 W *deroselben.*

3868 W *währenden.*

3869 Bei M danach gestrichen *ergangen, sowoll er alß deßen Kindern wied.*

3870 Fehlt bei W.

3871 W *Orth.*

3872 W *L.*

3873 Cod. De revocandis donationibus (C. 8, 55 (teilweise 56), 10).

Titulus XXVIII.
Von Verjährungen.

1.[3874] Wer ein Guett oder Recht, auch rechtmeßigen[3875] *Titul* erhalten undt solches auff gueten Glauben eines Andern beßern Rechtens so lang ohnwißendt in Besitz und Genies ohne Ansprache gehabt, kann nach zehen Jahren von denenn im Lande Anwesenden, nach zwanzig von den Außheimischen nicht besprochen noch behindert werden, sondern mitt der *Praescription* sich schützen. Hatt er aber keinen *Titul* undt ist in dreyßigjärigen Besitz, kan dabey gehabter Wißenschafft seiner Unfuege nicht überwiesen werden, hatt sich der Vorjährung[3876] zu gebrauchen.

2. Waß einer in seines Nachbahren und Andern Guetern alß ein *Servitut*[3877] oder ihm zustehendes Recht öffentlich besitzet, genießet, übet oder gebrauchet und ist dabey dreißig Jahr ruhesahmb undt ohne Ansprache geblieben, ob er gleich dazu keinen *Titul*[3878] auffweisen[3879], ist er ferner dabey zu erhalten, undt wer solches gewust, auch wann er Gewaldt[3880], ehe[3881] wehren können, daßelbe aber unterlaßen, hernach zu keiner Zusprache zu verstaten, er kondte[3882] dan derogleichen Hindernus[3883] vorbringen undt beweisen, dadurch in solcher [fol. 158v] geraumen Zeitt er die Ansprache nicht thuen können. Ist aber nicht offenbahr, das jemandt alß ein sonderbahres Recht sich deßen gebrauchet, dabey aber kundt, daß er dazu kein Recht habe, sondern es ihm auß nachbarlichem[3884] Willen oder andern Ursachen nicht aus der Meinung, ihm ein Recht darüber zu geben, nachgelaßen, so gibt ihm der lange auch dreißigjeriger[3885] Gebrauch kein Recht, alß von der Zeitt, wann ihm solches untersaget, er aber unter dem Vorwandt des Rechtens dabey nichtsdestoweniger verblieben.

3. Ist ein[3886] Schuldt richtig und außer Zweiffel, daneben bekandtlich[3887] und ohnleugbahr, daß dieselbe nicht abgeführet, obgleich darumb in[3888] dreißig Jah-

3874 W am Rand: *De Praescriptionibus rerum et jurium.*
3875 W *rechtmassigen.*
3876 W *Verjährung.*
3877 W *Servitute.*
3878 W *gleich keinen Titul dazu.*
3879 W *aufweisen kann.*
3880 W *gewollt.*
3881 W *eher.*
3882 W *könnte.*
3883 W *dergleichen Hindernis.*
3884 W *Nachbarlichen.*
3885 W *dreyssigjährige.*
3886 W *eine.*
3887 W *bekänntlich.*
3888 Wort bei M über der Zeile eingefügt.

ren nicht gesprochen, ist dieselbe damitt nicht erlöschen[3889], sondern bleibt der Schuldtman und deßen Burgen[3890] zur Abstatung pflichtig, können sich allein durch die Zeitt mitt der *Praescription* nicht schützen. Were aber in Zweiffel, ob sie iemahlen gemachet[3891] oder, da dero[3892] Anfang richtig, doch etwas vorkehme, worumb[3893] man zweiffeln möchte[3894], ob sie nicht abgetragen oder erloschen, bevorab da deßen[3895] einige Vermuthungen sich ereugeten, undt es were in dreißig Jahren darumb bey dem Principal oder Burgen[3896] nicht gesprochen, noch keine Zinse oder Rente davon abgetragen, so hatt sich[3897] der Glaubiger[3898] und deßen Burge[3899] mitt der *Praescription* dawieder sich zubehelffen.

4. Ist ein Erbe in dreißig Jahren von der [fol. 159r] Zeitt, daß ihm die Erbschafft angefallen, nicht angemahnet, ist er hernach der Ansprache frey und mag wieder ihn[3900] solche nicht stath finden, es werde dann bewiesen, das der Glaubiger durch ein bestendiges *impediment* abgehalten were[3901].

5. Wer kaufft[3902] oder durch andern[3903] rechtmeßigen *Titul* an sich bringet, was jemand verpfendet[3904] und besitzet, es darauff ohne Ansprache zehen[3905] Jahr, wan[3906] der Glaubiger[3907], so das Pfandtrecht hatt, innerhalb Landes ist, oder zwanzig, da er außheimisch, kann sich hernach wieder die Ansprache schützen undt wirdt das Guett davon frey, eß möchte[3908] dann erwiesen werden, daß er zu der Zeitt, da ers an sich gebracht, von dem Unterpfande[3909] die Wißenschafft gehabt. Ein Erbe aber, er sey wißend oder unwißend, kan sich der *Praescription* auch auff

3889 W *erloschen.*
3890 W *Bürgen.*
3891 W *jemahln gemahnt.*
3892 W *der.*
3893 W *warum.*
3894 W *mögte.*
3895 Wort bei M über der Zeile eingefügt.
3896 W *Bürgen.*
3897 Fehlt bei W.
3898 W *Gläubiger.*
3899 W *Bürge.*
3900 W *ihm.*
3901 W *worden.*
3902 W *kauffet.*
3903 W *andere.*
3904 W *verpfandet.*
3905 W *Ansprach 10.*
3906 W *wenn.*
3907 W *Gläubiger.*
3908 W *mögte.*
3909 W *Unterpfandt.*

daß, so von seinen[3910] Mitterben bey der Theillung auff ihn[3911] gekommen, nicht behelffen.

6. Wieder gemeinen Besitz[3912] undt Recht kann keiner der *Interessent*en durch deßen einzig undt allein in langer unhinterdencklicher Zeitt gehabten Gebrauch sich ein Recht erwerben oder seine *Consort*en außschließen, sondern demselben[3913] undt seinen Erben stehet frey, ihres vormahligen Rechtens sich zu gebrauchen, eß were dan ein Verbott deßen, so im[3914] Gebrauch, hatt auß dem Vorwandt eines absonder- [fol. 159v] lichen zu Erwerbung des Eigenthuembs gereichendem Rechtens dazu gekommen, undt darauff hetten in langer Zeitt die Andern in Ruhe gestanden.

7. Auff Arth, Maaße und Weise, alß in zehen negst vorhergehenden Jahren Pechte, Rente, Zehenden entrichtet, undt nicht offenbahr oder erweißlich, daß es aus sonderbahren Ursachen nur auff eine Zeitt also geschehen, sonst aber ein Anders gebühre, außbedungen oder *protestando* vorbehalten, so soll hinfürters die Abtragung geschehen undt, wer ein Anders *praetendir*et, nicht gehöret werden.

8. Wann jemandt in langen oder auch ohnhinterdencklichen[3915] Jahren nur gewiße Dienste geleistet oder ein Dienstgeldt gegeben, aber dabey offen- oder ohnleugbahr[3916], das er ein Leibeigener und dingpflichtig oder sein Gehöffte und Acker zu Pauer- undt Pachtrecht[3917] bewiedmet, so mag die Herrschafft des Vorigen ohngehindert anstaat Dienstgeldes der Dienste oder vor die Dienste Geldt, imgleichen[3918] nach seiner Notturfft mehrere Dienste, jedoch nach Landesgewohnheit undt des Pauren Vermögen fordern undt ist derselbe solche gehorsahmblich zu leisten schuldig, er hette dann dadurch einen gewißen Vergleich oder bestendige Gewonheitt oder rechtmeßige Verjahrung, alß wann ihm solche zugemuthet, er sich dero verwiedert undt die [fol. 160r] Herrschafft es bey vorigem[3919] zwantzig Jahr bewenden laßen, erhalten, das nur die gewesene[3920] Dienste von ihm sollen geleistet werden.

3910 W *seinem.*

3911 W *ihm.*

3912 W *Sitz.*

3913 W *denselben.*

3914 W *ein.*

3915 W *unhinterdencklichen.*

3916 W *unlaugbahr.*

3917 W *Pächt-Recht.*

3918 W *ingleichen.*

3919 W *vorigen.*

3920 W *gemessene.*

9. Waß in jemandes[3921] freyen Willen stehet zu thuen oder zu laßen, wann es ihm beliebig wie unter andern, ist daß Recht außgesetzter Pfande[3922] einzulösen, waß wiederlößlich verkaufft, wiederumb an sich zu kauffen, imgleichen[3923] deßen so aus[3924] natürliche[3925] Freyheit einem jeden bey den Seinigen oder außer denen zu gebrauchen undt vorzunehmen erlaubet, ob eß in ohnhinterdencklichen Jahren nicht geschehen, mag nichts destoweniger weiter vornehmen[3926].

10. Eß sey durch Gesetze und Ordnung oder auch mittelst Vorträge[3927] und menschlicher[3928] *Disposition*en eine gewiße Zeitt bestimbt, gereichet solches jemandt vor[3929] dem, worzu er rechtmeßig befuegt, zu *excludir*en undt also in einigen Schaden zu führen, laufft[3930] dieselbe denen nicht, welche minderjerig, ihres Gemuhts[3931] und Sinne nicht mechtig, auß nottwendigen Ursachen abwesend oder[3932] in dem Stande sich befenden[3933], das sie ihre Angelegenheit nicht warthen können, undt wirdt, so lang[3934] es sich mitt ihm also[3935] verhelt, von der bestimbten Zeitt abgezogen, wann sie auch dadurch beschediget, ihnen die *restitutio in integrum* [fol. 160v] daiegen[3936] verstatet. Were aber es alleine zum Gewin gerichtet, mögen sie nach der Zeitt nicht zugelaßen[3937], noch haben[3938] deßwegen, daß sie solches entöhniget[3939], Zusprache.

11. Eß soll von den Jahren, so zur *Praescription* angeführet, abgezogen werden die Zeitt, in welcher daß Landt und deßen Einwohner unter der Kriegeslast und Unsicherheit sich befunden und, der sich solcher behelffen wollen, zu beweisen

3921 W *Jemands.*
3922 W *ausgesetzte Pfänder.*
3923 W *ingleichen.*
3924 Bei M danach gestrichen *der.*
3925 W *natürlicher.*
3926 W *vorgenommen werden.*
3927 W *Verträge.*
3928 W *menschlichen.*
3929 W *von.*
3930 W *es läuft aber.*
3931 W *Gemüths.*
3932 W *oder so.*
3933 W *befinden.*
3934 W *lange.*
3935 W *also mit ihnen.*
3936 W *dagegen.*
3937 W *zugelassen werden.*
3938 W *haben sie.*
3939 W *entohniget.*

schuldig sein, daß vor dem Kriege und nach dem Friede[3940] soviell Jarschare[3941] verlauffen, alß zur *praescription* nötig sein.

12. Waß in Zeitt, da jemandt sein Guett vermietet gehabt, von dem *Pensionario* verabseumet[3942], kann den Nachbahren[3943] zur Verjehrung nicht dienen, noch dem Grundtherrn Schaden geben.

13. Wer ohnwißendt gewesen seines Rechtens oder deßen, so dagegen von Andern vorgenommen, undt solche Ohnwißenheit[3944] entschuldigen mag, daß sie auß ohntadelhafften Ursachen entstanden, er auch dabey unnachleßig verfahren[3945], dem soll der bloßer[3946] Lauff der Zeiten, sie sein so lang sie wollen, nicht entgegen sein, und ob er dadurch beschediget, wieder die *praesciption ex capite justae probabilis ignorantiae* die *restitutio in integrum* erlaubt[3947] sein. [fol. 161r]

Titulus XXIX.
Von Alienationen undt Vereußerungen.

1.[3948] Wirdt ein Schuldtman durch gerichtlichen Abscheidt[3949] einiger Gestaldt *non solvendo* erklehret oder *provocir*et *ad concursum*, mag er hernach von seinen Guethern nichts vereussern, verendern[3950], verpfenden oder damit vornehmen, so einem *Creditor*en[3951] zu[3952] Vortheill, dem andern zu[3953] Nachtheill gereichet. Geschehe es, ist es zu Recht ohnkrefftig, mag wiederruffen werden undt niemandt dadurch ein mehres[3954] Recht erlangen, alß er zuvohr daran gehabt.

3940 *Und nach … Friede* bei M am Rand eingefügt.
3941 W *Jahre schon.*
3942 W *verabsaumet.*
3943 W *Nachbarn.*
3944 W *Unwissenheit.*
3945 W *nicht verfahren.*
3946 W *blosse.*
3947 W *erlaubet.*
3948 W am Rand: *De juribus alienationis.*
3949 W *Abschied.*
3950 W *verandern.*
3951 W *Creditorn.*
3952 W *zum.*
3953 W *zum.*
3954 W *mehrers.*

2. Wurde[3955] jemandt in Schulden vertieffet, eß kehmen ihm aber die Mittel zu, wordurch[3956] er sich darauß bringen undt retten möchte[3957], mag er dieselbe, ob sie gleich in zufelligen *Lucris* alß in Erbschafften, *Legaten* undt derogleichen gewinlichen[3958] Nutzungen bestunden[3959], zu Nachtheill seiner *Creditor*en[3960] nicht außschlagen oder *repudiir*en[3961], undt ob er es thete, soll nichtsdestoweniger, waß ihm angefallen, den Glaubigern verpleiben undt in seinem Nahmen zu fodern erlaubt, er aber alß ein muetwilliger *Fraudator* gehalten werden.

3. Wirdt durch *Pacta* oder Verträge vereiniget, die[3962] *Alienation* der Guetter [fol. 161v] gantz nicht oder nur fur einen[3963] gewißen Werth oder auff verabredete Maße geschehen solle[3964], mögen, die aus solchen Vereinigungen ein Recht erlangen, die andergestaldt[3965] vorgenommene Vereußerungen durch zeitige Zusprache, ehe die *Tradition*[3966] geschehen, behindern undt wehren. Wann sie aber einmahl geschehen undt durch die *Tradition* vollenzogen, daß[3967] ver*alienir*te Guett von dem *tertio possessore* nicht wiederruffen werden, eß were[3968] dann erweißlich, daß er von solchem Vergleich Wißenschafft gehabt undt gleichwoll daiegen[3969] gehandelt, oder eß were zur Versicherung des *Pacti* das Guett verpfendet[3970] oder mitt dergleichen dinglichen Pflicht, deßwegen wieder den Guetter Besitzer kondte[3971] *agir*et werden, behafftet.

4. Hatt ein Mann vermittelst einer *Aestimation* ein Guett, eß sey beweg- oder unbeweglich, mitt seiner Frauen anstaat des Ehegeldes bekommen, mag er solches ohne der Ehefrauen *Consens* vereußern und darüber *disponir*en, solange er *solvendo* ist. Waß aber ohne solcher *Aestimation* an unbeweglichem[3972] Guett oder waß an

3955 W *Würde.*
3956 W *wodurch.*
3957 W *mögte.*
3958 W *dergleichen geweilichen.*
3959 W *bestünden.*
3960 W *Creditorn.*
3961 W *repudüren.*
3962 W *dass die.*
3963 W *für einem.*
3964 W *soll.*
3965 W *anderergestalt.*
3966 Bei M verbessert aus *traditionen.*
3967 W *mag das.*
3968 W *ware.*
3969 W *dagegen.*
3970 W *verpfandet.*
3971 W *könnte.*
3972 W *unbeweglich.*

deßen staath zu halten ihm[3973] zugebracht, kann er nicht *alienir*en, es geschehe dann auß unvermeidlicher Noth oder scheinlichen Nutzen ohne der Frauen *Pericul* undt Schaden mitt deroselben[3974] *Consens*. Were[3975] er außer dehme[3976] zugefahren undt die *Alienation* gethaen, bleibt[3977] [fol. 162r] der Frauen bey seinem Leben, auch nach[3978] seinem Todte die Macht, dieselbe zu *revocir*en, außer dem Fall, wann zu dem Behueff solche nötig gewesen, worzu[3979] die[3980] Ehefrau nach ihrem Vermögen mitt *obligir*et.

[fol. 163r]

3973 W *ihnen*.
3974 W *derselben*.
3975 W *ware*.
3976 W *dem*.
3977 W *bleibet*.
3978 W *bey*.
3979 W *wozu*.
3980 Bei M verbessert aus *der*.

Der dritte Theill.

Titulus I.
Von Contracten und Verschreibungen.

1.[3981] Wann jemandt einigen verbindtlichen *Contract* und Handell treffen will, soll dazu mitt wolbedachtem[3982] Gemüht undt freyen Willen schreiten, waß außer dem verhandelt, ist zu Rechte nicht bestendig[3983].

2. Waß einer, der so gar einfeltig[3984] undt geringen Verstandes ist, daß er, was unter dem Handel gewesen oder gemeinet, nicht verstehen mögen, ob er gleich nicht gantz unsinnig, verspricht, darff er weiter nicht halten, alß es ohne seinen Schaden undt Verlust geschehen mag. Im Wiedrigen hatt er sich der *Restitution in integrum* wie die Minderjehrigen, ob er gleich vollenkommenes Alters sey, zu gebrauchen.

3. Irret jemandt bey *Contract*en undt Versprechen in der Persohn undt den Dingen, worüber *contrahir*et, imgleichen[3985] in dem, so zum Wesen und *Substantz* des Vertrages gehöret, ist, was dabey versprochen, zu Recht nicht bestendig. Ist im Ubrigen[3986] geirret, hebt[3987] der Irrthuemb denselben nicht auff. Jedoch wo einer [fol. 163v] durch seinen Irthumb beleidigt[3988] oder beschedigt[3989], mag er solches zu verbeßern und zu endern suchen.

4. Waß jemandt versprochen durch richterlichen Zwang oder[3990] aus Furcht vor[3991] demselben, soll er halten, und daiegen[3992] nicht handeln, er habe dann durch die wieder richterliche Erkandtnußen[3993] in[3994] Rechten erlaubte Mittel davon sich befreyet. Zwinget aber außer dehm einer dem Andern zu *Contract*en oder

---

3981 W am Rand: *De Pactis, Obligationibus et Contractibus.*
3982 W *wohlbedachten.*
3983 W *bestandig.*
3984 W *einfaltig.*
3985 W *ingleichen.*
3986 W *übrigen.*
3987 W *hebet.*
3988 W *beleidiget.*
3989 W *beschadigt.*
3990 Bei M verbessert aus *aber.*
3991 W *für.*
3992 W *dagegen.*
3993 W *wiederrechtliche Erkänntnissen.*
3994 W *im.*

Versprechnußen[3995], worzu[3996] er außer denen nicht[3997] schuldig, undt die Furcht, so dazu getrieben, ist so bewandt, daß sie auß Beysorge großer Ungelegenheiten derjenige[3998], welcher versprochen[3999], dazu mußigen[4000] können, derogleichen[4001] dann auch[4002] zu halten, wann Eltern ihre Kinder, die Menner ihren Weibern[4003], Herrn[4004] ihr Gesinde durch ungebührliches *Tractir*en in Furcht dadurch zu den Zusagen bewegen leistet, alßdann der Gezwungene, wann er zu seinen freyem[4005] Willen gekommen, darauff nichts oder *approbir*et auch auff andere Weise, waß gehandelt, nicht, kann aber eine merckliche *Laesion* anzeigen, darff er, was also versprochen, nicht halten, mag auch inwendig Jahresfrist daiegen[4006] *restitutionem in integrum* bitten. [fol. 164r]

5. Waß einer, wann er gantz truncken undt bezechet ist, verspricht, darff er nicht halten, wann er nüchtern ist, soll aber, waß er bey den[4007] Trunck von dem andern Theill empfangen, *restituir*en auch, sobaldt er von den[4008] Handel recht berichtet wirdt, in 4[4009] Wochen, waß in trunckener Zeitt[4010] gehandelt, zu wiederruffen schuldig sein, undt dan[4011] das Iegenpart[4012] es dabey nicht will bewenden laßen, muß er beweisen oder in Mangel des Beweises mittelst Eydes erhalten, das er übermessig[4013] truncken undt seines Verstandes nicht allerdings mechtig gewesen.

6. Ein *Contract*, welcher seine wesendtliche zu Recht erforderte[4014] Stücke hatt, ob er gleich in Schrifften nicht verfaßet, ist gültig undt bestendig[4015], eß were dann außtrücklich vor oder bey demselben verabredet, das er mittelst der Schrifft solle

---

3995 W *Versprechnüssen.*
3996 W *wozu.*
3997 Fehlt bei W.
3998 W *denjenigen.*
3999 W *es versprochen.*
4000 W *müssigen.*
4001 W *dergleichen.*
4002 W *nicht.*
4003 W *ihre Weiber.*
4004 W *Herren.*
4005 W *freyen.*
4006 W *dagegen.*
4007 W *dem.*
4008 W *dem.*
4009 W *vier.*
4010 W *in Trunckenheit.*
4011 W *wann.*
4012 W *Gegenparth.*
4013 W *übermassig.*
4014 W *erfoderte.*
4015 W *bestandig.*

auffgerichtet und vollenzogen werden. Alßdan ist[4016] derselbe nicht vollenkommen undt verbindtlich, ehe er in Schrifft gebracht von den *Contrahent*en oder in dero Nahmen unterschrieben.

7. Vereinigen sich die Parthe über einen Handel undt richten darüber eine *Punctation* auff, darin, weßen sie einig geworden, begriffen, obgleich beliebet, daß aus dem Einhaldt derselben ein formblicher[4017] [fol. 164v] oder schrifftlicher *Contract* solte gefaßet werden, ist der Handel und schrifftliche Vereinigung bestendig und mag kein Theill zurücktreten, eß sey[4018] dabey außdrücklich außbedungen, das es nur ein ohnmaßgeblicher Entwurff sey, oder das der Handel nicht ehe[4019], den er also formblich[4020] verfaßet, vollenzogen sein solle[4021].

8. Die *Contract*[4022], so in Schrifften auffgerichtet, sein und[4023] pleiben bestendig, ob die Schrifften abhendig worden, nur daß sie sonst erweislich sein, wie dann, waß sonst beyzubringen, durch Verlust der Verschreibungen oder Urkunden nicht auffhöret, sondern es mag der Glaubiger[4024] undt Cleger, wann der den Verlust glaublich machet, seinen[4025] Gegentheill der solches in Laugenen[4026] ziehet, darauff den Eydt *deferir*en.

9. Ist in der Verschreibung oder Handtschrifft keine *causa debendi* enthalten, dieselbe erscheinet auch sonst auß andern Nachrichten, darauff derselbe sich einiger Gestaldt beziehet, nicht oder kann von dehm, der sich darauff berufft, nicht glaublich gemachet[4027] werden. Ist dieselbe zu Recht ohnkrefftig und kan darauff mitt Bestande solange nichtes gemachet[4028] werden, bis eine rechte warhaffte Schuldt beygebracht. Eß ist aber demjenigen[4029], so [fol. 165r] darauff fodert, wann er eine rechtmessige Ursache, woher die Schuldt entstanden, anziehet, dem Andern darüber den Eydt zu *deferir*en befuegt undt dieselbe[4030] solchen abzustaten oder auch, daß die Ursache falsch sey, beyzubringen schuldig.

4016 Bei M über der Zeile eingefügt.
4017 W *förmlicher.*
4018 W *sey dann.*
4019 W *eher.*
4020 W *förmlich.*
4021 W *soll.*
4022 W *Contracten.*
4023 Fehlt bei W.
4024 W *Gläubiger.*
4025 W *seinem.*
4026 W *solches ins Läugnen.*
4027 W *gemacht.*
4028 W *nichts gemacht.*
4029 W *denjenigen.*
4030 W *derselbe.*

10. Ein ieder soll sich vorsehen, das er nicht leicht oder niemandt anders, dann deßentwegen er versichert, *Blanquet* außgebe. Thuett er solches undt wirdt darauff geschrieben, worauß eine zu Recht bestendige *obligation* entstehet, soll er nicht weniger zu dem Einhaldt, alß wann er Vollmacht dazu gegeben, undt sich verschrieben, gehalten, undt der darauff getrauet, wan er des Betrugs ohnwißendt gewesen, schadloß sein, hatt sich aber seines dadurch erlittenen Schadens an dem, so es empfangen und sich deßen mißbrauchet, zu erholen.

11. Wann zu Versicherung eines Kauffs oder andern *Contract*s ein[4031] *Arrha* gegeben oder etwas zum Reu[4032] verkaufft[4033] oder sonst eine Straffe auff den[4034] Nichthaltungsfall versprochen, mag der, so dem Versprechen *inhaerir*et, die *Arrham* behalten, auch das Reukauffsgeldt oder Straffe fodern und [fol. 165v] nichtsdestoweniger daß ander Theill zu Haltung des Versprechens zu Recht treiben, welches durch Verlust der *Arrhae* oder auch des Reukauffs und Abtragung der Straffe von dem Kauff undt andern Verpflichtungen nicht befreyet sein soll, es sey dann *alternative* beydes versprochen oder sonst ein Anders verabredet.

12. Ist an einem *Contract* undt Handel einiger Mangel, deßwegen er *re integra* hette können wiederruffen undt die Leistung deßen, so versprochen, zuruck[4035]gehalten werden, wann er nur nicht deßwegen zu Recht verbothen ist, wirdt solcher ersetzet durch die erfolgete[4036] *Praestation* deßen, so[4037] versprochen, undt kann nicht allein der, so an seiner Seiten erfüllet, nicht zurück treten, wann der Ander an seiner Seiten die Gebühr erstaten will, sondern es muß auch der Ander, so die Leistung des Versprochenen angenommen, an seiner Seiten halten.

13. Wer in Verschreibungen sich worzu[4038] einleßet oder einigen ihm sonst zustehendem[4039] *Beneficien*, Freyheiten, *Exception*en undt Behelffen absaget, imgleichen[4040] zu dero Bestetigung rechtliche[4041] *Clausul*n anfueget, soll sich vorhero davon woll unterrichten laßen. Thuet er aber daßelbe nicht, [fol. 166r] verschreibt[4042] sich doch, soll er nichtsdestoweniger, was verschrieben, halten undt mitt den Einreden, alß wann er es nicht oder anders verstanden, wann er es mitt sei-

4031 W *eine.*

4032 Bei M mit Verbesserung im Wort.

4033 W *verkauffet.*

4034 W *dem.*

4035 W *zurück.*

4036 W *erfolgte.*

4037 W *so er.*

4038 W *wozu.*

4039 W *zustehenden.*

4040 W *ingleichen.*

4041 Fehlt bei W.

4042 W *verschreibet.*

nem Verstande[4043] auff Unterrichtung begreiffen konnen[4044], nicht gehöret, noch zu dem, welchem außtrucklich[4045] abgesaget, soviell dasjenige betrifft, welches vor der[4046] Verschreibung ergangen, verstatet werden. Undt damitt jemandt hinfurters[4047], darüber verleitet zu sein, sich soviell weniger beklagen könne, sollen alle Verschreibungen undt die darin begriffene Absagungen undt *Clausul*n in der Sprache verfaßet werden, dero ein jeder verstendig ist.

14. Waß unter den *Contrahent*en nicht warhafftig verhandelt, sondern erdichtet undt allein zum Schein vorgewandt, soll soweitt es *simulir*et, nichts[4048] gültig sein undt so wenig den *Contrahent*en undt dero Erben zu Vortheill alß Andern zu Nachtheill und Schaden gereichen, demnach allen, den[4049] daran gelegen, daß dergestaldt nicht gehandelt, die *exceptio simulationis* zustaten kommen, dabey aber denen, so durch die *Simulation* Schaden gelitten, deßen sich [fol. 166v] an die Verursacher zu erhohlen ohnbenommen sein soll.

15. Die Nichtigkeitt des *Contracts* wegen der *Simulation* erstrecket sich nicht weiter dan auff das, so dadurch felschlich[4050] vorgegeben undt in Warheit nicht ergangen, so allein abgethaen wirdt, das Übrige aber, so in Warheit erfolget, aber durch jenes verdecket, soweitt es zu Recht ohnverbotten, soll bestendig bleiben undt die Krafft haben, alß wann daß Übrige durch die *Simulation* dazu nicht gekommen.

16. Wer einen *Contract* der *Simulation* beschuldiget, solches aber nicht erweisen mag, doch deßen glaubliche Anzeige thuett, daraus etwas felschlich[4051] Vorgewandtes oder Verdecktes zu *praesumir*en, sollen die *Contrahent*en beyde sich deßen durch einen Eydt zu entledigen schuldig sein.

17. Die Wetten, so auff dasjenige, welches erbahr undt gueten Sitten nicht zuwiedern[4052] ist, gerichtet sein, sollen gelten undt wer verlieret, dem Andern, wann er darunter betrieglich gehandelt zu haben nicht zu überweisen, waß auff den[4053] Fall, darauff sie lautet, immaßen dann nach dem Buchstabe[4054] und Beding [fol. 167r] der Verlust *praecise* zureichen versprochen, einzuhalten schuldig sein, eß führete dann der Verlust einen gantz ohnbilligen[4055] und gar zu beschwerlichen Schaden

4043 Bei M verbessert aus *bestande.*
4044 W *können.*
4045 W *ausdrücklich.*
4046 W *die.*
4047 W *hinfürters.*
4048 W *nichtes.*
4049 W *denen.*
4050 W *falschlich.*
4051 W *falschlich.*
4052 W *zuwider.*
4053 W *dem.*
4054 W *Buchstab.*
4055 W *unbilligen.*

bey sich, das mitt demselben der Gewin unchristlich und nicht[4056] zu pilligen sey, so soll zu richterlicher Ermeßigung es stehen, undt dadurch die *Moderation* also ergehen, das der Gewinnender ein pilliges bekomme, der Ander nicht[4057] gahr zu sehr beschweret werde. Ist dabey im[4058] Zweiffel, waß eigendtlich unter der Wette begriffen, dahero, ob undt wer gewonnen oder verlohren, nicht offenbahr, soll die Wette nichtig gehalten werden.

Titulus II.
Von Glaubigern[4059] und Schuldenern.

1.[4060] Waß jemandt verschrieben und[4061] zu bezahlen schuldig, darzu ist er nicht allein seinen Glaubiger[4062], mitt welchem[4063] er gehandelt und *contrahir*et, deßen Erben undt Erbnehmern[4064], sondern zugleich allen getreuen Brieffseinhabern, sie sein zur Verschreibung mitt des Glaubigers[4065] Willen durch deßen *Cession* oder Abtretung oder ohne denselben[4066] durch richterlicher[4067] Anweisung oder Verordnung gelanget, obgleich dero in der Verschreibung nicht erwehnet, gehalten, imgleichen[4068] allen dehnen, so einen [fol. 167v] rechtmeßigen *Titul*, wordurch[4069] sie zu der Schuldt gelanget und befuegt, beybringen, ob sie gleich keine *Cession* auffweisen können, waß verschrieben[4070], zu leisten verbunden[4071], gestaldtsahmb denselben auch alle, dem Glaubiger[4072] auß den Rechten undt Verschreibung zustehende Mittel undt Behelffe zuleßig. Wer aber kein woll erlangtes Recht dazu auffweisen kann, ist bloß dadurch, das er die Verschreibung in Henden hatt, darauff

4056 Bei M über der Zeile eingefügt.
4057 W *aber nicht.*
4058 W *in.*
4059 W *Gläubigern.*
4060 W am Rand: *Jura Creditorum et Debitorum.*
4061 W *oder.*
4062 W *seinem Gläubiger.*
4063 W *welchen.*
4064 W *Erbnehmen.*
4065 W *Gläubigers.*
4066 W *demselben.*
4067 W *Richterliche.*
4068 W *ingleichen.*
4069 W *wodurch.*
4070 W *geschrieben.*
4071 W *verbunden seyn.*
4072 W *Gläubiger.*

zur Zusprache nicht befugt, mag auch die Rechtshulffe[4073] vor deßen Beybringung nicht erlangen, sondern von den Schuldenern bis dahin abgewiesen werden.

2. Ist die Schuldt zum Theill[4074] richtig und *liquid*, zum Theill aber streitig undt nicht alßfordt[4075] zu *verificir*en, mag nicht allein der Schuldener, soweitt selbiger[4076] außer Streitt ist, bezahlen und das Übrige außsetzen, dahero dann der Glaubiger[4077] solches anzunehmen schuldig oder der Schuldener es zu *deponir*en undt sich zu befreyen befuegt ist, sondern es soll auch der Schuldener auff des Glaubigers Ansuchen auff das *Liquidum* der[4078] Schulde zur Zahlung verdammet undt durch die Rechtshülffe angehalten, das Übrige zur Außführung verwiesen, und kan des *Illiquidi* halber das *Liquidum* nicht vorenthalten werden. [fol. 168r]

3. Wirdt einer schuldig geachtet[4079], er vermeinet aber nicht schuldig zu sein, derselbe kann nicht allein, wann er beschuldiget wirdt, demjenigen so ihm[4080] deßwegen *diffamir*et, alß einen *Diffamant*en besprechen, sondern auch, ehe er deswegen *diffamir*et, seine wieder die *praetendir*te Schuldt habende *Exception*en, Wollthaten undt Behelffe außzuführen vor das Gerichte, dem er selbst unterworffen, den vermeinten *Creditor*en[4081] fodern laßen, darauff dan die Außführung seines Rechtens thuen, undt sich frey von der Schuldt erklehren laßen, dadurch aber nicht erhalten, das, wann die *Exception*en so bewandt, daß sie die *Execution* nicht auffhalten können, der *Creditor* an Foderung[4082] deßen, so ihm gebühret, behindert werde, gestaldtsahmb dann demselben über die *Exception*en undt Wolthaten sich mitt Gegentheill einzulaßen, immittelst waß ihm rechtlich zukompt, soweitt sie dero ohngehindert kan gemahnet undt eingetrieben werden, zu suchen ohnbenommen.

4. Eß kan niemandt Schuldt mahnen, er leiste dann zuvohre, worumb[4083] dieselbe *contrahir*et und gemachet[4084] oder was er hinjegen[4085] versprochen undt zur *Substantz*[4086] deß *Contractus* gehörig ist, muß daneben, das er seines Theils dem, was vorhero gebühret, ein Gnugen[4087] gethaen, beweisen.

4073 W *Rechts-Hülffe.*
4074 W *Theile.*
4075 W *alsofort.*
4076 W *selbige.*
4077 W *Gläubiger.*
4078 W *dero.*
4079 W *geahtet* (Druckfehler).
4080 W *ihn.*
4081 W *Creditorn.*
4082 W *von der Anfoderung.*
4083 W *zuvorn, warum.*
4084 W *gemahnet.*
4085 W *hingegen.*
4086 W *Substance.*
4087 W *Genügen.*

5. Wer zum Andern in Schuldtsachen Zu- [fol. 168v] sprach[4088] hatt, soll sich an richterlicher Hulffe[4089] begnügen laßen, dieselbe anruffen und, wie er solche nach Befindung zu genießen hatt, also hiniegen[4090] sich aller eigenrichterlichen Thätligkeitt[4091], insonderheit aller Schmehungen[4092], *Diffamation*en, Anschlagung schendtlicher gemeldter Schmeschrifften, auch der Handtschrifften an schmehligen Ortten[4093] wieder den *Principal*en undt deßen Burgen[4094], ob es gleich ihm in der Verschreibung zugelaßen, enthalten, bey Verlust der Schuldtfoderung undt Straffe wieder die *famos Libell*[4095] verordnet, auch Zulaßung der *Injuri*enclage, so dem Beleidigten frey stehen soll.

6. Obgleich in Handtschrifften, Verschreibungen und Verträgen dem Glaubiger von dem Schuldtman nachgegeben were, eigenes Gewaldt[4096] ohnersuchet des richterlichen Ambts, sein Unterpfandt oder auch ander deß Schuldtmans Gütter anzugreiffen undt sich daraus bezahlt zu machen, soll doch niemandt sich deßen eigenmechtig[4097] *privata autoritate* unterfangen, bey Verlust seiner Foderung, sondern ein jeder sich[4098] am Recht gnugen[4099] laßen undt zu demselben die Hülffe allein bey den ohnmittelbahren Gerichten suchen, die ihm auff derogleichen[4100] Verschreibungen ohnverzueglich soll[4101] ertheilet undt im Fall, auff erstes[4102] *Mandat* die Bezahlung oder Leistung der Gebühr nicht geschehe, auch eine zu Recht erhebliche Ursache nicht alsofordt offenbahr gemachet, durch richterliche [fol. 169r] Verordnung er in die Guether *immittir*et werde[4103].

7. Wann jemands Schuldtman der Flucht verdechtig oder auch seine Guether weckbringen wolle, mag der Glaubiger[4104] ihn oder seine Guetter, wo er dieselbe antrifft, anhalten, bis das er bey dem negsten Gerichte solches anzeige undt alda Rechtshülffe erwarthe.

4088 W *Zusprache.*

4089 W *Hülffe.*

4090 W *hingegen.*

4091 W *eigenrichterlicher Thätigkeit.*

4092 W *Schmahungen.*

4093 W *Oertern.*

4094 W *Bürgen.*

4095 W *Famosos libellos.*

4096 W *Gewalts.*

4097 W *eigenmachtig.*

4098 W *sich ein jeder.*

4099 W *genügen.*

4100 W *dergleichen.*

4101 Fehlt bei W.

4102 W *ersteres.*

4103 W *werden.*

4104 W *Gläubiger.*

8. Befinden Glaubiger[4105], das, die ihnen mitt Schulden verhafftet, ihren Guettern nicht wie fleißigen Haußwirthen anstehet[4106], warthen, sondern dieselbe durch Freßen, Sauffen, Pracht, Uppigkeitt, unnutze[4107] *Spesen*, übermeßiges Leben undt derogleichen Verschwendung verzehren, darüber[4108] an ihren Forderungen[4109] *periclitir*en durffen[4110], mögen sie nicht allein umb ihre Schuldt zu dero Abtragung mahnen[4111], sondern auch immittelst, obgleich die Zeitt der Zahlung nicht gekommen, bey den Gerichten anhalten, daß dem Verschwender alle Vereußerungen untersaget, da er bey der Guether Verwaltung pleiben wolle, gnuegsahme *Caution* zu bestellen, aufferleget, da er aber dazu nicht gelangen kann, ein *Curator*, so auff die Guetter Auffsicht habe, zugeordnet werde.

9. Ist ohnleugbahr oder auß bestendigen [fol. 169v] Nachrichten eine Schuldt befindlich, aber wie hoch sich dieselbe erstrecke, oder auch dero übrige Bewandtnus[4112] in *qualitate* oder *quantitate* in Streitt undt Zweiffell, der Glaubiger[4113] aber *designir*et dieselbe undt der Schuldener[4114] kan darann ein Merckliches nicht ohnwahr machen oder beweisen, soll des *Creditor*en[4115], wo er gueten Leumuhts undt Wandels eydtlichen Außage getrauet undt, was dadurch erhalten, der Schuldener zu zahlen schuldig sein.

Titulus III.
Von Anleyhen.

1.[4116] Wer über den[4117] Empfang einiger Anleihe Geldes ein[4118] Verschreibung gegeben, aber daß Geldt nicht empfangen zu haben hernach vorgibt, soll denienigen[4119], dem er derogleichen Verschreibung gegeben, inwendig zwey Jahren

4105 W *Gläubiger.*
4106 W *wohl anstehet.*
4107 W *unnütze.*
4108 W *und darüber.*
4109 W *Foderungen.*
4110 W *dürfen.*
4111 Bei M über der Zeile eingefügt, darunter unleserliches Wort gestrichen, evtl. *Mahnen.*
4112 W *Bewandniss.*
4113 W *Gläubiger.*
4114 W *Schuldner.*
4115 W *Creditorn.*
4116 W am Rand: *De jure Mutui.*
4117 W *dem.*
4118 W *Gelder eine.*
4119 W *demjenigen.*

deßhalber[4120] Zurückgebung der Verschreibung belangen, im[4121] Wiedrigen hernach auff dieselbe, ohngehindert der Empfang von ihm geleugnet wurde[4122], mitt der Rechtshülffe verfahren, auch ehe die Bezahlung geschehen, nicht gehöret werden. Getrauet er aber zu beweisen, die Außzahlung sey nicht geschehen, sondern gefehrlich mitt ihm[4123] gehandelt, mag er hernach inwendig dreißig Jharen von Zeitt der gegebenen Schrifft sich zum Beweißthuemb anbiethen und dadurch die Gelde zuruck[4124] fodern. [fol. 170r]

2. Waß denen, so die *Administration* ihrer Guether benommen, alß den Kindern, so unter der Eltern und Unmundigen[4125] die unter[4126] vormundtlicher[4127] Gewaldt sein, angeliehen wird, ist zu Recht nicht weiter bestendig, dan waß empfangen, in derselben Nutzen verwandt ist undt sein die Glaubiger[4128] solche *Versionen* zu beweisen schuldig. Waß aber Andern geliehen, deßwegen sein sie zu Beybringung der *versione*[4129] *in utilitatem* nicht gehalten, sondern, ob, der es empfangen, solches unutzlich[4130] verschwendet oder zu[4131] andern Behueff, dem[4132] in der Verschreibung enthalten, angewandt, muß es aus seinen Guethern nichtes[4133] destoweniger bezahlet werden.

3. Wirdt bey dem Außleihen nichtes[4134] gemeldet, in welchen Sorten die Zahlung geschehen soll, sein gewiße *Species* empfangen undt in der *Obligation* gemeldet, sollen[4135] die Anleyhe in dieselbe[4136] oder, da sie nicht mehr verhanden, derogleichen oder die in derselben Stelle auffgekommen, wiedergegeben werden. Ist aber in der Verschreibung nicht von gewißen *Speciebus* eigendtlich gemeldet, sondern von einer Summa an Thalern, Gulden[4137] oder Marcken, eß sey gewiß oder ungewiß, waß der Sorten auffgeliehen, mag der Schuldener bezahlen mitt allen ohnverbottenen

4120 W *deshalben.*
4121 W *in.*
4122 W *würde.*
4123 W *ihme.*
4124 W *Gelder zurück.*
4125 W *Unmündigen.*
4126 *Die unter* bei M nachträglich in kleinerer Schrift eingefügt.
4127 W *Vormundschafftlicher.*
4128 W *Gläubiger.*
4129 W *Beybringung versionis.*
4130 W *unnützlich.*
4131 W *zum.*
4132 W *denn.*
4133 W *nichts.*
4134 W *nichts.*
4135 W *soll.*
4136 W *denselben.*
4137 W *Gülden.*

volgultigen[4138] gang undt geben Muntzen[4139], undt [fol. 170v] wehren gleich zu[4140] Zeitt des *Contractus* die *Species* beßer gewesen. Wann doch diejenigen deßelben *valors*[4141] sein, mag der Glaubiger[4142], wann ihm daran seine Summe entrichtet, nichts weiter noch[4143] den vormals ubliche[4144] schwerere Muntze[4145] fodern.

4. Hatt jemandt Geldt empfangen in Muntze[4146], so nicht mehr gang und gebig, auch nicht mehr oder auch nicht ohne große Beschwer[4147] auffzubringen, ist er zu derselben nicht, sondern allein zu gang und gebiger Muntze[4148] nach dem Gehalt und Werth, alß die Vorige gewesen, gehalten. Hette man aber davon keine gewiße Nachricht, ist die Haubtsumme in solcher Muntze[4149] undt auff die Höhe abzutragen, alß in den negsten dreyen Jahren die Zinsen abgeführet oder, da solches ungewiß, nach den Vermuthungen durch richterlicher[4150] Ermeßigung der Werth zu setzen.

5. Leihet jemandt gewiße *Species* der Muntze[4151] auß oder, ob er eine Summe angeliehen, leßet sich die Zahlung in gewißen *Specibus*[4152] alß reynisch[4153] Gulden, Thaler und dergleichen ohne Anfügung dero[4154] *Taxa* versprechen, undt sein die *Species* und nicht dero Werth undt *taxa in obligatione*, ist der Schuldener[4155] solche, wie er dieselben[4156] empfangen, oder[4157] wieder- [fol. 171r] zugeben verschrieben,undt zwahr, wie die *Species* sich zur Zeitt des *Contractus* oder Anleye befunden, obgleich deroselben Werth undt *Valor* sich verendert[4158], abzuführen schuldig,

4138 W *vollgültigen.*
4139 W *gebigen Müntzen.*
4140 W *zur.*
4141 W *Valoris.*
4142 W *Glaubiger.*
4143 W *nach.*
4144 W *üblichen.*
4145 W *schwehren Müntze.*
4146 W *Müntze.*
4147 W *Beschwehrde.*
4148 W *Müntze.*
4149 W *Müntze.*
4150 W *Richterliche.*
4151 W *Müntze.*
4152 W *Speciebus.*
4153 W *Rheinischen.*
4154 W *Beyfügung der.*
4155 W *Schuldner.*
4156 W *dieselbe.*
4157 W *und.*
4158 W *geändert.*

demnach, was durch Steigerung oder Minderung[4159] des Werths daran verendert, zu seinem[4160] Schaden oder Vortheill gereichet.

6. Sein gewiße *Species* außgeliehen oder sonst *in obligatione*, dieselbe pleiben auch annoch, und zwahr in demselben oder höhern Werth, aber sein an Gehaldt und innerlichem Guethe[4161] denen alten nicht geleich[4162] undt dessen hatt man bestendige Gewißheitt, so ist der Schuldener in voriger innerlichen Guthe[4163] die *Species* beyzuschaffen oder, da er solches nicht vermag, was an der Guthe[4164] oder Gehaldt mangelt, mitt den neuen Muntzen[4165] zu ersetzen schuldig. Ist aber von der Bewandtnuß[4166] der alten Muntzsorten[4167] keine bestendige[4168] Gewißheitt, wie der Gehaldt derer gewesen, der[4169] entrichtet, wirdt der Schuldener durch Erlegung derer Sorten, so anstaht deroselben auffgekommen, befreyet. Werden aber die *Species* zu oder in einer gewißen *Quantität* undt Summen angeschlagen, mag der Schuldener mitt der gang undt gebe Müntze[4170] zahlen undt darff kein Mehres mit derselben alß die Summen abführen.

7. Hatt sich jemandt zu gewißen Müntz- [fol. 171v] sorten undt *Spec*ien verpflichtet, dieselbe aber werden hernach verbotten, hette sich auch nicht weiter verschrieben, ist er auch zu keinem[4171] Andern verbunden, sondern wann er solche, wie sie[4172] Zeitt des *Contract*s gewesen, erleget, ohngeachtet sie nicht mehr gültig, ist er loß. Hette er aber dabey sich nicht eigendtlich zu den *Speciebus*, sondern zu der Summ[4173], welche dieselbe außgemachet oder dieselbe mitt unverbottenen, im Reich oder Lande gang undt gebenden Sorten zu bezahlen verschrieben, kan er sich mitt denen, so verbotten undt in Abgang kommen, nicht befreyen, sondern mueß dieselbe nach dero Guete bezahlen mitt Muntze[4174], so hernach in Gang kommen.

4159 W *Verminderung.*
4160 W *seinen.*
4161 W *innerlicher Güte.*
4162 W *gleich.*
4163 W *innerlicher Güte.*
4164 W *Güte.*
4165 W *Müntzen.*
4166 W *Bewnadtniss.*
4167 W *Müntz Sorten.*
4168 W *bestandige.*
4169 W *die.*
4170 W *geben-Müntze.*
4171 W *keinen.*
4172 W *die.*
4173 W *Summe.*
4174 W *Müntze.*

8.[4175] Wer gewiße *Species* alß Ducaten, römische Gulden und Thaler mitt einer gewißen *Taxa* oder *Valor*, zum *Exempel* den Thaler zu ein- oder zweyundtdreißig[4176], imgleichen[4177] zu vierzig Schillingh außleihet[4178], ob er gleich in gewißen *Speciebus* alß in harten vollgeltenden geschlagenen Thalern oder in soviell Stucken[4179], alß er außgeliehen, die Bezahlung sich verschreiben leßet, kann doch nicht mehr fodern, alß in den *Speciebus*, so verschrieben die Summa, welche in der *Taxa* begriffen, undt ist die *Quantitas*, so durch die *Taxam* gemachet, in *Obligatione* die benandte *Species* allein[4180] das Mittel [fol. 172r] der Bezahlung. Ist nun hernach der Thaler oder andere *Species* höher oder niedriger gesetzet, dann der *Valor* zur Zeitt des *Contracts* gewesen, gereichet es zu[4181] Vortheill undt Schaden des Schuldeners.

9. Wer Thaler, Gulden oder Marck außleihet an gewißen *Speciebus* alß an Reichsthalern, römische[4182] Gulden[4183], Ducaten *etc.* oder sich verschreiben leßet, daß die außgeliehene Summa in solchen *Speciebus* und zwahr einer gewißen Anzahl nach dem *Valor*, darin sie damahlen[4184] gewesen, sollen bezahlet werden, dem durffen[4185] nach geendeten[4186] derselben *Valor*[4187] nicht soviell Stucke[4188], sondern nur[4189] wieviell deroselben angeliehenen Summe der Thaler, Gulden und Marck mache, bezahlet werden, wie dann hinjegen[4190], wann solche abgeschlagen, soviell, bis die Summe nach jegenwertigem[4191] *Valor* erreichet, hinzu gethaen werden mußen.

10. Sein *Species* geliehen undt wiederzugeben verschrieben, aber solches nicht auff eine dero *Taxam* gerichtet, obgleich dabey angefüget, wieviell dieselbe an Gulden, Marcken oder andern *Valor* damalß machen, wie dann imgleichen[4192], da sonst zu dero *Demonstration* undt nicht solche zu einer gewißen *Taxa* zu bringen,

---

4175 Bei M Verbesserung in der Artikelzahl.
4176 W *zu zwey und dreyssig.*
4177 W *ingleichen.*
4178 W *ausgeleyhet.*
4179 W *Stücken.*
4180 W *aber nicht alleine.*
4181 W *zum.*
4182 W *Rheinischen.*
4183 W *Gülden.*
4184 W *damahln.*
4185 W *dürffen.*
4186 W *geänderten.*
4187 W *Valeur.*
4188 W *Stücke.*
4189 Fehlt bei W.
4190 W *hingegen.*
4191 W *gegenwartigen.*
4192 W *ingleichen.*

etwas angefueget, welches aus den Umbstenden zu ermeßen ist, ob hernach durch [fol. 172v] Vermehr- oder Verringerung des Werthes mehr Gulden oder Marck oder nicht, soviel dieselbe außtragen sollen, doch die *Species* in der empfangenen Zahl abgetragen werden.

11. Ist auß den Verschreibungen kein Anders abzunehmen oder das der *Contrahent*en Meinung, so bey den Muntzhendeln[4193] vornehmblich anzusehen, nicht Anders gewesen, soll bey den Muntzsorten[4194], so außgeliehen undt wieder zu entrichten, der *Valor* angesehen undt also erstaatet werden, wie er zur[4195] Zeitt des *Contracts* sich befunden, demnach der Schade oder Vortheill dem Schuldener treffen[4196].

12. Derogleichen *Pacta*, dadurch auff alle Felle der Ringerung oder Erhöhung der Muntzen[4197] der Schade allein auff den Schuldener oder Glaubiger, hingegen der Gewin auff dero einen allein *transferir*et wirdt, sein zu Recht ohngültig, daß aber zu eins deroselben Gewin oder[4198] Verlust daßelbe[4199] gereichen solte, ist zu vereinigen erlaubt.

13. Waß nach Zahl, Gewicht undt Maße geliehen wirdt, darff nur alßo in der Guete, wie es außgeliehen, nicht aber in dem Werth gelieffert werden, demnach, ob der Preyß solcher Gutter[4200] gestiegen, dennoch der Leyher kein Mehres geben, er were dann seumig[4201]. So ist er dadurch zu den zugefugten[4202] Schaden verbunden. [fol. 173r]

14. Waß außerhalb Ritter- undt derogleichen ruhmblichen[4203] Spielen unter Spielern einer dem andern von wegen des Spiels[4204] schuldig bleibt[4205], auch wann es von einem dem andern[4206] auff undt zu dem Spiell geliehen, kann zu Recht nicht gemahnet werden, obgleich der Spieler auffs Neue sich darzu verpflichtet. Hatt aber ein Ander dem Spieler Geldt geliehen undt mag darunter keiner Arglistigkeitt uberwiesen werden, muß der es empfangen, ob er es gleich verlohren, zahlen.

4193 W *Müntz-Händeln.*
4194 W *Müntz-Sorten.*
4195 W *zu.*
4196 W *treffen soll.*
4197 W *Müntzen.*
4198 W *und.*
4199 Fehlt bei W.
4200 W *Güter.*
4201 W *saumig.*
4202 W *zugefügten.*
4203 W *rühmlichen.*
4204 W *Spieles.*
4205 W *bleibet.*
4206 W *einem dem andern.*

Titulus IV.
Von Kauffen und Verkauffen.

1.[4207] Wer verkaufft, soll daß verkauffte Guett zu lieffern schuldig undt durch Anerbietung des[4208] *Interesse* davon nicht befreyet[4209]. Erschiene aber solches ihm unmueglich[4210] zu sein undt die Hindernuß[4211] were bereits zur Zeitt des Kauffs verhanden undt dem Verkeuffer wißendt gewesen, er hette aber unbesonnen darin gehandelt, ist er zu dem Schaden, dem[4212] Kauffer[4213] zugefuegt, gehalten. Wenn[4214] aber derselbe erst hernach entstunde[4215], ist er weiter ohnverbunden.

2. Wer verkaufft, soll guette ehrliche Kauffmanswahr, so davohr vom ehrlichen Biederman köndte geschetzet werden, lieffern. Werden sie anders befunden, mueß der [fol. 173v] Verkäuffer solche wieder zu sich nehmen, daß Geldt zuruck[4216] geben. Ist jemandt dadurch beschediget, soll er ihm den erweißlichen Schaden erstaten.

3. Wer verkaufft, waß ungesundt, brest- undt mangelhafft ist, ist nicht gehalten, daferne das *Vitium* und Mangel offenbahr oder auch augenscheinlich, daß der Kauffer[4217] bey guetter Zusicht es befinden mögen, darumb, ob nach getroffenem[4218] Kauff daß Verkauffte durch solchen Mangel verdurbe[4219] und umbkehme, wieder den Verkäuffer auch keine *Action* übrig ist, er hette dann ein Wiedriges an den[4220] Verkaufften gerühmet undt vorgegeben oder sonst betrieglich[4221] dabey gehandelt. Wann aber ein solches *Vitium* nicht offenbahr oder *visibile*, so mueß er das Kauffgeldt zuruckgeben[4222] undt das also wieder gueten Glauben Verkaufftes[4223] zu sich nehmen.

4207 W am Rand: *Jura Emtionum et Venditionum.*
4208 W *der.*
4209 W *befreyet seyn.*
4210 W *unmöglich.*
4211 W *Hinderniss.*
4212 W *welcher dem.*
4213 W *Käuffer.*
4214 W *wann.*
4215 W *entstünde.*
4216 W *zurück.*
4217 W *Käuffer.*
4218 W *getroffenen.*
4219 W *verdürbe.*
4220 W *dem.*
4221 W *betrüglich.*
4222 W *zurück geben.*
4223 W *Verkauffte.*

4. Waß jemandt verkaufft, dabey ist er alles, waß erd- undt nagelfest ist oder was Bandt und Nagel hatt, daferne[4224] nicht etwaß außbedungen, zu lieffern schuldig, nur daß es des verkaufften Guthes halber und nicht zu andern Behueff band- undt nagelfest geworden.

5. Was jemandt verkaufft mitt allen Rechten undt Zubehör, dabey ge- [fol. 174r] bühret ihm zugleich, alle zu solchen Rechten undt *Pertinenti*en gehörige Urkunde und brieffliche Nachrichten zu *extendir*en[4225], eß wehre dann derselbe zu Leistung der *Eviction* verbunden, so mag er solche in Henden behalten, so lang er[4226] solcher erlaßen, ist aber alßdann glaubliche Abschrifften außzulieffern undt, so offt es erfodert wird, daß *Original* zu *exhibir*en, auch *de extradendo*[4227], wann er dero nicht benotiget[4228], zu *cavir*en schuldig.

6. Wer Wahren oder Guther[4229] alß zum Kauff nimpt, etwaß zum Kauff verfertigen leßet[4230], muß dieselbe behalten, wann es tauglich Guett oder also gefertiget ist, daran kein solcher Mangel, deßwegen der Kauff kan zuruck[4231] gezogen werden. Konnen[4232] sie sich über den Werth[4233] nicht vergleichen, kan darumb[4234] ein Theill ohne des andern Willen nicht zurücktreten, sondern gewöhnlichen[4235] Preiß oder, da derselbe nicht gewiß, waß verstendige Biederleuthe *aestimir*en, gegeben werden.

7. Waß an einen[4236] gewißen Anschlag in gewißer[4237] Gewicht, Maaße oder Zahl[4238] verkaufft, soll also gelieffert undt der *Contract* vor ergangener Abwegung, Maaße oder Zehlung[4239] nicht vollkommen[4240] geachtet, derowegen ehe soviell, alß verkaufft oder versprochen, gelieffert, der Kauffer[4241] nicht [fol. 174v] gehalten, also auch den Zufellen[4242] nicht unterworffen sein. Undt ob er bey dem Kauff

4224 W *dafern.*
4225 W *extradiren.*
4226 W *bis er.*
4227 W *extrahendo.*
4228 W *benöthiget.*
4229 W *Güter.*
4230 W *lasset.*
4231 W *zurück.*
4232 W *können.*
4233 W *über dem Werth sich.*
4234 W *darüber.*
4235 W *gewöhnlicher.*
4236 W *einem.*
4237 W *gewissen.*
4238 W *Anzahl.*
4239 W *Abzahlung.*
4240 W *vollenkommen.*
4241 W *Käuffer.*
4242 W *Zufallen.*

nichtsdestoweniger pleiben wolte, hatt er *pro rata* soviell, alß ringer gelieffert, an der Kauffsummen zu kurzen[4243]. Wann aber nach einen solchen Anschlag nicht, sondern überhaupt der Kauff getroffen, ob hernach zu deßen beßerer *Demonstration* eine Maaße oder Zahl angefueget, ist, ob selbige nicht befunden, der Kauff doch bestendig, mag unter den[4244] Vorwandt weniger oder größer befundener[4245] Maaße nicht zurückgezogen, noch daher daß Kauffgeldt erhöhet oder gemindert werden. Auff einen Anschlag aber verkaufft zu sein, wirdt geachtet, wann der Kauff oder daß Kauffgeldt zugleich auff die Maaße, Gewicht undt Zahl gerichtet. Ist aber der Kauff oder Kauffschilling auff daß Guett gerichtet, dabey nur die Maaß alß gewiße Huffen, Maaße undt Gewichte gerichtet[4246], ist überhaupt der Kauff getroffen.

8. Wirdt ein Guett zu zweyen Mahlen verkaufft, solange es nocht nicht *tradir*et oder in eines[4247] der Kauffer wurcklichem[4248] Besitz gekommen, hatt den[4249] Vorzug, der den ersten Kauff getroffen, wann derselbe vollenzogen. Ist aber nur ein Vergleich über kunfftigen[4250] Verkauff getroffen, obgleich ver- [fol. 175r] mittelst eines cörperlichen Eydes, oder eß hatt an Vollenziehung des Kauffs noch etwas ermangelt, gehet vor, mitt dem hernach der Kauff gentzlich geschloßen, und hatt der Ander die *Actionem* auff daß *Interesse*, soweitt das *Pactum* oder *Tractat*en die Verbindtligkeit gehabt[4251]. Hatt aber einer der Kauffer[4252] den Besitz erlanget, ob er gleich neulicher gekaufft, hatt er den Vorzug[4253], dafern er nicht Zeitt seines Kauffs den ersten Kauff gewust, oder hernach vor Erlangung der *Possession* davon eigendtliche Nachrichtung erhalten, also arglistig sich in daß Guett gesetzet.

9. Wer sein Guett verkaufft mitt dem Geding, daß er zu gewißer Zeitt oder wann es ihm gefellig, wieder zu lösen berechtiget sein soll, imgleichen[4254], wer sich ein Einstandes-Recht[4255] oder *jus retractus* genandt an einem Guethe bedinget, mag dazu gelangen, solange das Guett, worauff daß *Pact*[4256] gerichtet, bey dem verhanden, mitt welchem solches getroffen. Wann es aber auff den Dritten kompt, hatt wieder

4243 W *kürtzen.*
4244 W *dem.*
4245 W *befundenen.*
4246 W *Gewichte obiter genennet.*
4247 W *eins.*
4248 W *Käufer würcklichen.*
4249 W *derjenige den.*
4250 W *künfftigen.*
4251 W *hat gehabt.*
4252 W *Käuffer.*
4253 W *Verzug.*
4254 W *ingleichen.*
4255 W *Einstands-Recht.*
4256 W *Pactum.*

denselben *actio ex pacto personali* nicht staath, undt ist nicht schuldig, iegen[4257] die verglichene Summe daß erkauffte oder sonst erworbene Guett abzutreten, eß sey dan die Vereußerung betriglich[4258] geschehen, undt der, so es empfengt, eigentliche [fol. 175v] Wißenschafft von dem *Pact*[4259] gehabt, dahero des Betrugs nicht unwißendt gewesen, oder es were ein Unterpfandt oder derogleichen[4260] dingliches Recht, krafft welchen er auff daß Guett Zuesprache[4261] hette, dem Ablosenden[4262] an demselben *constituir*et, oder auch daß *Pact*[4263] mitt den Worthen eingerichtet, dadurch alles, so dagegen vorgenommen, nichtig und ungethan sey, dem[4264] *Paciscenti* aber die Abfoderung stetz frey sein solte, aber der Dritte nicht kan belanget werden, so ist doch dehm[4265], so durch die Vereußerung beschediget, sich des *Interesse* halber an dem, so mitt ihm sich anders verglichen oder seinen Erben, zu erhohlen befugt.

10. Wirdt ein Guett wiederlößlich verkaufft undt[4266] ist der Wiederkauff beyden Theilen[4267] außtrücklich vorbehalten, mag sowoll der Kauffer[4268] daß Geldt wiederfodern und daß Gutt abtreten alß Vorkäuffer[4269] auff gesetzte Zeitt oder, da kein[4270] gewiße bestimbt[4271], sondern es zum Belieben gerichtet, daß Geldt geben undt das Guett abtreten[4272]. Ist aber dem Verkeüffer allein es vorbehalten, so mag der Keuffer[4273] nicht zuruck[4274] ziehen.

11. Wer wiederkaufft[4275], muß daß Guett lieffern in dem Stande, wie es zur Zeitt des Kauffs gewesen, ist immittelst von dem [fol. 176r] Guett waß abkommen, verdorben oder verendert, was es deßwegen weniger Werth auff Ermeßigung verstendiger

4257 W *gegen*.
4258 W *betrüglich*.
4259 W *Pacto*.
4260 W *dergleichen*.
4261 W *Zusprach*.
4262 W *Ablösenden*.
4263 W *Pactum*.
4264 W *Wenn dem*.
4265 W *der*.
4266 Fehlt bei W.
4267 W *beydem Theil*.
4268 W *Käuffer*.
4269 W *Verkäuffer*.
4270 W *keine*.
4271 W *bestimmet*.
4272 W *abfodern*.
4273 W *Käuffer*.
4274 W *zurück*.
4275 W *wieder verkaufft*.

Biederleuthe in dem Kauffschilling abkurzen[4276] laßen, wie dann hinjegen[4277], was es gebessert, auff ebenmeßige *Taxam*, soweit es ihm zu bestendigem[4278] Nutzen gereichet, der Ruckkauffer[4279] bezahlen. Ist auch nicht anders verglichen, die Zeitt des Kauffs bey dem Wiederkauff *observir*et werden.

12. Wer wiederlößlich verkaufft bis zur oder auff eine gewiße Zeitt und erlegt vor oder zu derselben nicht daß Kauffgeldt, der oder seine Erben sein nach deroselben Verlauff nicht weiter zum Wiederkauff zu verstaten, er were dann beweislich daran ohne sein Verursachen verhindert, daß er seines Rechten[4280] nicht gebrauchen mögen. Wann aber keine gewiße Zeitt oder *terminus ad quem* dazu bestimbt oder aber die, so im Kauffbrieff enthalten, nur den *terminum a quo* außdrückete[4281], imgleichen[4282] da die Zeitt nicht also gesetzet, daß dadurch die Wiederlösung *excludir*et wirdt, alß wann auff zehen, zwantzig oder dreißig Jahr daß Guett verkaufft, so mag zu ewigen Zeiten der Wiederkauff von dem Verkeuffer undt seinen Erben oder dem dieses ihr Recht *cedir*et undt übertragen, geschehen, [fol. 176v] dafern[4283] nicht entzwischen gekommen, wordurch[4284] der Wiederkeuffer seines Rechtens sich begeben oder verlustig worden.

13. Wer mitt Bedinge des Wiederkauffs gekaufft, mag dem Verkeuffer[4285] zum Wiederkauff nicht dringen, er erhalte dann[4286] auff seinen[4287] Eydt, daß wahrer Noht und in Mangel anderer Mittel, seine Noht abzuwenden, er die Auffsage thuen müße[4288]. Alßdan ist der Verkäuffer in einer dazu nach richterlicher Ermeßigung bestimmenden Zeitt es zu lösen oder der Keuffer undt deßen Erben sonst damitt zu verfahren, zu vereußern oder zu verpfenden befuegt.

14. Waß mitt obgedachtem[4289] *Pact* verkaufft[4290] wirdt, soll man zu Verhütung kunftigen[4291] Streits undt Zweiffel richtig *inventir*en laßen undt nach demselben

4276 W *abkürtzen.*
4277 W *hingegen.*
4278 W *beständigen.*
4279 W *Rückkäufer.*
4280 W *Rechtens.*
4281 W *ausdrückte.*
4282 W *ingleichen.*
4283 W *daferne.*
4284 W *wodurch.*
4285 W *den Verkauffer.*
4286 W *denn.*
4287 W *seinem.*
4288 W *müssen.*
4289 W *obgedachten.*
4290 W *verkauffet.*
4291 W *künftigen.*

jegen[4292] wieder Darlegung des Kauffgeldes in der Muntze undt auff Maaße, alß das Kauffgeldt gezahlet, gelieffert oder auch, waß daran ermangelt, eß sey durch Verursachen des Besitzers oder *casu fortuito* abkommen, mittelst richterlicher *Taxation pro rata* des Kauffschillings abgezogen undt einbehalten werden[4293]. Were aber kein *Inventarium* auffgerichtet, soll der Verkeuffer den gantzen Kauffschilling erlegen undt nichts davon dann[4294] nur, deßen Abgang[4295] er alßforth[4296] zu be- [fol. 177r] scheinigen hette, zuruck[4297] behalten.

15. Wann eine gewiße Zeitt des Jahrs zum Wiederkauff gesetzt[4298] oder auch nach dem *Pacto* solcher geschehen soll, zu solcher Zeitt, da es verkaufft, ist der Keuffer das wiederkauffte Guett in dem Stande, wie es zur Zeitt des Kauffes[4299] gewesen und Zeitt Wiederkauffs mitt seinen Früchten befindtlich, zu lieffern schuldig. Wann aber keine Zeitt dazu bestimbt oder auch zur andern dann bestimbt der Wiederkauff geschiehet, werde die Fruchte[4300] des wiederkauffliches[4301] Gueths *pro rata temporis*, nemblich deßelben Jahrs, unter Käuffern undt Verkeuffern getheilet.

Titulus V.
Von Miet-, Heur- und Pensioncontracten.

1.[4302] Ein *Conductor* oder *Pensionarius* soll bey einhabenden Guthern[4303] sich verhalten undt befleißigen, deßen so einem getreuen fleißigen Haußwirth zustehet, undt bey dem seinigen gebreuchlich ist, waß dawieder geschiehet undt an Schaden den Guettern verursachet, deßwegen ist er zur Erstathung gehalten, und wan er dadurch an Genießbrauch behindert, mag er deßwegen nichts abziehen. [fol. 177v]

2. Durch den Miett- oder *Pensioncontract*, wann bey demselben außtrücklich ein Anders nicht vereiniget oder außbedungen, ist nicht begriffen daß *jus patronatus* uber die Kirchen, die *Jurisdiction* außer den[4304] Dienstzwangk, bevorab in *Criminal*sachen, die Auff- undt Ablaßung der Pauren, die hohe Jagt, wann selbige bey

---

4292 W *gegen.*
4293 *Undt einbehalten werden* fehlt bei W.
4294 W *denn.*
4295 W *Abgang, den.*
4296 W *alsofort.*
4297 W *zurück.*
4298 W *gesetzet.*
4299 W *Kauffs.*
4300 W *Früchte.*
4301 W *wiederkäufflichen.*
4302 W am Rand: *Jura Locationum, Conductionum et Pensionum.*
4303 W *Gütern.*
4304 W *dem.*

den Guthern[4305] ist, darumb der Grundtherr auch in wehrenden *Pension*jahren in undt bey den Guthern[4306] sich derselben, doch ohne der *Pensionar*ien Beschwer[4307] gebrauchen mag.

3. Wer eines Andern Guett vor eine jerliche *Pension* auff gewiße Jahrzeiten einbekompt, soll in denenselben auß keiner Ursache, Zufall oder Furcht daßelbe Guett verlaßen undt davon gehen, undt ob ein solches sich begebe, daß er bey demselben sicher ohne Gefahr Leibes undt Lebens nicht pleiben möchte[4308], doch[4309] den[4310] Grundtherrn dasselbe zeitig anmelden, daß er zur *Conservation* seines Guettes Anstaldt machen könne, da er auch ihn alßdan erließe, ihm, wie erß empfangen, die erlittenen *casus fortuitus*[4311] außbeschieden, wieder lieffern, handelte er dawieder, soll er sowoll zu den *Pension*en alß dadurch entstandenen Schaden gehalten, auch der Grundtherr, waß er von dem Seinigen in dem Guethe findet, vor sich zu[4312] behalten befugt sein. [fol. 178r]

4. Waß der *Pensionarius* auff den Guethern zu dero Notturfft oder Nutzen von Neuen bauet undt anrichtet oder zu deßen Erhaltung undt *Reparation* außerhalb den Guethern erkauffen muß undt nutzlich[4313] anwendet, ob eß gleich hernach durch Zufelle ohne sein Verursachen *ruinir*et würde, muß der Grundtherr erstaten, dabey jedoch nichts, so auß den Guettern an *Material*en[4314], Arbeit undt Diensten beyzuschaffen, darunter zu berechnen. Waß aber ihm einmahl gelieffert, ist er in gantz baulichem[4315] Stande zu erhalten undt also ausserhalb, da *per casus fortuitos* ein groß Verderben, so nicht ohne große Kosten mag ersetzet werden, zustoßet, auff seine Kosten wiederzulieffern schuldig.

5. Kauff gehet vor Miete, undt wer ein gemietetes Guett kaufft, darff den *Pensioncontract* nicht halten, sondern es muß der *Conductor* nach Verlauff des Jahres, darin es ihm angekundiget[4316] oder der Kauff*contract* getroffen, reumen, daferne ein Anders nicht verglichen oder der *Conductor* ein Pfandtrecht daran hatt. Er mag aber den *Locatorem* auff daß, so er dadurch, daß ihm der *Contract* nicht gehalten, an Schaden erweißlich erlitten, belangen. [fol. 178v]

4305 W *Gütern.*

4306 W *Gütern.*

4307 W *Beschwerd.*

4308 W *mögte.*

4309 Bei M Wort über der Zeile eingefügt.

4310 W *dem.*

4311 W *fortuitos.*

4312 Wort bei M über der Zeile eingefügt.

4313 W *nützlich.*

4314 W *Materialien.*

4315 W *baulichen.*

4316 W *angekündiget.*

6. Wann der *Conductor* nicht auff Arth undt Weise, wie es verglichen oder wie es landtgebreuchlich undt einem vernunfftigen[4317] Haußwirthe zustehet, in dem gemietetem[4318] Guette umbgehet undt handtieret, imgleichen[4319] da er solches in Verderben kommen leßet, alß wann er die Zimmer nicht in baulichem[4320] Wesen erhelt, die Pauren wieder Landes Gebrauch übermeßig beschweret, die Äcker auß dem Mist kommen leßet[4321], mag ihm der *Locator* auffsagen, undt er ist nach des Jahres gehabten Genieß, wann es sich also befunden, ohne Wiederrede zu reumen schuldig.

7. Wann nach getroffenem[4322] Miett*contract* derogleichen Zufelle zukommen, das er seines Guethes selbst bedurfftig[4323] undt ohne sonderbahre Ohngelegenheit[4324] deßen nicht entrathen undt solches erweisen mag, ist er befuegt dem *Conductori* ein halb Jahr zuvohr auffzukundigen[4325], undt wann demselben der hiedurch zugefuegter erweißlicher Schade erstatet oder, da solcher *altioris indaginis* gnuegsahme *caution* bestellet, ist derselbe zu reumben schuldig.

8. Wer einem sein Guett vermietet, sich aber die *Possession* oder *Jurisdiction* vorbehelt, der mag wegen nicht erlegter *Pension* dem Einhaber verbiethen, [fol. 179r] daß er von des Guettes Abnutzung nichts vereußere, ehe er der *Pension* halber befriediget, auch jemandt bestellen, der die Einnahme solang in Verwarsahmb nehme, ob aber gleich ein solch Vorbehaldt nicht geschehen, soll doch ohnverzueglich durch die Obrigkeitt ein solcher *Custos* bey dem seumigen *Conductore* in daß Guett gesetzet werden.

9. Der Schade so den Früchten undt Abnutzungen deß Guethes[4326], nachdehme sie eingehoben undt in gewönlichen[4327] Verwarsahmb gebracht, alß wann das Getreyde in die Scheune gesamblet, durch Raub, Brandt oder ander Zufelle wiederfehret[4328], trifft den *Conductorem*[4329], mag deßwegen nichts von der *Pension* abziehen, sondern muß solche nichtsdestoweniger völlig abstaaten. Geschehe[4330]

4317 W *vernünftigen.*
4318 W *gemietheten.*
4319 W *ingleichen.*
4320 W *baulichen.*
4321 W *läst.*
4322 W *getroffenen.*
4323 W *bedürfftig.*
4324 W *Ungelegenheit.*
4325 W *aufzukündigen.*
4326 W *Guths.*
4327 W *gewöhnliche.*
4328 W *andere Zufalle widerfahret.*
4329 Bei M über der Zeile eingefügt, darunter gestrichen *Locatorem.*
4330 W *Gescheh es.*

aber den Früchten auff dem Felde, ob sie bereits abgeschnitten, Schade[4331], ehe sie eingesamblet, gebühret eine billige *Remission*.

10. Wegen erlittenen Mißwachses[4332] soll ein *Pensionarius* an der *Pension* nichts *decurtir*en, eß sey dann derselbe so groß, daß nach Abzug der Kosten von dem semptlichen[4333] Abnutzungen des ver*pensionir*ten Guets die Helffte *Pension* nicht zu erreichen noch in vorigen undt folgenden *Pension*jahren solcher Schade zu ersetzen, darumb dann, wer deßwegen an der *pension* etweß[4334] abzuziehen gemeinet, eine eydtliche [fol. 179v] *Designation* der Abnutzungen von vorigen undt folgenden Jahren[4335] zu übergeben undt darüber erkennen zu laßen schuldig sein soll. Were aber ein Anders verglichen, so wurde[4336] demselben nachgegangen, iedoch auff die Maaße, das der Nachlaß, so des Mißwachses[4337] halber verglichen, nicht auff einen geringen, sondern einen so[4338] mercklichen Schaden gemeinet sey, dadurch die Helffte *Pension* nicht zu erreichen. Betreffe auch die *Sterilität* nur eine oder andere Arth deß Getreydes oder anderen[4339] Zuwachses, auß dem Ubrigen[4340] die Helffte der *Pension* zu machen, so hatt er sich der *Remission* nicht[4341] zu gebrauchen.

11. Waß bey Kriegeszeiten durch Einquartirung, Raub, Plunderung[4342] undt dergeleichen[4343] Gewaldtsambkeiten, imgleichen[4344] durch Brandt, Viehesterben undt andere *Casus* ein *Pensionarius* an dem Seinigen, so er in die Güether gebracht, es sey zu Bestellung[4345] des Ackerwerckß nötig und gebrauchet oder nicht, an Schaden undt Verlust erlitten, deßwegen mag er dem Grundtherrn nichts anrechnen, noch wann er sonst des Gemieteten Nahrung genießen mögen, deßwegen an der *Pension* etwaß *decurtir*en, sondern muß nichtsdestoweniger die gantze *Pension* entrichten. Wann aber über das, dadurch er den Genieß nicht haben mögen[4346], ist ihm auff daßelbe Jhar undt nicht weiter die *Pension* so weitt nachzulaßen, alß die

4331 W *Schaden.*
4332 W *Misswachs.*
4333 W *den samtlichen.*
4334 W *etwas.*
4335 W *Pension-Jahren.*
4336 W *würde.*
4337 W *Misswachs.*
4338 W *sondern so einen.*
4339 W *andern.*
4340 W *Zuwachses, dass aus den übrigen.*
4341 Fehlt bei W.
4342 W *Plünderung.*
4343 W *dergleichen.*
4344 W *ingleichen.*
4345 W *Stellung.*
4346 W *mögen, Hinderniss vorgefallen.*

Hindernuß[4347] sich erstrecket, so durch richterlicher[4348] Ermessigung *ex aequo et bono* nach Gestaldt deßen, [fol. 180r] so eingehoben undt genützet[4349], davon er zur eydtlichen *Designation* verbunden, *definiiret*[4350] werden soll.

12. Beklaget sich der *Pensionarius* wegen erlittener[4351] Schaden an dem Einkommen der Guether oder empfundenen Hindernuß[4352] an den[4353] Genies, soll er deßwegen keine *Remission* an der *Pension* zu genießen haben, eß betreffe den solches, darüber er[4354] sich beklaget, die sembtliche Abnutzungen, undt daß aus diesem nach Abzug der nötigen Haußhaltung undt Kosten soviell, alß die Helffte der *Pension* außmachet, nicht übrig were. Ob an einigen *Intrad*en er verkürtzet oder nichts erhoben, von den[4355] andern aber soviell, alß itzt[4356] gedacht, zu erheben gestanden, kann er sich der *Remission* nicht bedienen, solchemnach dann, welche[4357] diese erfodert, schuldig sein soll, richtige Rechnungen von aller seiner Einnahme undt Außgabe zu übergeben, mitt gueten Nachrichten zu belegen, dieselbe auch, wann es erfodert, mitt seinen Eyde zu bekrefftigen.

13. Wann in wehrenden *Pension*jahren die Guetter *Mar*chen, Durchzuge[4358], Einquartierung, Nachtlager der Soldaten betreffen, jedoch ohne dabey auff die Huffen angeschlagene *Contribution*en undt Aufflagen, undt eß ist in *Pensioncontract*en kein Anders begriffen, dabey aber werde der *Pensionarius* über einen Tag undt zwey Nacht jedesmahl [fol. 180v] nicht beschweret, soll er nichts von der *Pension* abrechnen, sondern alß ein Landeseinwohner seine Burde[4359] tragen. Erstreckte sich aber daß Beschwer uber[4360] daßelbe, soll zu gleichen Theilen der Grundtherr undt der *Pensionarius* eß stehen, doch also, daß dieser jenem zu seinem halben Theill kein Mehres[4361] anrechne, alß warhafftig darauffwandt[4362] undt in dem landtüblichen *Taxt*, so damahlen[4363] marckgengig, gewesen.

4347 W *Hinderniss.*
4348 W *rechtliche.*
4349 W *genutzet.*
4350 W *verhunden* (!), *definiret.*
4351 W *erlittenen.*
4352 W *Hinderniss.*
4353 W *dem.*
4354 Fehlt bei W.
4355 W *dem.*
4356 W *jetzt.*
4357 W *welcher.*
4358 W *Durchzüge.*
4359 W *Bürde.*
4360 W *über.*
4361 W *mehrers.*
4362 W *darauf gewandt.*
4363 W *damahln.*

14. Waß an *Contribution* auff die Güther und dero Abnutzungen geschlagen, solches ist der *Pensionarius* von dem Seinigen abzutragen nicht schuldig, sondern mag es von der *Pension* abziehen, im Fall ein Anders nicht verglichen oder durch Landt*constitution*en[4364] verordnet. Waß aber außer solchen *Respect* alle Landeseinwohner, sie haben Güether oder nicht, von ihren Heuptern, Guethern, Viehe, oder sonst abzutragen schuldig, daßelbe tragen die[4365] *Pensionarii* ohne Abzug an der *Pension* vor sich selbsten.

15. Gibt ein *Pensionarius* dem[4366] Pauren die nötige Hoffwehr[4367], ist zu dero Erstatung der Grundther, jener aber dabey schuldig, Auffsicht zu haben, daß der Paure[4368] dieselbe *conservir*e und nicht mißbrauche. Strecket er außerdehm den[4369] Pauren etwaß vohr, hatt er in den *Pension*jahren von demselben[4370] solches wiederzufodern. Da er aber bey dem Antritt[4371] solches auch[4372] nicht bekommen, ist der Grundtherr dazu, ihm landtgebreuchliche Bezahlung [fol. 181r] von den Pauren zu beschaffen, gehalten, er aber deßwegen die Guetter zuvorenthalten nicht befuegt.

16. Wenn die *Pension* undt Miethe versprochenermaßen zu rechter Zeitt nicht erleget, solche[4373] mag der *Locator* nach beschehener Anmahnung, nach einem halben Jahr[4374] mittelst richterlicher Hulffe[4375] jemandt in sein Guett setzen, der Auffsicht habe, daß von den Abnutzungen, ehe er bezahlet, nichtes[4376] vereußert werde[4377], auch *Arresta* undt dergleichen Verordnungen außbringen. Ist der *Pensionarius* hernach zum andernmahl seumig, ist dem *Locatori* erlaubt, ihm[4378] abzutreiben, undt soll ohngeachtet er der *Parition* halber vorhin *Caution* bestellet oder noch bestellen wolle, daß Guett zu reumen schuldig[4379]. Der *Locator* aber soll ihn eigenes Gewalts darauß nicht jagen, obgleich solches in den[4380] *Pensioncontract*

4364 W *Land Constitution.*
4365 Fehlt bei W.
4366 W *den.*
4367 W *Hülff-Wehr.*
4368 W *Bauer.*
4369 W *denen.*
4370 W *denselben.*
4371 W *Abtritt.*
4372 W *noch.*
4373 W *so.*
4374 W *Jahre.*
4375 W *Hülffe.*
4376 W *nichts.*
4377 W *werden.*
4378 W *erlaubet, ihn.*
4379 W *schuldig seyn.*
4380 W *dem.*

verglichen, sondern vor dem Gericht, darunter er[4381] geseßen, die Seumnus[4382] anzeigen, darauff der *Conductor* vorbeschieden undt, wann er keine rechtmeßige Ursache der vorenthaltenen *Pension* anzeigen undt zugleich[4383] *in continenti* erweisen mag, er darin gesetzet undt dem Andern zu reumen befohlen werden.

17. Entstehet Streitt zwischen dem *Lo-* [fol. 181v] *catore* undt *Conductore* undt dieser will seinen Schaden undt Hindernuß[4384] vorwenden, deßwegen dan die versprochene *Pension* gantz oder zum Theill zurückhalten, soll er deßwegen die dazu habende vermeinte Befuegnuß[4385] zeitig, sobaldt dero Ursache sich begeben, vorbringen undt bescheinigen. Befindet sich nun darauß, daß den Rechten undt *Contract* dieselbe gemeeß undt ziemblich beygebracht, mag er alßdann soviell von der *Pension* woll einbehalten. Were aber solche nicht also glaublich gemachet oder eß ließe der *Pensionarius* eß damitt anstehen, biß die *Pension* fellig undt wolte alßdan sich dero unter dem Vorwandt verwiedern, soll er nichtsdestoweniger dieselbe erlegen, hernach sein vermeintes Recht außzuführen schuldig sein.

18. Bey wehrenden *Pension*jahren mag niemandt die versprochene *Pension* zurückhalten alß allein, wann er solches zeitig anzeiget[4386] undt beweisen mag, daß ihm nicht gehalten oder *praestir*et, so von dem *Locatore* zugesaget, oder er daß erlitten, deßwegen nach dem *Contract* oder Rechten die *Remission* gebühret, doch nur so hoch, alß sich solches möge erstrecken, oder der Hinder[4387] oder Schaden anlaufft[4388]. Waß außerdehm der *Conductor* auff daß Guett oder[4389] wieder den *Locatorem* an Zusprache hatt, [fol. 182r] eß sey, was es wolle, ob es gleich dem[4390] Eigenthuemb betreffe undt er oder ein Ander ihm solches zueignete, soll der *Locator*[4391] weder[4392] die *Pension* zurück noch nach geendigten *Pension*jahren daß Guett vorenthalten, sondern ohne einige Einrede abtreten undt hernach sein vermeintes Recht zu dem Guett oder zu ihm außführen. Handelte er dawieder, soll wieder ihm alß einen *Spoliator*en[4393] verfahren werden.

4381 Fehlt bei W.
4382 W *Säumnis.*
4383 W *und so gleich.*
4384 W *Hinderniss.*
4385 W *Befugniss.*
4386 W *angezeiget.*
4387 W *Hinderniss.*
4388 W *anläuft.*
4389 Fehlt bei W.
4390 W *das.*
4391 W *Conductor.*
4392 Bei M mit Verbesserung im Wort.
4393 W *Spoliatorn.*

19. Wem[4394] daßjenige nicht geleistet wird, waß in dem Miet*contract* versprochen oder demselben gemeeß, mag in wehrenden Jahren auffsagen undt abtreten, doch daß die Auffsage zeitig zu bequemer Zeitt geschehe, er[4395] auff die Zeitt, so lange er den Genieß hatt[4396], die *Pension* entrichte. Wolte er aber nichtsdestoweniger bey dem Miett*contracte*[4397] verbleiben, muß er die versprochene *Pension* abstaten, undt soll deßwegen solche nicht vorenthalten oder sich eigenes Beliebens einen Abzug machen, sondern dafern er vermeinet, dadurch behindert zu sein oder Ursache zur *Decurtation*[4398] zu haben, zeitig einen Vorbescheidt außbitten undt alßdan[4399] durch richterliche Ermeßigung nach Gestaldt des Schadens, was davon abzulaßen billig befunden, erwarthen.

20. Waß der *Pensionarius* wieder den [fol. 182v] *Locatorem* an Zusprache hatt wegen deßen, so an Unkosten undt Beßerungen in die Güther verwandt, soll zeitig bey wehrenden undt vor Ablauff der *Pension*jahren dieselbe mit ihm zur Richtigkeit bringen. Thete er solches nicht undt sparete es bis[4400] zur letzten Zeitt, wolte hernach unter dem Vorwandt die Güether lenger behalten, soll er damitt nicht gehöret werden, eß sey dann die *Praetension*, so er hatt, richtig, *liquid* undt erscheinen[4401] der Grundherr[4402] dieselbe schuldig. Weren aber solche gantz oder zum Theill *illiquid* oder im[4403] Zweiffel undt der Grundtherr ihm alßdan, waß *liquidum*, erleget, auff das Übrige[4404] gnuegsahme *Caution offerir*en und bestellen wurde[4405], soll er der Foderung ohngeachtet[4406] alßdan reumen oder darauß gesetzet werden.

21. Daß Viehe, so den *Pensionari*en bey dem[4407] Gutte gelieffert, sollen dieselbe nach geendigten Heur*contract* in gleicher Zahl wiederumb zu lieffern, demnach den Abgang von dem Zuwachs oder sonst zu ersetzen schuldig sein, es entginge dann undt kehme umb durch eine Seuche oder ohngewohnliches[4408] Sterben, im-

4394 W *Weme.*
4395 W *und.*
4396 W *gehabt.*
4397 W *Mieth-Contract.*
4398 W *Decourtation.*
4399 W *alsdenn.*
4400 Fehlt bei W.
4401 W *erscheine, dass.*
4402 *Der Grundherr* bei M am Rand eingefügt.
4403 W *in.*
4404 W *übrige aber.*
4405 W *würde.*
4406 W *ungeachtet.*
4407 W *beym.*
4408 W *ohngewöhnliches.*

gleichen[4409] durch Krieg, Raub oder ander[4410] Zufelle in einer großen Menge auff einmahl, so ist der *Conductor* solchen *Casum* zu entgelten noch der Wiederliefferung zu thuen schuldig[4411], obgleich daß Viehe[4412] ihm vermittelst einer *Taxa* [fol. 183r] undt *Aestimation* in dem *Contract* oder *Inventario* zugeschlagen, wan[4413] es nur zugleich sein Eigenthuemb nicht geworden.

22. Ob verglichen were, daß nach geendigten *Pension*jahren der *Conductor* vor Andern den Vorzug undt das Guett weiter behalten solle, hatt darauff derselbe kein Recht auff dieselbe *Pension*, sondern ist zu geben schuldig, waß der *Locator* von einem Andern bekommen kann oder sonst billig, sich auch des Rechtens nicht anders zugebrauchen, dann daferne bey wehrenden *Pension*jahren er sich ohnerweißlich in Verwaltung undt *Conservation* der Guether undt Abstatung der *Pension* gehalten, gleichwohl nicht wieder den *Conductor*en[4414] selbst oder seine Verwandte, wann er von die daß[4415] Guett haben will, sich deßen zu gebrauchen.

23. In den[4416] letzten *Pension*jahr mag der *Locator* bey dem *Pensionario* jemandt in die Guether setzen zur Auffsicht, daß die Feldtarbeitt woll verrichtet undt Außaat bestellet werde, doch ohne deßen Beschwer und Hindernuß[4417] an den Genieß, sobaldt auch die Jahrschar verlauffen, selbst eigen Gewalts seine Güether zu sich nehmen.

24. Wer nach Verlauff der Heur- undt [fol. 183v] Miettjahr[4418] mitt Willen undt Nachsehen deß *Locatoris* in undt bey dem gemieteten Gute oder vermietetem Dienste[4419] beharret, ist undt bleibet nach dem vorigen *Contract* alß *ex*[4420] *tacita reconductione*, jedoch nur auff soviell Jahre, alß er dabey beharret, zu dem so in dem *Contract* enthalten, verbunden. Wer aber solchem entjegen[4421] des Abtrits sich verwiedert, dem ist der *Locator*, wann[4422] er nicht will, *ex locato* nicht gehalten, wie dan hinwiederumb auch der *Conductor* nicht[4423], wann er sich erklehret abzugehen, aber auß erheblichen Ursachen undt Rechten alß wegen angeliehenen Geldes, nicht

---

4409 W *ingleichen.*
4410 W *andere.*
4411 W *nicht schuldig.*
4412 W *Vieh.*
4413 W *wenn.*
4414 W *Conductorem.*
4415 W *von denen das.*
4416 W *dem.*
4417 W *Beschwehrd, und Hinderniss.*
4418 W *Mieth-Jahre.*
4419 W *vermietheten Dienst.*
4420 W *es.*
4421 W *entgegen.*
4422 W *wenn.*
4423 W *auch.*

erstatteten *Meliorationen etc.* die Einhabe *continuir*et, sondern gebrauchet sich alßdan des Guets nach dem *Titul*, worauff solches einbehalten, wornach[4424] alles alßdan *regulir*et wirdt.

25. Wer vor einen Miett- oder *Pensioncontract* Burge[4425] wirdt, ist nicht weiter dann auff die darin bemelte Jahrschar[4426] gehalten. Ob vor oder nach deroselben[4427] Verlauff zwischen dem *Locatore* undt *Conductore* dieselbe erstrecket werden[4428], ist ohne seine[4429] außtrücklicher[4430] weiter[4431] Verpflichtung er nicht ferner auff daß Kunfftige[4432] gehalten. Waß aber von den vorigen Zeiten nachstendig, dafur[4433] hafftet er bis zur Zahlung.

Titulus VI.
Von Gesel- und Gemeinschafft[4434].

[fol. 184r]

1.[4435] Wie über die Niederlegung undt Verwahrsahmb gemeiner Urkunde und Brieffe sich die *Interessent*en vereinigen, so soll es gehalten werden. Können sie sich aber nicht vereinigen, eß ist auch sonst bey einem Geschlecht nichts bestendig hergebracht, so bleiben dieselbe bey dem, der das größeste *Interesse* oder Antheill daran hatt. Sein sie aber zu gleichen Theilen daran *interessir*et bey dem Eltesten oder der die *Direction* in gemeinen Sachen hatt, ist in dem Allen eine Gleicheit, mag dieselbe geschehen, bey dem Dritten oder in *loco publico* alß in Kirchen, auff dem Rahthauß[4436], im Gerichte. Wer die Verwarsahmb hatt, soll niemandt ohne der semptlichen[4437] *Interessent*en Willen davon etwaß abfolgen laßen oder entdecken,

---

4424 Wort bei M am Rand eingefügt.
4425 W *Bürge.*
4426 W *Jahrscharen.*
4427 W *derselben.*
4428 W *worden.*
4429 Wort bei M über der Zeile eingefügt.
4430 W *seiner ausdrücklichen.*
4431 W *weitern.*
4432 W *künftige.*
4433 W *dafür.*
4434 W *Gemeinschafften.*
4435 W am Rand: *Jura societatum et communiorum.*
4436 W *Rathhause.*
4437 W *ohne derselben.*

den *Interessent*en aber die Nachricht undt Abschrifften, so offt sie dieselbe[4438] begehren, fur[4439] sich nicht verwiedern.

2. Haben etzliche Gemeinschafft einiger Güther oder Handlungen, darauß gemeinen Nutz undt Schaden, undt einer verdirbet[4440], also daß er[4441] in Schulden vertiefft, haben die anderen[4442] *Socii* ihrer Foderungen halber in dem Guethe, so unter der Gesellschafft begriffen oder davon herruhren[4443], vor allen andern *Creditoren*[4444], denen dieselbe *ante contractam societatem* nicht *expresse* verpfendet, den Vorzug, in dem ubrigen Guttern[4445] aber kein Mehres alß andere *Creditor*en[4446] [fol. 184v] undt nach dero gemeinen Rechten.

3. Ist eine Geselschafft vereiniget, ist alles, waß mitt gemeinen Guettern undt Geldern erkaufft, erhandelt undt erworben oder bey der Handlung verlohren wirdt, gemein. Ist aber außerhalb derselben eine Gemeinheit, so ist nichts ferner gemein, dann waß vor sich die Gueter an Nutzbarkeitt haben, wirdt darüber etwaß durch eins[4447] oder andern *Consort*en Muhe[4448] undt Fleiß, auch mitt gemeinen Geldern erkaufft oder[4449] erworben, ist deßen, der es erwirbt, der Gewin undt Schade allein und bleibt nur zu Erstatung deßen, so auß der Gemeinheit genommen, gehalten.

4. Können sich *Consort*en bey Verwaltung, Genieß undt Gebrauch gemeiner Ding nicht vereinigen undt es betrifft daßjenige, worzu[4450] daßelbe bewiedmet oder bißhero gebrauchet oder eigentlich pflegt gebrauchet[4451] werden, soll darin deßen Meinung vor gultig[4452] sein, die zu solchen Zwegk gerichtet ist. Were aber eine Neurung[4453] vor, so gehet die *Prohibition* und Einrede dem wiedrigen Vornehmen zuvohr, solange ohne der semptlichen *Interessent*en grossen Schaden dieselbe sich vermieten[4454] leßet. In andern Begebenheiten haben den Vorzug, die daß Meiste

4438 W *dieselben.*
4439 W *für.*
4440 W *verdirbt.*
4441 Wort bei M über der Zeile eingefügt, darunter gestrichen *wurdt.*
4442 W *andern.*
4443 W *herrühren.*
4444 W *Creditorn.*
4445 W *übrigen Gütern*; bei M verbessert aus *gut.*
4446 W *Creditorn.*
4447 W *ein.*
4448 W *Mühe.*
4449 W *und.*
4450 W *wozu.*
4451 W *pfleget gebraucht.*
4452 W *gültig.*
4453 W *Neuerung.*
4454 W *verbieten.*

daran haben. Wann aber gleiche Theile ihnen zustendig, stehet es[4455], wann sie sich nicht vergleichen können, zu richterlicher Ermeßigung. [fol. 185r]

5. Niemandt mag wieder seinen Willen in Gemeinschafft zu bleiben gemußiget[4456] werden, und obgleich vermittelst Eydes die Verbindung zu einer ewigwehrenden oder langjehrigen Zusammenhaltung geschehen, wann sich hernach, die *in communione* sein, nicht vergleichen konnen[4457], sondern in Zanck undt Zweyspalt[4458] gerathen, oder die *Communion* gereichet zu ihren Schaden, kan ein ieder die Theilung suchen undt erhalten.

6. Will einer in der Gemeinheit[4459] nicht bleiben, der Ander[4460] aber sich nicht scheiden, eß leßet sich aber, waß gemeinen[4461], fueglich theilen, sollen auff jenes anhalten *Commissarii* von dem Gerichte verordnet werden, die waß unter der Gemeinheit ist, *taxir*en, auch voneinander setzen, darauff dann sie semptlich durch daß Loß zu theilen schuldig oder, der darzu erbietig, wann der Ander verziehet, ein Theill zu wehlen befuegt sein, daßelbe ihm auch zuerkandt werden soll. Ließe aber das Guett sich fueglich nicht theilen, mag, der auß der Gemeinheit[4462] schreiten will, eß zu einem[4463] gewißen Preiß setzen, dem Andern dann die Wahl, ob er daß Guett behalten wolle, laßen, undt wann er nach gehabten[4464] Bedenckzeitt[4465], so ihm auff vier[4466] Wochen zu geben, nichts[4467] *resolvir*en will, alßdan selbst wehlen undt die Zutheilung bey dem Gericht suchen, so dann auch, nachdehm daß ander Theill gehöret undt eine kurtze Zeitt [fol. 185v] zur Erklehrung gesetzet, ergehen soll.

4455 Wort bei M über der Zeile eingefügt.
4456 W *gemüssiget.*
4457 W *können.*
4458 W *Zwiespalt.*
4459 Bei M verbessert aus *Gemeinschafft.*
4460 W *andere.*
4461 W *gemein.*
4462 W *Gewohnheit.*
4463 W *einen.*
4464 *Laßen ... gehabten* fehlt bei W an dieser Stelle.
4465 W *Bedenck-Zeit lassen.*
4466 W *4.*
4467 W *so er nichts.*

Titulus VII.
De Mandato.

1.[4468] Wer seinem Verwalter, Diener oder Gevollmechtigten, imgleichen[4469] einem offentlichen[4470] Meckeler ein solch[4471] Befehl gibt, so an die, welche mitt ihm einigen Handel treffen, gerichtet oder sonst ihm bey einem Andern glauben machet, der ist zu alle dehm gehalten, waß derselbe in dehnen Sachen, so im Befehl begriffen oder dazu gehören, gehandelt undt versprochen, obgleich der solches gehabt[4472], ein[4473] Mehres[4474] oder Wenigers gethaen, undt daßelbe, so er thuen sollen, uberschritten[4475] undt nicht *observir*et hette, mußen[4476] sich allein an demselben, der dajegen[4477] gehandelt, ihres Schadens halber erholen. Ist aber an dehm, so mitt ihm gehandelt, kein Befehl gelanget oder sonst kein Glaube dem Gevollmechtigten gemachet undt es hatt der *Factor*, Diener undt Verwalter außer Befehl gethan, ist der Herr nicht weiter, alß demselben gemees ist, verbunden, wer durch ihn betrogen, hatt sich an ihm zu erholen.

2. Wer einem[4478] bloß ruhmet[4479] undt in *genere recommidir*et[4480] zu Erweckung gueter Gunst, Hulffe[4481] undt Befoderung, es geschehe schrifft- oder mundtlich[4482], ist dahero nicht gehalten [fol. 186r] zu dehm, waß auff solcher[4483] *Recommendation* ihm *creditir*et wirdt. Hatt er aber ihn[4484] durch die *Recommendation* insonderheit zu dehme, so mitt ihm gehandelt, *Credit* gemachet oder gesaget, daß man ihm Glauben geben oder ihm etwas leihen undt abfolgen laßen möge, so ist derselbe zu dehm, worzu[4485] er dem[4486] Andern damitt bewogen, wann er ausserdehm solches

---

4468 W am Rand: *Jura Mandantis et Mandatarii.*
4469 W *ingleichen.*
4470 W *öffentlichen.*
4471 W *Mäckler einen solchen.*
4472 *Und versprochen ... gehabt* fehlt bei W.
4473 W *wenn er aber ein.*
4474 W *mehrers.*
4475 W *überschritten.*
4476 W *müssen sie.*
4477 W *dagegen.*
4478 W *einen.*
4479 W *rühmet.*
4480 W *recommendiret.*
4481 W *Hülffe.*
4482 W *mündlich.*
4483 W *solche.*
4484 W *er ihm aber.*
4485 W *wozu.*
4486 W *den.*

nicht gethan hette, deßwegen dann ihm[4487] der Eydt kan *deferir*et werden, wie ein Burge[4488] gehalten.

3. Wer einen[4489] Andern Raht mitheilet, etwas überredet oder *persuadir*et undt thuet solches ohne Argelist[4490] undt Betrug, daß er es nicht anders weiß dann geredet, ist deß einen Andern dadurch entstehenden Schadens halber nicht gehalten. Handelte er aber darunter betrieglich zu seinem oder eines anderen Vortheill undt deßen, welchen er beredet, Schaden durch Verschweigung der Warheit oder falschem[4491] Vorgeben, ist er zu Ersetzung des verursacheten[4492] Schadens gehalten. Entstehet darüber Zweiffel undt kan der Rahtgeber oder *Persuasor* sonst sich nicht *purgir*en, muß er mittelst Eydes sich der beschuldigten Geferligkeitt entledigen.

4. Wer einem Andern *Credit* machet, muß auch vor demselben zahlen. Ob aber[4493] derselbe, so getrauet, auff ihn[4494] allein, nicht aber auff dem, so die Wahre undt Geldt [fol. 186v] empfangen, gesehen, kan er ihn doch nicht ehe[4495] belangen, er habe dan zuerst den Andern, wann er binnen Landes ist undt zu zahlen hatt, vorgenommen undt ausfundig[4496] gemachet, daß von ihme die Zahlung nicht ohne große Ungelegenheit zu erhalten.

5. Wer einen Andern *substituir*et und auff daß, so er schuldig, in seine[4497] Stelle setzet, wirdt in dehm, so ihm obgelegen, durch seines *Substituti* Thaeten oder Verseumnus[4498] *obligir*et.

6. Einem *Advocato* mag keine *quota litis* oder ein Antheill deßen, so unter dem Rechtsstreitt schwebet, aber woll ein Gewisses vor Bedienung der gantzen Sache versprochen werden undt ist alßdan schuldig, dieselbe zu Recht bis auff Erlangung der eußersten Rechtshulffe[4499] außzuführen undt zu bedienen. Würde auch die Sache vorher[4500] verglichen, gebühret ihn nichtsdestoweniger die gantze Belohnung. Versturbe[4501] er aber, mußen[4502] die Erben entweder sich mitt dem, so *pro Advoca-*

4487 W *ihm dann.*
4488 W *Bürge.*
4489 W *einem.*
4490 W *arge List.*
4491 W *falschen.*
4492 W *verursachten.*
4493 W *aber gleich.*
4494 W *ihm.*
4495 W *eher.*
4496 W *ausfündig.*
4497 W *seiner.*
4498 W *Versäumnis.*
4499 W *Rechts-Hülffe.*
4500 W *vorhero.*
4501 W *verstürbe.*
4502 W *müssen.*

to wieder angenommen wirdt, vergleichen undt dem[4503] *Clienten* weitern Lohns entheben oder aber mitt dem friedlich sein, was nach richterlicher Ermeßigung fur[4504] des verstorbenen Arbeit *taxir*et wirdt.

7. Ist den *Advocaten* undt *Procurator*en[4505] ein gewiß Jahrgeldt versprochen, eß stehet auch bey ihnen nicht, sondern dem Parthe oder Richter, das die Sache nicht könne getrieben werden, [fol. 187r] gebühret ihm daß gantze *Salarium*, sturben[4506] sie vor Ablauff des Jahres[4507], haben daßelbe gantzes[4508] *Salarium* die Erben zu fodern undt zu genießen.

Titulus VIII.
Von Depositis und Niederlegung der Gelder[4509].

1.[4510] Wirdt bey jemandt ein verschloßen[4511] Kasten niedergesetzet undt nicht vorhero demselben der Einhaldt gewiesen undt mitt ubergeben[4512], ist, der solche empfenget[4513], nicht weiter, dann den Kasten verschloßen wieder zu lieffern, nicht aber, wann darauß etwas wegkgekommen zu sein vorgegeben wirdt, dazu zu andtworthen schuldig. Were aber der Kasten, so verschloßen niedergesetzet, offen, undt daraus wurde[4514] etwaß gemißet, ist, der sie[4515] empfangen, zur Andtwordt gehalten undt muß daruff[4516] den Eydt des *Deponentis*, wann er ein redlicher beglaubter Mensch[4517], waß abgekommen, wieder schaffen oder sich auch entledigen, daß ohne sein Wißen, Verursachen undt Verseumbnuß der Kasten geoffnet[4518], undt darauß etwas abgekommen.

4503 W *den.*
4504 W *für.*
4505 W *Procuratorn.*
4506 W *stürben.*
4507 W *Jahrs.*
4508 W *gantze.*
4509 W *Güter.*
4510 W am Rand: *De juribus depositorum.*
4511 W *verschlossener.*
4512 W *übergeben.*
4513 W *solchen empfängt.*
4514 W *würde.*
4515 W *ihn.*
4516 W *darauf nach.*
4517 W *Mensch ist.*
4518 W *geöffnet.*

2. Verwendet jemandt, waß bey ihm *deponir*et, oder kehret[4519] in seinem[4520] Nutzen oder ist in deßen *Restitution* seumig, ist er dem *Depositario* nicht allein daß Guet, sondern auch die landtübliche Zinse[4521] oder sein Interesse zu erstaten schuldig. [fol. 187v]

3. Wann ein Glaubiger[4522], was ihm zukompt, anzunehmen sich verwiedert, mag der Schuldtman daßelbe ins Gericht, darunter er oder die Glaubiger[4523] rechtpflichtig, immaßen solches zu seinem[4524] Gefallen stehet, *deponir*en undt, wann damitt recht verfahren, wirdt er dadurch von aller Seumnuß, den Zinsen, *Pericul* undt Schaden, auch von der Schuldt frey.

4. Wer durch die *Deposition* befreyet sein will, soll zufoderst, waß er schuldig, gantz in gueter undt gebührender Muntze[4525] dem Glaubiger[4526] zu der Zeitt undt an dem Ortt, wor[4527] die Zahlung geschehen soll, *offerir*en, so er dann sowoll außerhalb Gerichts oder vor Gericht thuen mag. Thuet ers außer Gerichts[4528], soll er durch *Notar*ien undt Zeugen die *oblation* thuen undt sich deßen einen glaubhafften Schein geben laßen, darauff, da die Einnehmung verwiedert, ihn die *Deposition* anzusehen, vor Gericht fodern, in bestimbten *Termino* negst Vermeldung beschehener Verwiederung in[4529] Gericht daß Geldt öffendtlich zehlen, ferners versiegeln oder durch den Richter versiegeln laßen, undt darauff alßdann daselbsten oder wor der Richter es verordnen wurde, *deponir*en. Geschicht aber die *Oblation* vor Gericht, mag der *Debitor* den Glaubiger nur forth vor Gericht anzusehen, daß die *Deposition* geschehe, *citir*en laßen, alßdann[4530] ihm die Zahlung *offerir*en, bey Verwiederung es zahlen laßen[4531], darauff dan mitt der *Deposition* obgedachtermaßen verfahren. [fol. 188r]

5. Will der Glaubiger[4532] waß seinentwegen auß der Ursache, das er nicht annehmen wollen, *deponir*et, auß dem Gericht[4533] haben, mag ihm solches ohne des

4519 W *kehrets.*

4520 W *seinen.*

4521 W *Zinsen.*

4522 W *Gläubiger.*

4523 W *der Gläubiger.*

4524 W *seinen.*

4525 W *Müntze.*

4526 W *Gläubiger.*

4527 W *wo.*

4528 W *ausserhalb dem Gericht.*

4529 W *im.*

4530 *Daselbsten, oder … alßdann* fehlt bei W.

4531 W *Verwiederung aber die Zahlung lassen.*

4532 W *Gläubiger.*

4533 W *Gerichte.*

*Deponent*en Wissen woll abgefolget, in andern Fellen aber derselbe zuvorher[4534] gehöret werden.

6. Ist dem Schuldtman von der Obrigkeit undt Gerichten[4535] die Niederlegung des Geldes ins Gericht anbefohlen[4536], soll er bitten, zuvorn[4537] solches dem Glaubiger[4538] anzumelden oder eß selbst ihm *notificir*en, undt wann derselbe deßen Wißenschafft hatt undt will es nicht verbitten oder, ob er es thete, wurde[4539], deßen ohngeachtet, dieselbe abermahl angefueget, wirdt der Schuldener von allem *Pericul*, Schaden undt der Schuldt selbst frey.

Titulus IX.
Von den Pactis Dotalibus undt Ehestifftungen.

1.[4540] Die Ehe*pact*en, darüber Brauttleuthe undt ihre Eltern einig geworden, sollen ohnverbruchig[4541] gehalten werden, undt mag ein Theill ohne des andern *Consens* davon nicht abgehen noch in einigen letzten Willen es endern oder anders *disponir*en, es betruffe[4542] dan der Einhaldt nicht den Vergleich, so zwischen den Verlobten undt ihren Eltern vereiniget, [fol. 188v] sondern dasjenige, waß zu ihrem[4543] freyen Willen gelaßen oder etwa in Gestaldt eines letzten Willens darin angefueget.

2. Eß mag bey Ehestifftungen, wieviel der uberlebende[4544] Ehegatte nach seinem Todte auß des Abgelebten Guethern erheben oder wie eß sonst auff ihren Todtesfall gehalten werden soll, verglichen undt verfaßet wirdt[4545], undt soll solches bestendig sein, wann entweder die Ehestifftung vor zweyen wolbeglaubten Persohnen verglichen undt, vor[4546] ihnen zum Gezeugnuß[4547] gewesen[4548], unterschrieben,

---

4534 W *zuvor.*
4535 W *Gerichten anbefohlen.*
4536 Fehlt bei W an dieser Stelle.
4537 W *zuvor.*
4538 W *Gläubiger.*
4539 W *würde.*
4540 W am Rand: *De pactiis (!) dotalibus eorumque jure.*
4541 W *ohnverbrüchlich.*
4542 W *betreffe.*
4543 W *ihren.*
4544 W *überlebende.*
4545 W *werden.*
4546 W *von.*
4547 W *Gezeugniss.*
4548 Fehlt bei W.

oder auch die Ehe*pact*en von der hohen oder[4549] ohnmittelbahren Obrigkeit auff beyder Theile[4550] Anhalten bestetiget, oder sonst den gerichtlichen *Actis insinuir*et.

3. Wie Ehe*pact*en zu Verhutung[4551] Mißverstende undt Streits zwischen Eheleuthen auffgerichtet, also soll zufoderst dero Einhaldt clar, verstendig undt deutlich verfaßet werden, waß darin außtrucklich[4552] nicht befunden oder darauß ohngezweiffelt folget[4553], darin soll, waß[4554] jeden Landes Rechten und Gewonheiten, nachgegangen werden.

4. Waß in Ehestifftung enthalten, soll nicht weniger von den Eltern, welche dieselbe unterschrieben oder sonst erweißlich genehmet also[4555] von den verlobten Persohnen be- [fol. 189r] stendig gehalten undt erstatet werden.

5. Die *Pacta dotalia* verbinden die *Agnaten* undt andere Lehensfolger[4556] nicht weiter, alß wann dieselbe nach des Landes Recht undt Gebrauch eingerichtet, darumb dann, da die Außsteür ubermeßig[4557] oder etwaß zu ohnbilligem[4558] Beschwer der Lehen[4559], darin begriffen, sein diese nicht gehalten, sondern pleiben dabey, waß den gemeinen Rechten gemeeß, sie haben dann die Ehestifftung mitt bewilliget undt unterschrieben.

6. Haben Eltern durch die Ehe*pact*en bey Außsteur[4560] der Töchter[4561] ihre Lehne übermessig beschweret, also das es die Helffte dessen ubertreffe[4562], so sonst zu Recht gebühret, sein die Söhne, welche an den Lehnen *succedir*en, daran nicht verbunden, sondern mögen anhalten, daß es *moderir*et undt zu dehm, so den Lehen ertreglich, *reducir*et[4563] werde.

7. Waß die Eltern in den Ehestifftungen etzlicher[4564] ihrer Kinder ubermeßig verschrieben, durffen[4565] die andern, so dadurch an ihrer *legitima* verkurzet[4566],

4549 Fehlt bei W.
4550 W *Theilen.*
4551 W *Verhütung.*
4552 W *ausdrücklich.*
4553 *Oder darauß ... folget* fehlt bei W.
4554 Fehlt bei W.
4555 W *gemacht, als auch.*
4556 W *Lehnsfolger.*
4557 W *Aussteuer übermässig.*
4558 W *ohnbilligen.*
4559 W *Lehn.*
4560 W *Aussteuer.*
4561 W *Tochter.*
4562 W *übertreffe.*
4563 *Undt zu dehm ... reduciret* fehlt bei W.
4564 W *etzlichen.*
4565 W *übermässig verschreiben, dürffen.*
4566 W *verkürtzet.*

nicht halten, solang[4567], was verschrieben, nicht außgereichet. Were es aber bey der Eltern Leben entrichtet, können sie solches nicht zurückfodern, wollen aber die [fol. 189v] außgesteurte[4568] Kinder mitterben, mußen[4569] sie es wieder einbringen.

8. Waß in Ehestifftungen[4570] ohne Meldung der Kinder oder Absehen auff dieselbe, so gebohren werden, verglichen, solche aber vornehmblich betrifft, alßwan eß zu dero Nachtheill gereichet, höret auff, wann[4571] solche hernach gebohren werden undt den Fall, so in dem Beding enthalten, uberleben. Sturben[4572] sie aber vorhero wiederumb, bleibt es bey dem Einhaldt der Ehe*pact*en nicht weniger, alß wann auff den[4573] Fall, wann jemandt ohne Kinder versturbe[4574], etwaß verglichen.

9. Waß in[4575] Ehestifftungen zwischen den Eltern oder Vormundern[4576] an einem undt den[4577] Breutigamb am andern Theile[4578] vereiniget, ob die Ge*spons* außtrucklich darin nicht[4579] verwilliget oder die Ehestifftung mitt unterschrieben hatt, verbindet doch dieselbe, und kan hernach dawieder nicht handeln.

10. Daß Recht, so Kinder erster Ehe an ihrer Eltern Güether haben, mag ihnen durch Ehe*pact*en von ihren Eltern, wann sie zur andern Ehe schreiten, nicht genommen werden, undt ob etwas zu ihrem[4580] *Praejudiz* undt Nachtheill darin begriffen, ist es, soviell sie betrifft, ohnkrefftig, eß were dan von [fol. 190r] ihnen[4581], wann sie zu ihrem[4582] vollenkommenen Alter gerahten, mitt guetem[4583] Wißen, Vorbedacht undt Willen, auch mittelst außtrücklicher *Renunciation* ihrer Rechte genehmet[4584].

11. Durch die Ehe*pact*en mag ein Anders, dann nach Landtrechte undt Gebrauch den Wittwen undt Töchtern auß der *respectivè* Ehemenner undt Eltern Guther[4585] zustehet, *disponir*et undt gar anstaht deßen ein gewißer Abscheidt gereichet werden

4567 W *so lange.*
4568 W *ausgesteureten.*
4569 W *müssen.*
4570 W *Ehestifftung.*
4571 W *wenn.*
4572 W *überleben, stürben.*
4573 W *dem.*
4574 W *verstürbe.*
4575 W *die.*
4576 W *Vormündere.*
4577 W *auf dem.*
4578 W *Theil.*
4579 W *ausdrücklich nicht darin.*
4580 W *ihren.*
4581 Bei M vor *ihnen* irrtümlich ein doppeltes *von.*
4582 W *ihren.*
4583 W *guten.*
4584 W *genähret.*
4585 W *Güter.*

undt soll, waß also verglichen, zu Recht bestendig sein undt davon nicht abgetreten werden, eß weren dan die, so eß angehet, über die Helffte an den[4586], so ihnen nach den[4587] Landtrechte gebühret, *laedir*et.

12. Wirdt in Ehestifftungen zur Versicherung deßen, waß in denselben verschrieben, oder sonst nach gemeinen undt deß Landes Rechten den verlobten Persohnen oder dero Kindern[4588] zustehet, ein Gewißes außer dem, so in den Rechten *providir*et undt geordnet, vereiniget, ist damitt dieses nicht auffgehoben, sondern pleibet den Persohnen nichtsdestoweniger frey, sich dadurch ihre Befuegnuß[4589] zu erholen, nur daß sie sich deßen, so verglichen, begeben mußen[4590] undt zu andern Mitteln undt Behelffen nicht schreiten können, eß sey dann auff daß, so in den *pactis* enthalten, der [fol. 190v] Versuch geschehen, oder offenbahr, daß dadurch solches nicht zu erreichen.

13. Ist in Ehestifftungen ein gewißes Geldt an Vater undt Mutter Erbe außgesprochen, oder verglichen[4591] undt ist nicht verabredet, wann solches abzutragen, mag es bey der Eltern Lebezeiten abgefodert werden, undt sein die Eltern[4592] bey dem Ehegelde solches mitt abzutragen schuldig.

Titulus X.
Von den Erbeinigungen und pactis successoriis.

1.[4593] Wiewoll in den kayserlichen gemeinen Rechten verbotten ist, durch *Pacta* undt Verträge über die kunfftige[4594] Erbfelle sich zu vergleichen, alß dennest[4595] sowoll im Heyligen[4596] Romischen[4597] Reich, alß im Hertzogthuemb Mechlenburgk durch Gewonheit in vielen Fellen derogleichen Vereinigungen bevorab unter den adelichen Geschlechtern hergebracht, hatt es dabey sein Verbleiben undt sollen

4586 W *demjenigen.*
4587 W *dem.*
4588 W *Kinder.*
4589 W *ihrer Befugniss.*
4590 W *müssen.*
4591 *Oder verglichen* bei M am Rand eingefügt.
4592 W *Eltren.*
4593 W am Rand: *De ganerbinatibus et pactis successoriis.*
4594 W *künfftige.*
4595 W *dennebst.*
4596 W *Heil.*
4597 W *Römischen.*

derogleichen *Pacta* uber[4598] deroselben Erbschafften, welche dieselbe getroffen[4599], gultig[4600] undt bestendig sein.

2. Insonderheit wann in Ehestifftungen und *pactis dotalibus* verfaßet undt vereiniget, wie auff ein undt anders der Eheleuthe, oder ihrer Kinder Todeßfall es [fol. 191r] ihrer Guther[4601] wegen zu halten, soll dero Einhaldt, daferne von den Eheleuten hernach kein ander Vergleich oder[4602] auch ein *Testament* (gestaldtsahmb dann ihm[4603] ohnbenommen durch einen letzten Willen, wann sie solches nicht abgesaget, über ihre Guether zu *disponir*en) hernach auffgerichtet, gefolget werden.

3. Eß mag zu[4604] *Conservation* der *Famili*en in- undt außerhalb den[4605] Ehe*pact*en eine solche Veranlaßung gemachet werden, daß die Tochter jegen[4606] Empfang eines zimblichen Brautschatzes oder ihrer *Legitimae*[4607] von der Erbschafft undt Guethern, solange Söhne im Leben sein, *excludir*et werden und sein derogleichen Vereinigungen gultig[4608], eß haben die Söhne selbst oder, ob sie abwesendt, ihnen zu Guethe die Eltern solches also *disponir*et.

4. Wann Töchter auff Raht ihrer Eltern, solange sie unter ihrer Gewaldt sein oder, wann sie darauß treten, mitt *Consens* ihres Breutigambs bey der Ehestifftung oder hernach des Ehemanß[4609] der Erbschafft einmahl abgesaget, es geschehe mitt oder ohne Eydt, wann sie nur des Verstandes sein, daß sie wißen oder verstehen, was es bedeutet, deßen auch dabey erinnert worden[4610], dabey kein Argelist, Betrug, Zwanck, Irthuemb oder was einen freywilligem[4611] Vertrag entgegen vorgehet, [fol. 191v] sollen sie ferner zur *Succession* nicht zugelaßen werden, sie möchten[4612] dann erweisen, daß sie an ihrer *Legitima* mercklich *laedir*et weren[4613], alßdann ihnen dero *Supplement* und Ergentzung zu suchen vorbehalten bleibt; den Eltern aber ist durch solche *Pacta* ohnbenommen, mittelst eines letzten Willens die Töchtere[4614], welche

---

4598 W *über.*

4599 Bei M danach gestrichen *oder außtrucklich verbotten.*

4600 W *gültig.*

4601 W *Güter.*

4602 W *odes* (vermutlich Druckfehler).

4603 W *ihnen.*

4604 W *zur.*

4605 W *der.*

4606 W *Töchter gegen.*

4607 W *Legitima.*

4608 W *gültig.*

4609 W *Ehemannes.*

4610 W *werden.*

4611 W *einem willigen.*

4612 W *mögten.*

4613 W *werden.*

4614 W *Töchter.*

sich der *Succession* begeben oder sonst davon *excludir*et, zu Erben einzusetzen oder sonst mitt einer mehren Vermachnuß[4615] zu begaben.

5. Wann die Tochter[4616] zur Zeitt ihrer Außsteur[4617] oder, da sie zum Eehestandt begeben[4618], einen *congruum*[4619] *dotem* nach dem Zustand der Guther[4620], wie sie alßdann befunden, uberkommen[4621] undt dagegen der Eltern Erbschafft abgesaget, ob hernach die Eltern zu größerm[4622] Vermögen gerathen, mögen sie doch kein Mehres nach ihrem Todte oder bey Leben[4623] fodern, sondern mußen[4624] sich an[4625] einmahl beliebten Empfang gnügen[4626] laßen.

6. Wann Sohne[4627] oder Töchter mitt oder ohne Eydt der Eltern undt anderer[4628] anfelligen[4629] Erbschafften abgesaget, können deroselben Kinder, solange die *Rennuncian*ten[4630] leben, zu solcher Erbschafft nicht gelangen. Versturben[4631] sie aber vor demjenigen, deßen Erbschafft *renunciir*et, so erben die Kinder wegen ihrer eigenen Persohn undt Rechten, ohngehindert der Eltern *renunciation*, ob sie gleich eydtlich undt außtrücklich, auch [fol. 192r] ihrer Kinder wegen *renunciir*et haben, mußen[4632] aber bey der Erbtheilung dero Empfang einbringen undt *conferir*en, sie haben ihren Eltern geerbet, oder dero Erbschafft sich begeben.

7. Haben Eltern eine oder mehr der Töchtere[4633], bey ihrem Leben mitt einem gewißen Guett undt dem Beding außgesteuret, daß sie dajegen[4634] der väterlichen, mutterlichen[4635] oder ander[4636] Erbschafften abgesaget, sollen die übrigen Töchter, so nach ihrem Todte außzusteuren, wann sie ein Gleiches bekommen, gleichen

4615 W *mehrern Vermächtniss.*

4616 W *Töchter.*

4617 W *Aussteuer.*

4618 W *sich begeben.*

4619 W *congruam.*

4620 W *Güter.*

4621 W *überkommen.*

4622 W *grössern.*

4623 W *ihrem Leben.*

4624 W *müssen.*

4625 W *an dem.*

4626 W *genügen.*

4627 W *Söhne.*

4628 W *Eltern oder andern.*

4629 W *anfalligen.*

4630 W *Renuncianten.*

4631 W *Verstürben.*

4632 W *müssen.*

4633 W *Töchter.*

4634 W *dagegen.*

4635 W *Vaterlichen, Mütterlichen.*

4636 W *andern.*

Verzicht thuen. Ob sie sich aber deßen verwiederten, noch die Außsteur annehmen wollen, soll es nichtsdestoweniger alß ob sie geschehen, geachtet sein. Wolten sie aber mitt dem, so dem Landtrecht gemeeß gebuhret[4637], friedlich sein, mögen sie zu der Verzicht nicht gemustiget[4638] werden, können alßdan auch nicht fodern, waß die vorigen Schwestern bekommen.

8. Saget ein Kindt jegen[4639] Empfang eines gewißen Guets[4640] oder Geldes seiner Eltern Erbschafft undt ferner *Succession* gentzlich ab, ist damit der *Legitimae* nicht *renunciir*et[4641], sondern obgleich die *Renunciatio*[4642] deßen mittelst corperlichen Eydes[4643] geschehen, mag daß *renunciiren*de Kindt zur Zeitt der Eltern Absterben, was an der *Legitima* bey dem Empfang ermangelt, woll nachfodern.

9. Wirdt inßgemein bey Ehe*pact*en [fol. 192v] den kunfftigen[4644] Erbfellen ohne deroselben *Special*meldung abgesaget, so ist es allein von deßen Erbschafft zu verstehen, welcher daß Ehegeldt entrichtet, darumb, wan von vater- und mutterlichem Guethe[4645] solches abgestatet, auch der vater- undt mutterlichen[4646] Erbschafft, sonst aber allein der veterlichen *renunciir*et zu sein erachtet. Andere Erbfelle, wann sie nicht benennet, sein unter solcher *Generalrenunciation* nicht begriffen, wie dan auch, wann der Eltern Erbschafft, welche[4647] *renunciir*et, auff Andere gekommen undt zu dero Erbfellen die *renunciirende* die Negsten sein, durch dieselbe sie[4648] dazu gelangen mögen.

10. Geschehen durch Verträge *Renunciationes* der Erbschafften in *Respect* oder zu gueter[4649] gewißer Persohnen, alß wann die Töchter iegen[4650] Empfang ihrer Außsteur[4651] oder eines gewißen Guets den Söhnen ihren Brudern[4652] zu Vortheill der Eltern oder andern[4653] Erbschafften absagen, eß werde solches außdrücklich

---

4637 W *gebühret.*

4638 W *gemüssiget.*

4639 W *gegen.*

4640 W *Guthes.*

4641 W *renunciirat.*

4642 W *Renunciation.*

4643 W *mit Cörperlichen Eyde.*

4644 W *künftigen.*

4645 W *Väter- und Mütterlichen Guth.*

4646 W *Väter- und Mütterlichen.*

4647 W *welcher.*

4648 Fehlt bei W.

4649 W *gut.*

4650 W *gegen.*

4651 W *Aussteuern.*

4652 W *Brüdern.*

4653 W *andere.*

gemeldet oder erschiene doch auß den[4654] Umbstenden, immaßen dann insgemein der Töchter *Renunciation*en[4655] den Söhnen zu Nutz angesehen sein, so haben die nicht weiter, alß solche Persohnen eß betrifft, die Krafft. Darumb, wan dieselbe Persohnen vor ihren Eltern verstürben undt keine Kinder hinterließen[4656] oder hernach der Erbschafft abgesaget, oder enterbet wehren, kommen nichtsdestoweniger dazu, welche *renunciir*et haben. [fol. 193r]

11. Wer den Erbfellen gentzlich *renunciir*et, ist dennoch auß deroselben *testament*liche[4657] Verordnungen undt letzten Willen, dero Erbschafften abgesaget[4658], waß vermachet fehig, undt mag darin nicht behinderlich sein, daß die *Renuntiation* außtrücklich auff die *Testament*[4659] gerichtet, obgleich eß mitt dem Eyde bekrefftiget were.

12. Die *Renunciationes*[4660] der Erbschafften mußen[4661] geschehen außtrücklich mitt den Worthen, so eine jegenwertige[4662] Absagung von den Persohnen, so dieselbe versprochen, bedeuten. Ist solche in den Worthen nicht offenbahr begriffen, alß wann nur anstaat der Erbfelle ein Gewißes versprochen, aber dabey nicht *renunciir*et, imgleichen[4663] wan ein Ander die Beschaffung der *Renunciation* über sich nimpt, wirdt dadurch niemandt von der Erbschafft *excludir*et, muß aber, waß empfangen, *conferir*en.

13. Wann ein Man oder Frau zur andern oder dritten Ehe schreiten undt, wie eß auff ihren Todesfall gehalten werden soll, vorhero[4664] zwischen sich undt den Kindern voriger Ehe eine Gewißheit beschließen wollen, soll ihnen solches zu thuen erlaubt[4665], allein, die derogleichen Außsprach[4666] undt Vereinigung treffen wollen, den Kindern, wann sie noch nicht zu ihren mundigen[4667] Jahren gelanget, Vormunder[4668] außzubit- [fol. 193v] ten, mitt denen sich darüber vereinigen, undt

4654 Fehlt bei W.
4655 W *Renunciation.*
4656 W *hinterlassen.*
4657 W *Testamentlichen.*
4658 W *er abgesaget.*
4659 W *Testamente.*
4660 W *Renunciation.*
4661 W *müssen.*
4662 W *gegenwärtige.*
4663 W *ingleichen.*
4664 W *dahero.*
4665 W *erlaubet.*
4666 W *dergleichen Ansprach.*
4667 W *mündigen.*
4668 W *Vormünder.*

entweder 3[4669] Zeugen dazu erfodern oder auch gerichtliche *confirmation* darüber zu erholen schuldig sein.

14. Eß mögen Eltern zwischen ihren zusammengebrachten Kindern wie auch denen, so sie mitteinander zeugen, derogleichen *Union* auffrichten, daß ihre Guther[4670] gemein und die Kinder von ihren Guthern[4671] gleiches Recht haben, demnach zugleich alß eines Vatern undt Muttern[4672] Kinder *succedir*en, dabey dann auch ohnbenommen in solcher *Communion* der ersten Ehen[4673] Kinder Mutterguett mitteinzubringen. Eß muß aber solche *Union* geschehen mitt Wißen undt Willen der Kinder erster Ehen[4674] negsten Anverwandten auch auff gerichtliche Erkandtnuß[4675] undt *Decretum*, vor deßen Ertheilung die Eltern schuldig sein sollen, sowoll die Ursache der verhabenden[4676] *Union* alß auch, wie damitt beyderseits Kinder gedienet oder keinen[4677] Nachtheil zugefuget[4678] wurde, vorzubringen.

15. Wann ein Vater mitt seinen Söhnen, so ihr vollkommen[4679] Alter erreichet, sich vereiniget, wie auff seinen[4680] Todesfall es der Verwaltung oder Theilung halber solle gehalten werden, ist solcher Vergleich bestendig undt von den Kindern daiegen[4681] nicht zu handeln [fol. 194r] sondern darnach auff des Vatern Todesfall zu verfahren. Da aber die Kinder noch nicht vollenkommen[4682] Alters, ist denselben erlaubt, wegen mercklicher dadurch empfundener undt erweißlicher *Laesion* die Obrigkeit anzutreten undt umb Auffhebung solchen Vergleichs anzuhalten, darauff dan mittelst[4683] summarischer *Cognition* zu verfahren.

16. Wann unter[4684] dreyen oder mehr Brüdern der eine daß väterliche Lehenguett[4685] allein behelt undt der andern einer lest ihm undt seinen Lehenserben[4686] sein Antheill daran gentzlich auff undt thuet darüber Verzicht, aber der Besitzer

---

4669 W *drey.*
4670 W *Güter.*
4671 W *Gütern.*
4672 W *Mutter.*
4673 W *Ehe.*
4674 W *Ehe.*
4675 W *Erkanntniss.*
4676 W *habenden.*
4677 W *kein.*
4678 W *zugefüget.*
4679 W *vollenkommen.*
4680 W *seinem.*
4681 W *dagegen.*
4682 W *vollenkommenen.*
4683 W *vermittelst.*
4684 Bei M verbessert aus *Vatern.*
4685 W *Lehn-Guth.*
4686 W *Lehns-Erben.*

verstirbt darnach ohne Leibeserben, so wirdt derselbige Bruder, der die Verzicht gethaen, durch den oder die andern Bruder[4687], so keine Verzicht gethaen haben, nicht abgetrieben, sondern tritt zugleich neben ihnen zu des Verstorbenen Lehenguttern[4688]. Wann aber die Brüder semptlich[4689] ihre veterliche Lehen[4690] dem Herrn[4691] aufftragen, dergestaldt, das er einen[4692] auß ihrem Mittel daßelbe alß ein neu Lehen[4693] verlehnen soll, undt solche Belehnung erfolgen[4694] also, aber der Belehnte stirbt darauff ohne Leibeserben ab, so werden seine Brüder zum selbigen Lehen[4695] nicht wieder gestatet, sondern eß felt auff die andern Mittbelehnte oder, da deren keine verhanden, an den Lehenherrn[4696]. [fol. 194v]

17. Vergleichen sich bey Erbtheilungen Erben oder Lehensfolger[4697], wie es der empfangenen Guther[4698] halber auff eines oder andern Todte solle gehalten werden, daß derselbe bey dem Erbgange oder Lehensfolge[4699] bleiben, wieweitt darüber die *Disposition* frey sein, wer darin *succedir*en solle, ist solches zu recht gultig[4700], undt die *Succession* oder waß sonst verglichen, darnach zu richten.

18. Waß einer verspricht, das eß auff seinen Todesfall soll entrichtet werden, eß geschehe durch ein Geschenck oder auß einen[4701] andern rechtmeßigen *Titul*, ist bestendig undt mag gefodert werden, wann die *condition* sich begibt. Aber ein solches Pact undt Beding, daß er jemandt zum Erben seiner Gueter gantz oder zum Theill einsetzen, oder ihm etwas im *Testament* vermachen wolle, ist ohnverbindtlich undt mag so wenig, der es verspricht, darauff zu Faßung seines letzten Willens alß deßen Erbe undt Guether hernach in Ansprache[4702] genommen werden.

19. Unter vom[4703] Adeln sollen derogleichen *Pacta* undt Vereinigungen gultig[4704] undt bestendig sein, wordurch sie auff eines oder andern Todesfall sich über die

---

4687 W *Brüder.*
4688 W *Lehn-Gütern.*
4689 W *samtlich.*
4690 W *Lehn.*
4691 W *Lehn-Herrn.*
4692 W *einem.*
4693 W *Lehn.*
4694 W *erfolget.*
4695 W *Lehn.*
4696 W *Lehn-Herrn.*
4697 W *Lehnsfolger.*
4698 W *Güter.*
4699 W *Lehnsfolge.*
4700 W *gültig.*
4701 W *einem.*
4702 W *Ansprach.*
4703 W *von.*
4704 W *gültig.*

Succession ihrer Lehne[4705] oder andern Guther[4706] zu *Conservation* undt Verbeßerung ihres Geschlechts vereinigen. [fol. 195r] Undt was darin verglichen, soll, soweitt es den Lehenherrn[4707] undt Vettern, so darinnen nicht verwilligen, nicht zu[4708] *Praejuditz* gereichet, nicht weniger, alß wann eß im *Testament* verordnet, gelten.

20. Uber[4709] dem Recht, welches die *Paciscent*en in eines Andern Guthern[4710] bey seinem Leben haben, ob es schon nicht ehe alß nach deßen Absterben den *Effect* undt Krafft erreichet, mögen sie sich woll vereinigen, aber über deß Lebenden Erbfall undt waß dadurch ihnen zukommen kann, sein die *Pacta* undt Verträge, obgleich mittelst Eydes dieselbe bekreftigt[4711], nicht gültig, eß verwillige den[4712] darin derjenige[4713], über deßen Erbschafft *pacisci*ret wirdt, so geschehen mag vor, in undt nach dem Vergleich. Der *Consens* aber benimbt demselben die Macht nicht, über seine Guther[4714], so unter der Vereinigung begriffen, bey seinem Leben oder auff seinem Todtsfall[4715] zu *disponir*en, noch gibt den[4716], so darüber sich vergleichen[4717], ein mehres Recht, dann ihm[4718] sonst an[4719] der Erbschafft zustehet.

Titulus XI.
Von den Transactionibus.

1.[4720] Wann über Sachen, so zu Recht an- [fol. 195v] hengig geworden, unter den Parthen, welche deßen verstendig undt mechtig[4721] gewesen, *transigir*t, der Vertrag auch unterschrieben, soll niemandt ohne große undt merckliche Ursache dieselbe ins Gericht wiederumb zu bringen undt vorigen Streidt dadurch zu erwecken, sich

---

4705 W *Lehn.*
4706 W *ander Güter.*
4707 W *dem Lehn Herrn.*
4708 W *zum.*
4709 W *Ueber.*
4710 W *Gütern.*
4711 W *bekräfftiget.*
4712 W *dann.*
4713 W *diejenige Persohn.*
4714 W *Güter.*
4715 W *Todes Fall.*
4716 W *denen.*
4717 W *verglichen.*
4718 W *ihnen.*
4719 W *von.*
4720 W am Rand: *De transactionibus.*
4721 W *nöthig.*

gelüsten laßen, ob er auch vermeine, darzu eine rechtmeßige Ursache zu haben, soll er dieselbe vorher, ehe er zu einer weitern *Action* schreitet, in den Gerichten vorbringen undt damitt behaupten, daß ihm die *Transaction* zu wiederruffen oder dero *Rescission* zu suchen, die Rechte erlaubet, darauff dann erst bey dem Gericht zur *Action* Urlaub suchen. Geschehe dawieder, undt befunde[4722] sich hernach, daß die *Transaction* ohne[4723] Grundt undt rechtschaffenen Ursache wiederruffen undt[4724] angefochten were, soll sowoll das Parth[4725] alß der *Advocat*, der wieder[4726] *Transaction* dienen wirdt, in ernste Straffe verdammet werden.

2. Unter den Sachverwandten, welche eine Sache gemein haben, mag ein jeder, wann er will, von der Rechtsfertigung abtreten, auch mitt dem Wiederparth darüber *transigir*en undt vergleichen, sie haben sich dann[4727] anders zusammen verbunden oder der Vergleich fuege den Andern großen Nachtheill zu. Tritt er bloßer Dinge ab undt begibt sich der Sachen, wechset sein [fol. 196r] Theill dem Andern zu, pleibt zu der Andern Vortheill undt Schaden undt mag das Jegenpart[4728], wann eß überwunden, denen deßwegen nichtes[4729] abziehen. Vergleichet er sich aber mitt dem Jegentheill[4730], wirdt auff sein *Portion* die Sache gehoben undt haben die *Consort*en davon nichts zu erwarten[4731].

3. Wer bey Vergleich[4732] über entstandenen Irrungen sein vermeintes Recht[4733] nach undt dem andern, bey dem darüber gestritten, leßet, ist nicht weiter dann darauff keine weitere[4734] Ansprache anzustellen, nicht aber zum Gewehr wieder ander[4735] verbunden. Wer aber des *Transactis*[4736] halber etwaß von dem Seinigen *cedir*et oder abtritt, ist die *Eviction* zu *praestir*en gehalten.

4. Haben zu Streitt gerahtene Parthe uber[4737] der zwistigen Sache sich vor richterlicher Erkandtnuß[4738] verglichen, soll die Vereinigung unter dem Vorwandt

---

4722 W *befünde.*
4723 W *dass sie ohne.*
4724 *Undt rechtschaffenen ... undt* fehlt bei W.
4725 W *Parte.*
4726 W *wider die.*
4727 W *denn.*
4728 W *Gegenpart.*
4729 W *nichts.*
4730 W *Gegentheil.*
4731 W *gewarten.*
4732 W *Vergleiche.*
4733 W *seines vermeinten Rechts.*
4734 W *witere* (vermutlich Druckfehler).
4735 W *andere.*
4736 W *Transacts.*
4737 W *Partheyen über.*
4738 W *Erkänntniss.*

einer großern[4739] *Laesion*, solange die Sache, daruber[4740] sie getroffen, zweiffelhafft undt richterlicher Außführung undt Erkandtnuß bedurfftig[4741], *ex l. 2. C. de Rescind. vendit.*[4742] nicht *rescindir*et, sondern alles Einwendens ohngehindert dabey bestendig eß gelaßen werden. Wurde[4743] aber hernach außfundig[4744], das durch eines Theils Arg- [fol. 196v] list[4745] oder betriegliche Verhebung[4746] der Warheitt, so ihm zu entdecken, abgelegen[4747], daß Ander[4748] zu der *Transaction inducir*et oder auß sich auffgebenden neuen Urkunden, *Instrument*en oder gerichtlichen Erkandtnußen[4749] alßforth erscheinen undt die Sache, daruber[4750] der Vergleich ergangen, außer Zweiffel sey, daß ein Theill über die Helffte *laedir*et, so mag die Auffhebung deß verletzlichen *Transacts* geschehen.

5. Ist über dem alß einem streitigen Ding *transigir*et, so an sich nicht[4751] streitig, sondern gewiß gewesen, dahero aber streitig geworden, daß ein oder beyde Theill[4752] die rechte warhaffte Bewandtnuß[4753] nicht gewust, weill die glaubwurdige[4754] *Instrumenta* undt Nachrichten nicht zu Handen gewesen, dieselbe aber geben sich hernach auff undt es ist darauß offenbahr undt ohne Zweiffel einem Theill[4755] zu nahe undt Unrecht geschehen were, deßhalber[4756] es auch keiner weitleuffigen[4757] Außführung bedurffe[4758], so mag daß dadurch verletzte oder verleidete[4759] Theill, wann nur die *Laesion* mercklich, ob sie sich gleich nicht *ultra dimidiam*[4760] erstrecket, die Auffhebung der irrigen *Transaction*, ob dieselbe bereits vor Gericht undt mitt aller *Renunciation* geschehen, suchen undt erhalten.

4739 W *grössern.*
4740 W *darüber.*
4741 W *Erkänntniss bedürfftig.*
4742 *De rescindenda venditione* = C. 4, 44, 2.
4743 W *Würde.*
4744 W *ausfündig.*
4745 W *Argelist.*
4746 W *Verheelung.*
4747 W *obgelegen.*
4748 W *ander Theil.*
4749 W *Gerichtliche Erkänntnisse.*
4750 W *darüber.*
4751 *Nicht* bei M als Sonderzeichen ō über der Zeile eingefügt.
4752 W *Theile.*
4753 W *Bewandtniss.*
4754 W *glaubwürdige.*
4755 W *dass einem Teile.*
4756 W *deshalben.*
4757 W *weitläufftigen.*
4758 W *bedürffte.*
4759 W *beleydigte.*
4760 W *dimidium.*

Titulus XII.
Von Ubernehmung frömbder[4761] Schulde.

[fol. 197r]

1.[4762] Wer die Schuldt, so ein Ander gemachett, alß seine eigene also zu bezahlen über sich nimpt, daß er den ersten *Creditorem* damitt befreyen, sich aber allein[4763] schuldtpflichtig machen wolle, der muß solche alß seine eigene Schuldt bezahlen, undt mag sich mitt der *Exception*[4764] *ordinis* oder *excussionis* nicht behelffen. Nimpt er aber dieselbe auff den[4765] Fall, da[4766] der Ander seumig were undt nicht zahlen wurde[4767] oder zu der vorigen Schuldt Versicherung oder sich, ob er gleich alß einen Selbstschuldigen oder daß er solches alß seine eigene Schuldt zu bezahlen, über sich undt hatt dabey ietztgenandten Wolthaten der Rechte nicht *renunciir*et, mag er dero sich nicht weniger alß andere Burgen[4768] gebrauchen. Demnach darff er nicht zahlen, ehe der rechte Schuldtman belanget undt *excutiir*et[4769], eß were dan derselbe außerhalb Landes oder *notorie* nicht *solvendo*.

2. Wer bey Machung[4770] der Schuldt oder auch hernach, worin[4771] dieselbe gemahnet wird, dem Schuldtman Frist zur Zahlung undt Auffschub zu erwerben verspricht, die[4772] Versehung zu thuen bemühet zu sein oder zu beschaffen[4773], daß, der ihm Glauben gibt, bezahlet werde undt[4774] der Glaubiger[4775] hatt[4776] darauff gesehen und getrauet[4777], ist[4778] gleich wie ein Bürge gehalten [fol. 197v] undt muß auff den[4779] Fall, wann der Schuldtman[4780] nicht bezahlen kan oder von demselben

4761 W *Uebernehmung fremder.*
4762 W am Rand: *De Expromissionibus.*
4763 W *alleine.*
4764 W *Exceptione.*
4765 W *dem.*
4766 Bei M verbessert aus *darff.*
4767 W *würde.*
4768 W *Bürgen.*
4769 W *executiret.*
4770 W *Mahnung.*
4771 W *worin auch.*
4772 W *muss die.*
4773 W *bemühet seyn, oder beschaffen.*
4774 W *und wo.*
4775 W *Gläubiger.*
4776 Fehlt bei W.
4777 W *getrauet hat.*
4778 W *ist er.*
4779 W *dem.*
4780 W *Schuldner.*

nicht leicht die Schuldt[4781] zu erreichen, in einer ihm dazu bestimmenden Zeitt die Zahlung beschaffen oder von dem Seinigen thuen. Ist er aber mitt solchem Versprechen nicht die Ursache, daß[4782] dem Andern gegebenen Glaubens oder unterlaßener Abmahnung, so ist er nicht weiter dan zu möglichem[4783] Fleiß dadurch verbunden undt, wann er darin nichts unterlaßen, ferner ohnverbunden.

Titulus XIII.
Von den Correis debendi et[4784] credendi.

1.[4785] Ob zwey undt[4786] mehr wegen einer Schuldt zugleich sich *in solidum* verpflichtet hetten, mögen doch dieselbe sich deß *beneficii divisionis* gebrauchen undt darff einer, der auff die gantze Summe besprochen, nicht mehr dann sein Antheill oder Stranck bezahlen, eß wehren dan die Andern *non solvendo* oder außerhalb Landes oder hetten dem *beneficio divisionis* mitt außtrücklichen Worthen *renunciir*et.

2. Waß einer unter denen, die sich auff eine Summe *in solidum* verpflichtet undt *correi debendi* sein, bezahlet, deßwegen hatt er den *Regress* undt *Action*, obgleich selbiger von dem *Creditore* [fol. 198r] nicht *cedir*et, wieder die Andern, so nebst ihm sich verpflichtet. Die sein schuldig, nicht allein, waß er bezahlet, sondern auch von Zeitt der Seumbnus[4787] die Zinsen, imgleichen[4788] die zu gemeinen Nutzen angewandte Kosten, doch nicht die, so durch unnötigen *Disputat* verursachet, soviell auff ihren[4789] Antheill kommen mag, zu erstaten.

3. Wann unter vielen Schuldenern, die vor einer Schuldt pflichtig sein, einer nur das Geldt empfangen oder sonst den Nutzen solcher Schuldt erreichet, mögen die andern, die deßen nicht gebeßert, sich damitt wieder den Glaubiger[4790] nicht behelffen[4791], noch[4792] die *Exception* oder[4793] *Beneficii excussionis* gebrauchen, sondern sein zu demselben Einhaldt der Verschreibung[4794] nichtsdestoweniger

4781 W *demselben die Schuld nicht leicht.*
4782 W *des.*
4783 W *möglichsten.*
4784 W *&.*
4785 W am Rand: *De juribus Correorum debendi et credendi.*
4786 W *oder.*
4787 W *Säumniss.*
4788 W *ingleichen.*
4789 W *ihrem.*
4790 W *Gläubiger.*
4791 Bei M verbessert aus *helffen.*
4792 W *nocht.*
4793 W *des.*
4794 W *Verschreihung* (vermutlich Druckfehler).

gehalten. Unter sich aber können dieselbe deßen sich bedienen sowoll zur *Action* wieder die, so die Gelde[4795] oder was sonst unter der Schuldt begriffen, empfangen, alß welche deßhalber den andern, die bezahlet haben, gehalten sein, alß auch zur *Exception*, daß dieselbe zuerst sollen *excutiir*et[4796] werden.

4. Waß von Vielen alß *Correis credendi* außgeliehen, oder denselben auß andern *Contract*en gebühret, mag einer unter ihnen, wann kein [fol. 198v] Anders verabredet, bezahlet oder vergnuget[4797] werden, undt waß von einem entfangen[4798], befreyet den Schuldtman von der Ubrigen[4799] Zusprache, soferne[4800] der *Obligation* gemeeß darin verfahren. Wer aber einem der Erben zahlet, wirdt nicht weiter dan auff dem Antheill, soweit er geerbet, befreyet, den ubrigen[4801] Erben bleibt[4802] die Zusprache auff ihre Theile, eß were dann dem, der es entfangen[4803], in der Erbtheilung die Schuldt gantz zugeschlagen oder sie hetten die Zahlung einmahl genehmet.

Titulus XIV.
Von Burgschafften[4804].

1.[4805] Wann die Burgschafften[4806] nicht außtrucklich[4807] undt *in specie* auff die Erben mitt gerichtet, sein nach altem[4808] Gebrauch dieses Furstenthuembs[4809] sie zu keiner Zahlung verbunden.

2. Wer Burge[4810] wirdt, obgleich in der Verschreibung, soviell ihr betrifft, von den Zinsen nichts gemeldet, so ist doch darzu, wie auch zu den verursacheten[4811]

4795 W *das Geld.*
4796 W *executiret.*
4797 W *und vergnüget.*
4798 W *empfangen.*
4799 W *übrigen.*
4800 W *so fern.*
4801 W *übrigen.*
4802 W *bleibet.*
4803 W *empfangen.*
4804 W *Bürgschafften.*
4805 W am Rand: *De Fidejussionibus et jure santionis (?).*
4806 W *Bürgschafften.*
4807 W *ausdrücklich.*
4808 W *alten.*
4809 W *Fürstenthums.*
4810 W *Bürge.*
4811 W *verursachten.*

Kosten undt worzu sonst der *Principal* durch die *Obligation* pflichtig, verbunden[4812], soferne kein Anders vereiniget undt außbedungen.

3. Wan ein Burge[4813] nur auff undt bis zu einer gewißen Zeitt sich burglich[4814] verpflichtet undt hernach der *Termin* er- [fol. 199r] strecket wirdt, ob eß hinter sein Wißen undt Willen geschiehet, bleibt[4815] er doch auff daß *Capital* undt die[4816] bis zu solcher Zeitt betagte[4817] Zinsen ferner undt so lang verbunden, daß die Zahlung erfolget, er hette dann bey der Burgschafft[4818] zugleich außtrucklich[4819] bedungen und sich erklehret, daß er nicht lenger wolle gehalten, sondern im Fall, der Glaubiger inmittler[4820] Zeitt daß Seinige nicht abfodern wolte, loß sein. Durch derogleichen Beding wirdt er[4821] noch vor der Zeitt frey[4822], wo nicht dann erweißlich, daß der *Creditor* vorher an seinem Fleiß nichts erwinden[4823] laßen oder daß Seinige nicht erreichen können[4824].

4. Ein Burge[4825], wann er seiner Lobezucht[4826] halber besprochen, mag, wan er deroselben gestendig undt nicht kundtbahr, daß der Schuldtman, vor welchem er gelobet, nicht *solvendo* sey, vorher suchen, daß der Principal zuerst belanget undt *excutiir*et[4827] werde, er habe sich dann bey der Verschreibung des *Beneficii ordinis* begeben, worzu aber nicht gnuegsahmb ist einige *Generalrenunciation* der Woltha-ten, so den Burgen[4828] erlaubet undt zustaten kommen können oder das er sich alß Selbstschuldigen verpflichtet, sondern von Nöthen, daß mitt außdrücklichen Wortten bey der Verzicht deß *Beneficii* gedacht sey.

5. Die *Renunciationes* und Verzicht[4829], welche [fol. 199v] von den Burgen[4830] geschehen, sollen nicht weiter gelten noch auff andere der[4831] Rechte *Exception*en

---

4812 W *derselbe verbunden.*

4813 W *Bürge.*

4814 W *Bürglich.*

4815 W *bleibet.*

4816 W *den.*

4817 W *betagten.*

4818 W *Bürgschafft.*

4819 W *ausdrücklich.*

4820 W *Gläubiger immittler.*

4821 Fehlt bei W.

4822 Fehlt bei W.

4823 W *ermangeln.*

4824 W *können, entbunden.*

4825 W *Bürge.*

4826 W *Bezahlung.*

4827 W *executiret.*

4828 W *dem Bürgen.*

4829 W *Verzichte.*

4830 W *Bürgen.*

4831 W *dero.*

undt Wolthaten sich erstrecken, dan die in der Verschreibung gemeldt[4832], obgleich solche mitt gar weittleuffigen[4833] undt *General*worthen geschehen, eß werden[4834] solche *indefinite* oder auch nach Erzehlung etlicher[4835] *Beneficie*n, so den Burgen[4836] zustaten kommen, angehengt[4837]. Ist dadurch die sonst in[4838] Rechten erlaubte *Beneficia* undt *Exception*en, die unter den Worthen *in specie* nicht begriffen, zu gebrauchen ohnbenommen.

6. Ein Ruck- oder Schadeloßburge[4839], ob er gleich dem *Beneficio excussionis* abgesaget, mag doch nicht belanget werden, eß sein dan des Principal *Debitoris* Guether *discutiir*et[4840], undt ohnzahlbar befunden oder eß ist offenbahr, daß derselbe nicht *solvendo* sey.

7. Ob jemandt inßgemein allen undt jeden *exceptionibus*[4841], *beneficiis* und Wollthaeten, so einem Burgen[4842] zustaten kommen können oder auch darunter dem *beneficio divisionis renunciir*et, ist er dennest[4843] vermöge dem Landtgebrauch[4844] nicht hoher[4845] verbunden, dann[4846] nur zu Bezahlung seines Stranges und darff der ander Mittburge[4847], welcher *solvendo* seine *portiones*, ob er gleich *in solidum* erlanget[4848], nicht tragen noch deßwegen die *Execution* auff der gantzen Summen erleiden[4849], eß were dann, daß itztgedachtem[4850] Landtgebrauch bey der geschehenen [fol. 200r] Verpflichtung *in specie* abgesaget[4851].

4832 W *gemeldet.*
4833 W *weitlaufftigen.*
4834 W *werde.*
4835 W *etzlicher.*
4836 W *Bürgen.*
4837 W *angehänget.*
4838 W *im.*
4839 W *Rück- oder Schadloss Bürge.*
4840 W *discutiret.*
4841 W *Excreptionibus* (vermutlich Druckfehler).
4842 W *Bürgen.*
4843 W *ist demnechst.*
4844 W *des Landes Gebrauch.*
4845 W *höher.*
4846 W *denn.*
4847 W *andere Mit-Bürge.*
4848 W *belanget*; bei M offenbar verbessert aus *belanget.*
4849 *Die execution … erleiden* fehlt bei W.
4850 W *itztgedachten.*
4851 W *abgesaget, die Zahlung thun.*

8. Eß stehet dem Glaubiger[4852] frey, dem[4853] Principal oder Burgen[4854] undt diesen[4855] zugleich oder auch einen unter ihnen zu besprechen, auch ob einer belanget, von denselben[4856] abzutreten undt Andere vorzunehmen. Wann aber die Burgen[4857] zugleich oder einer unter ihnen auff seinen[4858] Strang undt Antheill alleine in Ansprach genommen, vielmehr wan von einem sein Strang oder *unius portio* gehoben, so wirdt die Schuldt vertheilet undt wechset dem Burgen[4859] daß *beneficium divisionis*, obgleich zuvohrher demselben abgesaget, hinwiederumb zu undt mögen hernach die Glaubiger[4860] demselben nicht weiter, auch die vielen Burgen[4861] nicht höher dann[4862] jeden auff seinen[4863] Stranck besprechen, eß were dan das unter denen jemandt[4864] nicht *solvendo* were. Alßdan tragen die Andern zu gleichen Theilen seinen Strang.

9. Wer sich zugleich mitt Burgen[4865] undt Pfanden[4866] versichern leßet, wann dem *beneficio ordinis seu excussionis renunciir*et oder daßelbe sonst zu Recht nicht staatfindet, hatt die Wahl, worzu er erst zu Erreichung der Zahlung greiffen wolle. Undt ob er bereits die Pfande verfolget, mag er doch solche verlaßen undt die Burgen[4867] ansprechen, ist aber bey erlangter Zahlung demselben die in Handen[4868] habende Pfande außzureichen [fol. 200v] undt abzutreten oder, wann dieselbe nicht in seine Hende[4869], die *Actiones* darauff zu *cedir*en schuldig. Wann aber der Burge[4870] sich vorgemelten[4871] *Benefici*en zu gebrauchen hatt, kan er, ehe daß Pfandt angegriffen, nicht belanget werden, eß köndte dann der *Creditor* nicht ohne großes Beschwer[4872] darauß die Zahlung erreichen.

4852 W *Gläubiger.*
4853 W *den.*
4854 W *die Bürgen.*
4855 W *diese.*
4856 W *demselben.*
4857 W *Bürgen.*
4858 W *seinem.*
4859 W *Bürgen.*
4860 W *Gläubiger.*
4861 W *Bürgen.*
4862 W *denn.*
4863 W *seinem.*
4864 W *denen, so genandt.*
4865 W *Bürgen.*
4866 W *Pfänden.*
4867 W *Bürgen.*
4868 W *Händen.*
4869 W *seinen Händen.*
4870 W *Bürge.*
4871 W *vorgemeldter.*
4872 W *grosse Beschwehrde.*

10. Wer von einem Burgen[4873] die Bezahlung fodert, ist schuldig, bey demselben zugleich oder auch, ob sie geschehen, hernach, ohngeachtet daß dem *beneficio cedendarum actionum renunciir*et, alle seine *Action*[4874] undt Rechte wieder Principal und Burgen[4875] zu *cedir*en, undt kan der Burge[4876] die Zahlung solang zuruck[4877] halten, biß daß ihm eine rechtmeßige *Cession* wiederfehret.

11. Den oder die Burgen[4878], so unzahlbahr sein, heben die Ubrigen[4879] auff undt wechset dero *Portion* diesen *pro rata* zu, demnach dem[4880] zahlenden Burgen[4881] wie dann auch imgleichen auff dem, durch Erbschafft[4882], *Legata*, *Contract* oder ander *Titul* die Schuldt gelanget, wieder die andern Mittburgen[4883] der *Regress*[4884] nicht weiter dann nach Abzueg sowoll seiner menlichen *Portion* alß waß ihm des Ohnvermögenden halber zu tragen zukompt, staatfindet[4885].

12. Unter den Burgen[4886] ist ohnzahlbahr[4887] zu halten, wer einen *Concursum Creditorum* also erreget, daß er zugleich *Bonis cedir*et, [fol. 201r] daß dadurch wieder ihn[4888] die gerichtliche Spruche[4889] undt Rechtshülffen auffhören.

13. Wann der Principalschuldener einen *Concursum Creditorum* erreget[4890] undt denselben seine Guetter abzutreten Willens, soll der Glaubiger[4891] nach erhaltener Nachricht der *Citation*, die Schuldtfoderung dabey anzugeben oder auch den Burgen[4892], dero Lehensfolger[4893] undt Erben, wann bey denen er zu bleiben gemeinet, das sie *vigilir*en können, solches zu vermelden, auch zur *Production* der *Origi-*

4873 W *Bürgen.*
4874 W *Actiones.*
4875 W *wider den Principalen und Bürgen.*
4876 W *Bürge.*
4877 W *zurück.*
4878 W *Bürgen.*
4879 W *übrigen.*
4880 W *den.*
4881 *Demnach … Burgen* bei M am Rand eingefügt; W *Bürgen.*
4882 W *die Erbschafft.*
4883 W *Mit-Bürgen.*
4884 W *Recess.*
4885 W *zukommt, zu statten kommet.*
4886 W *Bürgen.*
4887 W *unzahlbar.*
4888 W *ihm.*
4889 W *Sprüche.*
4890 W *erregt.*
4891 W *Gläubiger.*
4892 W *Bürgen.*
4893 W *Lehnsfolger.*

nalobligation, damitt den Burgen[4894] zu Gutte[4895] der Post mitt angegeben werde, sich zu verßehen[4896] schuldig sein. Wurde[4897] darin von ihm etwaß verseumet, der Burge[4898] dadurch beschediget oder verkurtzet[4899], soll hinfurters[4900] ihm der Burge[4901] nicht verbunden sein, sondern es also[4902] gehalten werden, alß wann der *Creditor* sonst der Foderung durch muettwillig Verursachen, des[4903] von dem Principalen[4904] nichts wieder[4905] zu erlangen ist, verlustig erkandt werden.

14. Wer im Gerichte vor jemandt Burge[4906] wirdt, ihm[4907], wann er gefodert, zu stellen oder auch, was wieder ihn[4908] erkandt, zu leisten, derselbe hatt sich des *Beneficii ordinis* oder *excussionis* nicht zu gebrauchen, sondern wann derjenige *citir*et oder verdammet, vor[4909] welchen er gelobet [fol. 201v] oder ungehorsahmb ist, kan alßforth *executive* auff das, worauff er geburget[4910], wieder ihn[4911] verfahren werden.

15. Wer jemandt zu seinen Nöthen oder Nutz zum Burgen[4912] außgesetzet, soll auch bedacht sein, daß er denselben befreye undt schadloß halte, demnach den Burgen[4913] nicht[4914] allein, wann der Principal beginnete, ohnvermögendt zu werden oder seine Gueter zu verschwenden undt zu vereußern oder sonst ander[4915] Schulde wegen *Executiones* zu leiden, sondern auch außer deme[4916], wann er funff[4917] Jahr

4894 W *Bürgen.*
4895 W *Güthe.*
4896 W *versehen.*
4897 W *Würde.*
4898 W *Bürge.*
4899 W *verkürtzet.*
4900 W *hinfürters.*
4901 W *Bürge.*
4902 W *soll.*
4903 W *muthwillig Verbrechen, dass.*
4904 W *Principaln.*
4905 W *weiter.*
4906 W *Bürge.*
4907 W *ihn.*
4908 W *ihm.*
4909 W *für.*
4910 W *gebürget.*
4911 W *ihm.*
4912 W *Bürgen.*
4913 W *Bürgen.*
4914 Fehlt bei W.
4915 W *anderer.*
4916 W *ausser dem.*
4917 W *fünff.*

in Burgschafft[4918] gestanden, erlaubt[4919] sein, ihn umb seine Befreyung zu belangen. Undt alßdan gebühret ihm, sein Hand undt Siegel wiederumb einzuschaffen oder auch gnuegsahmbe[4920] Schadloßverschreibung zu geben. Im Wiedrigen wurde[4921] er in deß Schuldeners Gutter[4922] *immittir*et undt daraus[4923] dem Glaubiger[4924] die Bezahlung zu schaffen erlaubet.

16. Wann ein Burge[4925] von dem Glaubiger[4926] besprochen, soll dem freystehen, alßfort dem Principalen[4927] undt deßen Erben gerichtlich zu belangen, daß er zutrete undt ihn befreye, deßwegen dann auff Anhalten des besprochenen Burgen[4928] ein *Mandatum de liberando* undt, da eß nicht geschehe, die *Execution* auff dasjenige, so er würde bezahlen mußen[4929], gewertig zu sein, ertheilet, [fol. 202r] dazu ihm eine solche Zeitt, alß dem[4930] Burgen zur Zahlung bestimpt, *praefigir*et, *simultaneo processu* wie mitt der Clage[4931] wieder den Burgen[4932] verfahren, auff sein Ungehorsahmb undt Verseumbnuß[4933] aber der Burge[4934] darauff in deßen Gutter[4935] *immittir*et undt er dadurch schadeloß gemachet[4936] werden. Jedoch ist darumb des Glaubigers[4937] Zusprache undt Recht wieder den Burgen[4938] nicht zu verweilen undt auffzuhalten, sondern wirdt auff sein Suchen verfahren, wie es Recht ist.

17. Wann[4939] ein *Correus debendi* oder Burge[4940] alleine wegen der Schuldt, worfur[4941] er mitt Andern gelobet, in Ansprache genommen undt er sich mitt der

4918 W *Bürgschafft.*
4919 W *erlaubet.*
4920 W *gnugsam.*
4921 W *würde.*
4922 W *Schuldners Güter.*
4923 Bei M verbessert aus *darauff.*
4924 W *Gläubiger.*
4925 W *Bürge.*
4926 W *Gläubiger.*
4927 W *Principaln.*
4928 W *Bürgen.*
4929 W *so er wieder bezahlen muss.*
4930 W *den.*
4931 W *Klagen.*
4932 W *Bürgen.*
4933 W *Versäumniss.*
4934 W *Bürge.*
4935 W *Güter.*
4936 W *schadloss gemacht.*
4937 W *Gläubigers.*
4938 W *Bürgen.*
4939 W *Wonn.*
4940 W *Bürge.*
4941 W *wofür.*

Exceptione divisionis nicht schutzen[4942] mag oder auch zweiffelhafft[4943] were, ob sie ihm zustaaten kommen[4944], mag er alßfortt[4945] ein oder mehr, auch alle seine Mittburgen[4946] *citir*en laßen, zu erscheinen undt ihm zu *assistir*en, auch in der Bezahlung bey Zutreten[4947] undt ihren Strang richtig zu machen. Ob nun woll der Glaubiger[4948] darauff zu warthen oder an den[4949] *Process* sich binden zu laßen nicht schuldig, dahero auff sein Suchen die Rechtshulffe ihm[4950] absonderlich undt ohnverzueglich wiederfehret[4951], so soll doch, es sey zur *Execution* gelanget oder nicht, wieder die andern *Correos* und Mittburgen[4952] von dem Gericht dem [fol. 202v] Belangeten die Hulffe[4953] wiederfahren undt also *procedir*et werden, daß ein *Mandatum* an dieselbe, wieder welche die Zusprache gerichtet, in bestimbter Zeitt, waß ihm den Rechten nach gebühret, beyzutragen oder, da bereits die Bezahlung geschehen, wieder zu erlegen, bey Androhung der *Execution* erkandt undt abgehen, wann nun solches nicht geschicht, auch nichts Erhebliches eingewandt, ohne Verzug *executive* verfahren undt der *Supplicant* in seines Nebenburgen[4954] Guether zu Erholung deßen, so ihm oblieget, gewiesen werden.

18. Waß ein Burge[4955] an *Capital* undt Zinsen bezahlet, imgleichen[4956] die der Zahlung halber[4957] erlittenen Schaden undt angewandte Unkosten, ist ihm[4958] der Schuldtman zu erstaten verbunden. Die Nebenburgen[4959] aber sein nicht weiter dann auff[4960] *Capital* und Zinsen, nicht aber zu andern Kosten undt Schaden[4961], dann die sie[4962] verursachet, gehalten.

4942 W *schützen.*
4943 W *zweiffelhafftig.*
4944 W *komme.*
4945 W *alsofort.*
4946 W *oder mehr seiner Mit-Bürgen.*
4947 W *Bezahlung beyzustehen.*
4948 W *Gläubiger.*
4949 W *dem.*
4950 W *Rechts-Hülffe ihme.*
4951 W *wiederfahret.*
4952 W *und ihre Mit-Bürgen.*
4953 W *Hülffe.*
4954 W *Neben Bürgen.*
4955 W *Bürge.*
4956 W *ingleichen.*
4957 W *halben.*
4958 W *ihme.*
4959 W *Neben-Bürgen.*
4960 W *auf das.*
4961 W *Schulden.*
4962 W *hie.*

Titulus XV.
Von Pfanden[4963].

1.[4964] Wann zur[4965] Versicherung einer Schuldt die Guether übergeben oder verschrieben oder auß den Guetern die Bezahlung[4966] versprochen oder auff den[4967] Nichthaltungsfall darauß seine Zahlung zu suchen oder zu verkauffen, [fol. 203r] imgleichen[4968] dieselbe eigenes Gewaldts einzunehmen Recht undt Macht gegeben oder sonst an den Guettern etwas verschrieben oder versprochen, damitt er seine[4969] Foderung soviell mehr versichert sey, hatt der Glaubiger darin ein Pfandtrecht, obgleich deßen außtrucklich[4970] nicht gedacht were.

2. Waß zum Unterpfande eingesetzet[4971], hafftet vor die Schuldt, solang davon etwaß übrig, dahero dann auch, waß davon an andere Orther[4972] gebracht oder verwendet, imgleichen[4973] waß anstaht deßen so durch Zufelle abkommen oder verdorben, *restituir*et und gesetzet, ist mitt unter dem Pfandt begriffen.

3. Verkaufft[4974] jemandt ein Lehen[4975] undt setzet dem Verkeuffer[4976] vor den[4977] Nachstand des Kauffgeldes daßelbe zu Pfande, *consentir*et der Lehenher[4978] in den[4979] Verkauff, ist das Pfandt gültig, der *Agnaten Consens*[4980] aber ist dazu nicht nötig. Leihen aber Andere Gelder zu dem Kauffgelde undt wirdt daß verkauffte Lehen verpfendet[4981], ist daß Pfandt ohne *Specialconsens* des Lehenherrn[4982] undt *Agnat*en nicht bestendig[4983].

4963 W *Pfänden.*
4964 W am Rand: *Jura pignorum et hypothecarum.*
4965 W *zu.*
4966 W *Zahlung.*
4967 W *dem.*
4968 W *ingleichen.*
4969 W *seiner.*
4970 W *ausdrücklich.*
4971 W *eingesetzt.*
4972 W *Oerter.*
4973 W *ingleichen.*
4974 W *Erkaufft.*
4975 W *Lehn.*
4976 W *Verkauffer.*
4977 W *dem.*
4978 W *Lehn-Herr.*
4979 W *dem.*
4980 Bei M danach noch einmal *consens* durchgestrichen.
4981 W *Lehn verpfandet.*
4982 W *Lehn-Herrn.*
4983 W *bestandig.*

4. Wer daß bloße *jus retentionis* an[4984] Guettern hatt, mag zwahr dieselbe wieder den Schuldtman undt die, so daran kein dinglich Recht haben, biß zu seiner Ab- [fol. 203v] findung behalten, erlanget aber dadurch kein Unterpfandt noch einigen Vorzug vor die *Creditor*en, welche[4985] solche verpfendet[4986] sein, ist auch auff dero Zusprache solche abzutreten schuldig.

5. Wehm[4987] ein Guett zu[4988] Pfandt eingereumet wirdt, sich darauß auff *Capital* undt Zinß[4989] bezahlt zu machen, imgleichen[4990] wann jemandt in ein Guett *immittir*et wirdt, soll zufoderst ein *Inventarium* in Beysein des *Debitoris* oder, da er sich des Erscheinens verwiederte, glaubhaffter Zeugen auffrichten, daßelbe[4991], wie einem fleißigem Haußwirthe zustehet, verwalten, die Abnutzungen zufoderst auff die Unkosten, die er auff daß Guett oder wieder den Schuldtman durch sein Verursachen verwenden muß, hernach auff die Zinse[4992], was übrig auff das *Capital* anrechnen, mittelst solchen *Inventarii* auch daßelbe außbescheiden, waß ohne sein Verursachen an Schaden[4993] zugefueget, *restituir*en, undt damit die Weittleuffigkeit[4994], so die Rechnungen verursachen, möglichst verhütet werden[4995], soll der *Creditor* die Rechnungen jerlich dem *Debitori* zu- oder in daß Gericht schicken, daneben dann ihm ein *Terminus* zu Einbringung der Einreden auff ein halb Jahr angesetzet undt, wann er alßdann nicht einkommen oder auch Auffschub erhalten werde, die Rechnung vor richtig und genehmet gehalten werden.

6. Eß mag ein jeder seinem Glaubiger[4996] [fol. 204r] iegen[4997] Anleihe der Gelder von seinen[4998] Haab undt Guttern[4999] einreumben undt die Abnutzungen anstaat der Zinsen uberlaßen[5000], biß daß die Hauptsumme wiederumb[5001] abgetragen wirdt, jedoch daß hirin der landtsittlicher Anschlag nicht überschritten undt die

---

4984 W *an den.*
4985 W *Creditorn, welchen.*
4986 W *verpfandet.*
4987 W *Wann.*
4988 W *zum.*
4989 W *Zinsen.*
4990 W *ingleichen.*
4991 W *dasselbige.*
4992 W *Zinsen.*
4993 W *Schäden.*
4994 W *Weitläufftigkeit.*
4995 W *werde.*
4996 W *Gläubiger.*
4997 W *gegen.*
4998 W *seinem.*
4999 W *Gütern.*
5000 W *überlassen.*
5001 W *Haupt-Summa wieder.*

Nutzungen also, wie sie[5002] insgemein im Lande bey derogleichen Guettern pflegen[5003] ermeßen werden[5004], angerechnet werden[5005]. Ob alßdan[5006] sich begebe, daß dieselbe durch Gottes Seegen undt des Einhabers Muhe[5007] höher erreichet wurden[5008], soll darumb der *Contract* alß ein wucherlicher Handel nicht *improbir*et[5009], sondern es dabey gelaßen werden[5010]. Da aber die Guetter ihre gewiße gewonliche[5011] Nutzbarkeiten hetten[5012] undt solche ohne sonderbahre Mühe, Kosten undt Arbeit, die hiebey billig mitt angesehen werden, zu erhalten, solche gleichwoll den *Taxt* der jerlichen Zinsen ansehnlich[5013] uberstiegen[5014], ist der[5015] Schuldener frey, daßjenige, so übermeßig erhaben[5016], auff das *Capital* abzurechnen, undt der Glaubiger schuldig, mitt ihm darüber Rechnung zuzulegen.

7. Der Glaubiger[5017], so ein *jus antichreticum* erlanget, muß von den Abnutzungen alles außstehen, was auff dieselbe geschlagen oder in dero *Respect* abzutragen, demnach auch, waß an *Contribution*en angeleget, imgleichen[5018] Einquartierungskosten. Wurden[5019] auch die Früchte durch Zufelle[5020] verdorben oder er [fol. 204v] sonst an derer Genieß behindert, kan er dem Schuldener nichts[5021] anrechnen. Waß aber die Güetter zu *conservir*en und in guetem[5022] Wesen zu erhalten angewandt undt alle erweißliche *Melioration*en, die mußen[5023] ihm erstatet, wie dan auch, wann die Guether durch *casus fortuitos* in Verderben gerathen, deßen *Reparati*-

5002 W *hie.*
5003 W *pflegten.*
5004 W *zu werden.*
5005 *Angerechnet werden* fehlt bei W.
5006 W *alsdenn.*
5007 W *Mühe.*
5008 W *würden.*
5009 W *improbiret werden.*
5010 Fehlt bei W an dieser Stelle.
5011 W *gewöhnliche.*
5012 W *hatten.*
5013 Bei M verbessert aus *ansehnlichen.*
5014 W *überstiegen.*
5015 W *dem.*
5016 W *erhoben.*
5017 W *Gläubiger.*
5018 W *ingleichen.*
5019 W *würden.*
5020 W *Zufalle.*
5021 W *nicht.*
5022 W *guten.*
5023 W *müssen.*

on von dem Schuldener bey geschaffet oder, solang solches nicht geschiehet, der Schade auß dem Hindernuß[5024] deß Genießes ersetzet werden.

8. Ein stilschweigendt Pfandt, so in den[5025] Rechten *tacita hypotheca* genandt, soll dieselbe Krafft undt Recht haben, alß wann jemandt ein Unterpfandt *expressa conventione* eingesetzet[5026]. Wann nun offenbahr, daß durch die gemeine oder unsers Landes Recht[5027] undt Gewonheiten ein solches zugelaßen undt verordnet, sodann haben 1. die Ehefrauen und ihre Erben in ihres Mannes Guthern[5028] wegen zugebrachten Ehegeldes undt ander ihrer Habe, welche man *Parapheral*ien nennet[5029], wann solche dem Ehemanne erweißlich zugebracht, undt zwahr des Ehegeldes halber von Zeit der Hochzeitt, im Ubrigen[5030] von der Zeitt, wann derselbe solche zu seinen Händen undt Verwaltung bekommen, 2. die Ehemenner wegen versprochenen Ehegeldes von Zeitt des Versprechens in der Frauen wie auch in derer Guttern[5031], so daßelbe versprochen, 3. die Kinder erster Ehen[5032] in ihrer Eltern, wann sie zur andern Ehe schreiten, wie auch [fol. 205r] ihre[5033] Stieffeltern Guetter, wegen deßen so ihnen von der[5034] verstorbenen Vater undt Mutter den Rechten nach zukompt und in ihren Henden[5035] gewesen, 4. die Kinder zu Versicherung deßen, so der Vater ihrentwegen zu seinem[5036] Genieß *ex bonis adventitiis* gehabt, von Zeitt des Empfanges[5037], 5. unmundige[5038] Kinder, Wittwen undt alle andere, so unter vormundtlicher[5039] Pflege sein, in ihrer Vormunder undt *Curator*en[5040] wie auch dero[5041], so nicht Vormunden[5042] verordnet, doch vormundtliche[5043]

5024 W *Hinderniss.*
5025 W *dem.*
5026 W *eingesetzt.*
5027 W *unser Landes-Recht.*
5028 *In ihres ... Guthern* fehlt bei W an dieser Stelle.
5029 W *Paraphernalien nennet, in ihres Mannes Gütern.*
5030 W *übrigen.*
5031 W *Güter.*
5032 W *Ehe.*
5033 W *ihrer.*
5034 W *den.*
5035 W *Handen.*
5036 W *seinen.*
5037 W *Empfangs.*
5038 W *Unmündige.*
5039 W *Vormündlicher.*
5040 W *Vormünder, und Curatorn.*
5041 W *dero Güter.*
5042 W *als Vormünder.*
5043 W *Vormündliche.*

Verwaltung sich unterfangen Guetter[5044], von[5045] Zeitt[5046], sie die Vormundschafft undt *Curatel* angetreten, 6. der *Fiscus* undt die, so *jura fisci* haben, in ihrer *Administrator*en Guethern[5047] 7. Kirchen, Schulen, Hoßpitalen undt andere *pia collegia et loca* in ihrer Schuldener, alß welche ihre Guther[5048] *administrir*en, Guettern 8. die Städte, so *jura fisci* nicht haben, in derer, so ihre Guether in Verwaltung gehabt, Eigenthuemb, imgleichen[5049] wegen Steuren undt Zulagen, nicht aber, wann sie mitt jemandt *Contract* machen, 9. die, so ihre Guether jemandt zur Verwaltung anvertrauen, 10. imgleichen Herrn[5050] in dehm[5051], so ihre Dienstbotten in- undt außerhalb ihres Hauses haben, auff den[5052] Fall, wann Verwalter undt Diener etwaß veruntrawen, 11. Die, so Andern[5053] das Ihrige verheuren[5054] undt verpächten[5055], [fol. 205v] wegen deßen, so ihnen dahero von diesen gebühret, in der auff undt in solche Guetter gebrachten der *Conductor*en[5056] Haabe, auch was an Abnutzungen davon fellet[5057], 12. die *Legatari*en undt Andere, so auß letzten Willen zu fodern haben, in des *Testatoris* verlaßenen Güttern, so bey den Erben sein undt Andern nicht vermachet worden[5058], 13. Diejenige, so auß gewißen Guttern[5059] einige bestendige Zehende, Pacht, Zinse, Rente oder dergleichen[5060] Hebungen haben, an derselben Guther[5061] von Zeitt, daß solche darauß vorschrieben[5062] oder gebühret, 14. Die, welche wegen *Aliment*en undt waß darunter den Rechten nach begriffen, fodern[5063], 15. Kirchen-, Schulen-, Stadt- und Gemeindendiener, wegen deßen, so

5044 Fehlt bei W an dieser Stelle.
5045 W *von der.*
5046 W *Zeit an, da.*
5047 W *Güter.*
5048 W *Güter.*
5049 W *ingleichen.*
5050 W *Ingleichen Herren.*
5051 W *dem, dem.*
5052 W *dem.*
5053 Fehlt bei W.
5054 W *andern verhäuren.*
5055 W *verpachten.*
5056 W *Conductorn.*
5057 W *Nutzungen davon fallt.*
5058 W *undt Andern ... worden* fehlt bei W.
5059 W *Gütern.*
5060 W *derogleichen.*
5061 W *Güter.*
5062 W *verschrieben.*
5063 W *fordern.*

ihnen zu ihrem ordentlichem[5064] Unterhaldt beygeleget, in den Guthern[5065] derer, so es abstaten sollen.

9. Die Verpfendung aller jemandts Haabe undt Guetter erstrecket sich nicht auff deßen Lehne, undt ob dero gleich in den Verschreibungen nicht[5066] gedacht, wan darüber der landesfurstliche[5067] *Consens* nicht ertheilet, ist es ohnkrefftig, dahero die, so an den Lehnen eine Pfandtgerechtigkeit mit furstlichem[5068] *Consens* hernach erlanget, den Vorzug haben.

10. Ist ein Unterpfandt ein mehres Werth, dann der Glaubiger[5069] die[5070] solches besitzet, darauff hatt, mögen ander Glaubiger[5071] auff die [fol. 206r] Ubermaße[5072] die Anweisung pitten, auch zu ihrer Versicherung sich *immittir*en laßen, aber sich darin nichts anmaßen noch von den Abnutzungen, es sey dann dem Schuldman darin etwaß *reservir*et, fodern, bis der besitzender[5073] *Creditor* abgefunden, denselben aber, was er darauß rechtlich zu fodern hatt, abfinden undt dagegen daß Pfandguett zu sich nehmen oder auch dahin durch Recht halten, daß das Guett auffgebotten, verkauft undt zufoderst ihm, darnach den Andern darauß die Zahlung werde.

11. Wirdt das Guett, so des Glaubigers[5074] Unterpfandt ist, verkaufft, oder einem Andern verpfendet, obgleich der Glaubiger[5075] solches weiß, aber stillschweiget, ist er doch deßen nicht verlustig, solang er nicht außtrücklich in den Verkauff *consentir*et, er sey dann absonderlich oder inßgemein unter denen, so an dem Guett *interessir*et, *per proclamata* zu dem[5076] Kauff *citir*et, sein *jus* anzuzeigen. So hebt er durch sein Außenbleiben undt Stillschweigen daß Pfandtrecht auff, wie er dann dahero, wann sich bey den Verkauffungen, so durch öffendtlichen Auffbott geschehen, nicht angibt[5077], hernach nicht mehr auff das verkauffte Guett zu sprechen hatt.

5064 W *ihren ordentlichen.*
5065 W *Gütern.*
5066 W *mit.*
5067 W *Landesfürstliche.*
5068 W *Fürstlichen.*
5069 Bei M danach gestrichen *auff.*
5070 W *Gläubiger, so*; bei M verbessert aus *der.*
5071 W *andere Gläubiger.*
5072 W *Uebermaasse.*
5073 W *besitzende.*
5074 W *Gläubigers.*
5075 W *Gläubiger.*
5076 W *den.*
5077 W *er nicht angiebet.*

12. Waß einen[5078] Gleubiger *specialit*er [fol. 206v] verpfendet, mag derselbe beysprechen[5079], wann eß an Andere[5080] vereußert, undt, solang er nicht befriediget, die *Alienation* behindern[5081]. Ob er auch dieselbe woll wuste[5082], aber doch außer dem Fall, wann mittelst einen[5083] öffendtlichen Auffbots dieselbe ergehet, nicht spreche, ist es ihm an seinem dinglichem[5084] Recht unbehinderlich, mag in zehen[5085] Jahren dieselbe noch fodern[5086]. Hatt aber ein Schuldener alle seine Guther[5087] unterpfendtlich verschrieben, undt der Glaubiger ihm[5088] umb die Zahlung noch nicht gemahnet, kan er, solang der Schuldener *solvendo* ist undt soviell *in bonis* behelt, davon er zahlen mag, die Vereußerung nicht hindern noch, waß vereußert, wiederruffen, sondern muß sich an den ubrigen Guttern[5089] halten.

13. Ist in den Verschreibungen undt andern Verträgen enthalten, wie es auff den[5090] Nichthaltungsfall mitt den eingesetzeten[5091] Pfanden zu halten undt zu verfahren, soll[5092] demselben *stricte* nachgegangen, doch zur *Distraction* nicht geschritten werden, eß sey dann dem Schuldtman die Auffsage nach Einhalt des Schuldtbrieffes oder, wann darin nichts enthalten, ein halb Jahr zuvohr geschehen, hernach die Schuldt *liquidir*et und richtig befunden, darauff dann der Schuldener vor Gericht gefodert [fol. 207r] und mitt der *Aestimation* oder Auffbott verfahren. Außer gerichtlicher Verordnung[5093] soll niemandt mitt Zueignung oder Auffbott der Pfande verfahren, obgleich ein Anders inn dem Schuldtbrieffe enthalten were.

14. Wirdt unter den *Creditor*en und *Debitor*en[5094] keine andere Vereinigung befunden, soll der *Creditor*, wenn[5095] ein beweglich Guett unterpfendlich[5096] eingesetzet undt seine Bezahlung darauß[5097] zu suchen vorhabens ist, den Schuldtman

---

5078 W *einem.*
5079 W *derselbe besprechen.*
5080 W *andern.*
5081 W *behindere.*
5082 W *wüste.*
5083 W *eines.*
5084 W *dinglichen.*
5085 W *zehn.*
5086 W *dieselbe nachfodern.*
5087 W *Güter.*
5088 W *Gläubiger ihn.*
5089 W *übrigen Gütern.*
5090 W *dem.*
5091 W *eingesetzten.*
5092 W *mag.*
5093 Bei M verbessert aus *Ordnung.*
5094 W *Creditorn und Debitorn.*
5095 W *wann.*
5096 W *unterpfandlich.*
5097 Bei M über der Zeile eingefügt.

vor das Gericht, darunter das Pfandt befindlich, fodern, dabey anfuegen laßen, daß er solches in einer gewißen Zeitt, die nach Befindung von dem Gerichte zu setzen, *reluir*e oder in *praefigir*endem[5098] *Termino* erscheine, anzusehen, daß daraus[5099] der Glaubiger[5100] bezahlet werde, darauff dann zum öffendtlichem[5101] Auffbott eine Zeitt angesetzet[5102], undt geschehe immittelst die *Reluition* nicht, damitt zu verfahren, auch dehme, so das Meiste gebotten, dasselbe zugeschlagen[5103]. Wann aber daß unterpfendete[5104] Guett seinen gewißen Werth hette, dahero des Auffbots nicht vonnöthen oder derselbe sich fueglich nicht thuen ließe oder auch, ob er[5105] geschehen, kein Keuffer sich funde[5106], durch[5107] hiezu von dem Gericht verordnete *Aestimatoren*[5108] der Werth gesetzet, dafur[5109] dem *debitori addicir*et da solches ein mehres Wert dem *debitori*[5110], da[5111] es die Schuldt nicht erreichete[5112], die Foderung des *Restes* dem [fol. 207v] *Creditori* vorbehalten werden.

15. Ist ein unbewegliches Guett verpfendet undt es will der Glaubiger darauß[5113] seine Bezahlung suchen, soll er zuerst, wann er deßen Besitz nicht hatt, darin die *Immission* suchen undt, wann er solche erlanget, bey dem Gerichte anhalten, dem Schuldtman ein[5114] gewißen[5115] *Terminus* zur *Reluiction*[5116] anzusetzen, immaßen dann[5117] darzue ihm Jahr oder[5118] Tag einzureumen.[5119] Nach dero Verlauff mag der *Creditor* einen Keuffer anschaffen oder, da solcher sich nicht auffgibt, anhalten[5120], daß das Guett zum Kauff öffentlich auffgebotten werde, wie dan darauff

5098 W *in dem praefigirten*; bei M Verbesserung im Wort.

5099 Fehlt bei W.

5100 W *Gläubiger.*

5101 W *öffentlichen.*

5102 W *anzusetzen.*

5103 W *zuzuschlagen.*

5104 W *unverpfändete.*

5105 W *es.*

5106 W *fünde.*

5107 W *soll durch die.*

5108 W *Aestimatorn.*

5109 W *dafür.*

5110 W *addiciret ... debitori* fehlt bei W.

5111 W *oder da*; bei M *oder* gestrichen.

5112 W *erreichet.*

5113 W *will daraus der Gläubiger.*

5114 W *einen.*

5115 Bei M verbessert aus *gewißer.*

5116 W *Terminum zur Reluition.*

5117 W *denn.*

5118 W *und.*

5119 Bei M verbessert aus *einreumen.*

5120 Fehlt bei W.

demselben, so daß Meiste bietet, solches gelaßen, vom[5121] Kauffgeld dem *Creditori* die Zahlung angewiesen werden soll. Funden[5122] sich aber keine Keuffer, ist zu des *Creditoris* Belieben, ob er in Ruhe stehen oder nichtsdestoweniger auß den Güttern die Zahlung haben wolle, und soll auff den letzten Fall es landtsittlich *aestimir*et undt ihm darvon soviell, alß seine Foderung anleufft, wann es sich theilen leßet, *addicir*et werden, da aber die Absonderung ein oder ander *Particul*[5123] nicht fueglich geschehen möchte[5124], gegen Abführung der Ubermaße[5125] zugeschlagen werden.

16. Ist auff den[5126] Nichtzahlungsfall ver- [fol. 208r] abredet, daß der Glaubiger[5127] anstaht der Schuldt daß Pfandt behalten und sich zueignen möge, obgleich solches eydlich versprochen, ist es zu Recht ohngültig, daß aber vor einen[5128] gewißen zur Zeitt der Verpfendung gesetzeten[5129] Wertt, wann solcher nicht gahr zu liederlich, oder waß es Zeit gebührender, aber nicht geschehener[5130] Zahlung nach marckgengigem[5131] Preiß, oder ehrlicher Biedermenner *Aestimation* gelten werde, der Glaubiger solches[5132] sich zueigenen[5133] möge, mag woll verglichen werden undt soll bestendig sein.

17. Solange einem Kauffer oder dem *Creditori* daß verpfendete[5134] Guett noch nicht zugeschlagen, mag der Schuldtman solches retten undt iegen[5135] Darlegung der Schuldt abfodern, sich auch, wann es auffgebotten, angeben undt mitt bieten. Ist es aber einmahl verkaufft oder *addicir*et, hatt er weiter keine Zusprache.

18. Sein *Nomina* undt Schuldtbrieffe pfandtweise jemandt[5136] übergeben, mag der *Creditor* darauff nicht alleine[5137] wieder den Schuldtman, deßen Erben undt

---

5121 W *und vom.*
5122 W *fünden.*
5123 W *Particulier.*
5124 W *mögte.*
5125 W *Uebermaasse.*
5126 W *dem.*
5127 W *Gläubiger.*
5128 W *einem.*
5129 W *gesetzten.*
5130 W *geschehender.*
5131 W *Marckgängigen.*
5132 *Gelten ... solches* fehlt bei W.
5133 W *zueignen.*
5134 W *verpfandete.*
5135 W *gegen.*
5136 W *Schuld-Brieffe Jemand Pfandesweise.*
5137 W *allein.*

Burgen[5138], so dieselbe[5139] zu losen[5140] verbunden oder dafur[5141] hafften, ob er gleich sonst keine absonderliche *Cession* hette, auff soviell, alß ihm an *Capital*, Zinsen undt auff [fol. 208v] die Eintreibung gehenden Unkosten[5142] zukompt, *agir*en, auch, wann er die Zahlung bekompt[5143], *quitir*en, sondern auch sein Recht einem Andern *cedir*en, die Zahlung darauff zu suchen, jedoch[5144] darbey schuldig, wann über seinen[5145] Nachstandt ein Mehres in dem *Nomine* oder Schuldt ist, die Übermaße seinem Schuldener vorzubehalten, auch zu verhüten,[5146] daß er durch ihn nicht darumb gebracht werde. Demnach dan mag er dem *Debitori*, so darauß schuldig, oder deßen Burgen[5147] die Schuldtverschreibung nicht ehe, den alles abgeführet, außlieffern, sondern soll entweder alles abfodern undt seinem Schuldtman die Ubermaße[5148] außlieffern oder auch die Verschreibung ins Gericht sowoll dem dadurch Verpflichtetem[5149] alß dem Andern zu Guete *deponir*en, immaßen, wann solches geschicht undt der Verpflichteter[5150] *quitir*et wirdt, er unter dem Vorwandt, dem[5151] Pfandteinhaber soviell nicht zukomme, waß gemahnet, einzubehalten nicht befuegt.

19. Wehm[5152] inßgemein undt *in genere* die Guther[5153] verpfendet, mag auß denen, waß ihm gefellig, bis zu seiner Zahlung[5154] verfolgen undt kan ihm die freye Wahl nicht benommen werden. Wann aber nebst der *Generalhypothec* auch *in* [fol. 109r] *specie* ein Ding *hypothecir*et, muß er sich zufoderst an diesem halten und kann, ehe erscheinet, daß darauß die Zahlung ihm nicht werden mag, zu dem Andern nicht greiffen. Hernachmahl hatt er eben woll die Wahl[5155], jedoch waß er

5138 W *Bürgen.*
5139 W *dieselben.*
5140 W *lösen.*
5141 W *dafür.*
5142 W *Kosten.*
5143 W *bekömmt.*
5144 W *jedoch ist er.*
5145 W *seinem.*
5146 W *verhüten, ten* (vermutlich Druckfehler).
5147 W *Bürgen.*
5148 W *Uebermaasse.*
5149 W *Verpflichteten.*
5150 W *Verpflichtete.*
5151 W *dass dem.*
5152 W *Wenn.*
5153 W *Güter.*
5154 W *Bezahlung.*
5155 *Die Wahl* fehlt bei W.

einmahl auß der *Generalhypothec* wehlen[5156], dabey muß er pleiben[5157], soweitt er seine Zahlung davon erreichen mag.

20. Ein Pfandt, vor eine Schuldt gegeben undt entfangen[5158], mag[5159] der Glaubiger[5160] oder wer von ihm des Pfandes Recht an sich rechtmeßig gebracht, wieder den Schuldtman, wann anfencklich[5161] kein Anders außtrücklich[5162] vereiniget, auff andere Schulde, es sey davon ein ander Pfandt eingesetzet oder nur ein lauter *Chirographarium debitum* zur Bezahlung[5163] woll behalten. Wieder ander Glaubiger[5164] aber kan er deß Vorwandes nicht gebrauchen, sondern wan dieselbe ein beßers oder gleiches Recht haben oder, da sie den darauff hafftenden Pfandtschilling entrichten wollen, muß er solches abtreten.

21. Ein jeder mag sein Unterpfandt mitt Recht verfolgen, bey wem er solches findet, dieser habe es mitt rechtmeßigem[5165] *Titul* an sich gebracht oder nicht, eß sey dan, daß der Besitzer solches auff gueten *Titul* zehen[5166] Jahr, wann der Glaubiger[5167] in dem Lande, oder, da er außheimisch, zwantzig[5168] Jahr beseßen, [fol. 109v] undt deßen der Glaubiger[5169] Wißenschafft gehabt. Daß es aber mitt der Pfandesbürde verhafftet[5170], der Besitzer davon nicht gewust, so kan der Besitzer sich mitt solcher Zeitt der Ansprache schützen.

22. Ist jemandt *specialiter* ein beweg- oder unbewegliches Guett verunterpfendet[5171], so kan er solches von dem dritten undt folgenden *Possessoribus*, solang es nicht verjahret, abfodern undt seine Zahlung darauß suchen, undt mögen sich diese deß *Beneficii excussionis* undt daß erstlich wieder den Schuldtman *agir*et undt derselbe außgepfandet werde, nicht gebrauchen. Hette er aber darauff nicht eine *Special*-, sondern ohne oder nebst derselben eine *Generalhypothec*, kan er an daß vereußerte Guett, so in frembden Henden[5172], nicht kommen, bis der Schuldener

5156 W *wehlet.*
5157 W *es blebien.*
5158 W *empfangen.*
5159 Fehlt bei W.
5160 W *Gläubiger.*
5161 W *anfangl.*
5162 W *ausdrückl.*
5163 W *Zahlung.*
5164 W *andere Gläubiger.*
5165 W *rechtmassigen.*
5166 W *zehn.*
5167 W *Gläubiger.*
5168 W *20.*
5169 W *Gläubiger.*
5170 W *behaftet.*
5171 W *verunterpfandet.*
5172 W *Handen.*

*excutiir*et[5173] und befunden, daß von ihm nicht oder nur mitt großer Mühe und schweren Kosten die Zahlung zu erhalten.

23. Wer in unserm Hertzogthuemb und Landen woll geseßen und auff seinen[5174] Eydt erhalten mag, daß er an seinen Guetern so viell Freyes hatt, alß zu der Schuldt, deßwegen ihm[5175] gnuegsahme *Caution* aufferleget, vonnöthen, der soll Burgschafften[5176] beyzuschaffen nicht beschweret werden, sondern, wann er gerichtlich seine Gutter verpfendet[5177], [fol. 210r] von fernerm Zumuthen frey sein. Da er aber solches auff[5178] sein Gewißen nicht erhalten möchte[5179], ist er schuldig, Burgen[5180] zu stellen. Wann nun zu denen er[5181] nicht gelangen könte, so wurde, wann[5182] er gueten Lebens undt Wandels, zur eydtlichen *Caution* verstatet, mag aber auff dieselbe kein frembd Guett oder, worauff jemandt Zusprache hatt, bey sich behalten, sondern es stehet zu gerichterlicher[5183] Ermeßigung undt Verordnung, wie darin dem Ansprechen Sicherheit wiederfahre.

Titulus XVI.
Von Übertragung der Schulde oder Cessione nominum[5184].

1.[5185] Wer einem Andern eine Schuldt *cedir*et und abgetreten, darff kein Mehres, den daß eß eine wahre richtige Schuldt sey, daran[5186] *praestir*en undt gewehren, ob er gleich absonderlich die *Eviction* versprochen hette, ist darüber die Schuldt guett und zahlbahr zu machen nicht verbunden, er habe dann solches außtrücklich[5187] über sich genommen.

2. Wann der eine Schuldt dem Andern in Bezahlung gibt, dabey denselben beredet oder meldet, daß der Schuldman woll zahlen könne oder die Schuldt guett [fol. 210v] und woll zu erhalten sey, so ist er deßwegen gehalten, undt wann der

5173 W *executiret.*
5174 W *seinem.*
5175 W *ihme.*
5176 W *Bürgschaften.*
5177 W *Güter verpfandet.*
5178 W *da er es aber auf.*
5179 W *mögte.*
5180 W *Bürgen.*
5181 W *Wann er nun zu denen.*
5182 W *so würde er, so.*
5183 W *gerichtlicher.*
5184 *Oder ... nominum* fehlt bei W.
5185 W am Rand: *De Nominum Cessionibus.*
5186 W *davon.*
5187 W *ausdrucklich.*

Schuldener zu der Zeitt nicht mehr *solvendo* gewesen, seinem *creditori* solche abzunehmen, undt ander[5188] Gestaldt zu bezahlen schuldig.

3. Wer *cedir*et oder in Bezahlung gibt eines Andern Schuldt undt verspricht dabey, solche guett zu machen oder, daferne der Schuldener nicht zahlbahr were, ander Gestaldt[5189] zu erstaten, ist nicht dan[5190] nur, wann der Schuldener undt deßen Burgen[5191] erst *excutiir*et[5192], gehalten, derowegen dann der *Cessionarius* schuldig, denselben vorzunehmen undt daß Eußerste wieder ihn zu versuchen.

4. Obgleich einer dem Andern eine Schuld *cedir*et, alß daß sie guett undt der Schuldener woll bezahlen könne, deßwegen auch *de bonitate nominis* gehalten, ist er doch nicht weiter verbunden, den[5193] daß[5194] zur Zeitt der Abtretung und *Cession* bey dem *Debitore* daß Vermögen zu zahlen gewesen. Wirdt er hernach ohnzahlbahr, betrifft der Schade den *Cessionarium*. Wann aber über das der *Cedens* versprochen zu beschaffen, daß der *Cessionarius* die Schuldt einbekommen[5195], so ist er ferner gehalten undt trifft[5196] ihn der hernach sich begebender Unfall, wordurch er *non solvendo* wirdt, er köndte dann erweisen, daß der *Cessionarius* in der Foderung seumig gewesen oder dem *Debitori* Frist zur Zahlung eingereumet, [fol. 211r] oder sich[5197] auffs Neue mitt ihm verglichen hette.

5. Wer auff frömbde[5198] Schuldt fodert, soll nicht allein die *Cession*, sondern zugleich warhaffte[5199] Ursache der *Cession* wie auch, auff wie hohen[5200] Summen dieselben[5201] geschehen, anzeigen undt *verificir*en. Thete er solches nicht, mag ihm[5202] der *Debitor* darüber, daß er nicht auß Zunothigung[5203] zu ihm, sondern auß redlicher von ihm benandter undt in der *Cession* begriffener Ursache[5204] die Schuldt undt zwahr von[5205] so hoher Erstatung, alß in der *Cession* begriffen, daß er

5188 W *anderer.*
5189 Bei M danach gestrichen *ist nicht.*
5190 W *denn.*
5191 W *Bürgen.*
5192 W *executiret.*
5193 W *dann.*
5194 W *dass sie.*
5195 W *einbekomme.*
5196 W *betrift.*
5197 Bei M verbessert aus *ich ich.*
5198 W *fremde.*
5199 W *die wahrhafte.*
5200 W *auf was für hohe.*
5201 W *dieselbe.*
5202 W *ihn.*
5203 W *Zunöthigung.*
5204 W *Ursach.*
5205 W *vor.*

auch dieselbe wurcklich[5206] undt worin solche gethaen, denn Eydt *deferir*en[5207], undt soll er solchen zu leisten[5208] schuldig sein undt, der sich deßen verwiedert, hinfürters *ad agendum* nicht verstatet werden.

6. Niemandt soll bloß einen Gewin oder Vortheill darauß zu suchen, anderer Leuthe Schulde oder Brieffe an sich bringen. Geschiehet eine *Cession* frembder Schulde undt deßwegen zustehenden *Actionen* nicht zu sonderbahren Nutzen deß *Cedent*en, daß er sich dadurch einer schweren Schuldigkeitt entlediget, sondern lauter Zugewin[5209], deßen, der sie an sich handelt, dadurch etwaß zu gewinnen[5210]. Da ihm[5211] zur Annehmung keine Nott oder bewegende Ursache bringet, soll derselbe nicht weiter dann auff die Sume, so warhafftig gegeben, welches[5212] beyde Theile mittelst Eydes zu erhalten schuldig sein, gultig[5213], daß Ubrige[5214] aber der *re-* [fol. 211v] *demptor nominis* verlustig undt dem *Fisco* verfallen sein.

7. Eß mag einer dem Andern eines Andern[5215] Schuldt oder *Nomen* in Bezahlung einer wahren Schuldt angeben, obgleich diese sich so hoch[5216] nicht erstrecke, alß unter dem *Nomine* begriffen, wann zugleich, der eß annimpt, die Kosten undt *Pericul* der Foderung oder doch zu Erstatt- oder Vergeltung die Ubermaße[5217] einig Beschwer[5218] und Ungelegenheit uber[5219] sich nimbt.

8. Wer nebst einem Guette oder außer demselben eines Andern Schulde zu bezahlen über sich nimpt, mag der *Constitution*[5220] *Anastasianae* ungehindert mitt den *Creditor*en[5221] woll handeln undt einige *Remission* an *Capital* oder Zinsen suchen, waß ihm nachgelaßen, gereichet zu seinem Gewin, wirdt deßen nicht verlustig.

9. Wer von einem Andern eine Handtschrifft oder Verschreibung annimpt, darauff daß Geldt einzumahnen undt darauß ein[5222] Theill in Zahlung anzunehmen,

5206 W *würcklich.*
5207 W *dedefrien.*
5208 W *praestiren.*
5209 W *zu Gewinn.*
5210 *Deßen, der … gewinnen* bei M am Rand eingefügt.
5211 W *ihn.*
5212 W *welche.*
5213 Fehlt bei W.
5214 W *übrige.*
5215 *Eines Andern* fehlt bei W.
5216 W *diese so hoch sich*; bei M verbessert aus *diese so hoch sich nicht.*
5217 W *der Uebermaasse.*
5218 W *Beschwerd,*
5219 W *über.*
5220 W *Constitutionis.*
5221 W *Creditorn.*
5222 W *in.*

daß Übrige zu *restituir*en verspricht, ist nicht gehalten, er habe dann von dem Schuldtman daß Geldt erhoben oder durch seine Hinterleßigkeitt muettwillig ver- [fol. 212r] ursachet, daß es nicht erfolget. Im Wiedrigen ist er nicht weiter dann[5223] zu *Extradir*ung der Handtschrifft gehalten.

10. Zahlet der Schuldener seinem Glaubiger[5224], der daß *Nomen* oder die Schuldt bereits einen[5225] Andern abgetreten undt hatt von der *Cession* keine eigendtliche Wissenschafft oder, ob er etwaß davon erfahren, doch durch den *Cessionarium* davon nicht berichtet were, imgleichen[5226], da die *Cession* noch nicht vollenzogen, die Schuldtverschreibung annoch bey dem Glaubiger[5227] were, wirdt er dadurch der Schuldt frey. Ist er aber deßen völlig benachrichtet[5228], wirdt er nicht frey, eß geschehe dann die Zahlung mitt Wißen deß *Cessionarij* undt soll er alßdann damit zurückhalten, auch ob er belanget wurde[5229], zufoderst suchen undt erhalten, daß der *Cessionarius citir*et oder sein *Consens* eingeschaffet werde.

Titulus XVII.
Von Interessen, Zinsen und wucherlichen Handeln[5230].

1.[5231] Gleichwie der Wucher undt alle Handlung, dadurch der Negster[5232] übersetzet, vervortheilet undt zu jemandes Nutz undt Gewin an dem Seinigen beschediget [fol. 212v] wirdt, Gottes Worth, der natürlichen Erbarkeit, den beschriebenen Rechten, deß Heyligen[5233] Römischen Reichs auffgerichteten *Constitution*en undt Abscheiden ungemeeß und zuwieder, alß sollen alle dahin gereichende wucherliche *Contracte* und[5234] unziembliche *Pacta*, Geding undt Händel, wie die genennet oder erdacht werden können, in unsern Landen gentzlich verbotten undt unzuleßig sein, demnach von niemand in unsern Landen, weß Standes undt Weesens der sey, gebrauchet undt vorgenommen werden, undt ob sie von jemandt getrof-

5223 W *denn.*
5224 W *Gläubiger.*
5225 W *einem.*
5226 W *ingleichen.*
5227 W *Gläubiger.*
5228 W *benachrichtiget.*
5229 W *würde.*
5230 W *Händeln.*
5231 W am Rand: *De usuris et contractibus usurariis.*
5232 W *Nechster.*
5233 W *Heyl.*
5234 Fehlt bei W.

fen, doch unwurdig[5235] krafftloß und unbundig[5236] sein, darauff keine *Execution*, Hulff[5237] und Pfandung bey einigen unsern Gerichten erkandt. Der aber, so deroselben uberwiesen[5238] oder schuldig befunden, so hoch alß den virten[5239] Theill der Hauptsummen[5240], so unter dem wucherlichen *Contract* begriffen, verwurckt[5241] haben, darumb dan auch der *Fiscalis* fleißig auffmercken haben undt nachforschen soll, ob jemandt wieder unser ernstes Verbott sich wucherlicher Hendel genehmen wurde[5242], undt da er in Erfahrung kommen, daß iemandt dawieder gehandelt hette, wieder denselben auff obgemelte Straffe *procedir*en.

2. Dieweil aber gemeiniglich wucherische [fol. 213r] *Contracte*, Hendel undt Gewerb in enger verschwiegener Geheimb[5243] undt großer Stille zu halten, auch diejenigen so ihnen ablehnen, mitt sonderlichen Pflichten einzunehmen pflegen, niemandt zu offenbahren, waß sie ihnen vom[5244] Hundert geben, undt ob die in der Verschreibung *specificir*te Schuldtsumme[5245] gantz und gar außgezehlet Geldt oder, ob undt wieviell darunter spitz undt neben Geldt sey. Daß demnach unser *Fiscal* wieder dieselbigen, so auß redlichen Ursachen und Anzeigungen deß Wuchers verdechtig[5246], *ad purgandum procedir*en, sie auch darauff deß Verdachts undt wieder sie habenden Anzeigungen sich vermittelst ihres leiblichen Eydes zu entladen oder zu gewarthen, daß wieder sie alß überzeugte Wucherer verfahren werde, schuldig sein sollen, deßgleichen auch die *Creditor*en[5247], so auß redlichen Ursachen undt Umbstenden verdechtig sindt, daß sie nicht so viell, alß im Schuldtbrieffe gesetzet, außgezehlt[5248] haben, zu eydtlicher Betheurung solcher Außzehlung[5249], rechtlich angehalten werden sollen.

3. Für wucherliche verbothene Hendel sollen in unsern Landen gehalten, gerichtet und gestraffet werden, wann eine Summe[5250] Geldes außgeliehen undt doch im Kauff- [fol. 213v] oder Schuldtbrieffe etzliche hundert oder tausendt Gulden mehr,

---

5235 W *unwürdig.*
5236 W *unbündig.*
5237 W *Hülff.*
5238 W *derselben überwiesen.*
5239 W *4ten.*
5240 W *Haupt-Summe.*
5241 W *verwürcket.*
5242 W *annehmen würde.*
5243 W *verschwiegenen Geheimnis.*
5244 W *von.*
5245 W *Schuld-Summa.*
5246 W *verdächtig.*
5247 W *Creditorn.*
5248 W *ausgezahlet.*
5249 W *Auszahlung.*
5250 W *Summa.*

dann sie außgezehlt[5251], gesetzet, dadurch mehr dann die gewohnliche[5252] Renten ertragen, verzinset undt im Wiederkauff oder Ablösung mehr, dann die Hauptsumma gewesen, empfahen, deßgleichen, da umb ein kleine Verseumbung[5253] der Zeitt, so sie der[5254] Bezahlung zu thuen, ansetzen, ein ubermessig[5255] *Interesse* gefordert[5256], undt dieselben umbgeschlagen, *item* wann Getreyde, Pferde, Tucher[5257] undt dergleichen Wahren an ein Geldt kauffsweise[5258] angeschlagen undt viell höher dann[5259] solche Wahr[5260] immer mag werth sein undt dadurch ein mercklichen großen[5261] Wucher alß menniglich[5262] wißendt zu wegen[5263] gebracht wirdt, *item* wen ihr[5264] Geldt geliehen vom[5265] Hundert ein nehmbliches und[5266] der Entlehner darzu ein mercklich[5267] Dienstgeldt, darumb verschrieben, auch[5268] der Schuldener solch Dienstgeldt ohne Bezahlung der Hauptsummen nicht auffschreiben oder auffsagen durffen oder mugen[5269], *item*[5270] wann ein[5271] nehmbliche Summa Geldes auch vergeblich hingeliehen, aber dariegen[5272] der Entlehner etwa ein[5273] große Wahr undt gantz in einem geringen Werth zustellen muß, darin die Hauptsumma[5274] undt einen großen[5275] Genieß woll duppelt[5276] oder dreyfechtig bekommen, *item*[5277] Geldt mitt diesen verbothenen Ge- [fol. 214r]

5251 W *ausgezahlet.*
5252 W *gewöhnlichen.*
5253 W *Klein Versäumniss.*
5254 W *die.*
5255 W *übermässig.*
5256 W *gefodert, und mit der Haupt-Summa steiget.*
5257 W *Tücher.*
5258 W *Waaren vor Geld Kauff-weise.*
5259 W *denn.*
5260 W *Waare.*
5261 W *mercklicher grosser.*
5262 W *männiglichen.*
5263 W *zuwege.*
5264 W *It. Wann Jemand.*
5265 W *und von.*
5266 Bei M über der Zeile eingefügt.
5267 W *merckliches.*
5268 *Verschrieben, auch* bei M am Rand eingefügt.
5269 W *dürffen, oder mögen.*
5270 W *It.*
5271 W *eine.*
5272 W *dagegen.*
5273 W *eine.*
5274 W *Haupt-Summe.*
5275 W *und ein grosser.*
5276 W *doppelt.*
5277 W *It.*

dingen undt Pacten hinweg geliehen, daß der Entlehner zu vier Marcken[5278], so die ihm ernennen ein nahmhafftiges dafur[5279] verzinsen oder Auffgeldt geben muß, *Item*[5280] wann etliche[5281] eine nahmhafftige Summa[5282] Geldes außleihen undt bald deß andern oder dritten Jahres hernacher die Loßkundigung[5283] thuen, da alßdann der Schuldtman, so zur Bezahlung baldt nicht kommen kan, dieselbige[5284] Summa lenger erhalten, den *Creditoren*[5285] ein Ansehnliches über die Rentte baar reichen oder sonst an Korn, *Victuali*en oder andern Wahren eine stahtliche Verehrung thuen muß, item[5286] wann jemandt Geldt oder Getreyde außleihet undt von dem Anleihe[5287] die Helffte Abnutzung von dem, worzu eß verwandt, fodert, oder sich verschreiben leßet, imgleichen[5288] da vor eine geringe Zinß alß fünff[5289] *Procento* Geldt auffgeliehen undt daßelbe außerhalb Landes vor eine höhere Zinß wieder außleihen[5290] wirdt, in welchen[5291] allen eß bey dem Verbott, in unser Policey enthalten, verpleibet.

4. Eß mag zwahr ein iedweder sein Geldt, so er sonst nicht bedurfftig[5292], vor eine jerliche billige Zinß Andern zu ihrem[5293] Behueff undt Nutzen anleihen, soll aber dafur[5294] nicht ein Höhers dann funff[5295] *Procento*, welcher *Taxt* denselben in unsern Landen nach Gestaldt itziger [fol. 214v] schlechten Nahrung undt Gewerben sowoll in[5296] Städten alß auff dem Lande bis zu ferner Verordnung gesetzet wirdt, nehmen. Wurde[5297] iemandt ein Hohers[5298] heischen oder nehmen, stehet dem

5278 W *zu vermarckten.*
5279 W *dafür.*
5280 W *It.*
5281 W *etzliche.*
5282 W *nahmhafte Summe.*
5283 W *Losskündigung.*
5284 W *dieselbe.*
5285 W *Creditorn.*
5286 W *It.*
5287 W *Anleiher.*
5288 W *ingleichen.*
5289 W *5.*
5290 W *ausgeliehen*; bei M verbessert aus *leihen.*
5291 W *welchem.*
5292 W *bedürfftig.*
5293 W *ihren.*
5294 W *dafür.*
5295 W *denn 5.*
5296 W *in den.*
5297 W *würde.*
5298 W *höhers.*

Schuldener frey, alles, waß der Glaubiger[5299] darüber genommen, ihn[5300] an der Hauptsummen abzuziehen.

5. Wans[5301] von Kauffleuthen an Wahren auffgenommen undt geborget, gibt nicht ehe Zinß alß nur von der Zeitt, so zur Zahlung bestimbt[5302], oder da keine gewiße Zeitt gesetzet, wann deßwegen Anmahnung geschiehet, undt soll alßdann in unsern Landen nicht ein Mehres dann funff *procento*[5303] zuerkandt werden.

6. Die Zinsen, welche vor der Loßkundigung[5304] oder gerichtlicher Ansprache hoch auffgeschwullen, sollen, wann[5305] sie gleich höher sich belieffen, doch nur *usque ad alterum tantum*, ob[5306] ein Anders in der Verschreibung enthalten, entrichtet undt zuerkandt, waß aber nach beschehener rechtmeßigen Loßkundigung[5307] oder Clage zuwechset, über das *alterum tantum* entrichtet werden.

7. Von Zinsen soll außer denen in den gemeinen Rechten außtrückliche[5308] *excipir*ten [fol. 215r] Fellen keine Zinse oder *Interesse* gefodert, genommen oder zuerkandt werden, imgleichen[5309] auch die Zinsen, zum[5310] Hauptsummen zuschlagen undt mitt demselben[5311] zinßbahr, zu machen, nicht erlaubet sein[5312]. Waß aber iemandt an Zinsen zu erlegen schuldig, solches ist demselben wiederumb zinßbahr anzuleihen undt darüber eine absonderliche Verschreibung auffzurichten ohnverbotten.

8. Ob jemandt den Hauptsummen[5313] so lange bey dem Schuldtmanne[5314] hette zinßtragendt außstehen laßen, daß die erlegte Zinsen denselben übertrüffen[5315], soll doch deßwegen an der Hauptsummen nichts gekurtzt[5316] oder waß über daß *alterum tantum* erleget, auff daß *Capital* an- undt abgerechnet werden, sondern

5299 W *Gläubiger.*
5300 W *ihm.*
5301 W *Was.*
5302 W *bestimmet.*
5303 W *mehrers, denn 5. pro Cent.*
5304 W *Losskündigung.*
5305 W *aufgeschwollen seyn, wann.*
5306 W *obgleich.*
5307 W *Losskündigung.*
5308 W *ausdrücklich.*
5309 W *ingleichen.*
5310 W *zur.*
5311 W *derselben.*
5312 Fehlt bei W.
5313 W *die Haupt-Summa.*
5314 W *Schuldmann.*
5315 W *dieselbe überträffen.*
5316 W *gekürtzt.*

die Hauptsumme[5317] dem Glaubiger[5318], wie hoch auch die Zinsen, so erleget oder auch nachstendig, sich belieffen, ohnverkürtzet undt ohne Abbruch bleiben.

9. Waß auff gewiße Zeitt undt *Termine* versprochen, aber nicht erstatet wird, davon ist nach Verlauff deroselben[5319] der nicht einhaldt[5320] dem Andern daß *Interesse* oder landtübliche Zinse von der bestimbten Zeitt an, nicht aber der vorhin verlauffenen zu entrichten schuldig, wan er seumig befunden. Mag er aber beweisen oder mittelst Eydes erhalten, daß durch zugestoßene unvormeidliche Hindernuß[5321] undt Zufelle er die Schuldigkeit nicht ablegen können, alß[5322] [fol. 215v] daß eß ihm ohnnmueglich oder auch[5323] also schwere[5324], das eß ohne ohnpilligen großen Schaden nicht geschehen möge[5325]. Undt ist kein Zinß versprochen, so ist er nicht ehe dazu gehalten, dann wan er dazu gelangen kan, wie dan auch, wer schuldig gewesen undt keine Zinß[5326] verschrieben, davon aber durch daß Kriegswesen abgehalten, daß zu den Mitteln zu gelangen ohnmöglich gewesen, in die Zinsen nicht alß von der Zeitt, da die *difficultät* gehoben, zu verdammen ist.

10. Obgleich bey Anleihen[5327] und andern *Contract*en und Handlungen, wodurch jemand von Andern zu seinem[5328] Nutzen Gelder bekommen oder bey sich behalten, keine Zinsen *stipulirt*[5329] und versprechen[5330] mögen, doch dieselbe nichtßdestoweniger, wann die Summe[5331] nicht gering[5332], gefodert werden, von der Zeitt, da der Schuldtman oder Einhaber seumig geworden, nemblich wann eine gewiße Zeitt oder *Termin* zur Zahlung angesetzet undt verstrichen, oder ob daßelbe nicht geschehen, dem Schuldener die Schuldt loßgekundiget[5333] undt daßelbe geschehen zu sein erweißlich, von solchem Verlauff der Zeitt oder ein halb Jahr nach der Loßkundigung fenget der Lauff der Zinsen[5334] an, undt werden nicht

5317 W *Haupt-Summa.*
5318 W *Gläubiger.*
5319 W *derselben.*
5320 W *einhält.*
5321 W *ohnvermeidliche Hinderniss.*
5322 W *also.*
5323 W *ohnmöglich, auch.*
5324 W *schwehr.*
5325 W *mögen.*
5326 W *Zinsen.*
5327 W *Anlehein* (möglicherweise Druckfehler).
5328 W *seinen.*
5329 W *stipuliret.*
5330 W *versprochen.*
5331 W *Summa.*
5332 Bei M verbessert aus *zu gering.*
5333 W *lossgekündiget.*
5334 W *Losskündigung, fangen die Land-Zinsen*; bei M unleserliche Verbesserung, möglicherweise *Zinsen* verbessert zu *Lauf d. Zinsen.*

weniger, alß wann sie versprochen, zuerkandt, eß hette dann der Schuldener auß in Rechten zuleßigen Ursache ohne[5335] Muettwillen und Boßheit sich der Zahlung auff ein[5336] zeittlang zu ver- [fol. 216r] wiedern gehabt, so thete[5337] immittelst die Zinß[5338] nicht lauffen.

11. Eß mag ein ieder, wer von einem Andern durch unziemblichen Vorenthaldt deß Seinigen in Ungelegenheit, Schaden oder Verkurtzung[5339] gerathen, deßwegen von demselben sein *Interesse tam ex*[5340] *damno emergente quam lucro cessante* fodern undt soll zu deßen *Liquidation* verstatet, auch, soweitt solches außfundig[5341], ohne Unterscheidt, eß betreffe Kauffleuthe auch[5342] Andere, nur daß soviell daß *lucrum cessans* angehet, die es fodern, Gewin darauß zu suchen gewohnet, auch deßen woll gewiß sein können undt Gelegenheitt gehabt hetten, zuerkandt werden. Wie aber die *Liquidatio* beschwerlich undt von nicht[5343] geringer Weittleuffigkeitt[5344], so soll ein jeder, der zu dem *Interesse* berechtiget, anstaht deßen die landtgewohnliche[5345] Zinß zu fodern befuegt, solcher auch zuerkandt werden, eß köndte dan der Schuldener alßfort erweisen, daß soviell der Schade oder Verlust des Clägers nicht anlauffen mögen.

12. Wann jemandt gewiße Zinsen verschrieben, mag weder der Schuldener unter dem Vorwandt, daß er so hoch die Gelder oder Guther[5346] nicht genießen mögen, ein Wenigers geben noch der *Creditor*, [fol. 216v] alß wann daß *Interesse* sich höher erstrecket, ein Mehres fodern, sondern bleibet[5347] bey der Verschreibung. Wann aber darin kein Gewißes von Zinsen enthalten, ist[5348] dem Glaubiger[5349] frey, ob er daß, so an Zinsen landtgewohnlich[5350], fodern, undt annehmen oder daß *Interesse probir*en wolle, wann er aber zu dem einen gegriffen, mag er zu dem Andern nicht

5335 W *Ursachen ohn.*
5336 W *eine.*
5337 W *thät.*
5338 W *Zinse.*
5339 W *Verkürtzung.*
5340 W *de.*
5341 W *ausfündig.*
5342 W *oder auch.*
5343 W *und nicht von.*
5344 W *Weitlaufftigkeit.*
5345 W *Landgewöhnliche.*
5346 W *Güter.*
5347 W *bleibt.*
5348 W *steht.*
5349 W *Gläubiger.*
5350 W *Landgewöhnlich.*

wieder zuruck[5351] schreiten. Bey dem Richter aber stehet, nach Befindung[5352] eineß nicht leicht entschiedlichen Zweiffels daß *Interesse* auff die gewöhnliche Zinsen zu richten.

13. Wer *Interesse* fodert, soll alzeit[5353] solches *specifice*[5354] melden, auch beweisen, obgleich in der Verschreibung enthalten, daß auff bloße *Designation* deß *Creditoris* selbiges solle erstatet undt zuerkandt werden, alß welche *Conventio* vor wucherlich undt unzuleßig zu achten.

14. Eß ist einem ieden erlaubt, über seine Gutter[5355] ingesambt oder etzliche derselben eine gewiße järliche Rente undt Einkommen iegen[5356] Darlegung einer Summen[5357] Geldes zu verkauffen. Eß sollen aber mitt hundert Gulden Hauptgeldes nicht mehr dan funff[5358] Gulden jerlicher Gulden[5359] wie gebreuchlich in unsern Landen gekaufft werden, undt die Loßkundigung[5360] der Gultverschreibung[5361] wie Wieder- [fol. 217r] kauffs Recht, bey dem Verkeuffer undt nicht bey dem Keuffer stehen, unangesehen wie dieselbige Gultverschreibung[5362] gestelt ist undt waß darüber gegeben, genommen oder gehandelt, wollen wir, daß daßelbige[5363] undt alle andere[5364] unziembliche *Pacta* oder Geding fur[5365] wucherlich undt unkrefftig geachtet, gehandelt[5366] undt von dem Richter nicht darüber erkandt oder geurtheilet, sondern wie obgemeldt[5367], gestraffet werden solle.

15. Kaufft einer in einem gewißen Guett[5368] oder allen deß Verkeuffern Guettern[5369] eine jerliche Rente, hafften ihm solche Guetter[5370] zur *Hypothec* mitt einem Vorzueg vor allen andern, deßen *Creditor*en[5371] vor dieselbe, undt ist auff

5351 W *zurück.*

5352 W *stehet es nach Findung.*

5353 W *allezeit.*

5354 W *specificie.*

5355 W *Güter.*

5356 W *gegen.*

5357 W *Summe.*

5358 W *denn 5.*

5359 W *Renten.*

5360 W *Losskündigung.*

5361 W *Gült-Verschreibung.*

5362 W *dieselbe Gült-Verschreibung.*

5363 W *derselbige.*

5364 Fehlt bei W.

5365 W *für.*

5366 Fehlt bei W.

5367 W *obgemeldet.*

5368 W *Guthe.*

5369 W *Verkäuffers Güter.*

5370 *Eine jerliche ... Guetter* fehlt bei W.

5371 W *Creditorn.*

ein gewißes Guett die Rente verkaufft, kompt solches mitt dem *Onere* auff alle, die es *quocunque titulo* bekommen. Wann aber auff allen Guettern der Verkauff geschehen, können deßwegen keine andere belanget werden, solang bey dem Verkeuffer und deßen Erben soviell übrig, darauß die Renten erfolgen können.

16. Hatt jemandt unablößliche Rente in ein Guett gekaufft, mag, solang[5372] der Zinßman dieselbe richtig erstatet, kein Loßkundigung[5373] oder Abfoderung des [fol. 217v] Kauffgeldes geschehen. Ist aber derselbe seuming, ob bereits es unablößlich gemachet, mag daß Hauptguett auffgekundiget[5374] undt abgefodert werden.

17. Niemandt soll den Satzungen, so in unsern Landen von wucherlichen *contract*en gemachet sein, zu *renunciir*en erlaubt, ob aber die *Renunciation*, in den Verschreibungen geschehen, soll solche krafftloß sein, und in Gerichten darauff nicht gesprochen werden.

Titulus XVIII.
Von Bezahlung.

1.[5375] Alle Schuldt, so keine gewiße Zeitt oder *Termin*[5376] hatt, kan alßforth loßgekundiget[5377] und gemahnet werden undt ist der Schuldtman bey nicht erscheinender anderer Vereinigung, worfur[5378] alßfordt Baargeldt pflegt erleget[5379] werden, alß waß zu Marckt und feilen Kauff geführet wirdt, inwendig 24 Stunden, waß aber auff eine Zeitt geborget wirdt, soll in den bey Kauffleuthen gewonlichen[5380] *Termin*en, wann kein gewißer Gebrauch, in Monatsfrist, waß aber auff Verschreibung außgeliehen, von Zeitt der Loßkundigung[5381] in einem halben Jahr, waß auß dem Kauff unbeweglicher Guether gebühret, in Jahr undt Tag gezahlet undt mag nicht ehe zu Rechte dar- [fol. 218r] auff verfahren werden.

2. Ist zu der Zahlung eine gewiße Zeitt in den Verschreibungen oder *Contract*en bestimpt undt zwahr beyden *contrahir*enden Theilen oder auch dem Glaubiger[5382] zu Vortheill, mag ihm wieder seinen Willen, ehe die Zeitt heran kompt[5383], die

5372 W *lange.*
5373 W *keine Losskündigung.*
5374 W *aufgekündiget.*
5375 W am Rand: *De solutionibus debitorum eorumque juribus.*
5376 W *Termine.*
5377 W *lossgekündiget.*
5378 W *wofür.*
5379 W *erlegt zu.*
5380 W *gewöhnlichen.*
5381 W *Losskundigung.*
5382 W *Gläubiger.*
5383 W *herankömmt.*

Annehmung des Geldes oder Guethes nicht auffgedrungen werden. Ist aber dem Schuldtman zuguete die Zeitt beliebet, kan derselbe auch vorher dem *Creditori* die Zahlung thuen oder wann dero er sich verwiedert, die Gelder *deponir*en, eß zeige[5384] dan derselbe[5385] Ursachen oder mercklichen Schaden an, worumb[5386] er die zeitigere Zahlung nicht annehmen möge.

3. Obgleich[5387] in Schuldtverschreibungen verglichen, daß auff eine gewiße Zeitt vorher[5388] die Loßkundigung[5389] geschehen solle, ist doch der *Creditor* dazu nicht anders dann wann der Schuldtman im Ubrigen[5390] richtig einhelt, gehalten, im Wiedrigen aber, da er in die[5391] Zinßzahlung oder sonst seumig undt der Verschreibung gemeeß sich nicht bezeiget, mag zu Recht ohne dieselbe[5392], oder sonst[5393] die Abmahnung geschehen.

4. Eß mag niemandt wieder seinen Willen die *Particular*zahlung[5394] zu verschiedenen Zei- [fol. 218v] ten und Summen anzunehmen auffgedrungen werden, eß sey dann durch richterlicher Erkandtnus[5395] bey befundenem[5396] des *Debitoris* Ohnvermögen, undt daß ohne eusserster[5397] *Ruin* undt Verderb daß *Solidum* auff einmahl nicht erfolgen könne, gleichwoll die[5398] christliche Pilligkeit mitt ihm in die Gelegenheit zu sehen erheische, immaßen dann daß Gerichte bey solcher Bewandtnus[5399] *dispensir*en mag.

5. Alle Schuldt, sie rühre her auß *Contract*en, Ehestifftungen, *Testament*en oder andern menschlichen *Disposition*en und Hendeln[5400], muß bezahlet werden nach der Güete undt *Valor*[5401] der Müntze, so zur Zeitt der *Contract*e, Vergleiche undt *Disposition*en gewesen, demnach der darauß schuldig, solches *praestir*en und waß

5384 W *er zeigen.*
5385 W *derselben.*
5386 W *warum.*
5387 Bei M verbessert aus *Obwoll.*
5388 W *vorhero.*
5389 W *Losskündigung.*
5390 W *übrigen.*
5391 W *der.*
5392 W *dieselben.*
5393 Bei M danach gestrichen *ohne dieselben wieder ihr.*
5394 W *Particulair-Zahlung.*
5395 W *Erkäntniss.*
5396 W *befundenen.*
5397 W *äussersten.*
5398 W *aber die.*
5399 W *Bewandniss.*
5400 W *Handeln.*
5401 W *valeur.*

nach der Zeitt an der Muntze[5402] in ihrer innerlichen oder[5403] eußerlichen Guethe[5404] geendert, ersetzen muß.

6. Waß man schuldig, muß bezahlet werden, wie bey dem Vergleich gesetzet. Ist nichts eigendtlich[5405] davon gemeldet, in welcher Müntze die Zahlung geschehen soll, mag ein ieder mitt den Sorten zahlen, so ohnverbotten Gang undt Gebe sein, Jedoch, wann die Sum[5406] groß, soll der Glaubiger[5407] darin[5408] in[5409] geringer Handtmuntze[5410] nicht über [fol. 219r] [5411] Gulden anzunehmen, sondern der Schuldener in der großen daß Ubrige[5412] abzulegen schuldig sein.

7. Wer einem *Cessionario*[5413] oder deß Brieffes getreuen Einhaber zahlet, wirdt durch die Zahlung befreyet, wann derselbe den *Titul* seiner Einhabe angezeiget. Hatt er aber denselben nicht auffweisen können undt ist ihm die Zahlung doch geschehen, bleibt der Schuldener[5414] seinem Glaubiger[5415] gehalten undt mag ihm die ohnvorsichtig geschehene Zahlung nicht behulfflich[5416] sein.

8. Die Schuldt, so zu dem Ehegeldte gehöret, mag der Schuldener dem Manne zahlen undt wirdt[5417] befreyet, obgleich der Mann solches verzehret undt die Frau zu dem[5418] Ihrigen nicht wieder gelangen möchte[5419], eß sey dann ein Verboth oder ander[5420] Vereinigung geschehen. Ist aber außerdehm jemandt der Frauen schuldig, wirdt er durch die Zahlung an den Mann nicht *liberir*et, sie geschehe dann mitt der Frauen Wißen undt Willen, so dan geschehen zu achten, wann sie die Zahlung weiß, undt stillschweiget.

5402 W *Müntze.*
5403 W *und.*
5404 W *Güter.*
5405 W *eigentliches.*
5406 W *Summe.*
5407 W *Gläubiger.*
5408 Fehlt bei W.
5409 W *von.*
5410 W *Hand-Müntze,*
5411 Bei M Lücke für den Betrag; W *25.*
5412 W *übrige.*
5413 W *Pensionario.*
5414 W *Schuldner.*
5415 W *Gläubiger.*
5416 W *behülflich.*
5417 W *wird dadurch.*
5418 W *den.*
5419 W *mögte.*
5420 W *andere.*

9. Wer einem Unmundigen[5421] Zahlung thuet ohne Beysein der Vormunder[5422], wirdt nicht weiter befreyet, dan er beweisen [fol. 219v] mag, durch[5423] das Bezahltes[5424] derselbe gebeßert sey. Zum Ubrigen[5425] pleibet er gehalten, will aber deß Unmundigen[5426] Schuldtman vollig[5427] befreyet sein, soll er dem Vormund oder dem Unmundigen[5428] in Beysein undt mit Wißen deß Vormundes zahlen oder, da er nicht bevormundet[5429], bey dem Gericht sich anmelden und Verordnung erwarthen. Wirdt ihm alda die *Deposition*[5430] deß Geldes erkandt[5431], ist er durch dieselbe, wann sonst an dero kein Mangel, eben also frey, alß wan er von dem Vormundt, oder dem Unmundigen[5432] mitt *Consens* des Vormundes *quitir*et.

10. Wem[5433] auff *Arrest*, Verbott, Urtheile[5434] oder andere Verordnungen gerichtlich die Zahlung oder *Deposition* der Gelder, damitt er einem Andern verhafftet, anbefohlen, wirdt der Schuldt frey, obgleich die Zahlung nicht rechtmeßig geschehen, wann er nur darzu nicht Ursache gegeben undt den Richter verleitet habe.

11. Wirdt dem Schuldtman, der zur Zahlung erbietig, von einem Andern, so auff daß Geldt oder Guett, worfur[5435] daß Geldt gebuhret[5436], eine *Praetension* hatt, *denunciir*et, daß er mitt der Zahlung einhalten möge, dabey [fol. 220r] dan daß Recht, darauff die *Denunciation* begrundet[5437], auch die Ursache[5438] des Einhalts, wie daran dem *Denunciant*en gelegen, vorgebracht, daferne der Schuldener ohne seinen[5439] Schaden es thuen mag, soll er mit der Bezahlung solang einhalten, bis das der *Denunciant* den Richter antreten, alda seine Sache[5440] vorbringen undt Verordnung, wornach er sich zu achten habe, erhalten möge, mag ihm dabey eine

5421 W *Unmündigen.*
5422 W *Vormünder.*
5423 W *dass durch.*
5424 W *Bezahlte.*
5425 W *übrigen.*
5426 W *Unmündigen.*
5427 W *völlig.*
5428 W *Unmündigen.*
5429 W *bevormündet.*
5430 W *Desposition.*
5431 W *zuerkannt.*
5432 W *Unmündigen.*
5433 W *Wenn.*
5434 W *Urtel.*
5435 W *wofür.*
5436 W *gebühret.*
5437 W *begründet.*
5438 W *Ursach.*
5439 W *seinem.*
5440 W *Sachen.*

Zeit setzen, in welcher er es thuen könne undt solle[5441], in welcher er im[5442] Recht stehen[5443] will. Bringet er aber bey der *Denunciation* keine scheinliche Ursache vor wie auch, wann die gesetzete[5444] Zeitt verlauffen[5445], mag der Schuldener der[5446] *Denunciation* ohngehindert woll zahlen.

12. Waß bezahlet wirdt, ist zufoderst auff die Zinsen undt nicht vom *Capital*, ehe die Zinsen bezahlet, abzurechnen, eß sey dan ein Anders von dem Schuldener bedungen undt von dem Glaubiger außtrücklich oder durch Stillschweigen genehmet. Eß mag aber jener diesen wieder seinen Willen nicht auffdringen, daß er das *Capital* erst bezahlet[5447] nehme.

13. Ist jemandt einen[5448] Andern mitt [fol. 220v] verschiedenen Schulden verhafftet undt stehet bey ihm, worauff er erst bezahlen wolle, muß der Glaubiger eß darauff annehmen, weßen der Schuldener sich bey oder alßforth nach der Zahlung erklehret. Ist von ihm nichtes[5449] gemeldet, stehet[5450], wann kein Anders verglichen, bey dem *Creditore*, worauff er daß Geldt empfangen wolle, nur daß er die Erklehrung bey oder kurtz nach dem Empfang undt zwahr also thue, wie einem gueten Manne anstehet, undt er selbst die Zahlung thuen werde[5451]. Ist von keinem etwaß erklehret, soll die Abrechnung geschehen, auff daß, so *liquidum*, undt ohne Zeitt oder *Condition* gebühret, undt wann alle Schulde also bewandt, auff daß so einer mitt grossem Beschwer[5452] schuldig bleibet, alß wordurch jemandts Gueter nahme *periclitir*et, waß wegen der Seumbnuß[5453] straffbahr oder zinßtragendt ist, worfur[5454] Pfande auß- oder[5455] eingesetzet, darauff alßforth *parata executione* verfahren werden mag, Wann alles gleich, waß einer für sich schuldig, gehet vor der

5441 *In welcher ... solle* fehlt bei W.
5442 W *ein*.
5443 W *stellen*.
5444 W *gesetzte*.
5445 W *veraluffen* (Druckfehler).
5446 W *der geschehenen*.
5447 W *bezahlt*.
5448 W *einem*.
5449 W *nichts*.
5450 W *stehet es*.
5451 W *würde*.
5452 W *grossen Beschwerd*.
5453 W *Saumniss*.
5454 W *wofür*.
5455 W *und*.

frömbden Schuldt[5456], worfur[5457] er hafftet, außerdehm ist die eltere[5458] Schuldt vor die jungere bezahlet[5459] zu achten.

14. Wann jemandt in zehn Jahren [fol. 221r] umb furgewandte[5460] Schuldt nicht gesprochen undt der Schuldener durch vernunfftige[5461] Muetmaßung glaublich anzeigen[5462] kan, daß er bezahlet oder der *Creditor* seine Bezahlung zu nehmen die Gelegenheit oder Mittel gehabt undt hinjegen[5463], wann eß nicht geschehen, er so lang[5464] nicht Stillschweigen wurde[5465], sich auch keine Ursache oder Hindernuß[5466] deßen hervorgibt, so soll der Schuldener auff seinen[5467] Eydt frey erkandt, deßen Erben auch auff Abstatung des Eydes *credulitatis* nicht weiter besprochen werden.

15. Eß mag der Schuldtman die Bezahlung zurückhalten, bis ihm zugleich eine Quitung undt seine Handtschrifft, so darauff außgegeben, von dem Glaubiger zurückgegeben oder auch durch oder[5468] den Eydt deßelben glaublich gemachet, dieselbe ihn[5469] von abhenden kommen[5470] undt er nicht wiße wor dieselbe geblieben, dabey nichts Gefehrliches suche oder vorhabe. Wann alßdan der Glaubiger[5471] vor Gericht[5472] die Verschreibung tödten oder auffheben leßet, sich auch erbietet, dieselbe sobald er Nachricht, wor sie verhanden, erlanget, beyzuschaffen undt wann sie zu seinen Henden gekommen, wiederumb außzulieffern, soll der Schuldtman die Zahlung zu thuen schuldig sein. [fol. 221v]

16. Ist bey dem Schuldtman[5473] die Schuldverschreibung, aber dabey keine Quitung oder sonst einige Nachricht der beschehenen Zahlung, ist derselbe schuldig anzuzeigen, wie er zu derselben gekommen, wann, wer undt wormitt er dieselbe

5456 *Gehet vor ... Schuldt* fehlt bei W.
5457 W *wofür.*
5458 W *altere.*
5459 W *jüngere bezahlt.*
5460 W *fürgewandte.*
5461 W *vernünftige.*
5462 W *gläublich erzeigen.*
5463 W *hingegen.*
5464 W *lange.*
5465 W *würde.*
5466 W *Hinderniss.*
5467 W *seinem.*
5468 Fehlt bei W.
5469 W *dass dieselbe ihm.*
5470 W *gekommen.*
5471 W *Gläubiger.*
5472 W *Gerichte.*
5473 Bei M verbessert aus *Schuldt.*

eingelöset, undt wann[5474] alßdan der Glaubiger[5475], der solche ohnbezahlet und sonst ihm abhendig geworden zu sein vorgibt, ein Wiedriges nicht beweisen mag, der Schuldtman guetem[5476] Leumuhts undt Lebens, auch keine glaubliche Anzeige der *Subtraction* sich auffgebe[5477], ist jene[5478] alß befreyet zu achten. Befinde[5479] sich aber dieselbe bey deßen Erben, sein diese nicht schuldig, weiter davon zu melden alß ihnen wißendt, undt kan daiegen[5480] der Glaubiger[5481] nichts auffbringen, mag er auch nicht mahnen[5482] bis daß er beweise, die Schuldt sey noch ohnbezahlt, undt auß andern Ursachen die Verschreibungen[5483] zu dem Schuldener gekommen, so ihm zu jeder Zeitt offen bleibet[5484].

17. Wer auff die drey negste Jahr[5485] wegen Zinß[5486], Rente, Zehenden, Rechte undt dergeleichen[5487] jerlichen Hebungen durch drey absonderlich daruber[5488] zu verschiedenen Zeiten gegebene[5489] Quitungen befreyet, soll wegen der übrigen von vorigen Jahren frey gehalten undt erkandt werden, [fol. 222r] biß, der solche fodert, beweiset, daß der Schuldtman dieselbe schuldig geblieben.

18. Waß jerlich zu bezahlen, ist deßen kein[5490] gewiße Zeitt gesetzet, darff vor Außgang des Jahres[5491] nicht gezahlet werden, außerhalb deßen, so anstaat der *Aliment*en gebühret, dazu ist bey nicht befundener Abrede oder ander Gewonheit der Schuldtman zu Anfang eines jeden Jahres[5492] verbunden.

19. Hatt jemandt einen Andern der Schuldt halber *quitir*et, aber daß er von dem Schuldener verleitet oder bezwungen, auß Irthuemb oder auß anderer Ursache undt nicht in Meinung ihn zu befreyen[5493], eß gethaen zu haben vorgibt, kan er

5474 W *wenn.*
5475 W *Gläubiger.*
5476 W *aber guten.*
5477 W *angebe.*
5478 W *jener.*
5479 W *Befünde.*
5480 W *dagegen.*
5481 W *Gläubiger.*
5482 W *nichts machen.*
5483 W *Verschreibung.*
5484 W *offenbleibe.*
5485 W *3 nechste Jahre.*
5486 W *Zinse.*
5487 W *dergleichen.*
5488 W *absonderliche darüber.*
5489 W *eingegebene.*
5490 W *keine.*
5491 W *Jahrs.*
5492 W *Jahrs.*
5493 W *befreyn.*

solches inwendig dreißig Jahren vorbringen, die *Quit*ung wiederruffen, darauff die Schuldt mahnen[5494].

Titulus XIX.
Von Bezahlung der Schulde auß dem[5495] Lehnen, wie auch deren Verpfendung.

1.[5496] Bey Bezahlung der Schulde auß den Lehnen ist zufoderst Acht zu haben, ob dieselbe[5497] *onera feudi*, Lehensburden[5498] oder sonst gemeine Schulde[5499] sein. [fol. 222v] Die Lehensburden[5500], eß[5501] sey dafur[5502] mitt des Lehenherrn[5503] *Consens* daß Lehen[5504] verpfendet oder nicht, treget daß Lehen[5505] allein undt mußen[5506] solche darauß bezahlet werden, obgleich der Lehenman[5507] viell *Allodi*en hette undt eine reiche Erbschafft hinter sich verließe. Hiniegen[5508] andere gemeine Schulde tragen die Lehne nicht, dan nur *in subsidium*, wann keine Erbgüeter verhanden.

2. Vor Lehensburden[5509], welche auß dem Lehen[5510] abzutragen, sein zu achten die jerliche Hebungen undt verpflichte[5511], so von Alters auff den Lehnen[5512] hafften, waß zu Erkauff oder[5513] Befreyung der Lehne undt deßen *Pertinenti*en, wie auch zu Bezahlung der Schulden, so darauff hafften, wie der Lehenman[5514] solche

5494 W *machen.*
5495 W *den.*
5496 W am Rand: *De Jure solutionis aeris alieni ex feudis eorumque oppignorationibus.*
5497 W *diese.*
5498 W *Lehns Bürden.*
5499 W *Schulden.*
5500 W *Lehns-Bürden.*
5501 Fehlt bei W.
5502 W *dafür.*
5503 W *Lehn-Herrn.*
5504 W *Lehn.*
5505 W *Lehn.*
5506 W *müssen.*
5507 W *Lehn-Mann.*
5508 W *hingegen.*
5509 W *Lehns-Bürden.*
5510 W *den Lehn.*
5511 W *Unpflichte.*
5512 W *auf die Lehne.*
5513 W *und.*
5514 W *Lehn-Mann.*

bekommen, auffgeliehen undt verwandt, imgleichen[5515] wordurch das Lehen[5516] auffgebawet oder scheinlich gebeßert, waß zu Bezahlung der *Meliorationen* an die Erben der Lehenman[5517] auffgeliehen, waß auß oder wegen des Lehens[5518] den Brudern[5519], Schwestern oder Töchtern zu ihrem[5520] Erbtheill oder Abfindung außzureichen undt deßhalber[5521] ohnbezahlet, waß dehnen, so dem Lehen[5522] zu Guete gedienet[5523], nachstendig, waß zu Leistung der Roß- undt Lehendienst[5524] verwandt, undt von Andern auffgenommen werden mußen[5525].

3. Kaufft jemandt ein Lehen[5526] oder handelt es andergestaldt an sich undt es [fol. 223r] hafften darauff noch Schulde[5527], so er bey dem Kauff undt Handlung zu bezahlen mitt annimbt, bezahlet aber dieselbe nicht, sein es *onera feudi* und mußen[5528] aus dem Lehen[5529] bezahlet werden.

4. Hatt ein Lehenman[5530] vor seinem Lehenherrn[5531] gelobet oder auch bezahlet oder hatt Geldt zu seinem[5532] Nutzen auffgeliehen, ist solches alß ein *onus feudi* auß dem Lehen[5533] von den *succedir*enden Vettern oder, wann daß Lehen[5534] eröffnet, dem Lehenherrn[5535], nicht aber auß deßen Erbschafft zu bezahlen undt haben nach deß Lehenmanß[5536] Todte, eß komme daß Lehen[5537] auff die Vettern oder werde

5515 W *ingleichen.*
5516 W *Lehn.*
5517 W *Lehn-Mann.*
5518 W *Lehns.*
5519 W *Brüdern.*
5520 W *ihren.*
5521 W *deshalben.*
5522 W *Lehn.*
5523 W *dienet.*
5524 W *Lehndienste.*
5525 W *müsse.*
5526 W *Lehn.*
5527 W *Schulden.*
5528 W *müssen.*
5529 W *den Lehn.*
5530 W *Lehn-Mann.*
5531 W *Lehn-Herrn.*
5532 W *seinen.*
5533 W *Lehn.*
5534 W *Lehn.*
5535 W *von dem Lehn-Herrn.*
5536 W *Lehn-Manns.*
5537 W *Lehn.*

eröffnet, die Erben sich bis zu ihrer Bezahlung darin deß *juris retentionis*[5538] sich zu gebrauchen.

5. Die Lehen[5539] sein unter einem stillschweigendem[5540] Pfandt, *tacita hypotheca* genandt, ob es sonst in Rechten *constituir*et, nicht begriffen, eß sey dan in Fellen, worin durch die gemeine oder dieses Landes Lehenrechte[5541] und Gebreuche ein solches eingeführet, gestaldtsahmb solchemnach in den Lehnen deßen fehig sein, die Wittwen wegen ihren Ehegeldes, zugebrachten *Paraphernali*en undt waß sonsten ihnen auß den Lehnen gebühret, der Lehenleute[5542] Töchter wegen [fol. 223v] deß Brautschatzes, die Verkeuffer der Lehne, fur den[5543] Nachstandt des Kauffgeldes, die Unmundigen[5544] auff die Schulde, so auß Verwaltung der Vormundschafft herrühren, die, so zu Einricht- undt Erhaltung der Lehne Gelder[5545] angeliehen, wie dan auch Andere, die auff warhaffte *onera feudi* Foderungen haben.

6. Stirbt[5546] jemandt undt leßet Söhne oder Sohnskinder hinter sich, nehmen sich dieselbe der Lehne an, mußen[5547] sie zugleich die Erbschafft behalten undt auß beider[5548] Eltern Schulde ohne Unterscheidt[5549] bezahlen. Hatt er aber keine Söhne, sondern nur Vettern verlaßen und diese werden zugleich Erben, so sein dieselbe gleicher Gestaldt zu den Schulden undt dero Bezahlung sowoll auß den Lehnen alß Erbschafft verbunden. Bekommen sie aber allein daß Lehen[5550] undt Andere die Erbguether, mögen sie sich wieder andere Schulde alß die, *onera feudi* sein, undt worfur[5551] das Lehen[5552] mitt deß Lehenherrn[5553] undt *Agnat*en *Consens* verpfendet[5554], mitt der *Exceptione excussionis* schützen, bis die Erbgüther *discutiir*et[5555] undt befunden, das die Erbschafft nicht weiter *solvendo* ist. Hernach aber

5538 W *auf die zu ihrer Bezahlung darin das Jus retentinois (!) Vetern, oder werde eröffnet, die Erben biss sich zu gebrauchen.*

5539 W *Lehne.*

5540 W *stillschweigenden.*

5541 W *Lehn-Rechte.*

5542 W *Lehn-Leute.*

5543 W *für dem.*

5544 W *Unmündigen.*

5545 W *Felder.*

5546 W *Stirbet.*

5547 W *müssen.*

5548 W *beyden der.*

5549 W *Unterschied.*

5550 W *Lehn.*

5551 W *wofür.*

5552 W *Lehn.*

5553 W *Lehn-Herrn.*

5554 W *verpfandet.*

5555 W *discontiret.*

sein sie bis auff den[5556] Werth der Lehne auß denenselben zur Zahlung gehalten. [fol. 224r]

7. Sein *Creditor*en[5557] außer denen Schulden, so *onera feudi* sein, an die Lehne gewiesen oder der Lehensfolger[5558] hatt dieselbe bezahlet, imgleichen[5559] wan etliche Lehenstucke[5560] in Bezahlung gegeben oder davon unterpfendtlich eingethaen, mögen die Lehensfolger[5561] die Erben zu Erstatung deßen, so bezahlet, imgleichen[5562] zu Befreyung der Guether anhalten undt sein dieselben dazu schuldig undt anzuhalten. Hiniegen[5563] haben Erben bezahlet, waß daß Lehen[5564] allein tragen soll, oder seine[5565] Erbgueter wegen Lehensburden[5566] beleget undt beschweret, soll auff Anhalten der Erben der Lehensfolger[5567] wegen deßen, so ihm allein oblieget, Bezahlung thuen, undt die Gutter[5568] befreyen.

8. Wie die Lehne wegen ander des Lehenmanß[5569] Schulde *in subsidium* hafften, also wann die eigentliche Lehensburden[5570] auß den[5571] Lehnen nicht konnen[5572] abgetragen werden, soll auß den übrigen Guttern[5573] nichtsdestoweniger die Bezahlung geschehen.

9. Will jemandt, daß die Schulde, so eigentlich *onera feudi* undt auß dem Lehne[5574] abzustaten sein, nicht auß demselben oder von den Lehensfolgern[5575], sondern auß seinen *Allodial*guthern[5576] und von seinen Erben abgetragen werden, [fol. 224v] ist solches gultig[5577], undt demselben nachzukommen.

5556 W *dem.*
5557 W *Credidorn* (!).
5558 W *Lehnsfolger.*
5559 W *ingleichen.*
5560 W *Lehnstücke.*
5561 W *Lehnsfolger.*
5562 W *ingleichen.*
5563 W *hingegen.*
5564 W *Lehn.*
5565 W *die.*
5566 W *Lehns-Bürden.*
5567 W *Lehns-Folger.*
5568 W *Güter.*
5569 W *Lehn-Manns.*
5570 W *Lehns-Bürden.*
5571 W *denen.*
5572 W *können.*
5573 W *Gütern.*
5574 W *Lehn.*
5575 W *Lehns-Folgern.*
5576 W *Gütern.*
5577 W *gültig.*

10. Kompt in Zweiffel, ob die Schuldt, so gefodert wirdt, ein *onus feudi*, alß insonderheit darauß zu bezahlen, oder sonst eine gemeine Schuldt sey, soll, der auß dem Lehen[5578] darauff die Zahlung haben will, eß sey der *Creditor* oder[5579] Landterben, zuerst solch[5580] *Qualität* der Schuldt erweisen. In Entstehung deßen[5581] wirdt es vor eine gemeine Schuldt geachtet.

11. Wehm mitt deß Lehenherrn[5582] undt negsten Vettern *Consens* ein Lehen[5583] verpfendet, demselben stehet frey, zu Erlangung[5584] der Bezahlung die Rechtshülffe zu suchen wieder daß Lehen[5585] oder auch die *Allodiali*en, wie eß ihm zum bequembsten felt[5586], undt mag bey vor sich habenden Unterpfandt zuerst auß diesen die Zahlung zu suchen oder dieselbe *excutii*ren[5587] zu laßen nicht angewiesen werden; waß aber mitt dem Lehen bezahlet[5588], solches ist der Lehenman[5589] undt deßen Erben von seinen eigenthuemblichen Guethern zu ersetzen, daß Lehen[5590] zu befreyen undt bey dem Geschlecht zu erhalten schuldig, auch der Lehensfolger[5591], daß es geschehe zur Zusprach sowoll bey deßen Leben alß nach dem Todte, befuegt.

12. Wer wegen seiner Schuldtfoderung in ein Lehen[5592] *immittir*et wirdt, erreichet [fol. 225r] daran eine Pfandtgerechtigkeitt, mag[5593] darauß vor seiner[5594] Zahlung nicht gewiesen werden, sondern bey den furstlichen Cantzleyen[5595] undt Hoffgerichten, daß es ihm in *solutum* zugeschlagen oder auch zu Erhaltung seiner Bezahlung ordentlich *distrahir*et werde, suchen undt erhalten.

13. Wirdt ein Lehen[5596] der hohen Landesobrigkeit eröffnet, sollen die einem Lehenman[5597] anererbte Schulde undt darin er sonsten wegen gebührlicher Auß-

---

5578 W *Lehn.*
5579 W *oder die.*
5580 W *solche.*
5581 W *erweisen, zunechst dessen.*
5582 W *Lehn-Herrn.*
5583 W *Lehn.*
5584 W *Erlegung.*
5585 W *Lehn.*
5586 W *fallt.*
5587 W *executiren.*
5588 W *Lehn bezahlt.*
5589 W *Lehn-Mann.*
5590 W *Lehn.*
5591 W *Lehnsfolger.*
5592 W *Lehn.*
5593 W *und mag.*
5594 W *Erhaltung seiner.*
5595 W *Fürstlichen Cantzeleyen.*
5596 W *Lehn.*
5597 W *Lehn-Mann.*

steur undt Abfindung seiner *respective* Töchter Schwestern undt Brudern[5598], doch daß solches nicht übermeßig geschicht, imgleichen[5599] durch Feursbrunst[5600], Ungewitter undt andere *casus fortuitos* ohne sein[5601] Hin- undt Fahrleßigkeit auß Gottes unwandelbahrem Verhencknus[5602] gerahten möchten[5603], auß den eröffneten Lehnen bezahlet undt abgerichtet werden, doch mitt dieser außtrücklichen Bescheidenheit, Geding undt Vorbehaldt, daß der letzter Lehentrager[5604] ein *Inventarium* oder *specificir*te *Designation* der ihm anererbeten[5605] Schulden innerhalb vier[5606] Wochen, nachdehm ihm daß Lehen[5607] heimbgefallen, vermittelst Eydes zu *edir*en undt in die Cantzley[5608] einzuschicken, undt wann er dan zur Außsteur[5609] seiner Töchter undt Schwestern oder auch in andern Fellen, so itzt vermeld, einer Anleihung [fol. 225v] einer gewißen Summen[5610] Geldes benötiget, solches unß undt unsern nachkommenden regierenden Landesfursten[5611] alß den Lehenherrn[5612] *supplicando* zu erkennen zu geben, undt umb gnädigen *Consens* undt Bewilligung unterthänig[5613] anzuhalten schuldig undt verpflichtet, wir aber undt unsere Nachkommen zu Abtragung anderer undt mehrer Schulden dan obberührt[5614] nach Eröffnung der Lehen[5615] keinesweges *obligir*et undt gehalten sein sollen, undt wollen[5616].

5598 W *Brüder.*
5599 W *ingleichen.*
5600 W *Feuers-Brunst.*
5601 W *seine.*
5602 W *unwandelbahren Verhängniss.*
5603 W *mögte.*
5604 W *Lehns-Träger.*
5605 W *angeerbten.*
5606 W *4.*
5607 W *Lehn.*
5608 W *Cantzeley.*
5609 W *Aussteuer.*
5610 W *Summe.*
5611 W *Landes-Fürsten.*
5612 W *Lehn-Herrn.*
5613 W *unterthanig.*
5614 W *obberühret.*
5615 W *Lehn.*
5616 W *wollen noch sollen.*

Titulus XX.
Von Ubergebung der Guther[5617] in Bezahlung.

1.[5618] Wer sonst nicht zu bezahlen hatt, mag seinem Glaubiger[5619] soviell, alß die Schuldt sich belauffet[5620], in[5621] Zahlung *offerir*en. Er ist aber dabey schuldig, vorerst seinem Glaubiger[5622] eine *Specification* der Guether zu übergeben, dabey auff Begehren eydtlich, daß er außerdehm[5623] keine Zahlungsmittel habe oder auffzubringen wiße, zu erhalten, darauß das[5624] dem *Creditori* die Wahl zu laßen, worauff alßdan die Glaubiger[5625] ein oder mehr Stück, so die Schuldt erreichet, fur[5626] den billigen Werth, wie durch ohnparteysche[5627] verstendige Leuthe dieselbe[5628] gesetzet wirdt, anzunehmen verbunden, dadurch dan der [fol. 226r] Schuldtman, außgenommen, daß er zum Gewehr gehalten pleibet, befreyet wirdt.

2. Die Glaubiger[5629], welche bey Annehmung deß Schuldeners Guether die Wahl haben[5630], können darauß nicht wehlen, einmahl worauff andere *Creditores privilegiati* ein *Special*- undt beßers[5631] Recht haben, ob sie gleich dem Schuldtman deßen Besitz und Genieß laßen, zum Andern, wordurch sie ander[5632] deß *Debitoris* Guther ohnnutz[5633] machen undt dem Schuldman undt ander[5634] deßen *Creditor*en Schaden zufuegen wurden[5635], alß wann von Ackerwercken sie die *Pertinen*tien abreißen wollen, wordurch dieselbe ohnnießbahr wurden[5636].

5617 W *Güter.*
5618 W am Rand: *Jura Dationis Bonorum in solutum.*
5619 W *Gläubiger.*
5620 W *beläuft.*
5621 W *von seinen Gütern in.*
5622 W *Gläubiger.*
5623 W *ohne dem.*
5624 W *dann.*
5625 W *der Gläubiger.*
5626 W *für.*
5627 W *ohnpartheyische.*
5628 W *derselbe.*
5629 W *Gläubiger.*
5630 Wort bei M über der Zeile eingefügt.
5631 W *besseres.*
5632 W *andere.*
5633 W *Güter ohnnütz.*
5634 W *anderen.*
5635 W *würden.*
5636 W *würden.*

3. Niemandt kan seinen Glaubiger[5637] wieder deßen Willen dazu anhalten, daß er daßjenige, so ihm[5638] zum Unterpfande gesetzet, ob er gleich deßen Besitz undt Genieß bereits hette, in Bezahlung[5639] annehme. Wann er aber will, daß solches verkaufft undt darauß der Glaubiger[5640] befriediget werde, ist derselbe solches geschehen undt daß Guett zum Auffbott undt *Distraction* kommen zu laßen schuldig.

4. Wirdt ein Guett, so in *solutum* [fol. 226v] gegeben, *evincir*et oder der darüber getroffener[5641] Handel also beschaffen befunden, daß dadurch der Glaubiger[5642] betrogen ist, stehet ihm frey, seinem[5643] Schuldtman der *Eviction* halber zu[5644] Leistung des Gewehrs undt Benennung deßen, darin er verkurtzet[5645], zu besprechen oder auch seine vorige *Action* zu Eintreibung der Schuldt, alß wann die *datio in solutum* nicht geschehen were, wieder *Principal* oder Burgen[5646], alß die auff solchen Fall ohnerloschen[5647] undt ohnverendert pleibet, vorzunehmen, undt soll daiegen den[5648] Schuldtman die *Exceptio novationis* oder *delegationis* nicht schutzen[5649].

5. Ein Schuldtman mag zu Bezahlung seiner Schulde seine Lehen[5650] oder dero[5651] Stücke[5652] Abnutzungen[5653] iegen[5654] eine gewiße jerliche *Pension* oder auff Abrechnung seinem *Creditori* woll einreumen, aber ohne deß Lehenherrn[5655] *Consens* demselben eß nicht verpfenden[5656] noch *in solutum* zuschlagen, sondern soll

5637 W *Gläubiger.*
5638 W *ihn.*
5639 W *Zahlung.*
5640 W *Gläubiger.*
5641 W *getroffene.*
5642 W *Gläubiger.*
5643 W *seinen.*
5644 W *zur.*
5645 W *verkürtzet.*
5646 W *Bürgen.*
5647 W *ohnerlassen.*
5648 W *dagegen dem.*
5649 W *schützen.*
5650 W *Lehn.*
5651 W *deren.*
5652 W *ein Stücke.*
5653 W *und dessen Abnutzungen.*
5654 W *gegen.*
5655 W *Lehn-Herrn.*
5656 W *verpfanden.*

denselben[5657], ehe undt zuvohr er dem *Creditori* daß Lehenguett[5658] übergibt, erfodern oder der Handel nicht gultig[5659] sein.

Titulus XXI.
Von der Novation.

1.[5660] Giebt jemandt auff die Schuldt, wormitt er verhafftet, eine andere Verschreibung, ob er gleich andere Burgen[5661] undt [fol. 227r] Pfande setzet, undt hebet vorige nicht außtrucklich[5662] auff, so bleiben sowoll die[5663] Schuldener alß vorhin auß- undt eingesetzte Burgen[5664] undt Pfande, nicht weniger dan[5665] vorhin, in erster Pflicht ohne *Novation*, welche in solchem[5666] Fall nicht anders dann mitt außtrucklichen Meldungen[5667] geschiehet. Wann aber der Schuldener in Bezahlung seines *Debitor*en[5668] Schuldt übergibt undt vermittelst einer richtigen *Cession* anweiset oder einen andern Schuldener an seiner staat schaffet, der Glaubiger auch denselben undt von ihm neue Versicherung, Schuldtverschreibung oder etwaß an *Capital* oder Zinsen annimpt, wann nicht vorbehalten, daß der voriger[5669] Schuldener ohnerlaßen sein solle, wirdt derselbe durch solche *Delegation* frey undt ist der Glaubiger[5670] sich an denselben[5671], welches Glauben er einmahl gefolget, zu halten schuldig, die erste *Obligation* aber, ob sie gleich bey dem[5672] *Creditore* geblieben, da nicht ein Anders gemeinet undt *intendirt*[5673] zu sein erscheinet, ohnkrefftig.

2. Geschiehet eine *Delegation* oder Anweisung einer Schuldt in Bezahlung mitt dem Bedinge, daß im Fall, dieselbe in gewißer Zeitt nicht bezahlet oder versichert

---

5657 W *demselben.*

5658 W *Lehn Guth.*

5659 W *gültig.*

5660 W am Rand: *Jura Novationis et delegationis.*

5661 W *Bürgen.*

5662 W *ausdrücklich.*

5663 Bei M verbessert aus *der*; W *der.*

5664 W *Bürgen.*

5665 W *den.*

5666 W *solchen.*

5667 W *ausdrücklichen Meldung.*

5668 W *Debitorn.*

5669 W *vorige.*

5670 W *Gläubiger.*

5671 W *demselben.*

5672 W *den.*

5673 W *intendiret.*

würde, der *Cedens* und *Delegans* gehalten sein sollen[5674], so mag auch inwendig [fol. 227v] solcher[5675] Zeitt, sobald erscheinet, daß die Schuldt streitig, der *Debitor* ohnzahlbahr[5676] oder auch sonst darauff nicht ohne große Muhe[5677] undt Kosten etwaß zu erhalten, sonst aber nach Verlauff der Zeitt der Glaubiger[5678] seinen ersten *Debitor*en[5679] belangen undt ist dieser zur Zahlung gehalten, mag sich des *beneficii excussionis* nicht gebrauchen.

Titulus XXII.
Von Compensationen.

1.[5680] Ein jeder mag mitt denen Foderungen, sie rühren her, wor sie wollen, *compensir*en, wann sie *liquid* und ohnleugbahr oder, ob sie im[5681] Streitt gezogen, doch vor der Zeitt, daß auff die Iegenschuldt[5682] die *Execution* ergehet, *liquidir*et wirdt. Ist aber alßdan dieselbe noch nicht gantz oder zum Theill in Gewißheit, kan nicht weiter, dan sie *liquid*, in *compensation*[5683] kommen, sondern es soll dero ohngehindert ein[5684] jeden Rechts verholffen, die[5685] annoch unrichtige Foderung außgesetzet werden[5686], der Kläger auch deßwegen mitt keinen *Caution*en beschweret werden, eß sey dan die *Reconvention*clage, darüber zu rechter Zeitt angestellet, zugelaßen undt der Schuldtman im Land[5687] nicht oder auch so hoch, alß die Foderung sich erstrecket, [fol. 228r] geseßen, dabey dan zugleich soviell erscheine, die Zusprache sey woll *fundir*et, so mag den auch alß dan[5688] nach Befindung in Mangel andere gnuegsahmen[5689] *Caution* der Schuldtman zur *Deposition* der Gelder im Gericht angewiesen werden.

5674 W *solle.*
5675 W *solher* (vermutlich Druckfehler).
5676 W *Debitro* (!) *unzahlbar.*
5677 W *Mühe.*
5678 W *Gläubiger.*
5679 W *Debitorn.*
5680 W am Rand: *Jura Compensationis.*
5681 W *in.*
5682 W *Gegenschuld.*
5683 W *compensationem.*
5684 W *einem.*
5685 W *und die.*
5686 Fehlt bei W.
5687 W *Lande.*
5688 W *alsdenn.*
5689 W *anderer gnugsamer.*

2. Hatt einer dem Andern eine Schuldfoderung, ehe er gewust, daß, der dazu gehalten, daiegen[5690] zu *compensir*en gehabt, ohne Argelist[5691] *cedir*et, mag dem *Cessionario*, auff dem dieselbe gekommen, die *Compensation* nicht *obiciir*et[5692] noch unter dem Vorwandt die Zahlung zuruck[5693] gehalten werden, eß sey[5694] dann dem Schuldener alle deß *Ceden*ten Guther vor[5695] der Zeitt, daß die *Cession* geschehen, zur *Hypothec* verschrieben.

3. Waß ein Erbe seinetwegen von Andern zu fodern hatt, demselben mag wegen der Schulde, so er der Erbschafft halber zu bezahlen schuldig geworden, ohnangesehen daß er deroselben vermittelst des *Beneficii Inventarii* sich angemaßet, die *Compensation obiciir*et[5696], wie dan hiniegen[5697], waß er vor sich schuldig[5698], mitt dehm, so er[5699] von ihm außerhalb der Erbschafft fodert, kan *compensir*t[5700] werden.

4. Ein Burge[5701] kan sowoll mit dehm, [fol. 228v] waß der Glaubiger seinem *Principal* schuldig, alß mitt seinen eigenen Iegenfoderungen[5702] *compensir*en wie dan auch sowoll eigene alß frömbde[5703] Schulde worfur[5704] jemandt burglich[5705] hafftet, wann sie vorher rechtmeßig[5706] auff ihn gekommen, in *Compensation* bringen.

5. Wer schuldig ist, mag woll mitt dehm, so ihm der Glaubiger wiederumb schuldig geworden, *compensir*en, aber dazu von andern seines Glaubigers[5707] *Debita* die *Compensation* damit zuthuen nicht an sich handeln. Handelte jemandt so vortheilhafftig, daß sich der Schuldt zu entziehen er anderer Leuthe Brieffe ohne rechtschaffener Nottwendigkeitt, allein seinen *Creditor*en[5708] abzuhalten, an sich

---

5690 W *dass sein Schuldener dagegen.*
5691 W *arge List.*
5692 W *objiciret.*
5693 W *zurück.*
5694 W *seyn.*
5695 W *Güter von.*
5696 W *Compensationen objiciret.*
5697 W *hingegen.*
5698 W *schudig* (Druckfehler).
5699 Bei M über der Zeile eingefügt.
5700 W *compensiret.*
5701 W *Bürge.*
5702 W *Gegen-Foderungen.*
5703 W *fremde.*
5704 W *wofür.*
5705 W *Bürglich.*
5706 W *rechtmassig.*
5707 W *Gläubigers.*
5708 W *Creditorn.*

brechte, soll er mitt solchen geferlichen[5709] Vornehmen nicht zugelaßen, sondern abgewiesen werden. Demnach dan[5710] die hirunter offt vorgehende Geferligkeitt[5711] zu verhüten, ein jeder, der mitt frembder Schuldt *compensir*en will, zufoderst glaublich[5712] Anzeige thuen, auß waß Ursachen er zu der Schuldt und darüber errichteten Brieffen gelanget, dabey dann die warhaffte Ursache bescheinigen, undt daß nicht allein seinen[5713] Schuldtman zu hintertreiben, sondern auß andern redlichen[5714] Ursachen er dieselbe angenommen zu behaupten, da einiger Argwohn deß- [fol. 229r] wiedrigen sich auffgebe[5715], mittelst Eydes davon sich[5716] entledigen.

6.[5717] Obwoll in gemeinen Rechten enthalten, daß die *Compensatio ipso jure* geschehe, erfodert doch die Billigkeitt undt vernunfftige[5718] Deutung, daß selbiges nicht anders zu verstehen alß auff die Zeitt, wann der Schuldtman sich erklehret, das er die *Compensation* gebrauchen will, daß er entweder die *Exception* im Gericht *opponir*et oder außer Gericht seinem Glaubiger[5719] die Andeutung gethaen, worauff dann alle erfolgende Verenderung, so der *Compensation* entiegen, nicht zuleßig, auch deroselben ohnnachtheilig sein sollen[5720]. Waß aber vorher ergangen, ist der *Compensation*[5721], wan es mitt derselben zugleich nicht bestehen mag, im Wege undt behinderlich, also daß es deroselben ohngeachtet bestendig bleibet.

5709 W *gefahrlichen.*

5710 Fehlt bei W.

5711 W *Gefahrlichkeit.*

5712 W *glaubliche.*

5713 W *seinem.*

5714 W *rechtlichen.*

5715 W *angebe.*

5716 W *Eydes sich davon.*

5717 Bei M irrtümlich *VII* für *7.*

5718 W *vernünfftige.*

5719 W *Gläubiger.*

5720 Bei M verbessert aus *solle.*

5721 *Entiegen nicht … compensation* fehlt bei W.

Titulus XXIII.
Von Rescission und[5722] Auffhebung[5723] Verträge undt verglichener Händel.

1.[5724] Wer durch einen Handel im Kauffen, Verkauffen[5725], Mieten, Erbtheilungen, *Datione in solutum* undt andern Verträgen[5726] über die Helffte des rechten Werthes[5727], wie daß so [fol. 229v] in dem Handel gebracht, zur Zeitt der Verträge damahlen[5728] gegolten oder vernunfftig[5729] zu *taxir*en gewesen, *laedir*et undt beschediget, derselbe mag darauff von dem Handel abtreten undt die *Rescission* nebst Wiedereinsetzung in vorigen Standt suchen, eß wolte ihm dann daß ander Theill, waß daran ermangelt, erstaten oder von dehm, so er schuldig, soweitt alß die *Laesion* sich erstrecket, nachlaßen, wie dann in deßen Wahl sein soll, ob er das thuen oder von dem Vertrage mitt[5730] abtreten wolle.

2. Die *Laesion ultra dimidium* soll geachtet sein, wan dasienige, woran iemandt verletzet[5731] zu sein meinet, nicht halb soviell werth, dann eß in Anschlag gebracht, also den halben wahren Preiß und *Taxam* übersteiget, welches derjenige, so es vor sich anziehet, zu beweisen schuldig sein undt darin wie bey *Taxir*ung der Guther[5732] landtüblich verfahren werden soll[5733].

3. Wirdt durch einen offentlichen[5734] Auffbott oder *Subhasta* ein Guett dem Meistbietendem[5735] verkaufft, aber dabey vermeinet, daß der, dehm daßelbe[5736] zugehörig, dadurch übermeßig, nemblich über die Helffte *laedir*et, mag der, dehm daran gelegen, zur Zeitt des Verkauffs beysprechen undt entweder ein Mehres dafur[5737] biethen [fol. 230r] undt es dafur[5738] behalten oder daß richterliche Ampt zu pilliger Verordnung anruffen. Ist es aber einmahl dem Kauffer dafur[5739] zugeschla-

5722 *Rescission und* fehlt bei W.
5723 W *Aufhebung der.*
5724 W am Rand: *De rescissione contractuum et laesionibus.*
5725 W *und Verkauffen.*
5726 W *Vertragen.*
5727 W *Werths.*
5728 W *damahln.*
5729 W *vernünfftig.*
5730 Fehlt bei W.
5731 W *verletzt.*
5732 W *Güter.*
5733 Fehlt bei W.
5734 W *öffentlichen.*
5735 W *den meistbietenden.*
5736 W *dasselbige.*
5737 W *dafür.*
5738 W *dafür.*
5739 W *Käuffer dafür.*

gen undt *adjudicir*et, soll der Kauff oder[5740] *adjudication per remedium*[5741] *l. 2. C de rescind. vend.*[5742] nicht *rescindir*et, sondern es allerdings dabey gelassen werden, eß sey auß Noht oder guetem[5743] Willen zu dem[5744] Kauff geschritten, allein den Fall außbeschieden, wann bey solcher *Licitation* undt erfolgten Verkauff betrieglich gehandelt oder, dehm daran gelegen, abwesend oder behindert were.

4. Ist jemandt durch einen Kauff oder andern *Contract* gröblich *laedir*et, mag er wieder dehn, so von ihm daß Gutt entpfangen[5745], nicht aber wieder den *tertium Possessorem* der *Laesion* halber *agir*en undt von demselben unter dem Vorwandt, waß unvorsichtig[5746] gehandelt, zuruckfodern[5747], eß sey dann auff denselben[5748] *Titulo lucrativo* gekommen oder vor deßelben[5749] Geld, so der Erste gegeben, daß er daran keinen Schaden erlitte oder da die *Alienation* betrieglich, die *Rescission* deß Kauffs zu vermeiden geschehen undt deßen der ander Keuffer Wissenschafft gehabt. [fol. 230v]

5. Waß auff Verhör aller Theile gerichtlich gehandelt undt beschloßen oder auch, wann es außer Gerichts[5750] verglichen, hernach vermittelst der Sachen Erkundigung[5751] undt Erkandtnus[5752] durch die Obrigkeitt *confirmirt*[5753], solches soll unter dem Vorwandt einiger *Laesion* nicht wiederruffen werden. Were aber von einem Theill oder auch von beyden *sine causae cognitione* eine bloße *Confirmation* gebethen undt erhalten, schließet die den *Laedir*ten von[5754] sonst rechtmeßigen Mitteln nicht auß.

6. Wer daß Guett, so er verkaufft oder an sich gebracht, verendert oder in dem[5755] Standt bringet, daß er eß dehm, von welchem solches entfangen[5756], nicht wiederumb lieffern mag, soll hernach unter dehm Vorwandt der *Laesion* wieder den Vertrag nicht *disputir*en oder sich deßen, so er versprochen, verwiedern.

5740 W *und.*
5741 W *adjudication permedium.*
5742 *Codex de rescindenda venditione* = C. 4, 44, 2.
5743 W *guten.*
5744 W *den.*
5745 W *empfangen.*
5746 W *dass ohnvorsichtig.*
5747 W *zurückfodern.*
5748 W *demselben.*
5749 W *dasselbe.*
5750 W *Gericht.*
5751 W *Erkündigung.*
5752 W *Erkäntniss.*
5753 W *confirmiret.*
5754 Fehlt bei W.
5755 W *den.*
5756 W *empfangen.*

7. Obgleich allen *Laesion*en undt *in specie* dem *remedio l. 2. C. de rescind. vend.*[5757] *renunciir*et oder, waß behandelt, mitt denen[5758] Eyde bekrefftiget, ist doch dehm, welcher über die Helffte *laedir*et[5759] befindet undt solches erweisen mag, die *Exception* undt *Action* ohnbenommen. [fol. 231r]

8. Waß einer auß guetem freyem[5760] Willen verschencket oder dem, so ihm schuldig, nachgelaßen, solches kan unter dehm Vorwandt einiger *Laesion* nicht wiederruffen werden.

Titulus XXIV.
Von Eviction und[5761] Gewehren.

1.[5762] Waß einer verkaufft, in Bezahlung gibt oder sonst *oneroso titulo* einem Andern *transferir*et, solches ist er zu gewehren schuldig, eß sey dann in Verträgen außtrucklich[5763] ein Anders verglichen. Waß aber geschencket, nach dehm die *Tradition*[5764] geschehehen[5765], darff nicht gewehret werden, daferne nicht daß Geschenckte zu Erstatung deßen, waß jemandt schuldig, alß zur *Remuneration* oder *instar reciprocae donationis* gegeben. Waß aber zum Geschenck versprochen, muß, wann es nicht mag gehalten, mit einem gleich Gültigem[5766] ersetzet werden.

2. Eß mag niemandt darumb daß Kauffgeldt zurückhalten[5767], daß in dem *Contractu* daß Gewehr nicht versprochen oder, ob es versprochen, doch nicht gnuegsahmb versichert oder eine An- [fol. 231v] sprach besorglich sey, sondern der Keuffer ist zur Zahlung gehalten, eß sey dann das *periculum evictionis* gegenwertig.

3. Zu Verhütung der *Collusion*en, so zwischen den[5768] Keuffer und Andern, welche mitt der Zusprache hervorkommen, nicht ohngemein[5769], soll dem Verkeuffer, welchem unter dem Vorwandt daß Kauffgeldt vorenthalten wirdt, sowoll dem

---

5757 *Codex de rescindenda venditione* = C. 4, 44, 2;W *vendit.*

5758 W *dem.*

5759 W *sich laediret.*

5760 W *guten freyen.*

5761 *Eviction und* fehlt bei W.

5762 W am Rand: *Jura Evictionum.*

5763 W *ausdrücklich.*

5764 Bei M mit Verbesserung im Wort.

5765 Bei M möglicherweise Schreibfehler; W *geschehen.*

5766 W *gleichgültigen.*

5767 W *zurück behalten.*

5768 W *dem.*

5769 *Nicht ohngemein* fehlt bei W.

Keuffer, alß der ihm in Ansprache nimbt[5770], den Eydt vor Gefehrde zu *deferi*ren erlaubt[5771] sein.

4. Wer einem Andern zu Leistung des Gewehrs, eß sey verschrieben oder nicht, zu belangen hatt, soll von Zeitt, er in Ansprach genommen undt *Citation* an ihn außgebracht undt *insinuir*et, in sechs[5772] Wochen die Ansprache seinem *Autori* durch daß Gerichte, vor welchem er besprochen, ohngeachtet ihm sonst die Zusprache bekandt were, *denunciir*en, zugleich ihn zur gebührenden Vertretung erfodern laßen. Geschehe es nicht, ist[5773] der *Autor* hernach, wann er sich ohne[5774] sein Vorwißen weiter eingelaßen, zu einiger Erstatung nicht gehalten sein.

5. Daß Gewehr, so jemandt schuldig, ist allein gerichtet auff die *Eviction*, Beschwerden undt Ungelegenheiten, so wegen des Verkeuffers [fol. 232r] undt Keuffers entstehen. Waß hernach den Guthern[5775] zustoßet, und auffgeburdet, höret[5776] nicht zum Gewehr.

6. Wirdt ein Kauff oder ander *Contract* daher wiederruffen, daß ein Theill also *laedir*et, daß die *Restitutio in integrum* oder die *Rescissio* wegen übermeßiger *Laesion* staht hatt, sein die[5777] Verkeuffer undt deßen Burgen[5778] zum Gewehr ohnverbunden.

7. Wieder offenbahre[5779] Gewaldt und Unrecht darff ein Gewehr nicht geleistet werden, sondern ist alß ein *casus fortuitus*, den ein jeder fur[5780] sich erleidet, zu achten.

8. Wer durch seine Verseumnus[5781] oder Thaet Ursache dazu giebt, daß ihm entgehe, waß er von Andern bekommen, wann er sonst durch seinen Fleiß eß *conservir*en können, hatt auff daß Gewehr keine Zusprache.

5770 *So woll dem … nimbt* fehlt bei W.
5771 W *erlaubet.*
5772 W 6.
5773 W *soll.*
5774 W *ohn.*
5775 W *Gütern.*
5776 W *aufgebürdet, gehöret.*
5777 W *der.*
5778 W *Bürgen.*
5779 W *offenbahr.*
5780 W *für.*
5781 W *Versäumniss.*

Titulus XXV.
De Jure protimiseos et Retractus[5782].

1.[5783] Eß hatt ein Jedweder[5784] Macht, sein frey geerbtes oder gewonnenes Guett, an wehm er will, zu vereußern. Darumb niemandt deß Einstandesrecht undt[5785] dadurch eine Behin- [fol. 232v] dernuß[5786] zu erlauben, eß sey dann durch die gemeine oder deß Landes eigene Rechte oder woll hergebrachte Gewonheiten jemandt daran die Negstigheit[5787] undt Einspruch außtrucklich[5788] gegeben werden[5789].

2. Ist in oder außerhalb *Contracte* solche Vereinigung getroffen, daß iemand, wann daß Guett verkaufft oder sonst vereußert wirdt, darzu der Negste[5790] sein soll, mag, der dadurch sich pflichtig machet oder deßen Erben solches Gutt, darüber die Verpflichtung auffgerichtet, an einen[5791] Andern nicht vereußern, eß sey dan demienigen, der auß[5792] derogleichen *Pacto* ein Recht hatt, imgleichen deßen Erben, wann nicht erscheinet, daß allein deßelben Persohn unter den[5793] *Pacto* begriffen, der vorhabende Verkauff[5794] zusampt dehm, waß von einem Andern zu erheben angemeldet undt zum Kauff angebotten. Geschehe solches nicht, so mag derselbe inwendig Jahr undt Tag[5795] von der Zeitt, daß er deßen Wißenschafft hatt, den Kauff beysprechen oder[5796], ob er[5797] beschloßen, *retrahir*en.

3. Wer der Bluetfreundtschafft oder uffgerichteter[5798] Verträge halber des *Juris retractus* zu gebrauchen hatt, ist dem Keuffer[5799] alles daßjenige undt also zu erstaten verbunden, nemblich in der Summen, Muntz[5800], *Termin*, [fol. 233r] wie eß zwischen dem Keuffer[5801] undt Verkeuffer deß Kauffs wegen verglichen oder

5782 W *Von dem Einspruchs- und Näher-Kauffs-Recht.*
5783 W am Rand: *De jure protimiseos et retractus.*
5784 W *jeder.*
5785 Bei M Verbesserung im Wort.
5786 W *einige Behinderniss.*
5787 W *Nechstigkeit*; bei M offenbar verbessert aus *negstigscheit.*
5788 W *ausdrücklich.*
5789 W *worden.*
5790 W *Nechste.*
5791 W *einem.*
5792 W *in.*
5793 *Pacto ein Recht ... den* fehlt bei W.
5794 W *Kauff.*
5795 W *Tage.*
5796 Fehlt bei W.
5797 W *er aber.*
5798 W *aufgerichteter.*
5799 W *Kauffer.*
5800 W *Müntz.*
5801 W *Kauffer.*

erfolget ist, undt wan darüber einig Zweiffel entstehet, sowoll der Verkeuffer alß Keuffer[5802] mittelst Eydes die Kauffbrieffe zu *exhibir*en, auch waß versprochen undt bezahlet, imgleichen[5803], auff waß Weiße solches geschehen, anzuzeigen schuldig.

4. Wer durch *Pacta* undt Verträge oder auß *Testamen*ten ein *Jus protimiseos* oder *retractus* erlanget, hatt in denen *Terminis*, worvon der Vergleich undt *Disposition* meldet, were auch auß gewißer Ursache solches erlaubet, soweitt sich dieselbe erstrecket, deßelben sich allein[5804] zu gebrauchen, außer dehnen aber sich nichts Weiters[5805] anzumaßen. Ob auch daruber[5806] Zweiffel entstunde[5807], weill eß der Freyheitt, so ein ieder über daß Seinige hatt, zu wiedern, soll fur[5808] dieselbe wieder ein unerwiesenes Einstandesrecht[5809] allezeit gesprochen werden.

5. Hatt iemandt durch die Rechte oder Verträge ein der Negstigkeitt[5810] oder Einstandes Recht[5811] zu einigen Guttern[5812], soll derienige, welche[5813] dieselbe vereußern will, demselben sowoll sein Vorhaben, alß waß er dafur[5814] bekommen kan, durch einen *Notarium* in Beysein zweyer beglaubten Persohnen vor Vollziehung der Vereußerung anmelden undt von ihm die Erklehrung fodern laßen; undt mag der- [fol. 233v] selbe eine Bedenckzeitt, zum Lengsten[5815] aber auff 4 Wochen oder, da *periculum in mora*, auff 8 Tage fodern, so dann ihm auff so lange Zeitt soll gegeben werden. Erklehret er sich in solcher Zeitt zu Erhandlung des Guetts undt will geben, waß ein Ander gebotten, ist es ihm dafur[5816] zu laßen. Wurde[5817] er aber absagen oder auch in solcher Zeitt sich nicht erklehren oder auch auff kein Gewißes, insonderheit deßwegen er befraget, die Erklehrung nicht richten, mag ein jeder alßdan, an wehm[5818] er will, sein Guett verkauffen, nach Verlauff der Zeitt auch der Ander der Vereußerung nicht beysprechen, noch zum *Retract* verstatet werden.

5802 W *Kauffer.*
5803 W *ingleichen.*
5804 W *allen.*
5805 W *weiter.*
5806 W *darüber.*
5807 W *entstünde.*
5808 W *für.*
5809 W *Einstands-Recht.*
5810 W *Nechstigkeit.*
5811 W *Einstands-Recht.*
5812 W *Gütern.*
5813 W *welcher.*
5814 W *dafür.*
5815 W *langsten.*
5816 W *dafür.*
5817 W *würde.*
5818 W *alsdann, wenn.*

6. Wer an jemandt der *Agnation* oder Geschlechts wegen daß *Jus protimiseos* hatt, solches mag von ihm inwendig Jahr undt Tages *retrahir*et undt von dem *Possessore* zuruck[5819] gefodert werden, wann aber daß *Jus retractus* bloß auß einer *Convention* herrühret, findet es wieder den Keuffer nicht weiter staat, dan solang[5820] die *Tradition* nicht geschehen, wann aber derselbe vor dem Zuspruch den Besitz erhalten, mag er auß dem zwischen Andern getroffenem[5821] *Pacto* nicht belanget werden, eß sey dan solches *Pactum* und den[5822] Andern darauß zustehendes[5823] Recht woll wißendt gewesen undt also zu deßen Nachtheill der Kauff getroffen oder auch das *Pactum* mitt einer *Hypothec* an dem [fol. 234r] verkaufften Guett versichert. Wieder den Verkeuffer aber undt deßen Erben, so durch das *Pactum* verbunden, bleibt[5824] ihm auff das *Interesse*, daß[5825] ihm daran gelegen, der[5826] Kauff also nicht geschehen sey, die Zusprache.

7. Wer sich des *Juris retractus* gebrauchen will, er thue es *ex jure protimiseos* oder auff einige *Convention*, soll auff Begehren deßen, der daß Guett an sich gehandelt[5827], vermittelst eines cörperlichen Eydes erhalten, daß er vor sich und die Seinige nicht vor einen[5828] Andern oder vornehmblich zu deßen Nutz solch Guett *retrahir*en, auch nicht anders in Gedancken habe, daß[5829] eß bey sich zu behalten.

8. Wann durch Verträge derogleichen Vereinigung geschehen, daß ein Guett durch die Einhaber[5830] nicht höher dan vor einen gewißen beliebten Preiß solle vereußert oder darauff einen[5831] Andern daß *Jus retractus* oder Einstandesrecht[5832] verstatet sein, so mag derselbe, welcher *ex pacto* ein Recht hatt, sich deßen gebrauchen, wann diejenige[5833], mitt welchen solch *Pactum* getroffen, oder dero Erben daßelbe Guett verkauffen, undt[5834] ob eß vor einen[5835] höhern Preiß vereußert,

5819 W *zurück.*
5820 W *so lange.*
5821 W *getroffenen.*
5822 W *und das dem.*
5823 Bei M verbessert aus *stehendes.*
5824 W *bleibet.*
5825 W *welches.*
5826 W *dass der.*
5827 W *gehandelt hat.*
5828 W *einem.*
5829 W *als.*
5830 W *Einheber.*
5831 W *einem.*
5832 W *Einstands-Recht.*
5833 W *diejenigen.*
5834 W *oder.*
5835 W *einem.*

doch vor dem geringen als den[5836] *Pactis* gesetzet[5837], zurückziehen. Wann aber einmahl[5838] die Vereußerung an Fremde geschehen oder daß Guett den *Creditor*en[5839] abgetreten wirdt undt dieselbe es höher verkauffen, imgleichen[5840], daferne es vor eine gewiße doch höhere Summe an die *Creditores cedir*et[5841], alß wann nach geschehener *cessione bonorum* der Schuldener nicht mehr im Besitz ist, hatt [fol. 234v] solcher *Retractus* nicht staat, sondern wer sich deßen gebrauchen will, mag geben waß ein Frömbder[5842] gebotten oder versprochen.

9. Wann mitt eigenthuemblichen Guettern, darin jemandt *ex jure protimiseos* oder durch Vergleich daß *Jus retractus* hatt, es dahin gelanget, daß sie darauß die *Creditor*en[5843] zu befridigen öffentlich zum Kauff auffgebotten werden, mag solches Recht daiegen[5844] nicht gebrauchet werden[5845], sondern der Kauff, wann er einmahl geschehen, pleibt, der daher[5846] rührenden Zusprache halber ohngehindert, bestendig. Bey Verkauff aber der Lehengutter[5847] oder die einigen *Fideicommiss* unterwurffig[5848], obgleich nach des Landes Rechten undt Vereinigungen darauß die *Creditoren*[5849] mögen bezahlet werden, sollen die von dem Geschlechte sein, auff das so ein Ander zu geben gemeinet undt gebothen, in dem im[5850] Auffbott bestimbtem *Termino* zugelaßen, hernach aber nicht gehöret werden.

10. Die bloße Nachbarschafft, außerdehm wann jemandt *in Communione* ist, gibt fur[5851] sich niemandt ein *jus protimiseos* oder Einstandesrecht[5852], daferne es an einigen Orthen durch ohnverruckte[5853] Gewonheit hergebracht zu sein nicht erwie-

5836 W *in den.*
5837 W *gesetzt.*
5838 W *wann abermahl.*
5839 W *Creditorn.*
5840 W *ingleichen.*
5841 W *Creditorn cedirt.*
5842 W *Fremder.*
5843 W *Creditorn.*
5844 W *dagegen.*
5845 *Mag solches … werden* bei M am Rand eingefügt.
5846 W *bleibt dahin.*
5847 W *Lehn-Güter.*
5848 W *unterwürfig.*
5849 W *Creditorn.*
5850 W *zum.*
5851 W *für.*
5852 W *Einstands-Recht.*
5853 W *unverrückte.*

ßen wurde[5854]. Demnach mag ein jeder sein Guett, es sey *Allodial* oder Lehen[5855], seines Nachbahrn Rede[5856] ohngehindert, an wehm er will, vereußern.

11. Hette aber jemandt mitt seinen[5857] Nachbarn der Grentzen oder andern die Guether betreffenden Angelegenheiten halber Streitt und eß solte daß Guett, so eß betrifft, verkauffet[5858] werden, soll derjenige, mitt dem gestritten [fol. 235r] wirdt, wann durch seinen Kauff der Streitt gehoben und Ruhe gestifftet wurde[5859], den Vorzueg vor einen[5860] Andern, jedoch nicht in die Lehen[5861] vor die Vettern, haben.

12. Imgleichen[5862], wolte einer daß Guett seinem Nachbahren zu[5863] Verdruß oder auch sonst also verkauffen, daß durch den Keuffer[5864] alß einen unruhigen, zancksüchtigen Menschen ihm große Unlust undt Wiederwertigkeit[5865] ereuget undt solches iemandt glaublich machen würde, soll iegen[5866] Erstatung deßen, was ein Ander gibt, der Nachbahr zum Kauff der Erste sein.

13. An Guethern, die gemein sein, soll der, so mitt in *Commune*[5867] ist, der Negste[5868] zum Kauff sein, wann er gibt, was[5869] sein *Consort*[5870] von Andern zu erheben weiß, darumb denselben[5871] es vorher angebotten werden, er aber sich inwendig 6 Wochen, ob er kauffen oder einen Andern zulaßen wolle, sich zu erklehren schuldig sein.

14. Wann zwey oder mehr eine Erbschafft theilen und jemandt der Erben, waß ihm in der Theilung zugefallen, inwendig Jahr und Tages vereußern will, sollen die Mitterben dazu die Negsten[5872] sein, undt denen es vor den[5873] Preiß, so Andere geben wollen, angebothen werden.

5854 W *würde.*
5855 W *Lehn.*
5856 W *Einrede.*
5857 W *seinem.*
5858 W *verkaufft.*
5859 W *würde.*
5860 W *einem.*
5861 W *Lehn.*
5862 W *Ingleichen.*
5863 W *Nachbarn zum.*
5864 W *Kauffer.*
5865 W *Wiederwartigkeiten.*
5866 W *gegen.*
5867 W *communione.*
5868 W *Nechste.*
5869 W *wäs.*
5870 W *Consorte.*
5871 W *demselben.*
5872 W *Nechsten.*
5873 W *dem.*

15. Eine jede[5874] Obrigkeitt hatt an seinen Pauerkindern[5875] daß Recht, das wann die Eltern zu Bestellung ihrer Ecker[5876] undt Dienste dero nicht benötiget sein, sie ihm vor Andern iegen[5877] den im Lande gesetzten undt ublichen[5878] Lohn dienen mußen[5879], kan auch[5880] darauff sie[5881] von andern Orthen[5882], doch nur, wann sie außgedienet, abfodern.

16. An deß Pauren Getreyde, Viehe undt [fol. 235v] andern Nutzungen hatt die Herrschafft keinen Vorkauff alß allein, wann er deßen zu seines Hauses Notturfft benöthiget. Alßdan sollen die Pauren daßelbe, damitt sie ihren Zufuhrsman oder sonst jemandt so darauff etwas vorgestreket, der pillig den Vorzug daran hatt, nicht pflichtig, sondern, so sie[5883] auff öffendtliches[5884] Marckt zu feylen Kauff zu bringen gemeinet, der Herschafft vor den marckgengigen Preiß überlaßen, jedoch mitt der Zufuhr an andere Örther damit nicht beschweret werden.

17. Wer ein Hauß oder Guett gemietet und *pensions*weise einhatt, kan dahero nach Ablauff der Jahrzeiten[5885], worauff die *Conduction* geschehen, daran kein mehres Recht, solches zu behalten, sich anmaßen vor dehm, der es hernach gemietet, wann eß ihm durch außtrücklichem[5886] Geding nicht gegeben. Imgleichen[5887] hatt er auch, da eß verkauffet wurde[5888], zum Beyspruch oder Einrede kein Befuegnuß[5889], sondern muß es, nachdehm der *Contract* geendiget, ohnwiederlich[5890] abtreten.

5874 Fehlt bei W.
5875 W *Baur-Kindern.*
5876 W *Acker.*
5877 W *gegen.*
5878 W *üblichen.*
5879 W *müssen.*
5880 W *auch selbige.*
5881 Fehlt bei W.
5882 W *Oertern.*
5883 W *sie es.*
5884 W *öffentlichen.*
5885 W *Jahres-Zeiten.*
5886 W *ausdrücklichen.*
5887 W *Ingleichen.*
5888 W *würde.*
5889 W *Befugniss.*
5890 W *ohnwiederl.*

Titulus XXVI.
Von der Erben Pflicht und Obligation wegen ihr[5891] Vorfahren Schulde.

1.[5892] Alle Schulde und Gebührnußen[5893], worzu der Verstorbene verpflichtet, sollen von den Erben abgetragen werden, obschon der Schuldtman allein vor sich die Verpflichtung gethaen, der[5894] Erben nicht gemeldet, daferne dabey nicht außbedungen, daß die Erben nicht gehalten sein sollen, oder auch ein lauter *Personal*schuldt ist, so nur bloß [fol. 236r] auff die Persohnen gerichtet oder ihrer[5895] Eigenschafft die Persohn betrifft.

2. Die Erben sein zu des Verstorbenen Schuldt *pro rata* des Erbtheils gehalten, undt darff keiner vor dem andern ein Mehres abtragen, obgleich der Verstorbene in der Verschreibung alle undt jede der[5896] Erben *in solidum obligir*en will, also daß der Glaubiger[5897] einen unter den Erben alleine[5898] *in solidum* belangen möge oder derselbe allein zu bezahlen schuldig sein solle eingewilliget undt verschrieben oder auch vor seinen Erben der *exception non sum solus haeres renunciir*et.

3. Wann einer der Erben, waß Andern unterpfendtlich hafftet, in Besitz hatt, mag wieder denselben allein die *Hypothec* verfolget werden, er aber den Glaubiger[5899] an seine Mitterben nicht verweisen, oder der *Exception ordinis* oder *excussionis* sich gebrauchen noch mit Abtragung seiner *Ratae* sich befreyen. Wieder seine Mitterben aber sein ihm die rechtliche Mittell, sich schadloß zu halten, offen, mag auch dieselbe, doch dem[5900] *process* wieder ihn ohn Auffenthaldt, seinen Mitterben *Litem denunciir*en, sie zur *Assistenz*[5901] oder Beytragung der *Quotae citir*en laßen, darauff ihm dann *pari passu* wie dem Glaubiger wieder ihn schleunigsten[5902] Rechtens soll verholffen werden.

4. Wann ein Erbe vermittelst eines [fol. 236v] unverwerfflichen *Inventarii* der Erbschafft sich angenommen undt in dieser keine Baarschafft verhanden oder auch die, so verhanden gewesen, zu andern der Erbschafft Schulden und Nothwendigkeitt verwandt, ist er nicht zu bahrer Zahlung gehalten, sondern von der Zusprache frey,

---

5891 W *ihrer.*
5892 W am Rand: *De Obligatione haeredum ex facto et debito antecessorum.*
5893 W *Schulden und Gebührnissen.*
5894 W *und den.*
5895 W *ihre.*
5896 Fehlt bei W.
5897 W *Gläubiger.*
5898 W *allein.*
5899 W *Gläubiger.*
5900 W *mag auch wegen des.*
5901 W *Assistence.*
5902 W *Gläubiger am schleunigsten.*

wann er mitt den Erbguethern nach dero pilligem[5903] Werth die Zahlung thuen will, dabey aber er[5904] daß *Inventarium* dem Glaubiger[5905] zu *exhibir*en undt ihm die Wahl zu laßen schuldig ist.

5. Wieder Verträge undt andere Verordnung mögen der *Contrahen*ten Erben woll kommen oder handeln, wann es geschiehet auß dem Rechten, so ihnen vor sich zustendig undt von den Vorfahren nicht können benommen werden, gestaldtsahmb dann auch, waß der Lehne halber verschrieben, die Lehensfolger[5906], soweitt es ihren an dem Lehen[5907] von den Ersten *acquir*enden[5908] erworbenen Rechten zuwiedern[5909], nicht halten durffen[5910]. Sonst aber können Erben nicht weiter der Verstorbenen Versprechen undt Schulde entgegen handeln, alß sie selbst, wann sie gelebet, dazu weren berechtiget.

[fol. 237r]

5903 W *billigen.*

5904 W *dabey er aber.*

5905 W *Gläubiger.*

5906 W *Lehnsfolger.*

5907 W *Lehn.*

5908 W *acquirirenden.*

5909 W *zu wieder.*

5910 W *dürffen.*

Vierdter[5911] Theil

Titulus I.
Von der Jurisdiction.

1.[5912] Wie ein ieder in den Städten unndt auff dem Lande bey seinen Güetern die *Jurisdiction* unndt Gerichtsübung hergebracht, soll er dabey ohngehindert gelaßen werden, unndt wer jemandt in *Civil*- oder *Criminal*sachen zusprechen hatt, demselben[5913] für seiner ordentlichen ohnmittellbahren Obrigkeit oder daß[5914] Gerichte, wofür die Sache ihrer Eigenschafft nach gehöret, in erster Instantz belangen, unndt solche keinesweges vorbey gehen, unndt ob er sich davon *eximir*en, Schutzbrieffe oder *Privilegia* suchen würde, damit nicht gehöret, sondern dem Recht an seinen gebüerenden Orth sein starcker unbehinderter[5915] Lauff gelaßen, wieder die, welche sich dem ungebürlich[5916] entziehen wollen, alß wieder *Contumaces* unndt Ungehorsahme der *sub- et*[5917] *obreptitie* außgebrachten *Mandat*en unndt Verordnungen ohngehindert verfahren werden.

2. Unter der Gerichtsherren auff dem Lande *Jurisdiction* gehören nicht alleine[5918] deren Dienere[5919] unndt Unterthanen, sondern alle unndt jede, waß[5920] *Condition*, Standeß oder[5921] Wesens sie wehren, die sich darunter heußlig niederliessen[5922], einliegen, Gewerbe oder Handwerck treiben unndt, wann auch die Küster sich solcher[5923] annehmen solte[5924], [fol. 237v] sie außer dem, waß zu ihrem Ampt

5911 W *Der Vierdte.*
5912 Bei M ohne Artikelangabe; W am Rand: *De jurisdictionibus.*
5913 W *denselben.*
5914 W *für das.*
5915 W *ohngehinderter.*
5916 W *ohngebührlich.*
5917 W *&.*
5918 W *allein.*
5919 W *Diener.*
5920 W *wes.*
5921 W *und.*
5922 W *häusslich niederlassen*; bei M mit Verbesserung im Wort.
5923 W *solcher Dinge.*
5924 W *solten.*

gehörig, in den[5925] weltlichen Händelln iegen[5926] die, so sich über sie deßwegen zu beclagen haben, für dem Gerichte des Orthes[5927] stehen undt andtwordten.

3. Wer[5928] ein Guet unterpfändtlich mit allen Gerechtigkeiten vorsetzet[5929] unndt eingereumet wirdt, eß geschehe vormittelß[5930] der *Convention* mit den *Debitorn* oder durch gerichtliche *Immission* undt erlanget dadurch den Genieß der Gueter, hatt auch der *Jurisdiction* sich zu gebrauchen unndt, waß deroselben angehörig, in *specie* der Brüche zu genießen, wann eß nicht außtrücklich außbedungen.

4. Wann ein Guett mit allen Gerechtigkeiten vor*pensionir*et[5931] oder vorheüret[5932] wirdt, unndt dem *Pensionario* wirdt die *Jurisdiction* über daß Guett, unndt deßen Zugehörige außtrücklich nicht vorschrieben oder vorheüret[5933], obgleich *in genere* aller Gerechtigkeiten gedacht worden, so pleibet dieselbe bey den[5934] *Locatore*. Jedoch hat solcher nicht über den *Conductoren*[5935], seine Frau unndt Kinder weiter dann[5936] daß er sich auff den[5937] Fall nicht erlegter *Pension* oder zugefugte[5938] *Deterioration* auß den[5939] Abnutz wie auch denen *Invectis* unndt *Illatis* vormittelst[5940] der *Arrestorum* unndt *Retention* sich bezahlet[5941] mache, zu gebrauchen. [fol. 238r] Der *Conductor* aber hatt[5942] nichtsdestoweiniger[5943] waß zu der[5944] Pauren unndt Dienstzwang gehörig sich anzunehmen, unndt den Ungehorsamb der Dienstleute durch Gefängnüß[5945], unndt andere[5946] landtgewönliche Mittell zu beschaffen.

5925 W *die.*
5926 W *Händel, gegen.*
5927 W *Orths.*
5928 W *Wem.*
5929 W *versetzet.*
5930 W *vermittelst.*
5931 W *verpensioniret.*
5932 W *verhäuret.*
5933 W *verschrieben, oder verhäuret.*
5934 W *dem.*
5935 W *Conductorem.*
5936 Bei M danach gestrichen *daß*; W *denn.*
5937 W *dem.*
5938 W *zugefügten.*
5939 W *dem.*
5940 W *vermittelst.*
5941 W *bezahlt.*
5942 Fehlt bei W.
5943 W *nichts destoweniger.*
5944 W *den.*
5945 W *Gefangniss.*
5946 W *andre.*

5. Niemand, ob er gleich die *Jurisdiction* hat, kan in seiner eigenen Sachen[5947] Richter sein, iedoch aber, wann jemand seinen Diener, Verwalter, Pachtman auch *Pensionar*ien wegen Rechnung oder[5948] Mißhandlungen zu beschuldigen hatt, soll derselbe nicht sofort unter dem Vorwandt mit ihnen für einen[5949] andern Richter zu Recht gehen, sondern für ihm alß ihrer Herschafft oder Grundtherren[5950] derentwegen andtwordten unndt Rechenschafft ablegen, unndt mögen dazu durch *arrest* ihrer *person* undt Gueter woll angehalten sein, auch die Foderungen, welche iener zu diesem haben[5951], richtig unndt mit keinem rechtlichen Schein zu streiten, die rechtmäßige *Satisfaction* von ihnen gefodert, undt sie dazu durch[5952] Rechtsmittell angehalten werden.

6. Were[5953] die zwischen den Gerichts- unndt Grundherren[5954] unndt den Die- [fol. 238v] nern, Vorwaltern[5955] auch *Pensionar*ien, wann sie sich vormittelß[5956] der *Contract*e die[5957] *Jurisdiction* deß *Locatoris* untergebene[5958] entstandene Irrungen unndt Streitigkeiten *altioris indaginis* unndt gerichtlicher Erforschung bedürfftig, soll dennegst jener darumb mit diesem nicht sofort für ander[5959] Gerichte dürffen gehen, sondern, wann sie sich erbieten, ohnparteische[5960] Leute zu Richtern niederzusetzen[5961], für denen die Sache behören, unndt richten zu laßen, sollen die Beschuldigte alda wegen der ablegenden[5962] Rechnungen auff die Beschuldigte *defecte* antworthen, die *Acta* hernach von den Richtern an eine unvordächtigte[5963]

5947 W *Sache.*
5948 W *Rechnungen und.*
5949 W *einem.*
5950 W *Grund-Herrn.*
5951 W *hat.*
5952 W *durchs.*
5953 W *Wären.*
5954 W *Grund-Herrn.*
5955 W *Verwaltern.*
5956 W *vermittelst.*
5957 W *der.*
5958 W *untergeben.*
5959 W *andere.*
5960 W *ohnpartheyische.*
5961 W *Richtern wider sich zu setzen.*
5962 W *abzulegenden.*
5963 W *unverdächtige.*

Juristen*facultät* verschicket[5964] undt Urtell[5965] eingeholet werden. Wer sich denn[5966] dadurch beschweret[5967] zu sein vormeinet[5968], mag sich der *Appellation* bedienen.

7. Eß ist von niemands Gerichte die Sache, so dahin[5969] gehörig, unter einigen Vorwandt abzuziehen, eß wehre dann daß der Grundtsherr[5970] nicht Rechts vorhelffen[5971] wolle oder den Process ungebührlich verziehen würde. Damit gleichwoll, wie mehrmahlen muhtwillig geschiehet, niemand sich deß Fürwendens gebrauche, bey den[5972] hohen [fol. 239r] Gerichte Verordnung außbringe unndt dadurch die Gerichtsübung *turbire*, ist, der sich deßwegen am hohen Orthe beschwehren will, schuldig, zufoderst schrifftlich bey dem Gerichtsherren[5973] umb rechtmäßige Verordnung anzusuchen, da alßdann derselbe solche verwiederte oder verzügerte[5974], einen *Notarium* zusambt zwey[5975] Zeugen an den[5976] Gerichtsherren[5977] zu schicken, abermahl umb Bescheid anzuhalten undt auff ferner Vorwiedern[5978] oder Vorzögern[5979] dabey *de denegata vel protracta justitia* zu *protestir*en, alßdann an hohen[5980] Orth daß *Instrumentum Notarii*, darüber auffgerichtet, einzusenden undt darauff *Promotoriales* erhalten, außerdem aber die Sache nicht zu *avoc*iren. Wer sonst beschwehret zu sein vermeinet, soll sich der *Appellationen*[5981] gebrauchen, sonst mit keiner *Querel* wieder den Gerichtsherren[5982] zu Behinder-[5983] oder Verzögerung seiner Gerichtsübung[5984] gehöret werden.

5964 W *geschicket.*
5965 W *Urtheil.*
5966 W *dann.*
5967 W *beschwehrt.*
5968 W *vermeinet.*
5969 W *Gerichte, so die Sache dahin.*
5970 W *Grund-Herr.*
5971 W *verhelffen.*
5972 W *dem.*
5973 W *Gerichts-Herrn.*
5974 W *verzögerte.*
5975 W *zweyen.*
5976 Bei M verbessert aus *dem.*
5977 W *Gerichts-Herrn.*
5978 W *fernern Verwiedern.*
5979 W *Verzögern.*
5980 W *höhern.*
5981 Bei M verbessert aus *Appellationem.*
5982 W *Gerichts-Herrn.*
5983 W *Hinder-.*
5984 W *Uebung.*

8. Wer die *Jurisdiction* über eineß[5985] Andern Pauren oder in deßen Höffen hatt, wann der Herr dem[5986] Pauren und daß Gehöffte, wie er woll befuget[5987], niederleget undt zum Ackerbau die Acker gebrauchet, behält zwar auff dem *Fundo*[5988] an dem Orth die *Jurisdiction*, soviell die Handell[5989] betreffen, welche allda vorgehen, [fol. 239v] nicht aber über den Grundtherren[5990] oder welchem die Äcker zum Guete eingethan werden[5991].

9. Geringschetzige auch andere richtige Sachen mag ein jeder auff den[5992] Seinigen für sich ohne Zuziehung eines *Notarii* richten, die aber jemandes[5993] Ehr undt gueten Nahmen, Leib, Leben, auch ein Antheill seiner irdischen Wollfahrt oder sonst etwaß Merckliches betreffen, nicht anders dann mit Zuziehung eines Rechtvorstendigen[5994] undt Wollerfahrenen[5995], der bey dem Behör sey[5996] unndt den Process beobachten, auch eines *Notarii*, der darüber *Protocoll* hält, undt wann in dero Beysein die Erkundigung der Sachen geschehen, von den[5997] Rechtsgelahrten die Urtheill undt Bescheide, wie er auff sein Eydt undt Gewißen auch für der hohen landesfürstlichen Obrigkeit eß zu verandtwordten getrauet, gefaßet oder aber, da die Sache wollbedencklich, daß *Protocoll*[5998] unndt waß dabey übergeben oder zum Beweißthumb eingebracht, an eine *Jurist*en*facul*tät umb Einholung der Urtell verschicket[5999] werden.

10. Wenn die *Jurisdiction* in einen[6000] Dorff gemein ist, mag ein jeder, der daran Theill hatt, seine eigene Diener, Gesinde[6001] undt Unterthanen, wann sie *delinquir*en oder sonst rechtspflichtig sein, ob sie gleich in [fol. 240r] der Gemeinheit *delinquir*et hetten, richten, dieselbe[6002] auch in seine eigene Hafft nehmen undt darüber waß

5985 W *einen.*
5986 W *den.*
5987 W *er wohlbefugt.*
5988 W *auf den Fundament.*
5989 W *Händel.*
5990 W *dem Grund-Herrn.*
5991 W *worden.*
5992 W *dem.*
5993 W *jemands.*
5994 W *Rechtsverständigen.*
5995 W *Wohlerfahrnen.*
5996 W *seyn.*
5997 W *dem.*
5998 Mei M verbessert aus *procoll.*
5999 Bei M verbessert aus *uberschicket.*
6000 W *einem.*
6001 Fehlt bei W.
6002 Bei M verbessert aus *derselbe.*

Recht ergehen laßen, ohn Zuziehung des Andern. Uber[6003] Frembde aber, so nicht unter dem Gesinde können vorstanden[6004] werden, wirdt daß Gericht inßgemein gehegt, eß sey die That darüber gerichtet, auff eineß der *Interessenten* Grundt, worüber solchen die *Jurisdiction* gemein ist oder in der Gemeinheit begangen.

11. Welche die *Jurisdiction* gemein haben, sollen, wann dieselbe auch inßgemein zu üben, einen gemeinen Richter bestellen unndt niedersetzen, der in ihrer sämbtlichen Nahmen an einem gemeinen[6005] Orthe, auch auff die gemeine Kosten, so sie nach dehm Antheill an der *Jurisdiction* zusammen zu bringen schuldig sein, daß Gericht halten, unndt Recht sprechen, auch alles, waß zur[6006] gerichtlichen *Process* gehöret, bestellen undt vorrichten[6007].

12. Mit dem[6008] Brüchen, so unter der gemeinen *Jurisdiction* fallen, ist es zu halten wie mit dero obgesatzeten[6009] Übung. Wirdt daß Gericht von einem nach Gestaldt gemelter Falle[6010] gehalten, gebüeren dieselbe den[6011] [fol. 240v] allein. In Sachen aber, so zur gemeinen Gerichtsübung gehören, sein sie von allen Zusetzen unndt *pro rata* des Antheils an der *Jurisdiction* zu vortheilen[6012].

13. Entstehet unter zweyen oder mehren über die *Jurisdiction* Streit, ist eß immittelß[6013] mit dero Übung dergestald[6014] zu halten, wie eß hergebracht undt auff den letzten *Actum*, so nicht in Streit gekommen, zu sehen, demgemeeß weiter solang zu verfahren, biß ein Anderß zu Recht außgeführet. Were aber deß Herkommen[6015] nicht offenbahr oder beybringlich, soll die Gerichtsübung bey dem pleiben, so daß Rauchhun[6016] in der Dorffschafft[6017] hat unndt einnimbt, wann hierin auch keine Gewißheit, solches entweder gahr nicht gegeben, oder ob ein Huen gegeben undt sonst *in dubio* die *Qualität* zu *praesumir*en, doch ob eß ein Rauchhuen sey, auß fürgebrachten Ursachen zu zweiffeln undt erst zu Recht zu entscheiden soll, dem, so die Auff- undt Ablaßung bey den Höfen hatt, obgleich andern die Diens-

6003 W *Ueber.*
6004 W *verstanden.*
6005 W *gemeinem.*
6006 W *zum.*
6007 W *verrichten.*
6008 W *den.*
6009 W *obgesetzten.*
6010 W *Fälle.*
6011 W *dem.*
6012 W *vertheilen.*
6013 W *immittelst.*
6014 W *derogestalt.*
6015 W *Herkommens.*
6016 W *Rauch-Huhn.*
6017 W *in dem Dorff.*

te gehören, die Vorwaltung[6018] der *Jurisdiction* gelaßen, wann aber hierauß die Entscheidung nicht zu machen, die *Jurisdictio* biß zu richterlicher Ent- [fol. 241r] scheidung bey den darüber Streitenden alß gemein sein, ein gemeiner Richter von ihnen niedergesetzt[6019], von demselben in ihrer beyder Beysein an dem streitigen Orthe die Sache gerichtet, da sie aber sich darüber nicht vereinigen könten, die *Jurisdictio* so lange *in sequester*[6020] genommen werden.

14. Wer Güeter, aber dabey keine *Jurisdiction* hatt, mag nichtsdestoweiniger[6021] seine Pauren unndt Diener zum Dienste undt Gebühr, so sie ihm alß seiner Herschafft schuldig, durch Pfandung, Einschließung oder Furenthaltung[6022] seineß Lohnß unndt andern Gebürnißen zwingen, auch daran sich deß Schadenß, so durch ihre Vorwahrlosung[6023] zugefüget, erhohlen. Waß aber außerdem sie *delinquir*en, gehört[6024] vor die, so die *Jurisdiction* an dem Orth[6025] haben.

Titulus II.
Von Entscheidung der streitigen Händell.

1.[6026] Alß nicht allein zu vielen Rechtsstreiten, Weitläufftigkeiten[6027] undt Widerwertigkeiten anläßig, sondern auch deß Landes Einwohnern ein groß Beschwer, Behindernüß[6028] an ihrer Vorricht-[6029], Nahrung unndt Schmelerung der Unterhaltßmittell durch die Kosten ist[6030], daß, sobald zwischen ihnen Streit erauget[6031], [fol. 241v] sie fort zu den Gerichten lauffen, dahin ihre Iegener[6032] ziehen undt sich in kostbahre *Process* verwickeln undt die Gerichte mit *litigiis* überhauffen, so ist, solchen fürzukommen dienlich, zufoderst zu verhüten, daß nicht, sobald eine

---

6018 W *Verwaltung.*
6019 W *niedergesetzet.*
6020 W *sequestro.*
6021 W *nichts destoweniger.*
6022 W *Fürenthaltung.*
6023 W *Verwahrlosung.*
6024 W *gehöret.*
6025 W *Orte.*
6026 W § 1; außerdem am Rand: *De Arbitris et jure arbitrii*; bei M keine Artikelangabe.
6027 W *Weitlaufftigkeiten.*
6028 W *Beschwerd, und Behinderniss.*
6029 W *Verricht-.*
6030 Wort bei M über der Zeile eingefügt.
6031 W *eräuget.*
6032 W *Gegner.*

Irrung erwachset[6033], zum Recht*processe* zu lauffen, frey seye[6034], sondern zu vorher solche Mittell zu ergreiffen undt vorsuchet[6035] werden mußen[6036], wodurch solchen fürzukommen sey, demnach dazu dienlich, daß sobaldt sich, worüber es wehre[6037], Irrungen herfür[6038] geben undt Streit erreget, iedes Theill von seinen Nachbahren[6039] oder auch sonsten einen der Sachen vorstendigen, vornünfftigen[6040] undt[6041] *qualificir*ten Mann erwehlen, durch welche[6042] unter ihnen güetlicher Vorgleich vorsuchet[6043] oder in Entstehung sonst durch Zurede zu[6044] dem, waß billig, die Anweisung geschehe, undt beweglich zu Gemüthe geführet werde.

2. Wer zu jemand Zuspruch[6045] zu haben vormeinet[6046], soll zu obbemelten Zweck dem Andern eine Persohne[6047], so er zum Schiedesman[6048] erwehlet, daneben einen Tag auff 14 Tage zum Weinigsten[6049], sich von[6050] Zeit der *Denunciation* erstreckend, undt einen bequemen [fol. 242r] Orth, undt zwar, wann von liegenden Grunden[6051] undt *Pertinen*ten[6052] der Streit were, wor[6053] solche belegen, oder in der Nähe, sonst in der Stadt, wo der Beschuldigender wohnhafft oder, wann beyde auff den[6054] Lande geseßen, so zwischen ihnen in der Mitten belegen, benennen undt ersuchen, alßdenn auch eine geschickte Persohne[6055] dahin mitzubringen, unndt der ersuchenden Vermittelung undt Hinlegung zu gewarthen, undt soll

---

6033 W *erwächset.*

6034 W *sey.*

6035 W *versuchet.*

6036 Bei M über der Zeile eingefügt; W *müssen.*

6037 W *worüber schwehre.*

6038 W *hervor.*

6039 W *Nachbahrn.*

6040 W *verständigen, vernünfftigen.*

6041 Fehlt bei W.

6042 W *welchen.*

6043 W *Vergleich versuchet.*

6044 Fehlt bei W.

6045 W *Zusprach.*

6046 W *vermeinet.*

6047 W *Persohn.*

6048 W *Schieds mann.*

6049 W *wenigsten.*

6050 W *von der.*

6051 W *Gründen.*

6052 W *Pertinentien.*

6053 W *wo.*

6054 W *dem.*

6055 W *Persohn.*

der Ander zu[6056] erscheinen oder, da ihn[6057] unablegliche Hindernüß[6058] zufielen, sich zeitig darauß entschuldigen undt einen andern Tag benennen, alßdenn beyde Theile unaußbleiblich erscheinen undt der Handlung abwarthen, im Wiedrigen, da einer dem[6059] Andern zur Stelle vorgeblich[6060] ziehen ließe, zu den veruhrsachten Unkosten gehalten sein, für dero Erstatung mit seinen Suchen bey den Gerichten sonst nicht gehöret werden solle.

3. Damit auch daß nicht ohne *Effect* sey undt vorgebliche[6061] Kosten undt Mühe gemachet werden, soll, waß an Fürschlagen undt Zureden[6062] geschehen, vorzeichnet[6063] undt nach erhobenem[6064] rechtlichen *Process* von dem[6065], [fol. 242v] so sich gern[6066] vergleichen[6067] oder dem Fürschlag untergeben wollen, unter der erwehlten Schiedesleuten Hand *ad Acta* gebracht, da hernach bey gerichtlicher Entscheidung befunden würde, daß dem Andern kein Mehres zukommen, sondern woll damit vergnüget sein mögen, daßelbe[6068] nicht allein dem Andern ohne Unterscheid in die Gerichtskosten, sondern daneben dem Gerichte in eine *mulctam malitiosi litigii condemnir*et, solches auch eben also gehalten werden iegen den[6069], so diesem Schiedesmittell[6070] sich entzogen, hernach im Gerichte der Sachen vorlüstig[6071] würde.

4. Diese Schiedesleute[6072] sollen beyde Theile über ihren *Praetension*en undt Befugnüß[6073] mündtlich vornehmen unndt sich die darüber habende brieffliche Urkunde undt andere Nachrichten fürzeigen, auch sonst, worauff ein jeder seine *Intention* begründet, berichten laßen, darüber sich untereinander einer pilligen Meinung mit[6074] Hindansetzung aller *Passion*en vereinigen, zu dero mit Beliebung

6056 Fehlt bei W.
6057 W *ihm.*
6058 W *Hinderniss.*
6059 W *den.*
6060 W *vergeblich.*
6061 W *vergebliche.*
6062 W *Reden.*
6063 W *verzeichnet.*
6064 W *erhobenen.*
6065 W *denen.*
6066 W *gerne.*
6067 Bei M verbessert aus *verglichen.*
6068 W *derselbe.*
6069 W *gegen dem.*
6070 W *Schieds-Mittel.*
6071 W *verlustig.*
6072 W *Schiedsleute.*
6073 W *Befugnissen.*
6074 W *nebst.*

die Parten zu bewegen oder, wann eß nicht *succedir*et, durch andere Fürschläge[6075] zu voreinigen [fol. 243r] Vorsuch[6076] thun, daneben dann mit dienlichen vornünfftigen[6077] *Rationibus* zureden, wann solches nicht vorfenget[6078], da die Sache nicht sonderlich *in facto* streitig oder die Parten *differir*en[6079], sondern nur an dem Rechtspruch mangelte, sie dahin, daß sie den *Casum* zur *Decision* an einer[6080] Juristen*facultät*[6081] durch die vorschicken[6082] laßen undt mehrer Weitläuffigkeit[6083] abhelffen oder sich ihre[6084] *arbitrium* gefallen laßen[6085] bewegen.

5. Vorglichen[6086] sich die streitende Parten[6087] für den Schiedesleuten[6088] oder sonst, die Sache vormittelst[6089] eineß *Compromissi* außzuführen, sollen sie alsofort darüber eine gewiße *Formul* vorfaßen[6090], derselben bey den[6091] *Process* sowoll von den *Arbitris* alß den Parten unnachleßig[6092] undt unabbrüchig nachgegangen, undt würde jemandt darin seumig sein, der[6093] Sachen verlustig gehalten, ihm weiter derentwegen keinen[6094] *Process* verstatet werden.

6. Wolten die Parten der Sachen[6095] solchen Schiedesleuten[6096] nicht anderß[6097] untergeben, denn daß sie zuvor sich zu rechtmäßiger un*passion*ater[6098] Erwegung unndt Abspruch durch einen corperlichen[6099] Eydt verwand machen, [fol. 243v]

6075 W *Fürschlage.*
6076 W *vereinigen Versuch.*
6077 W *vernünfftigen.*
6078 W *verfanget.*
6079 Bei M verbessert aus *differiret.*
6080 W *eine.*
6081 W *Facultat.*
6082 W *sie verschicken.*
6083 W *Weitläufftigkeit.*
6084 W *ihr.*
6085 W *zu lassen.*
6086 W *vergleichen.*
6087 W *Partheyen.*
6088 W *Schieds-Leuten.*
6089 W *vermittelst.*
6090 W *verfassen.*
6091 W *dem.*
6092 W *unnachlassig.*
6093 W *die.*
6094 W *kein.*
6095 W *die Sache.*
6096 W *Schieds-Leuten.*
6097 W *andern.*
6098 W *unpassionirter.*
6099 W *cörperlichen*; bei M mit Verbesserung im Wort.

sollen die[6100] ernante Persohnen solchem[6101] abzuschweren undt in deßen Anerrinnerung den Spruch zu thun schuldig[6102].

7. Wer sich einmahl der Schiedesleuthe[6103] *Arbitrio* untergiebt, derselbe soll auch solchem hernach folgen, unvorbrüchig halten unndt dagegen nicht handelln. Ob eß geschehe, würde bey den Gerichten darüber fästgehalten[6104] undt der, so sich deßen vorwiedert[6105], dazu mit Androhung unndt Anfoderung ernster[6106] ihm setzenden[6107] Geldtbußen angehalten.

8. Waß für den Schiedesleuten vorglichen[6108] oder sonst entschieden, soll eben die Krafft und Würckung haben, alß wann die Sache gerichtlich geurtheilet, dagegen kein *Process* andergestaldt[6109] verstatet werden alß in denen Fällen undt[6110] auff die Maaße, wie von andern *Transaction*en[6111] verordnet ist.

9. Vormeinte[6112] iemand durch der Schiedesleute[6113] Abspruch beschweret zu sein, soll er davon nicht *appellir*en, sondern allein für dem Gerichte, worhin sonst die Sache ihrer Eigenschafft nach gehöret, die *reductionem ad arbitrium boni viri* inwendig sechs[6114] Wochen suchen, dabey seine *Laesion* [fol. 244r] unndt *Iniquität* alßfort *deducir*en undt bitten, daß das *Arbitrium* gebeßert oder deßen ohngehindert er zu gerichtlicher Fortsetzung der Sachen vorstatet[6115] werde. Wann nun dabey jemandt[6116] sein Recht alßfort bescheinigen unndt glaublich machen könte, die dabey erscheinende *Laesion* auch nicht geringe unndt unzimblich, er dabey nicht *in culpa* unndt vorseümblich[6117] gewesen wehre, so würde des *Arbitrii* ohngehindert ihm nicht ohnpillig[6118] Rechts vorholffen[6119], undt daferne die *Iniquitas* deß *Arbitrii* forterschiene, nach Befindung solches *corrigir*et undt gebeßert. Da auch dabey

6100 W *sie.*
6101 W *solchen.*
6102 W *schuldigseyn.*
6103 W *Schieds-Leute.*
6104 W *vest gehalten.*
6105 W *verwiedert.*
6106 W *nebst ernster.*
6107 W *zu setzenden.*
6108 W *Schieds-Leuten verglichen.*
6109 W *anderer gestalt.*
6110 Fehlt bei W.
6111 W *Fransactionen* (Druckfehler).
6112 W *Vermeinte.*
6113 W *Schiedes-Leute.*
6114 W 6.
6115 W *verstattet.*
6116 W *jemand dabey.*
6117 W *versäumlich.*
6118 W *unbillig.*
6119 W *verholffen.*

eines unndt anders mehr zu erkundigen, dazu jedoch nur *summario processu* es veranlaßet were, aber daß Furbringen[6120] zu Bescheinigung der *Laesion* unndt *Iniquit*at[6121] nicht gnugsahm, würde der *Querulant* damit nicht gehöret, sondern bey dem Guetachten die Schiedesleute[6122] eß gelaßen.

10. Eß werden die Schiedesleute[6123] oder *Arbitri* zum güetlichen Vorgleich[6124] oder entschiedlichen Spruch erwehlet, mag ein ieder bey denßelben[6125] woll einen *Advocatum* oder Rechtsgelahrten, wem[6126] er will, *adhibir*en unndt seines Rahts[6127] pflegen. Demselben aber soll obliegen, die für- [fol. 244v] geschlagene Mittell unndt *Conditiones* zum Vorgleich[6128] woll zu *considerir*en unndt mit[6129] dero Sachen Umbständen[6130], insonderheit wie sie sich wollen zu Recht außführen laßen, in reiffen Bedacht zusammen halten[6131], außerdem, so sie woll begründet befinden[6132], die Parten nicht zur weitläuffigen[6133] *Disputat* undt Rechtsstreit[6134] sondern viellmehr zur nicht unpilligen Voreinigung[6135] rathen, dieselbe, soviell an ihm ist, mit befodern, auch da die Sache durch des[6136] *Compromiss* außzuführen, alßdenn die *Terminos stricte* unndt mit Fleiß abwarthen, nach Befindung sowoll hierin der *Advocat*en Verseümnüß[6137] alß auch in ienem zum Rechtsstreit gegebenen Rahts[6138] sollen sie den vorlustigen[6139] Theill, so auff ihres[6140] Einrathen zimbliche Vorschlage[6141] nicht *acceptir*en wollen, den halben Theill der dem Iege-

6120 W *Fürbringen.*
6121 W *iniquität.*
6122 W *der Schieds-Leute.*
6123 W *Schieds-Leute.*
6124 W *Vergleich.*
6125 W *demselben.*
6126 W *wann.*
6127 W *Rechts.*
6128 W *Vergleich.*
6129 Fehlt bei W.
6130 W *Umstände.*
6131 Bei M verbessert aus *halen*; W *haben.*
6132 W *befunden.*
6133 W *zum weitläufftigen.*
6134 W *Rechts-Streite.*
6135 W *Vereinigung.*
6136 W *das.*
6137 W *Versäumniss.*
6138 W *Rath.*
6139 W *dem verlustigen.*
6140 W *ihrem.*
6141 W *Vorschläge.*

ner[6142] obigen nach erstatenden[6143] Unkosten unndt dem Gericht[6144] in ebensoviele Büße[6145] verfallen sein undt *condemnir*et werden.

Titulus III.
Von dem, so zum Beweißthumb gehörig.

1. Ein[6146] jeder soll bey denen Handlungen, so er für sich oder mit Andern für- [fol. 245r] nimbt, für allen Dingen darauff bedacht sein, wie ers damit rechtmäßig anstelle, undt dann, daß er auff den[6147] Nothfall deren gnugsahmen Beweiß haben möge, darumb entweder zwey oder mehr glaubhaffte Zeugen dazu ziehen oder auch darüber glaubliche *Instrumenta* unndt Schrifften vorfertigen[6148] laßen.

2. Wann einer auff seinen Kranckbette[6149] jemand, wormit er in Handlung gewesen unndt Rechnung oder sonst ander Gewerbe hatt, worüber kein richtiger Beweiß vorhanden[6150], zu sich würde ersuchen laßen, umb die Rechnung oder ander Handell[6151] in Richtigkeit zu bringen oder[6152] auch ein oder mehr Persohnen zu ihm schicken unndt durch dieselbe solches thun laßen wolte, soll derselbe, hindangesetzet[6153] anderer seiner Geschäffte, sich bey ihm dazu einstellen oder auch mit denen dazu Bevollmächtigten Rechnung zu legen oder, waß unter ihnen zwistig, überlegen undt vergleichen oder, waß unrichtig, mit gueten[6154] Bescheide *specificir*en. Würde er solches nicht thun, darüber der Ander vorstürbe[6155], soll deßen hinterlaßenen[6156] [fol. 245v] Schrifft oder Bericht, so er von ihren Handeln[6157] für glaubwürdigen Leuten gethan, Glauben gegeben undt außer einem claren, un-

6142 W *Gegner.*
6143 W *erstatteten.*
6144 W *Gerichte.*
6145 W *Busse.*
6146 W *§ 1*, am Rand: *De Jure probationum in causis civilibus, mercatoriis aliisque privatis*; bei M ohne Artikelangabe.
6147 W *dem.*
6148 W *verfertigen.*
6149 W *seinem Krancken-Bette.*
6150 W *verhanden.*
6151 W *Händel.*
6152 Bei M über der Zeile eingefügt.
6153 W *hinangesetzet.*
6154 W *gutem.*
6155 W *verstürbe.*
6156 W *hinterlassener.*
6157 W *Händeln, und.*

vorwerfflichen[6158] Beweiß nicht weiter dawieder gehöret werden, sondern daß er die Richtigkeit nicht getroffen sich beyzumeßen haben.

3. Kauffleute- unndt Cramerbücher mügen[6159] zwar in denen Sachen, so ihren Handell unndt Gewerbe[6160] angehen, wann die *Summa* nicht zu groß unndt ___ f.[6161] nicht übersteiget, zum Beweißthumb gnugsahm[6162] sein, wann, die sie geschrieben, gueten Leumuths unndt ehrlichen Wandelß, daß Buch auch in gueter Ordnung unndt unverendert geschrieben, die Schülde[6163], Iegenschülde[6164] unndt Empfang richtig in sich begreifft, unndt bißhero mit Fug nicht beschuldiget worden. Wann aber, waß darauß gefodert, die *Summa* übersteiget, ist es dazu allein nicht gnug[6165], eß thete denn, der eß geschrieben, mit einen[6166] cörperlichen[6167] Eydt den Einhalt bestercken, alßdenn aber würde bey befundener[6168] vorgedachten Umbständen auff deßen Leistung darnach geurtheilet. Verstürbe aber, der das Buch geschrieben, ehe der Eydt geleistet, sollen deßen Witwe unndt [fol. 246r] Erben oder auch der Buchhalter unndt deme von solchen Guete Nachricht beywohnet auff ihrer[6169] Wißenschafft oder[6170] Glauben den Eydt zu schwehren schuldig sein.

4. Wer auff iemandes Kauff- oder Cramerbuch in Anspruch[6171] genommen, mag nicht allein des Buches[6172], worauff der Zuspruch gegründet, *Edition in Originali* für Gerichte, jedoch nicht weiter, alß von denen zwischen ihm unndt dem *Scribent*en fürgeweßenen Händelln[6173] darein enthalten, fodern, sondern, auch wann eß[6174] das Hauptbuch unndt er deßen Einhalts nicht gestendig, die Cladde, *Manual* oder *Journal* zu *exhibir*en mitsuchen unndt, wann die Abschrifft in dem Hauptbuche[6175] nicht deß Kauffmanß selbst, sondern seines Dieners were, denselben dazu *citir*en

6158 W *unverwerfflichen.*

6159 W *mögen.*

6160 W *Gewerb.*

6161 Lücke bei M ohne eingetragenen Wert, Währungsangabe vermutlich Gulden (f = Florin); W *(NB.).*

6162 W *genugsam.*

6163 W *Schulde.*

6164 W *gegen Schulde.*

6165 W *genug.*

6166 W *einem.*

6167 Bei M verbessert aus *cöperlichen.*

6168 W *befundenen.*

6169 W *ihre.*

6170 W *und.*

6171 W *Ansprach.*

6172 W *Buchs.*

6173 W *Handeln.*

6174 W *er.*

6175 W *Haupt-Buch.*

laßen, von dem Bericht unndt darauff einen cörperlichen Eydt erheischen, welchen er zu leisten schuldig sein soll.

5. Ob ein Kauffmanß- oder Cramerbuch beschworen, da hernach iemand gegen den Einhalt Beweiß führen wolte, ist er dazu zu vorstadten[6176], iedoch wie wann ein Wiedriges außgeführet, der Kauffman [fol. 246v] unndt Cramer alß ein Glaubloser unndt Maineydiger zu halten, in keiner[6177] Zunfft unndt Gilden zu leiden, auch ernstlich zu bestraffen. Also würde auch, der ihn ohnfüglich ohne glaublichen Grundt beschuldiget, nach befundener Warheit nicht ohnpillig mit Ernst darüber angesehen.

6. Haben zwey oder mehr einen Handell unter sich, aber ziehen dazu keine Zeugen, der eine aber vorzeichnet[6178] davon etwaß in seinem *Diario* oder andern Büchern, so er von seinen Handelln[6179] zu halten gewont[6180], ist er ein ehrlicher glaubwürdiger unbescholdener Mann unndt sein Gegentheill mag eß nicht ohnwahr beweisen oder durch Zeugen oder glaubliche *Instrumenta* ohnwahr machen, mag er bey seinem Leben solches auff seinem Eydt erhalten. Würde er aber[6181] hernach vorsterben[6182], sollen seine Erben daran[6183] die *Praesumption* für sich haben, so sie des Beweißthumbs entlediget unndt dazu daß Iegentheill vorbindet[6184].

7. Wann ein *Notarius* in gewißer[6185] Sachen an jemand, umb [fol. 247r] derselben[6186] zu befragen oder etwaß sonst zu vorrichten[6187] geschickt wirdt, davon *Relation* thut, ein *Instrument* oder *Document* ertheilet, wann verstendige ehrliche[6188] glaubwürdige Leute alß Zeugen dazu von ihm mit gezogen unndt das *Documentum* mit ihrer Hand unndt Pitschafften[6189] zugleich bestercken, soll es[6190] vollenkommen Glauben haben, daferne diejenigen, welcheß Worth, That unndt Handlung bezeuget[6191], nicht fort ein Wiedriges beweisen oder eß unglaublich machen können, dazu ihnen freystehet, fort gewiße Fragestücken zu übergeben

6176 W *zu verstatten.*
6177 Bei M letzter Buchstabe halb verdeckt.
6178 W *verzeichnet.*
6179 W *seinen Handel.*
6180 W *gewohnt zu halten.*
6181 Fehlt bei W.
6182 W *versterben.*
6183 W *daraus.*
6184 W *Gegentheil verbindet.*
6185 W *gemeiner.*
6186 W *denselben.*
6187 W *verrichten.*
6188 W *eheliche.*
6189 W *Pettschaften.*
6190 Bei M über der Zeile eingefügt.
6191 Bei M verbessert aus *bezeucht*; W *bezeugt.*

unndt die Zeugen sowoll alß den *Notarium* eydtlich abhören zu laßen. Waß aber der *Notarius* ohne Zeugen fürbringet, verrichtet und *documentir*et, hat allein keinen Glauben noch ertheilet[6192] den, so ihn dazu *requir*iret, des Beweißes, so ihm sonst[6193] obliegen würde.

8. Wer sich auff beschehene[6194] Beschickung deß bloßen *Documenti Notarii* zum Beweißthumb bedienen will, mag, sobaldt ihn[6195] die *Relation* zukombt, dieselbe nebst einer gerichtlichen Vorordnung[6196] seinem Iegentheill[6197] [fol. 247v] zu fertigen unndt vornehmen[6198] laßen, ob er deßen geständig sey[6199] unndt pleiben wolle. Würde er nun in seinem Einbringen eß nicht leugnen oder gantz nichts darauff fürbringen, soll hinfürterß[6200] eß alß[6201] *confessir*et gehalten unndt darnach gerichtet werde[6202]. Wann ein Wiedriges fürgegeben, so stehet dem, der zu Beybringung der Warheit deßen benöhtiget, frey, den *Notarium* eidlich[6203] abhören zu laßen. Wann auch sonst jemand anderer[6204] Leute zu Befragung gebrauchet, mag es gleicher Gestalt damit also gehalten werden.

9. Wann zwey oder mehr über einen Handell, welchen sie unter sich treffen oder beschließen, mit gemeiner Beliebung einen *Notarium requir*iren, *adhibir*en unndt durch denselben hernach den Handell vor*instrumentir*en[6205] laßen, soll solch *Instrument* unter ihnen zu vollen Glauben gereichen. Entstünde darüber Streit, ist der *Notarius* sein *Protocoll* zu *exhibir*en schuldig unndt soll darauß der Vorstandt[6206] deß *Instrumenti* genommen, ist [fol. 248r] zwischen diesem unndt jenem die[6207] *Discrepan*tz, daferne nicht einß deren von beyden Theilen *expresse* vorher *placitir*et[6208] oder von zweyen glaubhafften Zeugen eydtlich ein Anders eingezeuget, daß *Protocoll* gefolget werden, waß aber der *Notarius* auff *Requisition*

6192 W *befreyet*; bei M mit Verbesserung im Wort.

6193 W *sonsten.*

6194 W *geschehene.*

6195 W *ihm.*

6196 W *Verordnung.*

6197 W *Gegentheil.*

6198 W *vernehmen.*

6199 W *seyn.*

6200 W *hinförters.*

6201 Fehlt bei W.

6202 W *werden.*

6203 Bei M über der Zeile eingefügt.

6204 W *andere.*

6205 W *verinstrumentiren.*

6206 W *Verstand.*

6207 W *eine.*

6208 W *placidiret.*

deß einen Theilß allein *instrumentir*et, machet zwar eine *Praesumption*, aber doch keine[6209] Beweißthumb.

10. Was die, so in offentlichen[6210] Landt- oder Stadtämptern auff geleisteten Eydt unndt Pflicht sitzen, bey ihrer Vorwaltung[6211], eß betreffe die *Publica* oder *Privata* in ihrer[6212] *Register* eigentlich unndt deutlich also, wie eß derogleichen[6213] Beampten unndt Vorwaltern[6214] zustehet schreiben, solcher[6215] hatt in denen Sachen, so ihrer Vorwaltung anvortrauet[6216] sein, wieder die, so eß angehet, vollenkommen Glauben. Waß[6217] aber außer ihre Amptßvorwaltung[6218], darauff der Eydt geleistet ist, wie auch andere in Rechnung füeren, mag, die es angehet, nicht[6219] weiter vorbinden[6220] unndt überweißen, dann[6221] eß mit Quitungen unndt dergleichen zu Recht glaublichen[6222] Scheinen beleget wirdt.

11. Waß jemand an einen andern [fol. 248v] von dem Handelln[6223], so unter ihnen fürgenommen, in Brieffen oder Zettelln[6224] mit seiner Hand schreibet, oder mit seinem Pitschafft vorsiegelt[6225] unndt an jenen schicket, daßelbe soll wieder ihn[6226] zum Beweiß gnug[6227] sein. Imgleichen[6228] auch, die eß[6229] beantwortet oder sonst *acceptir*et, zu dem, so gestanden oder nicht wiedersprochen, mit vorbunden[6230] sein. Allein aber, daß er den Brieff oder Schrifften ohnbeandtwortet bey sich liegen oder mit Stillschweigen vorbey gelaßen, mag ihm nicht *praejudicir*en, eß were dann

6209 W *keinen.*
6210 W *öffentlichen.*
6211 W *Verwaltung.*
6212 W *ihre.*
6213 W *dergleichen.*
6214 W *Verwaltern.*
6215 W *solches.*
6216 W *Verwaltung anvertrauet.*
6217 W *was sie.*
6218 W *ihrer Amts-Verwaltung.*
6219 Bei M mit Sonderzeichen ō über der Zeile eingefügt.
6220 W *verbinden.*
6221 W *denn.*
6222 W *gläubigen.*
6223 W *den Händeln.*
6224 W *Zettuln.*
6225 W *versiegelt.*
6226 W *ihm.*
6227 W *genug.*
6228 W *ingleichen.*
6229 W *so es.*
6230 W *verbunden.*

der Bewantnüß[6231], daß er eß zu beandtworten schuldig, unndt demselben zeitig *contradicir*en sollen, so nach den Umbständen zu richterlicher Ermeßigung stehet.

12. Mit Copeyen mag niemand etwaß beweißen, ob sie gleich von einem *Notario auscultir*et unndt unterschrieben, eß were dann ohnleugbar[6232] oder erweißlich, daß das *original* vorhanden[6233], aber durch Raub, Brand oder ander[6234] bekandte Zufälle von[6235] Händen gekommen, unndt man davon ander Wißenschafft dann auß einer solchen Copey nicht haben [fol. 249r] könte, so würde dieselbe alßdann zum Beweißtumb so lange zugelaßen unndt gnugsahm geachtet, alß im Iegentheill[6236] nicht erwiesen, daß es sich anderß vorhielte[6237], auff deßen Ansuchen gleichwoll der *Notarius*, wann er im Leben, mag dazu angehalten werden, daß er mittelß[6238] Eydes daß *Original* gesehen, unndt also, wie er eß *auscultir*et befunden zu habendurch seinen Eydt darzuthun.

13. Von[6239] einmahl im[6240] Gerichte oder sonst für dem fürstlichen Cantzleyen und Rahtstuben wie auch für den[6241] Rath in den Städten mit Wißen deren, so sie betreffen, *producir*ten undt nicht geleugneten Schrifften allda gemachete Copeyen wie dann auch, waß in gerichtlichen *Protocoll*en, so in Beysein beyder Theile gehalten, beschrieben, unndt[6242] darauß von den *Secretariis* gemachete[6243] unndt *vidimir*te *Extract*en haben unter undt wieder die, so sie angehen, vollen Glauben, nicht aber wieder Andere, so nicht iegenwertig[6244] gewesen, da die *production* oder Fürtrag *ad protocollum* geschehen.

14. Wer sich mit glaublichen Copeyen [fol. 249v] verwahren will, mag für Gericht die Schrifften, davon er ein glaubwürdiges[6245] *transumpt* haben will, *producir*en, oder so eß nicht in seinen Mächten, sein *interesse docir*en, undt an Andere, bey welchen solches vorhanden[6246], zur *Edition Mandatum*[6247] außbringen, dann diejenige,

---

6231 W *Bewandniss.*

6232 W *ohnlaugbahr.*

6233 W *verhanden.*

6234 W *andere.*

6235 W *vor.*

6236 W *Gegentheil.*

6237 W *verhalte.*

6238 W *mittelst.*

6239 W *Die.*

6240 W *aus denen im.*

6241 W *dem.*

6242 W *und die.*

6243 W *gemachte.*

6244 W *gegenwärtig.*

6245 W *glaubliches.*

6246 W *verhanden.*

6247 W *ein Mandantum.*

so eß betrifft, auff einen genenten Tag *citir*en unndt Copey machen laßen, darauff bey dem Gericht nach fleißiger *Collation* der Vorfertigung[6248] deß *transumpts* bitten unndt so fort mit der Unterschrifft deß *Secretarii* unndt Insiegell des Gerichts erhalten, so nicht weiniger[6249] Krafft unndt Würckung sein soll alß das *original* an ihm selbst. Were auch Sache, daß die *production* der *Original*en[6250], für denen vom[6251] Gericht verordneten *Commissari*en unndt nach fleißiger *Collation* ein *Transumpt* gemachet werde, wie dann deßwegen einer die *Commission* bitten unndt erhalten mag, wann eß von denen mit der *Relation* inß Gericht geschicket, hat eß damit gleiche Bewandtnuß[6252], alß wann im Gericht das *transumpt* vorfertiget[6253] worden. [fol. 250r]

Titulus IV.
Von Eyden.

1.[6254] Was bey dem Worth der höchsten Warheit oder an cörperlichen Eydeß staat oder unter einige[6255] *Formul* der Anruffung göttlichen Nahmenß vorsprochen oder vorschrieben[6256], soll alß eine beeydigte Zusage gehalten werden unndt außerhalb Gerichts in denen Fällen, da die Rechte, Landes-*Constitutiones* oder Gewonheiten cörperliche Eyde erheischen, wann solcher oder dergleichen *Formali*en jemand gebrauchet, so die Anerrinnerung deß Eydes bey sich führet[6257], dazu gnug gehalten werden.

2. Obwoll die *Formul*en bey adelichen Ehren, güeter[6258] Treu oder redlichen Glauben vor einem wahren Eydt nicht zu halten, soll dennoch waß mit derselben bestetiget, die Krafft einer solchen Vorsicherung[6259] haben, dagegen kein Einrede staathfinden, welche wieder voreydigte[6260] Zusagen nicht zugelaßen wirdt.

3. Ein jeder bedencke sich zuvor woll, ehe er einen Eydt abschwere. Wann es geschehen, soll er demselben [fol. 250v] zu geleben schuldig sein unndt sollen

---

6248 W *die Verfertigung.*
6249 W *nicht von weniger.*
6250 W *derer Originaln.*
6251 W *vor.*
6252 W *Bewandtniss.*
6253 W *verfertiget.*
6254 W am Rand: *De juramentis.*
6255 W *einiger.*
6256 W *versprochen, oder verschrieben.*
6257 W *führen.*
6258 W *guter.*
6259 W *Versicherung.*
6260 W *vereydigte.*

zu eydtlicher Vorsprechen[6261], unndt Vortrage[6262] bloß unter den[6263] Vorwandt einziger *Laesion*, obgleich dieselbe erweißlich nicht zurückgezogen, sondern unvorbrüchlich[6264] gehalten werden, eß befunden[6265] sich dann außer dem wegen der Jugend, vorsetzlichen Betrugs, Irthumß, Zwangs oder anderer Ümbstande[6266] zu Recht zuleßige offenbahre Ursachen, warumb der Eydt ohnkräfftig oder auch pillig zu *relaxi*ren sey, so zu Erkandtnüß[6267] der Gerichte stehen soll.

4. Wieder einen geleisteten cörperlichen Eydt soll niemand[6268] zur *Action* oder *Exception* verstatet werden, er habe dann zuvor bey der ordentlichen Obrigkeit angezeigt, warumb solcher abgeschworner Eydt zu Recht nicht verbindtlich oder er dadurch[6269] nicht gehalten wehre, darauff den[6270] *relaxationem ad effectum agendi vel excipiendi* suchen[6271], worzu derjenige, deme solcher Eydt geleistet, soll erfodert über daß Suchen vornommen *summarie*[6272], ob unndt wie weitt der Eydt zu erlaßen [fol. 251r] erforschet, unndt darüber erkandt werden. Die Erben aber deßen, so den Eydt geleistet, sein derogleichen *Relaxation* nicht bedürfftig, sondern mögen sich ihres Rechtens außer dem gebrauchen unndt, wann sie Ursachen fürzubringen haben, worumb[6273] er unverbindlich, damit gehöret werden.

5. Wer wieder jemand Zuspruch[6274] hat unndt die Sache ist so bewand[6275], daß davon keine Zeugen oder brieffliche Uhrkunde vorhanden[6276], weill der Handell, davon solche ist, in geheimb unndt ohne Zuziehung anderer Leüte getrieben, oder die dabey geweßen verstorben, von Sinnen unndt Gedechtnüß[6277] abkommen oder in frembden Landen, daß dero Heimbkunfft so geschwind[6278] nicht vermuhtlich mag zu Anfangs[6279], obgleich sonst nichts daran bescheinigt, sein Iegentheill[6280]

6261 W *sollen eydliche Versprechungen.*
6262 W *Verträge.*
6263 W *dem.*
6264 W *unverbrüchlich.*
6265 W *befinden.*
6266 W *Umstände.*
6267 W *Erkänntniss.*
6268 W *keiner.*
6269 Bei M verbessert aus *durch.*
6270 W *dann.*
6271 W *suchen soll.*
6272 W *summarie vernommen.*
6273 W *warum.*
6274 W *Zusprach.*
6275 W *die Ursache so bewandt ist.*
6276 W *Urkunden verhanden.*
6277 W *Gedächtniss.*
6278 W *geschwinde.*
6279 Bei M danach gestrichen *solchem.*
6280 W *Gegentheil.*

auff den Eydt besprechen unndt soll auff beschehene *Delation* denselben, daferne er, wie ihm solches erlaubet, solchen nicht *referir*en wollte, den *deferir*ten Eydt zu schwehren, oder daß Gegenspiell[6281] zu beweisen schuldig sein. Wann er auch [fol. 251v] einmahl solchen *acceptir*et, hernach[6282] der *Deferent* nicht[6283] zurückziehen, ob er gleich Beweiß füeren könte, eß erschiene[6284] dann alßfort oder sey glaublich, daß ein Meineyd[6285] würde begangen werden, welcher durch allewege zu vormeiden[6286]. Wann aber außerdem auff den Eydt[6287] jemand klagen will, soll den Mißbrauch der Eyde zu vermeyden derjenige, dem der Eyd bloßer Dinge zugemuhtet, sofort solchen, wann er nicht guetwillig, sich dadurch deß *Processus*[6288] abhelffen will, abzustatten nicht, sondern der Kläger den Beweiß erstlich beyzubringen oder zum Weinigsten[6289] seine *Intention* schein- unndt glaublich zu machen schuldig sein.

6. Wer nicht fort bey ietz gemelten[6290] Umbständen auff den Eydt die Klage anstellen mag, ist doch in Beysorge, der völliger[6291] Beweiß ihm entstehen oder entgehen möchte[6292], bey seiner Klage bemächtiget[6293], auff dem Fall, sowoll für sich alß bey dem Gegentheill den Eydt sich fürzubehalten, unndt wie auff dem Fall er gueten Lebenß unndt Wandelß nach beygebrachter *semiplena Probatione* durch einen unvorwerfflichen[6294] Zeugen, iegenseitiger[6295] *extra*- [fol. 252r] *judicial*ischer *Confession*, glaublicher[6296] Brieffschafften die sonst volligen[6297] Beweiß nicht machen, oder starcke rechtliche *praesumptiones*, welche seine *Intention* den[6298] Richter gantz glaublich machen, er sich zum Eydt in *Supplementum* erbieten mag, unndt dazu zu vorstaaten[6299], also wann nicht[6300] dem Beweißthumb, soweit nicht zu

6281 W *Gegentheil.*
6282 W *kann hernach.*
6283 W *solchen nicht.*
6284 W *erscheine.*
6285 W *Meineyd.*
6286 W *vermeiden.*
6287 W *aber ausser dem Eyd.*
6288 W *Processes.*
6289 W *wenigsten.*
6290 W *bey itztgemeldten.*
6291 W *Beysorge, dass der vorige.*
6292 W *mögte.*
6293 W *bemüchtiget.*
6294 W *unverwerfflichen.*
6295 W *gegenseitiger.*
6296 W *glaublichen.*
6297 W *völligen.*
6298 W *dem.*
6299 W *zuverstatten.*
6300 W *mit.*

gelangen, dennoch starcke Vermuthungen wieder den Beschuldigten oder für den Cläger[6301] sein, ist ihm zu erlauben, alßdenn[6302] zur Entledigung davon daß *Juramentum* zu *deferi*ren, wie außerdem solches auch den Gerichten also zu thun *ex officio* zustehet.

7. Ist darüber kein Streit, daß einer dem Andern auß Schuldtverschreibungen, Rechnungen oder sonsten schuldig, sondern nur die Unrichtigkeit in dem *Quanto*, mag derjeniger[6303], von dem solches gefodert wirdt[6304], die *Designation* oder Rechnunge nicht unrichtig erweisen, oder erschiene solcheß den[6305] Richter außerdem, so mag, der sie übergeben, solche auff seinen[6306] Eydt erhalten.

8. [fol. 252v] Hatt ein Handtwercksman jemandt gearbeitet, unndt solches ist offenbahr unndt erweißlich, entstehet Irrung über deßen Rechnung mit dem oder deßen Erben, welchen er gearbeitet, so soll biß auff 10 fl. deßen *Designation*, wo er nicht bösen Lebenß unndt Leumuhts, geglaubet; beleufft eß sich hoher[6307], muß eß nicht[6308] seinem oder, da er verstorben, mit der Frauen oder Erben Eyde bestetiget werden. Were aber streitig unndt zweiffellhafft, ob der Handtwercksman jemandt gearbeitet hette, so muß sowoll die Arbeit alß wieviell sie geweßen bewiesen, unndt mag damit gehalten werden wie vorhin von *Deferi*rung der Eyde verordnet.

9. Wirdt jemand ein Eydt vom Richter oder Parten auffgeleget, unndt er hat sich zu deßen Abstatung mündt-[6309] oder schrifftlich erklehret, viellmehr wo er sich dazu gestellet, unndt stirbt hernach, so wirdt der Eydt *pro praestito* gehalten unndt nichts weiter von den Erben erfodert, sondern waß auff geleisteten Eydt gebüeret, hette erkandt. Hette er aber deren [fol. 253r] keines gethan, doch auch nicht beybringlich, daß er sich deßen vorwiedert[6310], unndt die Erben wollen darüber den Eydt *de scientia aut credulitate* schweren, so were es gnugsahm und so viell, alß wann der Verstorbener[6311] geschworen hette.

6301 W *Beschuldigten, oder Klägern.*
6302 W *alsdann.*
6303 W *derjenige.*
6304 Fehlt bei W.
6305 W *dem.*
6306 W *seinem.*
6307 W *höher.*
6308 W *mit.*
6309 W *mündlich.*
6310 W *verwiedert.*
6311 W *Verstorbene.*

Titulus V.
Von den Concursibus Creditorum.

1.[6312] Wann jemandt zu dem Unvormugen[6313] gerahten, daß er seinen *Creditioren*[6314] die Zahlung nicht thun, auch zu dem Auffkommen unndt Vorbeßerung[6315] nicht Hoffnung haben mag, soll er in den Güetern nicht besitzen bleiben, darauß zehren unndt den *Creditoren*[6316] daß Zu- unndt Nachsehen laßen, viellweniger immittelst sie mit weitlauffigen[6317] geldtfreßenden *Processen fatigir*en[6318], sondern bey dem Zustand ein ehrliches Gemüth zum Weinigsten[6319] von dem, so er übrig hatt, erweisen unndt auff die Mittell gedencken, wordurch er nach seinen Vormögen[6320] sie einiger Gestaldt *contentir*en unndt damit nicht auffhalten möge.

2. Muß[6321] bey solchen Ümbständen[6322], wer unzahlbahr ist, zum *Concurs* [fol. 253v] greiffen, soll er damit nicht säumen, sondern ie ehr ie[6323] lieber darauff bedacht sein unndt seine *Creditores* zusammen bescheiden laßen, daß er durch einige Wege mit denselben zu gueter Richtigkeit gelange. Würde hernach befunden, daß er deßen lengst Noht gehabt, zu[6324] seinen Vortheill unndt der Glaubiger[6325] Nachtheill verzögert, immittelß in den Güetern nicht woll gehaußet, davon voreüßert unndt vorzehret[6326], soll er dadurch aller *Beneficien* unndt Wolthaten, so den unvormögenden *Debitoren*[6327] zu Guete vorordnet[6328] oder nachgegeben, verlustig sein.

3. Den unvormögenden Schuldenern ist erlaubet, bey machenden[6329] *Concursu* sich einß[6330] dieser dreyen Mittell zu gebrauchen, daß sie entweder mit den

6312 W am Rand: *De Concursibus Creditorum.*
6313 W *den Unvermögen.*
6314 W *Creditorn.*
6315 W *Verbesserung.*
6316 W *Creditorn.*
6317 W *weitläufftigen.*
6318 W *fatiguiren.*
6319 W *wenigsten.*
6320 W *Vermögen.*
6321 W *Will Jemand.*
6322 W *Umständen.*
6323 W *sondern je ehe je.*
6324 W *und zu.*
6325 W *Gläubiger.*
6326 W *veräussert, und verzehret.*
6327 W *Debitorn.*
6328 W *verordnet.*
6329 W *nahenden.*
6330 W *eines.*

*Creditor*en[6331] dergestaldt handelln, daß ihnen die Güeter alle oder zum Theill auff gewiße Zeit oder, biß sie zu beßern Vormögen[6332] gerathen, vorpleiben[6333] unndt sie hingegen darauß jährlich ein Gewißes den *Creditoren*[6334] entweder von den *Capital*ien oder auff die Zinsen abtragen oder auch die Güeter oder, soviell davon zureichend, *in Solutum* geben oder aber [fol. 254r] gäntzlich *Bonis cedir*en unndt die *Creditores* sich darüber vorgleichen[6335] laßen.

4. Denen *Creditoren*[6336] mögen die *Debitores* wieder ihren Willen nicht anzwingen, daß sie ihnen die Güeter zum Genieß iegen[6337] eine jährliche Pacht oder *Pension* oder auch Abstatung der Zinsen laßen, wann sie einem Kauffer[6338] wüsten, welche[6339] die Güeter annehmen, bezahlen oder sonst sie annehmblich befriedigen wolte, alßdann sein die Schuldener auff der Gläubiger Begehren dieselbe abzutreten schuldig. Were aber noch kein Käuffer oder die[6340] sonst die *Creditores* iegen[6341] Annehmung der Güeter befriedigen wolte vorhanden[6342], sondern eß wolten die *Creditores* die Güeter an ein[6343] Andern für gewiße jährliche *Pension* oder Abstatung übergeben, da alßdann der Schuldener ein Gleiches zu *praestir*en erbietig, auch an Vorstand[6344] undt Mitteln dazu mechtig, könte darauff wie auch wegen der *Conservation* der Güeter gnugsahme[6345] *Caution* leisten, so würde er für Andern biß dahin, das die *Creditores* einen[6346] Käuffern[6347] anschaffen möchten[6348], dazu nicht ohnpillig vorstatet[6349], eß möchten[6350] dann wieder ihn bedenckliche Ursachen fürgebracht werden, worümb[6351] ihm die [fol. 254v] Güeter nicht zu laßen, welche zu richterlicher Ermeßigung stehen.

6331 W *Creditorn.*
6332 W *Vermögen.*
6333 W *verbleiben.*
6334 W *Creditorn.*
6335 W *vergleichen.*
6336 W *Den Creditorn.*
6337 W *gegen.*
6338 W *einen Käuffer.*
6339 W *welcher.*
6340 W *der.*
6341 W *wegen.*
6342 W *verhanden.*
6343 W *einen.*
6344 W *Verstand.*
6345 W *genugsame.*
6346 Bei M verbessert aus *ein.*
6347 W *Käuffer.*
6348 W *mögten.*
6349 W *verstattet.*
6350 W *mögten.*
6351 W *warum.*

5. Behält der Schuldtman die Gueter durch Vorgleichung[6352] mit den *Creditoren*[6353] auff gewiße Zeit oder ohne deßen Benennung *in Perpetuum* iegen[6354] Zusage der Zahlung, werden dadurch die *Creditoren*[6355], alß denen numehr die Güeter gleichsamb *in Solutum* angewiesen, alle gleich unndt ist eben, alß wann der Werth unter ihnen vortheilet[6356]. Machete der *Debitor* hernach mehr Schulde, sie weren auch sonst so *privilegir*et[6357], wie sie wolten, haben die, so mit ihm über die Güeter sich vorglichen[6358], den Vorzug für allen Nachfolgenden. Ob aber auch unter den Vorigen einige für sich *vigilir*ten unndt ein Unterpfand oder andere[6359] Vorzug von dem *debitore* vorschreiben[6360] ließen, soll eß den Andern ebenweinig[6361] nachtheilig sein. Waß er aber hernach erwirbt, stehet zu seiner freyen *Disposition* soweit, alß die *Creditores* darin nicht *expresse* etwaß bedungen haben.

6. Sobaldt der Schuldman, welcher mit [fol. 255r] den *Creditoren*[6362] sich vorgleichet[6363], nicht einhalt[6364] unndt sein Bürge auch nicht fort zutritt unnd, worzu er vorbunden, *praestir*et, soll er des von den *Creditoren* enthalten[6365] *Beneficii* vorlustig[6366] unndt die Güeter auff Begehren ohne einige Vorwiederung[6367] zu reumen schuldig, dieselbe[6368] besten können nach[6369] sich darauß bezahlet[6370] zu machen befugt sein, dagegen keine Einreden oder[6371] Fürwenden *admittir*et unndt angenommen werden.

6352 W *Vergleichung.*
6353 W *Creditorn.*
6354 W *gegen.*
6355 W *Creditorn.*
6356 W *vertheilet.*
6357 W *privilegirt.*
6358 W *verglichen.*
6359 W *andern.*
6360 W *verschreiben*; bei M verbessert aus *vorschrieben.*
6361 W *eben wenig.*
6362 W *Creditorn.*
6363 W *vergleichet.*
6364 W *einhält.*
6365 W *Creditorn erhaltenen.*
6366 W *verlustig.*
6367 W *Verwiderung.*
6368 W *dieselbe ihm nicht zum.*
6369 W *Besten kommen, noch.*
6370 W *bezahlt.*
6371 W *und.*

7. Griffe der Schuldman zum[6372] andern Mitteln der *Dation in Solutum*, soll er den *Creditoren*[6373] zur Wahl darauff[6374] eine *Designation* seiner[6375] Güeter übergeben, auch auff Begehren, daß er keine ander[6376] oder mehr hette unndt wüste, mittelß[6377] cörperlichen Eydes erhalten, darauff von den *Creditoren*[6378] gewehlet, die Gewehlete[6379] in einer[6380] gewißen Anschlag gebracht unndt *aestimir*et, damit also vorfahren[6381] werden, daß wann die Güeter in Abnehmen nicht darauff so sehr, alß wie sie nach zimblicher Einrichtung zu nutzen gesehen, doch gleichwoll nicht in höchsten Anschlag gebracht, sondern darunter sowoll [fol. 255v] den *Creditoren* alß *Debitoren*[6382] gedienet werden.

8. Wann eß zum *Concursu* kombt[6383], sollen die *Creditoren*[6384] oder welche zu dem Schuldtman unndt seinen Güetern Zusprache[6385] zu haben vormeinen[6386], durch offentlich *affigir*te *Proclamata*[6387] zu dreyen vorschiedenen[6388] Mahlen ihre Foderungen zu *liquidir*en, fürgelahden unndt *citir*et, darauff dann ferner keine *Termine* eingereumet, sondern *per Sententiam* der Wegk zur *Liquidation* verschloßen, darauff dann zwischen denn *Creditoren*[6389], so erschienen[6390], Verordnung auff einigen obberegter[6391] Wege, so beliebet, würde gemachet, hinfürters[6392] niemand gehöret werden, er könte denn sowoll, daß die *Citation* unndt *Concurs* zu seiner Wißenschafft nicht gekommen, unndt dann deßen Ursache, alß daß dabey kein[6393] Schuld oder Vorseümnüß[6394] an ihm sey, glaublich anzeigen, darüber, da eß nicht

6372 W *zu.*
6373 W *Creditorn.*
6374 W *daraus.*
6375 W *der.*
6376 W *andere*
6377 W *mittelst.*
6378 W *Creditorn.*
6379 W *gewehlet.*
6380 W *einen.*
6381 W *verfahren.*
6382 W *Debitorn als Creditorn.*
6383 W *Concurs kömmt.*
6384 W *Creditorn.*
6385 W *Zusprach.*
6386 W *vermeinen.*
6387 W *durch öffentliche Proclamata.*
6388 W *verschiedenen.*
6389 W *Creditorn.*
6390 W *erscheinen.*
6391 W *obberegten.*
6392 W *und hinfürters.*
6393 W *keine.*
6394 W *Versäumniss.*

völlig *probir*et, vormittelß[6395] Eydeß eß becrefftigen, so würde er den[6396] gehöret undt *in Integrum restituir*et. [fol. 256r]

9. Wann die *Creditores* zusammen berueffen unndt befinden sich in gleicher *Condition* unndt Rechten, waß derselben grösester Theill, so doch nicht nach dem[6397] Zahl der Persohnen, sondern der Große[6398] der warhafften Foderungen zu rechnen, wegen vorgemelter Wege zu dem Ihrigen zu gelangen, imgleichen[6399] einiger dem Schuldtman erweisenden *Remission*, *Dilation*en, *Indult*en unndt andern Zuträglicheiten, imgleichen[6400] wegen[6401] *Administration* unndt Vor*pensioni*rung[6402] deßelben Güeter oder in andern den *Creditoren*[6403] gemeinen Sachen beschließet, müßen die andern, sie sein iegenwertig[6404] oder abwesend, minderjährig oder vollenkommenen Alterß, mit folgen, sie möchten[6405] dann erweisen, daß hierüber von den Mehrentheill[6406] betrieglich unndt allein zu ihren Eigennutz[6407] der[6408] andern Schaden unndt *Praejuditz* also gehandelt würde. Weren aber die *Creditores* ohngleicher *Condition* unndt hetten nicht gleiches Recht, einige wehren mehr *privilegir*et, unndt mit beßern[6409] Vorzug vorsehen[6410] dann die andern, mogen[6411] die, so weiniger *privilegiir*et[6412], [fol. 256v] ob sie an Zahl unndt Summen den grosesten[6413] Theill machen, den andern, nemblich die *Chirographarii* den *Hypothecariis* unndt die[6414] zusammen den[6415] *Privilegiatis*, keine Maaße setzen, sondern eß bleiben den[6416] ihre Rechte frey unndt ohnbehindert. Hiniegen[6417] aber, wann die

6395 W *vermittelst.*
6396 W *denn.*
6397 W *der.*
6398 W *Grösse.*
6399 W *ingleichen.*
6400 W *anderer Zuträglichkeiten, ingleichen.*
6401 W *wegen der.*
6402 W *Pensionirung.*
6403 W *Creditorn.*
6404 W *gegenwärtig.*
6405 W *mögten.*
6406 W *von den mehrern Theil.*
6407 W *eigen Nutzen.*
6408 W *und der.*
6409 W *besserm.*
6410 W *versehen.*
6411 W *mögen.*
6412 W *weniger privilegirt.*
6413 W *grösten.*
6414 Fehlt bei W.
6415 Fehlt bei W.
6416 W *denen.*
6417 W *Hingegen.*

Privilegiati oder *Hypothecarii* allein oder nebst andern *Chirographar*ien den größesten Theill machen unndt vorwilligen[6418], thut eß[6419] in gemeinen der *Creditoren* Sachen, auch soviell die übrigen betrifft, gelten.

10. Wirdt von den *Creditoren*[6420] oder dero grösesten Theill dem Schuldtman etwaß nachgelaßen, worzu er verbunden, unndt man befunde[6421] hernach, daß er *solvendo*[6422] gewesen, aber betrieglich[6423] zu der *Creditor*en Vorkürtzung[6424] gehandelt oder etwaß untergeschlagen unndt gehälet, also[6425] sie dazu verleitet[6426] hette, ist er deß Nachlaßes unndt waß ihm zu Guete vorhandelt[6427] nicht fähig, sondern mag deßen ohngehindert hernach *in Solidum* belanget werden.

11. [fol. 257r] Waß die meisten *Creditor*en[6428] an ihren Foderungen bey dem *Concursu* dem Schuldtman zu Guete nachlaßen, deßen hat er zu genießen unndt die, so darin nicht willigen, wie auch sich hernach auffgeben, nicht[6429] anzumaßen. Würde aber außer der gemeinen Handlung[6430] von einem oder andern der *Creditor*en[6431] absonderlich etwaß ihm nachgegeben, mag er solches wieder die andern *Creditor*en[6432] nicht behalten, eß sey dann mit der *Condition* geschehen, daß er für sich, sein Weib unndt Kinder zum Unterhalt eß anwenden solle.

12. Waß die Gläubigere bey dem *Concursu* oder sonsten durch Handlung nicht bekommen, wenn sie eß dem Schuldtman oder ihren Mitgläubigern guetwillig nicht nachlaßen[6433], unndt daßelbe also außtrücklich gemeldet, mögen sie hernach, wann derselbe zu beßern Mitteln gelangete, eß nachfodern.

13. Wann die Gläubiger von ihren Foderungen den[6434] Schuldtman zu Guete guetwillig etwaß nachlaßen[6435], darauff werden zugleich die Bürgen befreyet. Ge-

6418 W *etwas verwilligen.*
6419 W *er.*
6420 W *Creditorn.*
6421 W *befünde.*
6422 Bei M verbessert aus *in solvendo.*
6423 W *betrüglich.*
6424 W *Creditorn Verkürtzung.*
6425 W *und also.*
6426 Bei M verbessert aus *verteilet.*
6427 W *verhandelt.*
6428 W *Creditorn.*
6429 W *haben sich dawider nichts.*
6430 W *Handelung.*
6431 W *Creditorn.*
6432 W *Creditorn.*
6433 W *nachgelassen.*
6434 W *dem.*
6435 W *nachgelassen.*

[fol. 257v] schiehet eß aber auß Noth, weill der Mehrertheill der *Creditoren*, der[6436] übrigen zu der *Remission* gemüßiget, also folgen müßen, bleibet deshalben[6437] wieder die Bürgen die Zusprache, wann deroselben[6438] man sich nicht austrücklich begeben, ohnbenommen.

14. So lange der *Concursus* weret unndt der *Priorität* halber kein Vorgleich[6439] oder Abspruch erfolget, sollen die Güeter zu gemeinen der *Creditoren*[6440] Nutzen verwaltet, waß eingesamblet, dazu niedergeleget unnd mag von denen ohne gemeine Vorwilligung[6441] jemandt nichts abgefolget oder zugetheilet werden, eß erschiene dann daß iemand einen ohngezweiffelten Vorzug hette, zugleich dürfftig unndt zur[6442] Unterhalt eß benöhtiget were. Waß aber auß den Güetern an Steuren und Pflichten, Pächten[6443], *Recognitionen*, Kirchen-, Priester-, unndt Küstergebürnißen unndt anderer *Onerum realium* halber gebühret, wirdt durch den *Concurs* nicht auffgehalten, sondern muß jährlich, auch solange [fol. 258r] solcher[6444] weret, abgestatet werden.

15. Hat jemand ein Pfandtguet in[6445] Besitz unndt Genieß, dürfft er, wann er selbst nicht will, sich in *Concursum* nicht begeben, noch ob die *Creditores ad liquandum*[6446] bey Vorlust ihre[6447] Foderungen *citir*et unndt darauff *via petendi* denn nicht erscheinende[6448] *praecludir*et, sich weiter nicht einlaßen, denn daß er sein Recht *salvo iure* zur Wißenschafft[6449] bringe, mag auch bey wehrenden *Concursu* die *Adjudication*, jedoch wann darüber die andern *Creditores* vormittelß[6450] ihrer oder deß *Curatoris bonorum Citation* vornommen[6451] unndt kein beßers[6452] Recht wieder ihn[6453] vorbringen, erhalten. Vormeinten[6454] aber diese einen Vorzueg dar-

6436 W *Creditorn die.*
6437 W *derohalben.*
6438 W *derselben.*
6439 W *Vergleich.*
6440 W *Creditorn.*
6441 W *Verwilligung.*
6442 W *zum.*
6443 Fehlt bei W.
6444 W *der Concurs.*
6445 W *zum zum (!).*
6446 W *liquidandum.*
6447 W *Verlust ihrer.*
6448 W *erscheinenden.*
6449 W *Verlassenschafft.*
6450 W *vermittelst.*
6451 W *vernommen.*
6452 W *besseres.*
6453 W *ihm.*
6454 W *vermeinten.*

an zu haben, sein sie damit zu hören, gebühret[6455] aber, solches ordentlich wieder den Besitzer auszuführen.

Titulus VI.
Von der Cessione bonorum.

1. Wem[6456] zuträglicher bedaucht[6457], sich deß *Beneficii cessionis bonorum* zu gebrauchen, soll dazu vorstatet[6458] werden, wann nicht offenbahr oder durch die *Creditoren*[6459] beybringlich, daß durch Verschwenden, übells[6460] Haußhalten, ubermeßige[6461] [fol. 258v] Pracht, ohnerbahreß Leben unndt Wandell, betriegliche[6462] oder sonst in[6463] Recht vorbottene[6464] straffbahre Wege er zu der Armuth gelanget[6465], alßdenn er damit nicht befreyet sein, sondern nach deß Landes *Constitution*, wieder die boßhaffte Schuldener auffgerichtet, vorfahren[6466] werden.

2. Wer sich der *Cession* gebrauchen will, soll zufoderst die Ursache seines Unvormögenß[6467] unndt wordurch er die *Creditores* zu bezahlen ohnbemittelt geworden, vor dem Gericht für unndt zugleich Vorzeichnuß seinen *Creditor*en[6468] wie auch aller seiner Haabe[6469] unndt Güeter, ohne einig[6470] Unterscheid unndt Nachlaß richtige[6471] *Designation* einbringen, *Citation* an[6472] jene *extrahir*en, unndt wann dießelbe erscheinen unndt wieder die *Cession* nichts einzuwenden haben oder daß Einwenden ohnerheblich[6473] erkandt, alßdann denn[6474] in der Hoffgerichtsordnung enthaltenen *Cessions*eydt abschweren, darauff mittelß beregter *Designation*

6455 W *es gebühret ihnen.*

6456 W *§ 1*; dann am Rand: *De bonorum Cessionibus*; bei M ohne Artikelangabe.

6457 W *daucht.*

6458 W *verstattet.*

6459 W *Creditorn.*

6460 W *übles.*

6461 W *übermässigen.*

6462 W *durch betriegliche.*

6463 W *im.*

6464 W *verbothene.*

6465 W *erlanget.*

6466 W *verfahren.*

6467 W *Unvermögens.*

6468 W *Verzeichniss seiner Creditorn.*

6469 W *Haab.*

6470 W *einigen.*

6471 W *richtiger.*

6472 W *auf.*

6473 W *unerheblich.*

6474 W *den.*

alle seine Güeter gerichtlich abtreten, die[6475] *Disposition* daruber[6476] den *Creditoren*[6477] laßen, sich auch ferner [fol. 259r] nichts weiter, dann mit dero[6478] Zulaß undt Willen geschiehet, anmaßen.

3. Sobaldt der Schuldman sich zur *Cession* erbeut, sein aller *Creditoren*[6479] *iura* biß zur Erkandtnüß[6480] der *Prioritat*[6481] halber gleich. Daferne aber einige für der *Cession* unndt erregten *Concursu* den Besitz unndt Genieß der Güeter oder eineß Theilß erlanget, bleiben sie biß zur[6482] Austrag der Sachen dabey auff daß Recht, so sie erhalten. Sonst aber sollen ferner darin keine *Immissiones* oder *Executiones* geschehen, sondern auff Verneinung der *Creditoren*[6483] oder bey[6484] entstehenden dero Vorgleich[6485] durch richterliche Vorordnung[6486] ein *Curator bonorum* darin gesetzet, voreydtet[6487] genommen, durch denselben[6488] die Güeter auff Maaße unndt Weiße, wie ihm von den sambtlichen *Creditoren*[6489] oder dem Gericht *Instruction* gegeben wirdt, vorwaltet[6490], jährlich, so lange der *Concurs* wehret, richtige Rechnung inß Gericht gebracht, den *Creditoren*[6491] *communiciret*, für dero *Deputirten*[6492] abgeleget, davon die Kosten, so auff die Haußhaltung, [fol. 259v] Belohnung deß Gesindes unndt *Process* gehen, genommen, daß Übrige inß Gericht *deponiret*, auch keine Verenderung hierin[6493] ohn *Consens* der *Creditoren*[6494] vorgenommen werden.

4. Nach der *Cession* mag die Frau an Orthen unndt in Fällen, wann nicht unter den Eheleuten die[6495] *Communio bonorum* in Übung oder auch, wann nicht

---

6475 W *oder die.*
6476 W *darüber.*
6477 W *Creditorn.*
6478 W *derer.*
6479 W *Creditorn.*
6480 W *Erkäntniss.*
6481 W *Priorität.*
6482 W *zum.*
6483 W *Vereinigung der Creditorn.*
6484 W *bey nicht.*
6485 W *Vergleich.*
6486 W *Verordnung.*
6487 W *in Eyd.*
6488 W *demselben.*
6489 W *sämmtlichen Creditorn.*
6490 W *verwaltet.*
6491 W *Creditorn.*
6492 W *Deputirenden.*
6493 Fehlt bei W.
6494 W *Creditorn.*
6495 Fehlt bei W.

offenbahr oder auch erwiesen würde, daß sie ihres Ehemannes Ümbschlage vorrichtet[6496], durch[6497] ihre Üppicheit[6498], Pracht, unndt übelß Vorhaltens[6499] des Mannes Ohnvormögenß[6500] Ursache ist, Krafft zustehenden *Juris retentionis* in deß Beschuldeten Güetern pleiben, biß ihr dero eingebrachte Brautschatz, gleichwoll wann zufoderst beweißlich, daß derselbe *realiter* eingekommen, bezahlet oder sonsten vorgnüget[6501], soll aber außer der bloßen Wohnung, Auffsicht zu Erhaltung deß Ihrigen unndt jährlichen Zinse[6502] von demselben Brautschatz nichts daran haben oder auch der *Administration* sich anmaßen, noch den *Curatorem* darin behindern. Soviell aber ihre *Paraphernali*en unndt andern[6503] Foderungen, die sie [fol. 260r] zu ihren[6504] Manne unndt deßen Gütern zu haben vormeinet[6505], angehet, keineß *Juris retentionis* sich anmaßen.

5. Solang die Frau in den Güetern pleibet, mag der Mann unndt seine Kinder bey derselben sich auffhalten, unndt der Wohnung so ihr eingereümet, genießen, soll sich aber der *Administration*, Abnützung[6506], Anordnung, auch Behinderung deß *Curatoris* unndt aller Eingriffe gäntzlich enthalten bey Straff der *Ejection* auß den Güetern.

6. Wer *Bonis cedir*et, mag von den Güetern nichts behalten oder mit wegnehmen, eß würde ihm dann von den *Creditoren*[6507] auß Mitleiden etwaß gelaßen unndt nachgegeben außer der nohtwendigen Kleidung, ein mittelmeßiges Bette mit zugehörigen Gewandt unndt daß Leinen, so er in taglichen[6508] Gebrauch gehabt, dazu ihm nöhtige Abfuhr an einen nicht zu weit belegenen[6509] Orth gegeben werden[6510]. Were er auch ein Handtwercksmann, pleiben ihm sein nothürfftiges Werckzeug nach Gestaldt der Persohnen unndt Handwercks.

7. Deß Schuldeners Kindere[6511] haben nach ihrer Mutter Tode deß Rechtens, so die Mutter wegen ihres eingebrachten Ehegeldes gehabt, sich zu gebrauchen,

---

6496 W *Ehemannes Anschläge befödert.*
6497 W *und durch.*
6498 W *Ueppigkeit.*
6499 W *übles Verhalten.*
6500 W *Ohnvermögens.*
6501 W *vergnüget.*
6502 W *Zinsen.*
6503 W *andere.*
6504 W *ihrem.*
6505 W *vermeinet.*
6506 W *Abnutzung.*
6507 W *Creditorn.*
6508 W *täglichen.*
6509 W *belegnen.*
6510 W *werden soll.*
6511 W *Kinder.*

[fol. 260v] mögen demnach biß[6512] zu Abführung des Ehegeldes in den Güetern bleiben, haben aber außer den Zinsen davon sonst zu ihren *Aliment*en, ehe die *Creditores* abgefunden, darauß mit Recht nichts zu fodern, sondern müßen sich an dem, waß sie an Kleidern zur Zeit der *Cession* haben, begnügen laßen.

8. Sobaldt der Schuldtman *Bonis cedir*et, obgleich unter den *Creditoren*[6513] der *Punctus prioritatis* vorentschieden, mögen die *Creditores* darauff bedacht sein, daß deßen Güeter zu ihren Nutzen verkauffet werden, unndt wann sich ein Kauffer[6514] auffgibt unndt ein zimbliches Kauffgeld bietet, sollen sie demselben zugeschlagen unndt daß Kauffgeld zu ihrer Befriedung[6515], biß die Ordnung unter ihnen gesetzet oder sie sich doch darüber vorglichen[6516], bey dem Käuffer, wann er gnugsahme Vorsicherung[6517] thun kan unndt will, iegen[6518] den jährlichen Zinß gelaßen, sonst aber an sichern[6519] Orth *deponi*ret werden. Insonderheit derogleichen Güeter, so zu Vorderben[6520] stehen oder auch mit Beschwer der Gläubiger müßen erhalten werden, soll der *Curator* teurest[6521], er mag zeitig außzubringen, bemühet sein. [fol. 261r]

9. Wann ein[6522] vom Adell *Bonis* zu *cediren* sich erklehret, mögen deßen Negste[6523] oder, wann die nicht wollen, die andern Vettern in den[6524] ersten oder andern *Termino* wann die *Creditricis*[6525] gefodert zu treten unndt sich erbieten, deßen Lehenguet[6526] für einen zimblichen *Taxt*, wie sie entweder sich darüber zu voreinigen[6527] haben oder durch unparteische *Commissarios*[6528] auffgerichtet anzunehmen, unndt die *Creditores* allererst nach der *Priori*tatordnung[6529] zu befriedigen[6530].

6512 Fehlt bei W.
6513 W *Creditorn.*
6514 W *Käuffer.*
6515 W *Befriedigung.*
6516 W *verglichen.*
6517 W *Versicherung.*
6518 W *gegen.*
6519 W *sichere.*
6520 W *Verderben.*
6521 W *teuerst.*
6522 W *einer.*
6523 W *nechste.*
6524 W *dem.*
6525 W *Creditoris.*
6526 W *Lehn-Guth.*
6527 W *vereinigen.*
6528 W *unpartheyische Commissarien.*
6529 W *Priorität-Ordnung.*
6530 W *befriedigen schuldig seyn.*

So soll alßdann demselben, wann[6531] er deßen gnugsahme Vorsicherung[6532] thun wirdt, daß Lehenguet[6533] so *sub Concursu* hanget, abgetreten unndt alß sein erkaufftes Guett zugeschlagen werden. Were aber demselben bey diesen geldtklein[6534] Zeiten nicht möglich, den Kauffsummen[6535] bahr auffzubringen, soll derselbe auff billige *Terminis*[6536] gesetzet, die Voreinigung[6537] zwischen ihm unndt den *Creditoren* vorsuchet[6538], in Entstehung aber durch gerichtliche Vormittlung[6539] darin eine Maaße geben[6540] werden.

Titulus VII.
Von Ordnung unter den Creditoren[6541].

[fol. 261v]

1.[6542] Weill viel Streits unndt Unrichtigkeit auß der Ohngewißheit, in welcher Ordnung die Gläubiger zu bezahlen, entstehet, darüber zu mehrmahlen[6543] bey den *Concurs*en der *Process* auffgehalten worden, ist unter denen eine gewiße Ordnung anzurichten unndt nach solcher die *Adjudicationem* zu veranlaßen diensamb[6544], unndt wie diejenige, welche auß jemandes[6545] Güetern etwaß zu fodern haben, sich in gewiße *Classes* unndt Ordnungen fuglich[6546] abtheilen laßen, so soll nach denen die *Priori*tät unter ihnen eingerichtet unndt gefolget werden, also daß zuerst abzusondern, welche einig Guet[6547] unndt Ding, so in deß Schuldmanß[6548] Güetern vorhanden[6549], für daß Ihrige auff[6550] fort offenbahren Rechts ansprechen mögen.

6531 W *denselben, wenn.*
6532 W *Versicherung.*
6533 W *Lehn-Guth.*
6534 W *Geldklemmenden.*
6535 W *die Kauff-Summe.*
6536 W *Termine.*
6537 W *Vereinigung.*
6538 W *Creditorn versuchet.*
6539 W *Vermittelung.*
6540 W *gegeben.*
6541 W *Creditorn.*
6542 W am Rand: *De prioritate et Classificatione Creditorum.*
6543 W *mehrenmahlen.*
6544 W *veranlassen, diese insgesamt.*
6545 W *Jemands.*
6546 W *füglich.*
6547 W *Güth.*
6548 Bei M mit Verbesserung im Wort.
6549 W *verhanden.*
6550 W *auch.*

Zum andern, so den sämbtlichen *Creditoren* zu Nutze[6551] unndt Guete[6552] etwaß fürgeschoßen. Zum dritten, welche *ex Jure separationis* in gewißen Güetern den Vorzug für des Schuldners *Creditoren*[6553] behaupten mögen. Viertenß[6554] diejenige, so sonderlich mit [fol. 262r] einer erstichet[6555] in gemeinen oder dießes Landes Rechten *privilegiir*et[6556]. Zum fünfften, welche eine *Hypothec* dabey dann zugleich ein *Privilegium* auß gemeinen oder *special* deß Landes Rechten haben. Zum sechsten die, welche nur eine bloße *Hypothec* an deß Schuldtmanß Güetern erlanget. Furß[6557] siebenden die, so ein *personale Privilegium* haben. Endtlich fürß achte die *nudi Chirographarii*.

2. Waß jemand von seinen eigenthumblichen Güeter[6558] unter deß Schuldmanß Vorlaßenschafft[6559] oder Habe findet unndt daß Seinige zu sein erweißlich machet, mag er vor allen *Credito*ren[6560] voraußfodern unndt so der Schuldtman kein Recht gehabt, so den Gläubigern zu Nutzen gereichen mag unndt deßwegen ein *Jus retentionis* zustände[6561], dahero deßwegen eß zu vorenthalten rechtmeßig wehre, ihm deß *Concursus* ohngehindert alsofort abgefolget, wann aber darauff etwaß zu *praetendir*en, doch damit der *Dominus* nicht zum *Concurs* vorwiesen[6562] unndt dadurch auffgehalten, sondern, wann er [fol. 262v] durch absonderliche *Process* solches außfüeren will, dazu vorstatet[6563] unndt entschieden werden.

3. Vorkaufft[6564] einer sein Guett unndt pleibet[6565] ihm ohnbezahlt[6566], so lang[6567] eß dem Käuffer nicht übergeben oder zu seinen Gewehr gelieffert, ist er dazu vor allen an dem[6568] der Negste[6569], also daß er eß behalten unndt darauß sich bezahlet[6570] machen kan. Wann er aber eß einmahl *tradir*et, so hat er vor andern

---

6551 W *Creditorn zu Nutz.*

6552 W *Gute.*

6553 W *Schuldeners Creditorn*; bei M danach gestrichen *Creditoren.*

6554 W *Zum Vierdten.*

6555 W *Prioritaet.*

6556 W *privilegiret.*

6557 W *Zum.*

6558 W *eigenthümlichen Gütern.*

6559 W *Verlassenschafft.*

6560 W *Creditorn.*

6561 W *zustünde.*

6562 W *verwiesen.*

6563 W *verstattet.*

6564 W *Verkauffet.*

6565 W *bleibt.*

6566 W *unbezahlt.*

6567 W *lange.*

6568 W *allen andern.*

6569 W *Nechste.*

6570 W *bezahlt.*

*Creditor*en[6571] keinen solchen Vorzug, er hette dann an dem vorkaufften[6572] Guett auff den[6573] Nichtzahlungsfall bey dem Kauff mittelß[6574] angehengten *Pacti*[6575] ein eigenthumbliches[6576] Recht außtrücklich vorbehalten oder künte[6577] außfundig machen, daß der Käuffer zur Zeit deß getroffenen Kauffs nicht *solvendo* geweßen unndt ihn also zu hintergehen gemeinet oder sonst betrieglich mit ihm gehandelt, wie dann solches auff[6578] kurtz hernach erfolgete[6579] *Cession* unndt *Concurs* abzunehmen unndt zu *statuir*en, alß[6580] daß, wann zwischen den[6581] Kauff unndt dem *Concurs* noch nicht 6 Wochen vorlauffen[6582], daß Guett [fol. 263r] *velut ob fraudulentam emptionem* zurückzunehmen erlaubet sein solle. Ob aber dieser keineß sich begeben, doch der Käuffer mit dem Kauffgelde auff den Verkauffer[6583] allein nicht sehen wollen, sondern bey dem Käuffer[6584] alß für[6585] sich das vorkauffte[6586] Guet zu Vorsicherung[6587] in *specie* einsetzen oder zur *Hypothec* verschreiben laßen. Ob er zwar alßdann daß erkauffte[6588] Guet *Jure dominii* nicht weiter[6589] zurückfodern mag[6590], ist er doch für allen andern *Creditoren*[6591] darauß zur Zahlung[6592] zu vorhelffen[6593].

6571 W *Creditorn.*
6572 W *verkaufften.*
6573 W *dem.*
6574 W *mittelst.*
6575 W *Pacto.*
6576 W *eigenthümliches.*
6577 W *könnte.*
6578 W *aus.*
6579 W *gefolgeter.*
6580 W *also.*
6581 W *dem.*
6582 W *verlauffen.*
6583 W *dem Verkäuffer*; bei M verbessert aus *Kauffer.*
6584 W *Kauff.*
6585 W *vor.*
6586 W *verkauffte.*
6587 W *zur Versicherung.*
6588 W *verkauffte.*
6589 W *wieder.*
6590 W *kann.*
6591 W *Credern (!) Creditorn.*
6592 W *Bezahlung.*
6593 W *verhelffen.*

4. Vorpachtet[6594] oder vor*arrendir*et[6595] jemand sein Guet unndt der *Conductor* oder *Colonus* mag seinen *Creditoren*[6596] nicht zahlen, sondern eß gerieth darüber zum *Concurs*, so[6597] ist der Grundtherr oder welcher eß vorpachtet[6598] oder vormietet[6599] der Negste[6600] zu allen, waß auff daß Guet zu deßen *Cultur* unndt Bearbeitung gebracht, auch darauß an Früchten unndt[6601] Abnützungen[6602], sie sein von dem letzten oder vorigen Jahr gehoben, genommen[6603] unndt mag sich darauß der nachstendigen *Pension*en unndt [fol. 263v] andern auß den[6604] *Contract* herrürenden Foderungen wegen alß auß dem Seinigen bestermaßen für allen andern *Creditor*en[6605] bezahlet machen unndt ist deshalber[6606] sich in den *Concursum* zu geben nicht allein deßen, so davon außer diesen[6607] Fall dem Pachtman oder *Arrendario* zugekommen *Designation* unndt seiner Schuldt *Liquidation* einzubringen schuldig, damit ander[6608] *Creditores* ersehen, ob ihnen nicht auff[6609] der Übermaße, so ihnen fürbehalten pleibet, etwaß zukomme. Auff andere *invecta et*[6610] *illata* , so dem *Conductori*[6611] vorpfendet[6612], muß er seinem[6613] Zuspruch bey dem *Concurs* fürbringen unndt der *Prior*ität erwarten, er habe sich dann auff den[6614] Nichthaltungsfall dero *Dominium* unndt *Possession mediante constituto possessorio* anweisen laßen auff den[6615] Fall, er deß Rechten[6616], so andere *Domini* sich[6617] zu gebrauchen, hette.

6594 W *Verpachtet.*
6595 W *verarrendiret.*
6596 W *Creditorn.*
6597 Bei M Verbesserung im Wort.
6598 W *verpachtet.*
6599 W *vermiethet.*
6600 W *Nechste.*
6601 *Gebracht, auch … unndt* fehlt bei W.
6602 W *Geabnutzungen.*
6603 W *oder genommen.*
6604 W *dem.*
6605 W *Creditorn.*
6606 W *derhalben.*
6607 W *diesem.*
6608 W *andern.*
6609 W *aus.*
6610 W *&.*
6611 W *Locatori.*
6612 W *verpfändet.*
6613 W *seinen.*
6614 W *dem.*
6615 W *dem.*
6616 W *das Recht.*
6617 Fehlt bei W.

5. Hat einer, so in Schulden [fol. 264r] vortieffet[6618], Guet bey sich, so er mit Schulden nicht beschweren mag, sondern nach seinem Todt *ex fideicommisso*, *pactis familiaribus*, *lege* oder sonst auff seine Erben, Nachkommen oder Andere frey unndt ohnbeläßiget[6619] zu bringen schuldig ist, mag er der *Cession* ohngeachtet deßen zeitlebenß genießen oder auch die *Creditores* den Abnutz zu sich nehmen, aber daß Guet für sich selbst kan in den *Concursum* nicht gezogen werden, sondern folget diejenige. Haben die *Creditoren*[6620] oder sonst jemandt darauff Zusprechen, die folgen denselben mit ihren[6621] Zuspruch.

6. Zum andern ist zufoderst, waß den[6622] *Corpori bonorum et*[6623] *Creditorum* wegen deßen, so ihnen zum gemeinen Nutz oder Beschwer[6624] anzuwenden gebüeret, zu Güete[6625] angewand, vorschoßen[6626] oder vordienet[6627], auß den gemeinen Güetern für allen ohne Ansehung eineß Unterpfandes oder *Privilegii* dem Anleyher vorauß zuzutheilen[6628] alß nemblich (1) waß zur Einricht- unndt Erhaltung der Güeter von dem *Curatore bonorum* auffgenommen oder fürgestrecket, (2) deßelben Lohn, (3) [fol. 264v] deß gemeinen *Advocati* oder Anwaldeß, so zu Befoderung deß *Concursprocessus* bestelt[6629], *Salarium*, (4) die gemeinen *Process*kosten unndt Gerichts*sportul*en[6630], (5) wann die *Acta* umb Urtell verschicket, waß[6631] darauff gangen.

7. Nachdeme von den Güetern deß Schuldtmanß, waß Andern zugehöret, abgefolget unndt der *Creditor*en Gemeinschuldt[6632] bezahlet, mögen zum dritten die *Creditoren*[6633], welche auß den Güetern zu fodern gehabt, ehe dieselben[6634] an den Schuldener gekommen, wann sie sich mit den andern deßen *Creditoren*[6635]

6618 W *vertiefft.*
6619 W *ohnbelästiget.*
6620 W *Creditorn.*
6621 W *ihrem.*
6622 W *dem.*
6623 W *&.*
6624 W *Nutzen, oder Beschwehrde.*
6625 W *gute.*
6626 W *vorgeschossen.*
6627 W *verdienet.*
6628 W *voraus zu leyhen.*
6629 W *bestellet.*
6630 W *Gerichts-Sportuln.*
6631 W *das.*
6632 W *Creditorn gemeine Schuld.*
6633 W *Creditorn.*
6634 W *dieselbe.*
6635 W *Creditorn.*

nicht vermischen laßen oder in *Concursum* begeben wollen, sich von diesen absondern, deßwegen anmelden, die *Separation* der Güeter bey dem *Concurs* suchen, auch ihre Foderung fürauß[6636] auff die Güeter richten, darauff sie den für deß Schuldeners eigenen *Creditoren*[6637], soweit sich solche Güeter[6638] erstrecken, absonderlich sollen vorwiesen[6639] unndt den Vorzug für diesen[6640], ob sie gleich nur bloße *Chirographarii*, die andern aber *Privilegiati* weren, haben.

8. Hat jemandt von seinen Eltern oder andern Vorwandten[6641] Güeter ererbet oder sie sein durch *testa-*[fol. 265r] mentliche Verordnung auff ihn[6642] kommen, darauff aber Schulde hafften, haben an den Güetern unndt deren Abnutz oder, wenn[6643] sie vortauschet[6644] oder verkaufft, an den Werth unndt iegen Empfang[6645] deß Verstorbenen Gläubiger vor deßen Erben *Creditoren*[6646] den Vorzug, ohngeachtet, ob sie nach Erfoderung der gemeinen Rechte *intra quinquennium separationem bonorum* nicht gebeten oder auch diese letzte einige *Hypothec* daran erhalten, oder sonst *privilegiir*et[6647] worden. Immaßen dann nach deß Landes *Constitution ipso jure* daß *Beneficium separationis* ihnen zustehet. Solchen nach[6648] bey dem *Concursu* unndt Entscheidung der *Priorit*ät der Gläubiger die[6649] Absonderung geschehen unndt erst besagten daß Ihrige auß den väterlichen oder andern geerbten Güetern vorauß nach ihrer Ordnung, so auch absonderlich nach vorberegten *Classe* unter ihm[6650] zu machen zugetheilet werden soll, eß hetten dann die *Creditores novir*et unnd durch neue Vorschreibungen[6651] sich von den Erben alß Schuldenere vorsichern[6652] laßen, welche andern seinen *Creditoren*[6653] gleich gehalten würden. [fol. 265v]

6636 W *Foderung voraus.*
6637 W *Creditorn.*
6638 Fehlt bei W.
6639 W *verwiesen.*
6640 W *diesem.*
6641 W *Verwandten.*
6642 W *ihm*; bei M verbessert aus *ihm.*
6643 W *wann.*
6644 W *vertauschet.*
6645 W *Gegen-Empfang.*
6646 W *Creditorn.*
6647 W *privilegirt.*
6648 W *Solchemnach*; bei M verbessert aus Solchen *auch.*
6649 Fehlt bei W.
6650 W *ihnen.*
6651 W *Verschreibungen.*
6652 W *Schuldenern versichern.*
6653 W *Creditorn.*

9. Wann ein Guet oder Ding an den Schuldener gekommen, welches zuvorn Andern vorpfändet[6654], oder sie hetten darauff sonst eine rechtmeßige Foderung, sollen, die solches beweisen können, vor allen andern deß *Acquirent*en Glaubiger[6655] nicht allein den Vorzug[6656] unndt Andere daran kein Recht[6657] *nisi detractaere*[6658] *alieno*, so darauff für der[6659] *Acquisition* gehafftet unndt darauß abzustatten[6660], erlangen, sondern auch deß *Concursus* ohngehindert solches Guett entweder sofort vorkaufft[6661] unndt die Schuldt dem *Creditori* bezahlet[6662] oder ihm *insolutum* zugeschlagen werden, deß[6663] Endes deß *Concursus* dieselbe abzuwarten nicht schuldig sein.

10. Nach diesen folgen viertens die Schulde, so absonderlich mit einen[6664] Fürzugsrecht für allen andern *privilegiir*et[6665] seyn, alß da ist einmahl, waß zu *Cur* unndt Pflege deß Schuldenerß in der Kranckheit, darin er gestorben, auch hernach zu deßelben (nicht aber seines Weibeß, Kinder unndt andern Haußgenoßen) Begrabnüß[6666] unndt dazu nöthigen der Witwen unndt unberathenen Kindern [fol. 266r] Traurkleider[6667] von andern vorschoßen[6668], iedoch, wann eß nicht übermeßig, wie dann nach eineß jeden Stand unndt *Condition* solches soll ermeßen unndt waß überflüßig angewand nicht mit den Vorzug haben, sondern allen Schulden nachgesetzet, die eß aber vorgeschoßen, wo sie eß hernach nicht erlangen mögen, von denen, so eß auffgenommen, wiederzufodern befuget sein. Zum andern[6669], waß an Dienst- unndt Arbeitslohn, den Dienstbotten, so in iemandes[6670] Brott gewesen oder umb gewiß[6671] Tagelohn gearbeitet, nachstehet„ unndt, mag eß[6672] sonst nicht erweißlich, mittelß[6673] Eydes erhalten werden. Darunter aber die Handt-

6654 W *verpfändet.*
6655 W *Gläubigern.*
6656 W *das Vorrecht.*
6657 W *unndt Andere ... Recht* fehlt bei W.
6658 W *detracto aere.*
6659 W *die.*
6660 W *abzutreten.*
6661 W *verkaufft.*
6662 W *bezahlt.*
6663 W *und des.*
6664 W *einem.*
6665 W *privilegirt.*
6666 W *Begräbnissen.*
6667 W *Kinder Trauer-Kleider.*
6668 W *vorgeschossen.*
6669 W *seyn. 2.).*
6670 W *jemands.*
6671 W *gewisse.*
6672 W *so es.*
6673 W *mittelst.*

wercker, so vor gewißes Geld etwaß vorfertigen[6674], nicht gemeinet, denen kein solcher Vorzug gegeben ist. Drittens[6675] Schoß, Steuren, *Accis*en, Zulagen unndt ander *Contribution*en, sie haben Nahmen, wie sie wollen, welche in den Landt oder Städten Lasten[6676] zu entrichten, oder sonst wegen deß gemeinen Besten auff dem Lande oder in Städten abzutragen. Zum vierdten[6677] Geld unndt Korn, Pachte[6678], Zehenden unnd ander dergleichen jährliche Hebungen, welche [fol. 266v] alß *Onera realia* auff Güetern[6679] hafften, imgleichen[6680] die iährliche[6681] Renten, so auffm Guete[6682] erkaufft. Fünfftenß[6683], waß den Kirchen[6684], Hospitalien und *piis locis* wegen dero[6685] Anleyhen unndt sonsten imgleichen[6686] Predigern, Kustern[6687] unndt[6688] Schuldienern wegen ihrer Dienste gebüeret. Zum sechsten[6689] die Erbgelder, welche Brudern[6690], Schwestern oder andern Miterben auß den geerbten Güetern zu ihren[6691] Erbtheill gebüeret, von ihren Miterben, eß sey auff gewiße Zeiten unndt *Termine*[6692] oder inßgemein ohne oder mit Zinße vorsprochen[6693], solange sie in solcher *Quali*tat[6694] gebühren unndt in keinen[6695] andern *Titul* vorwandt[6696], deßgleichen waß Kindern von ihren Eltern oder auff[6697] dero Guetern zu ihren[6698] Erbtheill außgesprochen unndt[6699] gebühret.

6674 W *verfertigen.*
6675 W *3.).*
6676 W *Kasten.*
6677 W *abzutragen. 4.).*
6678 W *Pacht.*
6679 W *Güter.*
6680 W *ingleichen.*
6681 W *jahrliche.*
6682 W *Guth.*
6683 W *erkaufft. 5.).*
6684 W *Kirchen, und.*
6685 W *derer.*
6686 W *ingleichen.*
6687 W *und Küstern.*
6688 Fehlt bei W.
6689 W *gebühret. 6.).*
6690 W *Brüdern*; bei M verbessert, möglicherweise aus *Bruders.*
6691 W *ihrem.*
6692 W *Terminen.*
6693 W *versprochen.*
6694 W *Qualität.*
6695 W *keinem.*
6696 W *verwandt.*
6697 W *aus.*
6698 W *ihrem.*
6699 Fehlt bei W.

11. Zu der fünfften *Classe* derjenigen, welche eine *Hypothec* auß dem Recht oder Geding haben, daneben aber ein *Privilegium*, krafft deßen sie andern schlechten, obgleich Eltern, *Hypothecariis* fürgehen sollen, gehören zuerst die Ehefrauenß[6700], unndt nach ihnen ihre Kinder mit den würcklich [fol. 267r] zugebrachten, also gnug[6701] erweißlichen Ehegelde, nicht aber mit den *Paraphernal*ien unndt andern, so den Mann angeliehen[6702] oder sonst übergebenen Geldern oder Güetern, deren jene nur *tacitam hypothecam* haben unndt dero Ordnung genießen, diese[6703] gleich andern *Creditis* nach Gestalt der gegebenen Vorsicherung[6704], wann sonst die Anleihe oder Fürstreckung außer deß Manneß bloßen Handschrifft erweißlich ist, genießen, iedoch[6705] von diesen[6706] Vorzugsrecht außbescheiden[6707], wann die Frau durch ihre Vorschwendung[6708], übells Haushalten unndt Üppicheit[6709] zu des Mannes Armuht undt Schuldenlast Ursache[6710] gegeben oder auch zur[6711] Zeit getroffener Heurath[6712] woll gewust, daß er in Schulden vortieffet, nichtsdestoweiniger[6713] ihm die Ehegelder gezahlet unndt nicht beschaffet, die[6714] damit *privilegir*te Schuld abgetragen oder die Güeter ansehnlich vorbeßert[6715], viellmehr auch, wann vor der Heurath[6716] der Mann bereits einen *concursum creditoris*[6717] erreget. Zum andern der *Fiscus* doch außerhalb deßen wann er nun[6718] bloß in *Jura*[6719] *privatorum* (der Recht[6720] er sich dann[6721] allein zu gebrauchen [fol. 267v]

6700 W *Ehefrauen.*
6701 W *genug.*
6702 W *Mann an gleichen.*
6703 W *die sie.*
6704 W *Versicherung.*
6705 Bei M verbessert aus *Jedoch.*
6706 W *diesem.*
6707 W *ausbeschieden.*
6708 W *Verschwendung.*
6709 W *Ueppigkeit.*
6710 W *Ursach.*
6711 W *zu.*
6712 W *Heyrath.*
6713 W *vertieffet, nicht destoweniger.*
6714 W *dass.*
6715 W *gebessert.*
6716 W *Heyrath.*
6717 W *Creditorum.*
6718 W *nur.*
6719 W *Jurae.*
6720 W *Rechte.*
6721 Fehlt bei W.

hat) *succedir*et unndt waß an Poenfällen[6722] oder Straffgeldern[6723] demselben zukombt. Vors dritte, waß zu Erhalt-, Einricht-[6724] unndt Verbeßerung einiger Güeter wie auch zu Abführung der *Contribution*en oder andern *Onerum publicorum* angeliehen, auch vorwant[6725] zu sein glaublich gemachet, iedoch nicht an andern dann wie[6726] an demselben *conservir*ten oder vorbeßerten[6727] Guete. Zum vierdten[6728], waß zu Erkauffung eineß Guetes[6729] oder Rechten angeliehen[6730], auch dazu vorwand[6731], ist an demselben Guete, so erkaufft, wann eß zugleich von dem Käuffer zur *Hypothec* eingesetzet. Vors fünffte die, welchen eine *publica Hypotheca constituir*et, alß wann dieselbe entweder mit fürstlichem[6732] *Consens* in den Lehen[6733] oder in[6734] andern Guetern mit fürstlicher *Confirmation* oder auch vor offentlichen[6735] Gerichte durch darüber erfolgetes[6736] *Decretum* oder vor unndt in den Stadtbüchern oder sonst *apud acta publica* oder vor einem *Notario* unndt dreyen Zeugen vermittels[6737] darüber auffgerichteten offenbahren *Instrumenti* eingesetzet oder vorschrieben[6738], [fol. 268r] nicht aber, wann außer einer *Hypothec* über *Contract* unndt Vorschreibung[6739] bloße *Confirmatio*[6740] oder gerichtliches *Decretum* ertheilet, oder auch für Gericht *contrahir*et were.

12. In der sechsten Ordnung folgen diejenige, welchen ein Unterpfand oder[6741] *Hypothec* eingesetzet, ohne Unterscheid, eß sey ein stillschweigendes Pfandt, *tacita Hypotheca* genandt, oder *expressè constituir*et, entweder durch deß Schuldtmanß Vorschreibung[6742] oder richterlicher[6743] *Immission* undt Erkändtnißen. Hette derer

---

6722 W *poen fallen.*
6723 W *Straffe-Geldern.*
6724 Fehlt bei W.
6725 W *verwandt.*
6726 W *nur.*
6727 W *verbesserten.*
6728 W *Gute; 4.).*
6729 W *Guths.*
6730 W *eingeliehen.*
6731 W *verwandt.*
6732 W *Fürstlichen.*
6733 W *dem Lehn.*
6734 Fehlt bei W.
6735 W *von öffentlichen.*
6736 W *erfolgtes.*
6737 W *vermittelst.*
6738 W *verschrieben.*
6739 W *Verschreibung.*
6740 W *Confirmation.*
6741 W *und.*
6742 W *Verschreibung.*
6743 W *rechtlicher.*

Unterpfandt einen gleichen Anfang auff eine Zeit, so weren sie *pro rata* auß dem Unterpfandt zu bezahlen. Sonst aber gildt zwischen ihnen die Regull *qui prior tempore potior jure* unndt gehen die elterer[6744] *Hypothecarii*[6745] denen jüngern in ihren *Hypothecen* vor, obgleich die jüngere zuerst zu dem Besitz deß Unterpfandes durch Abtretung[6746] deß Schuldtmanß oder ihrer Einklage unndt richterliche Einweisung erlanget, sogar daß sie sich[6747] auch deß *Beneficii excussionis* nicht zu bedienen, noch die [fol. 268v] andern *Creditoren*[6748] zu andern Güetern zuerst darauß die Zahlung zu suchen zuvorweisen[6749].

13. Ist iemandt von deß Schuldtmanß Güetern etwaß *specialiter* vorpfändet[6750], daneben ein *generalis hypotheca* aller Güeter *constituir*et, mag er auß andern Güetern seine Bezahlung[6751] nicht ehe suchen noch einen Vorzug in *Concursus*[6752] *praetendir*en, eß sey dann daß[6753] *Special*unterpfandt zuvor *excutiir*et[6754] oder werde[6755] darauß, daß Seinige zu erhalten, der *Creditor* behindert. Wer aber allein eine[6756] *generalem Hypothecam*, mag[6757] wehlen, zu welchen Güetern er will unndt hat darin für denen *Creditor*en[6758], welche *Posteriorem specialem* in einigen Güetern haben, den Vorzug, ob er gleich auß andern Güetern möchte[6759] befriediget werden, eß geschehe dann bloß auß Wiederwillen, zum Vordruß[6760] undt gefährlichen Beschwerden[6761] deß *Creditoris*, demselben[6762] umb daß Seinige zu bringen.

14. Wann jemand seine Güeter inßgemein einem *Creditori* vor- [fol. 269r] *hypothecir*et[6763] unndt hernach einen[6764] Andern etwaß davon *cum speciali Hypotheca*

6744 W *ältern.*
6745 Bei M mit Verbesserung im Wort.
6746 W *Abtragung.*
6747 Fehlt bei W.
6748 W *Creditorn.*
6749 W *suchen, zu verweisen haben.*
6750 W *verpfändet.*
6751 W *Zahlung.*
6752 W *concursu.*
6753 W *dass das.*
6754 W *excutiret.*
6755 W *oder es würde.*
6756 W *ein.*
6757 W *hat, mag.*
6758 W *Creditorn.*
6759 W *mögte.*
6760 W *Verdruss.*
6761 W *gefährlicher Beschwerde.*
6762 W *denselben.*
6763 W *verhypoteciret.*
6764 W *einem.*

vorschreibet, solang[6765] dieses bey dem Schuldener vorpleibet[6766], ist in deß Glaubigers[6767] Belieben, ob er, waß einem Andern vorschrieben[6768], alß sein Unterpfandt verfolgen wolle, wann aber daßelbe der letzte Gläubiger im Besitz hat, eß sey ihnen vorkauffet[6769], in Bezahlung zugeschlagen oder nur vorpfändet[6770], kan der Gläubiger *ex generali pignore* dazu nicht gelangen. Wann aber der erste daran[6771] eine *Specialhypothec* erhalten, wofür auch zu achten, wann alle Güeter zugleich *in genere* unndt *specie* oder, daß es eben soviell, alß wan *in specie* ein jedes vor*hypotheciret*[6772] sein soll, vorschrieben[6773], hatt allezeit ohne Unterscheidt, eß habe der letzte *Creditor* den *Possess*[6774] oder nicht, der erste den Vorzug unndt mag von den[6775] letztenwaß er in[6776] Besitz hat, abfodern, eß bezahle dann derselbe oder möge darthun, daß auß ubrigen[6777] deß Schuldenerß Guetern der erste ebenso leicht unndt geschwinde ohne sonderbahre Weitlauffigkeit[6778] könne befriediget [fol. 269v] werden, daß auff ihn unndt deß[6779] in Händen habende Pfandt zuzugreiffen nicht so groß vonnöthen sey.

15. Furß siebende[6780] haben ein *personale Privilegium*, (1) welche jemandt zu seinen nothürfftigen *Aliement*en Vorschub thun, (2) Diener alß *Factoren*, Vorwalter, Schreibere[6781], so nicht in iemandes[6782] Brot sein, sondern nur umb jährlichen Soldt dienen, (3) die *Advocati, Procuratores, Notarii* wegen ihrer *Salari*en unndt Vorschußes bey Bedienung der gerichtlichen Sachen, (4) die *Medici*, *Apoteker*[6783], *Chirurgi*, so in Kranckheiten den[6784] Schuldener auffgewartet unndt fürgestrecket, (5)

6765 W *verschreibet, so lange.*
6766 W *verbleibet.*
6767 W *Gläubigers.*
6768 W *verschrieben.*
6769 W *sey ihm verkaufft.*
6770 W *verpfändet.*
6771 Fehlt bei W.
6772 W *verhypotheciret.*
6773 W *verschrieben.*
6774 W *Process.*
6775 W *dem.*
6776 W *im.*
6777 W *übrigen.*
6778 W *Weitläufftigkeit.*
6779 W *das.*
6780 W *Furß siebende* fehlt bei W.
6781 W *Factorn, Verwalters, Schreibers.*
6782 W *jemands.*
6783 W *Apothecker.*
6784 W *dem.*

Handtwercksleute wegen ihres vordienten Arbeitslohn[6785], (6) welche für ihre[6786] durch untreue Hand vorrücktes[6787] Guet, welches *per Depositum commodatum* oder *commendatum*[6788] Andern anvertrauet, Erstatung fodern, (7) die, so jemand zu Erkauffung eineß Hauses, Acker[6789] oder ander[6790] Güeter, imgleichen[6791] (8) so zu Abfindung einiger *privilegiirt*en *Creditoren*[6792] Geldt, dem Schuldener angeliehen, [fol. 270r] (9) die Käuffer wegen deß ohnbezahlten Kauffgeldes, wann sie sich deßwegen kein Unterpfand setzen laßen, (10) die, so Geldt ohne Zinsen, Genieß oder Gewinst jemand in seinen Nöthen fürgestrecket[6793] haben, (11) waß *ad pias causas* undt[6794] milten Sachen außer dem, so Vorberegten nach nicht *privilegiir*et ist, gehöret, (12) waß[6795] zu Fortsetzung der *Studi*en einem *Studioso* oder einem, der im Krieg sich[6796] begibt, zu seiner *Montir*ung wie auch jungen Leuten zu Erlernung eineß Handtwercks angeliehen, welche doch einer für den andern kein[6797] Vorzug haben, sondern alle zugleich unndt, wann die Güeter nicht zureichen, *pro rata* in dieser *Classe* bezahlet werden.

16. Zuletzt, waß an den Güetern ubrig[6798], wirdt unter den bloßen *Chirographari*en, darunter mitgehören, welche auch keine Handtschrifften haben, sondern auff[6799] andern Beweiß auß[6800] Büchern, *Confession*en oder sonst zu fodern haben, *pro rata* vortheilet[6801].

17. Wann unter den Gläubigern einer dem andern, welcher den Vorzug [fol. 270v] an deß Schuldeners Güetern hat, daß Seinige bezahlet, trit er in deßen Recht undt Stelle, obgleich darüber kein sonderbahres *Pactum* oder Geding auffgerichtet were. Wann aber nicht in der Meinung die Zahlung an den Glaubiger[6802] selbst

---

6785 W *verdienten Arbeits-Lohns.*

6786 W *ihr.*

6787 W *verrücktes.*

6788 *Oder commendatum* fehlt bei W.

6789 W *Ackers.*

6790 W *anderer.*

6791 W *ingleichen.*

6792 W *privilegirten Creditorn.*

6793 W *fürgestreckt.*

6794 Fehlt bei W.

6795 *Nach nicht ... waß* fehlt bei W; dafür: *auch.*

6796 Bei M danach gestrichen *im.*

6797 W *keinen.*

6798 W *übrig.*

6799 W *aus.*

6800 W *auch.*

6801 W *vertheilet.*

6802 W *Gläubiger.*

geschiehet, sondern daß Geldt den[6803] Schuldener angeliehen, obgleich der[6804] dieser deß[6805] ihm angeliehene Geldt zu Abfindung eineß andern *privilegiirt*en Glaubiger[6806] verwendet, mag der Anleiher deßen Ordnung unndt Vorzug nicht erreichen, eß geschehe dann mit außtrücklicher[6807] Beding oder sonst offenbahren Meinung, daß er in deßen Stelle treten solle, unndt werde ihn[6808] dabey daß durch sein Geldt befreyhetes[6809] Pfandt wiederumb eingesetzet oder daß *Privilegium*, so dieser foderster[6810] *Creditor* gehabt, vorschrieben[6811].

18. Hat ein Schuldener, ehe eß zum *Concurs* kombt, seinen Glaubigern[6812] in Bezahlung gegeben Geldt oder Gueter unndt wirdt hernach nicht *solvendo* befunden, mag, der eß bekommen, ob er gleich gewust, daß eß umb den[6813] Schuldener im[6814] schlechten Stande were unndt deßwegen *vigilir*et, solches wieder der andern *Creditor*en[6815] Ansprache, [fol. 271r] sie sein auch so sehr *privilegiir*et[6816], alß sie wollen, behalten, eß were dann, daß ein *Creditor* daran ein dingliches Recht oder Unterpfandt hette, krafft deßen er solches verfolgen unndt abfodern möchte[6817], oder aber, daß der Gläubiger zu der ander[6818] Nachtheill mit dem Schuldener betrieglich[6819] gehandelt zu haben überwiesen würde.

19. Obwoll nach den gemeinen Rechten unndt bißheriger *Observantz* die Zinsen gleichen Vorzug unndt Ordnung haben, mit welchen die *Capital*ien zuerkandt werden, alß aber daßelbe bevorab, da bey den Kriegeszeiten die *Concursus creditorum* gar[6820] gemein worden[6821], eß vor viele Nohtleidende ein[6822] überauß groß Be-

---

6803 W *dem*.
6804 Fehlt bei W.
6805 W *das*.
6806 W *privilegirten Gläubigers*.
6807 W *ausdrücklichen*.
6808 W *ihm*.
6809 W *befreytes*.
6810 W *vorderster*.
6811 W *verschrieben*.
6812 W *Gläubigern*.
6813 W *dem*.
6814 W *in*.
6815 W *Creditorn*.
6816 W *privilegirt*.
6817 W *mögte*.
6818 W *andern*.
6819 W *betrüglich*.
6820 Fehlt bei W.
6821 W *werden*.
6822 W *eine*.

schwehr[6823] unndt fast Unbilligkeit mit sich führet, indem nur[6824] einige wenig offtermahlen bezahlet werden, die Andern daß Nachsehen haben müßen, dadurch[6825] auch ander[6826] *ad extrema* mit gebracht unndt zu den *Cessionibus bonorum* gemüßiget, die Bürgen insonderheit in einen[6827] gar beschwehrlichen Zustandt gebracht werden, solches gleich- [fol. 271v] woll die jüngst *publicir*te Reichs*constitution* verhüten unndt die Abtragung der auffgeschwollenen Zinsen *moderir*en wollen, so ist auch dießmahl nicht ohnpillig[6828] angesehen, daß nach Anweisung ietzgemelter Reichs*constitution* der Zinsen wegen einem *Creditor*[6829], ob er gleich für andere *privilegiir*et[6830], kein Mehreß in seiner Ordnung, ehe die sambtliche Glaubiger[6831] bezahlet, alß der vierter[6832] Theill an den Zinsen zuzutheilen.

Titulus VIII.
Von der Adjudication unndt[6833] Zuschlag der Güeter Schulden halber.

1.[6834] Bey dem *Concursu* oder wann sonst auff ergangene gerichtliche Erkändtnüß[6835] oder Vorgleichungen[6836] auß den Güetern die *Creditores* zu den ihrigen zu vorhelffen, soll[6837] zufoderst unndt zwar bey den *Concurs*en, sobaldt sie entstehen, darüber eine pilligmeßige *Taxa* errichtet unndt zur *Aestimation* gewiße erfahrne Persohnen, so derogleichen[6838] Güeter Bewandnüß[6839] woll wißen unndt *dijudicir*en können, entweder von allen Theilen erwehlet, oder da eß fort nicht geschehe, *ex officio* gerichtlich [fol. 272r] verordnet werden, dieselbe in einen gewißen Anschlag zu bringen, davon *Relation* unndt in solcher die *Rationes*, warumb ein jedeß dergestaldt angeschlagen, zu erstaten.

6823 W *grosse Beschwehrd.*
6824 W *da nur.*
6825 W *dadurch dann.*
6826 W *andere.*
6827 W *einem.*
6828 W *unbillig.*
6829 W *Creditorn.*
6830 W *vor andern privilegiret.*
6831 W *sämmtliche Gläubiger.*
6832 W *vierte.*
6833 *Der Adjudication undt* fehlt bei W, dafür *Von dem.*
6834 W am Rand: *De adjudicationibus.*
6835 W *Erkänntniss.*
6836 W *Vergleichungen.*
6837 W *verhelffen, so sollen.*
6838 W *dergleichen.*
6839 W *Bewandniss.*

2. Weill mit den *Tax*en bißhero imgleich vorfahren[6840], auch[6841] mannigmahl daruber[6842] Beschwerden gefüeret, ist ein[6843] gewiße Maaße deroselben durch eine *Tax*ordnung zu geben dienlich, dieselbe aber darauff zu richten, wie zufoderst die Herlicheiten[6844], so bey den Güetern sein, alß *Jurisdictiones, iura Patronatus* unndt dergleichen ein gewißer Anschlag gemacht[6845], dann die, so in Nutzbarkeiten bestehen, wie hoch dieselbe sambt dero *Pertinenti*en nach ihren iegenwerthigen[6846] Zustande von einem guetem[6847] Haußwirthe zu genießen ermeßen, doch mit angesehen unndt abgezogen werden, waß zu Erhaltung deß Genoßes[6848] daran zu wenden sey.

3. Sein eß Lehen[6849] oder Erbstamgüeter, darauß die *Creditoren*[6850] zu befriedigen, sollen sie zufoderst den negsten[6851] Vettern unndt Vorwandten[6852], [fol. 272v] ob sie solche für die gemachte *Taxa* annehmen oder sonst mit den *Creditor*en[6853] darüber handelln wollen, angeboten zur Erklehrung unndt auff denn[6854] Fall, mit ernst fürhabender Handlung zu derselben zugleich ein gewißer Tag gesetzet werden, sie damit alßdenn einzukommen[6855], unndt der Handlung abzuwarten schuldig oder hernach von dem *Jure protomiseos*[6856] oder *retractu*[6857], wann ander[6858] kauffen, ausgeschloßen sein unndt ihrer ohngehindert, wie hernach folget, vorfahren[6859] werden.

6840 W *ungleich verfahren.*
6841 W *wie auch.*
6842 W *darüber.*
6843 W *eine.*
6844 W *der Herrlichkeiten halber.*
6845 W *gemachet.*
6846 W *gegenwartigen.*
6847 W *guten.*
6848 W *Genusses.*
6849 W *§. 3. Ein Lehn.*
6850 W *Creditorn.*
6851 W *nächsten.*
6852 W *Verwandten.*
6853 W *Creditorn.*
6854 W *dem.*
6855 Bei M verbessert aus *eingekommen.*
6856 W *protimiseos.*
6857 W *retractus.*
6858 W *andere.*
6859 W *verfahren.*

4. Wenn[6860] der Negste[6861] zu den Guetern sich dergestaldt derselben begeben, stehet den *Creditor*en[6862] frey, einen Käuffer[6863] beyzuschaffen unndt, wann sie deßwegen einen Anschlag oder *Proclamata* zu Verkündigung deß Kauffs, daß wann jemandt kauffen wolle[6864], sich angeben solte bey den Gerichte[6865], suchen würden, ist ihnen solches zu erlauben, die *Proclama*[6866] zu erkennen, denenselben die *Summa* deß gemacheten[6867] *Tax*eß zur Nachrichten miteinzuvorleiben[6868].

5. Gebe sich in angesetzten *Termino* ein Käuffer an, unndt wolte [fol. 273r] den *taxir*ten Preiß den *Creditoren*[6869] bezahlen oder sonst annemblich vorgnügen[6870], würde ihm daß Guet dafür zugeschlagen. Vormeinte[6871] er aber, der *Tax* zu hoch sein[6872], unndt thete ein Geringes[6873] bieten, stehet zu der *Creditoren*[6874] Belieben, ob sie eß ihm dafür laßen oder lieber für den *taxir*ten Werth *in solutum* annehmen wollen.

6. Könten sich die *Creditores* darüber nicht vorgleichen[6875], einige wollen lieber etwaß an ihren Foderungen nachlaßen unndt den Kauff auff geringere[6876] Kauffgeldt alß *taxir*et schließen, andere aber die Güeter *in solutum* annehmen unndt diese sich nicht trennen unndt daran[6877] den *Dissentient*en daß Ihrige sich[6878] füglich zutheilen laßen, oder der Käuffer auch also nicht handelln wollte, soll darin gefolget werden, waß in gemeinen Rechten von den[6879] *Consensu* deß meistentheilß der *Creditor*en[6880] unndt ihren *Remission*en vorordnet[6881] unndt, die weiniger[6882] den

6860 W *Wann.*
6861 W *Nächste.*
6862 W *Creditorn.*
6863 W *Kauffer.*
6864 W *will.*
6865 W *Gerichten.*
6866 W *Proclamata.*
6867 W *gemachten.*
6868 W *Nachricht mit einzuverleiben.*
6869 W *Crediton* (Druckfehler).
6870 W *vergnügen.*
6871 W *vermeinte.*
6872 W *sey.*
6873 W *geringers.*
6874 W *Creditorn.*
6875 W *vergleichen.*
6876 W *geringeres.*
6877 W *davon.*
6878 W *sich nicht.*
6879 W *dem.*
6880 W *Creditorn.*
6881 W *verordnet.*
6882 W *weniger.*

mehren zu weichen[6883] oder auch die andern von ihnen absetzende *Creditor*en[6884], wie ihnen gebothen wirdt, zu *contentir*en, [fol. 273v] schuldig sein, eß könte dann von ihnen beygebracht werden, daß zu ihren[6885] Nachtheill die andern mit den[6886] Käuffer *colludir*ten unndt einen Vortheill dabey zu erwarthen haben[6887], oder eß were der darauß ihnen zuwachsende Verlust gar zu groß, alß wenn sie dadurch mehr alß den vierten Theill der ihnen *adjudicir*ten Foderung vorlieren wurden[6888] unndt daß gebotene Kauffgeldt auff soviell weiniger[6889] were, alß die *Aestimation* anlauffet[6890].

7. Wann die *Creditores* alle oder etzliche vormeinen[6891], mit der *Taxa* nicht recht vorfahren[6892], oder in ein oder andern geirret oder *excedir*et were, mögen sie solches zu Recht fürbringen, die *Correctur* oder *Moderation* suchen unndt nach Befindung billigmeßig erhalten. Waß nun solches nach[6893] abgehet, daßelbe bleibet der Schuldener zu erstaten vorbunden[6894], unndt wann auff erste *Taxam* daß Guet geringer vorkauffet[6895], ist die Erlaßung den *Creditoren*[6896] ohne Schaden. Waß sie aber außer [fol. 274r] dem daran bey den Vorkauff[6897] nachgeben, gehet ihnen ab unndt haben deßen Erstatung von den[6898] Schuldener oder auß andern deßen Güetern nicht zu erwarthen.

8. Ist kein Käuffer vorhanden[6899] oder, der sich angibt, nicht[6900] annehmblich bietet, werden die Güeter den *Creditor*en[6901] für die *Taxâ in solutum* zugeschlagen. Sein eß *Allodial*güeter, erlangen sie damit alßfort dero Eigenthumb unndt alles Recht, so der Schuldener daran gehabt, unndt mögen solche unter sich nach ihren Belieben vortheilen[6902] unndt darüber Anordnung machen. Bey Lehnen aber ist

---

6883 W *mit den mehrern sich zu vergleichen.*
6884 W *Creditorn.*
6885 W *ihrem.*
6886 W *dem.*
6887 W *hätten.*
6888 W *Foderungen verlieren würden.*
6889 W *weniger.*
6890 W *anläufft.*
6891 W *vermeinen.*
6892 W *verfahren.*
6893 W *solchemnach.*
6894 W *verbunden.*
6895 W *verkauffet.*
6896 W *Creditorn.*
6897 W *dem Verkauff.*
6898 W *dem.*
6899 W *verhanden.*
6900 W *und.*
6901 W *Creditorn.*
6902 W *vertheilen.*

solches nicht frey, sondern eß mögen dieselben allein von den *Creditoribus* mittelß Bestellung eineß *Curatoris* unndt Vorwalterß[6903] oder Vor*pensionir*ung[6904] an einen[6905] Andern oder Vorpfendung[6906] *cum jure antichretico* genützet[6907] werden, biß daß entweder einer unter den *Creditoren*[6908], [fol. 174v] so Lehens fehig, solche annimbt unndt die andern darauß bezahlet oder aber sie[6909] eine lehensfehige Persohne[6910] zum Käuffer erlangen mögen, sein aber gleichwoll auff einem geringern Bott, alß die *Taxa* anläuffet, wieder ihren Willen die Güeter zu vorlaßen[6911], oder jemand zu vorkauffen[6912] nicht zu zwingen, sondern bey dero Genoß[6913], nur das immittelß[6914] dem[6915] Lehenherren[6916] an seiner Gebüer nichts dadurch entzogen werde, so lange zu laßen, biß sie ihre Foderung erhalten mögen. Entstünde[6917] aber zwischen den *Creditoren* zweyfellige[6918] Meinungen, einige wollen verkauffen, ander[6919] nicht, sondern es noch ein[6920] zeitlang biß zu Anschaffung eines beßern Käuffers ansehen, so werde[6921] dabey gefolget waß in[6922] 6. articulo im[6923] gleichen fall *disponiret*.

6903 W *Verwalters.*
6904 W *Verpensionirung.*
6905 W *einem.*
6906 W *Verpfändung.*
6907 W *genutzet.*
6908 W *Creditorn.*
6909 W *Lehens fehig … aber sie* fehlt bei W.
6910 W *Persohn.*
6911 W *verlassen.*
6912 W *verkauffen.*
6913 W *Genuss.*
6914 W *immittelst.*
6915 Bei M verbessert aus *denen.*
6916 W *Lehn-Herrn.*
6917 W *Entstünden.*
6918 W *Creditorn zweyhellige.*
6919 W *andere.*
6920 W *eine.*
6921 W *wird.*
6922 W *im.*
6923 W *Artic. in.*

Titulus IX.
Von Lehen[6924]-Gerichten.

1.[6925] Entstehet zwischen zweyen Lehenleuten[6926] über dem[6927], so daß Lehen[6928] unndt deßen [fol. 275r] Rechte eigentlich betrifft, Streitigkeit, ist darüber der Lehenherr[6929] Richter unndt mag die Sache vor deßen Gerichte in der Cantzelley oder Hoffgerichte vorglichen[6930] unndt entschieden werden.

2. Wirdt deß Lehens[6931] halber zwischen den Lehenherren[6932] unndt Lehenleuten[6933] etwaß streitig, daß entweder der Lehenherr[6934] zu seinen Lehenman[6935] oder dieser zu seinen Lehenherren deßentwegen[6936] Zusprache hat, ist in deßen, der den Clägerstandt ergreiffet oder der Zusprache hatt, Mechten undt[6937] Belieben[6938], zu wehlen[6939], wor[6940] er die rechtliche Entscheiden[6941] suchen unndt annehmen wolle, bey den[6942] fürstlichen mechellnburgischen[6943] Hoffgerichte oder niedergesetzten mechellenburgischen Lehenleuten[6944] alß *paribus curiae.*

3. Berufft sich der Lehenmann[6945] bey eräugenden[6946] *Differen*tien in Lehensachen[6947] *ad Judicium parium curiae* unndt suchet deßen Bestellung, benennet der

6924 W *Lehn-*.
6925 W am Rand: *De Processu et judiciis feudalibus Pariumque curiae.*
6926 W *Lehn-Leuten.*
6927 W *dem*; bei M verbessert aus *denen.*
6928 W *Lehn.*
6929 W *Lehn-Herr.*
6930 W *und Hoff-Gericht verglichen.*
6931 W *der Lehne.*
6932 W *Lehn-Hern* (!).
6933 W *Lehn-Leuten.*
6934 W *Lehn-Herr.*
6935 W *Lehn-Mann.*
6936 W *Lehn-Herrn dessentwege.*
6937 *Ist in deßen ... Mechten undt* fehlt bei W.
6938 W *mag dieser belieben.*
6939 W *welchen.*
6940 W *und wo.*
6941 W *Entscheidung.*
6942 W *entweder bey dem.*
6943 W *Meckl.*
6944 W *Mecklenburgischen Lehn-Leuten.*
6945 W *Lehn-Mann*
6946 W *erängneten* (!).
6947 W *Lehn-Sachen.*

Lehenherr[6948] auff erstes Ansuchen in 6 Wochen seinen Lehenmann[6949], vier[6950] Lehenleute[6951], so an der Sachen[6952] kein *Interesse* haben unndt ohnvordechtig[6953] sein, die er zu den Lehengerichte[6954] niederzusetzen gemeinet, [fol. 275v] darauff alßdann der Lehenman[6955] zwey zu wehlen hat unndt soll darauff der Lehenmann[6956] ebensoviell dem Lehenherrn[6957] benennen, welcher auch zwey daraus zu nehmen hatt. Unndt wann dieselben von beyden Theilen in gleicher Anzahl zum Rechte niedergesetzet, sollen sie alßdann in denn Lehensachen[6958], waß denselben *connex* unndt angehörig, richten, unndt mögen sich darauß nicht entschuldigen noch[6959] hernach ohne beyder Theile Willen erlaßen werden.

4. Die *pares curiae*, so niedergesetzet, sollen von dem Lehenmann[6960] aller Pflicht, damit sie ihm vorwandt[6961], auff die Sache, so ihnen vorgebracht wirdt, erlaßen, darauff in neue eydtliche Pflicht in aller Theile Beysein genommen werden, nach ihren besten Vorstande[6962] ohne *Affect*en, wie eß einen[6963] gueten Richter anstehet, in der Sachen zu vorfahren[6964] unndt, waß Recht ist, zu sprechen.

5. Die niedergesetzete Lehenleute[6965] mögen in der Sachen[6966] selbst sprechen oder auch die *Acta* nach dem Beschluß an außwertige Rechtsgelahrten umb Einholung rechtlicher Belehrigen[6967] vorschicken[6968] unndt darauß [fol. 276r] die Urtheill faßen unndt *publici*ren, dabey aber in Sonderheit auffmercken[6969] haben,

---

6948 W *Lehn-Herr.*
6949 W *seinem Lehn-Mann.*
6950 Bei M verbessert aus *seine.*
6951 W *Lehn-Leute.*
6952 W *Sache.*
6953 W *ohnverdächtig.*
6954 W *dem Lehn-Gerichte.*
6955 W *Lehn-Mann.*
6956 W *Lehn-Mann.*
6957 W *Lehn-Herrn.*
6958 W *den Lehn-Sachen.*
6959 Bei M verbessert aus *auch.*
6960 W *Lehn-Herrn.*
6961 W *verwandt.*
6962 W *Verstande.*
6963 W *einem.*
6964 W *verfahren.*
6965 W *niedergesetzte Lehn-Leute.*
6966 W *Sache.*
6967 W *Belehrungen.*
6968 W *verschicken.*
6969 W *Aufmerckung.*

daß wieder dieses Landts Lehenrecht[6970] unndt absonderliche Gebrauche[6971] nichts geurtheilet werde.

6. Die Unkosten, so auff der Niedergesetzeten[6972] nöhtigen Zusammenkünffte[6973] unndt Einhohlung der Urtheill zu verwenden, sollen von beyden Theilen bey wehrenden Rechtsstreit erleget, von dem aber, der *succumbir*et, erstatet werden, eß werde denn auß bewegenden Uhrsachen die *Compensation* unndt iegen[6974]einander Auffhebung der *Expens*en in der Urtheill erkandt.

7. Im Lehengerichte[6975] soll zufoderst auff deß Landes eigen Recht, bevorab so in Lehensachen vorfaßet[6976], wann solches nicht vorhanden[6977], auff benachbarte Orther[6978] in Teutschland, bey denen derogleichen Lehen vornünfftige[6979] Gewohnheiten, bey deroselben Nichtbefindung auff die deß Romischen[6980] Reichß in Lehensachen[6981] eingeführte Gebräuche und[6982] gemeine *Consuetudines feudales*, endtlich aber, da die auffhöeren, auff die beschriebene kayserliche Rechte gesehen werden.

8. Uber[6983] dem *Process* haben entweder [fol. 276v] beyde Theile bey Niedersetzung der *Parium Curiae* sich zu vorgleichen[6984] unndt in Gestaldt eineß *Compromissi* darin die Maaße zu geben oder, da solches nicht geschicht, ist demselben, welcher in der fürstlichen mechellnburgischen[6985] Hoffgerichtsordnung beschrieben, zu folgen, dabey[6986] zufoderst in *primo Termino*, ob in der streitigen Sache der[6987] güetlichen Voreinigung[6988] abzureichen bemühet sein, sonst aber, daß dem *Process* sein richtiger Lauff bleibe, Auffsicht haben, doch von ieder Seiten nicht

6970 W *Landes Lehn-Recht.*
6971 W *Gebräuche.*
6972 W *den niedergesetzten*
6973 W *Zusammenkünfften.*
6974 W *gegen.*
6975 W *Lehn Gerichte.*
6976 W *Lehn-Sachen verfasset.*
6977 W *verhanden.*
6978 W *Oerter.*
6979 W *Lehn vernünfftige.*
6980 W *Römischen.*
6981 W *Lehn-Sachen.*
6982 Fehlt bei W.
6983 W *Ueber.*
6984 W *vergleichen.*
6985 W *Mecklenburgischen.*
6986 W *dabey man.*
6987 Bei M verbessert aus *die*; W *die.*
6988 W *gütliche Vereinigung.*

mehr dann zwey Schrifften *admittiren*, *post Duplicas* fort mit der *Transmission* der *Act*en vorfahren sollen[6989].

9. Von dem Spruch der *Parium Curiae* mag hernach auff der[6990] fürstlichen mechellnburgische[6991] Landtgericht oder an daß kayserliche Cammergericht *appellir*et werden.

Titulus X.
Von den[6992] Arresten.

1.[6993] Wie in der fürstlichen Landt- unndt Hoffgerichtsordnung heilsamblich vorsehen[6994], daß die *Arrest*e fürsichtig unndt nicht ohne Unterscheid außzubringen unndt anzulegen sein, sondern allein außgewißen darin [fol. 277r] außtrücklich gemeldeten[6995] Ursachen, also ist auch bey denenselben Fällen, wann solche auff derogleichen[6996] Fürbringen der Vorsehung[6997] vonnöthen, daß niemandt sich solcher andere auffzutreiben, ihnen den Lauff der *Justitz* unndt[6998] schwer zu machen oder auch jemand an den[6999] freyen Gebrauch deß Seinigen zu behindern unndt etwa dadurch zu seinen unzimblichen Willen zu bringen mißbrauchen möge, demnach zu verordnen, daß, wer einen *Arrest* auch auß rechtmeßigen Ursachen suchet, derselbe nebst dero[7000] umbständlichen Vormelden[7001] unndt auff die Hauptsache gerichteten *Petito* zugleich den *Arrest* verfolgen, bey deßen Gesuch *Citation* an den *Arrestant*en *ad videndum prosequi arrestum* außbringen oder, wo er dießmahl auß fürfallenden Behinderungen solches nicht thun könte, die[7002] anzuzeigen unndt glaublich zu machen gebüeret, doch inwendig 6 Wochen zum lengsten hernach also thun, unndt dann *in praefigir*enden *Termino* erscheinen, deß *Arrestati* Einwenden

6989 W *verfahren soll.*
6990 W *an das.*
6991 W *das Fürstliche Mecklenburgische.*
6992 Fehlt bei W.
6993 W am Rand: *Jura Arresti.*
6994 W *versehen.*
6995 W *gemeldten.*
6996 W *dergleichen.*
6997 W *Versicherung.*
6998 W *und des Processes.*
6999 W *dem.*
7000 W *dem.*
7001 W *Vermelden.*
7002 W *die ihm.*

vornehmen[7003] unndt darauff der Erkändtnüß gewertig[7004] sein, sonst der *Arrest* nicht angeleget unndt, wo eß geschehen, doch auff unterlaßener gebüerender [fol. 277v] Verfolgung nach iegenseitigen[7005] Ansuchen *relaxir*et werden solle[7006].

2. Bey weme der *Arrest* angeleget, soll denselben gebüerend *respectir*en unndt sich der Abfolge oder Vorgleichs[7007] mit dem, welchen[7008] die *arrestirt*e Güeter unndt Gelder zugehörig, gäntzlich enthalten, sondern abwarten, daß darüber erkand werde. Gereichete[7009] aber ihm derselbe zu einigen Nachtheill unndt were ihm daran gelegen, daß die Güeter unndt Gelder von ihn[7010] abkommen, hat er solches bey dem Gericht, wo der *Arrest* angeleget, zu melden, unndt die Verordnung zu erwarthen, daß dadurch die Niederlegung an einen[7011] sichern Orth veranlaßet, er schadeloß[7012] gehalten unndt nicht umb frembder Schuld oder Streits halber in Ungelegenheit unndt Gefahr gerathen möge.

3. Bey weme Gelder *arrestir*et, wann sie zinßtragend, wirdt deßwegen derselbe von der Zinsen Abstatung nicht befreyet, er *deponir*e dann dieselbe inß Gericht [fol. 278r] oder an den Orth, wor eß denen über den[7013] *Arrest* streitenden Parten gefällig, immaßen denn[7014] auff denn[7015] Fall, da er gerne sich entlaßigen[7016] wollte, beyde den *Arrestant*en unndt seinen *Creditoren*[7017], jedoch auff ihren[7018] Kosten *citir*en laßen, die Gelder zur *Deposition* anerbieten und von ihnen darüber die Erklehrung erwarten oder iegen[7019] deß Gerichtsschein die Niederlegung thun, damit gäntzlich befreyet sein mag. Weren aber die Gelder nicht zinßtragend, so[7020] sie bey ihm verblieben, wirdt er dadurch zu den Zinsen fürterß nicht gehalten,

---

7003 W *vernehmen.*

7004 W *Erkänntniss gewartig.*

7005 W *gegenseitigen.*

7006 W *soll.*

7007 W *Vergleichs.*

7008 W *welchem.*

7009 W *Geriethe.*

7010 W *ihm.*

7011 W *einem.*

7012 W *Schadloss.*

7013 W *dem.*

7014 W *dann.*

7015 W *dem.*

7016 W *entlässigen.*

7017 W *Creditorn.*

7018 W *ihre.*

7019 W *gegen.*

7020 W *ob.*

sondern eß bleibet damit biß zu Außtrag der Sachen[7021] in dem Stande, wie es damit vorhin gewesen.

4. Begibt sich nach angelegten *Arrest*, daß denen in Beschlag genommenen Guetern oder Geldern einiger unglucklicher[7022] Zufall zustieße, dadurch sie verloren, verdorben unndt geschmelert würden, wann der, bey dem sie vorhanden[7023] unndt ver*arrestir*et, daran unschuldig unndt einer solchen *Culpae* deß[7024], dabey nachgelaßen[7025], so einen vornünfftigen[7026] Haußwirt anstehet, nicht uberwiesen[7027], so ist derselbe weiter nicht gehalten, sonder[7028] der darauß entstehende Schade unndt Vorlust[7029] betrifft die an den[7030] *Arrest In-* [fol. 278v] *teressir*te unndt stehet zu richterlicher Ermeßigung, wor[7031] unter denen solchen tragen unndt ersetzen solle, so darnach zu richten, wie mit unndt bey dem *Arrest* verfahren unndt wie derselbe, so solchen mit Unfuege[7032] außgebracht oder deßen *Prosecution* vorzügert[7033], dazu Ursache gegeben, daß der *Arrestatus* dero entöhniget[7034] unndt nicht genießen konnen[7035], sich seines Schadenß an ihn[7036] zu erholen hat, also hingegen, wann dieser zu den *Arrest* Ursache gegeben oder mit vorgeblichen[7037] unpilligen Einwenden unndt *Disputat*en die Sache auffgehalten, dadurch dero vorlustig[7038] würde, thut ihn die[7039] Schade billig treffen unndt pleibet nichtßdestoweiniger[7040] zu dem, waß er schuldig gewesen, gehalten.

5. Wer Güeter *arrestir*et unndt auffhält, die außer seiner *Vigilantz*[7041] entkommen weren, also[7042] Ursache ist, daß sie zu seiner oder andern *Creditor*en Vorgnügen

---

7021 W *Sache.*
7022 W *unglücklicher.*
7023 W *verhanden.*
7024 W *dass.*
7025 W *etwas nachgelassen.*
7026 W *vernünfftigen.*
7027 W *überwiesen.*
7028 W *sondern.*
7029 W *Verlust.*
7030 W *dem.*
7031 W *wer.*
7032 W *Unfug.*
7033 W *verzögert.*
7034 W *entohniget.*
7035 W *können.*
7036 W *ihm.*
7037 W *vergeblichen.*
7038 W *verlustig.*
7039 W *der.*
7040 W *nichts desto weniger.*
7041 W *vigilance.*
7042 W *und also.*

möchten[7043] gereichen, soll daran für Andern den Vorzug haben, sonst aber gibt der *Arrest* an[7044] sich keinen Fürzug[7045], sondern, ob einer den erhalten mögen, andere *Creditoren*[7046] solchen *adhaerir*en unndt auff[7047] [fol. 279r] den *arrestirt*en Güetern daß Ihrige mit suchen, unndt werden nach Gestaldt der Erstigkeit Rechte, so ein jeder hat, an dieselbe vorwiesen[7048], iedoch sollen alßdann, die daran den Fürzug haben, dem, so den *Arrest* zuerst außgebracht, wann sie sich deßen bedienet, die deßwegen nöhtige angewandte Kosten[7049] erstaten.

6. Leute, so in diesen[7050] Lande geseßen unndt woll begüetert, wie auch Andere, die ehrlichen Lebens unndt Leumuht[7051] darin wonhafft[7052], wann sie nicht Fürweichens vordächtig[7053] unndt solcheß glaublich gemacht, sollen *in causis civilibus* wie auch in *Malefitz*sachen, so nicht peinlich, also daß sie mit Leibesstraffe zu belegen, persohnlich[7054] nicht *arrestir*et, sondern aller Zuspruch[7055] wieder sie ordentlich angestellet undt außgeführet werden.

Titulus XI.
Von Pfandungen.

1.[7056] Ein jeder soll sich an ordentlichen[7057] Recht gnügen[7058] laßen, unndt ob er gleich rechtmeßigen Zuspruch hette, doch alleß eigenmechtigen Fahens, Pfandnüß[7059] unndt [fol. 279v] Angriffs[7060] auff eineß Andern Grundt unndt Boden gäntzlich enthalten, eß were dann, daß sein eigen Guet ihm heimblich unndt ge-

---

7043 W *anderer Creditorn Vergnügen mögten.*
7044 W *für.*
7045 W *Vorzug.*
7046 W *Creditorn.*
7047 W *aus.*
7048 W *verwiesen.*
7049 W *Unkosten.*
7050 W *diesem.*
7051 W *Leumuths.*
7052 W *wohnhafft.*
7053 W *verdächtig.*
7054 W *persöhnlich.*
7055 W *Zusprach.*
7056 W am Rand: *De pignorationibus personarum et rerum.*
7057 W *ordentliches.*
7058 W *genügen.*
7059 W *Pfandnis.*
7060 W *Angriffe.*

waltsamb weckgefüeret unndt in der Nacheile[7061] er solches in eines Andern[7062] Bottmeßigkeit beleuffe[7063]. Alßdann mag er solches bey dem, so eß ihm entwandt unndt bey sich hat, woll angreiffen unndt zu sich nehmen, iedoch soll den negsten[7064] Gerichte eß anzeigen unndt mit deßen Erlaubnüß[7065] alßdenn wegführen.

2. Auff seinen[7066] Grundt unndt Boden oder in seiner Potmeßigkeit ist einem ieder[7067] sein Eigenthumb, Besitz, *Jurisdiction*, Recht unndt Gerechtigkeit durch Pfandung[7068] unndt Fahung derer, so ihn daran *turbir*en, hindern unndt schaden, zu vortreten[7069], dergestaldt erlaubet, daß er die Persohnen, so daran einen Frevell üben, fahen unndt in seinen Vorwahrsamb[7070] bringen, daneben die *Instrument* unndt Sachen, so iemandt bey sich hat, unndt zu dem[7071] Eingriff in eines Andern Guett oder Rechten gebrauchet, pfenden unndt zu seinem Gewehr mit füeren unndt behalten mag biß auff gerichtliche Erkandtnüß[7072], wann er gehöret, eß ihm abzufolgen[7073] aufferleget wirdt. [fol. 280r]

3. Vormeinet[7074] der Gepfandeter[7075], daß ihm durch die Fah- unndt Pfendung auff eineß Andern Grundt unndt Pottmeßigkeit Unrecht geschehen, hat er denselben zufoderst zu beschicken, die Uhrsache vornehmen[7076] zu laßen unndt im Fall, derselbe dazu Fug unndt Macht gehabt, sich mit ihm zu vorgleichen[7077] unndt, wann derselbe, so gepfendet, dabey zu erkennen, hette[7078] ihm[7079] nicht Unrecht geschehen, pillige Erstatung wegen der[7080] zugefügten Schaden[7081] zu thun, daneben *Caution*, daß hinfüro dergleichen nicht mehr geschehen solle, mittelß eineß

7061 W *Nacheyl.*
7062 W *solches in einer.*
7063 W *belauffe.*
7064 W *soll er dem nechsten.*
7065 W *Erlaubniss.*
7066 W *seinem.*
7067 W *jeden.*
7068 W *Pfändung.*
7069 W *vertreten.*
7070 W *seine Verwahrsam.*
7071 W *den.*
7072 W *Erkänntniss.*
7073 Bei M verbessert aus *abfolgen.*
7074 W *Vermeinet.*
7075 W *Gepfändeter.*
7076 W *vernehmen.*
7077 W *vergleichen.*
7078 W *giebt.*
7079 W *dass ihm.*
7080 W *des.*
7081 W *Schadens.*

Reverses zu leisten, unndt dürfft[7082] außer dem deß[7083] Gepfendete nicht *restituir*et werden.

4. Were zweiffellhafft, ob mit Recht gpfändet, unndt der Gepfendeter erbote[7084] sich, mit den[7085] Pfänder zu Rechte die Sache außzuführen, immittelß[7086] ihm einen *Revers*, daß in der Sachen, worüber die Pfandung[7087] entstanden, ebensowenig dem andern, alß ihm die Pfandung[7088] nachtheilig sein sollte, zugeben, ob er dadurch Schaden gelitten, ihn[7089] deßen Erstattung halber *Caution* zu bestellen, soll daß Gepfandete[7090] dagegen *restituir*et [fol. 280v] unndt die Sache durch richterliche Erörtherung entschieden, wann[7091] auff Vorwiedern[7092] der *Restitution* bey den Gerichte deß Erbieten geschicht, die *Restitution*[7093] *sine clausula mandir*et, darauff die Sache zum *Process*[7094] vorwiesen[7095], darüber *summario Processu* erkündiget[7096] werden, wer in *quietam posessione*[7097] *vel quasi* die[7098] Dinge, worüber die Pfändung entstanden, bißhero gewesen, nach Befindung[7099], wie eß *pendente lite* zu halten, *provisionaliter* verordnet werden.

5. Niemand, der gpfändet wirdt, soll wiederpfänden, sondern wann durch güetlichen Vorgleich[7100] die Sachen nicht zu heben, bey dem Gericht sich darüber beschweren, nach Gestaldt deß *Facti* clagen unndt rechtlicher Entscheid- oder Vorordnung[7101] erwarten, in Pfandungssachen[7102] aber *summarie procedir*et unndt schleunigst Recht gesprochen, mit der Haubtsachen aber dieselbe nicht vermischt,

7082 W *dürffte.*
7083 W *das.*
7084 W *erböthe.*
7085 W *dem.*
7086 W *immittelst.*
7087 W *Pfändung.*
7088 W *Pfändung.*
7089 W *ihm.*
7090 W *Gepfändete.*
7091 W *dann.*
7092 W *Verwidern.*
7093 *Bey den Gerichte … restitution* fehlt bei W.
7094 *Zum process* fehlt bei W.
7095 W *verwiesen.*
7096 W *erkundiget.*
7097 W *quieta possessione.*
7098 W *der.*
7099 W *Befindung soll auch.*
7100 W *Vergleich.*
7101 W *Verordnung.*
7102 W *Pfändungs Sachen.*

sondern nach Entscheidung der Sachen über den Pfandungsrecht[7103], diese zu ihrem[7104] ordentlichen *Process* gelaßen unndt vorwiesen[7105] werden.

6. Kombt eineß Andern Viehe[7106] auff [fol. 281r] iemandes Grund, Äckern[7107] unndt Wiesen, wor[7108] unndt wann eß zu treiben verboten, mag eß gepfendet werden. Hat eß Schaden am[7109] Getreyde, an den Wiesen, Zeünen oder sonst gethan, muß der Herr deßelben solchen nebst dem gewöhnlichen Pfandtgeldt für der[7110] Erlaßung erstaten. Ist aber kein Schade zugefüget unndt daß Pfandtgeldt, so landtüblich, wirdt erleget[7111], soll die Erlaßung darauff alßfort geschehen.

7. Weme durch iemandts Viehe[7112] an den seinigen Schaden geschehen, soll alßfort sowoll die Pfandung[7113] alß den Schaden dem Nachbahren[7114] wißend machen, unndt derselbe schuldig sein, ihm die Erstatung nach seinen Anschlag zu thun oder alßfort eine Persohne[7115] auß der Nachbarschafft zu benennen, welche den Schaden besichtige unndt *taxire*, dazu dann der ander, welchen der Schade geschehen, sofort unndt zugleich eine mit benennen, mag der sich ohngeseümpt[7116] an den Orth verfügen, den Schaden besehen unndt anschlagen solle[7117]. Were nun ein Theill mit ihrer *Aestimation* nicht zufrieden, mag derselbe seinen Schaden zu Recht anführen, unndt suchen. Immittelß[7118] nichtsdestoweiniger wan von dem [fol. 281v] so gepfändet, der *taxt* sambt dem Pfandgelde *offerir*et, unndt entrichtet also die Pfandung[7119] gehoben, daß Ubrige[7120] zu Recht außgestellet werden.

7103 W *dem Pfändungs-Recht.*
7104 W *ihren.*
7105 W *verwiesen.*
7106 W *Vieh.*
7107 W *Acker.*
7108 W *wo.*
7109 W *an.*
7110 W *die.*
7111 W *Landüblich, erleget wird.*
7112 W *Vieh.*
7113 W *Pfändung.*
7114 W *den Nachbarn.*
7115 W *Persohn.*
7116 W *ohngesaumt.*
7117 W *soll*; bei M Wort über der Zeile eingefügt.
7118 W *Immittelst.*
7119 W *Pfändung.*
7120 W *übrige.*

8. Daß gepfandete Viehe[7121] soll der Pfander[7122] biß zur Ablösung[7123] alß sein eigen pflegen in gueter gewarsamb[7124] unndt mit Futter unterhalten, damit eß nicht umbkomme unndt vorderbe[7125] sonst er zu dem auß den[7126] Nachlaß entstehenden Vorderben[7127] gehalten were, dagegen ihm, waß an Futter oder sonst darauff vorwandt[7128], wieder bezahlet werden, eß were dann die Pfandung[7129] unrechtmeßiger weise geschehen, so gebüerete ihm deßwegen nichtß, were über daß zu dem waß dem Viehe zustoßet, so ihn[7130] außer der Pfandung[7131] nicht bringen werden[7132], eß geschehe dann *ex casu fortuito*, gehalten.

9. Eß mag ein jeder auß obbemelten Uhrsachen auff den[7133] seinigen Pfanden[7134] auch die Pfande in seine Vorwahrsamb[7135] bringen, unndt halten ob er gleich keine *Jurisdiction* an dem Orth hat. Entstehet aber darüber Streit, so gehöret solches für[7136] dem, so die *Jurisdiction* zugehörig der das[7137] zu ermeßen unndt zu setzen hat, wor[7138] die Pfande zu laßen [fol. 282r] unndt wie eß damit zu halten.

7121 W *gepfändete Vieh.*
7122 W *Pfänder.*
7123 W *biss zu Auslösung.*
7124 W *guter Gewahrsam.*
7125 W *verderbe.*
7126 W *dem.*
7127 W *Verderben.*
7128 W *verwandt.*
7129 W *Pfändung.*
7130 W *ihm.*
7131 W *Pfändung.*
7132 W *begegnet wäre.*
7133 W *dem.*
7134 W *pfänden.*
7135 W *Verwahrsam.*
7136 W *vor.*
7137 W *dann.*
7138 W *hat, was vor.*

Titulus XII.
Von Verfolg-, Einzieh- unndt Bestraffung der Ubelthäter[7139].

1.[7140] Damit die Übelthaten[7141] nicht ohngestraffet[7142] bleiben, soll mann[7143] jeden, der Gerichtsgewalt hat, dieselbe, wann sie vorflüchtig in andere Gebiethe zu verfolgen, auch wor[7144] er sie antrifft, anzuhalten bemechtiget sein, dadurch an keines *Jurisdiction* vorbrechen[7145], iedoch denselben von dannen nicht anderß alß zu dem ohnmittelbahren Gerichte, darunter der Ohrt, wor[7146] sie angetroffen, gehöret, abführen, sondern allda zur Hafft bringen laßen, dazu an dem Orth, wo die Übelthäter anzutreffen, die Herschafften, Voigte, Schultzen unndt die Dorffschafften den Verfolgern alle Hülffe unndt Zuthat, den Beschuldigten aber[7147] kein Unterschleiff oder Zuschub wiederfahren[7148], die Herschafften unndt Gerichte, worhin[7149] sie gebracht, solche annehmen in gueter[7150] sichere Vorwahrsamb[7151] bringen, unndt daß sie nicht entkommen, Fürsehung thun sollen.

2. Hat der Verfolger den flichtigen Ubelthäter[7152] bereits in Hafft gehabt, darauß er[7153] entwichen, soll derselbe ihn iegen[7154] einen *revers* unndt Erstatung der nöhtig angewandten [fol. 282v] Kosten alßfort zu dem Orth, worvon[7155] er abgewichen, außgelieffert werden. Were aber derselbe noch nicht in gefanglicher[7156] Hafft gewesen, stehet bey dem Gericht, wor[7157] er erst in Hafft genommen, ob man die Abfolge wolle thun, unndt soll dabey beobachtet werden, waß hierüber von dem[7158] *Transmissionibus reorum* verordnet.

7139 W *Uebelthäter*; bei M mit Verbesserung im Wort.
7140 W am Rand: *De judiciis criminalibus.*
7141 W *Uebelthäter.*
7142 W *ungestrafft.*
7143 W *einem.*
7144 W *wo.*
7145 W *verbrechen.*
7146 W *wo.*
7147 Bei M über der Zeile eingefügt.
7148 W *wiederfahren lassen.*
7149 W *Gericht, wohin.*
7150 W *gute.*
7151 W *Verwahrsam.*
7152 W *flüchtigen Uebelthäter.*
7153 W *gehabt, der daraus.*
7154 W *gegen.*
7155 W *wovon.*
7156 W *gefänglicher.*
7157 W *wo.*
7158 W *den.*

3. Wann jemand dann verfolgeten[7159] Übelthäter nicht außfolgen, sondern selbst rechtfertigen laßen wolte, gebüeret ihm entweder auff Anklage deß Vorfolgerß oder, wann derselbe solches nicht thun wolle[7160] unndt die beschuldigte Mißethat ein straffbahres *crimen publicum* in sich begrieffe, ampts- unndt gerichtshalber zu verfahren, worzu demjenigen, welcher den Übelthäter angibt, zu der *Inquisition* unndt *Process* alle dienliche Nachricht unndt Kundschafft an Hannd zu geben unnd zu erstadten oblieget.

4. Obwoll niemand, der ein eigen Gericht unndt über die Mißethater[7161] Recht zu sprechen Gewalt hat, dieselbe, so[7162] bey ihm betroffen, an [fol. 283r] den Orth, wor[7163] die Übelthat begangen, abfolgen zu laßen schuldig, sondern wer wieder dieselbe zu klagen hat, vor dem Gerichte, unter welchen[7164] derselbe sich befindet, sein Zusprach anzustellen, zu Recht gehalten unndt ein jeder bey seiner *Jurisdiction* ohnbeeintrechtiget zu laßen, weill gleichwoll nicht wenig daran gelegen, daß in *loco delicti* die Übelthätere[7165] Andern zum Abscheu unndt *Exempel* abgestraffet werden, alda auch zu Erkündigung[7166] der That beßer zu gelangen sollen auff vernünfftiges Fürbringen[7167] unndt Suchen die Gerichtsherren[7168] untereinander zur Abfolge sich nicht ohnwillig bezeigen, wann der Ansucher daneben durch einen *Revers* daß eß deßen Gericht nicht *praejudicire*t oder vorfänglich, auch in dergleichen Fällen von ihm hinwiederumb gehalten[7169] werden, dem Abgefolgeten[7170] auch Recht wiederfahren, unndt der Abfolger dadurch ohnbeschädiget pleiben solle, er auch dafür gehalten sein wolle, eß were dann der Übelthäter deßen, unter welchen[7171] er betroffen, ohnmittelbahr[7172] Unterthan, alßdann ist er zur Abfolge ohnvorbunden, sondern stehet zu seinen bloßen Belieben, ob er solche thun wolle. [fol. 283v]

5. Wann wieder die in Hafft gebrachte Ubelthäter[7173] die *Confrontatio* mit deme[7174], auff welche jene alß *Complices* oder sonst Schuldige bekandt unndt so nicht

---

7159 W *den verfolgten.*

7160 W *wolte.*

7161 W *Missethäter.*

7162 W *so sie.*

7163 W *wo.*

7164 W *welchem.*

7165 W *Uebelthäter.*

7166 W *Erkundigung.*

7167 W *Vorbringen.*

7168 W *Gerichts-Herrn.*

7169 W *eben so gehalten.*

7170 W *abgefolgten.*

7171 W *welchem.*

7172 W *ohnmittelbahrer.*

7173 W *Uebelthäter.*

7174 W *denen.*

außer Acht zu laßen, ausgesaget oder auch mit den Zeugen zu Recht erkandt oder nöhtig befunden, soll jeder[7175] Ohrts Obrigkeit unndt Gericht, darunter die *confrontir*ende Persohne[7176] sich befindet, iegen[7177] einen *Revers*, daß eß deßelben *Jurisdiction* wie auch die Persohnen[7178] ohne Schaden unndt Gefahr sein unndt sie wieder an den Orth, von wannen sie kömbt[7179], woll unndt sicher wiedergelieffert[7180] werden solle, dieselbe auff deßen, welcher den *Reum* in Hafft hat, ersuchen unndt Unkosten an den Orth verschaffen unndt die Warheit zu reden ernstlich einbinden. Ein gleiches wirdt gehalten, wann auff eines Übelthäters Außsagen ein ander[7181] eingezogen unndt deßwegen die *Confrontatio* nötig.

6. Wer eines[7182] vorflüchtigen Ubelthäter in Hafft zubringen vorhabenß, mag bey der hohen Landesobrigkeit wieder denselben Stock-[7183] unndt Vorfolgungsbrieffe bitten unndt erhalten, [fol. 284r] soll aber, wann daß *Delictum* nicht *notorium*, deßelben gnugsahme Anzeigen durch *summari*sche unvordechtige[7184] Kundschafft beybringen. Wann nun darauff bemelte Brieffe erfolget, soll ein jeder deß Landes Einwohner bey wilkürlicher ernster Straffe der *Receptation* oder Unterschleiffs schuldig sein, den Vorfolgten[7185] ohne Erfoderung einiger *Caution* ungesäumbt in sichere Hafft zu nehmen unndt vorwahren[7186]. Wann aber keine Stockbrieffe[7187] ertheilet, ist zur gefänglichen Einziehung niemand gehalten, eß werde denn[7188] deß Römischen Reichs peinlichen Ordnung gemeeß der Vorstand geleistet.

7. Wer in andern Gerichten auff Stockbrieffe[7189] oder sonsten iemandt der Übelthat halber einziehen läßet, soll inwendig vierzehen[7190] Tage die Clage alda[7191] anstellen, auch die Sache fortsetzen, daß die Obrigkeit unndt Gerichte, darunter[7192] der Gefangener sitzet, zur Ungebür nicht beschweret werde. Geschehe solches nicht,

---

7175 W *jedes.*
7176 W *Person.*
7177 W *gegen.*
7178 W *auch der Persohn*; bei M *die* verbessert aus *der.*
7179 W *kommt.*
7180 W *gelieffert.*
7181 W *ein anderer.*
7182 W *einen.*
7183 W *Steck-.*
7184 W *unverdächtige.*
7185 W *Verfolgten.*
7186 W *verwahren.*
7187 W *Steck-Brieffe.*
7188 W *wäre dann.*
7189 W *Steck-Brieffe.*
7190 W *14.*
7191 W *daselbst.*
7192 Bei M verbessert aus *darüber.*

mag die Obrigkeit oder Gerichte den Gefangenen erlaßen, eß were dann daß *Delictum atrox et*[7193] *notorium* [fol. 284v], so soll *ex officio* wieder den Ubelthäter[7194] *procedir*et werden.

8. Damit auch die Übelthäter dadurch, daß die, so selbige vorfolgen[7195], auff Freyheiten oder in frembden Gebieten den Eingriff nicht thun dürffen, nicht entkommen unndt die Übelthaten ohngestraffet[7196] bleiben, soll in scheinbahren handthafftigen Thaten der Obrigkeit Dienern oder den Verletzten auch auff der[7197] Freyheiten den Angriff zu thun ohnbenommen sein, wie denn[7198] auch die sonst befreyete unndt eximirte Persohnen, wann sie auff der Taht[7199] begriffen, anzutasten unndt in Vorwahrsamb[7200] zu haben, biß sie an die Gerichte, darunter die Persohnen oder Orter[7201] gehören, so dann unvorzuglich[7202] geschehen soll außgelieffert werden.

9. Wirdt jemand einer Übelthat beschuldiget oder vordächtiget[7203] unndt dieselbe ist also bewandt, daß sie Lebens- unndt Leibesstraffe nicht vorwürcke[7204] oder aber eß sey daß *Factum casuale* unndt nicht *dolosum*, imgleichen[7205] wann sich jemand eines bösen Fürsatz[7206] entledigen unndt[7207] mittelst seiner [fol. 285r] *Defension* seine Unschult glaublich machen kann oder dieselbe auß den *Inquisitionact*en[7208] erscheinet, soll derselbe, wann er sonst gueten Lebens unndt Leumuths, in Hafft nicht gezogen oder, da eß geschehen unndt er sich erbieten würde, so offt seiner persöhnlichen Gegenwart vonnöthen, insonderheit bey Eröffnung der Endturtheill, sich in Persohn zu *sistir*en[7209] unndt darüber *Caution*[7210] zu bestellen, dieselbe angenommen unndt er der Hafft unndt Gefengnüß[7211] erlaßen, die *Caution* aber

---

7193 W *&*.
7194 W *Uebelthäter.*
7195 W *verfolgen.*
7196 W *ohngestrafft.*
7197 W *den.*
7198 W *dann.*
7199 Bei M verbessert aus *wacht.*
7200 W *Verwahrsam.*
7201 W *Oerther.*
7202 W *unverzüglich.*
7203 W *verdächtiget.*
7204 W *verwürcke.*
7205 W *ingleichen.*
7206 W *Fürsatzes.*
7207 W *u.*
7208 W *Inquisitions-Acten.*
7209 W *sich persöhnlich sistiren.*
7210 W *die Caution.*
7211 W *Gefängniss.*

nach Gestaldt der Umbstände unndt seiner Möglicheit bestellet unndt darauff in *Processu* verfahren werden.

10. Ist der so einer Übelthat schuldig gehalten wirdt, fürgewichen unndt kan durch Stockbrieffe[7212] oder sonst nicht woll abgelanget werden, er erbote[7213] sich aber, sich zu gestellen, unndt zu verandtworten[7214] unndt[7215] wolle dem Gerichte deßen *Caution* bestellen, soll ihm zu Recht wieder[7216] Gewalt an dem Gerichte, wo die Sache zu erörthern, ein sicher Geleid gegeben unndt gehalten, daßelbe auch nicht allein von dem, so eß [fol. 285v] gegeben, bey seinem Gerichte, sondern auch bey andern nicht *violir*t[7217] werden, er vorhielte[7218] sich dann nicht gliedtlich[7219] unndt leistete nicht, worzu er sonst gehalten were.

11. In *Criminal-* unndt peinlichen Sachen bleibet[7220] eß in *Process* unndt der Straffen halber bey dem, so in der peinlichen Halßgerichtsordnung Kayser Carln[7221] deß V. enthalten, soweit eß in dieses Landes Ordnungen nicht geendert worden.

12. Dem Mißgebrauch[7222] der *Inquisition* unndt darauß entstehenden großen Ungelegenheiten, dadurch bey zu geschwinden Vorfahren manniger[7223] ehrlicher Mensch unschuldig an seinen gueten Nahmen gekrencket unndt in großer Ungelegenheit geführet wirdt, forzukommen, ist vorordnet[7224], daß, wann jemandt, sonst ehrlichen Nahmenß unndt Lebens, einer Mißethat von jemand bezuchtiget[7225] oder berüchtiget würde, die *Inquisition*[7226] *specialis* wieder ihn nicht anderß alß auff solche *Indicia*, die ihm[7227] deß *Delicti* sehr verdechtig machen, fürgenommen unndt, wann alßdann der *Inquisitus* alßfort sich wieder die *Indicia* [fol. 286r] *purgir*en, dadurch die schimpffliche *Inquisition* abwenden, wolte er gehöret unndt zugelaßen, die *Indicia* ihm *communicir*et, seine Einwenden zugelaßen unndt *considerir*et, daferne dadurch die *Indicia* zweiffelhafft, die *Acta* darüber an eine unvordechtige[7228]

7212 W *Steck-Brieffe.*
7213 W *werden, erböte.*
7214 Bei M Verbesserung im Wort.
7215 W *zu verandtworten unndt* fehlt bei W.
7216 W *und wider.*
7217 W *violiret.*
7218 W *verhielte.*
7219 W *gleidlich.*
7220 W *bleibt.*
7221 W *Carl.*
7222 W *Missbrauch.*
7223 W *beyzuscheinenden Verfahren mancher.*
7224 W *verordnet.*
7225 W *bezüchtiget.*
7226 W Inquisitio.
7227 W *ihn.*
7228 W *unverdächtige.*

*Juristenfacul*tät verschicket, unndt nicht ehe weiter *ad respondendum* angehalten werden solle.

13. Wiewoll durch die gemeine Rechte insonderheit in der peinlichen Halßgerichtsordnung auff[7229] viele Laster unndt Übelthaten zur Straffe der Staubbesen[7230] unndt Landesvorweisung[7231] gesetzet, alß aber die Erfahrung bezeuget, daß diejenige, welche also bestraffet, hernach zu keinen gueten Vorrichtungen[7232] mehr gelangen können, darüber *desperat* werden, unndt zu Raub, Diebstall unndt großern[7233] Mißethaten greiffen, ihre Weiber unndt Kinder auch dadurch sehr geschwächet[7234] werden, ohne daß die *Relegation* nicht mehr groß geachtet, sondern viele alß die Leibeigene, daß sie von ihrer Pflicht loßkommen, fast erfreuet werden, dadurch ihr Weib unndt Kinder den Herschafften wo nicht offentlich[7235], doch heimblich entziehen, ja auch woll Andere mit vorführen[7236], dahero dieselben [fol. 286v] zu mehrmahlen die Straffe mehr beschediget alß es die Gestraffte beßert oder Andere schrecket[7237], so soll hinführo außer dem[7238] Fällen, da nach Gottes Worth umb der Sünden Willen die Übelthäter auß dem Lande sollen gereümet werden, solche Straffen nicht *irrogir*et, sondern die Straffwürdige, wo sie frey, nebst einer harten Gefengnüß[7239] auff gewiße Zeit zu Dienstbarcheit[7240] unndt Leibeigenschafft, wann sie aber bereits dienstpflichtig sonst *ad operas* in Karren unndt Banden an Orten, da man dero benöhtiget, immaßen solche Zucht[7241] unndt Zwangkdienste in Städten unndt an[7242] andern Orthen anzurichten, nach Gestaldt deß Vorbrechnuß[7243] auff gewiße oder ewige Zeit gemäßiget[7244] oder sonst die Bestraffung also angestellet werden, daß die Ubelthäter dadurch würcklich gebeßert, Andere durch den Augenschein geschrecket, den Beschedigten oder auch dem Vaterlande dadurch beßer gedienet werde.

7229 W *auch.*

7230 W *Staup-Besem* (!).

7231 W *Landes-Verweisung.*

7232 W *Verrichtungen.*

7233 W *grösser.*

7234 W *geschmähet.*

7235 W *öffentlich.*

7236 W *verführen.*

7237 W *erschrecket.*

7238 W *den.*

7239 W *Gefängniss.*

7240 W *Dienstbarkeit.*

7241 W *Zug-.*

7242 Fehlt bei W.

7243 W *Verbrechens.*

7244 W *gemüssiget.*

14. Wer gefänglich eingezogen, soll vor der Erlaßung schuldig sein, eine Urpfede[7245] zu schweren, doch nur deß Einhaltß, daß er die Hafft unndt waß ihm dadurch zugefüget, an der [fol. 287r] Obrigkeit Gerichte wie auch Clegern unndt deßen Angehörigen derselben Haabe unndt Güetern nicht rechen noch beandten[7246] wolle, nicht aber zugleich rechtlicher Mittel[7247] abzusagen gezwungen werden. Darumb, da er vormeinet[7248], ihm Unrecht unndt Gewalt geschehen sey, der Urpfede[7249] ohngehindert auch ohne vorgehende *Relaxation*[7250] *ad effectum agendi* er sich dero ordentlich[7251] bey der hohen Obrigkeit woll gebrauchen mag. Were aber der[7252] Urpfede[7253] solche *Clausul* mit angefüeget unndt er dieselbe also zu schweren gemüßiget, unndt gleichwoll hernach klagen wolte, kann er darauff zu keinen rechtlichen Mitteln gelaßen werden, er habe dann die *Relaxation*[7254] deß Eydes *ad effectum agendi* erhalten, worüber aber der, wieder welchen solche gesuchet wirdt, zufoderst zu horen[7255] ist.

7245 W *Uhrpfäde.*
7246 W *beahnden.*
7247 W *Rechtlichen Mitteln.*
7248 W *vermeinet, dass.*
7249 W *Uhrpfäde.*
7250 W *Relaxion.*
7251 W *sich der ordentlichen Klage.*
7252 Bei M verbessert aus *die.*
7253 W *Uhrpfäde.*
7254 W *Relaxion.*
7255 W *hören.*

Register

C

D

E

F

I

J

K

M

S

T

W